21 世纪法学系列教材配套辅导用书

国际公法、国际私法、国际经济法教学法条

李　毅　编著

中国人民大学出版社
·北京·

图书在版编目（CIP）数据

国际公法、国际私法、国际经济法教学法条/李毅编著. —北京：中国人民大学出版社，2014.5
21世纪法学系列教材配套辅导用书
ISBN 978-7-300-19331-1

Ⅰ.①国… Ⅱ.①李… Ⅲ.①国际公法-高等学校-教学参考资料②国际私法-高等学校-教学参考资料③国际经济法-高等学校-教学参考资料 Ⅳ.①D99

中国版本图书馆CIP数据核字（2014）第099701号

21世纪法学系列教材配套辅导用书
国际公法、国际私法、国际经济法教学法条
李 毅 编著
Guojigongfa Guojisifa Guojijingjifa Jiaoxue Fatiao

出版发行	中国人民大学出版社		
社　　址	北京中关村大街31号	**邮政编码**	100080
电　　话	010－62511242（总编室）		010－62511770（质管部）
	010－82501766（邮购部）		010－62514148（门市部）
	010－62515195（发行公司）		010－62515275（盗版举报）
网　　址	http://www.crup.com.cn		
经　　销	新华书店		
印　　刷	北京宏伟双华印刷有限公司		
规　　格	185 mm×260 mm　16开本	**版　　次**	2014年6月第1版
印　　张	22.5	**印　　次**	2020年9月第3次印刷
字　　数	607 000	**定　　价**	39.80元

出版说明

21世纪高等教育法学专业教学改革方兴未艾，从注重理论功底的培养到注重实践能力的提高，再到“卓越法律人才计划”的实施，为我国法学专业教学指明了方向。传统的法学专业教材注重理论知识的建构的教学模式已经不能满足现代法学教学的需要，如何解决传统法学专业教材理论过于高深、实践内容较少、与司法考试脱节等诸多矛盾问题是摆在法学专业师生面前绕不开的课题。

为适应法学专业院校日新月异的教学需要，特别为适应法学本科生、研究生研习法律的需要，使学生在学习法学理论知识的同时，更详细地了解我国法律的具体规定，了解司法考试的考试方向，继成功组织编写“21世纪法学系列教材配套辅导用书·练习题集系列”后，我们组织编写了“21世纪法学系列教材配套辅导用书·教学法条系列”。“教学法条系列”致力于帮助读者便捷、全面、深入、准确地掌握核心法律、法规的内容，通过突出重点法条、提示关联法条、配以理论解读、融合典型案例、活练经典考题等方式，将重要的法律、法规以“立体化”的方式呈现给读者，以加深对法律条文的深刻理解，在夯实法律基础的同时提升法律修养。

“教学法条系列”既是一套配合法学教材使用的法律法规学习辅导用书，方便学生进行法律法规的查询，同时又是一套高效的司法考试复习参考用书，同学们在法学课堂学习的同时把握司法考试的考察重点，对于通过司法考试有很好的指导作用。

“教学法条系列”在体系和内容上具有以下特色：

1. 内容全面、准确，时效性强

本系列教学法条涵盖了法学专业16门主干课程涉及的全部法律、法规和司法解释，并对最新修改的重要法律、法规，新增加的司法解释加以收录，并分门别类地编排到各关联法律规定中，对于学生查阅相关法律规定非常便捷，也有利于学生更准确地复习备考。

2. 体例设置科学，查询快捷

本系列在体例编排上，以全国人大及其常委会的“法律”为主线，将相关司法解释和关联法条予以拆解，纳入相应的法条之后，做到“母法条”和“子法条”的有机结合，全面呈现针对特定问题的全部法律、法规和司法解释，避免“断章取义”。只有这样，才能准确理解特定法律词汇的含义，全面把握法律的内涵。

3. 法条、案例结合，易读易懂

本系列在主干法律的重点法条之后，还编配关联的典型案例，赋予“冰冷”的法条鲜活的生命。所选案例的原型多取材于最高人民法院指导性案例、案例参考、判解研究等，案例内容真实，裁判权威准确，经过作者的删繁就简、整理转化，以通俗易懂的方式呈现给广大读者。多年的教学经验证明，只有将案例与法条对照学习，将高度抽象的条文具体化，才能突出法律的应用性、实践性特点，真正将法律作为“实践学科”来掌握。

4. 法条理论解读，直击考点

针对广大法学专业学生参加司法考试的特殊要求，本系列对于重点法律规定以及司法考试考察频繁的知识点加入了理论解读的内容，从法学理论高度剖析法条要义，对于司法考试的重点考点进行详细的理论解析，使学生“知其然，并知其所以然”，深入把握司法考试重点、难点。

5. 经典试题配套，以测促记

为了在课堂学习及课后复习中使读者更好地掌握重点知识点，我们从历年的司法考试题、研究生入学考试真题中精心筛选出了数千道经典试题，将其附于相关法条之后，目的是让读者自行检验学习效果，查漏补缺，促进记忆，不但能提高应试水平，还能提升实战能力。

在“教学法条系列”的编写过程中，“指南针司法考试学校”给予了很大帮助，在此表示感谢！

“教学法条系列”的作者都是奋斗在教学一线的青年学者和律师，不仅有深厚的学术功底，也拥有丰富的实务经验；他们长期从事法学专业本科教学和司法考试教学工作，是名副其实的“双师型”教学名师。他们对法律实务、法律理论、法律类考试都有独到的见解，他们也更了解法律教学中存在的问题。这些作者在编写过程中，严格认真、高度负责，以期不负广大读者的期望。

编写说明

本书是与大学教材配套的国际法专业的教学法条、法规汇编，其主要特色为尽可能结合本科生学习和司法考试备考双重需要来安排相关内容。本汇编按“三国法”的章节内容的顺序，对国际公法、国际私法、国际经济法所涉及的主要的国际条约、国际惯例及我国的相关立法和司法解释以归类的方式依次编排，以尽可能地方便读者查阅和理解有关内容。

本着力求有助于读者参考使用的原则，本书在内容处理上，特意从以下几个方面做了安排：第一，对于比较重要的法条或概念、术语通过【理论解读】的方式作了必要的诠释。第二，对于较为重要的法条，一般通过法条前面加星号标注和在法条下面加列下划线的方式予以提示和强调。第三，为了更好地方便读者比较和全面了解相关规定，对于有些法条在必要的情况下附上【关联法条】或者【典型案例】。第四，对于近年来在司法考试真题中考过的法条，将有代表性的相关真题以【经典考题】的方式附于其后，并以脚注的方式给出【答案及释疑】，冀以强化读者对有关重点法条的记忆和理解。第五，对于少数的一些篇幅较长的条约、法规，采取节选或者重点摘要的方式予以收录，尽可能通过简要的要点概括或者高度概括的示意图的方式归纳其主要内容。总之，作者期望通过前述安排，努力使本书在“三国法”的学习理解和应试两个方面更具针对性，从而对广大读者有所裨益。

本书国际公法第四部分由华北科技学院文法系卢芳华博士编写完成，特在此予以说明。

编著者

2014 年 3 月

目　录

国际公法

国际私法

国际经济法

国际公法

第一部分　国际法基本理论

联合国宪章

【导读】

《联合国宪章》于 1945 年 10 月 24 日正式生效，中国是其创始会员国，也是联合国安理会的常任理事国。《联合国宪章》的重点是其宗旨、基本原则、联合国大会及安理会的职权、国际法院的有关制度等。特别应注意联合国大会和安理会在职权范围和表决制度方面的比较。

联合国的组织机构图示

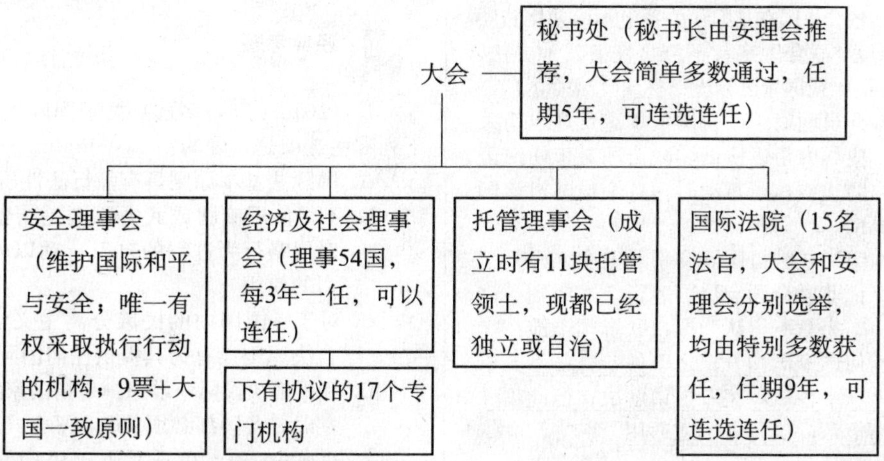

序　言

我联合国人民同兹决心

欲免后世再遭今代人类两度身历惨不堪言之战祸，重申基本人权，人格尊严与价值，以及男女与大小各国平等权利之信念，创造适当环境，俾克维持正义，尊重由条约与国际法其他渊源而起之义务，久而弗懈，促成大自由中之社会进步及较善之民生，

并为达此目的

力行容恕，彼此以善邻之道，和睦相处，集中力量，以维持国际和平及安全，接受原则，确立力法，以保证非为公共利益，不得使用武力，运用国际机构，以促成全球人民经济及社会之进展，

用是发愤立志，务当同心协力，以竟厥功。

爰由我各本国政府，经齐集金山市之代表各将所奉全权证书，互相校阅，均属妥善，议定本联合国宪章，并设立国际组织，定名联合国。

第一章　宗旨及原则

第一条　【联合国的宗旨】

联合国之宗旨为：

一、维持国际和平及安全；并为此目的：采取有效集体办法、以防止且消除对于和平之威胁，制止侵略行为或其他和平之破坏；并以和平方法且依正义及国际法之原则，调整或解决足以破坏和平之国际争端或情势。

二、发展国际间以尊重人民平等权利及自决原则为根据之友好关系，并采取其他适当办法，以增强普遍和平。

三、促成国际合作，以解决国际间属于经济、社会、文化及人类福利性质之国际问题，且不分种族、性别、语言或宗教，增进并激励对于全体人类之人权及基本自由之尊重。

四、构成一协调各国行动之中心，以达成上述共同目的。

第二条　【联合国的基本原则】

为求实现第一条所述各宗旨起见，本组织及其会员国应遵行下列原则：

一、本组织系基于各会员国主权平等之原则。

二、各会员国应一秉善意，履行其依本宪章所担负之义务，以保证全体会员国由加入本组织而发生之权益。

★三、各会员国应以和平方法解决其国际争端，俾免危及国际和平、安全及正义。

★四、各会员国在其国际关系上不得使用威胁或武力，或以与联合国宗旨不符之任何其他方法，侵害任何会员国或国家之领土完整或政治独立。

五、各会员国对于联合国依本宪章规定而采取之行动，应尽力予以协助，联合国对于任何国家正在采取防止或执行行动时，各会员国对该国不得给予协助。

六、本组织在维持国际和平及安全之必要范围内，应保证非联合国会员国遵行上述原则。

★七、本宪章不得认为授权联合国干涉在本质上属于任何国家国内管辖之事件，且并不要求会员国将该项事件依本宪章提请解决；但此项原则不妨碍第七章内执行办法之适用。

理论解读

本条是规定联合国的基本原则，其中多数也属于国际法的基本原则，例如主权平等原则、和平解决国际争端原则、禁止使用武力或以武力相威胁原则、不干涉内政原则等。应注意联合国也无权干涉其成员国的内政，禁止使用武力或以武力相威胁原则并非绝对禁止在任何情况下使用武力，自卫、根据安理会的决议采取武力行动等，都属于允许使用武力的情形。

典型案例

对于一国国内发生的并未威胁到国际和平与安全的事项，安理会能否讨论并作出决议进行干预？

答案：联合国不得干涉成员国的内政，对于并未威胁国际和平与安全的成员国内政的事项，除非该成员国请求，否则安理会不得介入。

经典考题

1.（2013-1-75，多选）关于国际法基本原则，下列哪些选项是正确的？①

A. 国际法基本原则具有强行法性质

B. 不得使用威胁或武力原则是指禁止除国家对侵略行为进行的自卫行动以外的一切武力的使用

C. 对于一国国内的民族分离主义活动，民族自决原则没有为其提供任何国际法根据

D. 和平解决国际争端原则是指国家间在发生争端时，各国都必须采取和平方式予以解决

2.（2009-1-31，单选）由于甲国海盗严重危及国际海运要道的运输安全，在甲国请求下，联合国安理会通过决议，授权他国军舰在经甲国同意的情况下，在规定期限可以进入甲国领海打击海盗。据此决议，乙国军舰进入甲国领海解救被海盗追赶的丙国商船。对此，下列哪一选项是正确的？②

---

① 【答案及释疑】所有的国际法基本原则均为国际强行法，故A选项正确。除自卫外，根据安理会的决议采取武力行动也是符合国际法的，因此B选项错误。民族自决原则并不支持一国国内的民族分离主义活动，故C选项正确。和平解决国际争端原则要求各国必须用和平方式解决争端，故D选项正确。（答案：ACD）

② 【答案及释疑】《联合国宪章》第7章第39条规定：“安全理事会应断定任何和平之威胁、和平之破坏或侵略行为之是否存在，并应作成建议或抉择依第四十一条及第四十二条规定之办法，以维持或恢复国际和平及安全。”安理会有权在维护国际和平与安全方面作出决议，采取行动。本题中的甲国海盗严重危及国际运输安全，且甲国提出了请求，因此，安理会有权作出授权，故A选项错误。领海属于一个国家的领土，因此在一般情况下，领土内的打击犯罪活动，应由领土所属国享有属地管辖权，除某沿海国领海的海盗足以危及国际和平与安全外，安理会不能作出授权外国军舰进入沿海国领海打击海盗的决议，故B选项错误。国际习惯法的构成有两个要件：一是物质要素，即存在各国重复一致的行为；二是心理要素，即重复一致的行为模式被各国认为具有法律拘束力。安理会的决议并不一定就能使得一项规则满足国际习惯法的前述要件，故C选项正确。保护性管辖针对的是侵害本国国家或本国公民重大利益的犯罪行为，因此乙国军舰解救丙国商船不属于行使保护性管辖权，D选项错误。（答案：C）

A. 安理会无权作出授权外国军舰进入甲国领海打击海盗的决议
B. 外国军舰可以根据安理会决议进入任何国家的领海打击海盗
C. 安理会的决议不能使军舰进入领海打击海盗成为国际习惯法
D. 乙国军舰为解救丙国商船而进入甲国领海属于保护性管辖

第二章　会　员

第三条　【联合国的创始会员国】

凡曾经参加金山联合国国际组织会议或前此曾签字于 1942 年 1 月 1 日联合国宣言之国家，签订本宪章，且依宪章第一百一十条规定而予以批准者，均为联合国之创始会员国。

第四条　【联合国的纳入会员国】

一、凡其他爱好和平之国家，接受本宪章所载之义务，经本组织认为确能并愿意履行该项义务者，得为联合国会员国。

★二、准许上述国家为联合国会员国，将由大会经安全理事会之推荐以决议行之。

第五条　【会员国权利之停止】

联合国会员国，业经安全理事会对其采取防止或执行行动者，大会经安全理事会之建议，得停止其会员权利及特权之行使。此项权利及特权之行使，得由安全理事会恢复之。

第六条　【会员国之开除】

联合国之会员国中，有屡次违犯本宪章所载之原则者，大会经安全理事会之建议，得将其由本组织除名。

第三章　机　关

第七条　【联合国的主要机关】

一、兹设联合国之主要机关如下：大会、安全理事会、经济暨社会理事会、托管理事会、国际法院及秘书处。

二、联合国得依本宪章设立认为必需之辅助机关。

第八条　【男女平等】

联合国对于男女均得在其主要及辅助机关在平等条件之下，充任任何职务，不得加以限制。

第四章　大　会

组　织

第九条　【大会组成】

一、大会由联合国所有会员国组织之。

二、每一会员国在大会之代表，不得超过五人。

职　权

★第十条　【大会职权】

大会得讨论本宪章范围内之任何问题或事项，或关于本宪章所规定任何机关之职权；并除第十二条所规定外，得向联合国会员国或安全理事会或兼向两者，提出对各该问题或事项之建议。

第十一条　【大会建议权或提请安理会注意的权利】

一、大会得考虑关于维持国际和平及安全之合作之普通原则，包括军缩及军备管制之原则；并得向会员国或安全理事会或兼向两者提出对于该项原则之建议。

二、大会得讨论联合国任何会员国或安全理事会或非联合国会员国依第三十五条第二项之规定向大会所提关于维持国际和平及安全之任何问题；除第十二条所规定外，并得向会员国或安全理事会或兼向两者提出对于各该项问题之建议。凡对于需要行动之各该项问题，应由大会于讨论前或讨论后提交安全理事会。

三、大会对于足以危及国际和平与安全之情势，得提请安全理事会注意。

四、本条所载之大会权力并不限制第十条之概括范围。

★第十二条　【大会建议权受安理会一定程度的限制】

一、当安全理事会对于任何争端或情势，正在执行联合国宪章所授予该会之职务时，大会非经安全理事会请求，对于该项争端或情势，不得提出任何建议。

二、秘书长经安全理事会之同意，应于大会每次会议时，将安全理事会正在处理中关于维持国际和平及安全之任何事件，通知大会；于安全理事会停止处理该项事件时，亦应立即通知大会，或在大会闭会期内通知联合国会员国。

理论解读

联合国大会与安理会的职权范围存在一定的区别，联合国大会有权讨论宪章范围内的任何事项，但受到安理会的一定限制，即当安全理事会对于任何争端或情势，正在执行联合国宪章所授予该会之职务时，大会非经安全理事会请求，对于该项争端或情势，不得提出任何建议。此外，联合国大会虽然对会员国或安理会有建议权，但该建议不具有法律拘束力。

第十三条　【大会应促进国际法之编纂与发展】

一、大会应发动研究，并作成建议：

（子）以促进政治上之国际合作，并提倡国际法之逐渐发展与编纂。

（丑）以促进经济、社会、文化、教育及卫生各部门之国际合作，且不分种族、性别、语言或宗教，助成全体人类之人权及基本自由之实现。

二、大会关于本条第一项（丑）款所列事项之其他责任及职权，于第九章及第十章中规定之。

第十四条

大会对于其所认为足以妨害国际间公共福利或友好关系之任何情势，不论其起原如何，包括由违反本宪章所载联合国之宗旨及原则而起之情势，得建议和平调整办法，但以不违背第十二条之规定为限。

第十五条

一、大会应收受并审查安全理事会所送之常年及特别报告；该项报告应载有安全理事会对于维持国际和平及安全所已决定或施行之办法之陈述。

二、大会应收受并审查联合国其他机关所送之报告。

第十六条

大会应执行第十二章及第十三章所授予关于国际托管制度之职务，包括关于非战略防区托管协定之核准。

第十七条

一、大会应审核本组织之预算。

二、本组织之经费应由各会员国依照大会分配限额担负之。

三、大会应审核经与第五十七条所指各种专门机关订定之任何财政及预算办法，并应审查该项专门机关之行政预算，以便向关系机关提出建议。

投　票

★★第十八条　【大会的表决制度】

一、大会之每一会员国，应有一个投票权。

二、大会对于重要问题之决议应以到会及投票之会员国三分之二多数决定之。此项问题应包括：关于维持国际和平及安全之建议，安全理事会非常任理事国之选举，经济暨社会理事会理事国之选举，依第八十六条第一项（寅）款所规定托管理事会理事国之选举，对于新会员国加入联合国之准许，会员国权利及特权之停止，会员国之除名，关于施行托管制度之问题，以及预算问题。

三、关于其他问题之决议，包括另有何种事项应以三分之二多数决定之问题，应以到会及投票之会员国过半数决定之。

理论解读

联合国大会表决制度	（1）实行一国一票制；（2）一般问题采用简单多数通过，重要问题采用 2/3 多数通过，实践中也采用协商一致的方式；（3）对于联合国组织内部事务通过的决议对会员国具有拘束力，对于其他一般事项作出的决议属于建议性质，不具有法律拘束力。
大会表决中的重要问题	（1）与维持和平相关的建议；（2）安理会、经社理事会和托管理事会须经选举的理事国之选举；（3）新会员国的接纳、会员国权利的中止、开除会员国；（4）实施托管；（5）联合国的预算及会员国应缴会费的分摊等。重要问题采用 2/3 多数通过的规则。

典型案例

对于联合国大会通过的决议，成员国是否必须遵守？

答案：只有联合国大会通过的涉及联合国组织内部事务，例如会费分摊之类的问题之决议，才对会员国具有法律拘束力。除此之外，联合国大会通过的决议属于建议性质，不具有法律拘束力。

经典考题

（2008-1-29，单选）甲国是联合国的会员国。2006年，联合国驻甲国的某机构以联合国的名义，与甲国政府签订协议，购买了一批办公用品。由于甲国交付延期，双方产生纠纷。根据《联合国宪章》和有关国际法规则，下列哪一选项是正确的?①

A. 作为政治性国际组织，联合国组织的上述购买行为自始无效

B. 上述以联合国名义进行的行为，应视为联合国所有会员国的共同行为

C. 联合国大会有权就该项纠纷向国际法院提起针对甲国的诉讼，不论甲国是否同意

D. 联合国大会有权就该项纠纷请求国际法院发表咨询意见，不论甲国是否同意

关联法条

《联合国宪章》

第二十七条

第十九条　【拖欠联合国会费对投票权的影响】

凡拖欠本组织财政款项之会员国，其拖欠数目如等于或超过前两年所应缴纳之数目时，即丧失其在大会投票权。大会如认拖欠原因，确由于该会员国无法控制之情形者，得准许该会员国投票。

程　序

第二十条

大会每年应举行常会，并于必要时，举行特别会议。特别会议应由秘书长经安全理事会或联合国会员国过半数之请求召集之。

第二十一条

大会应自行制定其议事规则。大会应选举每次会议之主席。

第二十二条

大会得设立其认为于行使职务所必需之辅助机关。

第五章　安全理事会

组　织

★第二十三条　【安全理事会的组成】

一、安全理事会以联合国十五会员国组织之。中华民国、法兰西、苏维埃社会主义共和国联邦、大不列颠及北爱尔兰联合王国及美利坚合众国应为安全理事会常任理事国。大会应选举联合国其他十会员国为安全理事会非常任理事国，选举时首宜充分斟酌联合国各会员国于维持国际和平与安全及本组织其余各宗旨上之贡献，并宜充分斟酌地域上之公匀分配。

二、安全理事会非常任理事国任期定为二年。安全理事会理事国自十一国增至十五国后第一次选举非常任理事国时，所增四国中两国之任期应为一年。任满之理事国不得即行连选。

三、安全理事会每一理事国应有代表一人。

（1963年12月17日经大会通过修正，1965年8月31日生效。第二十三条的修正案将安全理事会理事国自十一国增至十五国。）（原脚注1）

职　权

★★第二十四条　【安全理事会的职权】

一、为保证联合国行动迅速有效起见，各会员国将维持国际和平及安全之主要责任，授予安全理事会，并同意安全理事会于履行此项责任下之职务时，即系代表各会员国。

二、安全理事会于履行此项职务时，应遵照联合国之宗旨及原则。为履行此项职务而授予安全理事会之特定权力，于本宪章第六章、第七章、第八章及第十二章内规定之。

三、安全理事会应将常年报告、并于必要时将特别报告、提送大会审查。

① 【答案及释疑】一方面，联合国作为政府间的国际组织，属于国际法的主体，享有为实现其目的和宗旨而独立地参与国际交往的能力，因此购买办公用品的行为是合法有效的；另一方面，联合国也就其行为独立对外承担相应的责任，不能把联合国的行为和责任等同于所有会员国的行为和责任，故A、B项均错误。根据《国际法院规约》的规定，在法院得为诉讼当事国者，限于国家，所以联合国无权在国际法院提起诉讼，但联合国大会及安理会、经社理事会或者大会授权的专门机构等，有权请求国际法院发表咨询意见，因此C项错误而D项正确。（答案：D）

★第二十五条　【安全理事会决议的效力】

联合国会员国同意依宪章之规定接受并履行安全理事会之决议

第二十六条

为促进国际和平及安全之建立及维持，以尽量减少世界人力及经济资源之消耗于军备起见，安全理事会借第四十七条所指之军事参谋团之协助，应负责拟具方案，提交联合国会员国，以建立军备管制制度。

投　票

★★第二十七条　【安全理事会的表决制度】

一、安全理事会每一理事国应有一个投票权。

二、安全理事会关于程序事项之决议，应以九理事国之可决票表决之。

三、安全理事会对于其他一切事项之决议，应以九理事国之可决票包括全体常任理事国之同意票表决之；但对于第六章及第五十二条第三项内各事项之决议，争端当事国不得投票。

（1963年12月17日经大会修正，1965年8月31日生效。修正后的第二十七条规定安全理事会关于程序事项之决议，应以九理事国（前为七理事国）之可决票表决之，对于其他一切事项之决议，应以九理事国（前为七理事国）之可决票包括安全理事会五常任理事国之同意票表决之。）（原脚注2）

理论解读

安理会表决方式	（1）程序性事项	9个同意票即可通过。
安理会表决方式	（2）非程序性事项	“大国一致原则”： ①同意票必须达到9票； ②不得有常任理事国的反对票； ③常任理事国的弃权或缺席不影响决议的通过。
安理会表决方式	（3）双重否决权	①决定是否属于程序性事项，五大国拥有否决权； ②对非程序性事项进行表决，五大国拥有否决权。
安理会的实质性事项	（1）向大会推荐接纳新的会员国或秘书长； （2）建议中止会员国的权利或开除会员国； （3）为维护和平与安全而通过采取行动的决议。 常任理事国可以行使否决权。	

经典考题

1.（2008-1-29，单选）今年是联合国秘书长的换届年，联合国将依据《联合国宪章》选举产生新任秘书长。根据《联合国宪章》，对于秘书长的选举程序，下列哪一表述是正确的?①

A. 由联合国安理会采取关于程序性事项的投票程序，直接表决选出秘书长

B. 由联合国大会直接选举，大会成员2/3多数通过

C. 由安理会采取实质性事项表决程序推荐秘书长候选人，经联合国大会以简单多数表决通过

D. 由安理会采取程序性事项表决程序推荐秘书长候选人，经联合国大会表决获2/3多数通过

2.（2006-1-31，单选）甲、乙两国为陆地邻国。由于边界资源的开采问题，两国产生了激烈的武装冲突，战火有进一步蔓延的趋势。甲、乙均为

① 【答案及释疑】《联合国宪章》规定，安理会表决采取每一理事国一票。对于程序性事项决议的表决采取9个同意票即可通过。对于非程序性事项或称实质性事项的决议表决，要求包括全体常任理事国在内的9个同意票（“大国一致原则”），即任何一个常任理事国都享有否决权。安理会在决定采取执行行动、向大会推荐接纳新会员国或秘书长人选、建议中止会员国权利和开除会员国等问题上，均适用非程序性事项表决程序，而联合国大会表决实行会员国一国一票制。对于一般问题的决议采取简单多数通过，对于重要问题决议采取2/3多数通过。这些重要问题包括：与维持国际和平与安全相关的建议；安全理事会、经社理事会和托管理事会中需经选举的理事国的选举；新会员国接纳；会员国权利中止或开除会籍；实施托管的问题；联合国预算及会员国应缴费用的分摊等。因此，对于联合国秘书长的选举，在安理会属于非程序性事项，常任理事国有否决权；但在大会却不属于重要问题，按照一般问题处理，简单多数表决通过即可。（答案：C）

联合国成员国。针对此事态，如果拟通过联合国安理会采取相关措施以实现停火和稳定局势，那么，根据《联合国宪章》有关规定，下列哪一选项是正确的?①

A. 只有甲、乙两国中的任一国把该事项提交安理会后，安理会才有权对该事项进行审议

B. 在对采取措施的决议草案进行表决时，若获得全体理事国中 1/2 多数的同意，其中包括常任理事国的一致同意，该决议即被通过

C. 在对采取措施的决议草案进行表决时，安理会常任理事国中任何一国投弃权票，不妨碍该决议的通过

D. 只有得到甲、乙两国的分别同意，安理会通过的上述决议才能对其产生拘束力

程　序

第二十八条

一、安全理事会之组织，应以使其能继续不断行使职务为要件。为此目的，安全理事会之各理事国应有常驻本组织会所之代表。

二、安全理事会应举行定期会议，每一理事国认为合宜时得派政府大员或其他特别指定之代表出席。

三、在本组织会所以外，安全理事会得在认为最能便利其工作之其他地点举行会议。

第二十九条

安全理事会得设立其认为于行使职务所必需之辅助机关。

第三十条

安全理事会应自行制定其议事规则，包括其推选主席之方法。

第三十一条

在安全理事会提出之任何问题，经其认为对于非安全理事会理事国之联合国任何会员国之利益有特别关系时，该会员国得参加讨论，但无投票权。

第三十二条　【安全理事会的议事规则】

联合国会员国而非为安全理事会之理事国，或非联合国会员国之国家，如于安全理事会考虑中之争端为当事国者，应被邀参加关于该项争端之讨论，但无投票权。安全理事会应规定其所认为公平之条件，以便非联合国会员国之国家参加。

第六章　争端之和平解决

第三十三条　【安全理事会的促请权】

一、任何争端之当事国，于争端之继续存在足以危及国际和平与安全之维持时，应尽先以谈判、调查、调停、和解、公断、司法解决、区域机关或区域办法之利用，或各该国自行选择之其他和平方法，求得解决。

二、安全理事会认为必要时，应促请各当事国以此项方法，解决其争端。

第三十四条　【安全理事会的调查权】

安全理事会得调查任何争端或可能引起国际摩擦或惹起争端之任何情势，以断定该项争端或情势之继续存在是否足以危及国际和平与安全之维持。

第三十五条　【“提请安全理事会注意”程序的主体】

一、联合国任何会员国得将属于第三十四条所指之性质之任何争端或情势，提请安全理事会或大会注意。

二、非联合国会员国之国家如为任何争端之当事国时，经预先声明就该争端而言接受本宪章所规定和平解决之义务后，得将该项争端，提请大会或安全理事会注意。

三、大会关于按照本条所提请注意事项之进

① 【答案及释疑】安理会是联合国在维持国际和平与安全方面负主要责任的机关，也是联合国中唯一有权采取行动的机关。本题中，甲国和乙国爆发了武装冲突，属于安理会职权范围内的事项，对此，当事国可以提请安理会注意，但当事国请求审议并非必要条件，安理会如果认为有必要，也有权直接对该事项予以审议，故 A 选项错误。如果安理会采取执行措施，则属于安理会的实质性事项，其决议需要包括全体常任理事国在内的 9 个国家的同意票才能通过，安理会共有 15 个理事国，8 个国家同意也属于过半数，故 B 选项错误。在对实质性的事项表决时，常任理事国的弃权票不影响通过决议，只要没有常任理事国反对，且总数达到 9 个国家以上即可，故 C 选项正确。安理会的决议一经通过即产生拘束力，并不以争端当事国是否同意为前提，故 D 选项错误。(答案：C)

行步骤，应遵守第十一条及第十二条之规定。

第三十六条　【安全理事会的建议权】

一、属于第三十三条所指之性质之争端或相似之情势，安全理事会在任何阶段，得建议适当程序或调整方法。

二、安全理事会对于当事国为解决争端业经采取之任何程序，理应予以考虑。

三、安全理事会按照本条作成建议时，同时理应注意凡具有法律性质之争端，在原则上，理应由当事国依国际法院规约之规定提交国际法院。

第三十七条

一、属于第三十三条所指之性质之争端，当事国如未能依该条所示方法解决时，应将该项争端提交安全理事会。

二、安全理事会如认为该项争端之继续存在，在事实上足以危及国际和平与安全之维持时，应决定是否当依第三十六条采取行动或建议其所认为适当之解决条件。

第三十八条

安全理事会如经所有争端当事国之请求，得向各当事国作成建议，以求争端之和平解决，但以不妨碍第三十三条至第三十七条之规定为限。

第七章　对于和平之威胁和平之破坏及侵略行为之应付办法

★第三十九条　【安全理事会的判断和建议权】

安全理事会应断定任何和平之威胁、和平之破坏或侵略行为之是否存在，并应作成建议或抉择依第四十一条及第四十二条规定之办法，以维持或恢复国际和平及安全。

理论解读

安理会有权对于其认为威胁国际和平的局势予以讨论并作出建议，安理会的讨论和建议不以争端当事国提出请求或同意为前提条件。虽然该建议不具有强制性，但如果不被接受，则安理会有可能进一步作出有法律拘束力的决议。

第四十条　【安全理事会可促请遵守临时办法】

为防止情势之恶化，安全理事会在依第三十九条规定作成建议或决定办法以前，得促请关系当事国遵行安全理事会所认为必要或合宜之临时办法，此项临时办法并不妨碍关系当事国之权利、要求或立场。安全理事会对于不遵行此项临时办法之情形，应予适当注意。

★★第四十一条　【安全理事会的采取武力以外行动权】

安全理事会得决定所应采武力以外之办法，以实施其决议，并得促请联合国会员国执行此项办法。此项办法得包括经济关系、铁路、海运、航空、邮、电、无线电、及其他交通工具、之局部或全部停止，以及外交关系之断绝。

★★★第四十二条　【安全理事会的采取军事行动权】

安全理事会如认第四十一条所规定之办法为不足或已经证明为不足时，得采取必要之空海陆军行动，以维持或恢复国际和平及安全。此项行动得包括联合国会员国之空海陆军示威、封锁及其他军事举动。

典型案例

甲国在其国内采取种族隔离政策，安理会对该事项进行讨论并作出采取制裁行动的决议时，是否需要征得甲国的同意，该决议对甲国有无法律拘束力？

答案：安理会有权对其认为威胁国际和平和安全的局势进行讨论，而无须征得该局势所涉国家的同意。安理会通过的采取行动的决议，对有关国家和联合国会员国有法律拘束力。

第四十三条　【联合国会员国对安全理事会的行动支持之义务】

一、联合国各会员国为求对于维持国际和平及安全有所贡献起见，担任于安全理事会发令时，并依特别协定，供给为维持国际和平及安全所必需之军队、协助及便利，包括过境权。

二、此项特别协定应规定军队之数目及种类，其准备程度及一般驻扎地点，以及所供便利及协助之性质。

三、此项特别协定应以安全理事会之主动，尽速议订。此项协定应由安全理事会与会员国或由安全理事会与若干会员国之集团缔结之，并由签字国各依其宪法程序批准之。

第四十四条

安全理事会决定使用武力时，于要求非安全理事会会员国依第四十三条供给军队以履行其义务之前，如经该会员国请求，应请其派遣代表，参加安全理事会关于使用其军事部队之决议。

第四十五条

为使联合国能采取紧急军事办法起见，会员国应将其本国空军部队为国际共同执行行动随时供给调遣。此项部队之实力与准备之程度，及其共同行动之计划，应由安全理事会以军事参谋团之协助，在第四十三条所指之特别协定范围内决定之。

第四十六条

武力使用之计划应由安全理事会以军事参谋团之协助决定之。

第四十七条

一、兹设立军事参谋团，以便对于安全理事会维持国际和平及安全之军事需要问题，对于受该会所支配军队之使用及统率问题，对于军备之管制及可能之军缩问题，向该会贡献意见并予以协助。

二、军事参谋团应由安全理事会各常任理事国之参谋总长或其代表组织之。联合国任何会员国在该团未有常任代表者，如于该团责任之履行在效率上必需该国参加其工作时，应由该团邀请参加。

三、军事参谋团在安全理事会权力之下，对于受该会所支配之任何军队，负战略上之指挥责任；关于该项军队之统率问题，应待以后处理。

四、军事参谋团，经安全理事会之授权，并与区域内有关机关商议后，得设立区域分团。

第四十八条

一、执行安全理事会为维持国际和平及安全之决议所必要之行动，应由联合国全体会员国或由若干会员国担任之，一依安全理事会之决定。

二、此项决议应由联合国会员国以其直接行动，及经其加入为会员之有关国际机关之行动履行之。

第四十九条

联合国会员国应通力合作，彼此协助，以执行安全理事会所决定之办法。

第五十条　【各国对被安理会制裁的对象国一般不得予以援助】

安全理事会对于任何国家采取防止或执行办法时，其他国家，不论其是否为联合国会员国，遇有因此项办法之执行而引起之特殊经济问题者，应有权与安全理事会会商解决此项问题。

第五十一条　【国家遭受武力攻击时的自卫权】

联合国任何会员国受武力攻击时，在安全理事会采取必要办法，以维持国际和平及安全以前，本宪章不得认为禁止行使单独或集体自卫之自然权利。会员国因行使此项自卫权而采取之办法，应立即向安全理事会报告，此项办法于任何方面不得影响该会按照本宪章随时采取其所认为必要行动之权责，以维持或恢复国际和平及安全。

第八章　区域办法

第五十二条　【区域办法解决区域争端及其限制】

一、本宪章不得认为排除区域办法或区域机关、用以应付关于维持国际和平及安全而宜于区域行动之事件者；但以此项办法或机关及其工作与联合国之宗旨及原则符合者为限。

二、缔结此项办法或设立此项机关之联合国会员国，将地方争端提交安全理事会以前，应依该项区域办法，或由该项区域机关，力求和平解决。

三、安全理事会对于依区域办法或由区域机关而求地方争端之和平解决，不论其系由关系国主动，或由安全理事会提交者，应鼓励其发展。

四、本条绝不妨碍第三十四条及第三十五条之适用。

第五十三条　【区域办法及敌国条款】

一、安全理事会对于职权内之执行行动，在适当情形下，应利用此项区域办法或区域机关。如无安全理事会之授权，不得依区域办法或由区域机关采取任何执行行动；但关于依第一百零七条之规定对付本条第二项所指之任何敌国之步骤，或在区域办法内所取防备此等国家再施其侵略政策之步骤，截至本组织经各关系政府之请求，对于此等国家之再次侵略，能担负防止责任时为止，不在此限。

二、本条第一项所称敌国系指第二次世界大战中为本宪章任何签字国之敌国而言。

★★第五十四条　【区域办法应向安理会报告】

关于为维持国际和平及安全起见，依区域办法或由区域机关所已采取或正在考虑之行动，不论何时应向安全理事会充分报告之。

理论解读

区域办法可以用以解决区域内的国际争端，但如果涉及武力的使用，则受安理会之限制，既需要事先得到安理会的授权，又需要向安理会充分报告。

第九章　国际经济及社会合作

第五十五条

为造成国际间以尊重人民平等权利及自决原则为根据之和平友好关系所必要之安定及福利条件起见，联合国应促进：

（子）较高之生活程度，全民就业，及经济与社会进展。

（丑）国际间经济、社会、卫生及有关问题之解决；国际间文化及教育合作。

（寅）全体人类之人权及基本自由之普遍尊重与遵守，不分种族、性别、语言或宗教。

第五十六条

各会员国担允采取共同及个别行动与本组织合作，以达成第五十五条所载之宗旨。

第五十七条

一、由各国政府间协定所成立之各种专门机关，依其组织约章之规定，于经济、社会、文化、教育、卫生，及其他有关部门负有广大国际责任者，应依第六十三条之规定使与联合国发生关系。

二、上述与联合国发生关系之各专门机关，以下简称专门机关。

第五十八条

本组织应作成建议，以调整各专门机关之政策及工作。

第五十九条

本组织应于适当情形下，发动各关系国间之谈判，以创设为达成第五十五条规定宗旨所必要之新专门机关。

第六十条

履行本章所载本组织职务之责任，属于大会及大会权力下之经济暨社会理事会。为此目的，该理事会应有第十章所载之权力。

第十章　经济及社会理事会

组　织

第六十一条

一、经济及社会理事会由大会选举联合国二十七会员国组织之。

二、除第三款所规定外，经济及社会理事会每年选举理事九国，任期三年。任满之理事国得即行连选。

三、经济及社会理事会理事国自十八国增至二十七国后第一次选举时，除选举理事六国接替任期在该年年终届满之理事国外，应另增选理事九国。增选之理事九国中，三国任期一年，另三国任期二年，依大会所定办法。

四、经济及社会理事会之每一理事国应有代表一人。

（1963年12月17日经大会通过修正，1965年8月31日生效。第六十一条的修正案将经济及社会理事会理事国自十八国增至二十七国。）

职　权

第六十二条　【经社理事会之职权】

一、经济及社会理事会得作成或发动关于国际经济、社会、文化、教育、卫生，及其他有关事项之研究及报告；并得向大会、联合国会员国及关系专门机关、提出关于此种事项之建议案。

二、本理事会为增进全体人类之人权及基本自由之尊重及维护起见，得作成建议案。

三、本理事会得拟具关于其职权范围内事项之协约草案，提交大会。

四、本理事会得依联合国所定之规则召集本理事会职务范围以内事项之国际会议。

第六十三条

一、经济及社会理事会得与第五十七条所指之任何专门机关订立协定，订明关系专门机关与联合国发生关系之条件。该项协定须经大会之核准。

二、本理事会，为调整各种专门机关之工作，得与此种机关会商并得向其提出建议，并得向大会及联合国会员国建议。

第六十四条

一、经济及社会理事会得取适当步骤，以取得专门机关之经常报告。本理事会得与联合国会员国及专门机关，商定办法俾就实施本理事会之建议及大会对于本理事会职权范围内事项之建议所采之步骤，取得报告。

二、本理事会得将对于此项报告之意见提送大会。

第六十五条

经济及社会理事会得向安全理事会供给情报，并因安全理事会之邀请，予以协助。

第六十六条

一、经济及社会理事会应履行其职权范围内关于执行大会建议之职务。

二、经大会之许可，本理事会得应联合国会员国或专门机关之请求，供其服务。

三、本理事会应履行本宪章他章所特定之其他职务，以及大会所授予之职务。

投　票

第六十七条

一、经济及社会理事会每一理事国应有一个投票权。

二、本理事会之决议，应以到会及投票之理事国过半数表决之。

程　序

第六十八条

经济及社会理事会应设立经济与社会部门及以提倡人权为目的之各种委员会，并得设立于行使职务所必需之其他委员会。

第六十九条

经济及社会理事会应请联合国会员国参加讨论本理事会对于该国有特别关系之任何事件，但无投票权。

第七十条

经济及社会理事会得商定办法使专门机关之代表无投票权而参加本理事会及本理事会所设各委员会之讨论，或使本理事会之代表参加此项专门机关之讨论。

★★第七十一条

经济及社会理事会得采取适当办法，俾与各种非政府组织会商有关于本理事会职权范围内之事件。此项办法得与国际组织商定之，并于适当情形下，经与关系联合国会员国会商后，得与该国国内组织商定之。

理论解读

经社理事会主要处理经济、社会、文化事务，并授予一些有影响的非政府组织以各种咨商地位，如普遍咨商地位（一类），工作领域涵盖经社理事会的大部分事务；特别咨商地位（二类），授予在经社理事会活动的某些领域中具有专长的非政府组织；注册咨商地位（列入名册类），授予那些能够对经社理事会的某一方面的工作提供建设性意见和建议的非政府组织。取得咨商地位的非政府组织在联合国系统内可以向联合国相关机构提供建议，但不享有豁免权和表决权。

经典考题

（2006-1-78，多选）“恐龙国际”是一个在甲国以非营利性社会团体注册成立的组织，成立于1998年，总部设在甲国，会员分布在20多个国家。该组织的宗旨是鼓励人们“认识恐龙，回溯历史”。2001年，“恐龙国际”获得联合国经社理事会注册咨商地位。现该组织试图把活动向乙国推广，并准备在乙国发展会员。依照国际法，下列哪些表述是正确的?①

---

①　【答案及释疑】“恐龙国际”作为一个在甲国以非营利性社会团体注册成立的组织，属于一个非政府组织，尽管在联合国经社理事会获得注册咨商地位，但这并不能改变其非政府组织的法律地位。乙国并无义务允许该组织在本国境内活动，即便该组织获允在乙国从事活动，也必须遵守乙国法律，接受乙国的属地管辖权。因此，本题中的B、C两个选项正确。“恐龙国际”获得联合国的注册咨商地位，可以参加联合国的一些会议和活动，但这仅仅表明该非政府组织加强了和联合国的联系，并不能使得非政府组织获得政府间国际组织的国际法律人格和国际豁免权，因此作为主权国家的乙国对“恐龙国际”享有属地管辖。（答案：BC）

A. 乙国有义务让“恐龙国际”在乙国发展会员
B. 乙国有权依照其本国法律阻止该组织在乙国的活动
C. 该组织在乙国从事活动，必须遵守乙国法律
D. 由于该组织已获得联合国经社理事会注册咨商地位，因此，它可以被视为政府间的国际组织

第七十二条

一、经济及社会理事会应自行制定其议事规则，包括其推选主席之方法。

二、经济及社会理事会应依其规则举行必要之会议。此项规则应包括因理事国过半数之请求而召集会议之条款。

第十一章　关于非自治领土之宣言

第七十三条

联合国各会员国，于其所负有或承担管理责任之领土，其人民尚未臻自治之充分程度者，承认以领土居民之福利为至上之原则，并接受在本宪章所建立之国际和平及安全制度下，以充分增进领土居民福利之义务为神圣之信托，且为此目的：

（子）于充分尊重关系人民之文化下，保证其政治、经济、社会及教育之进展，予以公平待遇，且保障其不受虐待。

（丑）按各领土及其人民特殊之环境，及其进化之阶段，发展自治；对各该人民之政治愿望，予以适当之注意；并助其自由政治制度之逐渐发展。

（寅）促进国际和平及安全。

（卯）提倡建设计划，以求进步；奖励研究；各国彼此合作，并于适当之时间及场合与专门国际团体合作，以求本条所载社会、经济及科学目的之实现。

（辰）在不违背安全及宪法之限制下，按时将关于各会员国分别负责管理领土内之经济、社会及教育情形之统计及具有专门性质之情报，递送秘书长，以供参考。本宪章第十二章及第十三章所规定之领土，不在此限。

第七十四条

联合国各会员国公同承诺对于本章规定之领土，一如对于本国区域，其政策必须以善邻之道奉为圭臬；并于社会、经济及商业上，对世界各国之利益及幸福，予以充分之注意。

第十二章　国际托管制度

第七十五条

联合国在其权力下，应设立国际托管制度，以管理并监督凭此后个别协定而置于该制度下之领土。此项领土以下简称托管领土。

第七十六条

按据本宪章第一条所载联合国之宗旨，托管制度之基本目的应为：

（子）促进国际和平及安全。

（丑）增进托管领土居民之政治、经济、社会及教育之进展；并以适合各领土及其人民之特殊情形及关系人民自由表示之愿望为原则，且按照各托管协定之条款，增进其趋向自治或独立之逐渐发展。

（寅）不分种族、性别、语言或宗教，提倡全体人类之人权及基本自由之尊重，并激发世界人民互相维系之意识。

（卯）于社会、经济及商业事件上，保证联合国全体会员国及其国民之平等待遇，及各该国民于司法裁判上之平等待遇，但以不妨碍上述目的之达成，且不违背第八十条之规定为限。

第七十七条

一、托管制度适用于依托管协定所置于该制度下之下列各种类之领土：

（子）现在委任统治下之领土。

（丑）因第二次世界大战结果或将自敌国割离之领土。

（寅）负管理责任之国家自愿置于该制度下之领土。

二、关于上列种类中之何种领土将置于托管制度之下，及其条件，为此后协定所当规定之事项。

第七十八条

凡领土已成为联合国之会员国者，不适用托管制度；联合国会员国间之关系，应基于尊重主权平等之原则。

第七十九条

置于托管制度下之每一领土之托管条款，及其更改或修正，应由直接关系各国包括联合国之会员国而为委任统治地之受托国者，予以议定，其核准应依第八十三条及第八十五条之规定。

第八十条

一、除依第七十七条、第七十九条，及第八十一条所订置各领土于托管制度下之个别托管协定另有议定外，并在该项协定未经缔结以前，本章任何规定绝对不得解释为以任何方式变更任何国家或人民之权利，或联合国会员国个别签订之现有国际约章之条款。

二、本条第一项不得解释为对于依第七十七条之规定而订置委任统治地或其他领土于托管制度下之协定，授以延展商订之理由。

第八十一条

凡托管协定均应载有管理领土之条款，并指定管理托管领土之当局。该项当局，以下简称管理当局，得为一个或数个国家，或为联合国本身。

第八十二条

于任何托管协定内，得指定一个或数个战略防区，包括该项协定下之托管领土之一部或全部，但该项协定并不妨碍依第四十三条而订立之任何特别协定。

第八十三条

一、联合国关于战略防区之各项职务，包括此项托管协定条款之核准及其更改或修正，应由安全理事会行使之。

二、第七十六条所规定之基本目的，适用于每一战略防区之人民。

三、安全理事会以不违背托管协定之规定且不妨碍安全之考虑为限，应利用托管理事会之协助，以履行联合国托管制度下关于战略防区内之政治、经济、社会及教育事件之职务。

第八十四条

管理当局有保证托管领土对于维持国际和平及安全尽其本分之义务。该当局为此目的得利用托管领土之志愿军、便利及协助，以履行该当局对于安全理事会所负关于此点之义务，并以实行地方自卫，且在托管领土内维持法律与秩序。

第八十五条

一、联合国关于一切非战略防区托管协定之职务，包括此项托管协定条款之核准及其更改或修正，应由大会行使之。

二、托管理事会于大会权力下，应协助大会履行上述之职务。

第十三章　托管理事会

组　织

第八十六条

一、托管理事会应由下列联合国会员国组织之：

（子）管理托管领土之会员国。

（丑）第二十三条所列名之国家而现非管理托管领土者。

（寅）大会选举必要数额之其他会员国，任期三年，俾使托管理事会理事国之总数，于联合国会员国中之管理托管领土者及不管理者之间，得以平均分配。

二、托管理事会之每一理事国应指定一特别合格之人员，以代表之。

职　权

第八十七条

大会及在其权力下之托管理事会于履行职务时得：

（子）审查管理当局所送之报告。

（丑）会同管理当局接受并审查请愿书。

（寅）与管理当局商定时间，按期视察各托管领土。

（卯）依托管协定之条款，采取上述其他行动。

第八十八条

托管理事会应拟定关于各托管领土居民之政治、经济、社会及教育进展之问题单；就大会职权范围内，各托管领土之管理当局应根据该项问题单向大会提出常年报告。

投　票

第八十九条

一、托管理事会之每一理事国应有一个投票权。

二、托管理事会之决议应以到会及投票之理事国过半数表决之。

程　序

第九十条

一、托管理事会应自行制定其议事规则，包括其推选主席之方法。

二、托管理事会应依其所定规则，举行必要之会议。此项规则应包括关于经该会理事国过半数之请求而召集会议之规定。

第九十一条

托管理事会于适当时，应利用经济暨社会理事会之协助，并对于各关系事项，利用专门机关之协助。

经典考题

(2007-1-34，单选）奥尔菲油田跨越甲乙两国边界，分别位于甲乙两国的底土中。甲乙两国均为联合国成员国，且它们之间没有相关的协议。根据有关的国际法规则和国际实践，对油田归属与开发，下列哪一选项是正确的?①

A. 该油田属于甲乙两国的共有物，其中任何一国无权单独进行勘探和开采

B. 该油田位于甲乙两国各自底土中的部分分属甲国、乙国各自所有

C. 该油田的开发应在联合国托管理事会监督下进行

D. 无论哪一方对该油田进行开发，都必须与另一方分享所获的油气收益

第十四章　国际法院

第九十二条

国际法院为联合国之主要司法机关，应依所附规约执行其职务。该项规约系以国际常设法院之规约为根据，并为本宪章之构成部分。

第九十三条　【国际法院规约的会员国】

一、联合国各会员国为国际法院规约之当然当事国。

二、非联合国会员国之国家得为国际法院规约当事国之条件，应由大会经安全理事会之建议就个别情形决定之。

★★第九十四条　【国际法院判决的效力及执行】

一、联合国每一会员国为任何案件之当事国者，承诺遵行国际法院之判决。

二、遇有一造不履行依法院判决应负之义务时，他造得向于安全理事会申诉。安全理事会如认为必要时，得作成建议或决定应采办法，以执行判决。

理论解读

国际法院的判决虽然具有法律拘束力，但国际法院没有强制执行的权力。如果败诉方不履行国际法院的判决，胜诉方可以向安理会申诉。

经典考题

(2004-1-34，单选）甲乙两国协议将其海洋划界争端提交联合国国际法院。国际法院就此案作出判决后，甲国拒不履行依该判决所承担的义务。根据《国际法院规约》，下列做法哪一个是正确的?②

A. 乙国可以申请国际法院指令甲国的国内法院强制执行该判决

B. 乙国可以申请由国际法院执行庭对该判决强制执行

C. 乙国可以向联合国安理会提出申诉，请求由安理会作出建议或采取行动，执行该判决

---

① 【答案及释疑】国家领土包括领陆、领水、领空及其底土，本题中甲乙两国对于各自底土中的资源享有主权，在没有相关协议的情况下，该资源分属两国各自所有。故应选B项，A和D选项错误。联合国托管理事会只负责托管领土的事务，与本题中的底土开发无关，故C项不当选。(答案：B)

② 【答案及释疑】根据《国际法院规约》的规定，国际法院的判决是终局性的。判决一经作出，即对本案及本案当事国产生拘束力。《联合国宪章》第94条规定，对于国际法院的判决，当事国必须履行。如有一方拒不履行判决，他方得向安理会提出申诉，安理会认为有必要的，可以作出有关建议或决定采取措施执行判决。可见，当事国一方提出申请的对象是安理会。故此，本题选C项。(答案：C)

D. 乙国可以向联合国大会法律委员会提出申诉，由法律委员会决定采取行动，执行该判决

第九十五条

本宪章不得认为禁止联合国会员国依据现有或以后缔结之协定，将其争端托付其他法院解决。

★★第九十六条　【可请求国际法院发表咨询意见的主体】

一、大会或安全理事会对于任何法律问题得请国际法院发表咨询意见。

二、联合国其他机关及各种专门机关，对于其工作范围内之任何法律问题，得随时以大会之授权，请求国际法院发表咨询意见。

第十五章　秘书处

第九十七条

秘书处置秘书长一人及本组织所需之办事人员若干人。秘书长应由大会经安全理事会之推荐委派之。秘书长为本组织之行政首长。

第九十八条

秘书长在大会、安全理事会、经济暨社会理事会及托管理事会之一切会议，应以秘书长资格行使职务，并应执行各该机关所托付之其他职务。秘书长应向大会提送关于本组织工作之常年报告。

第九十九条　【秘书长的提请注意权】

秘书长得将其所认为可能威胁国际和平及安全之任何事件，提请安全理事会注意。

第一百条

一、秘书长及办事人员于执行职务时，不得请求或接受本组织以外任何政府或其他当局之训示，并应避免足以妨碍其国际官员地位之行动。秘书长及办事人员专对本组织负责。

二、联合国各会员国承诺尊重秘书长及办事人员责任之专属国际性，绝不设法影响其责任之履行。

第一百零一条

一、办事人员由秘书长依大会所定章程委派之。

二、适当之办事人员应长期分配于经济暨社会理事会、托管理事会，并于必要时，分配于联合国其他之机关。此项办事人员构成秘书处之一部。

三、办事人员之雇用及其服务条件之决定，应以求达效率、才干及忠诚之最高标准为首要考虑。征聘办事人员时，于可能范围内，应充分注意地域上之普及。

第十六章　杂项条款

第一百零二条

一、本宪章发生效力后，联合国任何会员国所缔结之一切条约及国际协定应尽速在秘书处登记，并由秘书处公布之。

二、当事国对于未经依本条第一项规定登记之条约或国际协定，不得向联合国任何机关援引之。

第一百零三条

联合国会员国在本宪章下之义务与其依任何其他国际协定所负之义务有冲突时，其在本宪章下之义务应居优先。

★★第一百零四条

本组织于每一会员国之领土内，应享受于执行其职务及达成其宗旨所必需之法律行为能力。

理论解读

联合国是一个具有独立的法律人格的国际法主体，其行为具有独立性，并不等于会员国的共同行为。联合国在会员国享有特权与豁免权、财产权等，也有承担国际责任的能力，为实现其目的和宗旨可以从事相应的活动，包括处置财产、签订协议，等等。

第一百零五条

一、本组织于每一会员国之领土内，应享受于达成其宗旨所必需之特权及豁免。

二、联合国会员国之代表及本组织之职员，亦应同样享受于其独立行使关于本组织之职务所必需之特权及豁免。

三、为明定本条第一项及第二项之施行细则起见，大会得作成建议，或为此目的向联合国会员国提议协约。

第十七章　过渡安全办法

第一百零六条

在第四十三条所称之特别协定尚未生效，因而安全理事会认为尚不得开始履行第四十二条所规定之责任前，1943 年 10 月 30 日在莫斯科签订

四国宣言之当事国及法兰西应依该宣言第五项之规定，互相洽商，并于必要时，与联合国其他会员国洽商，以代表本组织采取为维持国际和平及安全宗旨所必要之联合行动。

第一百零七条

本宪章并不取消或禁止负行动责任之政府对于在第二次世界大战中本宪章任何签字国之敌国因该次战争而采取或受权执行之行动。

第十八章　修　正

第一百零八条

本宪章之修正案经大会会员国三分之二表决并由联合国会员国三分之二，包括完全理事会全体常任理事国，各依其宪法程序批准后，对于联合国所有会员国发生效力。

第一百零九条

一、联合国会员国，为检讨本宪章，得以大会会员国三分之二表决，经安全理事会任何九理事国之表决，确定日期及地点举行全体会议。联合国每一会员国在全体会议中应有一个投票权。

二、全体会议以三分之二表决所建议对于宪章之任何更改，应经联合国会员国三分之二，包括安全理事会全体常任理事国，各依其宪法程序批准后，发生效力。

三、如于本宪章生效后大会第十届年会前，此项全体会议尚未举行时，应将召集全体会议之提议列入大会该届年会之议事日程；如得大会会员国过半数及安全理事会任何七理事国之表决，此项会议应即举行。

（1965 年 12 月 20 日经大会通过修正，1968 年 6 月 12 日生效。第一百零九条之修正案将该条第一项修正，规定联合国会员国为检讨宪章，得以大会会员国三分之二表决，经安全理事会任何九理事国（前为七理事国）之表决，确定日期及地点举行全体会议。在规定由大会第十届常会考虑举行检讨会议之第一百零九条第三项中，原有之“安全理事会任何七理事国之表决”字样则仍予保留，因 1955 年大会第十届常会及安全理事会业经依据该项规定采取行动。）

第十九章　批准及签字

第一百一十条

一、本宪章应由签字国各依其宪法程序批准之。

二、批准书应交存美利坚合众国政府。该国政府应于每一批准书交存时通知各签字国，如本组织秘书长业经委派时，并应通知秘书长。

三、一俟美利坚合众国政府通知已有中华民国、法兰西、苏维埃社会主义共和国联邦、大不列颠及北爱尔兰联合王国与美利坚合众国，以及其他签字国之过半数将批准书交存时，本宪章即发生效力。美利坚合众国政府应拟就此项交存批准之议定书并将副本分送所有签字国。

四、本宪章签字国于宪章发生效力后批准者，应自其各将批准书交存之日起为联合国之创始会员国。

第一百一十一条

本宪章应留存美利坚合众国政府之档库，其中、法、俄、英及西文各本同一作准。该国政府应将正式副本分送其他签字国政府。

为此联合国各会员国政府之代表谨签字于本宪章，以昭信守。

公历 1945 年 6 月 26 日签订于旧金山市。

第二部分　国际法上的空间制度
——领土、海洋、空间、环境保护制度

一、出入境管理制度

中华人民共和国出境入境管理法

（2012年6月30日第十一届全国人民代表大会常务委员会第二十七次会议通过）

【导读】

《中华人民共和国出境入境管理法》自2013年7月1日起施行，《中华人民共和国外国人入境出境管理法》和《中华人民共和国公民出境入境管理法》同时废止。该法以下几个方面的规定值得关注：

1. 外国人在华永久居留问题

对中国经济社会发展作出突出贡献或者符合其他在中国境内永久居留条件的外国人，经本人申请和公安部批准，取得永久居留资格。

2. 外国人在中国境内工作

外国人在中国境内工作，应当按照规定取得工作许可和工作类居留证件。任何单位和个人不得聘用未取得工作许可和工作类居留证件的外国人。需特别注意，中国政府在国外与在国内受理外国人入境、过境申请的机关不完全相同。聘用外国人工作或者招收外国留学生的单位，应当按照规定向所在地公安机关报告有关信息。

3. 留存出入境人员的人体识别信息

经国务院批准，公安部、外交部根据出境入境管理的需要，可以对留存出境入境人员的指纹等人体生物识别信息作出规定。

4. 对外国人居住和旅行的必要限制

根据维护国家安全、公共安全的需要，公安机关、国家安全机关可以限制外国人、外国机构在某些地区设立居住或者办公场所；对已经设立的，可以限期迁离。未经批准，外国人不得进入限制外国人进入的区域。

5. 对违反出境入境管理法规的外国人的调查、遣返措施

县级以上地方人民政府公安机关或者出入境边防检查机关，对违反出境入境管理法规的外国人可以依法采取当场盘问、继续盘问、拘留审查、限制活动范围、遣送出境等措施。

6. 对违法的外国人可以依法采取遣送出境或驱逐出境措施

外国人有下列情形之一的，可以遣送出境：（1）被处限期出境，未在规定期限内离境的；（2）有不准入境情形的；（3）非法居留、非法就业的；（4）违反本法或者其他法律、行政法规需要遣送出境的。其他境外人员有前款所列情形之一的，可以依法遣送出境。被遣送出境的人员，自被遣送出境之日起1至5年内不准入境。

外国人从事与停留居留事由不相符的活动，或者有其他违反中国法律、法规规定，不适宜在中国境内继续停留居留情形的，可以处限期出境。外国人违反本法规定，情节严重，尚不构成犯罪的，公安部可以处驱逐出境。公安部的处罚决定为最终决定。被驱逐出境的外国人，自被驱逐出境之日起10年内不准入境。

第一章　总　则

第一条　为了规范出境入境管理，维护中华人民共和国的主权、安全和社会秩序，促进对外交往和对外开放，制定本法。

第二条　中国公民出境入境、外国人入境出境、外国人在中国境内停留居留的管理，以及交通运输工具出境入境的边防检查，适用本法。

第三条　国家保护中国公民出境入境合法权益。

在中国境内的外国人的合法权益受法律保护。在中国境内的外国人应当遵守中国法律，不得危害中国国家安全、损害社会公共利益、破坏社会公共秩序。

第四条　公安部、外交部按照各自职责负责

有关出境入境事务的管理。

中华人民共和国驻外使馆、领馆或者外交部委托的其他驻外机构（以下称驻外签证机关）负责在境外签发外国人入境签证。出入境边防检查机关负责实施出境入境边防检查。县级以上地方人民政府公安机关及其出入境管理机构负责外国人停留居留管理。

公安部、外交部可以在各自职责范围内委托县级以上地方人民政府公安机关出入境管理机构、县级以上地方人民政府外事部门受理外国人入境、停留居留申请。

公安部、外交部在出境入境事务管理中，应当加强沟通配合，并与国务院有关部门密切合作，按照各自职责分工，依法行使职权，承担责任。

理论解读

对于出境入境事务的管理，有关部门各司其职：

负责在境外签发外国人入境签证的机关为：中国驻外使馆、领馆或者外交部委托的其他驻外机构。

负责出境入境边防检查的部门为：出入境边防检查机关。

负责外国人停留居留管理的部门为：县级以上地方人民政府公安机关及其出入境管理机构。

第五条 国家建立统一的出境入境管理信息平台，实现有关管理部门信息共享。

第六条 国家在对外开放的口岸设立出入境边防检查机关。

中国公民、外国人以及交通运输工具应当从对外开放的口岸出境入境，特殊情况下，可以从国务院或者国务院授权的部门批准的地点出境入境。出境入境人员和交通运输工具应当接受出境入境边防检查。

出入境边防检查机关负责对口岸限定区域实施管理。根据维护国家安全和出境入境管理秩序的需要，出入境边防检查机关可以对出境入境人员携带的物品实施边防检查。必要时，出入境边防检查机关可以对出境入境交通运输工具载运的货物实施边防检查，但是应当通知海关。

★**第七条** 经国务院批准，公安部、外交部根据出境入境管理的需要，可以对留存出境入境人员的指纹等人体生物识别信息作出规定。

外国政府对中国公民签发签证、出境入境管理有特别规定的，中国政府可以根据情况采取相应的对等措施。

理论解读

留存出境入境人员的指纹等人体生物识别信息，是借鉴其他有关国家在实践中的做法而作出的新规定，从该条文的表述来看，在外国对中国有这方面特别限制的情况下，中国政府可以采取带有反报性质的对等措施。

第八条 履行出境入境管理职责的部门和机构应当切实采取措施，不断提升服务和管理水平，公正执法，便民高效，维护安全、便捷的出境入境秩序。

第二章 中国公民出境入境

第九条 中国公民出境入境，应当依法申请办理护照或者其他旅行证件。

中国公民前往其他国家或者地区，还需要取得前往国签证或者其他入境许可证明。但是，中国政府与其他国家政府签订互免签证协议或者公安部、外交部另有规定的除外。

中国公民以海员身份出境入境和在国外船舶上从事工作的，应当依法申请办理海员证。

第十条 中国公民往来内地与香港特别行政区、澳门特别行政区，中国公民往来大陆与台湾地区，应当依法申请办理通行证件，并遵守本法有关规定。具体管理办法由国务院规定。

第十一条 中国公民出境入境，应当向出入境边防检查机关交验本人的护照或者其他旅行证件等出境入境证件，履行规定的手续，经查验准许，方可出境入境。

具备条件的口岸，出入境边防检查机关应当为中国公民出境入境提供专用通道等便利措施。

第十二条 中国公民有下列情形之一的，不准出境：

（一）未持有效出境入境证件或者拒绝、逃

避接受边防检查的；

（二）被判处刑罚尚未执行完毕或者属于刑事案件被告人、犯罪嫌疑人的；

（三）有未了结的民事案件，人民法院决定不准出境的；

（四）因妨害国（边）境管理受到刑事处罚或者因非法出境、非法居留、非法就业被其他国家或者地区遣返，未满不准出境规定年限的；

（五）可能危害国家安全和利益，国务院有关主管部门决定不准出境的；

（六）法律、行政法规规定不准出境的其他情形。

第十三条　定居国外的中国公民要求回国定居的，应当在入境前向中华人民共和国驻外使馆、领馆或者外交部委托的其他驻外机构提出申请，也可以由本人或者经由国内亲属向拟定居地的县级以上地方人民政府侨务部门提出申请。

第十四条　定居国外的中国公民在中国境内办理金融、教育、医疗、交通、电信、社会保险、财产登记等事务需要提供身份证明的，可以凭本人的护照证明其身份。

第三章　外国人入境出境

第一节　签　证

第十五条　外国人入境，应当向驻外签证机关申请办理签证，但是本法另有规定的除外。

★★**第十六条**　签证分为外交签证、礼遇签证、公务签证、普通签证。

对因外交、公务事由入境的外国人，签发外交、公务签证；对因身份特殊需要给予礼遇的外国人，签发礼遇签证。外交签证、礼遇签证、公务签证的签发范围和签发办法由外交部规定。

对因工作、学习、探亲、旅游、商务活动、人才引进等非外交、公务事由入境的外国人，签发相应类别的普通签证。普通签证的类别和签发办法由国务院规定。

第十七条　签证的登记项目包括：签证种类，持有人姓名、性别、出生日期、入境次数、入境有效期、停留期限，签发日期、地点，护照或者其他国际旅行证件号码等。

第十八条　外国人申请办理签证，应当向驻外签证机关提交本人的护照或者其他国际旅行证件，以及申请事由的相关材料，按照驻外签证机关的要求办理相关手续、接受面谈。

第十九条　外国人申请办理签证需要提供中国境内的单位或者个人出具的邀请函件的，申请人应当按照驻外签证机关的要求提供。出具邀请函件的单位或者个人应当对邀请内容的真实性负责。

第二十条　出于人道原因需要紧急入境，应邀入境从事紧急商务、工程抢修或者具有其他紧急入境需要并持有有关主管部门同意在口岸申办签证的证明材料的外国人，可以在国务院批准办理口岸签证业务的口岸，向公安部委托的口岸签证机关（以下简称口岸签证机关）申请办理口岸签证。

旅行社按照国家有关规定组织入境旅游的，可以向口岸签证机关申请办理团体旅游签证。外国人向口岸签证机关申请办理签证，应当提交本人的护照或者其他国际旅行证件，以及申请事由的相关材料，按照口岸签证机关的要求办理相关手续，并从申请签证的口岸入境。

口岸签证机关签发的签证一次入境有效，签证注明的停留期限不得超过三十日。

★★**第二十一条**　外国人有下列情形之一的，不予签发签证：

（一）被处驱逐出境或者被决定遣送出境，未满不准入境规定年限的；

（二）患有严重精神障碍、传染性肺结核病或者有可能对公共卫生造成重大危害的其他传染病的；

（三）可能危害中国国家安全和利益、破坏社会公共秩序或者从事其他违法犯罪活动的；

（四）在申请签证过程中弄虚作假或者不能保障在中国境内期间所需费用的；

（五）不能提交签证机关要求提交的相关材料的；

（六）签证机关认为不宜签发签证的其他情形。

对不予签发签证的，签证机关可以不说明理由。

第二十二条　外国人有下列情形之一的，可以免办签证：

（一）根据中国政府与其他国家政府签订的互免签证协议，属于免办签证人员的；

（二）持有效的外国人居留证件的；

（三）持联程客票搭乘国际航行的航空器、船舶、列车从中国过境前往第三国或者地区，在中国境内停留不超过二十四小时且不离开口岸，或者在国务院批准的特定区域内停留不超过规定时限的；

（四）国务院规定的可以免办签证的其他情形。

第二十三条 有下列情形之一的外国人需要临时入境的，应当向出入境边防检查机关申请办理临时入境手续：

（一）外国船员及其随行家属登陆港口所在城市的；

（二）本法第二十二条第三项规定的人员需要离开口岸的；

（三）因不可抗力或者其他紧急原因需要临时入境的。

临时入境的期限不得超过十五日。

对申请办理临时入境手续的外国人，出入境边防检查机关可以要求外国人本人、载运其入境的交通运输工具的负责人或者交通运输工具出境入境业务代理单位提供必要的保证措施。

第二节 入境出境

第二十四条 外国人入境，应当向出入境边防检查机关交验本人的护照或者其他国际旅行证件、签证或者其他入境许可证明，履行规定的手续，经查验准许，方可入境。

★★第二十五条 外国人有下列情形之一的，不准入境：

（一）未持有效出境入境证件或者拒绝、逃避接受边防检查的；

（二）具有本法第二十一条第一款第一项至第四项规定情形的；

（三）入境后可能从事与签证种类不符的活动的；

（四）法律、行政法规规定不准入境的其他情形。

对不准入境的，出入境边防检查机关可以不说明理由。

理论解读

“不准入境”的理由中，包括本法前述所规定的“不予签发签证”的几种理由：

“（一）被处驱逐出境或者被决定遣送出境，未满不准入境规定年限的；

（二）患有严重精神障碍、传染性肺结核病或者有可能对公共卫生造成重大危害的其他传染病的；

（三）可能危害中国国家安全和利益、破坏社会公共秩序或者从事其他违法犯罪活动的；

（四）在申请签证过程中弄虚作假或者不能保障在中国境内期间所需费用的。”

第二十六条 对未被准许入境的外国人，出入境边防检查机关应当责令其返回；对拒不返回的，强制其返回。外国人等待返回期间，不得离开限定的区域。

第二十七条 外国人出境，应当向出入境边防检查机关交验本人的护照或者其他国际旅行证件等出境入境证件，履行规定的手续，经查验准许，方可出境。

★★第二十八条 外国人有下列情形之一的，不准出境：

（一）被判处刑罚尚未执行完毕或者属于刑事案件被告人、犯罪嫌疑人的，但是按照中国与外国签订的有关协议，移管被判刑人的除外；

（二）有未了结的民事案件，人民法院决定不准出境的；

（三）拖欠劳动者的劳动报酬，经国务院有关部门或者省、自治区、直辖市人民政府决定不准出境的；

（四）法律、行政法规规定不准出境的其他情形。

理论解读

不准出境的理由中，应注意并非一旦“有未了结的民事案件”或者“拖欠劳动者的劳动报酬”情形的，就可以禁止出境，而是分别由有关机关作出决定的情况下才能禁止出境。

第四章　外国人停留居留

第一节　停留居留

第二十九条　外国人所持签证注明的停留期限不超过一百八十日的，持证人凭签证并按照签证注明的停留期限在中国境内停留。

需要延长签证停留期限的，应当在签证注明的停留期限届满七日前向停留地县级以上地方人民政府公安机关出入境管理机构申请，按照要求提交申请事由的相关材料。经审查，延期理由合理、充分的，准予延长停留期限；不予延长停留期限的，应当按期离境。

延长签证停留期限，累计不得超过签证原注明的停留期限。

★第三十条　外国人所持签证注明入境后需要办理居留证件的，应当自入境之日起三十日内，向拟居留地县级以上地方人民政府公安机关出入境管理机构申请办理外国人居留证件。

申请办理外国人居留证件，应当提交本人的护照或者其他国际旅行证件，以及申请事由的相关材料，并留存指纹等人体生物识别信息。公安机关出入境管理机构应当自收到申请材料之日起十五日内进行审查并作出审查决定，根据居留事由签发相应类别和期限的外国人居留证件。

外国人工作类居留证件的有效期最短为九十日，最长为五年；非工作类居留证件的有效期最短为一百八十日，最长为五年。

第三十一条　外国人有下列情形之一的，不予签发外国人居留证件：

（一）所持签证类别属于不应办理外国人居留证件的；

（二）在申请过程中弄虚作假的；

（三）不能按照规定提供相关证明材料的；

（四）违反中国有关法律、行政法规，不适合在中国境内居留的；

（五）签发机关认为不宜签发外国人居留证件的其他情形。

符合国家规定的专门人才、投资者或者出于人道等原因确需由停留变更为居留的外国人，经设区的市级以上地方人民政府公安机关出入境管理机构批准可以办理外国人居留证件。

第三十二条　在中国境内居留的外国人申请延长居留期限的，应当在居留证件有效期限届满三十日前向居留地县级以上地方人民政府公安机关出入境管理机构提出申请，按照要求提交申请事由的相关材料。经审查，延期理由合理、充分的，准予延长居留期限；不予延长居留期限的，应当按期离境。

第三十三条　外国人居留证件的登记项目包括：持有人姓名、性别、出生日期、居留事由、居留期限，签发日期、地点，护照或者其他国际旅行证件号码等。

外国人居留证件登记事项发生变更的，持证件人应当自登记事项发生变更之日起十日内向居留地县级以上地方人民政府公安机关出入境管理机构申请办理变更。

第三十四条　免办签证入境的外国人需要超过免签期限在中国境内停留的，外国船员及其随行家属在中国境内停留需要离开港口所在城市，或者具有需要办理外国人停留证件其他情形的，应当按照规定办理外国人停留证件。

外国人停留证件的有效期最长为一百八十日。

第三十五条　外国人入境后，所持的普通签证、停留居留证件损毁、遗失、被盗抢或者有符合国家规定的事由需要换发、补发的，应当按照规定向停留居留地县级以上地方人民政府公安机关出入境管理机构提出申请。

第三十六条　公安机关出入境管理机构作出的不予办理普通签证延期、换发、补发，不予办理外国人停留居留证件、不予延长居留期限的决定为最终决定。

第三十七条　外国人在中国境内停留居留，不得从事与停留居留事由不相符的活动，并应当在规定的停留居留期限届满前离境。

★第三十八条　年满十六周岁的外国人在中国境内停留居留，应当随身携带本人的护照或者其他国际旅行证件，或者外国人停留居留证件，接受公安机关的查验。

在中国境内居留的外国人，应当在规定的时间内到居留地县级以上地方人民政府公安机关交验外国人居留证件。

★★第三十九条　外国人在中国境内旅馆住

宿的，旅馆应当按照旅馆业治安管理的有关规定为其办理住宿登记，并向所在地公安机关报送外国人住宿登记信息。

外国人在旅馆以外的其他住所居住或者住宿的，应当在入住后二十四小时内由本人或者留宿人，向居住地的公安机关办理登记。

理论解读

只要外国人在中国境内住宿，不论是在旅馆还是在旅馆以外的其他住所居住或住宿，都应及时向公安机关办理登记。

经典考题

（2013-1-76，多选）甲国公民杰克申请来中国旅游，关于其在中国出入境和居留期间的管理，下列哪些选项是正确的？①

A. 如杰克患有严重精神障碍，中国签证机关不予签发其签证

B. 如杰克入境后可能危害中国国家安全和利益，中国出入境边防检查机关可不准许其入境

C. 杰克入境后，在旅馆以外的其他住所居住或者住宿的，应当在入住后48小时内由本人或者留宿人，向居住地的公安机关办理登记

D. 如杰克在中国境内有未了结的民事案件，法院决定不准出境的，中国出入境边防检查机关有权阻止其出境

第四十条 在中国境内出生的外国婴儿，其父母或者代理人应当在婴儿出生六十日内，持该婴儿的出生证明到父母停留居留地县级以上地方人民政府公安机关出入境管理机构为其办理停留或者居留登记。

外国人在中国境内死亡的，其家属、监护人或者代理人，应当按照规定，持该外国人的死亡证明向县级以上地方人民政府公安机关出入境管理机构申报，注销外国人停留居留证件。

第四十一条 外国人在中国境内工作，应当按照规定取得工作许可和工作类居留证件。任何单位和个人不得聘用未取得工作许可和工作类居留证件的外国人。

外国人在中国境内工作管理办法由国务院规定。

第四十二条 国务院人力资源社会保障主管部门、外国专家主管部门会同国务院有关部门根据经济社会发展需要和人力资源供求状况制定并定期调整外国人在中国境内工作指导目录。

国务院教育主管部门会同国务院有关部门建立外国留学生勤工助学管理制度，对外国留学生勤工助学的岗位范围和时限作出规定。

★第四十三条 外国人有下列行为之一的，属于非法就业：

（一）未按照规定取得工作许可和工作类居留证件在中国境内工作的；

（二）超出工作许可限定范围在中国境内工作的；

（三）外国留学生违反勤工助学管理规定，超出规定的岗位范围或者时限在中国境内工作的。

★★★第四十四条 根据维护国家安全、公共安全的需要，公安机关、国家安全机关可以限制外国人、外国机构在某些地区设立居住或者办公场所；对已经设立的，可以限期迁离。

未经批准，外国人不得进入限制外国人进入的区域。

经典考题

1.（2009-1-80，多选）甲国人彼得拟申请赴中

① 【答案及释疑】外国人患有严重精神障碍、传染性肺结核病或者有可能对公共卫生造成重大危害的其他传染病的，或外国人入境后可能危害中国国家安全和利益的，不予签发签证，故A和B选项正确。外国人在旅馆以外的其他住所居住或者住宿的，应当在入住后24小时内由本人或者留宿人，向居住地的公安机关办理登记，故C选项错误。外国人在中国境内有未了结的民事案件，法院决定不准出境的，中国出入境边防检查机关有权阻止其出境，D选项正确。（答案：ABD）

国旅游。依我国相关法律规定，下列哪些选项是正确的？①

A. 甲国人彼得应向中国公安部门提出入境申请

B. 受理彼得入境申请的中国有关机关没有义务必须批准入境

C. 如彼得获准入境后发现适合他的工作，可以留在中国工作

D. 如彼得获准入境后前往不对外国人开放的地区旅行，必须向当地公安机关申请旅行证件

2. （2012-1-75，单选）外国公民雅力克持旅游签证来到中国，我国公安机关查验证件时发现，其在签证已经过期的情况下，涂改证照，居留中国并临时工作。关于雅力克的出入境和居留，下列哪些表述符合中国法律规定？②

A. 在雅力克旅游签证有效期内，其前往不对外国人开放的地区旅行，不再需要向当地公安机关申请旅行证件

B. 对雅力克的行为县级以上公安机关可拘留审查

C. 对雅力克的行为县级以上公安机关可依法予以处罚

D. 如雅力克持涂改的出境证件出境，中国边防检查机关有权阻止其出境

第四十五条　聘用外国人工作或者招收外国留学生的单位，应当按照规定向所在地公安机关报告有关信息。

公民、法人或者其他组织发现外国人有非法入境、非法居留、非法就业情形的，应当及时向所在地公安机关报告。

第四十六条　申请难民地位的外国人，在难民地位甄别期间，可以凭公安机关签发的临时身份证明在中国境内停留；被认定为难民的外国人，可以凭公安机关签发的难民身份证件在中国境内停留居留。

第二节　永久居留

第四十七条　对中国经济社会发展作出突出贡献或者符合其他在中国境内永久居留条件的外国人，经本人申请和公安部批准，取得永久居留资格。

外国人在中国境内永久居留的审批管理办法由公安部、外交部会同国务院有关部门规定。

★第四十八条　取得永久居留资格的外国人，凭永久居留证件在中国境内居留和工作，凭本人的护照和永久居留证件出境入境。

第四十九条　外国人有下列情形之一的，由公安部决定取消其在中国境内永久居留资格：

（一）对中国国家安全和利益造成危害的；

（二）被处驱逐出境的；

（三）弄虚作假骗取在中国境内永久居留资格的；

（四）在中国境内居留未达到规定时限的；

（五）不适宜在中国境内永久居留的其他情形。

第五章　交通运输工具出境入境边防检查

第五十条　出境入境交通运输工具离开、抵达口岸时，应当接受边防检查。对交通运输工具

---

①　**【答案及释疑】**根据《出境入境管理法》第 4 条的规定，中华人民共和国驻外使馆、领馆或者外交部委托的其他驻外机构负责在境外签发外国人入境签证，选项 A 错误。根据该法第 21 条的规定，外国人有可能危害中国国家安全和利益等特定情形的，不予签发签证，选项 B 正确。该法第 41 条规定，外国人在中国境内工作，应当按照规定取得工作许可和工作类居留证件。任何单位和个人不得聘用未取得工作许可和工作类居留证件的外国人，选项 C 错误。该法第 44 条规定，未经批准，外国人不得进入限制外国人进入的区域，外国人前往不对外国人开放的市、县旅行，须事先向所在市、县公安局申请旅行证，获准后方可前往，选项 D 正确。（答案：D）

②　**【答案及释疑】**《出境入境管理法》第 44 条规定：根据维护国家安全、公共安全的需要，公安机关、国家安全机关可以限制外国人、外国机构在某些地区设立居住或者办公场所；对已经设立的，可以限期迁离。未经批准，外国人不得进入限制外国人进入的区域。《外国人入境出境管理法实施细则》第 34 条规定，外国人前往不对外国人开放的市、县旅行，须事先向所在市、县公安局申请旅行证，获准后方可前往，故 A 项错误。《出境入境管理法》还规定，外国人在境内居留、出境等方面存在违法行为的，县级以上公安部门有权管辖，故 BCD 项都符合中国法律规定。（答案：BCD）

的入境边防检查，在其最先抵达的口岸进行；对交通运输工具的出境边防检查，在其最后离开的口岸进行。特殊情况下，可以在有关主管机关指定的地点进行。

出境的交通运输工具自出境检查后至出境前，入境的交通运输工具自入境后至入境检查前，未经出入境边防检查机关按照规定程序许可，不得上下人员、装卸货物或者物品。

第五十一条 交通运输工具负责人或者交通运输工具出境入境业务代理单位应当按照规定提前向出入境边防检查机关报告入境、出境的交通运输工具抵达、离开口岸的时间和停留地点，如实申报员工、旅客、货物或者物品等信息。

第五十二条 交通运输工具负责人、交通运输工具出境入境业务代理单位应当配合出境入境边防检查，发现违反本法规定行为的，应当立即报告并协助调查处理。

入境交通运输工具载运不准入境人员的，交通运输工具负责人应当负责载离。

第五十三条 出入境边防检查机关按照规定对处于下列情形之一的出境入境交通运输工具进行监护：

（一）出境的交通运输工具在出境边防检查开始后至出境前、入境的交通运输工具在入境后至入境边防检查完成前；

（二）外国船舶在中国内河航行期间；

（三）有必要进行监护的其他情形。

第五十四条 因装卸物品、维修作业、参观访问等事由需要上下外国船舶的人员，应当向出入境边防检查机关申请办理登轮证件。

中国船舶与外国船舶或者外国船舶之间需要搭靠作业的，应当由船长或者交通运输工具出境入境业务代理单位向出入境边防检查机关申请办理船舶搭靠手续。

第五十五条 外国船舶、航空器在中国境内应当按照规定的路线、航线行驶。

出境入境的船舶、航空器不得驶入对外开放口岸以外地区。因不可预见的紧急情况或者不可抗力驶入的，应当立即向就近的出入境边防检查机关或者当地公安机关报告，并接受监护和管理。

第五十六条 交通运输工具有下列情形之一的，不准出境入境；已经驶离口岸的，可以责令返回：

（一）离开、抵达口岸时，未经查验准许擅自出境入境的；

（二）未经批准擅自改变出境入境口岸的；

（三）涉嫌载有不准出境入境人员，需要查验核实的；

（四）涉嫌载有危害国家安全、利益和社会公共秩序的物品，需要查验核实的；

（五）拒绝接受出入境边防检查机关管理的其他情形。

前款所列情形消失后，出入境边防检查机关对有关交通运输工具应当立即放行。

第五十七条 从事交通运输工具出境入境业务代理的单位，应当向出入境边防检查机关备案。从事业务代理的人员，由所在单位向出入境边防检查机关办理备案手续。

第六章 调查和遣返

第五十八条 本章规定的当场盘问、继续盘问、拘留审查、限制活动范围、遣送出境措施，由县级以上地方人民政府公安机关或者出入境边防检查机关实施。

第五十九条 对涉嫌违反出境入境管理的人员，可以当场盘问；经当场盘问，有下列情形之一的，可以依法继续盘问：

（一）有非法出境入境嫌疑的；

（二）有协助他人非法出境入境嫌疑的；

（三）外国人有非法居留、非法就业嫌疑的；

（四）有危害国家安全和利益，破坏社会公共秩序或者从事其他违法犯罪活动嫌疑的。

当场盘问和继续盘问应当依据《中华人民共和国人民警察法》规定的程序进行。

县级以上地方人民政府公安机关或者出入境边防检查机关需要传唤涉嫌违反出境入境管理的人员的，依照《中华人民共和国治安管理处罚法》的有关规定执行。

第六十条 外国人有本法第五十九条第一款规定情形之一的，经当场盘问或者继续盘问后仍不能排除嫌疑，需要作进一步调查的，可以拘留审查。

实施拘留审查，应当出示拘留审查决定书，并在二十四小时内进行询问。发现不应当拘留审查的，应当立即解除拘留审查。

拘留审查的期限不得超过三十日；案情复杂的，经上一级地方人民政府公安机关或者出入境边防检查机关批准可以延长至六十日。对国籍、身份不明的外国人，拘留审查期限自查清其国籍、身份之日起计算。

第六十一条　外国人有下列情形之一的，不适用拘留审查，可以限制其活动范围：

（一）患有严重疾病的；

（二）怀孕或者哺乳自己不满一周岁婴儿的；

（三）未满十六周岁或者已满七十周岁的；

（四）不宜适用拘留审查的其他情形。

被限制活动范围的外国人，应当按照要求接受审查，未经公安机关批准，不得离开限定的区域。限制活动范围的期限不得超过六十日。对国籍、身份不明的外国人，限制活动范围期限自查清其国籍、身份之日起计算。

★第六十二条　外国人有下列情形之一的，可以遣送出境：

（一）被处限期出境，未在规定期限内离境的；

（二）有不准入境情形的；

（三）非法居留、非法就业的；

（四）违反本法或者其他法律、行政法规需要遣送出境的。

其他境外人员有前款所列情形之一的，可以依法遣送出境。

被遣送出境的人员，自被遣送出境之日起一至五年内不准入境。

第六十三条　被拘留审查或者被决定遣送出境但不能立即执行的人员，应当羁押在拘留所或者遣返场所。

第六十四条　外国人对依照本法规定对其实施的继续盘问、拘留审查、限制活动范围、遣送出境措施不服的，可以依法申请行政复议，该行政复议决定为最终决定。

其他境外人员对依照本法规定对其实施的遣送出境措施不服，申请行政复议的，适用前款规定。

第六十五条　对依法决定不准出境或者不准入境的人员，决定机关应当按照规定及时通知出入境边防检查机关；不准出境、入境情形消失的，决定机关应当及时撤销不准出境、入境决定，并通知出入境边防检查机关。

第六十六条　根据维护国家安全和出境入境管理秩序的需要，必要时，出入境边防检查机关可以对出境入境的人员进行人身检查。人身检查应当由两名与受检查人同性别的边防检查人员进行。

第六十七条　签证、外国人停留居留证件等出境入境证件发生损毁、遗失、被盗抢或者签发后发现持证人不符合签发条件等情形的，由签发机关宣布该出境入境证件作废。

伪造、变造、骗取或者被证件签发机关宣布作废的出境入境证件无效。

公安机关可以对前款规定的或被他人冒用的出境入境证件予以注销或者收缴。

第六十八条　对用于组织、运送、协助他人非法出境入境的交通运输工具，以及需要作为办案证据的物品，公安机关可以扣押。

对查获的违禁物品，涉及国家秘密的文件、资料以及用于实施违反出境入境管理活动的工具等，公安机关应当予以扣押，并依照相关法律、行政法规规定处理。

第六十九条　出境入境证件的真伪由签发机关、出入境边防检查机关或者公安机关出入境管理机构认定。

第七章　法律责任

第七十条　本章规定的行政处罚，除本章另有规定外，由县级以上地方人民政府公安机关或者出入境边防检查机关决定；其中警告或者五千元以下罚款，可以由县级以上地方人民政府公安机关出入境管理机构决定。

第七十一条　有下列行为之一的，处一千元以上五千元以下罚款；情节严重的，处五日以上十日以下拘留，可以并处二千元以上一万元以下罚款：

（一）持用伪造、变造、骗取的出境入境证件出境入境的；

（二）冒用他人出境入境证件出境入境的；

（三）逃避出境入境边防检查的；

（四）以其他方式非法出境入境的。

第七十二条 协助他人非法出境入境的，处二千元以上一万元以下罚款；情节严重的，处十日以上十五日以下拘留，并处五千元以上二万元以下罚款，有违法所得的，没收违法所得。

单位有前款行为的，处一万元以上五万元以下罚款，有违法所得的，没收违法所得，并对其直接负责的主管人员和其他直接责任人员依照前款规定予以处罚。

第七十三条 弄虚作假骗取签证、停留居留证件等出境入境证件的，处二千元以上五千元以下罚款；情节严重的，处十日以上十五日以下拘留，并处五千元以上二万元以下罚款。

单位有前款行为的，处一万元以上五万元以下罚款，并对其直接负责的主管人员和其他直接责任人员依照前款规定予以处罚。

第七十四条 违反本法规定，为外国人出具邀请函件或者其他申请材料的，处五千元以上一万元以下罚款，有违法所得的，没收违法所得，并责令其承担所邀请外国人的出境费用。

单位有前款行为的，处一万元以上五万元以下罚款，有违法所得的，没收违法所得，并责令其承担所邀请外国人的出境费用，对其直接负责的主管人员和其他直接责任人员依照前款规定予以处罚。

第七十五条 中国公民出境后非法前往其他国家或者地区被遣返的，出入境边防检查机关应当收缴其出境入境证件，出境入境证件签发机关自其被遣返之日起六个月至三年以内不予签发出境入境证件。

第七十六条 有下列情形之一的，给予警告，可以并处二千元以下罚款：

（一）外国人拒不接受公安机关查验其出境入境证件的；

（二）外国人拒不交验居留证件的；

（三）未按照规定办理外国人出生登记、死亡申报的；

（四）外国人居留证件登记事项发生变更，未按照规定办理变更的；

（五）在中国境内的外国人冒用他人出境入境证件的；

（六）未按照本法第三十九条第二款规定办理登记的。

旅馆未按照规定办理外国人住宿登记的，依照《中华人民共和国治安管理处罚法》的有关规定予以处罚；未按照规定向公安机关报送外国人住宿登记信息的，给予警告；情节严重的，处一千元以上五千元以下罚款。

第七十七条 外国人未经批准，擅自进入限制外国人进入的区域，责令立即离开；情节严重的，处五日以上十日以下拘留。对外国人非法获取的文字记录、音像资料、电子数据和其他物品，予以收缴或者销毁，所用工具予以收缴。

外国人、外国机构违反本法规定，拒不执行公安机关、国家安全机关限期迁离决定的，给予警告并强制迁离；情节严重的，对有关责任人员处五日以上十五日以下拘留。

第七十八条 外国人非法居留的，给予警告；情节严重的，处每非法居留一日五百元，总额不超过一万元的罚款或者五日以上十五日以下拘留。

因监护人或者其他负有监护责任的人未尽到监护义务，致使未满十六周岁的外国人非法居留的，对监护人或者其他负有监护责任的人给予警告，可以并处一千元以下罚款。

第七十九条 容留、藏匿非法入境、非法居留的外国人，协助非法入境、非法居留的外国人逃避检查，或者为非法居留的外国人违法提供出境入境证件的，处二千元以上一万元以下罚款；情节严重的，处五日以上十五日以下拘留，并处五千元以上二万元以下罚款，有违法所得的，没收违法所得。

单位有前款行为的，处一万元以上五万元以下罚款，有违法所得的，没收违法所得，并对其直接负责的主管人员和其他直接责任人员依照前款规定予以处罚。

第八十条 外国人非法就业的，处五千元以上二万元以下罚款；情节严重的，处五日以上十五日以下拘留，并处五千元以上二万元以下罚款。

介绍外国人非法就业的，对个人处每非法介绍一人五千元，总额不超过五万元的罚款；对单位处每非法介绍一人五千元，总额不超过十万元的罚款；有违法所得的，没收违法所得。

非法聘用外国人的，处每非法聘用一人一万元，总额不超过十万元的罚款；有违法所得的，没收违法所得。

★★**第八十一条** 外国人从事与停留居留事由不相符的活动，或者有其他违反中国法律、法规规定，不适宜在中国境内继续停留居留情形的，可以处限期出境。

外国人违反本法规定，情节严重，尚不构成犯罪的，公安部可以处驱逐出境。公安部的处罚决定为最终决定。

被驱逐出境的外国人，自被驱逐出境之日起十年内不准入境。

关联法条

本法第六十二条

第八十二条 有下列情形之一的，给予警告，可以并处二千元以下罚款：

（一）扰乱口岸限定区域管理秩序的；

（二）外国船员及其随行家属未办理临时入境手续登陆的；

（三）未办理登轮证件上下外国船舶的。

违反前款第一项规定，情节严重的，可以并处五日以上十日以下拘留。

第八十三条 交通运输工具有下列情形之一的，对其负责人处五千元以上五万元以下罚款：

（一）未经查验准许擅自出境入境或者未经批准擅自改变出境入境口岸的；

（二）未按照规定如实申报员工、旅客、货物或者物品等信息，或者拒绝协助出境入境边防检查的；

（三）违反出境入境边防检查规定上下人员、装卸货物或者物品的。

出境入境交通运输工具载运不准出境入境人员出境入境的，处每载运一人五千元以上一万元以下罚款。交通运输工具负责人证明其已经采取合理预防措施的，可以减轻或者免予处罚。

第八十四条 交通运输工具有下列情形之一的，对其负责人处二千元以上二万元以下罚款：

（一）中国或者外国船舶未经批准擅自搭靠外国船舶的；

（二）外国船舶、航空器在中国境内未按照规定的路线、航线行驶的；

（三）出境入境的船舶、航空器违反规定驶入对外开放口岸以外地区的。

第八十五条 履行出境入境管理职责的工作人员，有下列行为之一的，依法给予处分：

（一）违反法律、行政法规，为不符合规定条件的外国人签发签证、外国人停留居留证件等出境入境证件的；

（二）违反法律、行政法规，审核验放不符合规定条件的人员或者交通运输工具出境入境的；

（三）泄露在出境入境管理工作中知悉的个人信息，侵害当事人合法权益的；

（四）不按照规定将依法收取的费用、收缴的罚款及没收的违法所得、非法财物上缴国库的；

（五）私分、侵占、挪用罚没、扣押的款物或者收取的费用的；

（六）滥用职权、玩忽职守、徇私舞弊，不依法履行法定职责的其他行为。

第八十六条 对违反出境入境管理行为处五百元以下罚款的，出入境边防检查机关可以当场作出处罚决定。

第八十七条 对违反出境入境管理行为处罚款的，被处罚人应当自收到处罚决定书之日起十五日内，到指定的银行缴纳罚款。被处罚人在所在地没有固定住所，不当场收缴罚款事后难以执行或者在口岸向指定银行缴纳罚款确有困难的，可以当场收缴。

第八十八条 违反本法规定，构成犯罪的，依法追究刑事责任。

第八章 附 则

第八十九条 本法下列用语的含义：

出境，是指由中国内地前往其他国家或者地区，由中国内地前往香港特别行政区、澳门特别行政区，由中国大陆前往台湾地区。

入境，是指由其他国家或者地区进入中国内地，由香港特别行政区、澳门特别行政区进入中国内地，由台湾地区进入中国大陆。

外国人，是指不具有中国国籍的人。

第九十条 经国务院批准，同毗邻国家接壤的省、自治区可以根据中国与有关国家签订的边界管理协定制定地方性法规、地方政府规章，对两国边境接壤地区的居民往来作出规定。

第九十一条 外国驻中国的外交代表机构、领事机构成员以及享有特权和豁免的其他外国人，其入境出境及停留居留管理，其他法律另有规定的，依照其规定。

第九十二条 外国人申请办理签证、外国人停留居留证件等出境入境证件或者申请办理证件延期、变更的，应当按照规定缴纳签证费、证件费。

第九十三条 本法自2013年7月1日起施行。《中华人民共和国外国人入境出境管理法》和《中华人民共和国公民出境入境管理法》同时废止。

二、海洋法制度

（一）《联合国海洋法公约》（节选）

（1982年12月10日订于蒙特哥湾，1982年12月10日中华人民共和国政府代表签署本公约，1996年中国批准本公约成为其成员国）

【导读】

《联合国海洋法公约》内容较多，学习时应注意能够根据公约的规定，掌握内水、领海、毗连区、专属经济区、大陆架、公海、国际海底区域等海域的界定，能够把握上述各海域分布的立体剖面图。从内容上看，应能够理解上述各海域的法律地位，即沿海国在该海域的权利和义务，非沿海国在其中的权利和义务。相比较而言，领海、大陆架、专属经济区、公海几个海域的制度更为重要。由于中国是公约的成员国，中国所制定的《中华人民共和国领海与毗连区法》、《中华人民共和国专属经济区与大陆架法》的规定与公约的相关规定也基本相同，可以结合起来掌握。

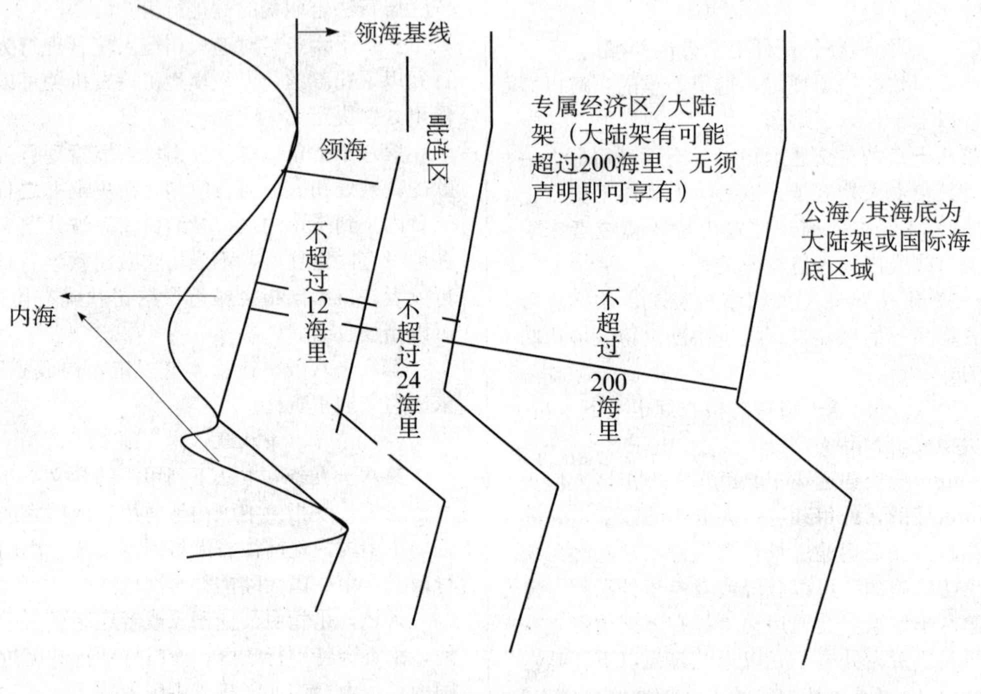

各海域示意图

★★第二条　【领海及其上空、海床和底土的法律地位】

1. 沿海国的主权及于其陆地领土及其内水以外邻接的一带海域，在群岛国的情形下则及于群岛水域以外邻接的一带海域，称为领海。

2. 此项主权及于领海的上空及其海床和底土。

3. 对于领海的主权的行使受本公约和其他国际法规则的限制。

理论解读

领海是沿海国领土的一部分，沿海国在其中可以行使的是领土主权，沿海国在领海的领土主权仅受无害通过的限制。领海之外的毗连区、专属经济区、大陆架等，都不能称之为沿海国的领土，沿海国在其中只能行使有关的、具体的主权权利。

★第三条　领海的宽度

每一国家有权确定其领海的宽度，直至从按照本公约确定的基线量起不超过十二海里的界限为止。

第四条　【领海的外部界限】

领海的外部界限是一条其每一点同基线最近点的距离等于领海宽度的线。

第五条　正常基线

除本公约另有规定外，测算领海宽度的正常基线是沿海国官方承认的大比例尺海图所标明的沿岸低潮线。

第七条　直线基线

1. 在海岸线极为曲折的地方，或者如果紧接海岸有一系列岛屿，测算领海宽度的基线的划定可采用连接各适当点的直线基线法。

2. 在因有三角洲和其他自然条件以致海岸线非常不稳定之处，可沿低潮线向海最远处选择各适当点，而且，尽管以后低潮线发生后退现象，该直线基线在沿海国按照本公约加以改变以前仍然有效。

3. 直线基线的划定不应在任何明显的程度上偏离海岸的一般方向，而且基线内的海域必须充分接近陆地领土，使其受内水制度的支配。

4. 除在低潮高地上筑有永久高于海平面的灯塔或类似设施，或以这种高地作为划定基线的起讫点已获得国际一般承认者外，直线基线的划定不应以低潮高地为起讫点。

5. 在依据第1款可以采用直线基线法之处，确定特定基线时，对于有关地区所特有的并经长期惯例清楚地证明其为实在而重要的经济利益，可予以考虑。

6. 一国不得采用直线基线制度，致使另一国的领海同公海或专属经济区隔断。

关联法条

《中华人民共和国领海及毗连区法》

第三条　中华人民共和国领海的宽度从领海基线量起为十二海里。

中华人民共和国领海基线采用直线基线法划定，由各相邻基点之间的直线连线组成。

中华人民共和国领海的外部界限为一条其每一点与领海基线的最近点距离等于十二海里的线。

第八条　内水

1. 除第四部分另有规定外，领海基线向陆一面的水域构成国家内水的一部分。

2. 如果按照第七条所规定的方法确定直线基线的效果使原来并未认为是内水的国际海底区域被包围在内成为内水，则在此种水域内应有本公约所规定的无害通过权。

★★第十七条　无害通过权

在本公约的限制下，所有国家，不论为沿海国或内陆国，其船舶均享有无害通过领海的权利。

第十八条　通过的意义

1. 通过是指为了下列目的，通过领海的航行：

(a) 穿过领海但不进入内水或停靠内水以外的泊船处或港口设施；或

(b) 驶往或驶出内水或停靠这种泊船处或港口设施。

2. 通过应继续不停和迅速进行。通过包括停船和下锚在内，但以通常航行所附带发生的或由于不可抗力或遇难所必要的或为救助遇险或遭难的人员、船舶或飞机的目的为限。

★★第十九条　无害通过的意义

1. 通过只要不损害沿海国的和平、良好秩序或安全，就是无害的。这种通过的进行应符合本公约和其他国际法规则。

2. 如果外国船舶在领海内进行下列任何一种活动，其通过即应视为损害沿海国的和平、良好秩序或安全：

(a) 对沿海国的主权、领土完整或政治独立进行任何武力威胁或使用武力，或以任何其他违反《联合国宪章》所体现的国际法原则的方式进行武力威胁或使用武力；

(b) 以任何种类的武器进行任何操练或演习；

(c) 任何目的在于搜集情报使沿海国的防务或安全受损害的行为；

(d) 任何目的在于影响沿海国防务或安全的宣传行为；

(e) 在船上起落或接载任何飞机；

(f) 在船上发射、降落或接载任何军事装置；

(g) 违反沿海国海关、财政、移民或卫生的法律和规章，上下任何商品、货币或人员；

(h) 违反本公约规定的任何故意和严重的污染行为；

(i) 任何捕鱼活动；

(j) 进行研究或测量活动；

(k) 任何目的在于干扰沿海国任何通讯系统或任何其他设施或设备的行为；

(l) 与通过没有直接关系的任何其他活动。

第二十条　潜水艇和其他潜水器

在领海内，潜水艇和其他潜水器，须在海面上航行并展示其旗帜。

关联法条

《中华人民共和国领海及毗连区法》

第六条　外国非军用船舶，享有依法无害通过中华人民共和国领海的权利。

外国军用船舶进入中华人民共和国领海，须经中华人民共和国政府批准。

第十三条　中华人民共和国有权在此毗连区内，为防止和惩处在其陆地领土、内水或者领海内违反有关安全、海关、财政、卫生或者入境出境管理的法律、法规的行为行使管制权。

理论解读

无害通过是指非沿海国的船舶在不损害沿海国和平、安宁和良好秩序的情况下，可以无须事先通知或征得沿海国许可而连续不断地通过其领海。其要点如下：

1. 通过是指为了驶入或驶出内水的航行，或者是仅穿越领海而不进入内水的航行。

2. 船舶必须是连续不停地迅速通过，除非发生不可抗力、遇难或救助，不得停船或下锚。潜水艇通过时要浮出水面并展示船旗。

3. 通过以不损害沿海国和平、安宁和良好秩序为前提。

4. 该制度只适用于船舶，而不适用于飞机。

5. 该制度只适用于非军事船舶。

6. 无害通过无须事先通知或征得沿海国的许可。

★第二十七条　外国船舶上的刑事管辖权

1. 沿海国不应在通过领海的外国船舶上行使刑事管辖权，以逮捕与在该船舶通过期间船上所犯任何罪行有关的任何人或进行与该罪行有关的任何调查，但下列情形除外：

(a) 罪行的后果及于沿海国；

(b) 罪行属于扰乱当地安宁或领海的良好秩序的性质；

(c) 经船长或船旗国外交代表或领事官员请求地方当局予以协助；或

(d) 这些措施是取缔违法贩运麻醉药品或精神调理物质所必要的。

2. 上述规定不影响沿海国为在驶离内水后通过领海的外国船舶上进行逮捕或调查的目的而采取其法律所授权的任何步骤的权利。

3. 在第1和第2两款规定的情形下，如经船长请求，沿海国在采取任何步骤前应通知船旗国的外交代表或领事官员，并应便利外交代表或领事官员和船上乘务人员之间的接触。遇有紧急情况，发出此项通知可与采取措施同时进行。

4. 地方当局在考虑是否逮捕或如何逮捕时，应适当顾及航行的利益。

5. 除第十二部分有所规定外或有违犯按照第五部分制定的法律和规章的情形，如果来自外国港口的外国船舶仅通过领海而不驶入内水，沿海国不得在通过领海的该船舶上采取任何步骤，以逮捕与该船舶驶进领海前所犯任何罪行有关的任何人或进行与该罪行有关的调查。

理论解读

虽然领海是沿海国的领土，但是对于领海内的外国船上发生的内部事项，一般由船旗国管辖，当然，在以下几个特定的情况下，沿海国可以行使刑事管辖权：(1) 罪行的后果及于沿海国；(2) 罪行属于扰乱当地安宁或领海的良好秩序的性质；(3) 经船长或船旗国外交代表或领事官员请求地方当局予以协助；或 (4) 这些措施是取缔违法贩运麻醉药品或精神调理物质所必要的。

应注意，对于应请求而行使刑事管辖权，请求的主体应是船长或者船旗国的外交代表或领事官员。

第二十八条　对外国船舶的民事管辖权

1. 沿海国不应为对通过领海的外国船舶上某人行使民事管辖权的目的而停止其航行或改变其航向。

2. 沿海国不得为任何民事诉讼的目的而对船舶从事执行或加以逮捕，但涉及该船舶本身在通过沿海国水域的航行中或为该航行的目的而承担的义务或因而负担的责任，则不在此限。

3. 第 2 款不妨害沿海国按照其法律为任何民事诉讼的目的而对在领海内停泊或驶离内水后通过领海的外国船舶从事执行或加以逮捕的权利。

第三十条　军舰对沿海国法律和规章的不遵守

如果任何军舰不遵守沿海国关于通过领海的法律和规章，而且不顾沿海国向其提出遵守法律和规章的任何要求，沿海国可要求该军舰立即离开领海。

★★第三十三条　毗连区

1. 沿海国可在毗连其领海称为毗连区的国际海底区域内，行使为下列事项所必要的管制：

(a) 防止在其领土或领海内违犯其海关、财政、移民或卫生的法律和规章；

(b) 惩治在其领土或领海内违犯上述法律和规章的行为。

2. 毗连区从测算领海宽度的基线量起，不得超过二十四海里。

关联法条

《中华人民共和国领海及毗连区法》

第四条　中华人民共和国毗连区为领海以外邻接领海的一带海域。毗连区的宽度为十二海里。

中华人民共和国毗连区的外部界线为一条其每一点与领海基线的最近点距离等于二十四海里的线。

经典考题

(2011-1-97，不定项) A 公司和 B 公司于 2011 年 5 月 20 日签订合同，由 A 公司将一批平板电脑售卖给 B 公司。A 公司和 B 公司营业地分别位于甲国和乙国，两国均为《联合国国际货物销售合同公约》缔约国。合同项下的货物由丙国 C 公司的“潇湘”号商船承运，装运港是甲国某港口，目的港是乙国某港口。在运输途中，B 公司与中国 D 公司就货物转卖达成协议。“潇湘”号运送该批平板电脑的航行路线要经过丁国的毗连区。根据《联合国海洋法公约》，下列选项正确的是(　　)。①

A. “潇湘”号在丁国毗连区通过时的权利和义务与在丁国领海的无害通过相同

B. 丁国可在“潇湘”号通过时对毗连区上空进行管制

① 【答案及释疑】根据《联合国海洋法公约》的规定，在毗连区内，沿海国行使有限的专门管辖权，主要是为防止、惩治在其领土或领海内犯有违反海关、财政、移民或卫生的法律规章的行为而行使必要的管制权力。毗连区不是领海，在其中通行不适用“无害通过”制度，选项 A 错误，选项 D 正确。国家对毗连区不享有领土主权，只是在毗连区范围行使上述特定方面的管制权，国家对于并非其领土的毗连区无权适用分道航行制度，国家对于毗连区的管制不包括其上空，选项 B、C 错误。(答案：D)

C. 丁国可根据其毗连区领土主权对“潇湘”号等船舶规定分道航行

D. “潇湘”号应遵守丁国在海关、财政、移民和卫生等方面的法律规定

第三十四条　构成用于国际航行海峡的水域的法律地位

1. 本部分所规定的用于国际航行的海峡的通过制度，不应在其他方面影响构成这种海峡的水域的法律地位，或影响海峡沿岸国对这种水域及其上空、海床和底土行使其主权或管辖权。

2. 海峡沿岸国的主权或管辖权的行使受本部分和其他国际法规则的限制。

第三十五条　本部分的范围

本部分的任何规定不影响：

(a) 海峡内任何内水区域，但按照第七条所规定的方法确定直线基线的效果使原来并未认为是内水的区域被包围在内成为内水的情况除外；

(b) 海峡沿岸国领海以外的水域作为专属经济区或公海的法律地位；或

(c) 某些海峡的法律制度，这种海峡的通过已全部或部分地规定在长期存在、现行有效的专门关于这种海峡的国际公约中。

★★第三十六条　穿过用于国际航行的海峡的公海航道或穿过专属经济区的航道

如果穿过某一用于国际航行的海峡有在航行和水文特征方面同样方便的一条穿过公海或穿过专属经济区的航道，本部分不适用于该海峡；在这种航道中，适用本公约其他有关部分，其中包括关于航行和飞越自由的规定。

第三十七条　本节的范围

本节适用于在公海或专属经济区的一个部分和公海或专属经济区的另一部分之间的用于国际航行的海峡。

★★第三十八条　过境通行权

1. 在第三十七条所指的海峡中，所有船舶和飞机均享有过境通行的权利，过境通行不应受阻碍；但如果海峡是由海峡沿岸国的一个岛屿和该国大陆形成，而且该岛向海一面有在航行和水文特征方面同样方便的一条穿过公海，或穿过专属经济区的航道，过境通行就不应适用。

2. 过境通行是指按照本部分规定，专为在公海或专属经济区的一个部分和公海或专属经济区的另一部分之间的海峡继续不停和迅速过境的目的而行使航行和飞越自由。但是，对继续不停和迅速过境的要求，并不排除在一个海峡沿岸国入境条件的限制下，为驶入、驶离该国或自该国返回的目的而通过海峡。

3. 任何非行使海峡过境通行权的活动，仍受本公约其他适用的规定的限制。

第三十九条　船舶和飞机在过境通行时的义务

1. 船舶和飞机在行使过境通行权时应：

(a) 毫不迟延地通过或飞越海峡；

(b) 不对海峡沿岸国的主权、领土完整或政治独立进行任何武力威胁或使用武力，或以任何其他违反《联合国宪章》所体现的国际法原则的方式进行武力威胁或使用武力；

(c) 除因不可抗力或遇难而有必要外，不从事其继续不停和迅速过境的通常方式所附带发生的活动以外的任何活动；

(d) 遵守本部分的其他有关规定。

2. 过境通行的船舶应：

(a) 遵守一般接受的关于海上安全的国际规章、程序和惯例，包括《国际海上避碰规则》；

(b) 遵守一般接受的关于防止、减少和控制来自船舶的污染的国际规章、程序和惯例。

3. 过境通行的飞机应：

(a) 遵守国际民用航空组织制定的适用于民用飞机的《航空规则》；国有飞机通常应遵守这种安全措施，并在操作时随时适当顾及航行安全；

(b) 随时监听国际上指定的空中交通管制主管机构所分配的无线电频率或有关的国际呼救无线电频率。

第四十条　研究和测量活动

外国船舶，包括海洋科学研究和水文测量的船舶在内，在过境通行时，非经海峡沿岸国事前准许，不得进行任何研究或测量活动。

第四十一条　用于国际航行的海峡内的海道和分道通航制

1. 依照本部分，海峡沿岸国可于必要时为海峡航行指定海道和规定分道通航制，以促进船

舶的安全通过。

2. 这种国家可于情况需要时，经妥为公布后，以其他海道或分道通航制替换任何其原先指定或规定的海道或分道通航制。

3. 这种海道和分道通航制应符合一般接受的国际规章。

4. 海峡沿岸国在指定或替换海道或在规定或替换分道通航制以前，应将提议提交主管国际组织，以期得到采纳。该组织仅可采纳同海峡沿岸国议定的海道和分道通航制，在此以后，海峡沿岸国可对这些海道和分道通航制予以指定、规定或替换。

5. 对于某一海峡，如所提议的海道或分道通航制穿过该海峡两个或两个以上沿岸国的水域，有关各国应同主管国际组织协商，合作拟订提议。

6. 海峡沿岸国应在海图上清楚地标出其所指定或规定的一切海道和分道通航制，并应将该海图妥为公布。

7. 过境通行的船舶应尊重按照本条制定的适用的海道和分道通航制。

第四十二条　海峡沿岸国关于过境通行的法律和规章

1. 在本节规定的限制下，海峡沿岸国可对下列各项或任何一项制定关于通过海峡的过境通行的法律和规章：

(a) 第四十一条所规定的航行安全和海上交通管理；

(b) 使有关在海峡内排放油类、油污废物和其他有毒物质的适用的国际规章有效，以防止、减少和控制污染；

(c) 对于渔船，防止捕鱼，包括渔具的装载；

(d) 违反海峡沿岸国海关、财政、移民或卫生的法律和规章，上下任何商品、货币或人员。

2. 这种法律和规章不应在形式上或事实上在外国船舶间有所歧视，或在其适用上有否定、妨碍或损害本节规定的过境通行权的实际后果。

3. 海峡沿岸国应将所有这种法律和规章妥为公布。

4. 行使过境通行权的外国船舶应遵守这种法律和规章。

5. 享有主权豁免的船舶的船旗国或飞机的登记国，在该船舶或飞机不遵守这种法律和规章或本部分的其他规定时，应对海峡沿岸国遭受的任何损失和损害负国际责任。

第四十三条　助航和安全设备及其他改进办法以及污染的防止、减少和控制

海峡使用国和海峡沿岸国应对下列各项通过协议进行合作：

(a) 在海峡内建立并维持必要的助航和安全设备或帮助国际航行的其他改进办法；和

(b) 防止、减少和控制来自船舶的污染。

第四十四条　海峡沿岸国的义务

海峡沿岸国不应妨碍过境通行，并应将其所知的海峡内或海峡上空对航行或飞越有危险的任何情况妥为公布。过境通行不应予以停止。

第四十五条　无害通过

1. 按照第二部分第三节，无害通过制度应适用于下列用于国际航行的海峡：

(a) 按照第三十八条第1款不适用过境通行制度的海峡；或

(b) 在公海或专属经济区的一个部分和外国领海之间的海峡。

2. 在这种海峡中的无害通过不应予以停止。

第四十六条　用语

为本公约的目的：

(a)“群岛国”是指全部由一个或多个群岛构成的国家，并可包括其他岛屿；

(b)“群岛”是指一群岛屿，包括若干岛屿的若干部分、相连的水域和其他自然地形，彼此密切相关，以致这种岛屿、水域和其他自然地形在本质上构成一个地理、经济和政治的实体，或在历史上已被视为这种实体。

★★第四十七条　群岛基线

1. 群岛国可划定连接群岛最外缘各岛和各干礁的最外缘各点的直线群岛基线，但这种基线应包括主要的岛屿和一个区域，在该区域内，水域面积和包括环礁在内的陆地面积的比例应在一比一到九比一之间。

2. 这种基线的长度不应超过一百海里。但围绕任何群岛的基线总数中至多百分之三可超过该长度，最长以一百二十五海里为限。

3. 这种基线的划定不应在任何明显的程度上偏离群岛的一般轮廓。

4. 除在低潮高地上筑有永久高于海平面的灯塔或类似设施，或者低潮高地全部或一部与最近的岛屿的距离不超过领海的宽度外，这种基线的划定不应以低潮高地为起讫点。

5. 群岛国不应采用一种基线制度，致使另一国的领海同公海或专属经济区隔断。

6. 如果群岛国的群岛水域的一部分位于一个直接相邻国家的两个部分之间，该邻国传统上在该水域内行使的现有权利和一切其他合法利益以及两国间协定所规定的一切权利，均应继续，并予以尊重。

7. 为计算第1款规定的水域与陆地的比例的目的，陆地面积可包括位于岛屿和环礁的岸礁以内的水域，其中包括位于陡侧海台周围的一系列灰岩岛和干礁所包围或几乎包围的海台的那一部分。

8. 按照本条划定的基线，应在足以确定这些线的位置的一种或几种比例尺的海图上标出。或者，可以用列出各点的地理坐标并注明大地基准点的表来代替。

9. 群岛国应将这种海图或地理坐标表妥为公布，并应将各该海图或坐标表的一份副本交存于联合国秘书长。

第四十八条　领海、毗连区、专属经济区和大陆架宽度的测算

领海、毗连区、专属经济区和大陆架的宽度，应从按照第四十七条划定的群岛基线量起。

第四十九条　群岛水域、群岛水域的上空、海床和底土的法律地位

1. 群岛国的主权及于按照第四十七条划定的群岛基线所包围的水域，称为群岛水域，不论其深度或距离海岸的远近如何。

2. 此项主权及于群岛水域的上空、海床和底土，以及其中所包含的资源。

3. 此项主权的行使受本部分规定的限制。

4. 本部分所规定的群岛海道通过制度，不应在其他方面影响包括海道在内的群岛水域的地位，或影响群岛国对这种水域及其上空、海床和底土以及其中所含资源行使其主权。

第五十条　内水界限的划定

群岛国可按照第九条、第十条和第十一条，在其群岛水域内用封闭线划定内水的界限。

第五十一条　现有协定、传统捕鱼权利和现有海底电缆

1. 在不妨害第四十九条的情形下，群岛国应尊重与其他国家间的现有协定，并应承认直接相邻国家在群岛水域范围内的某些区域内的传统捕鱼权利和其他合法活动。行使这种权利和进行这种活动的条款和条件，包括这种权利和活动的性质、范围和适用的区域，经任何有关国家要求，应由有关国家之间的双边协定予以规定。这种权利不应转让给第三国或其国民，或与第三国或其国民分享。

2. 群岛国应尊重其他国家所铺设的通过其水域而不靠岸的现有海底电缆。群岛国于接到关于这种电缆的位置和修理或更换这种电缆的意图的适当通知后，应准许对其进行维修和更换。

第五十二条　无害通过权

1. 在第五十三条的限制下并在不妨害第五十条的情形下，按照第二部分第三节的规定，所有国家的船舶均享有通过群岛水域的无害通过权。

2. 如为保护国家安全所必要，群岛国可在对外国船舶之间在形式上或事实上不加歧视的条件下，暂时停止外国船舶在其群岛水域特定区域内的无害通过。这种停止仅应在正式公布后发生效力。

★★第五十三条　群岛海道通过权

1. 群岛国可指定适当的海道和其上的空中航道，以便外国船舶和飞机继续不停和迅速通过或飞越其群岛水域和邻接的领海。

2. 所有船舶和飞机均享有在这种海道和空中航道内的群岛海道通过权。

3. 群岛海道通过是指按照本公约规定，专为在公海或专属经济区的一部分和公海或专属经济区的另一部分之间继续不停、迅速和无障碍地过境的目的，行使正常方式的航行和飞越的权利。

4. 这种海道和空中航道应穿过群岛水域和邻

接的领海，并应包括用作通过群岛水域或其上空的国际航行或飞越的航道的所有正常通道，并且在这种航道内，就船舶而言，包括所有正常航行水道，但无须在相同的进出点之间另设同样方便的其他航道。

5. 这种海道和空中航道应以通道进出点之间的一系列连续不断的中心线划定，通过群岛海道和空中航道的船舶和飞机在通过时不应偏离这种中心线二十五海里以外，但这种船舶和飞机在航行时与海岸的距离不应小于海道边缘各岛最近各点之间的距离的百分之十。

6. 群岛国根据本条指定海道时，为了使船舶安全通过这种海道内的狭窄水道，也可规定分道通航制。

7. 群岛国可于情况需要时，经妥为公布后，以其他的海道或分道通航制替换任何其原先指定或规定的海道或分道通航制。

8. 这种海道或分道通航制应符合一般接受的国际规章。

9. 群岛国在指定或替换海道或在规定或替换分道通航制时，应向主管国际组织提出建议，以期得到采纳。该组织仅可采纳同群岛国议定的海道和分道通航制；在此以后，群岛国可对这些海道和分道通航制予以指定、规定或替换。

10. 群岛国应在海图上清楚地标出其指定或规定的海道中心线和分道通航制，并应将该海图妥为公布。

11. 通过群岛海道的船舶应尊重按照本条制定的适用的海道和分道通航制。

12. 如果群岛国没有指定海道或空中航道，可通过正常用于国际航行的航道，行使群岛海道通过权。

第五十四条　船舶和飞机在通过时的义务、研究和测量活动、群岛国的义务以及群岛国关于群岛海道通过的法律和规章

第三十九、第四十、第四十二和第四十四各条比照适用于群岛海道通过。

第五十五条　专属经济区的特定法律制度

专属经济区是领海以外并邻接领海的一个国际海底区域，受本部分规定的特定法律制度的限制，在这个制度下，沿海国的权利和管辖权以及其他国家的权利和自由均受本公约有关规定的支配。

第五十六条　沿海国在专属经济区内的权利、管辖权和义务

1. 沿海国在专属经济区内有：

（a）以勘探和开发、养护和管理海床上覆水域和海床及其底土的自然资源（不论为生物或非生物资源）为目的的主权权利，以及关于在该区内从事经济性开发和勘探，如利用海水、海流和风力生产能等其他活动的主权权利；

（b）本公约有关条款规定的对下列事项的管辖权：

（1）人工岛屿、设施和结构的建造和使用；

（2）海洋科学研究；

（3）海洋环境的保护和保全；

（c）本公约规定的其他权利和义务。

2. 沿海国在专属经济区内根据本公约行使其权利和履行其义务时，应适当顾及其他国家的权利和义务，并应以符合本公约规定的方式行事。

3. 本条所载的关于海床和底土的权利，应按照第六部分的规定行使。

★第五十七条　专属经济区的宽度

专属经济区从测算领海宽度的基线量起，不应超过二百海里。

★第五十八条　其他国家在专属经济区内的权利和义务

1. 在专属经济区内，所有国家，不论为沿海国或内陆国，在本公约有关规定的限制下，享有第八十七条所指的航行和飞越的自由，铺设海底电缆和管道的自由，以及与这些自由有关的海洋其他国际合法用途，诸如同船舶和飞机的操作及海底电缆和管道的使用有关的并符合本公约其他规定的那些用途。

2. 第八十八条至第一百一十五条以及其他国际法有关规则，只要与本部分不相抵触，均适用于专属经济区。

3. 各国在专属经济区内根据本公约行使其权利和履行其义务时，应适当顾及沿海国的权利和义务，并应遵守沿海国按照本公约的规定和其他国际法规则所制定的与本部分不相抵触的法律和规章。

★★第七十三条　沿海国法律和规章的执行

1. 沿海国行使其勘探、开发、养护和管理在专属经济区内的生物资源的主权权利时，可采取为确保其依照本公约制定的法律和规章得到遵守所必要的措施，包括登临、检查、逮捕和进行司法程序。

2. 被逮捕的船只及其船员，在提出适当的保证书或其他担保后，应迅速获得释放。

3. 沿海国对于在专属经济区内违犯渔业法律和规章的处罚，如有关国家无相反的协议，不得包括监禁，或任何其他方式的体罚。

4. 在逮捕或扣留外国船只的情形下，沿海国应通过适当途径将其所采取的行动及随后所施加的任何处罚迅速通知船旗国。

典型案例

甲国渔民未经批准，进入乙国专属经济区捕鱼，乙国海警发现后，实施紧追并在紧追过程中开炮，击伤甲国渔民后将渔船强行带回港口，并对甲国渔民实施监禁，追究刑事责任，且未通知甲国。甲国的做法是否符合《联合国海洋法公约》的相关规定？

答案：沿海国对于本国专属经济区的经济开发享有专属权，因此有权禁止他国渔民在未经许可的情况下进行捕捞。但是沿海国对于违反渔业法律的外国渔民，一般不得实施监禁或其他方式的体罚，并应在扣留外国船只时及时通知船旗国。

经典考题

（2008-1-78，多选）甲国注册的渔船“踏浪号”应乙国注册的渔船“风行号”之邀，在乙国专属经济区进行捕鱼作业时，乙国海上执法船赶来制止，随后将“踏浪号”带回乙国港口。甲乙两国都是《联合国海洋法公约》的缔约国，且两国之间没有其他相关的协议。据此，根据海洋法的有关规则，下列哪些选项是正确的？①

A. 只要“踏浪号”向乙国有关部门提交适当保证书和担保，乙国必须迅速释放该船

B. 只要“踏浪号”向乙国有关部门提交适当保证书和担保，乙国必须迅速释放该船船员

C. 如果“踏浪号”未能向乙国有关部门及时提交适当担保，乙国有权对该船船长和船员处以3个月以下的监禁

D. 乙国有义务将该事项迅速通知甲国

★★第七十六条　大陆架的定义

1. 沿海国的大陆架包括其领海以外依其陆地领土的全部自然延伸，扩展到大陆边外缘的海底国际海底区域的海床和底土，如果从测算领海宽度的基线量起到大陆边的外缘的距离不到二百海里，则扩展到二百海里的距离。

2. 沿海国的大陆架不应扩展到第4至第6款所规定的界限以外。

3. 大陆边包括沿海国陆块没入水中的延伸部分，由陆架、陆坡和陆基的海床和底土构成，它不包括深洋洋底及其洋脊，也不包括其底土。

4. (a) 为本公约的目的，在大陆边从测算领海宽度的基线量起超过二百海里的任何情形下，沿海国应以下列两种方式之一，划定大陆边的外缘：

（1）按照第7款，以最外各定点为准划定界

---

① 【答案及释疑】对于在专属经济区的外国违法船舶，沿海国有权采取措施执法，《联合国海洋法公约》第73条“沿海国法律和规章的执行”规定：(1) 沿海国行使其勘探、开发、养护和管理在专属经济区内的生物资源的主权权利时，可采取为确保其依照本公约制定的法律和规章得到遵守所必要的措施，包括登临、检查、逮捕和进行司法程序。(2) 被逮捕的船只及其船员，在提出适当的保证书或其他担保后，应迅速获得释放。(3) 沿海国对于在专属经济区内违反渔业法律和规章的处罚，如有关国家无相反的协议，不得包括监禁，或任何其他方式的体罚。(4) 在逮捕或扣留外国船只的情形下，沿海国应通过适当途径将其所采取的行动及随后所施加的任何处罚迅速通知船旗国。本题并未像以往那样，单纯考查紧追权或登临权行使的条件，而是考查《联合国海洋法公约》第73条关于在专属经济区里“沿海国法律和规章的执行”问题，应该说是偏难的一道题。根据该法条的上述规定，C选项提到乙国有权对违法的甲国船船长和船员处以监禁，这一做法显然违反了该条第3款的规定，属于错误做法，其他几个选项符合该法条规定。（答案：ABD）

线，每一定点上沉积岩厚度至少为从该点至大陆坡脚最短距离的百分之一；或

（2）按照第 7 款，以离大陆坡脚的距离不超过六十海里的各定点为准划定界线。

（b）在没有相反证明的情形下，大陆坡脚应定为大陆坡坡底坡度变动最大之点。

5. 组成按照第 4 款（a）项（1）和（2）目划定的大陆架在海床上的外部界线的各定点，不应超过从测算领海宽度的基线量起三百五十海里，或不应超过连接二千五百公尺深度各点的二千五百公尺等深线一百海里。

6. 虽有第 5 款的规定，在海底洋脊上的大陆架外部界限不应超过从测算领海宽度的基线量起三百五十海里。本款规定不适用于作为大陆边自然构成部分的海台、海隆、海峰、暗滩和坡尖等海底高地。

7. 沿海国的大陆架如从测算领海宽度的基线量起超过二百海里，应连接以经纬度坐标标出的各定点划出长度各不超过六十海里的若干直线，划定其大陆架的外部界限。

理论解读

如果沿海国宣布了专属经济区，则其专属经济区和大陆架在一定范围内存在重叠现象。但是，沿海国在专属经济区的主权权利为对其水域及海床和底土的资源的开发权，而沿海国在大陆架的主权权利仅限于对其海床和底土的资源开发权。此外，根据《联合国海洋法公约》的规定，二者的宽度限制也有所不同。

关联法条

《中华人民共和国专属经济区和大陆架法》

第二条第二款　中华人民共和国的大陆架，为中华人民共和国领海以外依本国陆地领土的全部自然延伸，扩展到大陆边外缘的海底区域的海床和底土；如果从测算领海宽度的基线量起至大陆边外缘的距离不足二百海里，则扩展至二百海里。

第八十七条　公海自由

1. 公海对所有国家开放，不论其为沿海国或内陆国。公海自由是在本公约和其他国际法规则所规定的条件下行使的。公海自由对沿海国和内陆国而言，除其他外，包括：

（a）航行自由；

（b）飞越自由；

（c）铺设海底电缆和管道的自由，但受第六部分的限制；

（d）建造国际法所容许的人工岛屿和其他设施的自由，但受第六部分的限制；

（e）捕鱼自由，但受第二节规定条件的限制；

（f）科学研究的自由，但受第六和第十三部分的限制。

2. 这些自由应由所有国家行使，但须适当顾及其他国家行使公海自由的利益，并适当顾及本公约所规定的同“国际海底区域”内活动有关的权利。

第八十八条　公海只用于和平目的

公海应只用于和平目的。

第八十九条　对公海主权主张的无效

任何国家不得有效地声称将公海的任何部分置于其主权之下。

第九十条　航行权

每个国家，不论是沿海国或内陆国，均有权在公海上行驶悬挂其旗帜的船舶。

第九十一条　船舶的国籍

1. 每个国家应确定对船舶给予国籍、船舶在其领土内登记及船舶悬挂该国旗帜的权利的条件。船舶具有其有权悬挂的旗帜所属国家的国籍。国家和船舶之间必须有真正联系。

2. 每个国家应向其给予悬挂该国旗帜权利的船舶颁发给予该权利的文件。

第九十二条　船舶的地位

1. 船舶航行应仅悬挂一国的旗帜，而且除国际条约或本公约明文规定的例外情形外，在公海上应受该国的专属管辖。除所有权确实转移或变更登记的情形外，船舶在航程中或在停泊港内不得更换其旗帜。

2. 悬挂两国或两国以上旗帜航行并视方便而换用旗帜的船舶，对任何其他国家不得主张其中的任一国籍，并可视同无国籍的船舶。

理论解读

船舶“无国籍”和“方便旗”的情形并不相同。船舶未在任何国家登记，或者在公海航行时变换旗帜的，视为无国籍。而方便旗是另一种情形。依据各国法律和政策对船舶登记条件的不同规定，目前船舶登记制度可以分为开放式、半开放式和封闭式三种。其中采用船舶开放式登记制度的国家，对前来登记的船舶，条件限制比较宽松，有些近乎没有限制条件，几乎所有的船舶都可以在该国登记。因此，这些船舶的国籍已失去了“法律纽带”的本质，船旗国与船舶并无真正的联系。这些船舶所取得的国籍被称为“方便旗籍”，它们所悬挂的国旗为“方便旗”，这些船舶为“方便旗船”。

经典考题

(2007-1-79，多选）甲国军舰“克罗将军号”在公海中航行时，发现远处一艘名为“斯芬克司号”的商船，悬挂甲国船旗。当“克罗将军号”驶近该船时，发现其已换挂乙国船旗。根据国际法的有关规则，下列哪些选项是错误的?①

A.“斯芬克司号”被视为悬挂甲国船旗的船舶

B.“斯芬克司号”被视为具有双重船旗的船舶

C.“斯芬克司号”被视为无船旗船舶

D.“斯芬克司号”被视为悬挂方便旗的船舶

第九十五条　公海上军舰的豁免权

军舰在公海上有不受船旗国以外任何其他国家管辖的完全豁免权。

第九十六条　专用于政府非商业性服务的船舶的豁免权

由一国所有或经营并专用于政府非商业性服务的船舶，在公海上应有不受船旗国以外任何其他国家管辖的完全豁免权。

第一百条　合作制止海盗行为的义务

所有国家应尽最大可能进行合作，以制止在公海上或在任何国家管辖范围以外的任何其他地方的海盗行为。

第一百零一条　海盗行为的定义

下列行为中的任何行为构成海盗行为：

(a）私人船舶或私人飞机的船员、机组成员或乘客为私人目的，对下列对象所从事的任何非法的暴力或扣留行为，或任何掠夺行为：

(1）在公海上对另一船舶或飞机，或对另一船舶或飞机上的人或财物；

(2）在任何国家管辖范围以外的地方对船舶、飞机、人或财物；

(b）明知船舶或飞机成为海盗船舶或飞机的事实，而自愿参加其活动的任何行为；

(c）教唆或故意便利（a）或（b）项所述行为的任何行为。

第一百零二条　军舰、政府船舶或政府飞机由于其船员或机组成员发生叛变而从事的海盗行为。

军舰、政府船舶或政府飞机由于其船员或机组成员发生叛变并控制该船舶或飞机而从事第一百零一条所规定的海盗行为，视同私人船舶或飞机所从事的行为。

第一百零三条　海盗船舶或飞机的定义

如果处于主要控制地位的人员意图利用船舶或飞机从事第一百零一条所指的各项行为之一，该船舶或飞机视为海盗船舶或飞机。如果该船舶或飞机曾被用以从事任何这种行为，在该船舶或飞机仍在犯有该行为的人员的控制之下时，上述规定同样适用。

第一百零四条　海盗船舶或飞机国籍的保留或丧失

船舶或飞机虽已成为海盗船舶或飞机，仍可保有其国籍。国籍的保留或丧失由原来给予国籍的国家的法律予以决定。

第一百零五条　海盗船舶或飞机的扣押

在公海上，或在任何国家管辖范围以外的任何其他地方，每个国家均可扣押海盗船舶或飞机

① 【答案及释疑】悬挂两国或两国以上旗帜航行并视方便而换用旗帜的船舶，对任何其他国家不得主张其中的任一国籍，并可视同无国籍的船舶。“斯芬克司号”商船在公海上更换旗帜，可被视为无船旗船舶，故选项A、B、D说法本身错误，选项C正确。（答案：ABD）

或为海盗所夺取并在海盗控制下的船舶或飞机，和逮捕船上或机上人员并扣押船上或机上财物。扣押国的法院可判定应处的刑罚，并可决定对船舶、飞机或财产所应采取的行动，但受善意第三者的权利的限制。

第一百零六条　无足够理由扣押的赔偿责任

如果扣押涉有海盗行为嫌疑的船舶或飞机并无足够的理由，扣押国应向船舶或飞机所属的国家负担因扣押而造成的任何损失或损害的赔偿责任。

第一百零七条　由于发生海盗行为而有权进行扣押的船舶和飞机

由于发生海盗行为而进行的扣押，只可由军舰、军用飞机或其他有清楚标志可以识别的为政府服务并经授权扣押的船舶或飞机实施。

★★★第一百一十条　登临权

1. 除条约授权的干涉行为外，军舰在公海上遇到按照第九十五和第九十六条享有完全豁免权的船舶以外的外国船舶，非有合理根据认为有下列嫌疑，不得登临该船：

(a) 该船从事海盗行为；

(b) 该船从事奴隶贩卖；

(c) 该船从事未经许可的广播而且军舰的船旗国依据第一百零九条有管辖权；

(d) 该船没有国籍；或

(e) 该船虽悬挂外国旗帜或拒不展示其旗帜，而事实上却与该军舰属同一国籍。

2. 在第1款规定的情形下，军舰可查核该船悬挂其旗帜的权利。为此目的，军舰可派一艘由一名军官指挥的小艇到该嫌疑船舶。如果检验船舶文件后仍有嫌疑，军舰可进一步在该船上进行检查，但检查须尽量审慎进行。

3. 如果嫌疑经证明为无根据，而且被登临的船舶并未从事嫌疑的任何行为，对该船舶可能遭受的任何损失或损害应予赔偿。

4. 这些规定比照适用于军用飞机。

5. 这些规定也适用于经正式授权并有清楚标志可以识别的为政府服务的任何其他船舶或飞机。

★★★★★第一百一十一条　紧追权

1. 沿海国主管当局有充分理由认为外国船舶违反该国法律和规章时，可对该外国船舶进行紧追。此项追逐须在外国船舶或其小艇之一在追逐国的内水、群岛水域、领海或毗连区内时开始，而且只有追逐未曾中断，才可在领海或毗连区外继续进行。当外国船舶在领海或毗连区内接获停驶命令时，发出命令的船舶并无必要也在领海或毗连区内。如果外国船舶是在第三十三条所规定的毗连区内，追逐只有在设立该区所保护的权利遭到侵犯的情形下才可进行。

2. 对于在专属经济区内或大陆架上，包括大陆架上设施周围的安全地带内，违反沿海国按照本公约适用于专属经济区或大陆架包括这种安全地带的法律和规章的行为，应比照适用紧追权。

3. 紧追权在被追逐的船舶进入其本国领海或第三国领海时立即终止。

4. 除非追逐的船舶以可用的实际方法认定被追逐的船舶或其小艇之一或作为一队进行活动而以被追逐的船舶为母船的其他船艇是在领海范围内，或者，根据情况，在毗连区或专属经济区内或在大陆架上，紧追不得认为已经开始。追逐只有在外国船舶视听所及的距离内发出视觉或听觉的停驶信号后，才可开始。

5. 紧追权只可由军舰、军用飞机或其他有清楚标志可以识别的为政府服务并经授权紧追的船舶或飞机行使。

6. 在飞机进行紧追时：

(a) 应比照适用第1至第4款的规定；

(b) 发出停驶命令的飞机，除非其本身能逮捕该船舶，否则须其本身积极追逐船舶直至其所召唤的沿海国船舶或另一飞机前来接替追逐为止。飞机仅发现船舶犯法或有犯法嫌疑，如果该飞机本身或接着无间断地进行追逐的其他飞机或船舶既未命令该船停驶也未进行追逐，则不足以构成在领海以外逮捕的理由。

7. 在一国管辖范围内被逮捕并被押解到该国港口以便主管当局审问的船舶，不得仅以其在航行中由于情况需要而曾被押解通过专属经济区的或公海的一部分为理由而要求释放。

8. 在无正当理由行使紧追权的情况下，在领海以外被命令停驶或被逮捕的船舶，对于可能因此遭受的任何损失或损害应获赔偿。

理论解读

任何国家都在公海上享有航行，飞越，铺设海底电缆和管道，捕鱼，科学研究，建造人工岛屿、结构和设施六大自由。但公海自由不能理解为为所欲为，也受到有关国家管辖权的一定限制。就公海管辖权而言，在公海上航行的船舶原则上由船旗国行使专属管辖权，但对于从事海盗、贩奴、非法广播等非法行为的船舶，各国享有普遍管辖权，各国军舰或得到授权的有明显标志可资识别为政府船舶的船只可以行使登临权或紧追权。实践中，各国行使紧追权的情形，更多的是在本国的内水、领海、毗连区、专属经济区或大陆架发现外国船舶存在涉嫌违反本国在该区域的相关立法的行为，在对方拒绝配合调查、警告无效的情况下实施的。只有追逐未曾中断，紧追才可在领海或毗连区外继续进行。紧追权在被追逐的船舶进入其本国领海或第三国领海时立即终止。

要点归纳

1. 公海范围	国家管辖范围以外的海域
2. 各国在公海的权利或自由	航行，飞越，铺设海底电缆和管道，捕鱼，科学研究，建造人工岛屿、结构和设施的自由
3. 登临检查权	主体、对象、原因（海盗、贩奴、非法广播、无国籍、与军舰同一国籍）
4. 紧追权	主体、对象、原因（在沿海国的内水、领海、专属经济区、大陆架、群岛水域从事违法行为）、规则（先发出警告信号、不得中断、可持续紧追至公海、进入他国领海必须终止）
5. 公海船舶碰撞管辖权	对船上人员追究刑事责任：国籍国或船旗国管辖；吊销人员证书：证书颁发国；对船舶进行刑事调查和扣押：船旗国

关联法条

《中华人民共和国领海及毗连区法》

第十四条　中华人民共和国有关主管机关有充分理由认为外国船舶违反中华人民共和国法律、法规时，可以对该外国船舶行使紧追权。

追逐须在外国船舶或者其小艇之一或者以被追逐的船舶为母船进行活动的其他船艇在中华人民共和国的内水、领海或者毗连区内时开始。

如果外国船舶是在中华人民共和国毗连区内，追逐只有在本法第十三条所列有关法律、法规的权利受到侵犯时方可进行。

追逐只要没有中断，可以在中华人民共和国领海或者毗连区外继续进行。在被追逐的船舶进入其本国领海或者第三国领海时，追逐终止。

本条规定的紧追权由中华人民共和国军用船舶、军用航空器或者中华人民共和国政府授权的执行政府公务的船舶、航空器行使。

《中华人民共和国专属经济区和大陆架法》

第十二条　中华人民共和国在行使勘查、开发、养护和管理专属经济区的生物资源的主权权利时，为确保中华人民共和国的法律、法规得到遵守，可以采取登临、检查、逮捕、扣留和进行司法程序等必要的措施。

中华人民共和国对在专属经济区和大陆架违反中华人民共和国法律、法规的行为，有权采取必要措施，依法追究法律责任，并可以行使紧追权。

经典考题

1.（2012-1-97，不定项）甲国A公司向乙国B公司出口一批货物，双方约定适用2010年《国际贸易术语解释通则》中CIF术语。该批货物由丙国C公司“乐安”号商船承运，运输途中船舶搁浅，为起浮抛弃了部分货物。船舶起浮后继续航行中又因恶劣天气，部分货物被海浪打入海中。到目的港后发现还有部分货物因固有缺陷而损失。

“乐安”号运送该货物的航行路线要经过丁国的领海和毗连区。根据《联合国海洋法公约》，下列选项正确的是？（　　）。①

A. “乐安”号可不经批准穿行丁国领海，并在其间停泊转运货物

B. “乐安”号在丁国毗连区走私货物，丁国

① 【答案及释疑】无害通过要求船舶通过时须持续不停、迅速前进。故A项错误。毗连区内沿海国可以行使海关、财政、移民、卫生的立法权和执法权，对于走私行为，可以出动飞机或船只实施紧追。紧追活动在被紧追的船只进入他国领海时应立即终止，故D项错误。（答案：BC）

海上执法船可行使紧追权

C. “乐安”号在丁国毗连区走私货物，丁国海上执法机关可出动飞机行使紧追权

D. 丁国海上执法机关对“乐安”号的紧追权在其进入公海时立即终止

2.（2009-1-30，单选）乙国军舰A发现甲国渔船在乙国领海走私，立即发出信号开始紧追，渔船随即逃跑。当A舰因机械故障被迫返航时，令乙国另一艘军舰B在渔船逃跑必经的某公海海域埋伏。A舰返航半小时后，渔船出现在B舰埋伏的海域。依《联合国海洋法公约》及相关国际法规则，下列哪一选项是正确的?①

A. B舰不能继续A舰的紧追

B. A舰应从毗连区开始紧追，而不应从领海开始紧追

C. 为了紧追成功，B舰不必发出信号即可对渔船实施紧追

D. 只要B舰发出信号，即可在公海继续对渔船紧追

★第一百三十六条 人类的共同继承财产

“国际海底区域”及其资源是人类的共同继承财产。

第一百三十七条 “国际海底区域”及其资源的法律地位

1. 任何国家不应对“国际海底区域”的任何部分或其资源主张或行使主权或主权权利，任何国家或自然人或法人，也不应将“国际海底区域”或其资源的任何部分据为己有。任何这种主权和主权权利的主张或行使，或这种据为己有的行为，均应不予承认。

2. 对“国际海底区域”内资源的一切权利属于全人类，由管理局代表全人类行使。这种资源不得让渡。但从“国际海底区域”内回收的矿物，只可按照本部分和管理局的规则、规章和程序予以让渡。

3. 任何国家或自然人或法人，除按照本部分外，不应对“国际海底区域”矿物主张、取得或行使权利。否则，对于任何这种权利的主张、取得或行使，应不予承认。

经典考题

（2006-1-79，多选）先占是国际法中国家取得领土主权的一种方式。根据现代国际法的有关规则，下列哪些选项已经不能被作为先占的对象?②

A. 南极地区　　B. 北极地区

C. 国际海底区域　　D. 月球

★第一百五十三条 勘探和开发制度

1. “国际海底区域”内活动应由管理局代表全人类，按照本条以及本部分和有关附件的其他有关规定，和管理局的规则、规章和程序，予以安排、进行和控制。

2. “国际海底区域”内活动应依第3款的规定：

(a) 由企业部进行，和

(b) 由缔约国或国营企业，或在缔约国担保下的具有缔约国国籍或由这类国家或其国民有效控制的自然人或法人，或符合本部分和附件三规定的条件的上述各方的任何组合，与管理局以协作方式进行。

…………

① 【答案及释疑】紧追可以从内水、领海、毗连区等海域开始，如果发现外国船舶违反了沿海国有关的大陆架或专属经济区的制度，发出警告信号后，在这些海域也可以开始紧追。乙国军舰A发现甲国渔船在乙国领海走私，如果紧追也应从该领海区域开始，故B选项错。紧追应先发出信号，且紧追应持续进行，本题中B舰埋伏后如果继续紧追属于接力紧追，是违反国际法规则的行为，B舰无紧追权，故C、D选项均错，A选项正确。（答案：A）

② 【答案及释疑】先占是国家原始取得无人占有的领土的一种方式，但实践中已经不再使用。《南极条约》冻结了对南极的领土要求。对南极领土任何国家不得提出新的或扩大现有要求，南极领土仅限用于和平目的和科学研究。A选项错误。北极海沿岸的一些国家签订的关于北极环境保护的条约也不改变北极地区本身的法律地位，B选项错误。《联合国海洋法公约》规定，国际海底区域及其自然资源是人类共同继承的财产，任何国家不得对该区域主张主权或行使主权权利，不得将该区域据为己有，C选项错误。《外层空间条约》规定，任何国家不得为了自己的片面利益利用月球，并且不得对月球行使主权，D选项错误。（答案：ABCD）

理论解读

根据《联合国海洋法公约》的规定，区域或者其自然资源是人类的共同继承财产，区域内资源开发采取“平行开发制”。即对于国际海底区域，一方面可以由联合国国际海底管理局企业部开发；另一方面也可以由缔约国及其国民，或者非缔约国的国民（须找一个缔约国为其担保）作为申请人申请开发，申请时须向管理局提出两块经探明的具有同等商业价值的海底区域矿址，由管理局选择一块作为保留区，该区域由管理局企业部开发，另一块则作为合同区，交由申请人开发。平行开发既非自由开发，也非单一开发，而是指申请人和国际海底管理局都参与开发。

典型案例

甲国是1982年《联合国海洋法公约》的缔约国。甲国的船舶在各国管辖以外的某海底进行矿产开采作业时，其活动应遵守国际法的哪一种制度？

答案：从字面上理解，“各国管辖以外的某海底开采”指的就是国际海底区域。应注意“公海海底”不一定是国际海底区域，因为在200海里以外仍有部分有可能是沿海国的大陆架。国际海底区域是《联合国海洋法公约》所确立的新的海洋法概念和海洋区域。公海所实行的公海自由制度只适用于公海海域的本身及其上空，不包括底土，即公海自由并不意味着在国际海底区域也是自由开发。根据《联合国海洋法公约》的规定，区域或者其自然资源是人类的共同继承财产，区域内资源开发实行“平行开发制”。因此，甲国应遵循平行开发制来申请开发国际海底区域。

（二）《中华人民共和国领海及毗连区法》

（1992年2月25日第七届全国人大常委会第二十四次会议通过）

【导读】

《领海及毗连区法》内容比较简单，重点突出，应主要掌握领海基线、领海的宽度、领海的地位（受无害通过制度限制的领土主权）、无害通过制及毗连区的宽度、毗连区的法律地位（海关、财政、移民、卫生等方面的立法权和执法权）。

第一条　【立法目的】为行使中华人民共和国对领海的主权和对毗连区的管制权，维护国家安全和海洋权益，制定本法。

第二条　【领海、陆地领土及内水的含义】中华人民共和国领海为邻接中华人民共和国陆地领土和内水的一带海域。

中华人民共和国的陆地领土包括中华人民共和国及其沿海岛屿、台湾及其包括钓鱼岛在内的附属各岛、澎湖列岛、东沙群岛、西沙群岛、中沙群岛、南沙群岛以及其他一切属于中华人民共和国的岛屿。

中华人民共和国领海基线向陆地一侧的水域为中华人民共和国的内水。

★★第三条　【中国领海的宽度及测定】中华人民共和国领海的宽度从领海基线量起为十二海里。

中华人民共和国领海基线采用直线基线法划定，由各相邻基点之间的直线连线组成。

中华人民共和国领海的外部界限为一条其每一点与领海基线的最近点距离等于十二海里的线。

第四条　【中国毗连区的宽度及测定】中华人民共和国毗连区为领海以外邻接领海的一带海域。毗连区的宽度为十二海里。

中华人民共和国毗连区的外部界线为一条其每一点与领海基线的最近点距离等于二十四海里的线。

第五条　【领海的主权范围】中华人民共和国对领海的主权及于领海上空、领海的海床及底土。

理论解读

注意领海主权范围为立体的空间，包括三方面：（1）领海上空；（2）领海海底；（3）领海底土。

★★第六条　【无害通过权】外国非军用船舶，享有依法无害通过中华人民共和国领海的权利。

外国军用船舶进入中华人民共和国领海，须经中华人民共和国政府批准。

典型案例

甲国的一个航海航空爱好者组织“碧海蓝天协会”准备进行一次小型飞机“蓝天号”和赛艇“碧海号”的海上联合表演，计划涉及我国的领海和领海上空。对此，根据国际法的有关规则和我国的相关法律，“蓝天号”飞行表演和“碧海号”的海上联合表演是否需要事先得到我国许可？

答案：依据我国《民用航空法》的规定，中华人民共和国的领陆和领水（内水和领海）上空为我国领空，我国对之享有完全的排他的主权，外国民用航空器必须根据其国籍国政府与我国政府签订的协定、协议或经中国国务院民用航空主管部门批准或接受方可飞入、飞出中国领空，领空没有无害通过制度。因此，既然领海上空是我国领空范围，甲国“蓝天号”在我国领空进行表演，如果该国与我国没有相关的协定，当然要经过我国政府的许可。无害通过制度是长期国际实践形成的习惯规则，主要适用于外国船舶，而不适用航空器。《联合国海洋法公约》规定，行使无害通过权的船舶，在通过时不得采取与通过没有直接关系的任何其他活动。“碧海号”如果仅以通过为目的前往表演区域的行为是无害通过行为，如果仅仅是以通过为目的，在前往表演海域的途中穿越我国的领海，则无须得到我国的许可。“碧海号”如果在我国领海内表演，由于赛艇表演是“与通过没有直接关系的其他活动”，因而不是无害通过行为，必须首先得到我国政府批准同意后，方可在我国领海上进行。

第七条　【外国潜水艇通过中国领海的规定】外国潜水艇和其他潜水器通过中华人民共和国领海，必须在海面航行，并展示其旗帜。

第八条　【外国船舶通过中国领海应遵守中国的法律】外国船舶通过中华人民共和国领海，必须遵守中华人民共和国法律、法规，不得损害中华人民共和国的和平、安全和良好秩序。

外国核动力船舶和载运核物质、有毒物质或者其他危险物质的船舶通过中华人民共和国领海，必须持有有关证书，并采取特别预防措施。

中华人民共和国政府有权采取一切必要措施，以防止和制止对领海的非无害通过。

外国船舶违反中华人民共和国法律、法规的，由中华人民共和国有关机关依法处理。

第九条　【特殊情况下对通过中国领海的外国船舶的特殊规定】为维护航行安全和其他特殊需要，中华人民共和国政府可以要求通过中华人民共和国领海的外国船舶使用指定的航道或者依照规定的分道通航制航行，具体办法由中华人民共和国政府或者其有关主管部门公布。

第十条　【对违法的外国非民用船舶的处罚】外国军用船舶或者用于非商业目的的外国政府船舶在通过中华人民共和国领海时，违反中华人民共和国法律、法规的，中华人民共和国有关主管机关有权令其立即离开领海，对所造成的损失或者损害，船旗国应当负国际责任。

第十一条　【对在中国领海进行科研等活动的规定】任何国际组织、外国的组织或者个人，在中华人民共和国领海内进行科学研究、海洋作业等活动，须经中华人民共和国政府或者其有关主管部门批准，遵守中华人民共和国法律、法规。

违反前款规定，非法进入中华人民共和国领海进行科学研究、海洋作业等活动的，由中华人民共和国有关机关依法处理。

第十二条　【外国航空器进入中国领海上空的规定】外国航空器只有根据该国政府与中华人民共和国政府签订的协定、协议，或者经中华人民共和国政府或者其授权的机关批准或者接受，方可进入中华人民共和国领海上空。

理论解读

1. 注意第10条适用的对象是外国军用船舶或用于非商业目的的外国政府船舶，此等船舶在我国领海内有违法行为，我国主管机关有权令其立即离开领海，但尊重其豁免权，其违法行为的损害责任由其船旗国承担。

2. 外国船舶或航空器进入我领海科研、作业及进入领海上空的，应经我有权机关批准（第11、12条）。

★★第十三条　【中国在其毗连区内有法律管制权】中华人民共和国有权在此毗连区内，为防止和惩处在其陆地领土、内水或者领海内违反有关安全、海关、财政、卫生或者入境出境管理的法律、法规的行为行使管制权。

第十四条　【紧追权规定】中华人民共和国有关主管机关有充分理由认为外国船舶违反中华人民共和国法律、法规时，可以对该外国船舶行使紧追权。

追逐须在外国船舶或者其小艇之一或者以被追逐的船舶为母船进行活动的其他船艇在中华人民共和国的内水、领海或者毗连区内时开始。

如果外国船舶是在中华人民共和国毗连区内，追逐只有在本法第十三条所列有关法律、法规的权利受到侵犯时方可进行。

追逐只要没有中断，可以在中华人民共和国领海或者毗连区外继续进行。在被追逐的船舶进入其本国领海或者第三国领海时，追逐终止。

本条规定的紧追权由中华人民共和国军用船舶、军用航空器或者中华人民共和国政府授权的执行政府公务的船舶、航空器行使。

理论解读

1. 我国对毗连区行使管制权的主要范围为安全、海关、财政、卫生或者入境出境管理。

2. 紧追权制度的具体内容（第14条）：

（1）可行使紧追权的主体为我国军用船舶、军用航空器或者中华人民共和国政府授权的执行政府公务的船舶、航空器（第5款）；

（2）追逐的起点应在我国内水、领海或毗连区内（第2款）；

（3）追逐的前提是被追逐船舶侵犯了我国管制权（第3款）；

（4）追逐的范围可及于毗连区及毗连区外，但进入外国领海时应终止（第4款）。

第十五条　【领海基线的公布主体】中华人民共和国领海基线由中华人民共和国政府公布。

第十六条　【实施细则】中华人民共和国政府依据本法制定有关规定。

第十七条　【生效日期】本法自公布之日起施行。

（三）《中华人民共和国专属经济区和大陆架法》

（1998年6月26日第九届全国人民代表大会常务委员会第三次会议通过）

【导读】

专属经济区和大陆架在范围上有一定的重叠，但又各有不同，建议通过比较的方式进行学习掌握，应注意我国在专属经济区的权利包括水域及其底土的资源开发利用专属权，而在大陆架的专属权限于海底资源开发。

第一条　【立法目的】为保障中华人民共和国对专属经济区和大陆架行使主权权利和管辖权，维护国家海洋权益，制定本法。

★第二条　【专属经济区与大陆架的含义】中华人民共和国的专属经济区，为中华人民共和国领海以外并邻接领海的区域，从测算领海宽度的基线量起延至二百海里。

中华人民共和国的大陆架，为中华人民共和国领海以外依本国陆地领土的全部自然延伸，扩展到大陆边外缘的海底区域的海床和底土；如果从测算领海宽度的基线量起至大陆边外缘的距离不足二百海里，则扩展至二百海里。

中华人民共和国与海岸相邻或者相向国家关于专属经济区和大陆架的主张重叠的，在国际法的基础上按照公平原则以协议划定界限。

★第三条　【中国在其专属经济区的权利】中华人民共和国在专属经济区为勘查、开发、养护和管理海床上覆水域、海床及其底土的自然资源，以及进行其他经济性开发和勘查，如利用海水、海流和风力生产能等活动，行使主权权利。

中华人民共和国对专属经济区的人工岛屿、设施和结构的建造、使用和海洋科学研究、海洋环境的保护和保全，行使管辖权。

本法所称专属经济区的自然资源，包括生物资源和非生物资源。

★第四条　【中国在其大陆架的权利】中华人民共和国为勘查大陆架和开发大陆架的自然资源，对大陆架行使主权权利。

中华人民共和国对大陆架的人工岛屿、设施和结构的建造、使用和海洋科学研究、海洋环境的保护和保全，行使管辖权。

中华人民共和国拥有授权和管理为一切目的在大陆架上进行钻探的专属权利。本法所称大陆架的自然资源，包括海床和底土的矿物和其他非生物资源，以及属于定居种的生物，即在可捕捞阶段在海床上或者海床下不能移动或者其躯体须与海床或者底土保持接触才能移动的生物。

理论解读

了解我国对专属经济区和大陆架的主权权利的具体内容：

1. 对专属经济区的勘查、开发自然资源等活动行使主权权利；

2. 对专属经济区的设施、构造等行使管辖权；

3. 对勘查大陆架自然资源行使主权权利；

4. 对我国在大陆架上建造的设施、结构行使管辖权；

5. 对授权、管理我国大陆架上的钻探活动拥有专属权。

第五条　【非中国主体在中国专属经济区从事渔业活动的规定】任何国际组织、外国的组织或者个人进入中华人民共和国的专属经济区从事渔业活动，必须经中华人民共和国主管机关批准，并遵守中华人民共和国的法律、法规及中华人民共和国与有关国家签订的条约、协定。

中华人民共和国主管机关有权采取各种必要的养护和管理措施，确保专属经济区的生物资源不受过度开发的危害。

第六条　【中国对其专属经济区的鱼资源的管理和利用】中华人民共和国主管机关有权对专属经济区的跨界种群、高度洄游鱼种、海洋哺乳动物、源自中华人民共和国河流的溯河产卵种群、在中华人民共和国水域内度过大部分生命周期的降河产卵鱼种，进行养护和管理。

中华人民共和国对源自本国河流的溯河产卵种群，享有主要利益。

第七条　【非中国主体对中国专属经济区和大陆架利用的程序】任何国际组织、外国的组织或者个人对中华人民共和国的专属经济区和大陆架的自然资源进行勘查、开发活动或者在中华人民共和国的大陆架上为任何目的进行钻探，必须经中华人民共和国主管机关批准，并遵守中华人民共和国的法律、法规。

★第八条　【中国对其专属经济区和大陆架的人工岛屿设施和结构享有专属权利】中华人民共和国在专属经济区和大陆架有专属权利建造并授权和管理建造、操作和使用人工岛屿、设施和结构。

中华人民共和国对专属经济区和大陆架的人工岛屿、设施和结构行使专属管辖权，包括有关海关、财政、卫生、安全和出境入境的法律和法规方面的管辖权。

中华人民共和国主管机关有权在专属经济区和大陆架的人工岛屿、设施和结构周围设置安全地带，并可以在该地带采取适当措施，确保航行安全以及人工岛屿、设施和结构的安全。

第九条　【非中国主体对中国专属经济区和大陆架进行研究的程序】任何国际组织、外国的组织或者个人在中华人民共和国的专属经济区和大陆架进行海洋科学研究，必须经中华人民共和国主管机关批准，并遵守中华人民共和国的法律、法规。

第十条　【海洋环境保护】中华人民共和国主管机关有权采取必要的措施，防止、减少和控制海洋环境的污染，保护和保全专属经济区和大陆架的海洋环境。

第十一条　【外国在中国专属经济区和大陆架以守法为前提的自由权利】任何国家在遵守国际法和中华人民共和国的法律、法规的前提下，在中华人民共和国的专属经济区享有航行、飞越的自由，在中华人民共和国的专属经济区和大陆架享有铺设海底电缆和管道的自由，以及与上述自由有关的其他合法使用海洋的便利。铺设海底电缆和管道的路线，必须经中华人民共和国主管机关同意。

★第十二条　【紧追权规定】中华人民共和国在行使勘查、开发、养护和管理专属经济区的生物资源的主权权利时，为确保中华人民共和国的法律、法规得到遵守，可以采取登临、检查、逮捕、扣留和进行司法程序等必要的措施。

中华人民共和国对在专属经济区和大陆架违反中华人民共和国法律、法规的行为，有权采取必要措施，依法追究法律责任，并可以行使紧追权。

理论解读

对于外国船舶行使紧追权，不仅在我国的内水、领海或者毗连区内可以进行，在外国船舶于我国专属经济区和大陆架有违反中华人民共和国法律、法规的行为的情况下，也可以实施紧追。

第十三条　【权利的其他依据】中华人民共和国在专属经济区和大陆架享有的权利，本法未作规定的，根据国际法和中华人民共和国其他有关法律、法规行使。

第十四条　【历史性权利保留】本法的规定不影响中华人民共和国享有的历史性权利。

第十五条　【相关规定的制定】中华人民共和国政府可以根据本法制定有关规定。

第十六条　【生效日期】本法自公布之日起施行。

三、外层空间法制度

（一）《关于各国探索和利用包括月球和其他天体在内外层空间活动的原则条约》

（1967年1月27日开放供签署，同年10月10日生效。中国1983年12月8日加入该公约）

【导读】

《关于各国探索和利用包括月球和其他天体在内外层空间活动的原则条约》（简称《外层空间条约》）又被称为《外层空间宪章》，是有关外层空间的基本法。该公约规定了从事航天活动所应遵守的基本原则。

1. 共同利益的原则

探索和利用外层空间应为所有国家谋福利，而无论其经济或科学发展的程度如何。

2. 自由探索和利用原则

各国应在平等的基础上，根据国际法自由地探索和利用外层空间，自由进入天体的一切区域。

3. 不得据为己有原则

不得通过提出主权要求，使用、占领或以其他任何方式把外层空间据为己有。

4. 限制军事化原则

不在绕地球轨道及天体外放置或部署核武器或任何其他大规模毁灭性武器。

此外还有援救航天员的原则、各国应对其航天活动承担国际责任原则、外空物体登记原则等。

本条约缔约国，鉴于人类因进入外层空间，展示出伟大的前途，而深受鼓舞，确认为和平目的发展探索和利用外层空间，是全人类的共同利益，深信探索和利用外层空间应为所有民族谋福利，不论其经济或科学发展程度如何，希望在和平探索和利用外层空间的科学和法律方面，促进广泛的国际合作，深信这种合作将使各国和各民族增进相互了解，加强友好关系，回顾了1963年12月13日联大一致通过题为“各国探索和利用外层空间活动的法律原则宣言”的（十八届）第1962号决议，回顾了1963年10月17日联大一致通过的（十八届）第1884号决议，要求各国不在绕地球轨道放置任何携带核武器或任何其他大规模毁灭性武器的实体，不在天体上配置这种武器，考虑到1947年11月3日联大通过的（二届）第110号决议，谴责旨在煽动或鼓励任何威胁和平、破坏和平或侵略行为的宣传并认为该决议也适用于外层空间，确信缔结各国探索和利用外层空间（包括月球和其他天体）的活动原则条约，会进一步实现联合国宪章的宗旨和原则，兹议定条款如下：

第一条

探索和利用外层空间（包括月球和其他天体），应为所有国家谋福利和利益，而不论其经济或科学发展程度如何，并应为全人类的开发范围。

所有国家可在平等、不受任何歧视的基础上，根据国际法自由探索和利用外层空间（包括月球和其他天体），自由进入天体的一切区域。

应有对外层空间（包括月球和其他天体）进行科学考察的自由；各国要促进并鼓励这种考察的国际合作。

★第二条

各国不得通过主权要求，使用或占领等方法，以及其他任何措施，把外层空间（包括月球和其他天体）据为己有。

理论解读

国家从事外空活动应遵循的基本原则之一就是

“不得据为己有”原则，即任何国家不得通过主权要求、使用或占领的方法，或采取其他任何措施，将外空据为己有。这项原则包括外空不得被任何国家占有，也包括不许任何自然人或团体占有。

经典考题

（2004-1-31，单选）月球主人公司是甲国人汤姆在甲国注册的公司，专门从事出售月球土地的生意。该公司把月球分为若干部分供购买者选购，并称通过与该公司订立“月球契约”，买方就拥有了其购买的月球特定部分的所有权。对此，根据外层空间法的有关规则，下列判断哪一项是正确的？①

A. 该类契约规定的所有权，必须得到甲国国家的特别批准方能在国际法上成立

B. 该类契约可以构成甲国国家对月球相关部分主张主权的证据

C. 即使该类契约受甲国国内法的保护，该所有权在国际法上也不能成立

D. 该类契约必须在联合国外空委员会登记，以确立购买者在国际法上的所有权

第三条

各缔约国在进行探索和利用外层空间（包括月球和其他天体）的各种活动方面，应遵守国际法和联合国宪章，以维护国际和平与安全，促进国际合作和了解。

第四条

各缔约国保证：不在绕地球轨道放置任何携带核武器或任何其他类型大规模毁灭性武器的实体，不在天体配置这种武器，也不以任何其他方式在外层空间部署此种武器。

各缔约国必须把月球和其他天体绝对用于和平目的。禁止在天体建立军事基地、设施和工事；禁止在天体试验任何类型的武器以及进行军事演习。不禁止使用军事人员进行科学研究或把军事人员用于任何其他的和平目的。不禁止使用为和平探索月球和其他天体所必需的任何器材设备。

第五条

各缔约国应把宇宙航行员视为人类派往外层空间的使节。在宇宙航行员发生意外、遇难，或在另一缔约国境内、公海紧急降落等情况下，各缔约国应向他们提供一切可能的援助。宇宙航行员紧急降落后，应立即、安全地被交还给他们宇宙飞行器的登记国家。

在外层空间和天体进行活动时，任一缔约国的宇宙航行员应向其他缔约国的宇宙航行员提供一切可能的援助。

各缔约国应把其在外层空间（包括月球和其他天体）所发现的能对宇宙航行员的生命或健康构成危险的任何现象，立即通知给其他缔约国或联合国秘书长。

第六条

各缔约国对其（不论是政府部门，还是非政府的团体组织）在外层空间（包括月球和其他天体）所从事的活动，要承担国际责任，并应负责保证本国活动的实施，符合本条约的规定。非政府团体在外层空间（包括月球和其他天体）的活动，应由有关的缔约国批准，并连续加以监督。保证国际组织遵照本条约之规定在外层空间（包括月球和其他天体）进行活动的责任，应由该国际组织及参加该国际组织的本条约缔约国共同承担。

第七条

凡进行发射或促成把实体射入外层空间（包括月球和其他天体）的缔约国，及为发射实体提供领土或设备的缔约国，对该实体及其组成部分在地球、天空或外层空间（包括月球和其他天体）使另一缔约国或其自然人或法人受到损害，应负国际上的责任。

第八条

凡登记把实体射入外层空间的缔约国对留置于外层空间或天体的该实体及其所载人员，应仍保持管辖及控制权。射入外层空间的实体，包括降落于或建造于天体的实体，及其组成部分的所

① 【答案及释疑】根据《外层空间条约》的规定，国家从事外空活动应遵循的基本原则之一就是“不得据为己有”原则，即任何国家不得通过主权要求、使用或占领的方法，或采取其他任何措施，将外空据为己有。这项原则包括外空不得被任何国家占有，也包括不许任何自然人或团体占有。月球主人公司无权出售月球土地，买卖月球土地的契约当然也是无效的。C项是对“不得据为己有”原则的正确表述，当选。（答案：C）。

有权，不因实体等出现于外层空间或天体，或返回地球，而受影响。该实体或组成部分，若在其所登记的缔约国境外寻获，应送还该缔约国；如经请求，在送还实体前，该缔约国应先提出证明资料。

第九条

各缔约国探索和利用外层空间（包括月球和其他天体），应以合作和互助原则为准则；各缔约国在外层空间（包括月球和其他天体），所进行的一切活动，应妥善照顾其他缔约国的同等利益。各缔约国从事研究、探索外层空间（包括月球和其他天体）时，应避免使其遭受有害的污染，以及地球以外的物质，使地球环境发生不利的变化。如必要，各缔约国应为此目的采取适当的措施。若缔约国有理由相信，该国或其国民在外层空间（包括月球和其他天体）计划进行的活动或实验，会对本条约其他缔约国和平探索和利用外层空间（包括月球和其他天体）的活动，造成潜在的有害干扰，该国应保证于实施这种活动或实验前，进行适当的国际磋商。缔约国若有理由相信，另一缔约国计划在外层空间（包括月球和其他天体）进行的活动或实验，可能对和平探索和利用外层空间（包括月球和其他天体）的活动，产生潜在的有害的干扰，应要求就这种活动或实验，进行磋商。

第十条

为遵照本条约的宗旨，提倡探索和利用外层空间（包括月球和其他天体）的国际合作，各缔约国应在平等的基础上，考虑其他缔约国的要求，给予观测这些国家射入空间的实体飞行的机会。

观测机会的性质以及提供的条件，要由有关国家以协议定之。

第十一条

为提倡和平探索和利用外层空间（包括月球和其他天体）的国际合作，凡在外层空间（包括月球和其他天体）进行活动的缔约国，同意以最大的可能和实际程度，将活动的性质、方法、地点及结果的情报，通知给联合国秘书长、公众和国际科学界。联合国秘书长接到上述情报后，应准备立即切实分发这种情报资料。

第十二条

月球和天体上的所有驻地、设施、设备和宇宙飞行器，应以互惠基础对其他缔约国代表开放。这些代表应将计划的参观事宜，提前通知，以便进行适当磋商，并采取最大限度的预防措施，保证安全，避免干扰所参观设备的正常作业。

第十三条

本条约各项规定，应适用于各缔约国为探索和利用外层空间（包括月球和其他天体）而进行的各种活动，不论这些活动是由一个缔约国，还是与其他国家联合进行的（以国际政府间机构进行的活动也包括在内）。

因国际政府间机构探索和利用外层空间（包括月球和其他天体），而产生的任何实际问题，要由缔约国与主管国际机构，或与该国际机构中一个或数个缔约国一起解决。

第十四条

1. 本条约应听任所有国家签署。凡在本条约据本条第三款生效之前，尚未签署的任何国家，可随时加入本条约。

2. 本条约须经签署国批准。批准书和加入文件应送交苏维埃社会主义共和国联盟、大不列颠及北爱尔兰联合王国及美利坚合众国政府存放，为此指定这三国政府为交存国政府。

3. 本条约应于五国政府，包括本条约交存国政府在内，交存批准书后，即可生效。

4. 对在本条约生效后交存批准书或加入文件的国家，本条约应于其交存批准书或加入文件之日起生效。

5. 交存国政府应将每次签署日期、每次批准书及加入文件的交存日期、条约生效日期及其他事项，立即通知所有签署国和加入国。

6. 本条约应由交存国政府根据联合国宪章第一百零二条的规定办理登记。

第十五条

每个缔约国均可对本条约提出修正。对每个要接受该修正的缔约国来说，每项修正在多数缔约国通过后生效；其后，对其余每个加入国来说，修正应于其接受之日起生效。

第十六条

任何缔约国在条约生效一年后，都可书面通

知交存国政府，退出本条约。退出条约应从接到通知之日起，一年后生效。

第十七条

本条约的中文、英文、法文、俄文和西班牙文文本均具有同等效力，均交交存国政府存档。交存国政府应把经签署的本条约之副本送交各签署国和加入国政府。

为此，下列全权代表在本条约上签字，以昭信守。

（二）《空间物体所造成损害的国际责任公约》

本公约缔约国，

确认全人类共同关注，并促进和平探索和利用外层空间。

回顾了关于各国探索和利用外层空间包括月球与其他天体活动所应遵守原则的条约。

考虑到从事发射空间物体的国家及国际政府间组织虽将采取种种预防性措施，但这些实体仍会偶然造成损害。

确认极需制定关于空间物体所造成损害的责任的有效国际规则与程序；特别要保证，对这种损害的受害人按本公约规定迅速给予充分公正的赔偿。

深信制定这些规则与程序，有助于加强和平探索和利用外层空间方面的国际合作。

兹议定条款如下：

★第一条

就适用本公约而言：

(a)“损害”的概念，是指生命丧失、身体受伤或健康的其他损害；国家、自然人、法人的财产，或国际政府间组织的财产受损失或损害；

(b)“发射”包括发射未成功在内；

(c)“发射国”是指：

(1) 发射或促使发射空间物体的国家；

(2) 从其领土或设施发射空间物体的国家；

(d)“空间物体”，包括空间物体的组成部分、物体的运载工具和运载工具的部件。

★第二条

发射国对其空间物体在地球表面，或给飞行中的飞机造成损害，应负有赔偿的绝对责任。

★第三条

任一发射国的空间物体在地球表面以外的其他地方，对另一发射国的空间物体，或其所载人员或财产造成损害时，只有损害是因前者的过失或其负责人员的过失而造成的条件下，该国才对损害负有责任。

★第四条

1. 任一发射国的空间物体在地球表面以外的其他地方，对另一发射国的空间物体，或其所载人员或财产造成损害，并因此对第三国，或第三国的自然人或法人造成损害时，前两国应在下述范围内共同和单独对第三国负责任：

(a) 若对第三国的地球表面或飞行中的飞机造成损害，前两国应对第三国负绝对责任；

(b) 若在地球表面以外的其他地方，对第三国的空间物体，或其所载人员或财产，造成损害，前两国对第三国所负的责任，要根据它们的过失，或所属负责人员的过失而定。

2. 在本条第一款所谈共同及单独承担责任的所有案件中，对损害的赔偿责任应按前两国过失的程度分摊；若前两国的过失程度无法断定，赔偿应由两国平均分摊。但分摊赔偿责任，不得妨碍第三国向共同及单独负有责任的发射国的任何一国或全体，索取根据本公约的规定应予偿付的全部赔偿的权利。

★第五条

1. 两个或两个以上的国家共同发射空间物体时，对所造成的任何损害应共同及单独承担责任。

2. 发射国在赔偿损害后，有权向共同参加发射的其他国家要求补偿。参加共同发射的国家应缔结协定，据所负的共同及个别责任分摊财政义务。但这种协定，不得妨碍受害国向承担共同及个别责任的发射国的任何一国或全体，索取根据本公约的规定应予偿付的全部赔偿的权利。

3. 从其领土或设施上发射空间物体的国家，应视为参加共同发射的国家。

第六条

1. 除本条第二款另有规定外，发射国若证明，全部或部分是因为要求赔偿国，或其所代表的自然人或法人的重大疏忽，或因为它（他）采取行动或不采取行动蓄意造成损害时，该发射国对损害的绝对责任，应依证明的程度予以免除。

2. 发射国如果因为进行不符合国际法，特别是不符合联合国宪章及关于各国探索和利用外层空间包括月球与其他天体活动所应遵守原则的条约的活动而造成损害，其责任绝不能予以免除。

★第七条

本公约之规定不适用于发射国的空间物体对下列人员所造成的损害：

(a) 该发射国的国民；

(b) 在空间物体从发射至降落的任何阶段内参加操作的，或在空间物体从发射至降落的任何阶段内，应发射国的邀请而留在紧接预定发射或回收区地带的外国国民。

第八条

1. 遭受损害的国家，或遭受损害的任一国家的自然人或法人，可向发射国提出赔偿损害的要求。

2. 若受害的自然人或法人的原籍国未提出赔偿要求，该自然人或法人的所在国可就其所受的损害，向发射国提出赔偿要求。

3. 若永久居民的原籍国或永久居民在其境内遭受损害的国家，均未提出赔偿要求，或均未通知有意提出赔偿要求，永久居民的居住国得就其所受的损害，向发射国提出赔偿要求。

第九条

赔偿损害的要求，应通过外交途径向发射国提出。要求赔偿国若与发射国无外交关系，可请另一国代其向发射国提出赔偿要求，或以其他方式代表其在本公约内的所有利益。要求赔偿国也可通过联合国秘书长提出赔偿要求，但要以要求赔偿国与发射国均系联合国会员国为条件。

理论解读

根据《空间物体所造成损害的国际责任公约》的规定，发射国包括事实上发射和促使发射的国家。涉及发射国外层空间的国际责任可归纳为：

(1) 绝对责任。发射国对其空间物体在地球表面造成损害或给飞行中的飞机造成的损害，负有绝对责任。

(2) 过错责任。发射国对空间物体在地球表面以外的地方对另一国或对第三国的空间物体的损害，由发生过错的实体的发射国单独或共同负损害责任。

(3) 共同责任。由两个或两个以上国家共同发射的空间物体所造成的损害，应由这两个或两个以上的发射国共同或单独承担赔偿责任。

(4) 例外。发射国虽然对其发射的空间物体造成他国地面损害应负绝对的赔偿责任，但此类活动如果对本国国民造成损害，或对应邀请而参加或参观发射现场活动的人造成损害，其赔偿问题不适用该公约。

经典考题

(2009-1-98，不定项) 乙国与甲国航天企业达成协议，由甲国发射乙国研制的“星球一号”卫星。因发射失败卫星碎片降落到甲国境内，造成人员和财物损失。甲乙两国均为《空间物体所造成损害的国际责任公约》缔约国。下列选项正确的是?①

A. 如“星球一号”发射成功，发射国为技术保密可不向联合国办理登记

B. 因“星球一号”由甲国的非政府实体发射，甲国不承担国际责任

C. “星球一号”对甲国国民的损害不适用《责任公约》

D. 甲国和乙国对“星球一号”碎片造成的飞机损失承担绝对责任

第十条

1. 赔偿损害的要求，须于损害发生之日起，或判明应负责任的发射国之日起一年内向发射国提出。

2. 若不知损害业已发生的国家，或未能判明

① 【答案及释疑】根据《空间物体所造成损害的国际责任公约》的规定，发射国（包括事实上发射和促使发射的国家）对其发射的空间物体（包括其国内的非政府组织发射的空间物体）造成他国地面损害应负绝对的赔偿责任，但对本国国民的损害赔偿问题不适用该公约，故CD项正确。（答案：CD）

应负责任的发射国的国家，应于获悉上述事实之日起一年内，提出赔偿要求；若有理由认为，要求赔偿国由于关心留意，已知道了上述事实，提出要求赔偿的时间，从知道上述事实之日起，无论如何不得超过一年。

3. 本条第一款和第二款规定的时间限制，也适用于对损害的程度不完全了解的情况。在这种情况下，要求赔偿国有权从该时限期满起至全部了解损害程度后一年止，修订其要求，提出补充文件。

第十一条

1. 根据本公约向发射国提出赔偿损害要求，无须等到要求赔偿国，或其代表的自然人或法人可能有的一切当地补救办法用完后才提出。

2. 本公约不妨碍一国，或其可能代表的自然人或法人向发射国的法院、行政法庭或机关提出赔偿要求。若一国已在发射国的法院、行政法庭或机关提出了赔偿损害的要求，就不得根据本公约或其他对有关各国均有约束力的国际协定，为同一损害再提出赔偿要求。

第十二条

发射国根据本公约负责偿付的损害赔偿额，应按国际法、公正合理的原则来确定，以使对损害所作的赔偿，能保证提出赔偿要求的自然人或法人、国家或国际组织把损害恢复到未发生前的原有状态。

第十三条

除要求赔偿国与按本公约规定应进行赔偿的国家另就赔偿方式达成协议外，赔偿应付给要求赔偿国的货币；若该国请求时，以赔偿国的货币偿付。

第十四条

若在要求赔偿国通知发射国已提出赔偿要求文件之日起一年内，赔偿要求据第九条规定，通过外交谈判仍未获得解决，有关各方应于任一方提出请求时，成立要求赔偿委员会。

第十五条

1. 要求赔偿委员会应由三人组成：一人由要求赔偿国指派，一人由发射国指派，第三人由双方共同选派，并担任主席。每一方应于请求成立要求赔偿委员会之日起两个月内指派出其人员。

2. 若选派主席未能于请求成立委员会之日起四个月内达成协议，任一方得请联合国秘书长另于两个月内指派。

第十六条

1. 若一方未于规定的期限内指派出其人员，主席应根据另一方的要求，组成仅有一个委员的要求赔偿委员会。

2. 不管委员会由于什么原因，而出现委员空缺时，委员会应按原定的指派程序进行补派。

3. 委员会应自行决定它的程序。

4. 委员会应选定一个或数个开会的地点，并决定其他一切行政事项。

5. 除单一委员的委员会所作的决定和裁决外，委员会的一切决定和裁决均应以过半数的表决通过。

第十七条

要求赔偿委员会的委员人数，不得因有两个或两个以上的要求赔偿国或发射国共同参加委员会处理任一案件，而有所增加。共同参加的要求赔偿国，应按与一个要求赔偿国相同的方式和条件，共同指派一名委员会的委员。两个或两个以上的发射国参加时，应按同样的方式共同指派一名委员会的委员。要求赔偿国或发射国若未在规定期限内指派出人选，主席应组成单一委员的委员会。

第十八条

要求赔偿委员会应决定赔偿的要求是否成立，在需要赔偿的情况下，并确定应付赔偿的总额。

第十九条

1. 要求赔偿委员会应按第十二条的规定行事。

2. 若各方同意，委员会的决定应是最终的，并具有约束力；否则委员会应提出最终的建议性裁决，由各方认真加以考虑。委员会应提出其决定或裁决的理由。

3. 委员会应尽速作出决定或裁决，至迟也要在委员会成立之日起一年内作出，除非委员会认为有必要将此期限加以延长。

4. 委员会应公布其决定或裁决。委员会应将决定或裁决的正式副本送交各方和联合国秘书长。

第二十条

除非委员会另有规定，要求赔偿委员会的经费应由各方平等分担。

第二十一条

若空间物体所造成的损害严重地危及人的生命，或严重干扰人民的生命条件或重要中心的功能，各缔约国，特别是发射国，在受害国请求时应审查能否提供适当与迅速的援助。但本条规定不影响各缔约国按本公约的规定所具有的权利和义务。

第二十二条

1. 若任何从事空间活动的国际政府间组织声明接受本公约所规定的权利和义务，其一半成员系本公约及关于各国探索和利用外层空间包括月球与其他天体活动所应遵守原则的条约的缔约国，本公约，除第二十四条至第二十七条外，对所称国家的一切规定，完全适用于该组织。

2. 凡既是这种组织的成员国，又是本公约的缔约国的国家，应采取一切适当步骤，保证该组织按上款的规定发表声明。

3. 若国际政府间组织根据本公约的规定对损害负有责任，该组织及其成员国中的本公约缔约国，应承担共同及个别责任；但：

(a) 对这种损害的任何赔偿要求，应首先向该组织提出；

(b) 唯有在该组织于六个月内，未支付经协议或决定规定为赔偿损害而应付的款额时，要求赔偿国才得要求，该组织成员国中的本公约缔约国负责支付该款额。

4. 凡按本条第一款的规定发表了声明的组织，受到损害时，应由该组织内的本公约缔约国根据本公约的规定，提出赔偿要求。

第二十三条

1. 本公约的规定，对现行其他国际协定的缔约国之间的关系，不发生影响。

2. 本公约规定，不妨碍各国缔结国际协定，重申、补充或推广本公约各条款。

第二十四条

1. 本公约应开放供一切国家签字。在本公约根据本条第三款生效之前，没有在本公约上签字的任何国家可随时加入本公约。

2. 本公约应由签字国批准，批准书和加入文件应送交苏维埃社会主义共和国联盟、大不列颠及北爱尔兰联合王国和美利坚合众国政府存放，为此指定这三国政府为交存国政府。

3. 本公约应于第五个批准书交存时生效。

4. 对于在本公约生效生，交存批准书或加入文件的国家，本公约应于其交存批准书或加入文件之日起生效。

5. 交存国政府应将每次签字日期、每次批准书及加入文件交存日期、本公约生效日期及其他事项，迅速通知所有签字国和加入国。

6. 本公约应由交存国政府遵照联合国宪章第一百零二条予以登记。

第二十五条

本公约的任何缔约国均可对本公约提出修正。对每个缔约国来说，每项修正在多数缔约国通过后即可生效，对以后每个加入国来说，修正应于其接受之日起生效。

第二十六条

本公约生效十年后应将审查本公约的问题列入联合国大会临时议程，以便参照公约过去的实施情况，审议是否需作修订。但公约在生效五年后的任何时期内，根据三分之一的公约缔约国的请求并经缔约国过半数同意，应召开本公约缔约国会议审查本公约。

第二十七条

本公约任何缔约国在公约生效一年后，都可书面通知交存国政府，退出公约。退出公约应从接到通知之日起一年后生效。

第二十八条

本公约的中文、英文、法文、俄文及西班牙文文本均具有同等效力，均交交存国政府存档。交存国政府应把经签字的本公约之副本送交各签字国和加入国政府。

为此，下列全权代表在本公约上签字，以昭信守。

一九七二年三月二十九日订于伦敦、莫斯科和华盛顿，一式三份。

（三）《关于登记射入外层空间物体的公约》

（1988 年 11 月 8 日第七届全国人民代表大会

常务委员会第四次会议通过中华人民共和国加入《关于登记射入外层空间物体的公约》的决定）

本公约缔约各国，

承认全体人类为和平目的而促进探索及利用外层空间的共同利益，回顾到1967年1月27日的关于各国探索和利用外层空间包括月球和其他天体在内的活动所应遵守原则的条约内曾确认各国对其本国在外层空间的活动应负国际责任，并提到射入外层空间的物体登记有案的国家，又回顾到1968年4月22日的关于援救宇宙飞行员送回宇宙飞行员及送回射入外层空间物体的协定规定一个发射当局对于其射入外层空间而在发射当局领域界限之外发现的物体，经请求时，应在交还前提供证明的资料，再回顾到1972年3月29日的外空物体所造成损害的国际责任公约确立了关于发射国家对其外空物体造成的损害所负责任的国际规则和程序，盼望根据各国从事探索和利用外层空间包括月球和其他天体在内的活动所应遵守原则的条约，拟订由发射国登记其射入外层空间物体的规定，还盼望在强制的基础上设置一个由联合国秘书长保持的射入外层空间物体总登记册，也盼望为缔约各国提供另外的方法和程序，借以帮助辨认外空物体，相信一种强制性的登记射入外层空间物体的制度，将特别可以帮助辨认此等物体，并有助于管理探索和利用外层空间的国际法的施行和发展，兹协议如下：

第一条

为了本公约的目的：

(a)“发射国”一词是指

(一) 一个发射或促使发射外空物体的国家；

(二) 一个从其领土上或设备发射外空物体的国家。

(b)“外空物体”一词包括一个外空物体的组成部分以及外空物体的发射载器及其零件。

(c)“登记国”一词是指一个依照第二条将外空物体登入其登记册的发射国。

★第二条

1. 发射国在发射一个外空物体进入或越出地球轨道时，应以登入其所须保持的适当登记册的方式登记该外空物体。每一发射国应将其设置此种登记册情事通知联合国秘书长。

2. 任何此种外空物体有两个以上的发射国时，各该国应共同决定由其中的哪一国依照本条第1款登记该外空物体，同时注意到关于各国从事探索和利用外层空间包括月球和其他天体在内的活动所应遵守原则的条约第八条的规定，并且不妨碍各发射国间就外空物体及外空物体上任何人员的管辖和控制问题所缔结的或日后缔结的适当协定。

3. 每一登记册的内容项目和保持登记册的条件应由有关的登记国决定。

理论解读

根据《关于登记射入外层空间物体的公约》的规定，空间物体的登记制度可以主要概括如下：

（1）发射国应对其发射的空间物体进行登记，包括将该空间物体载入其所保存的适当内容的国内登记册，同时在切实可行的范围内尽快将有关情报报告联合国秘书长，以便在其保存的总登记册里进行登记。

（2）空间物体若由两个以上发射国发射，应由其共同决定其中的一个国家进行登记。

（3）外空物体的登记国对该外空物体拥有所有权和管辖控制权。

（4）若登记国切实知道其所登记的物体已不复在轨道上存在，也应尽快通知联合国秘书长。

第三条

1. 联合国秘书长应保持一份登记册，记录依照第四条所提供的情报。

2. 这份登记册所载情报应充分公开，听任查阅。

第四条

1. 每一登记国应在切实可行的范围内尽速向联合国秘书长供给有关登入其登记册的每一个外空物体的下列情报：

(a) 发射国或多数发射国的国名；

(b) 外空物体的适当标志或其登记号码；

(c) 发射的日期和地域或地点；

(d) 基本的轨道参数，包括：

(一) 波节周期，

(二) 倾斜角，

(三) 远地点，

(四) 近地点。

(e) 外空物体的一般功能。

2. 每一登记国得随时向联合国秘书长供给有关其登记册内所载外空物体的其他情报。

3. 每一登记国应在切实可行的最大限度内，尽速将其前曾提送情报的原在地球轨道内但现已不复在地球轨道内的外空物体通知联合国秘书长。

第五条

每当发射进入或越出地球轨道的外空物体具有第四条第1款（b）项所述的标志或登记号码，或二者兼有时，登记国在依照第四条提送有关该外空物体的情报时应将此项事实通知秘书长。在此种情形下，联合国秘书长应将此项通知记入登记册。

第六条

本公约各项规定的施行如不能使一个缔约国辨认对该国或对其所辖任何自然人或法人造成损害，或可能具有危险性或毒性的外空物体时，其他缔约各国，特别包括拥有空间监视和跟踪设备的国家，应在可行的最大限度内响应该缔约国所提出或经由联合国秘书长代其提出，在公允和合理的条件下协助辨认该物体的请求。提出这种请求的缔约国应在可行的最大限度内提供关于引起这项请求的事件的时间、性质及情况等情报。给予这种协助的安排应由有关各方协议商定。

第七条

1. 除本公约第八条至第十二条（连第八条和第十二条在内）外，凡提及国家时，应视为适用于从事外空活动的任何政府间国际组织，但该组织须声明接受本公约规定的权利和义务，并且该组织的多数会员国须为本公约和关于各国探索和利用外层空间包括月球和其他天体在内的活动所应遵守原则的条约的缔约国。

2. 为本公约缔约国的任何这种国际组织的会员国，应采取一切适当步骤，保证该组织依照本条第一款规定发表声明。

第八条

1. 本公约应听由所有国家在纽约联合国总部签字。凡在本公约按照本条第3款生效以前尚未签字于本公约的任何国家得随时加入本公约。

2. 本公约应经各签字国批准。批准书和加入书应交存联合国秘书长。

3. 本公约应于向联合国秘书长交存第五件批准书时在已交存批准书的国家间发生效力。

4. 对于在本公约生效后交存批准书或加入书的国家，本公约应自其交存批准书或加入书之日起开始生效。

5. 秘书长应将每一签字日期、交存本公约的每一批准书和加入书日期、本公约生效日期和其他通知事项，迅速告知所有签字国和加入国。

第九条

本公约任何缔约国得对本公约提出修正案。修正案对于每一接受修正案的缔约国应在过半数缔约国接受该修正案时发生效力，嗣后对于其余每个缔约国应在该缔约国接受修正案之日发生效力。

第十条

本公约生效10年以后，应在联合国大会的临时议程内列入复核本公约的问题，以便按照公约过去施行情形，考虑其是否需要修订。但在本公约生效5年以后的任何时期，如经缔约各国1/3的请求并征得多数缔构国的同意，应即召开缔约国会议复核本公约。此种复核应特别计及任何相关的技术发展情形，包括有关识别外空物体的技术发展情形。

第十一条

本公约任何缔约国得在本公约生效一年以后以书面通知联合国秘书长退出本公约。退出公约应自接获该通知之日起1年后发生效力。

第十二条

本公约原本应交存联合国秘书长，其阿拉伯文、中文、英文、法文、俄文及西班牙文本同样作准。秘书长应将本公约经证明的副本分送所有签字国和加入国。

为此，下列签字人，经各别政府正式授权，签字于本公约，以昭信守。本公约于1975年1月14日在纽约听由各国签署。

（四）《营救宇宙航行员、送回宇宙航行员和归还发射到外层空间的物体的协定》

（1988年11月8日第七届全国人民代表大会常务委员会第四次会议通过中华人民共和国加入《营救宇宙航行员、送回宇宙航行员和归还发射到外层空间的物件的协定》的决定）

各缔约国：

注意到关于各国探索和利用外层空间包括月球与其他天体活动所应遵守原则的条约的重要意义，该条约呼吁全力营救发生意外、遇难或紧急降落的宇宙航行员，完全迅速地交还宇宙航行员和归还发射到外层空间的物体。

希望发扬承担这种义务的精神，进一步使承担的义务具体化。

希望在和平探索和利用外层空间方面，促进国际合作。

遵循人道的感情。

兹议定条款如下：

第1条

每个缔约国获悉或发现宇宙飞船人员在其管辖的区域、在公海、在不属任何国家管辖的其他任何地方，发生意外，处于灾难状态，进行紧急或非预定的降落时，要立即：

(a) 通知发射当局；在不能判明发射当局或不能立即将此情况通知发射当局的情况下，要立即用它所拥有的一切适用的通信手段，公开通报这个情况；

(b) 通知联合国秘书长，他要立即动用他所拥有的一切适用的通信手段，传播这个消息。

第2条

宇宙飞船人员如因意外事故、遇难和紧急的或非预定的降落，降落在任一缔约国管辖的区域内，该国应立即采取一切可能的措施营救飞船人员并给他们一切必要的帮助。该国应把它所采取的措施和所取得的结果，通知发射当局和联合国秘书长。如果发射当局的帮助能保证迅速营救，或在很大程度上有助于有效的寻找和营救工作，发射当局应与该缔约国合作，以便有效地实施寻找和营救工作。这项工作将在缔约国的领导和监督下，缔约国与发射当局密切磋商进行。

第3条

如获悉或发现宇宙飞船人员在公海或在不属任何国家管辖的其他任何地方降落，必要时凡力所能及的缔约国，均应协助寻找和营救这些人员。保证他们迅速得救。缔约国得将其所采取的措施和所取得的结果通知发射当局和联合国秘书长。

第4条

宇宙飞船人员如因意外事故、遇难和紧急的或非预定的降落，在任一缔约国管辖的区域内着陆，或在公海、不属于任何国家管辖的其他任何地方被发现，他们的安全应予以保证并立即交还给发射当局的代表。

★★第5条

1. 每个缔约国获悉或发现空间物体或其组成部分返回地球，并落在它所管辖的区域内、公海，或不属任何国家管辖的其他任何地方时，应通知发射当局和联合国秘书长。

2. 每个缔约国若在它管辖的区域内发现空间物体或其组成部分时，应根据发射当局的要求，并如有请求，在该当局的协助下，采取它认为是切实可行的措施，来保护该空间物体或其组成部分。

3. 射入外层空间的物体或其组成部分若在发射当局管辖的区域外发现，应在发射当局的要求下归还给该发射当局的代表，或交给这些代表支配。如经请求，这些代表应在物体或其组成部分归还前，提出证明资料。

4. 尽管本条第二款和第三款有规定，但如果缔约国有理由认为在其管辖的区域内出现的或在其他地方保护着的空间物体或其组成部分，就其性质来说，是危险的和有害的时候，则可通知发射当局在该缔约国的领导和监督下，立即采取有效措施，消除可能造成危害的危险。

5. 按照本条第二款和第三款的规定，履行保护和归还空间物体或其组成部分义务所花费的费用，应由发射当局支付。

理论解读

空间物体或宇航员遭遇意外的情况下，应从缔约国处得到一切可能的援助：

(1) 当宇宙航行员发生意外、遇难，或在他国境内或公海紧急降落时，发现国应提供一切可能的援助，立即把他们送还登记国，并通知联合国秘书长。

(2) 在外层空间进行活动时，一国的宇宙航行员应向他国航行员提供援助。

(3) 各国应把外层空间发现的对宇宙航行员有

危险的现象通知他国或通知联合国秘书长。

(4) 各国在获悉或发现空间物体或实体的组成部分返回地球并落在它所管辖的区域内，或者落在公海或不属于任何国家管辖的地方时，应通知发射当局和联合国秘书长。

(5) 缔约国对于所发现的其他国家的空间物体，应予以归还，但发射国应提供证明材料并支付相应费用。

典型案例

甲国登记发射的空间飞船在降落时偏离轨道落入乙国境内，飞船上载有三名宇航员，被乙国军队监测发现。甲乙两国都是《营救协定》的缔约国。对此事件，乙国应采取下列哪些行动？

答案：乙国应对宇航员提供一切可能的援助，立即将此事件通知联合国秘书长或发射国，如果营救成功，还应将宇航员送还甲国。

第6条

就本公约的宗旨而言，"发射当局"是指对发射负责的国家，或是指对发射负责的国际政府间组织，但要以该组织声明承担本公约规定的权利和义务，而其大多数成员系本公约和关于各国探索和利用外层空间（包括月球和其他天体）的活动原则条约的缔约国。

第7条

1. 本公约准许一切国家签字。在本公约根据本条第三款生效前，未在本公约上签字的任何国家随时可加入本公约。

2. 本公约须经签字国批准。批准书和加入文件应送交苏维埃社会主义共和国联盟、大不列颠及北爱尔兰联合王国和美利坚合众国政府存放，为此指定这三国政府为交存国政府。

3. 本公约在五国政府，包括本公约交存国政府在内，交存批准书后生效。

4. 对于在本公约生效后，交存批准书或加入文件的国家，本公约应于其交存批准书或加入文件之日起生效。

5. 交存国政府应将每次签字日期、每次批准书及加入文件交存日期、本公约生效日期及其他事项，立即通知所有签字国和加入国。

6. 本公约应由交存国政府根据联合国宪章第一百零二条予以登记。

第8条

本公约的任何缔约国均可对本公约提出修正。对每个要接受这些修正的缔约国来说，修正案在多数缔约国通过后，即可生效；其后，对其余每个加入国来说，修正案应于其接受之日起生效。

第9条

任何缔约国在公约生效一年后，都可书面通知交存国政府，退出公约。退出公约应从接到通知之日起一年后生效。

第10条

本公约的中文、英文、法文、俄文及西班牙文文本均具有同等效力，均交存国政府存档。交存国政府应把经签字的本公约之副本送交各签字国和加入国政府。

为此，下列全权代表在本公约上签字，以昭信守。

一九六八年四月二十二日订于伦敦、莫斯科和华盛顿，一式三份。

四、国际环境保护法律制度

（一）《京都议定书》（内容要点概括）

《京都议定书》全称为《联合国气候变化框架公约的京都议定书》，是《联合国气候变化框架公约》的补充议定书，其宗旨是控制大气中的温室气体含量的增加，从而防止剧烈的气候改变对人类社会的生存环境造成灾难性后果。该议定书于2005年2月16日开始生效。我国于1998年签署《京都议定书》，2002年核准了这一议定书。

《京都议定书》采用了发达国家和发展中国家在减排方面"共同但有区别的责任原则"，要求发达国家承担更多的义务，发展中国家也应承担与自己经济和技术能力相适应的义务。根据规定，发达缔约国从2005年开始承担强制性的减少碳排放量的义务，而发展中国家原则上在条件成熟后开始承担强制性的减排义务。2012年12月8日，联合国气候变化框架公约（UNFCCC）第18次缔约方大会和京都议定书第8次缔约方会议于卡塔尔首都多哈通过一份“多哈系列协议”（Doha Package），但并无实质性内容，美国一直没有加入《京都议定书》，日本、加拿大、新西兰、俄罗斯等国也相继从京都议定书第二承诺期中退出，日本、澳大利亚等还进一步降低了其减排目标，气候变化及其消极影响的全球治理前景并不乐观。

为了达成温室气体减排目标，《京都议定书》规定了以下减排方式：

1. “集团方式”。只要有关国家集团达到减排总额，可不管集团内部成员国的排量增减。例如欧盟内部的许多国家可视为一个整体，只要排放总量控制在允许的范围内，欧盟内部各国之间的排放量分配可以自由协商调整。

2. “排放权交易”。排量超出其额度发达国家，换言之即难以完成温室气体排放量削减任务的发达国家，可以向其他排量低于自身额度的发达国家购买其低于限额部分的排放量，使得总量仍然达标。

3. “绿色交易”。发达国家可以通过资助在发展中国家营造森林或转让有关绿色技术，相应地抵消其部分排放量。

经典考题

（2008-1-34，单选）甲乙两国是温室气体的排放大国，甲国为发达国家，乙国为发展中国家。根据国际环境法原则和规则，下列哪一选项是正确的?①

A. 甲国必须停止排放，乙国可以继续排放，因为温室气体效应主要是由发达国家多年排放积累造成的

B. 甲国可以继续排放，乙国必须停止排放，因为乙国生产效率较低，并且对于环境治理的措施和水平远远低于甲国

C. 甲乙两国的排放必须同等地被限制，包括排放量、排放成分标准、停止排放时间等各方面

D. 甲乙两国在此问题上都承担责任，包括进行合作，但在具体排量标准，停止排放时间等方面承担的义务应有所区别

（二）《控制危险废料越境转移及其处置巴塞尔公约》（内容要点概括）

《控制危险废料越境转移及其处置巴塞尔公约》简称《巴塞尔公约》，该公约 1992 年 5 月正式生效。1995 年 9 月 22 日在日内瓦通过了《巴塞尔公约》的修正案。我国于 1991 年 9 月 4 日批准加入该公约。

根据《巴塞尔公约》的规定，危险废料指国际上普遍认为具有爆炸性、易燃性、腐蚀性、化学反应性、急性毒性、慢性毒性、生态毒性和传染性等特性的生产性垃圾和生活性垃圾。《巴塞尔公约》对于列举在其附件中的危险废物的越境转移，规定了严格的条件，包括：

1. 缔约国禁止向另一缔约国出口危险废物，除非进口国没有一般地禁止该废物的进口，并且以书面形式对某一进口向出口国表示同意。出口国或者危险废物的生产者或出口者，应将拟出口的废物的越境转移以书面形式通知进口国的有关主管部门。

2. 危险废物的任何越境转移都必须有相关的保险、保证或担保。

3. 出口国有理由认为拟出口的废物不会被以符合有关标准的对环境无害的方式在进口国或其他地方处理，则不得出口。

4. 如果出口的危险废物被证明无法以无害于环境的方式得到处理，则须运回出口国。

5. 不得向非缔约国出口或自非缔约国进口危险废物。

此外，《巴塞尔公约》1995 年的修正案禁止发达国家以最终处置为目的向发展中国家出口危险废料，并规定发达国家在 1997 年年底以前停止向发展中国家出口用于回收利用的危险废料。

典型案例

甲国白鹭公司与乙国黑鹰公司签订了一项进口化工废料到甲国的合同。该化工废料是被《巴塞尔公约》列为附件中的危险废物，现位于乙国境内。

① 【答案及释疑】减少温室气体的排放，发达国家和发展中国家承担共同但有区别的责任，故 ABC 选项均错误，D 选项正确。（答案：D）

甲乙两国都是公约的缔约国。根据相关的国际法规则，甲乙两国主要有哪些义务？

答案：(1) 乙国政府或黑鹰公司应将拟出口废料事项通知甲国政府，并得到甲国政府的书面准许，才能出口；(2) 甲国政府必须证实黑鹰公司和白鹭公司对该废料已作出无害环境的处置安排，包括详尽的处置办法和相关合同，才能准许进口；(3) 该种废料如果进行越境转移，必须有相关的保险或担保，乙国不得向《巴塞尔公约》的非缔约国出口此种危险废物。

第三部分　有关个人的制度
——中国的国籍、引渡制度

一、《中华人民共和国国籍法》

（1980 年 9 月 10 日第五届全国人民代表大会第三次会议通过，自公布之日起施行）

【导读】

《国籍法》要点归纳示意图

中国国籍的取得	出生取得	第四条：父母双方或一方为中国公民，本人出生在中国，具有中国国籍。 第五条：父母双方或一方为中国公民，本人出生在外国，具有中国国籍；但父母双方或一方为中国公民并定居在外国，本人出生时即具有外国国籍的，不具有中国国籍。 第六条：父母无国籍或国籍不明，定居在中国，本人出生在中国，具有中国国籍。
	加入取得	第七条：外国人或无国籍人，愿意遵守中国宪法和法律，并具有下列条件之一的，可以经申请批准加入中国国籍：一、中国人的近亲属；二、定居在中国的；三、有其他正当理由。 第八条：申请加入中国国籍获得批准的，即取得中国国籍；被批准加入中国国籍的，不得再保留外国国籍。
	恢复取得	第十三条：曾有过中国国籍的外国人，具有正当理由，可以申请恢复中国国籍；被批准恢复中国国籍的，不得再保留外国国籍。

续前表

中国国籍的丧失	自动丧失	第九条：定居外国的中国公民，自愿加入或取得外国国籍的，即自动丧失中国国籍。
	申请退出中国国籍	第十条：中国公民具有下列条件之一的，可以经申请批准退出中国国籍：一、外国人的近亲属；二、定居在外国的；三、有其他正当理由。 第十一条：申请退出中国国籍获得批准的，即丧失中国国籍。
	禁止申请退出	第十二条：国家工作人员和现役军人，不得退出中国国籍。
双重国籍		第三条：中华人民共和国不承认中国公民具有双重国籍。
申请机关		第十四条：中国国籍的取得、丧失和恢复，除第九条规定的以外，必须办理申请手续。未满十八周岁的人，可由其父母或其他法定代理人代为办理申请。 第十五条：受理国籍申请的机关，在国内为当地市、县公安局，在国外为中国外交代表机关和领事机关。
审批机关		第十六条：加入、退出和恢复中国国籍的申请，由中华人民共和国公安部审批。经批准的，由公安部发给证书。

第一条　【适用范围】中华人民共和国国籍的取得、丧失和恢复，都适用本法。

第二条　【国籍的一致性】中华人民共和国是统一的多民族的国家，各民族的人都具有中国国籍。

★★第三条　【否认双重国籍】中华人民共和国不承认中国公民具有双重国籍。

理论解读

1. 我国不承认中国人具有双重、多重国籍。
2. 不少其他国家承认双重国籍，尽管各国在对待双重国籍问题上的立场存在冲突，但这并不妨碍我国在处理涉及中国人的国籍问题的时候适用《中华人民共和国国籍法》，除非我国参加的有关条约另有规定。

★★第四条　【国籍的出生取得之一】父母双方或一方为中国公民，本人出生在中国，具有中国国籍。

★★第五条　【国籍的出生取得之二】父母双方或一方为中国公民，本人出生在外国，具有中国国籍；但父母双方或一方为中国公民并定居在外国，本人出生时即具有外国国籍的，不具有中国国籍。

★★第六条　【国籍的出生取得之三】父母无国籍或国籍不明，定居在中国，本人出生在中国，具有中国国籍。

理论解读

因出生而取得一国国籍的，有采血统主义，有采出生地主义，有采混合主义。从以上几个条文可看出，在因出生而取得国籍问题上，我国采用的是混合主义，以双系血统主义（父母双方或一方为中国公民均可）为主，以出生地主义为辅。

经典考题

（2007-1-31，单选）中国人姜某（女）与甲国人惠特尼婚后在甲国定居，后姜某在甲国生下一女。根据我国国籍法，下列哪一选项是正确的？①

A. 如姜某之女出生时未获其他国家国籍，可以获得中国国籍

B. 姜某之女一出生就无条件获得中国国籍

C. 如姜某之女出生时已获得甲国国籍，她也可以同时获得中国国籍

D. 姜某之女出生地在甲国，因而不能获得中国国籍

★第七条　【申请加入中国国籍的条件】外国人或无国籍人，愿意遵守中国宪法和法律，并具有下列条件之一的，可以经申请批准加入中国国籍：

一、中国人的近亲属；

二、定居在中国的；

三、有其他正当理由。

★第八条　【中国国籍的排他性】申请加入中国国籍获得批准的，即取得中国国籍；被批准加入中国国籍的，不得再保留外国国籍。

★★★★★第九条　【丧失中国国籍之一】定居外国的中国公民，自愿加入或取得外国国籍的，即自动丧失中国国籍。

理论解读

1. 注意：自愿申请入籍的条件（第 7 条），只要具备其中一个即可。

2. 第 8、9 条规定正是体现了我国不承认双重国籍的立场：

（1）取得我国国籍的，应放弃外国国籍；

（2）在国外定居并取得外国国籍的，无须再向我国主管部门申请退籍，而是自动丧失中国国籍。

第十条　【中国国籍申请退出条件】中国公民具有下列条件之一的，可以经申请批准退出中国国籍：

一、外国人的近亲属；

二、定居在外国的；

三、有其他正当理由。

★★第十一条　【丧失中国国籍之二】申请退出中国国籍获得批准的，即丧失中国国籍。

★★第十二条　【禁止退出中国国籍的人员】国家工作人员和现役军人，不得退出中国国籍。

---

① **【答案及释疑】**根据我国《国籍法》第 4 条和第 5 条的规定，父母双方或一方为中国公民，本人出生在中国，具有中国国籍。父母双方或一方为中国公民，本人出生在外国，具有中国国籍；但父母双方或一方为中国公民并定居在外国，本人出生时即具有外国国籍的，不具有中国国籍。（答案：A）

理论解读

1. 注意：中国公民自愿丧失国籍的条件（第10条），满足条件者，须其申请得到公安部的批准方才退出中国国籍，其个人的登报声明或在国外签署某种法律文件都不意味着在我国国籍法的意义上退出中国国籍。

2. 注意：第12条规定的两类人不得退出中国国籍。

典型案例

戴某为某省政府的处级干部。两年前，戴父在甲国定居，并获甲国国籍。2006年7月，戴父去世。根据有效遗嘱，戴某赴甲国继承了戴父在甲国的一座楼房。根据甲国法律，取得该不动产后，戴某可以获得甲国的国籍，但必须首先放弃中国国籍。于是戴某当时就在甲国填写了有关表格，声明退出中国国籍。其后，戴某返回国内继续工作。针对以上事实，根据我国《国籍法》的规定，戴某的国籍状况如何？

答案：根据我国《国籍法》第12条的规定，国家工作人员和现役军人，不得退出中国国籍。戴某并未定居国外，不属于自动丧失中国国籍的情况，而申请退出中国国籍，必须得到批准，而戴某只是在甲国填写了有关表格，并未向我国主管部门提出申请，而且，由于戴某身为某省政府的处级干部，属于国家工作人员，不得退出中国国籍，故戴某现在不能退出中国国籍。

★第十三条　【中国国籍的恢复】曾有过中国国籍的外国人，具有正当理由，可以申请恢复中国国籍；被批准恢复中国国籍的，不得再保留外国国籍。

第十四条　【中国国籍取得、丧失和恢复的程序】中国国籍的取得、丧失和恢复，除第九条规定的以外，必须办理申请手续。未满十八周岁的人，可由其父母或其他法定代理人代为办理申请。

★第十五条　【受理国籍申请机关】受理国籍申请的机关，在国内为当地市、县公安局，在国外为中国外交代表机关和领事机关。

★★第十六条　【国籍申请的审批及证书】加入、退出和恢复中国国籍的申请，由中华人民共和国公安部审批。经批准的，由公安部发给证书。

理论解读

了解第15、16条之规定，受理国籍申请的机关与批准申请的机关不同。

第十七条　【本法公布前国籍的效力】本法公布前，已经取得中国国籍的或已经丧失中国国籍的，继续有效。

第十八条　【生效日期】本法自公布之日起施行。

二、《中华人民共和国引渡法》

（2000年12月28日第九届全国人民代表大会常务委员会第十九次会议通过，自公布之日起施行）

【导读】

引渡是指一国应外国的请求，将在其境内被外国指控为犯罪或被其判刑的外国人，移交给请求国审理或处罚的国际司法协助行为。我国《引渡法》中的以下内容为其重点：（1）引渡的主体；（2）引渡的对象；（3）可引渡的罪行；（4）“应当拒绝”引渡和“可以拒绝”引渡的理由；（5）有权对外作出限制量刑或限制追诉承诺的主体；（6）引渡的程序。

外国向中国请求引渡	联系机构	外交部将引渡请求书等材料转交最高人民法院、最高人民检察院。
	审查机构	最高人民检察院经审查，认为应当由我国追诉，应自收到引渡请求书起一个月内，将准备提起刑事诉讼的意见分别告知最高人民法院和外交部。
		最高人民法院接到引渡请求书等材料后，应当及时转交所指定的高级人民法院进行审查。
		外交部接到最高人民法院符合引渡条件的裁定后，应报国务院决定是否引渡。

续前表

<table>
<tr><td rowspan="11">外国向中国请求引渡</td><td rowspan="8">中国应当拒绝引渡</td><td colspan="2">(1) 被请求引渡人具有中国国籍；</td></tr>
<tr><td colspan="2">(2) 在收到引渡请求时，中华人民共和国的司法机关对于引渡请求所指的犯罪已经作出生效判决，或者已经终止刑事诉讼程序的；</td></tr>
<tr><td colspan="2">(3) 因政治犯罪而请求引渡，或者中国已经给予庇护的；</td></tr>
<tr><td colspan="2">(4) 被请求引渡人可能因其种族、宗教、国籍、性别、政治见解或者身份等方面的原因而被提起刑事诉讼或者执行刑罚，或者被请求引渡人在司法程序中可能由于上述原因受到不公正待遇的；</td></tr>
<tr><td colspan="2">(5) 根据中国或者请求国法律，引渡请求所指的犯罪纯属军事犯罪的；</td></tr>
<tr><td colspan="2">(6) 根据中国或者请求国法律，在收到引渡请求时，由于时效或者赦免等原因，不应当追究刑事责任的；</td></tr>
<tr><td colspan="2">(7) 被请求引渡人在请求国曾经遭受或者可能遭受酷刑或者其他残忍、不人道或者有辱人格的待遇或者处罚的；</td></tr>
<tr><td colspan="2">(8) 请求国根据缺席判决提出引渡请求的。</td></tr>
<tr><td rowspan="3">可以拒绝引渡</td><td colspan="2">(1) 中国对于引渡请求所指的犯罪具有刑事管辖权，并且对被请求引渡人正在进行刑事诉讼或者准备提起刑事诉讼的；</td></tr>
<tr><td colspan="2">(2) 因被请求引渡人年龄、健康等原因，根据人道主义原则不宜引渡的。</td></tr>
<tr></tr>
<tr><td rowspan="2">中国向外国请求引渡</td><td rowspan="2">对外国附加条件的承诺</td><td>(1) 对于限制追诉的承诺，由最高人民检察院决定；</td><td rowspan="2">由外交部代表中华人民共和国政府向被请求国作出承诺。</td></tr>
<tr><td>(2) 对于量刑的承诺，由最高人民法院决定。</td></tr>
</table>

第一章　总则

第一条　【立法目的】为了保障引渡的正常进行，加强惩罚犯罪方面的国际合作，保护个人和组织的合法权益，维护国家利益和社会秩序，制定本法。

第二条　【适用范围】中华人民共和国和外国之间的引渡，依照本法进行。

第三条　【引渡合作】中华人民共和国和外国在平等互惠的基础上进行引渡合作。

引渡合作，不得损害中华人民共和国的主权、安全和社会公共利益。

★第四条　【联系机关】中华人民共和国和外国之间的引渡，通过外交途径联系。中华人民共和国外交部为指定的进行引渡的联系机关。

引渡条约对联系机关有特别规定的，依照条约规定。

第五条　【强制措施】办理引渡案件，可以根据情况，对被请求引渡人采取引渡拘留、引渡逮捕或者引渡监视居住的强制措施。

第六条　【语义】本法下列用语的含义是：

（一）“被请求引渡人”是指请求国向被请求国请求准予引渡的人；

（二）“被引渡人”是指从被请求国引渡到请求国的人；

（三）“引渡条约”是指中华人民共和国与外国缔结或者共同参加的引渡条约或者载有引渡条款的其他条约。

第二章　向中华人民共和国请求引渡

第一节　引渡的条件

第七条　【准予引渡】外国向中华人民共和国提出的引渡请求必须同时符合下列条件，才能准予引渡：

（一）引渡请求所指的行为，依照中华人民共和国法律和请求国法律均构成犯罪；

（二）为了提起刑事诉讼而请求引渡的，根据中华人民共和国法律和请求国法律，对于引渡请求所指的犯罪均可判处一年以上有期徒刑或者其他更重的刑罚；为了执行刑罚而请求引渡的，在提出引渡请求时，被请求引渡人尚未服完的刑期至少为六个月。

对于引渡请求中符合前款第一项规定的多种犯罪，只要其中有一种犯罪符合前款第二项的规定，就可以对上述各种犯罪准予引渡。

★★★第八条　【应当拒绝引渡】外国向中

华人民共和国提出的引渡请求，有下列情形之一的，应当拒绝引渡：

（一）根据中华人民共和国法律，被请求引渡人具有中华人民共和国国籍的；【中国人不引渡】

（二）在收到引渡请求时，中华人民共和国的司法机关对于引渡请求所指的犯罪已经作出生效判决，或者已经终止刑事诉讼程序的；【本国已经作出有效判决不引渡】

（三）因政治犯罪而请求引渡的，或者中华人民共和国已经给予被请求引渡人受庇护权利的；【政治犯不引渡】

（四）被请求引渡人可能因其种族、宗教、国籍、性别、政治见解或者身份等方面的原因而被提起刑事诉讼或者执行刑罚，或者被请求引渡人在司法程序中可能由于上述原因受到不公正待遇的；【侵犯人权不引渡】

（五）根据中华人民共和国或者请求国法律，引渡请求所指的犯罪纯属军事犯罪的；【军事犯罪不引渡】

（六）根据中华人民共和国或者请求国法律，在收到引渡请求时，由于犯罪已过追诉时效期限或者被请求引渡人已被赦免等原因，不应当追究被请求引渡人的刑事责任的；【按本国法不追究刑责不引渡】

（七）被请求引渡人在请求国曾经遭受或者可能遭受酷刑或者其他残忍、不人道或者有辱人格的待遇或者处罚的；【酷刑不引渡】

（八）请求国根据缺席判决提出引渡请求的。但请求国承诺在引渡后对被请求引渡人给予在其出庭的情况下进行重新审判机会的除外。【缺席判决不引渡】

理论解读

注意“应当拒绝引渡”与“可以拒绝引渡”的条件不同，例如，在收到引渡请求时，中华人民共和国的司法机关对于引渡请求所指的犯罪已经作出生效判决，或者已经终止刑事诉讼程序的，是“应当拒绝引渡”。中华人民共和国对于引渡请求所指的犯罪具有刑事管辖权，并且对被请求引渡人正在进行刑事诉讼或者准备提起刑事诉讼的，是“可以拒绝引渡”。

典型案例

甲国人张某侵吞中国某国企驻甲国办事处的大量财产。根据中国和甲国的法律，张某的行为均认定为犯罪。中国与甲国没有司法协助协定。根据国际法相关规则，中国对张某侵吞财产案有没有管辖权？张某进入中国境内时，中国有关机关可否依法将其拘捕？如果张某仍在甲国，则甲国有无义务将张某引渡给中国？

答案：外国人在境外对我国国民生命财产造成损害的，我国根据保护性管辖有管辖权，因此中国对张某侵吞财产案有管辖权，张某进入中国境内时，中国有关机关可依法将其拘捕。各国间如未签订有关引渡的条约则没有强制引渡的义务，因此如果张某仍在甲国，则甲国无义务将张某引渡给中国。

经典考题

（2009-1-32，单选）中国人高某在甲国探亲期间加入甲国国籍，回中国后健康不佳，也未申请退出中国国籍。后甲国因高某在该国的犯罪行为，向中国提出了引渡高某的请求，乙国针对高某在乙国实施的伤害乙国公民的行为，也向中国提出了引渡请求。依我国相关法律规定，下列哪一选项是正确的？①

A. 如依中国法律和甲国法律均构成犯罪，即可准予引渡

B. 中国应按照收到引渡请求的先后确定引渡的优先顺序

C. 由于高某健康不佳，中国可以拒绝引渡

D. 中国应当拒绝引渡

① 【答案及释疑】根据我国《国籍法》第9条的规定，定居外国的中国公民，自愿加入或取得外国国籍的，即自动丧失中国国籍。第10条规定，中国公民具有下列条件之一的，可以经申请批准退出中国国籍：外国人的近亲属；定居在外国的；有其他正当理由。因此本题中高某不符合丧失中国国籍的条件，仍然是中国人，我国《引渡法》规定，中国公民不引渡，因此中国应当以此为理由拒绝引渡。（答案：D）

第九条　【可以拒绝引渡】外国向中华人民共和国提出的引渡请求，有下列情形之一的，可以拒绝引渡：

（一）中华人民共和国对于引渡请求所指的犯罪具有刑事管辖权，并且对被请求引渡人正在进行刑事诉讼或者准备提起刑事诉讼的；

（二）由于被请求引渡人的年龄、健康等原因，根据人道主义原则不宜引渡的。

经典考题

1.（2013-1-97，不定项）甲国公民库克被甲国刑事追诉，现在中国居留，甲国向中国请求引渡库克，中国和甲国间无引渡条约。关于引渡事项，下列选项正确的是？①

A. 甲国引渡请求所指的行为依照中国法律和甲国法律均构成犯罪，是中国准予引渡的条件之一

B. 由于库克健康原因，根据人道主义原则不宜引渡，中国可以拒绝引渡

C. 根据中国法律，引渡请求所指的犯罪纯属军事犯罪的，中国应当拒绝引渡

D. 根据甲国法律，引渡请求所指的犯罪纯属军事犯罪的，中国应当拒绝引渡

2.（2012-1-76，多选）甲国公民彼得，在中国境内杀害一中国公民和一乙国在华留学生，被中国警方控制。乙国以彼得杀害本国公民为由，向中国申请引渡，中国和乙国间无引渡条约。关于引渡事项，下列哪些选项是正确的？②

A. 中国对乙国无引渡义务

B. 乙国的引渡请求应通过外交途径联系，联系机关为外交部

C. 应由中国最高法院对乙国的引渡请求进行审查，并作出裁定

D. 在收到引渡请求时，中国司法机关正在对引渡所指的犯罪进行刑事诉讼，故应当拒绝引渡

3.（2011-1-33，单选）甲国人张某侵吞中国某国企驻甲国办事处的大量财产。根据中国和甲国的法律，张某的行为均认定为犯罪。中国与甲国没有司法协助协定。根据国际法相关规则，下列哪一选项是正确的？③

A. 张某进入中国境内时，中国有关机关可依法将其拘捕

B. 中国对张某侵吞财产案没有管辖权

C. 张某乘甲国商船逃至公海时，中国有权派员在公海将其缉拿

D. 甲国有义务将张某引渡给中国

第二节　引渡请求的提出

第十条　【引渡请求的接受机构】请求国的引渡请求应当向中华人民共和国外交部提出。

第十一条　【请求书】请求国请求引渡应当出具请求书，请求书应当载明：

（一）请求机关的名称；

（二）被请求引渡人的姓名、性别、年龄、国籍、身份证件的种类及号码、职业、外表特征、住所地和居住地以及其他有助于辨别其身份和查找该人的情况；

---

①【答案及释疑】引渡请求所指的行为，依照中华人民共和国法律和请求国法律均构成犯罪，故A选项正确。由于被请求引渡人的年龄、健康等原因，中国根据人道主义原则可以不予引渡，故B选项正确。根据中国或者请求国的法律，引渡请求所指的犯罪纯属军事犯罪的，中国应当拒绝引渡，故CD选项正确。（答案：ABCD）

②【答案及释疑】无引渡条约则无引渡义务，故A选项正确。外国向中国，中国向外国请求引渡，应通过中国外交部联系，故B选项正确。最高人民法院指定高级人民法院对外国引渡请求进行审查，C选项错误，中华人民共和国对于引渡请求所指的犯罪具有刑事管辖权，并且对被请求引渡人正在进行刑事诉讼或者准备提起刑事诉讼的，可以拒绝引渡而不是“应当拒绝引渡”（已经作出生效判决或者终止刑事诉讼程序的），故D选项错误。（答案：AB）

③【答案及释疑】外国人在境外对中国国民生命财产造成损害的，中国根据保护性管辖有管辖权，B选项错误。公海上船舶原则上只受船旗国管辖，或者在发现特定船舶有不悬挂船旗、海盗、贩卖奴隶、非法广播等特定行为的情况下行使管辖权，但不存在此类行为的船舶，他国船只一般无权管辖，故中国无权在公海缉拿张某，C选项错误。各国间如未签订有关引渡的条约则没有强制引渡的义务，故选项D错误。张某进入中国境内时，中国可以行使属地管辖将其拘捕，选项A正确。（答案：A）

（三）犯罪事实，包括犯罪的时间、地点、行为、结果等；

（四）对犯罪的定罪量刑以及追诉时效方面的法律规定。

第十二条 【材料提供】请求国请求引渡，应当在出具请求书的同时，提供以下材料：

（一）为了提起刑事诉讼而请求引渡的，应当附有逮捕证或者其他具有同等效力的文件的副本；为了执行刑罚而请求引渡的，应当附有发生法律效力的判决书或者裁定书的副本，对于已经执行部分刑罚的，还应当附有已经执行刑期的证明；

（二）必要的犯罪证据或者证据材料。

请求国掌握被请求引渡人照片、指纹以及其他可供确认被请求引渡人的材料的，应当提供。

第十三条 【文件及译本】请求国根据本节提交的引渡请求书或者其他有关文件，应当由请求国的主管机关正式签署或者盖章，并应当附有中文译本或者经中华人民共和国外交部同意使用的其他文字的译本。

第十四条 【请求国的保证】请求国请求引渡，应当作出如下保证：

（一）请求国不对被引渡人在引渡前实施的其他未准予引渡的犯罪追究刑事责任，也不将该人再引渡给第三国。但经中华人民共和国同意，或者被引渡人在其引渡罪行诉讼终结、服刑期满或者提前释放之日起三十日内没有离开请求国，或者离开后又自愿返回的除外；

（二）请求国提出请求后撤销、放弃引渡请求，或者提出引渡请求错误的，由请求国承担因请求引渡对被请求引渡人造成损害的责任。

第十五条 【互惠承诺】在没有引渡条约的情况下，请求国应当作出互惠的承诺。

第三节 对引渡请求的审查

第十六条 【引渡请求的审查】外交部收到请求国提出的引渡请求后，应当对引渡请求书及其所附文件、材料是否符合本法第二章第二节和引渡条约的规定进行审查。

最高人民法院指定的高级人民法院对请求国提出的引渡请求是否符合本法和引渡条约关于引渡条件等规定进行审查并作出裁定。最高人民法院对高级人民法院作出的裁定进行复核。

第十七条 【引渡顺序】对于两个以上国家就同一行为或者不同行为请求引渡同一人的，应当综合考虑中华人民共和国收到引渡请求的先后、中华人民共和国与请求国是否存在引渡条约关系等因素，确定接受引渡请求的优先顺序。

第十八条 【补充材料】外交部对请求国提出的引渡请求进行审查，认为不符合本法第二章第二节和引渡条约的规定的，可以要求请求国在三十日内提供补充材料。经请求国请求，上述期限可以延长十五日。

请求国未在上述期限内提供补充材料的，外交部应当终止该引渡案件。请求国可以对同一犯罪再次提出引渡该人的请求。

★第十九条 【材料转交】外交部对请求国提出的引渡请求进行审查，认为符合本法第二章第二节和引渡条约的规定的，应当将引渡请求书及其所附文件和材料转交最高人民法院、最高人民检察院。

第二十条 【法院与公安机关的引渡工作】外国提出正式引渡请求前被请求引渡人已经被引渡拘留的，最高人民法院接到引渡请求书及其所附文件和材料后，应当将引渡请求书及其所附文件和材料及时转交有关高级人民法院进行审查。

外国提出正式引渡请求前被请求引渡人未被引渡拘留的，最高人民法院接到引渡请求书及其所附文件和材料后，通知公安部查找被请求引渡人。公安机关查找到被请求引渡人后，应当根据情况对被请求引渡人予以引渡拘留或者引渡监视居住，由公安部通知最高人民法院。最高人民法院接到公安部的通知后，应当及时将引渡请求书及其所附文件和材料转交有关高级人民法院进行审查。

公安机关经查找后，确认被请求引渡人不在中华人民共和国境内或者查找不到被请求引渡人的，公安部应当及时通知最高人民法院。最高人民法院接到公安部的通知后，应当及时将查找情况通知外交部，由外交部通知请求国。

★第二十一条 【检察机关的审查】最高人民检察院经审查，认为对引渡请求所指的犯罪或者被请求引渡人的其他犯罪，应当由我国司法机关追诉，但尚未提起刑事诉讼的，应当自收到引渡请求书及其所附文件和材料之日起一个月内，将准备提起刑事诉讼的意见分别告知最高人民法院和外交部。

★**第二十二条　【引渡审查的合议庭】**高级人民法院根据本法和引渡条约关于引渡条件等有关规定，对请求国的引渡请求进行审查，由审判员三人组成合议庭进行。

第二十三条　【陈述与意见】高级人民法院审查引渡案件，应当听取被请求引渡人的陈述及其委托的中国律师的意见。高级人民法院应当在收到最高人民法院转来的引渡请求书之日起十日内将引渡请求书副本发送被请求引渡人。被请求引渡人应当在收到之日起三十日内提出意见。

第二十四条　【裁定】高级人民法院经审查后，应当分别作出以下裁定：

（一）认为请求国的引渡请求符合本法和引渡条约规定的，应当作出符合引渡条件的裁定。如果被请求引渡人具有本法第四十二条规定的暂缓引渡情形的，裁定中应当予以说明；

（二）认为请求国的引渡请求不符合本法和引渡条约规定的，应当作出不引渡的裁定。

根据请求国的请求，在不影响中华人民共和国领域内正在进行的其他诉讼，不侵害中华人民共和国领域内任何第三人的合法权益的情况下，可以在作出符合引渡条件的裁定的同时，作出移交与案件有关财物的裁定。

第二十五条　【宣读、复核与提出意见】高级人民法院作出符合引渡条件或者不引渡的裁定后，应当向被请求引渡人宣读，并在作出裁定之日起七日内将裁定书连同有关材料报请最高人民法院复核。

被请求引渡人对高级人民法院作出符合引渡条件的裁定不服的，被请求引渡人及其委托的中国律师可以在人民法院向被请求引渡人宣读裁定之日起十日内，向最高人民法院提出意见。

第二十六条　【复核处理】最高人民法院复核高级人民法院的裁定，应当根据下列情形分别处理：

（一）认为高级人民法院作出的裁定符合本法和引渡条约规定的，应当对高级人民法院的裁定予以核准；

（二）认为高级人民法院作出的裁定不符合本法和引渡条约规定的，可以裁定撤销，发回原审人民法院重新审查，也可以直接作出变更的裁定。

第二十七条　【补充材料】人民法院在审查过程中，在必要时，可以通过外交部要求请求国在三十日内提供补充材料。

第二十八条　【送交与送达】最高人民法院作出核准或者变更的裁定后，应当在作出裁定之日起七日内将裁定书送交外交部，并同时送达被请求引渡人。

最高人民法院核准或者作出不引渡裁定的，应当立即通知公安机关解除对被请求引渡人采取的强制措施。

第二十九条　【通知请求国】外交部接到最高人民法院不引渡的裁定后，应当及时通知请求国。

外交部接到最高人民法院符合引渡条件的裁定后，应当报送国务院决定是否引渡。

国务院决定不引渡的，外交部应当及时通知请求国。人民法院应当立即通知公安机关解除对被请求引渡人采取的强制措施。

第四节　为引渡而采取的强制措施

第三十条　【引渡拘留】对于外国正式提出引渡请求前，因紧急情况申请对将被请求引渡的人采取羁押措施的，公安机关可以根据外国的申请采取引渡拘留措施。

前款所指的申请应当通过外交途径或者向公安部书面提出，并应当载明：

（一）本法第十一条、第十四条规定的内容；

（二）已经具有本法第十二条第一项所指材料的说明；

（三）即将正式提出引渡请求的说明。

对于通过外交途径提出申请的，外交部应当及时将该申请转送公安部。对于向公安部提出申请的，公安部应当将申请的有关情况通知外交部。

第三十一条　【引渡拘留的执行与期限】公安机关根据本法第三十条的规定对被请求人采取引渡拘留措施，对于向公安部提出申请的，公安部应当将执行情况及时通知对方，对于通过外交途径提出申请的，公安部将执行情况通知外交部，外交部应当及时通知请求国。通过上述途径通知时，对于被请求人已被引渡拘留的，应当同时告知提出正式引渡请求的期限。

公安机关采取引渡拘留措施后三十日内外交部没有收到外国正式引渡请求的，应当撤销引渡拘留，经该外国请求，上述期限可以延长十五日。

对根据本条第二款撤销引渡拘留的，请求国可以在事后对同一犯罪正式提出引渡该人的请求。

第三十二条　【引渡逮捕与监视居住】高级人民法院收到引渡请求书及其所附文件和材料后，对于不采取引渡逮捕措施可能影响引渡正常进行的，应当及时作出引渡逮捕的决定。对被请求引渡人不采取引渡逮捕措施的，应当及时作出引渡监视居住的决定。

★第三十三条　【引渡强制措施的执行机关】引渡拘留、引渡逮捕、引渡监视居住由公安机关执行。

第三十四条　【讯问时限与权利告知】采取引渡强制措施的机关应当在采取引渡强制措施后二十四小时内对被采取引渡强制措施的人进行讯问。

被采取引渡强制措施的人自被采取引渡强制措施之日起，可以聘请中国律师为其提供法律帮助。公安机关在执行引渡强制措施时，应当告知被采取引渡强制措施的人享有上述权利。

第三十五条　【引渡逮捕的例外】对于应当引渡逮捕的被请求引渡人，如果患有严重疾病，或者是正在怀孕、哺乳自己婴儿的妇女，可以采取引渡监视居住措施。

第三十六条　【国务院的引渡决定】国务院作出准予引渡决定后，应当及时通知最高人民法院。如果被请求引渡人尚未被引渡逮捕的，人民法院应当立即决定引渡逮捕。

第三十七条　【撤销与放弃请求】外国撤销、放弃引渡请求的，应当立即解除对被请求引渡人采取的引渡强制措施。

第五节　引渡的执行

第三十八条　【引渡执行机关】引渡由公安机关执行。对于国务院决定准予引渡的，外交部应当及时通知公安部，并通知请求国与公安部约定移交被请求引渡人的时间、地点、方式以及执行引渡有关的其他事宜。

第三十九条　【移交财物】对于根据本法第三十八条的规定执行引渡的，公安机关应当根据人民法院的裁定，向请求国移交与案件有关的财物。

因被请求引渡人死亡、逃脱或者其他原因而无法执行引渡时，也可以向请求国移交上述财物。

第四十条　【移交】请求国自约定的移交之日起十五日内不接收被请求引渡人的，应当视为自动放弃引渡请求。公安机关应当立即释放被请求引渡人，外交部可以不再受理该国对同一犯罪再次提出的引渡该人的请求。

请求国在上述期限内因无法控制的原因不能接收被请求引渡人的，可以申请延长期限，但最长不得超过三十日，也可以根据本法第三十八条的规定重新约定移交事宜。

第四十一条　【重新引渡】被引渡人在请求国的刑事诉讼终结或者服刑完毕之前逃回中华人民共和国的，可以根据请求国再次提出的相同的引渡请求准予重新引渡，无需请求国提交本章第二节规定的文件和材料。

第六节　暂缓引渡和临时引渡

第四十二条　【暂缓引渡】国务院决定准予引渡时，对于中华人民共和国司法机关正在对被请求引渡人由于其他犯罪进行刑事诉讼或者执行刑罚的，可以同时决定暂缓引渡。

第四十三条　【临时引渡】如果暂缓引渡可能给请求国的刑事诉讼造成严重障碍，在不妨碍中华人民共和国领域内正在进行的刑事诉讼，并且请求国保证在完成有关诉讼程序后立即无条件送回被请求引渡人的情况下，可以根据请求国的请求，临时引渡该人。

临时引渡的决定，由国务院征得最高人民法院或者最高人民检察院的同意后作出。

第七节　引渡的过境

第四十四条　【提出过境请求】外国之间进行引渡需要经过中华人民共和国领域的，应当按照本法第四条和本章第二节的有关规定提出过境请求。

过境采用航空运输并且在中华人民共和国领域内没有着陆计划的，不适用前款规定；但发生计划外着陆的，应当依照前款规定提出过境请求。

第四十五条　【过境决定】对于外国提出的过境请求，由外交部根据本法的有关规定进行审查，作出准予过境或者拒绝过境的决定。

准予过境或者拒绝过境的决定应当由外交部通过与收到请求相同的途径通知请求国。

外交部作出准予过境的决定后，应当将该决定及时通知公安部。过境的时间、地点和方式等事宜由公安部决定。

第四十六条　【过境的监督与协助】引渡的过境由过境地的公安机关监督或者协助执行。

公安机关可以根据过境请求国的请求，提供临时羁押场所。

第三章　向外国请求引渡

第四十七条　【请求外国准予引渡或引渡过境】请求外国准予引渡或者引渡过境的，应当由负责办理有关案件的省、自治区或者直辖市的审判、检察、公安、国家安全或者监狱管理机关分别向最高人民法院、最高人民检察院、公安部、国家安全部、司法部提出意见书，并附有关文件和材料及其经证明无误的译文。最高人民法院、最高人民检察院、公安部、国家安全部、司法部分别会同外交部审核同意后，通过外交部向外国提出请求。

第四十八条　【紧急情况】在紧急情况下，可以在向外国正式提出引渡请求前，通过外交途径或者被请求国同意的其他途径，请求外国对有关人员先行采取强制措施。

第四十九条　【文书、文件和材料】引渡、引渡过境或者采取强制措施的请求所需的文书、文件和材料，应当依照引渡条约的规定提出；没有引渡条约或者引渡条约没有规定的，可以参照本法第二章第二节、第四节和第七节的规定提出；被请求国有特殊要求的，在不违反中华人民共和国法律的基本原则的情况下，可以按照被请求国的特殊要求提出。

★★第五十条　【承诺】被请求国就准予引渡附加条件的，对于不损害中华人民共和国主权、国家利益、公共利益的，可以由外交部代表中华人民共和国政府向被请求国作出承诺。对于限制追诉的承诺，由最高人民检察院决定；对于量刑的承诺，由最高人民法院决定。

在对被引渡人追究刑事责任时，司法机关应当受所作出的承诺的约束。

理论解读

我国向外国提出引渡请求，特殊情况下不排除被请求国虽然同意引渡，但却附加一定的限制条件的可能。对于不损害我国社会公共利益的条件，我国有关部门可以考虑向被请求国作出承诺，但不同的承诺，其作出决定的主体也不同。限制量刑的承诺，应由最高人民法院作出，限制追诉的承诺，则应由最高人民检察院作出。

经典考题

（2005-1-79，多选）中国公民李某（曾任某国有企业总经理）2004 年携贪污的巨款逃往甲国。根据甲国法律，对李某贪污行为的最高量刑为 15 年。甲国与我国没有引渡条约。甲国表示，如果中国对李某被指控的犯罪有确凿的证据，并且作出对其量刑不超过 15 年的承诺，可以将其引渡给中国。根据我国引渡法的有关规定，下列哪些判断是正确的？①

A. 我国对于甲国上述引渡所附条件，是否作出承诺表示接受，由最高人民法院决定

B. 我国对于甲国上述引渡所附条件，是否作出承诺表示接受，由最高人民检察院提请最高人民法院作出决定

① 【答案及释疑】我国《引渡法》第 50 条规定，被请求国就准予引渡附加条件的，对于不损害中华人民共和国主权、国家利益、公共利益的，可以由外交部代表中华人民共和国政府向被请求国作出承诺。对于限制追诉的承诺，由最高人民检察院决定；对于量刑的承诺，由最高人民法院决定。在对被引渡人追究刑事责任时，司法机关应当受所作出的承诺的约束。因此，ACD 项正确。（答案：ACD）

C. 如果我国决定接受甲国上述引渡条件，表示接受该条件的承诺由外交部向甲国作出

D. 一旦我国作出接受上述条件的承诺并引渡成功，我国司法机关在对李某审判和量刑时，应当受该承诺的约束

第五十一条　【接收】公安机关负责接收外国准予引渡的人以及与案件有关的财物。

对于其他部门提出引渡请求的，公安机关在接收被引渡人以及与案件有关的财物后，应当及时转交提出引渡请求的部门；也可以会同有关部门共同接收被引渡人以及与案件有关的财物。

第四章　附则

第五十二条　【授权决定】根据本法规定是否引渡由国务院决定的，国务院在必要时，得授权国务院有关部门决定。

第五十三条　【赔偿】请求国提出请求后撤销、放弃引渡请求，或者提出引渡请求错误，给被请求引渡人造成损害，被请求引渡人提出赔偿的，应当向请求国提出。

第五十四条　【费用】办理引渡案件产生的费用，依照请求国和被请求国共同参加、签订的引渡条约或者协议办理。

第五十五条　【生效日期】本法自公布之日起施行。

第四部分　国际交往制度
——外交与领事关系制度、条约制度

一、《维也纳外交关系公约》

（《维也纳外交关系公约》于 1964 年 4 月 24 日生效，中国政府于 1975 年 11 月 25 日交存加入《维也纳外交关系公约》的加入书，并对公约第 14 条、第 16 条、第 37 条第 2、3、4 款作了保留。1980 年 9 月 15 日我国撤回对第 37 条三个条款的保留。公约于 1975 年 12 月 25 日对我国生效）

导读

《维也纳外交关系公约》是外交特权与豁免等方面国际习惯法的集大成之成果，是国际法编纂的一项成功的范例。《维也纳外交关系公约》包括序言和 53 个条款，公约第 1 条至第 3 条对有关外交人员及馆舍等名称以及使馆的职务等问题作了界定。公约第 3 至 47 条是关于外交特权与豁免的主要规定，包括享有外交特权与豁免的主体使团的职务、馆舍及人员、外交代表的等级、使馆的不可侵犯、税收与关税的豁免、通讯自由等。公约第 48 至 53 条为最后条款。学习时应注意比较，对享有特权与豁免的主体、特权与豁免的具体内容以及特权与豁免的例外进行比较，从而准确地把握相关内容。

本公约各当事国：

鉴于各国人民自古即已确认外交代表之地位，察及联合国宪章之宗旨及原则中有各国主权平等、维持国际和平与安全，以及促进国际间友好关系等项，深信关于外交往来，特权及豁免之国际公约当能有助于各国间友好关系之发展——此项关系对于各国宪政及社会制度之差异，在所不问，确认此等特权与豁免之目的不在于给与个人以利益而在于确保代表国家之使馆能有效执行职务。

重申凡未经本公约明文规定之问题应继续适用国际习惯法之规例，爰议定条款如下：

第一条

就适用本公约而言，下列名称之意义，应依下列规定：

（甲）称“使馆馆长”者，谓派遣国责成担任此项职位之人；

（乙）称“使馆人员”者，谓使馆馆长及使馆职员；

（丙）称“使馆职员”者，谓使馆外交职员、行政及技术职员，及事务职员；

（丁）称“外交职员”者，谓具有外交官级位之使馆职员；

（戊）称“外交代表”者，谓使馆馆长或使馆外交职员；

（己）称“行政及技术职员”者，谓承办使馆行政及技术事务之使馆职员；

（庚）称“事务职员”者，谓为使馆仆役之使馆职员；

（辛）称“私人仆役”者，谓充使馆人员佣仆而非为派遣国雇用之人；

（壬）称“使馆馆舍”者，谓供使馆使用及供使馆馆长寓邸之用之建筑物或建筑物之各部分，以及其所附属之土地，至所有权谁属，则在所不问。

第二条

国与国间外交关系及常设使馆之建立，以协议为之。

★第三条　【使馆的职务】

一、除其他事项外，使馆之职务如下：

（甲）在接受国中代表派遣国；

（乙）于国际法许可之限度内，在接受国中保护派遣国及其国民之利益；

（丙）与接受国政府办理交涉；

（丁）以一切合法手段调查接受国之状况及发展情形，向派遣国政府具报；

（戊）促进派遣国与接受国间之友好关系，及发展两国间之经济、文化与科学关系。

二、本公约任何规定不得解释为禁止使馆执行领事职务。

理论解读

大使馆是派遣国派往接受国全面代表本国和接受国交往的机构，不仅负责保护本国国家和国民的利益，也负责办理交涉、调查报告等事务。关于调查报告，是指在接受国使用合法的手段了解和收集相关信息，并向本国政府报告，但使用非法手段调查是被禁止的。

经典考题

（2005-1-95，不定项）安某和皮某分别是甲国驻乙国使馆的三等秘书和随员。安某多次参加乙国群众举行的反政府集会和游行；皮某则是大量订阅乙国反对党公开出版的刊物并将有关内容向甲国报告。根据国际法的有关规则，下列判断何者为正确？①

A. 安某的行为违背了外交人员对驻在国的有关义务规定

B. 皮某的行为违背了外交人员对驻在国的有关义务规定

C. 一旦安某或皮某的行为被确定为违背了相关的义务，其外交特权与豁免即应被剥夺

D. 一旦外交人员的行为被确定为违背了相关的义务，驻在国可以宣布其为“不受欢迎的人”要求其在限定时间内离境

★★第四条　【接受国与使馆人员的派遣】

一、派遣国对于拟派驻接受国之使馆馆长人选务须查明其确已获得接受国之同意。

二、接受国无须向派遣国说明不予同意之理由。

理论解读

派遣国派遣三类人员需征得接受国事先同意，即使馆馆长、武官以及派遣非本国国民担任外交官者。接受国可以拒绝接受派遣国所确定的人选而无须说明理由。

第五条

一、派遣国向有关接受国妥为通知后，得酌派任一使馆馆长或外交职员兼驻一个以上国家，但任何接受国明示反对者，不在此限。

二、派遣国委派使馆馆长兼驻另一国或数国者，得在该馆长不常川驻节之国内，设立以临时代办为馆长之使馆。

三、使馆馆长或使馆任何外交职员得兼任派遣国驻国际组织之代表。

第六条

两个以上国家得合派同一人为驻另一国之使馆馆长，但接受国表示反对者不在此限。

第七条

除第五条、第八条、第九条及第十一条另有规定外，派遣国得自由委派使馆职员。关于陆、海、空军武官，接受国得要求先行提名，征求该国同意。

第八条

一、使馆外交职员原则上应属派遣国国籍。

二、委派属接受国国籍之人为使馆外交职员，非经接受国同意，不得为之；此项同意得随时撤销之。

---

① 【答案及释疑】根据《维也纳外交关系公约》的规定，不得干涉接受国内政是使馆及享有外交特权与豁免人员的义务。使馆及享有外交特权与豁免人员应尊重接受国的主权独立和政治制度，不得介入接受国的党派斗争，不得参加或支持旨在反对接受国政府的集会、游行示威活动等。安某的行为已经违反了公约对外交人员义务的规定，故A项正确。使馆的职务有代表、保护、谈判和交涉、调查和报告、促进五项。皮某订阅乙国反对党公开出版的刊物，并就有关内容向其本国报告，是属使馆或外交人员“调查和报告”职务的需要，因此B项错误。享有外交特权与豁免的人员的职务如已终止，则特权与豁免一直持续到该员离境之时或给予其离境的合理期间结束之时终止。在外交人员未被终止职务时，该特权与豁免就一直持续，除非其被终止了职务，其特权与豁免才受到限制，而且在其离境之前或准予其离境的合理期间结束之前，也仍然享有特权与豁免，因此C项错误。接收国对违反上述义务的使馆及有关人员可根据具体的情形来采取适当的措施，包括对派遣国政府提出抗议并要求其承担国际责任；宣布使馆人员为不受欢迎的人；对严重危害接受国、违反国际法的行为可以依国际法采取对抗措施。因此，D项正确。（答案：AD）

三、接受国对于第三国国民之亦非为派遣国国民者，得保留同样之权利。

★★第九条　【接受国驱逐派遣国使馆人员的权利】

一、接受国得随时不具解释通知派遣国宣告使馆馆长或使馆任何外交职员为不受欢迎人员或使馆任何其他职员为不能接受。遇此情形，派遣国应斟酌情况召回该员或终止其在使馆中之职务。任何人员得于其到达接受国国境前，被宣告为不受欢迎或不能接受。

二、如派遣国拒绝或不在相当期间内履行其依本条第一项规定所负义务，接受国得拒绝承认该员为使馆人员。

第十条

一、下列事项应通知接受国外交部或另经商定之其他部：

（甲）使馆人员之委派，其到达及最后离境或其在使馆中职务之终止；

（乙）使馆人员家属到达及最后离境；遇有任何人成为或不复为使馆人员家属时，亦宜酌量通知；

（丙）本项（甲）款所称人员雇用之私人仆役到达及最后离境；遇有私人仆役不复受此等人员雇用时，亦宜酌量通知；

（丁）雇用居留接受国之人为使馆人员或为得享特权与豁免之私人仆役时，其雇用与解雇。

二、到达及最后离境，于可能范围内，亦应事先通知。

第十一条

一、关于使馆之构成人数如另无协议，接受国得酌量本国环境与情况及特定使馆之需要，要求使馆构成人数不超过该国认为合理及正常之限度。

二、接受国亦得在同样范围内并在无差别待遇之基础上，拒绝接受某一类之官员。

第十二条

派遣国非经接受国事先明示同意，不得在使馆本身所在地以外之地点设立办事处，作为使馆之一部分。

第十三条　【使馆馆长开始执行职务的时间】

一、使馆馆长依照接受应予划一适用之通行惯例。在呈递国书后或在向接受国外交部或另经商定之其他部通知到达并将所奉国书正式副本送交后，即视为已在接受国内开始执行职务。

二、呈递国书或递送国书正式副本之次第依使馆馆长到达之日期及时间先后定之。

★★第十四条　【使馆馆长的等级】

一、使馆馆长分为如下三级：

（甲）向国家元首派遣之大使或教廷大使，及其他同等级位之使馆馆长；

（乙）向国家元首派遣之使节、公使及教廷公使；

（丙）向外交部长派遣之代办。

二、除关于优先地位及礼仪之事项外，各使馆馆长不应因其所属等级而有任何差别。

理论解读

一般情况下，使馆馆长的等级主要是在礼仪场合有一定意义，不同等级的馆长在法律地位上是平等的。某些使馆在已经存在大使的情况下，仍然设置公使，此种情况下的公使并非使馆馆长。

第十五条

使馆馆长所属之等级应由关系国家商定之。

第十六条

一、使馆馆长在其各别等级中之优先地位应按照其依第十三条规定开始执行职务之日期及时间先后定之。

二、使馆馆长之国书如有变更而对其所属等级并无更动时，其优先地位不受影响。

三、本条规定不妨碍接受国所采行关于教廷代表优先地位之任何办法。

第十七条

使馆外交职员之优先顺序应由使馆馆长通知外交部或另经商定之其他部。

第十八条

各国接待使馆馆长，对于同一等级之馆长应适用划一程序。

第十九条

一、使馆馆长缺位或不能执行职务时，应由临时代办暂代使馆馆长。临时代办姓名应由使馆馆长通知接受国外交部或另经商定之其他部；如馆长不能通知时，则由派遣国外交部通知之。

二、使馆如在接受国内并无外交职员时，派遣国得于征得接受国同意后，指派行政或技术职员一人，主持使馆日常行政事务。

第二十条　【使馆使用本国国旗国徽之权利】

使馆及其馆长有权在使馆馆舍，及在使馆馆长寓邸与交通工具上使用派遣国之国旗或国徽。

第二十一条

一、接受国应便利派遣国依照接受国法律在其境内置备派遣国使馆所需之馆舍，或协助派遣国以其他方法获得房舍。

二、接受国遇必要时，并应协助使馆为其人员获得适当之房舍。

★★★第二十二条　【使馆馆舍的不受侵犯权】

一、使馆馆舍不得侵犯。接受国官吏非经使馆馆长许可，不得进入使馆馆舍。

二、接受国负有特殊责任，采取一切适当步骤保护使馆馆舍免受侵入或损害，并防止一切扰乱使馆安宁或有损使馆尊严之情事。

三、使馆馆舍及设备，以及馆舍内其他财产与使馆交通工具免受搜查、征用、扣押或强制执行。

理论解读

接受国官吏非经使馆馆长许可，不得进入使馆馆舍的任何地方，这和领事馆馆舍不得进入的地方以工作区为限不同。此外，使馆馆舍内即使发生紧急情况，派遣国人员未经馆长请求也不得进入。

关联法条

《维也纳领事关系公约》

第三十一条　领馆馆舍不得侵犯

一、领馆馆舍于本条所规定之限度内不得侵犯。

二、接受国官吏非经领馆馆长或其指定人员或派遣国使馆馆长同意，不得进入领馆馆舍中专供领馆工作之用之部分。惟遇火灾或其他灾害须迅速采取保护行动时，得推定领馆馆长已表示同意。

三、除本条第二项另有规定外，接受国负有特殊责任，采取一切适当步骤保护领馆馆舍免受侵入或损害，并防止任何扰乱领馆安宁或有损领馆尊严之情事。

四、领馆馆舍、馆舍设备以及领馆之财产与交通工具应免受为国防或公用目的而实施之任何方式之征用。如为此等目的确有征用之必要时，应采取一切可能步骤以免领馆职务之执行受有妨碍，并应向派遣国为迅速、充分及有效之赔偿。

经典考题

（2008—四川-1-29，单选）2007 年，甲国国内不幸爆发某种流行传染病。据报，甲国驻乙国大使的官邸发现疑似患者。乙国卫生防疫人员迅速赶到该官邸外，做好处理患者准备工作。甲、乙两国都是《维也纳外交关系公约》的缔约国，且彼此间没有其他的相关协定。根据该公约规定，下列哪一选项是正确的？①

A. 由于官邸处于城市居民区，乙国卫生防疫人员可以立即进入官邸调查处理患者

B. 只要患者不是大使本人或其家属，乙国卫生防疫人员就可以进入官邸进行调查和处理工作

C. 如果未得到甲国大使的明确同意，乙国卫生防疫人员不得进入官邸进行调查和处理工作

D. 只要甲国大使没有明确反对，乙国卫生防疫人员就可以进入官邸进行调查和处理工作

① 【答案及释疑】根据《维也纳外交关系公约》第 22 条规定，使馆馆舍有不受侵犯的权利：（1）使馆馆舍不得侵犯。接受国官吏非经使馆馆长许可，不得进入使馆馆舍，即未经使馆馆长许可接受国官员不得擅自进入使馆执行公务，即使是火灾自然灾害也不例外。（2）接受国负有特殊责任，采取一切适当步骤保护使馆馆舍免受侵入或损害，并防止一切扰乱使馆安宁或有损使馆尊严之情事。（3）使馆馆舍及设备，以及馆舍内其他财产与使馆交通工具免受搜查、征用、扣押或强制执行。所以选项 ABD 错误。（答案：C）

第二十三条

一、派遣国及使馆馆长对于使馆所有或租赁之馆舍，概免缴纳国家、区域或地方性捐税，但其为对供给特定服务应纳之费者不在此列。

二、本条所称之免税，对于与派遣国或使馆馆长订立承办契约者依接受国法律应纳之捐税不适用之。

★★第二十四条　【使馆档案文件的不受侵犯权】

使馆档案及文件无论何时，亦不论位于何处，均属不得侵犯。

第二十五条

接受国应给予使馆执行职务之充分便利。

第二十六条

除接受国为国家安全设定禁止或限制进入区域另订法律规章外，接受国应确保所有使馆人员在其境内行动及旅行之自由。

★★第二十七条　【使馆的通讯自由】

一、接受国应允许使馆为一切公务目的自由通讯，并予保护。使馆与派遣国政府及无论何处之该国其他使馆及领事馆通讯时，得采用一切适当方法，包括外交信差及明密码电信在内。但使馆非经接受国同意，不得装置并使用无线电发报机。

二、使馆之来往公文不得侵犯。来往公文指有关使馆及其职务之一切来往文件。

三、外交邮袋不得予以开拆或扣留。

四、构成外交邮袋之包裹须附有可资识别之外部标记，以装载外交文件或公务用品为限。

五、外交信差应持有官方文件，载明其身份及构成邮袋之包裹件数；其于执行职务时，应受接受国保护。外交信差享有人身不得侵犯权，不受任何方式之逮捕或拘禁。

六、派遣国或使馆得派特别外交信差。遇此情形，本条第五项之规定亦应适用，但特别信差将其所负责携带之外交邮袋送交收件人后，即不复享有该项所称之豁免。

七、外交邮袋得托交预定在准许入境地点降落之商营飞机机长转递。机长应持有官方文件载明构成邮袋之邮包件数，但机长不得视为外交信差。使馆得派馆员一人径向飞机机长自由取得外交邮袋。

第二十八条

使馆办理公务所收之规费及手续费免征一切捐税。

★★第二十九条　【外交代表的人身不受侵犯权】

外交代表人身不得侵犯。外交代表不受任何方式之逮捕或拘禁。接受国对外交代表应特示尊重，并应采取一切适当步骤以防止其人身、自由或尊严受有任何侵犯。

理论解读

外交代表享有人身不受侵犯权，接受国不得予以逮捕或者拘禁。如果在不了解其身份的情况下限制其人身自由，则在确认其外交代表的身份时应立即释放。当然，如果派遣国放弃了外交代表的刑事管辖豁免权，则接受国可以实施管辖。

第三十条

一、外交代表之私人寓所一如使馆馆舍应享有同样之不得侵犯权及保护。

二、外交代表之文书及信件同样享有不得侵犯权；其财产除第三十一条第三项另有规定外，亦同。

第三十一条　【外交代表刑事、民事及行政豁免之例外】

一、外交代表对接受国之刑事管辖享有豁免。除下列案件外，外交代表对接受国之民事及行政管辖亦享有豁免：

（甲）关于接受国境内私有不动产之物权诉讼，但其代表派遣国为使馆用途置有之不动产不在此列；

（乙）关于外交代表以私人身份并不代表派遣国而为遗嘱执行人、遗产管理人、继承人或受遗赠人之继承事件之诉讼；

（丙）关于外交代表于接受国内在公务范围以外所从事之专业或商务活动之诉讼。

二、外交代表无以证人身份作证之义务。

三、对外交代表不得为执行之处分，但关于本条第一项（甲）、（乙）、（丙）各款所列之案件，而执行处分复无损于其人身或寓所之不得侵犯权者，不在此限。

四、外交代表不因其对接受国管辖所享之豁免而免除其受派遣国之管辖。

关联法条

《维也纳领事关系公约》

第四十三条　管辖之豁免

一、领事官员及领馆雇员对其为执行领事职务而实施之行为不受接受国司法或行政机关之管辖。

二、惟本条第一项之规定不适用于下列民事诉讼：

（一）因领事官员或领馆雇员并未明示或默示以派遣国代表身份而订契约所生之诉讼；

（二）第三者因车辆船舶或航空机在接受国内所造成之意外事故而要求损害赔偿之诉讼。

第四十四条　作证之义务

一、领馆人员得被请在司法或行政程序中到场作证。除本条第三项所称之情形外，领馆雇员或服务人员不得拒绝作证。如领事官员拒绝作证，不得对其施行强制措施或处罚。

二、要求领事官员作证之机关应避免对其执行职务有所妨碍。于可能情形下得在其寓所或领馆录取证言，或接受其书面陈述。

三、领馆人员就其执行职务所涉事项，无担任作证或提供有关来往公文及文件之义务。领馆人员并有权拒绝以鉴定人身份就派遣国之法律提出证言。

典型案例

甲乙两国都是维也纳外交关系公约的缔约国。赵某为甲国派驻乙国的商务参赞。在乙国任职期间，首先，赵某以使馆的名义，向乙国某公司购买一栋房屋，因欠款而被售房公司起诉。其次，赵某在乙国的叔叔去世，其遗嘱言明将一栋位于乙国的楼房由赵某继承，但其叔叔之子对此有异议，而诉诸法院。此外，赵某与使馆的另一位参赞李某，因国内债务问题发生纠纷，李某试图将此纠纷诉诸乙国法院解决。赵某遇到的前述数个争议，哪些可以由乙国法院管辖？

答案：首先，赵某作为外交人员代表派遣国为使馆用途置有不动产引起的诉讼，不属于私人不动产纠纷，乙国法院无权管辖。其次，外交人员涉及个人的遗产纠纷的情况，不在例外之内，赵某对于继承纠纷不享有管辖豁免。最后，两个外交人员在其派遣国的私人债务纠纷，不属于接受国国内的私人债务纠纷，因此赵某对于李某的起诉仍可享有豁免。

★★第三十二条　【外交代表豁免之放弃】

一、外交代表及依第三十七条享有豁免之人对管辖之豁免得由派遣国抛弃之。

二、豁免之抛弃，概须明示。

三、外交代表或依第三十七条享有管辖之豁免之人如主动提起诉讼即不得对与主诉直接相关之反诉主张管辖之豁免。

四、在民事或行政诉讼程序上管辖豁免之抛弃，不得视为对判决执行之豁免亦默示抛弃，后项抛弃须分别为之。

理论解读

外交代表个人无权放弃特权与豁免，亦无权反对本国政府放弃其特权与豁免，但外交代表主动提起诉讼，则不得对直接相关的反诉主张豁免权。派遣国放弃外交代表的管辖豁免，并不等于放弃其执行豁免。

经典考题

（2011-1-32，单选）甲乙丙3国均为《维也纳外交关系公约》缔约国。甲国汤姆长期旅居乙国，结识甲国驻乙国大使馆参赞杰克，2人在乙国与丙国汉斯发生争执并互殴，汉斯被打成重伤。后，杰克将汤姆秘匿于使馆休息室。关于事件的处理，下列哪一选项是正确的？①

① 【答案及释疑】根据《维也纳外交关系公约》第31条的规定，外交官员享有刑事管辖豁免权，杰克作为乙国大使馆参赞，属于外交官员身份，乙国无权逮捕，A项错误；使馆有不受侵犯的权利，接受国未经馆长许可均无权进入，B项错误；外交代表无以证人身份作证之义务，C项正确；尽管该案发生在乙国，丙国法院仍可以依据保护性管辖行使管辖权，D项错误。（答案：C）

A. 杰克行为已超出职务范围，乙国可对其进行逮捕

B. 该使馆休息室并非使馆工作专用部分，乙国警察有权进入逮捕汤姆

C. 如该案件在乙国涉及刑事诉讼，杰克无作证义务

D. 因该案发生在乙国，丙国法院无权对此进行管辖

第三十三条

一、除本条第三项另有规定外，外交代表就其对派遣国所为之服务而言，应免适用接受国施行之社会保险办法。

二、专受外交代表雇用之私人仆役亦应享有本条第一项所规定之豁免，但以符合下列条件为限：

（甲）非接受国国民且不在该国永久居留者；

（乙）受有派遣国或第三国之社会保险办法保护者。

三、外交代表如其所雇人员不得享受本条第二项所规定之豁免，应履行接受国社会保险办法对雇主所规定之义务。

四、本条第一项及第二项所规定之豁免不妨碍对于接受国社会保险制度之自愿参加，但以接受国许可参加为限。

五、本条规定不影响前此所订关于社会保险之双边或多边协定，亦不禁止此类协定之于将来议订。

第三十四条　【外交代表免纳捐税的特权】

外交代表免纳一切对人或对物课征之国家、区域或地方性捐税，但下列各项，不在此列：

（甲）通常计入商品或劳务价格内之间接税；

（乙）对于接受国境内私有不动产课征之捐税，但其代表派遣国为使馆用途而置有之不动产，不在此列；

（丙）接受国课征之遗产税、遗产取得税或继承税，但以不抵触第三十九条第四项之规定为限；

（丁）对于自接受国内获致之私人所得课征之捐税，以及对于在接受国内商务事业上所为投资课征之资本税；

（戊）为供给特定服务所收费用；

（己）关于不动产之登记费、法院手续费或记录费、抵押税及印花税；但第二十三条另有规定者，不在此列。

第三十五条

接受国对外交代表应免除一切个人劳务及所有各种公共服务，并应免除关于征用、军事募捐及屯宿等之军事义务。

第三十六条

一、接受国应依本国制定之法律规章，准许下列物品入境，并免除一切关税及贮存、运送及类似服务费用以外之一切其他课征：

（甲）使馆公务用品；

（乙）外交代表或与其构成同一户口之家属之私人用品，包括供其定居之用之物品在内。

二、外交代表私人行李免受查验，但有重大理由推定其中装有不在本条第一项所称免税之列之物品，或接受国法律禁止进出口或有检疫条例加以管制之物品者，不在此限。遇此情形，查验须有外交代表或其授权代理人在场，方得为之。

★★第三十七条　【外交代表同一户口的家属享有的特权与豁免】

一、外交代表之与其构成同一户口之家属，如非接受国国民，应享有第二十九条至三十六条所规定之特权与豁免。

二、使馆行政与技术职员暨与其构成同一户口之家属，如非接受国国民且不在该国永久居留者，均享有第二十九条至第三十五条所规定之特权与豁免，但第三十一条第一项所规定对接受国民事及行政管辖之豁免不适用于执行职务范围以外之行为。关于最初定居时所输入之物品，此等人员亦享有第三十六条第一项所规定之特权。

三、使馆事务职员如非接受国国民且不在该国永久居留者，就其执行公务之行为享有豁免，其受雇所得酬报免纳捐税，并享有第三十三条所载之豁免。

四、使馆人员之私人仆役如非接受国国民且不在该国永久居留者，其受雇所得酬报免纳捐税。在其他方面，此等人员仅得在接受国许可范围内享有特权与豁免。但接受国对此等人员所施之管辖应妥为行使，以免对使馆职务之执行有不当之妨碍。

理论解读

使馆之中，不同身份的人享有的特权与豁免也不完全相同。一般把使馆人员分为外交官、行政技术人员和服务人员三类。根据《维也纳外交关系公约》，他们的特权与豁免也呈递减的特点。外交官也被称为外交人员或外交职员，包括馆长、参赞、武官、秘书、随员等，他们原则上享有完全的特权与豁免（特殊情况下有民事管辖和行政管辖豁免的例外）。此外，外交官的同一户口的家属享有和他们自己相同的特权与豁免。

- 使馆人员
  - 馆长
    - 大使：元首向元首派遣的最高一级使节，享有最高礼遇
    - 公使：元首向元首派遣的第二级使节，礼遇稍逊于大使
    - 代办：外交部长向外交部长派遣的使节，与“临时代办”不同
  - 一般外交人员
    - 参赞：协助馆长处理外交事务的高级别外交官
    - 武官：作为武装力量代表，处理军事合作事务的外交官
    - 外交秘书：分一、二、三等，按指示办理外交事务和文书
    - 随员：最低一级的外交官
  - 说明：横线以上人员及其构成同一户口之家属享有完全的特权与豁免
  - 行政技术人员：译员、工程师、行政主管、会计等，不是外交官
  - 服务人员：司机、清洁工、修理工等，不是外交官

关联法条

《中华人民共和国外交特权与豁免条例》

第二十条第一款　与外交代表共同生活的配偶及未成年子女，如果不是中国公民，享有第十二条至第十八条所规定的特权与豁免。

经典考题

（2007-1-33，单选）康某是甲国驻华使馆的官员。与康某一起生活的还有其妻、其子（26 岁，已婚）和其女（15 岁）。该三人均具有甲国国籍。一日，四人在某餐厅吃饭，与邻桌发生口角，引发斗殴并致对方重伤。警方赶到时，斗殴已结束。甲国为《维也纳外交关系公约》的缔约国，与我国没有相关的其他协议。根据国际法和我国法律的相关规定，下列哪一选项是正确的？①

A. 警方可直接对康某采取强制措施，包括立即限制其人身自由

B. 警方可直接对其妻依法采取强制措施，包括立即限制其人身自由

C. 警方可直接对其子依法采取强制措施，包括立即限制其人身自由

D. 警方不得对康家的任何人采取任何强制措施，包括立即限制其人身自由

第三十八条

一、除接受国特许享受其他特权及豁免外，外交代表为接受国国民或在该国永久居留者，仅就其执行职务之公务行为，享有管辖之豁免及不得侵犯权。

二、其他使馆馆员及私人仆役为接受国国民或在该国永久居留者仅得在接受国许可之范围内享有特权与豁免。但接受国对此等人员所施之管辖应妥为行使，以免对使馆职务之执行有不当之妨碍。

第三十九条　【外交代表特权与豁免的开始与终止】

一、凡享有外交特权与豁免之人，自其进入接受国国境前往就任之时起享有此项特权与豁免，其已在该国境内者，自其委派通知外交部或另经商定之其他部之时开始享有。

① 【答案及释疑】外交人员及其构成同一户口之家属享有完全的特权与豁免，同一户口之家属一般包括共同生活的配偶和未成年子女，故本题中，唯独康某的儿子（26 岁，已婚）不能享有特权与豁免，警方可直接对其依法采取强制措施，包括立即限制其人身自由。（答案：C）

二、享有特权与豁免人员之职务如已终止，此项特权与豁免通常于该员离境之时或听任其离境之合理期间终了之时停止，纵有武装冲突情事，亦应继续有效至该时为止。但关于其以使馆人员资格执行职务之行为，豁免应始终有效。

三、遇使馆人员死亡，其家属应继续享有应享之特权与豁免，至听任其离境之合理期间终了之时为止。

四、遇非为接受国国民且不在该国永久居留之使馆人员或与其构成同一户口之家属死亡，接受国应许可亡故者之动产移送出国，但任何财产如系在接受国内取得而在当事人死亡时禁止出口者，不在此列。动产之在接受国纯系因亡故者为使馆人员或其家属而在接受国境内所致者，应不课征遗产税、遗产取得税及继承税。

第四十条

一、遇外交代表前往就任或返任或返回本国，道经第三国国境或在该国境内，而该国曾发给所需之护照签证时，第三国应给予不得侵犯权及确保其过境或返回所必需之其他豁免。享有外交特权或豁免之家属与外交代表同行时，或单独旅行前往会聚或返回本国时，本项规定同样适用。

二、遇有类似本条第一项所述之情形，第三国不得阻碍使馆之行政与技术或事务职员及其家属经过该国国境。

三、第三国对于过境之来往公文及其他公务通讯，包括明密码电信在内，应一如接受国给予同样之自由及保护。第三国于已发给所需护照签证之外交信差及外交邮袋过境时，应比照接受国所负之义务，给予同样之不得侵犯权及保护。

四、第三国依本条第一项、第二项及第三项规定所负之义务，对于各该项内分别述及之人员与公务通讯及外交邮袋之因不可抗力而在第三国境内者，亦适用之。

★第四十一条　【外交代表的义务】

一、在不妨碍外交特权与豁免之情形下，凡享有此项特权与豁免之人员，均负有尊重接受国法律规章之义务。此等人员并负有不干涉该国内政之义务。

二、使馆承派遣国之命与接受国洽商公务，概应径与或经由接受国外交部或另经商定之其他部办理。

三、使馆馆舍不得充作与本公约或一般国际法之其他规则，或派遣国与接受国间有效之特别协定所规定之使馆职务不相符合之用途。

经典考题

（2007-1-78，多选）甲国人亨利持假护照入境乙国，并以政治避难为名进入丙国驻乙国的使馆。甲乙丙三国都是《维也纳外交关系公约》的缔约国，此外彼此间没有相关的其他协议。根据国际法的有关规则，下列哪些选项是正确的？①

A. 亨利目前位于乙国领土内，其身份为非法入境者

B. 亨利目前位于丙国领土内，丙国有权对其提供庇护

C. 丙国有义务将亨利引渡给甲国

D. 丙国使馆有义务将亨利交由乙国依法处理

第四十二条　【外交代表的义务】

外交代表不应在接受国内为私人利益从事任何专业或商业活动。

第四十三条　【外交代表职务终止的理由】

除其他情形外，外交代表之职务遇有下列情事之一即告终了：

（甲）派遣国通知接受国谓外交代表职务业已终了；

（乙）接受国通知派遣国谓依第九条第二项之规定该国拒绝承认该外交代表为使馆人员。

第四十四条

接受国对于非为接受国国民之享有特权与豁免人员，以及此等人员之家属，不论其国籍为何，务须给予便利使能尽早离境，纵有武装冲突情事，亦应如此办理。遇必要时，接受国尤须供给其本人及财产所需之交通运输工具。

① 【答案及释疑】甲国人亨利持假护照入境乙国，虽进入丙国驻乙国的使馆，但该使馆在本质上还是乙国的领土，故A项正确而B项错误。在本国驻外国使馆内进行庇护属于域外庇护，属于非法行为，故丙国使馆有义务将亨利交由乙国依法处理；由于丙国与甲国并无引渡条约，故其并无义务将亨利引渡给甲国，C项亦错误。（答案：AD）

第四十五条　【断交不影响使馆的不受侵犯权】

遇两国断绝外交关系，或遇使馆长期或暂时撤退时：

（甲）接受国务应尊重并保护使馆馆舍以及使馆财产与档案，纵有武装冲突情事，亦应如此办理；

（乙）派遣国得将使馆馆舍以及使馆财产与档案委托接受国认可之第三国保管；

（丙）派遣国得委托接受国认可之第三国代为保护派遣国及其国民之利益。

理论解读

使馆馆舍的特权与豁免并不随着断绝外交关系而终止，即使断绝外交关系，接受国仍然应给予对方馆舍以特权，派遣国也可以将使馆馆舍委托接受国认可的第三国代为保管。

经典考题

（2008-1-30，单选）甲乙两国1990年建立大使级外交关系，并缔结了双边的《外交特权豁免议定书》。2007年两国交恶，甲国先宣布将其驻乙国的外交代表机构由大使馆降为代办处，乙国遂宣布断绝与甲国的外交关系。之后，双方分别撤走了各自驻对方的使馆人员。对此，下列哪一选项是正确的？[①]

A. 甲国的行为违反国际法，应承担国家责任

B. 乙国的行为违反国际法，应承担国家责任

C. 上述《外交特权豁免议定书》终止执行

D. 甲国可以查封没收乙国使馆在甲国的财产

第四十六条

派遣国经接受国事先同意，得应未在接受国内派有代表之第三国之请求，负责暂时保护该第三国及其国民之利益。

第四十七条

一、接受国适用本公约规定时，对各国不得差别待遇。

二、但下列情形不以差别待遇论：

（甲）接受国因派遣国对接受国使馆适用本公约任一规定有所限制，对同一规定之适用亦予限制；

（乙）各国依惯例或协定，彼此给予较本公约所规定者更为有利之待遇。

第四十八条

本公约应听由联合国或任何专门机关之全体会员国，或国际法院规约当事国，及经联合国大会邀请成为本公约当事一方之任何其他国家签署，其办法如下：至1961年10月31日止在奥地利联邦外交部签署，其后至1962年3月31日止在纽约联合国会所签署。

第四十九条

本公约须经批准。批准文件应送交联合国秘书长存放。

第五十条

本公约应听由属于第四十八条所称四类之一之国家加入。加入文件应送交联合国秘书长存放。

第五十一条

一、本公约应于第二十二件批准或加入文件送交联合国秘书长存放之日后第三十日起发生效力。

二、对于在第二十二件批准或加入文件存放后批准或加入本公约之国家，本公约应于各该国存放批准或加入文件后第三十日起发生效力。

第五十二条

联合国秘书长应将下列事项通知所有属于第四十八条所称四类之一之国家：

（甲）依第四十八条、第四十九条及第五十条对本公约所为之签署及送存之批准或加入文件；

（乙）依第五十一条本公约发生效力之日期。

---

① 【答案及释疑】甲乙两国建立大使级外交关系后，两国的外交关系出现裂痕，甲国先宣布将其驻乙国的外交代表机构由大使馆降为代办处的做法并不违反国际法，而乙国在此情况下断绝与甲国的外交关系，亦是国际法并不禁止的行为，甲乙两国均无须就此承担国际责任。即便两国断绝外交关系，使馆馆舍及其财产依然享有不受侵犯权。双方所缔结的双边条约《外交特权豁免议定书》是以存在外交关系为前提的；既然已经断绝外交关系，则该条约归于终止，因此只有C项正确。（答案：C）

第五十三条

本公约之原本应交联合国秘书长存放，其中文、英文、法文、俄文及西班牙文各本同一作准；秘书长应将各文正式副本分送所有属于第四十八条所称四类之一之国家。

为此，下列全权代表，各秉本国政府正式授予签字之权，谨签字于本公约，以昭信守。

公历1961年4月18日订于维也纳。

《维也纳外交关系公约》包括序言和53个条款，并附有《关于取得国籍之任择议定书》和《关于强制解决争端之任择议定书》。

（1963年4月24日订于维也纳）

二、《维也纳领事关系公约》

【导读】

《维也纳领事关系公约》于1963年4月24日联合国在维也纳召开的关于领事交往与豁免的全权代表会议上签订，1967年3月19日生效。中国于1979年7月3日加入该公约，公约1979年8月1日对中国生效。《维也纳领事关系公约》共79条，主要规定了领事馆的建立（通过协议的方式建立），领事馆的等级（总领事馆、领事馆、副领事馆、领事代理处），领事的职务及领事馆馆舍、领事官员与领馆其他人员的特权与豁免。此外，该公约还就名誉领事执行领事职务等问题作了规定。

本公约各当事国，

查各国人民自古即已建立领事关系，察及联合国宪章关于各国主权平等、维持国际和平与安全以及促进国际间友好关系之宗旨及原则，鉴于联合国外交往来及豁免会议曾通过维也纳外交关系公约，该公约业自一九六一年四月十八日起听由各国签署，深信一项关于领事关系、特权及豁免之国际公约亦能有助于各国间友好关系之发展，不论各国宪政及社会制度之差异如何，认为此等特权及豁免之目的不在于给与个人以利益而在于确保领馆能代表本国有效执行职务，确认凡未经本公约明文规定之事项应继续适用国际习惯法之规例，爰议定条款如下：

第一条　定义

一、就本公约之适用而言，下列名称应具意义如次：

（一）称“领馆”者，谓任何总领事馆、领事馆、副领事馆或领事代理处；

（二）称“领馆辖区”者，谓为领馆执行职务而设定之区域；

（三）称“领馆馆长”者，谓奉派任此职位之人员；

（四）称“领事官员”者，谓派任此职承办领事职务之任何人员，包括领馆馆长在内；

（五）称“领馆雇员”者，谓受雇担任领馆行政或技术事务之任何人员；

（六）称“服务人员”者，谓受雇担任领馆杂务之任何人员；

（七）称“领馆人员”者，谓领事官员、领馆雇员及服务人员；

（八）称“领馆馆员”者，谓除馆长以外之领事官员、领馆雇员及服务人员；

（九）称“私人服务人员”者，谓受雇专为领馆人员私人服务之人员；

（十）称“领馆馆舍”者，谓专供领馆使用之建筑物或建筑物之各部分，以及其所附属之土地，至所有权谁属，则在所不问；

（十一）称“领馆档案”者，谓领馆之一切文书、文件、函电、簿籍、胶片、胶带及登记册，以及明密电码、记录卡片及供保护或保管此等文卷之用之任何器具。

二、领事官员分为两类，即职业领事官员与名誉领事官员。本公约第二章之规定对以职业领事官员为馆长之领馆适用之；第三章之规定对以名誉领事官员为馆长之领馆适用之。

三、领馆人员为接受国国民或永久居民者，其特殊地位依本公约第七十一条定之。

第一章　一般领事关系

第一节　领事关系之建立及处理

★第二条　领事关系之建立

一、国与国间领事关系之建立，以协议为之。

二、除另有声明外，两国同意建立外交关系亦即谓同意建立领事关系。

三、断绝外交关系并不当然断绝领事关系。

第三条　领事职务之行使

领事职务由领馆行使之。此项职务亦得由使

馆依照本公约之规定行使之。

第四条 领馆之设立

一、领馆须经接受国同意始得在该国境内设立。

二、领馆之设立地点、领馆类别及其辖区由派遣国定之，惟须经接受国同意。

三、领馆之设立地点、领馆类别及其辖区确定后，派遣国须经接受国同意始得变更之。

四、总领事馆或领事馆如欲在本身所在地以外之地点设立副领事馆或领事代理处亦须经接受国同意。

五、在原设领馆所在地以外开设办事处作为该领馆之一部分，亦须事先征得接受国之明示同意。

第五条 领事职务

领事职务包括：

（一）于国际法许可之限度内，在接受国内保护派遣国及其国民——个人与法人——之利益；

（二）依本公约之规定，增进派遣国与接受国间之商业、经济、文化及科学关系之发展，并在其他方面促进两国间之友好关系；

（三）以一切合法手段调查接受国内商业、经济、文化及科学活动之状况及发展情形，向派遣国政府具报，并向关心人士提供资料；

（四）向派遣国国民发给护照及旅行证件，并向拟赴派遣国旅行人士发给签证或其他适当文件；

（五）帮助及协助派遣国国民——个人与法人；

（六）担任公证人，民事登记员及类似之职司，并办理若干行政性质之事务，但以接受国法律规章无禁止之规定为限；

（七）依接受国法律规章在接受国境内之死亡继承事件中，保护派遣国国民——个人与法人——之利益；

（八）在接受国法律规章所规定之限度内，保护为派遣国国民之未成年人及其他无充分行为能力人之利益，尤以须对彼等施以监护或托管之情形为然；

（九）以不抵触接受国内施行之办法与程序为限，遇派遣国国民因不在当地或由于其他原因不能于适当期间自行辩护其权利与利益时，在接受国法院及其他机关之前担任其代表或为其安排适当之代表，俾依照接受国法律规章取得保全此等国民之权利与利益之临时措施；

（十）依现行国际协定之规定或于无此种国际协定时，以符合接受国法律规章之任何其他方式，转送司法书状与司法以外文件或执行嘱托调查书或代派遣国法院调查证据之委托书；

（十一）对具有派遣国国籍之船舶，在该国登记之航空机以及其航行人员，行使派遣国法律规章所规定之监督及检查权；

（十二）对本条第（十一）款所称之船舶与航空机及其航行人员给予协助，听取关于船舶航程之陈述，查验船舶文书并加盖印章，于不妨害接受国当局权力之情形下调查航行期间发生之任何事故及在派遣国法律规章许可范围内调解船长船员与水手间之任何争端；

（十三）执行派遣国责成领馆办理而不为接受国法律规章所禁止，或不为接受国所反对，或派遣国与接受国间现行国际协定所订明之其他职务。

第六条 在领馆辖区外执行领事职务

在特殊情形下，领事官员经接受国同意，得在其领馆辖区外执行职务。

第七条 在第三国中执行领事职务

派遣国得于通知关系国家后，责成设于特定国家之领馆在另一国内执行领事职务，但以关系国家均不明示反对为限。

第八条 代表第三国执行领事职务

经适当通知接受国后，派遣国之一领馆得代表第三国在接受国内执行领事职务，但以接受国不表反对为限。

★★第九条 领馆馆长之等级

一、领馆馆长分为四级，即：

（一）总领事；

（二）领事；

（三）副领事；

（四）领事代理人。

二、本条第一项之规定并不限制任何缔约国对馆长以外之领事官员设定衔名之权。

第十条　领馆馆长之委派及承认

一、领馆馆长由派遣国委派，并由接受国承认准予执行职务。

二、除本公约另有规定外，委派及承认领馆馆长之手续各依派遣国及接受国之法律规章与惯例办理。

第十一条　领事委任文凭或委派之通知

一、领馆馆长每次奉派任职，应由派遣国发给委任文凭或类似文书以充其职位之证书，其上通例载明馆长之全名，其职类与等级，领馆辖区及领馆设置地点。

二、派遣国应经由外交途径或其他适当途径将委任文凭或类似文书转送领馆馆长执行职务所在地国家之政府。

三、如接受国同意，派遣国得向接受国致送载列本条第一项所规定各节之通知，以替代委任文凭或类似文书。

★第十二条　领事证书

一、领馆馆长须经接受国准许方可执行职务，此项准许不论采何形式，概称领事证书。

二、一国拒不发给领事证书，无须向派遣国说明其拒绝之理由。

三、除第十三条及第十五条另有规定外，领馆馆长非俟获得领事证书不得开始执行职务。

第十三条　暂时承认领馆馆长

领事证书未送达前，领馆馆长得暂时准予执行职务。遇此情形，本公约之各项规定应即适用。

第十四条　通知领馆辖区当局

领馆馆长一经承认准予执行职务后，接受国应立即通知领馆辖区之各主管当局，即令系属暂时性质，亦应如此办理。接受国并应确保采取必要措施，使领馆馆长能执行其职责并可享受本公约所规定之利益。

第十五条　暂时代理领馆馆长职务

一、领馆馆长不能执行职务或缺位时，得由代理馆长暂代领馆馆长。

二、代理馆长之全名应由派遣国使馆通知接受国外交部或该部指定之机关；如该国在接受国未设使馆，应由领馆馆长通知，馆长不能通知时，则由派遣国主管机关通知之。此项通知通例应事先为之。如代理馆长非为派遣国驻接受国之外交代表或领事官员，接受国得以征得其同意为承认之条件。

三、接受国主管机关应予代理馆长以协助及保护。代理馆长主持馆务期间应在与领馆馆长相同之基础上适用本公约各项规定。惟如领馆馆长系在代理馆长并不具备之条件下始享受便利、特权与豁免时，接受国并无准许代理馆长享受此种便利、特权与豁免之义务。

四、遇本条第一项所称之情形，派遣国驻接受国使馆之外交职员奉派遣国派为领馆代理馆长时，倘接受国不表反对，应继续享有外交特权与豁免。

第十六条　领馆馆长间之优先位次

一、领馆馆长在各别等级中之优先位次依颁给领事证书之日期定之。

二、惟如领馆馆长在获得领事证书前业经暂时承认准予执行职务，其优先位次依给予暂时承认之日期定之；此项优先位次在颁给领事证书后，仍应维持之。

三、两个以上领馆馆长同日获得领事证书或暂时承认者，其相互间之位次依委任文凭或类似文书或第十一条第三项所称之通知送达接受国之日期定之。

四、代理馆长位于所有领馆馆长之后，其相互间之位次依遵照第十五条第二项所为通知中述明之开始担任代理馆长职务日期定之。

五、名誉领事官员任领馆馆长者在各别等级中位于职业领馆馆长之后，其相互间之位次依前列各项所订定之次序及规则定之。

六、领馆馆长位于不任此职之领事官员之先。

第十七条　领事官员承办外交事务

一、在派遣国未设使馆亦未由第三国使馆代表之国家内，领事官员经接受国之同意，得准予承办外交事务，但不影响其领事身份。领事官员承办外交事务，并不因而有权主张享有外交特权及豁免。

二、领事官员得于通知接受国后，担任派遣国出席任何政府间组织之代表。领事官员担任此项职务时，有权享受此等代表依国际习惯法或国际协定享有之任何特权及豁免；但就其执行领事职务而言，仍无权享有较领事官员依本公约所享者为广之管辖之豁免。

第十八条 两个以上国家委派同一人为领事官员

两个以上国家经接受国之同意得委派同一人为驻该国之领事官员。

第十九条 领馆馆员之委派

一、除第二十条、第二十二条及第二十三条另有规定外，派遣国得自由委派领馆馆员。

二、派遣国应在充分时间前将领馆馆长以外所有领事官员之全名、职类及等级通知接受国，俾接受国得依其所愿，行使第二十三条第三项所规定之权利。

三、派遣国依其本国法律规章确有必要时，得请接受国对领馆馆长以外之领事官员发给领事证书。

四、接受国依其本国法律规章确有必要时，得对领馆馆长以外之领事官员发给领事证书。

第二十条 领馆馆员人数

关于领馆馆员人数如无明确协议，接受国得酌量领馆辖区内之环境与情况及特定领馆之需要，要求馆员人数不超过接受国认为合理及正常之限度。

第二十一条 领馆领事官员间之优先位次

同一领馆内领事官员间之优先位次以及关于此项位次之任何变更应由派遣国使馆通知接受国外交部或该部指定之机关，如派遣国在接受国未设使馆，则由领馆馆长通知之。

第二十二条 领事官员之国籍

一、领事官员原则上应属派遣国国籍。

二、委派属接受国国籍之人为领事官员，非经该国明示同意，不得为之；此项同意得随时撤销之。

三、接受国对于非亦为派遣国国民之第三国国民，得保留同样权利。

第二十三条 认为不受欢迎之人员

一、接受国得随时通知派遣国，宣告某一领事官员为不受欢迎人员或任何其他领馆馆员为不能接受。遇此情事，派遣国应视情形召回该员或终止其在领馆中之职务。

二、倘派遣国拒绝履行或不在相当期间内履行其依本条第一项所负之义务，接受国得视情形撤销关系人员之领事证书或不复承认该员为领馆馆员。

三、任何派为领馆人员之人得于其到达接受国国境前——如其已在接受国境内，于其在领馆就职前——被宣告为不能接受。遇此情形，派遣国应撤销该员之任命。

四、遇本条第一项及第三项所称之情形，接受国无须向派遣国说明其所为决定之理由。

第二十四条 向接受国通知委派到达及离境

一、下列事项应通知接受国外交部或该部指定之机关：

（一）领馆人员之委派，委派后之到达领馆，其最后离境或职务终止，以及在领馆供职期间所发生之身份上任何其他变更；

（二）与领馆人员构成同一户口之家属到达及最后离境；任何人成为或不复为领馆人员家属时，在适当情形下，亦应通知；

（三）私人服务人员之到达及最后离境；其职务之终止，在适当情形下，亦应通知；

（四）雇用居留接受国之人为领馆人员或为得享特权与豁免之私人服务人员时，其雇用及解雇。

二、到达及最后离境，于可能范围内，亦应事先通知。

第二节 领事职务之终了

第二十五条 领馆人员职务之终止

除其他情形外，领馆人员之职务遇有下列情事之一即告终了：

（一）派遣国通知接受国谓该员职务业已终了；

（二）撤销领事证书；

（三）接受国通知派遣国谓接受国不复承认该员为领馆馆员。

第二十六条 离开接受国国境

接受国对于非为接受国国民之领馆人员及私人服务人员以及与此等人员构成同一户口之家属，不论其国籍为何，应给予必要时间及便利使能于关系人员职务终止后准备离境并尽早出境，纵有武装冲突情事，亦应如此办理。遇必要时，接受国尤应供给彼等本人及财产所需之交通运输工具，但财产之在接受国内取得而于离境时禁止出口者不在此列。

第二十七条　非常情况下领馆馆舍与档案及派遣国利益之保护

一、遇两国断绝领事关系时：

（一）接受国应尊重并保护领馆馆舍以及领馆财产与领馆档案，纵有武装冲突情事，亦应如此办理；

（二）派遣国得将领馆馆舍以及其中财产与领馆档案委托接受国可以接受之第三国保管；

（三）派遣国得委托接受国可以接受之第三国代为保护派遣国及其国民之利益。

二、遇领馆暂时或长期停闭，本条第一项第（一）款规定应适用之。此外，

（一）派遣国在接受国境内虽未设使馆，但设有另一领馆时，得责成该领馆保管已停闭之领馆之馆舍以及其中财产与领馆档案，又经接受国同意后，得责令其兼理已停闭领馆辖区内之领事职务。

（二）派遣国在接受国内并无使馆或其他领馆时，本条第一项第（二）款及第（三）款之规定应适用之。

第二章　关于领馆职业领事官员及其他领馆人员之便利、特权与豁免

第一节　关于领馆之便利、特权与豁免

第二十八条　领馆工作之便利

接受国应给予领馆执行职务之充分便利。

第二十九条　国旗与国徽之使用

一、派遣国有权依本条之规定在接受国内使用本国之国旗与国徽。

二、领馆所在之建筑物及其正门上，以及领馆馆长寓邸与在执行公务时乘用之交通工具上得悬挂派遣国国旗并揭示国徽。

三、行使本条所规定之权利时，对于接受国之法律规章与惯例应加顾及。

第三十条　房舍

一、接受国应便利派遣国依接受国法律规章在其境内置备领馆所需之馆舍，或协助领馆以其他方法获得房舍。

二、接受国遇必要时，并应协助领馆为其人员获得适当房舍。

★★★第三十一条　领馆馆舍不得侵犯

一、领馆馆舍于本条所规定之限度内不得侵犯。

二、接受国官吏非经领馆馆长或其指定人员或派遣国使馆馆长同意，不得进入领馆馆舍中专供领馆工作之用之部分。惟遇火灾或其他灾害须迅速采取保护行动时，得推定领馆馆长已表示同意。

三、除本条第二项另有规定外，接受国负有特殊责任，采取一切适当步骤保护领馆馆舍免受侵入或损害，并防止任何扰乱领馆安宁或有损领馆尊严之情事。

四、领馆馆舍、馆舍设备以及领馆之财产与交通工具应免受为国防或公用目的而实施之任何方式之征用。如为此等目的确有征用之必要时，应采取一切可能步骤以免领馆职务之执行受有妨碍，并应向派遣国为迅速、充分及有效之赔偿。

理论解读

关于领馆馆舍之不得侵犯，应注意和大使馆比较。领馆馆舍未经馆长同意，不得进入的范围仅限于其工作区，而大使馆未经许可不得进入的范围为整个大使馆。大使馆不得推定同意而进入，但领事馆在遇到火灾等严重灾害需要予以及时保护时，可以推定同意而进入。此外，大使馆不得予以征用，而领事馆在确有必要的情况下可以征用，但应给予充分、及时、有效的补偿。

第三十二条　领馆馆舍免税

一、领馆馆舍及职业领馆馆长寓邸之以派遣国或代表派遣国人员为所有权人或承租人者，概免缴纳国家、区域或地方性之一切捐税，但其为对供给特定服务应纳之费者不在此列。

二、本条第一项所称之免税，对于与派遣国或代表派遣国人员订立承办契约之人依接受国法律应纳之捐税不适用之。

第三十三条　领馆档案及文件不得侵犯

领馆档案及文件无论何时，亦不论位于何处，均属不得侵犯。

第三十四条　行动自由

除接受国为国家安全设定禁止或限制进入区域所订法律规章另有规定外，接受国应确保所有领馆人员在其境内行动及旅行之自由。

第三十五条　通讯自由

一、接受国应准许领馆为一切公务目的自由通讯，并予保护。领馆与派遣国政府及无论何处之该国使馆及其他领馆通讯，得采用一切适当方法，包括外交或领馆信差，外交或领馆邮袋及明密码电信在内。但领馆须经接受国许可，始得装置及使用无线电发报机。

二、领馆之来往公文不得侵犯。来往公文系指有关领馆及其职务之一切来往文件。

三、领馆邮袋不得予以开拆或扣留。但如接受国主管当局有重大理由认为邮袋装有不在本条第四项所称公文文件及用品之列之物品时，得请派遣国授权代表一人在该当局前将邮袋开拆。如派遣国当局拒绝此项请求，邮袋应予退回至原发送地点。

四、构成领馆邮袋之包裹须附有可资识别之外部标记，并以装载来往公文及公务文件或专供公务之用之物品为限。

五、领馆信差应持有官方文件，载明其身份及构成领馆邮袋之包裹件数。除经接受国同意外，领馆信差不得为接受国国民，亦不得为接受国永久居民，但其为派遣国国民者不在此限。其于执行职务时，应受接受国保护。领馆信差享有人身不得侵犯权，不受任何方式之逮捕或拘禁。

六、派遣国，其使馆及领馆得派特别领馆信差。遇此情形，本条第五项之规定亦应适用，惟特别信差将其所负责携带之领馆邮袋送交收件人后，即不复享有该项所称之豁免。

七、领馆邮袋得托交预定在准许入境地点停泊之船舶船长或在该地降落之商营飞机机长运带。船长或机长应持有官方文件，载明构成邮袋之包裹件数，但不得视为领馆信差。领馆得与主管地方当局商定，派领馆人员一人径向船长或机长自由提取领馆邮袋。

第三十六条　与派遣国国民通讯及联络

一、为便于领馆执行其对派遣国国民之职务计：

（一）领事官员得自由与派遣国国民通讯及会见。派遣国国民与派遣国领事官员通讯及会见应有同样自由。

（二）遇有领馆辖区内有派遣国国民受逮捕或监禁或羁押候审，或受任何其他方式之拘禁之情事，经其本人请求时，接受国主管当局应迅即通知派遣国领馆。受逮捕、监禁、羁押或拘禁之人致领馆之信件亦应由该当局迅予递交。该当局应将本款规定之权利迅即告知当事人。

（三）领事官员有权探访受监禁、羁押或拘禁之派遣国国民，与之交谈或通讯，并代聘其法律代表。领事官员并有权探访其辖区内依判决而受监禁、羁押或拘禁之派遣国国民。但如受监禁、羁押或拘禁之国民明示反对为其采取行动时，领事官员应避免采取此种行动。

二、本条第一项所称各项权利应遵照接受国法律规章行使之，但此项法律规章务须使本条所规定之权利之目的得以充分实现。

第三十七条　关于死亡、监护或托管及船舶毁损与航空事故之通知

倘接受国主管当局获有有关情报，该当局负有义务：

（一）遇有派遣国国民死亡时，迅即通知辖区所及之领馆；

（二）遇有为隶籍派遣国之未成年人或其他无充分行为能力人之利益计，似宜指定监护人或托管人时，迅将此项情事通知主管领馆。惟此项通知不得妨碍接受国关于指派此等人员之法律规章之施行。

（三）遇具有派遣国国籍之船舶在接受国领海或内国水域毁损或搁浅时，或遇在派遣国登记之航空机在接受国领域内发生意外事故时，迅即通知最接近出事地点之领馆。

第三十八条　与接受国当局通讯

领事官员执行职务时，得与下列当局接洽：

（一）其辖区内之主管地方当局；

（二）接受国之主管中央当局，但以经接受国之法律规章与惯例或有关国际协定所许可且在其规定范围内之情形为限。

第三十九条　领馆规费与手续费

一、领馆得在接受国境内征收派遣国法律规

章所规定之领馆办事规费与手续费。

二、本条第一项所称规费与手续费之收入款项以及此项规费或手续费之收据，概免缴纳接受国内之一切捐税。

第二节　关于职业领事官员及其他领馆人员之便利、特权与豁免

第四十条　对领事官员之保护

接受国对于领事官员应表示适当尊重并应采取一切适当步骤以防其人身自由或尊严受任何侵犯。

★★第四十一条　领事官员人身不得侵犯

一、领事官员不得予以逮捕候审或羁押候审，但遇犯严重罪行之情形，依主管司法机关之裁判执行者不在此列。

二、除有本条第一项所规定之情形外，对于领事官员不得施以监禁或对其人身自由加以任何其他方式之拘束，但为执行有确定效力之司法判决者不在此限。

三、如对领事官员提起刑事诉讼，该员须到管辖机关出庭。惟进行诉讼程序时，应顾及该员所任职位予以适当之尊重，除有本条第一项所规定之情形外，并应尽量避免妨碍领事职务之执行。遇有本崐条第一项所称之情形，确有羁押领事官员之必要时，对该员提起诉讼，应尽速办理。

理论解读

和外交官员相比，领事官员的人身不得侵犯权、刑事管辖豁免权是不完全的，即领事官员如果犯有严重罪行，则接受国有权行使刑事管辖权并执行判决。

第四十二条　逮捕、羁押或诉究之通知

遇领馆馆员受逮捕候审或羁押候审，或对其提起刑事诉讼时，接受国应迅即通知领馆馆长。倘领馆馆长本人为该项措施之对象时，接受国应经由外交途径通知派遣国。

★★★★第四十三条　管辖之豁免

一、领事官员及领馆雇员对其为执行领事职务而实施之行为不受接受国司法或行政机关之管辖。

二、惟本条第一项之规定不适用于下列民事诉讼：

（一）因领事官员或领馆雇员并未明示或默示以派遣国代表身份而订契约所生之诉讼；

（二）第三者因车辆船舶或航空机在接受国内所造成之意外事故而要求损害赔偿之诉讼。

理论解读

领事官员因交通肇事被起诉的，不享有豁免权；但外交官员对此类诉讼享有豁免权。

★★★第四十四条　作证之义务

一、领馆人员得被请在司法或行政程序中到场作证。除本条第三项所称之情形外，领馆雇员或服务人员不得拒绝作证。如领事官员拒绝作证，不得对其施行强制措施或处罚。

二、要求领事官员作证之机关应避免对其执行职务有所妨碍。于可能情形下得在其寓所或领馆录取证言，或接受其书面陈述。

三、领馆人员就其执行职务所涉事项，无担任作证或提供有关来往公文及文件之义务。领馆人员并有权拒绝以鉴定人身份就派遣国之法律提出证言。

理论解读

外交官员在接受国没有作证的义务，而领事官员仅就其职务行为免除作证义务，职务之外的行为，领事官员在被要求作证时有义务作证，但接受国不得对拒绝作证的领事官员采取强制措施或处罚。

第四十五条　特权及豁免之抛弃

一、派遣国得就某一领馆人员抛弃第四十一条、第四十三条及第四十四条所规定之任何一项特权和豁免。

二、除本条第三项所规定之情形外，特权及豁免之抛弃概须明示，并应以书面通知接受国。

三、领事官员或领馆雇员如就第四十三条规定可免受管辖之事项，主动提起诉讼，即不得对与本诉直接相关之反诉主张管辖之豁免。

四、民事或行政诉讼程序上管辖豁免之抛弃，

不得视为对司法判决执行处分之豁免亦默示抛弃，抛弃此项处分之豁免，须分别为之。

第四十六条　免除外侨登记及居留证

一、领事官员及领馆雇员，以及与其构成同一户口之家属应免除接受国法律规章就外侨登记及居留证所规定之一切义务。

二、但本条第一项之规定对于任何非派遣国常任雇员，或在接受国内从事私人有偿职业之领馆雇员，应不适用，对于此等雇员之家属，亦不应适用。

第四十七条　免除工作证

一、领馆人员就其对派遣国所为之服务而言，应免除接受国关于雇用外国劳工之法律规章所规定之任何有关工作证之义务。

二、属于领事官员及领馆雇员之私人服务人员，如不在接受国内从事其他有偿职业，应免除本条第一项所称之义务。

第四十八条　社会保险办法免于适用

一、除本条第三项另有规定外，领馆人员就其对派遣国所为之服务而言，以及与其构成同一户口之家属，应免适用接受国施行之社会保险办法。

二、专受领馆人员雇用之私人服务人员亦应享有本条第一项所规定之豁免，但以符合下列两项条件为限：

（一）非为接受国国民且不在该国永久居留者；

（二）受有派遣国或第三国所施行之社会保险办法保护者。

三、领馆人员如其所雇人员不享受本条第二项所规定之豁免时，应履行接受国社会保险办法对雇用人所规定之义务。

四、本条第一项及第二项所规定之豁免并不妨碍对于接受国社会保险制度之自愿参加，但以接受国许可参加为限。

第四十九条　免税

一、领事官员及领馆雇员以及与其构成同一户口之家属免纳一切对人或对物课征之国家、区域或地方性捐税，但下列各项不在此列：

（一）通常计入商品或劳务价格内之一类间接税；

（二）对于接受国境内私有不动产课征之捐税，但第三十二条之规定不在此限；

（三）接受国课征之遗产税、遗产取得税或继承税及让与税，但第五十一条第（二）项之规定不在此限；

（四）对于自接受国内获致之私人所得，包括资本收益在内，所课征之捐税以及对于在接受国内商务或金融事业上所为投资课征之资本税；

（五）为供给特定服务所征收之费用；

（六）登记费、法院手续费或记录费、抵押税及印花税，但第三十二条之规定不在此限。

二、领馆服务人员就其服务所得之工资，免纳捐税。

三、领馆人员如其所雇人员之工资薪给不在接受国内免除所得税时，应履行该国关于征收所得税之法律规章对雇用人所规定之义务。

经典考题

（2013-1-32，单选）甲乙两国均为《维也纳领事关系公约》缔约国，阮某为甲国派驻乙国的领事官员。关于阮某的领事特权与豁免，下列哪一表述是正确的？①

A. 如犯有严重罪行，乙国可将其羁押

B. 不受乙国的司法和行政管辖

C. 在乙国免除作证义务

D. 在乙国免除缴纳遗产税的义务

第五十条　免纳关税及免受查验

一、接受国应依本国制定之法律规章，准许下列物品入境并免除一切关税以及贮存、运送及类似服务费用以外之一切其他课征：

（一）领馆公务用品；

① 【答案及释疑】领事官员一般享有刑事管辖豁免权，但犯有重罪的接受国可管辖，已经判决的可以执行，故A项正确。领事官员的管辖豁免是不完全的，特殊情况下接受国可以对领事官员行使刑事、行政或民事管辖权，故B项错误。领事除职务行为之外，不免除作证的义务，故C项错误。遗产税一般不在免除之列，除非是领事官员或其家属亡故，才可以免纳其在接受国境内的动产的有关遗产的各种捐税免纳，故D项错误。（答案：A）

（二）领事官员或与其构成同一户口之家属之私人自用品，包括供其初到任定居之用之物品在内。消费用品不得超过关系人员本人直接需用之数量。

二、领馆雇员就其初到任时运入之物品，享有本条第一项所规定之特权与豁免。

三、领事官员及与其构成同一户口之家属所携私人行李免受查验。倘有重大理由认为其中装有不在本条第一项第（二）款之列之物品或接受国法律规章禁止进出口或须受其检疫法律规章管制之物品，始可查验。此项查验应在有关领事官员或其家属前为之。

第五十一条　领馆人员或其家属之遗产

遇领馆人员或与其构成同一户口之家属死亡时，接受国：

（一）应许可亡故者之动产移送出国，但任何动产系在接受国内取得而在当事人死亡时禁止出口者不在此列；

（二）对于动产之在接受国境内纯系因亡故者为领馆人员或领馆人员之家属而在接受国境内所致者，应不课征国家、区域或地方性遗产税、遗产取得税或继承税及让与税。

第五十二条　免除个人劳务及捐献

接受国应准领馆人员及与其构成同一户口之家属免除一切个人劳务及所有各种公共服务，并免除类如有关征用、军事捐献及屯宿等之军事义务。

第五十三条　领事特权与豁免之开始及终止

一、各领馆人员自进入接受国国境前往就任之时起享有本公约所规定之特权与豁免，其已在该国境内者，自其就领馆职务之时起开始享有。

二、领馆人员之与其构成同一户口之家属及其私人服务人员自领馆人员依本条第一项享受特权及豁免之日起，或自本人进入接受国国境之时起，或自其成为领馆人员之家属或私人服务人员之日期起，享有本公约所规定之特权与豁免，以在后之日期为准。

三、领馆人员之职务如已终止，其本人之特权与豁免以及与其构成同一户口之家属或私人服务人员之特权与豁免通常应于各该人员离接受国国境时或其离境之合理期间终了时停止，以在先之时间为准，纵有武装冲突情事，亦应继续有效至该时为止。就本条第二项所称之人员而言，其特权与豁免于其不复为领馆人员户内家属或不复为领馆人员雇用时终止，但如此等人员意欲于稍后合理期间内离接受国国境，其特权与豁免应继续有效，至其离境之时为止。

四、惟关于领事官员或领馆雇员为执行职务所实施之行为，其管辖之豁免应继续有效，无时间限制。

五、遇领馆人员死亡，与其构成同一户口之家属应继续享有应享之特权与豁免至其离接受国国境时或其离境之合理期间终了时为止，以在先之时间为准。

第五十四条　第三国之义务

一、遇领事官员前往就任或返任或返回派遣国道经第三国国境或在该国境内，而该国已发给其应领之签证时，第三国应给予本公约其他条款所规定而为确保其过境或返回所必需之一切豁免。与领事官员构成同一户口而享有特权与豁免之家属与领事官员同行时或单独旅行前往会聚或返回派遣国时，本项规定应同样适用。

二、遇有类似本条第一项所述之情形，第三国不应阻碍其他领馆人员或与其构成同一户口之家属经过该国国境。

三、第三国对于过境之来往公文及其他公务通讯，包括明密码电信在内，应比照接受国依本公约所负之义务，给予同样之自由及保护。第三国遇有已领其所应领签证之领馆信差及领馆邮袋过境时，应比照接受国依本公约所负之义务，给予同样之不得侵犯权及保护。

四、第三国依本条第一项、第二项及第三项规定所负之义务，对于各该项内分别述及之人员与公务通讯及领馆邮袋之因不可抗力而在第三国境内者，亦适用之。

第五十五条　尊重接受国法律规章

一、在不妨碍领事特权与豁免之情形下，凡享有此项特权与豁免之人员均负有尊重接受国法律规章之义务。此等人员并负有不干涉该国内政之义务。

二、领馆馆舍不得充作任何与执行领事职务不相符合之用途。

三、本条第二项之规定并不禁止于领馆馆舍所在之建筑物之一部分设置其他团体或机关之办事处，但供此类办事处应用之房舍须与领馆自用房舍隔离。在此情形下，此项办事处在本公约之适用上，不得视为领馆馆舍之一部分。

第五十六条　对于第三者损害之保险

领馆人员对于接受国法律规章就使用车辆、船舶或航空机对第三者可能发生之损害所规定之任何保险办法，应加遵守。

第五十七条　关于私人有偿职业之特别规定

一、职业领事官员不应在接受国内为私人利益从事任何专业或商业活动。

二、下列人员不应享受本章所规定之特权及豁免：

（一）在接受国内从事私人有偿职业之领馆雇员或服务人员；

（二）本项第（一）款所称人员之家属或其私人服务人员；

（三）领馆人员家属本人在接受国内从事私人有偿职业者。

第三章　对于名誉领事官员及以此等官员为馆长之领馆所适用之办法

第五十八条　关于便利、特权及豁免之一般规定

一、第二十八条、第二十九条、第三十条、第三十四条、第三十五条、第三十六条、第三十七条、第三十八条、第三十九条、第五十四条第三项、第五十五条第二项及第三项对于以名誉领事官员为馆长之领馆应适用之。此外，关于此等领馆所享之便利、特权及豁免应适用第五十九条、第六十条、第六十一条及第六十二条之规定。

二、第四十二条及第四十三条、第四十四条第三项、第四十五条、第五十三条及第五十五条第一项之规定应适用于名誉领事官员。此外，关于此等领事官员所享之便利、特权及豁免应适用第六十三条、第六十四条、第六十五条、第六十六条及第六十七条之规定。

三、名誉领事官员之家属及以名誉领事官员为馆长之领馆所雇用雇员之家属不得享受本公约所规定之特权及豁免。

四、不同国家内以名誉领事官员为馆长之两个领馆间，非经两有关接受国同意，不得互换领馆邮袋。

第五十九条　领馆馆舍之保护

接受国应采取必要步骤保护以名誉领事官员为馆长之领馆馆舍使不受侵入或损害，并防止任何扰乱领馆安宁或有损领馆尊严之情事。

第六十条　领馆馆舍免税

一、以名誉领事官员为馆长之领馆馆舍，如以派遣国为所有权人或承租人，概免缴纳国家、区域或地方性之一切捐税，但其为对供给特定服务应纳之费者不在此列。

二、本条第一项所称之免税，对于与派遣国订立承办契约之人依接受国法律规章应纳之捐税不适用之。

第六十一条　领馆档案及文件不得侵犯

领馆以名誉领事官员为馆长者，其领馆档案及文件无论何时亦不论位于何处，均属不得侵犯，但此等档案及文件以与其他文书及文件，尤其与领馆馆长及其所属工作人员之私人信件以及关于彼等专业或行业之物资、簿籍或文件分别保管者为限。

第六十二条　免纳关税

接受国应依本国制定之法律规章，准许下列物品入境并免除一切关税以及贮存、运送及类似服务费用以外之一切其他课征，但以此等物品系供以名誉领事官员为馆长之领馆公务上使用者为限：国徽、国旗、牌匾、印章、簿籍、公务印刷品、办公室用具、办公室设备以及由派遣国或应派遣国之请供给与领馆之类似物品。

第六十三条　刑事诉讼

如对名誉领事官员提起刑事诉讼，该员须到管辖机关出庭。惟诉讼程序进行时，应顾及该员所任职位予以适当尊重，且除该员已受逮捕或羁押外，应尽量避免妨碍领事职务之执行。遇确有羁押名誉领事官员之必要时，对该员提起诉讼，应尽速办理。

第六十四条　对名誉领事官员之保护

接受国负有义务对名誉领事官员给予因其所任职位关系而需要之保护。

第六十五条　免除外侨登记及居留证

名誉领事官员，除在接受国内为私人利益从

事任何专业或商业活动者外，应免除接受国法律规章就外侨登记及居留证所规定之一切义务。

第六十六条　免税

名誉领事官员因执行领事职务向派遣国支领之薪酬免纳一切捐税。

第六十七条　免除个人劳务及捐献

接受国应准名誉领事官员免除一切个人劳务及所有各种公共服务，并免除类如有关征用、军事捐献及屯宿等之军事义务。

第六十八条　名誉领事官员制度由各国任意选用

各国可自由决定是否委派或接受名誉领事官员。

第四章　一般条款

第六十九条　非为领馆馆长之领事代理人

一、各国可自由决定是否设立或承认由派遣国并未派为领馆馆长之领事代理人主持之领事代理处。

二、本条第一项所称之领事代理处执行职务之条件以及主持代理处之领事代理人可享之特权及豁免由派遣国与接受国协议定之。

第七十条　使馆承办领事职务

一、本公约之各项规定，在其文义所许可之范围内，对于使馆承办领事职务，亦适用之。

二、使馆人员派任领事组工作者，或另经指派担任使馆内领事职务者，其姓名应通知接受国外交部或该部指定之机关。

三、使馆执行领事职务时得与下列当局接洽：

（一）其辖区内之地方当局；

（二）接受国之中央当局，但以经接受国之法律规章与惯例或有关国际协定所许可者为限。

四、本条第二项所称使馆人员之特权与豁免仍以关于外交关系之国际法规则为准。

第七十一条　接受国国民或永久居民

一、除接受国特许享有其他便利、特权与豁免外，领事官员为接受国国民或永久居民者，仅就其为执行职务而实施之公务行为享有管辖之豁免及人身不得侵犯权，并享有本公约第四十四条第三项所规定之特权。就此等领事官员而言，接受国应同样负有第四十二条所规定之义务。如对此等领事官员提起刑事诉讼，除该员已受逮捕或羁押外，诉讼程序之进行，应尽量避免妨碍领事职务之执行。

二、其他为接受国国民或永久居民之领馆人员及其家属，以及本条第一项所称领事官员之家属，仅得在接受国许可之范围内享有便利、特权与豁免。领馆人员家属及私人服务人员本人为接受国国民或永久居民者，亦仅得在接受国许可之范围内享有便利、特权及豁免。但接受国对此等人员行使管辖时，应避免对领馆职务之执行有不当之妨碍。

第七十二条　无差别待遇

一、接受国适用本公约之规定时，对各国不得差别待遇。

二、惟下列情形不以差别待遇论：

（一）接受国因派遣国对接受国领馆适用本公约之任何规定时有所限制，对同一规定之适用亦予限制；

（二）各国依惯例或协定彼此间给予较本公约规定为优之待遇。

第七十三条　本公约与其他国际协定之关系

一、本公约之规定不影响当事国间现行有效之其他国际协定。

二、本公约并不禁止各国间另订国际协定以确认、或补充、或推广、或引申本公约之各项规定。

第七十四条　签署

本公约应听由联合国或任何专门机关之全体会员国，或国际法院规约当事国，及经联合国大会邀请成为本公约当事一方之任何其他国家签署，其办法如下：至一九六三年十月三十一日止在奥地利共和国联邦外交部签署，其后至一九六四年三月三十一日止在纽约联合国会所签署。

第七十五条　批准

本公约须经批准。批准文件应送交联合国秘书长存放。

第七十六条　加入

本公约应听由属于第七十四条所称四类之一之国家加入。加入文件应送交联合国秘书长存放。

第七十七条　生效

一、本公约应于第二十二件批准或加入文件

送交联合国秘书长存放之日后第三十日起发生效力。

二、对于在第二十二件批准或加入文件存放后批准或加入本公约之国家，本公约应于各该国存放批准或加入文件后第三十日起发生效力。

第七十八条　秘书长之通知

联合国秘书长应将下列事项通知所有属于第七十四条所称四类之一之国家：

（一）依第七十四条、第七十五条及第七十六条对本公约所为之签署及送存之批准或加入文件；

（二）依第七十七条本公约发生效力之日期。

第七十九条　作准文本

本公约之原本应交联合国秘书长存放，其中文、英文、法文、俄文及西班牙文各本同一作准；秘书长应将各文正式副本分送所有属于第七十四条所称四类之一之国家。

为此，下列全权代表，各秉本国政府正式授予签字之权，谨签字于本公约，以昭信守。

公历一千九百六十三年四月二十四日订于维也纳。

注：1. 本公约于1967年3月19日生效。公约文本录自《联合国条约集》596册324～358页。

2. 中华人民共和国于1979年7月3日加入《维也纳领事关系公约》。1979年8月1日起该公约对中华人民共和国发生效力。

三、《中华人民共和国外交特权与豁免条例》

1986年9月5日第六届全国人民代表大会常务委员会第十七次会议通过，自公布之日起施行。

第一条　为确定外国驻中国使馆和使馆人员的外交特权与豁免，便于外国驻中国使馆代表其国家有效地执行职务，特制定本条例。

★第二条　使馆外交人员原则上应当是具有派遣国国籍的人。如果委派中国或者第三国国籍的人为使馆外交人员，必须征得中国主管机关的同意。中国主管机关可以随时撤销此项同意。

第三条　使馆及其馆长有权在使馆馆舍和使馆馆长交通工具上，使用派遣国的国旗或者国徽。

★★第四条　使馆馆舍不受侵犯。中国国家工作人员进入使馆馆舍，须经使馆馆长或者其授权人员的同意。中国有关机关应当采取适当措施，保护使馆馆舍免受侵犯或者损害。

使馆的馆舍、设备及馆舍内其他财产和使馆交通工具免受搜查、征用、扣押或者强制执行。

第五条　使馆馆舍免纳捐税，但为其提供特定服务所收的费用不在此限。

使馆办理公务所收规费和手续费免纳捐税。

第六条　使馆的档案和文件不受侵犯。

★第七条　使馆人员在中国境内有行动和旅行的自由，中国政府规定禁止或者限制进入的区域除外。

第八条　使馆为公务目的可以与派遣国政府以及派遣国其他使馆和领事馆自由通讯。通讯可以采用一切适当方法，包括外交信使、外交邮袋和明码、密码电信在内。

★★第九条　使馆设置和使用供通讯用的无线电收发信机，必须经中国政府同意。使馆运进上述设备，按中国政府的有关规定办理。

第十条　使馆来往的公文不受侵犯。

外交邮袋不得开拆或者扣留。

外交邮袋以装载外交文件或者公务用品为限，应予加封并附有可资识别的外部标记。

第十一条　外交信使必须持有派遣国主管机关出具的信使证明书。外交信使人身不受侵犯，不受逮捕或者拘留。

临时外交信使必须持有派遣国主管机关出具的临时信使证明书，在其负责携带外交邮袋期间，享有与外交信使同等的豁免。

商业飞机机长受委托可以转递外交邮袋，但机长必须持有委托国官方证明文件，注明所携带的外交邮袋件数。机长不得视为外交信使。使馆应当派使馆人员向机长接交外交邮袋。

★第十二条　外交代表人身不受侵犯，不受逮捕或者拘留。中国有关机关应当采取适当措施，防止外交代表的人身自由和尊严受到侵犯。

第十三条　外交代表的寓所不受侵犯，并受保护。

外交代表的文书和信件不受侵犯。外交代表的财产不受侵犯，但第十四条另有规定的除外。

★★**第十四条** 外交代表享有刑事管辖豁免。

外交代表享有民事管辖豁免和行政管辖豁免，但下列各项除外：

（一）外交代表以私人身份进行的遗产继承的诉讼；

（二）外交代表违反第二十五条第三项规定在中国境内从事公务范围以外的职业或者商业活动的诉讼。

外交代表免受强制执行，但对前款所列情况，强制执行对其人身和寓所不构成侵犯的，不在此限。

外交代表没有以证人身份作证的义务。

★★**第十五条** 外交代表和第二十条规定享有豁免的人员的管辖豁免可以由派遣国政府明确表示放弃。

外交代表和第二十条规定享有豁免的人员如果主动提起诉讼，对与本诉直接有关的反诉，不得援用管辖豁免。

放弃民事管辖豁免或者行政管辖豁免，不包括对判决的执行也放弃豁免。放弃对判决执行的豁免须另作明确表示。

第十六条 外交代表免纳捐税，但下列各项除外：

（一）通常计入商品价格或者服务价格内的捐税；

（二）有关遗产的各种捐税，但外交代表亡故，其在中国境内的动产不在此限；

（三）对来源于中国境内的私人收入所征的捐税；

（四）为其提供特定服务所收的费用。

第十七条 外交代表免除一切个人和公共劳务以及军事义务。

★**第十八条** 使馆运进的公务用品、外交代表运进的自用物品，按照中国政府的有关规定免纳关税和其他捐税。

外交代表的私人行李免受查验，但中国有关机关有重大理由推定其中装有不属于前款规定免税的物品或者中国法律和政府规定禁止运进、运出或者检疫法规规定管制的物品的，可以查验。查验时，须有外交代表或者其授权人员在场。

第十九条 使馆和使馆人员携运自用的枪支、子弹入境，必须经中国政府批准，并且按中国政府的有关规定办理。

★★**第二十条** 与外交代表共同生活的配偶及未成年子女，如果不是中国公民，享有第十二条至第十八条所规定的特权与豁免。

使馆行政技术人员和与其共同生活的配偶及未成年子女，如果不是中国公民并且不是在中国永久居留的，享有第十二条至第十七条所规定的特权与豁免，但民事管辖豁免和行政管辖豁免，仅限于执行公务的行为。使馆行政技术人员到任后半年内运进的安家物品享有第十八条第一款所规定的免税的特权。

使馆服务人员如果不是中国公民并且不是在中国永久居留的，其执行公务的行为享有豁免，其受雇所得报酬免纳所得税。其到任后半年内运进的安家物品享有第十八条第一款所规定的免税的特权。

使馆人员的私人服务员如果不是中国公民并且不是在中国永久居留的，其受雇所得的报酬免纳所得税。

第二十一条 外交代表如果是中国公民或者获得在中国永久居留资格的外国人，仅就其执行公务的行为，享有管辖豁免和不受侵犯。

第二十二条 下列人员享有在中国过境或者逗留期间所必需的豁免和不受侵犯：

（一）途经中国的外国驻第三国的外交代表和与其共同生活的配偶及未成年子女；

（二）持有中国外交签证或者持有外交护照（仅限互免签证的国家）来中国的外国官员；

（三）经中国政府同意给予本条所规定的特权与豁免的其他来中国访问的外国人士。

对途经中国的第三国外交信使及其所携带的外交邮袋，参照第十条、第十一条的规定办理。

第二十三条 来中国访问的外国国家元首、政府首脑、外交部长及其他具有同等身份的官员，享有本条例所规定的特权与豁免。

第二十四条 来中国参加联合国及其专门机构召开的国际会议的外国代表、临时来中国的联合国及其专门机构的官员和专家、联合国及其专门机构驻中国的代表机构和人员的待遇，按中国已加入的有关国际公约和中国与有关国际组织签订的协议办理。

第二十五条　享有外交特权与豁免的人员：

（一）应当尊重中国的法律、法规；

（二）不得干涉中国的内政；

（三）不得在中国境内为私人利益从事任何职业或者商业活动；

（四）不得将使馆馆舍和使馆工作人员寓所充作与使馆职务不相符合的用途。

第二十六条　如果外国给予中国驻该国使馆、使馆人员以及临时去该国的有关人员的外交特权与豁免，低于中国按本条例给予该国驻中国使馆、使馆人员以及临时来中国的有关人员的外交特权与豁免，中国政府根据对等原则，可以给予该国驻中国使馆、使馆人员以及临时来中国的有关人员以相应的外交特权与豁免。

第二十七条　中国缔结或者参加的国际条约另有规定的，按照国际条约的规定办理，但中国声明保留的条款除外。

中国与外国签订的外交特权与豁免协议另有规定的，按照协议的规定执行。

第二十八条　本条例中下列用语的含义是：

（一）“使馆馆长”是指派遣国委派担任此项职位的大使、公使、代办以及其他同等级别的人；

（二）“使馆人员”是指使馆馆长和使馆工作人员；

（三）“使馆工作人员”是指使馆外交人员、行政技术人员和服务人员；

（四）“使馆外交人员”是指具有外交官衔的使馆工作人员；

（五）“外交代表”是指使馆馆长或者使馆外交人员；

（六）“使馆行政技术人员”是指从事行政和技术工作的使馆工作人员；

（七）“使馆服务人员”是指从事服务工作的使馆工作人员；

（八）“私人服务员”是指使馆人员私人雇用的人员；

（九）“使馆馆舍”是指使馆使用和使馆馆长官邸的建筑物及其附属的土地。

第二十九条　本条例自公布之日起施行。

四、《中华人民共和国领事特权与豁免条例》

（中华人民共和国第七届全国人民代表大会常务委员会第十六次会议于1990年10月30日通过并公布施行）

第一条　为确定外国驻中国领馆和领馆成员的领事特权与豁免，便于外国驻中国领馆在领区内代表其国家有效地执行职务，制定本条例。

第二条　领事官员应当是具有派遣国国籍的人。如果委派具有中国或者第三国国籍的人或者派遣国在中国永久居留的人为领事官员，必须征得中国主管机关的同意。中国主管机关可以随时撤销此项同意。

第三条　领馆及其馆长有权在领馆馆舍、馆长寓所和馆长执行职务所乘用的交通工具上，使用派遣国国旗或者国徽。

★第四条　领馆馆舍不受侵犯。中国国家工作人员进入领馆馆舍，须经领馆馆长或者派遣国使馆馆长或者他们两人中一人授权的人员同意。遇有火灾或者其他灾害须迅速采取保护行动时，可以推定领馆馆长已经同意。中国有关机关应当采取适当措施保护领馆馆舍免受侵犯或者损害。

第五条　领馆馆舍和馆长寓所免纳捐税，但为其提供特定服务所收的费用不在此限。

领馆办理公务所收规费和手续费免纳捐税。

第六条　领馆的档案和文件不受侵犯。

第七条　领馆成员在中国境内有行动和旅行的自由，但中国政府规定禁止或者限制进入的区域除外。

第八条　领馆为公务目的可以同派遣国政府以及派遣国使馆和其他领馆自由通讯。通讯可以采用一切适当方法，包括外交信使或者领事信使、外交邮袋或者领事邮袋和明码、密码、电信在内。

★第九条　领馆设置和使用无线电收发信机，

必须经中国政府同意。领馆运进上述设备，按照中国政府的有关规定办理。

第十条 领事邮袋不得开拆或者扣留。

领事邮袋以装载来往公文、公务文件及公务用品为限，应予加封并附有可资识别的外部标记。如中国有关机关有重大理由认为领事邮袋装有上述物品以外的物品时，可要求领事官员或者其授权人员在中国有关机关人员在场的情况下开拆；如领事官员拒绝此项要求，领事邮袋应予退回至原发送地点。

第十一条 领事信使必须是具有派遣国国籍的人，并且不得是在中国永久居留的。领事信使必须持有派遣国主管机关出具的信使证明书。领事信使人身不受侵犯，不受逮捕或者拘留。

临时领事信使必须持有派遣国主管机关出具的临时信使证明书，在其负责携带领事邮袋期间享有与领事信使同等的豁免。

商业飞机机长或者商业船舶船长受委托可以转递领事邮袋，但机长或者船长必须持有委托国官方证明文件，注明所携带的领事邮袋件数。机长或者船长不得视为领事信使。经与中国地方人民政府主管机关商定，领馆可以派领馆成员与机长或者船长接交领事邮袋。

第十二条 领事官员人身不受侵犯。中国有关机关应当采取适当措施，防止领事官员的人身自由和尊严受到侵犯。

领事官员不受逮捕或者拘留，但有严重犯罪情形，依照法定程序予以逮捕或者拘留的不在此限。

领事官员不受监禁，但为执行已经发生法律效力的判决的不在此限。

第十三条 领事官员的寓所不受侵犯。

领事官员的文书和信件不受侵犯。

领事官员的财产不受侵犯，但本条例第十四条另有规定的除外。

第十四条 领事官员和领馆行政技术人员执行职务的行为享有司法和行政管辖豁免。领事官员执行职务以外的行为的管辖豁免，按照中国与外国签订的双边条约、协定或者根据对等原则办理。

领事官员和领馆行政技术人员享有的司法管辖豁免不适用于下列各项民事诉讼：

（一）涉及未明示以派遣国代表身份所订的契约的诉讼；

（二）涉及在中国境内的私有不动产的诉讼，但以派遣国代表身份所拥有的为领馆使用的不动产不在此限；

（三）以私人身份进行的遗产继承的诉讼；

（四）因车辆、船舶或者航空器在中国境内造成的事故涉及损害赔偿的诉讼。

★第十五条 领馆成员可以被要求在司法或者行政程序中到场作证，但没有义务就其执行职务涉及事项作证。领馆成员有权拒绝以鉴定人身份就派遣国的法律提出证词。

领事官员拒绝作证，不得对其采取强制措施或者给予处罚。

领馆行政技术人员和领馆服务人员除执行职务所涉及事项外，不得拒绝作证。

第十六条 本条例规定的有关人员所享有的管辖豁免可以由派遣国政府明确表示放弃。

依照本条例规定享有管辖豁免的人员如果主动提起诉讼，对与本诉直接有关的反诉，不得援用管辖豁免。

放弃民事管辖豁免或者行政管辖豁免，不包括对判决的执行也放弃豁免。放弃对判决执行的豁免须由派遣国政府另作明确表示。

★第十七条 领事官员和领馆行政技术人员免纳捐税，但下列各项除外：

（一）通常计入商品价格或者服务价格内的捐税；

（二）对在中国境内私有不动产所征的捐税，但用作领馆馆舍的不在此限；

（三）有关遗产的各种捐税，但领事官员亡故，其在中国境内的动产的有关遗产的各种捐税免纳；

（四）对来源于中国境内的私人收入所征的捐税；

（五）为其提供特定服务所收的费用。

领馆服务人员在领馆服务所得工资，免纳捐税。

第十八条 领馆成员免除一切个人和公共劳务以及军事义务。

领事官员和领馆行政技术人员免除中国法律、法规关于外国人登记和居留许可所规定的义务。

第十九条　领馆运进的公务用品，领事官员运进的自用物品和领馆行政技术人员到任后半年内运进的自用物品包括安家物品，按照中国政府的有关规定免纳关税和其他捐税，但保管、运输及类似服务费用除外。

领事官员和领馆行政技术人员运进的前款所述自用物品，不得超过直接需要的数量。

领事官员的私人行李免受查验，但中国有关机关有重大理由认为其中装有不属于本条第一款规定的自用物品或者中国法律和政府规定禁止运进、运出或者管制的物品，可以查验。

查验时，须有领事官员或者授权的人员到场。

第二十条　领馆和领馆成员携带自用的枪支、子弹入出境，必须经中国政府批准，并且按照中国政府的有关规定办理。

第二十一条　与领事官员、领馆行政技术人员、领馆服务人员共同生活的配偶及未成年子女，分别享有领事官员、领馆行政技术人员、领馆服务人员根据本条例第七条、第十七条、第十八条、第十九条的规定所享有的特权与豁免，但身为中国公民或者在中国永久居留的外国人除外。

第二十二条　领事官员如果是中国公民或者在中国永久居留的外国人，仅就其执行职务的行为，享有本条例规定的特权与豁免。

领馆行政技术人员或者领馆服务人员如果是中国公民或者在中国永久居留的外国人，除没有义务就其执行职务所涉及事项作证外，不享有本条例规定的特权与豁免。

私人服务人员不享有本条例规定的特权与豁免。

★**第二十三条**　下列人员在中国过境或者逗留期间享有所必需的豁免和不受侵犯：

（一）途经中国的外国驻第三国的领事官员和与其共同生活的配偶及未成年子女；

（二）持有中国外交签证或者持有与中国互免签证国家外交护照的外国领事官员。

第二十四条　享有领事特权与豁免的人员：

（一）应当尊重中国的法律、法规；

（二）不得干涉中国的内政；

（三）不得将领馆馆舍和领馆成员的寓所充作与执行领事职务不相符合的用途。

第二十五条　领事官员不得在中国境内为私人利益从事任何职务范围以外的职业或者商业活动。

第二十六条　如果外国给予中国驻该国领馆、领馆成员以及途经或者临时去该国的中国驻第三国领事官员的领事特权与豁免，不同于中国给予该国驻中国领馆、领馆成员以及途经或者临时来中国的该国驻第三国领事官员领事特权与豁免，中国政府根据对等原则，可以给予该国驻中国领馆、领馆成员以及途经或者临时来中国的该国驻第三国领事官员以相应的领事特权与豁免。

第二十七条　中国缔结或者参加的国际条约对领事特权与豁免另有规定的，按照国际条约的规定办理，但中国声明保留的条款除外。

中国与外国签订的双边条约或者协定对领事特权与豁免另有规定的，按照条约或者协定的规定执行。

第二十八条　本条例中下列用语的含义是：

（一）“领馆”是指总领事馆、领事馆、副领事馆或者领事代理处；

（二）“领区”是指为领馆执行领事职务而设定的区域；

（三）“领馆馆长”是指派遣国委派领导领馆的总领事、领事、副领事或者领事代理人；

（四）“领事官员”是指总领事、副总领事、领事、副领事、领事随员或者领事代理人；

（五）“领馆行政技术人员”是指从事领馆行政或者技术工作的人员；

（六）“领馆服务人员”是指从事领馆服务工作的人员；

（七）“领馆成员”是指领事官员、领馆行政技术人员和领馆服务人员；

（八）“私人服务人员”是指领馆成员私人雇用的服务人员；

（九）“领馆馆舍”是指专供领馆使用的建筑物或者部分建筑物及其附属的土地。

第二十九条　本条例自公布之日起施行。

五、《维也纳条约法公约》

（1969年5月23日订于维也纳，中国于1997年5月9日递交加入书，同年10月3日对中国生效）

【导读】

条约是指国际法主体间依照国际法缔结的确立相互权利和义务的书面协定。1969年《维也纳条约法公约》对条约规则的主要内容进行了编纂和发展。条约法的很多规则和民法上的合同法非常相似。从条约的产生到终止的动态过程来看，应注意掌握条约成立的实质条件、条约的缔结、条约的保留、条约的冲突、条约的效力（包括对当事国的效力、对第三国的效力及条约冲突时的效力等）、条约的修订、条约的解释、条约的暂停实施和终止等不同环节的规则。

本公约各当事国，

鉴于条约在国际关系历史上之基本地位，承认条约为国际法渊源之一，且为各国间不分宪法及社会制度发展和平合作之工具，其重要性日益增加，鉴悉自由同意与善意之原则以及条约必须遵守规则及举世所承认，确认凡关于条约之争端与其他国际争端同，皆应以和平方法且依正义及国际法之原则解决之，念及联合国人民同兹决心创造适当环境俾克维持正义及尊重由条约而起之义务，鉴及联合国宪章所载之国际法原则，诸如人民平等权利及自决，所有国家主权平等及独立，不干涉各国内政，禁止使用威胁或武力以及普遍尊重与遵守全体人类之人权及基本自由等原则。

深信本公约所达成之条约法之编纂及逐渐发展可促进宪章所揭示之联合国宗旨，即维持国际和平与安全，发展国际间之友好关系并达成其彼此合作，确认凡未经本公约各条规定之问题，将仍以国际习惯法规则为准，爰议定条款如下：

第一编　导　言

第一条　本公约之范围

本公约适用于国家间之条约。

★★第二条　用语

一、就适用本公约而言：

（甲）称“条约”者，谓国家间所缔结而以国际法为准之国际书面协定，不论其载于一项单独文书或两项以上相互有关之文书内，亦不论其特定名称如何；

（乙）称“批准”，“接受”，“赞同”及“加入”者，各依本义指一国据以在国际上确定其同意受条约拘束之国际行为；

（丙）称“全权证书”者，谓一国主管当局所颁发，指派一人或数人代表该国谈判，议定或认证条约约文，表示该国同意受条约拘束，或完成有关条约之任何其他行为之文件；

（丁）称“保留”者，谓一国于签署，批准、接受、赞同或加入条约时所做之片面声明，不论措辞或名称如何，其目的在摒除或更改条约中若干规定对该国适用时之法律效果；

（戊）称“谈判国”者，谓参与草拟及议定条约约文之国家；

（己）称“缔约国”者，谓不问条约已未生效，同意受条约拘束之国家；

（庚）称“当事国”者，谓同意承受条约拘束及条约对其有效之国家；

（辛）称“第三国”者，谓非条约当事国之国家；

（壬）称“国际组织”者，谓政府间之组织。

二、第一项关于本公约内各项用语之规定不妨碍此等用语，在任何国家国内法上之使用或所具有之意义。

第三条　不属本公约范围之国际协定

本公约不适用于国家与其他国际法主体间所缔结之国际协定或此种其他国际法主体间之国际协定或非书面国际协定，此一事实并不影响：

（甲）此类协定之法律效力；

（乙）本公约所载任何规则之依照国际法而无须基于本公约原应适用于此类协定者，对于此类协定之适用；

（丙）本公约之适用于国家间以亦有其他国际法主体为其当事者之国际协定为根据之彼此关系。

第四条　本公约不溯既往

以不妨碍本公约所载任何规则之依国际法而无须基于本公约原应适用于条约者之适用为限，本公约仅对各国于本公约对各该国生效后所缔约之条约适用之。

第五条　组成国际组织之条约及在一国际组织内议定之条约

本公约适用于为一国际组织组织约章之任何条约及在一国际组织内议定之任何条约，但对该组织任何有关规则并无妨碍。

第二编　条约之缔结及生效

第一节　条约之缔结

第六条　国家缔结条约之能力

每一国家皆有缔结条约之能力。

★★第七条　全权证书

一、任一人员如有下列情况之一，视为代表一国议定或认证条约约文或表示该国承受条约拘束之同意：

（甲）出具适当之全权证书；或

（乙）由于有关国家之惯例或由于其他情况可见其此等国家之意思系认为该人员为此事代表该国而可免除全权证书。

二、下列人员由于所任职务无须出具全权证书，视为代表其国家：

（甲）国家元首，政府首长及外交部长，为实施关于缔结条约之一切行为；

（乙）使馆馆长，为议定派遣国与驻在国间条约约文；

（丙）国家派往国际会议或派驻国际组织或该国际组织一机关之代表，为议定在该会议，组织或机关内议定之条约约文。

理论解读

全权证书是指一国或国际组织主管当局或主管机构所颁发，指派一人或数人代表该国或国际组织谈判、议定或认证约文，表示该国或国际组织同意受其约束，或完成缔结条约的任何其他行为的文件。一般情况下，国家元首、政府首脑、外交部长，或者派往接受国或国际组织的使馆馆长、代表在该接受国或国际组织内参与谈判等活动，不必出示全权证书。

第八条　未经授权所实施行为之事后确认

关于缔结条约之行为系依第七条不能视为经授权为此事代表一国之人员所实施者，非经该国事后确认，不发生法律效果。

第九条　约文之议定

一、除依第二项之规定外，议定条约约文应以所有参加草拟约文国家之同意为之。

二、国际会议议定条约之约文应以出席及参加表决国家三分之二多数之表决为之，但此等国家以同样多数决定适用另一规则者不在此限。

第十条　约文之认证

条约约文依下列方法确定为作准定本：

（甲）依约文所载或经参加草拟约文国家协议之程序；或

（乙）倘无此项程序，由此等国家代表在条约约文上，或在载有约文之会议最后文件上签署，作待核准之签署或草签。

★★第十一条　表示同意承受条约拘束之方式

一国承受条约拘束之同意得以签署、交换构成条约之文书，批准、接受、赞同或加入，或任何其他同意之方式表示之。

★★第十二条　以签署表示承受条约拘束之同意

一、遇有下列情形之一，一国承受条约拘束之同意，以该国代表之签署表示之：

（甲）条约规定签署有此效果；

（乙）另经确定谈判国协议签署有此效果；或

（丙）该国使签署有此效果之意思可见诸其代表所奉全权证书或已于谈判时有些表示。

二、就适用第一项而言：

（甲）倘经确定谈判国有此协议，约文之草签构成条约之签署；

（乙）代表对条约作待核准之签署，倘经其本国确认，即构成条约之正式签署。

理论解读

签署是否导致一国受所签署条约的约束，应具体问题具体对待。如果条约规定或缔约国约定签署生效，或者负责签署的代表已经获得本国授权，说明签署即告生效，则签署导致签署国受到条约的约束。否则，签署之后往往须得到本国有权机关的批准，方产生拘束力。

★★第十三条　以交换构成条约之文书表示承受条约拘束之同意

遇有下列情形之一，国家同意承受由彼此间交换之文书构成之条约拘束，以此种交换表示之：

（甲）文书规定此种交换有此效果；或

（乙）另经确定此等国家协议文书之交换有此效果。

★★第十四条　以批准接受或赞同表示承受条约拘束之同意

一、遇有下列情形之一，一国承受条约拘束之同意，以批准表示之：

（甲）条约规定以批准方式表示同意；

（乙）另经确定谈判国协议需要批准；

（丙）该国代表已对条约作须经批准之签署；或

（丁）该国对条约作须经批准之签署之意思可见诸其代表所奉之全权证书，或已于谈判时有此表示。

二、一国承受条约拘束之同意以接受或赞同方式表示者，其条件与适用于批准者同。

理论解读

一国签署条约后，并无义务必须批准。历史上多次出现过谈判代表签署后，却未能得到本国有权机关批准的例子。这种情况下，条约对拒绝批准的国家而言并无拘束力。

典型案例

甲国倡议并一直参与某多边国际公约的制定，甲国总统与其他各国代表一道签署了该公约的最后文本。根据该公约的规定，只有在2/3以上签字国经其国内程序予以批准并向公约保存国交存批准书后，该公约才生效。但甲国议会经过辩论，拒绝批准该公约。根据国际法的有关规则，该条约是否已经对甲国生效？

答案：本案所涉公约已经规定必须有2/3以上签字国经国内程序批准并向公约保存国交存批准书，该公约才生效，在这种情形下，甲国总统的签署只具认证的效力，而没有批准的效力，故该公约不对甲国发生效力。

★★第十五条　以加入表示承受条约拘束之同意

遇有下列情形之一，一国承受条约拘束之同意以加入表示之：

（甲）条约规定该国得以加入方式表示此种同意；

（乙）另经确定谈判国协议该国得以加入方式表示此种同意；

（丙）全体当事国嗣后协议该国得以加入方式表示此种同意。

第十六条　批准书、接受书、赞同书或加入书之交换或交存

除条约另有规定外，批准书、接受书、赞同书或加入书依下列方式确定一国承受条约拘束之同意：

（甲）由缔约国互相交换；

（乙）将文书交存保管机关；或

（丙）如经协议，通知缔约国或保管机关。

第十七条　同意承受条约一部分之拘束及不同规定之选择

一、以不妨碍第十九条至第二十三条为限，一国同意承受条约一部分之拘束，仅于条约许可或其他缔约国同意时有效。

二、一国同意承受许可选择不同规定之条约之拘束，仅于指明其所同意之规定时有效。

第十八条　不得在条约生效前妨碍其目的及宗旨之义务

一国负有义务不得采取任何足以妨碍条约目的及宗旨之行动：

（甲）如该国已签署条约或已交换构成条约之文书而须经批准。接受或赞同，但尚未明白表示不欲成为条约当事国之意思；或

（乙）如该国业已表示同意承受条约之拘束，而条约尚未生效，且条约之生效不稽延过久。

第二节　保留

★★第十九条　提具保留

一国得于签署、批准、接受、赞同或加入条约时，提具保留，但有下列情形之一者不在此限：

（甲）该项保留为条约所禁止者；

（乙）条约仅准许特定之保留而有关之保留不在其内者；或

（丙）凡不属（甲）及（乙）两款所称之情形，该项保留与条约目的及宗旨不合者。

★★第二十条　接受及反对保留

一、凡为条约明示准许之保留，无须其他缔约国事后予以接受，但条约规定须如此办理者，不在此限。

二、倘自谈判国之有限数目及条约之目的与宗旨，可见在全体当事国间适用全部条约为每一当事国同意承受条约拘束之必要条件时，保留须经全体当事国接受。

三、倘条约为国际组织之组织约章，除条约另有规定外，保留须经该组织主管机关接受。

四、凡不属以上各项所称之情形，除条约另有规定外：

（甲）保留经另一缔约国接受，就该另一缔约国而言，保留国即成为条约之当事国，但须条约对各该国均已生效；

（乙）保留经另一缔约国反对，则条约在反对国与保留国间并不因此而不生效力，但反对国确切表示相反之意思者不在此限；

（丙）表示一国同意承受条约拘束而附以保留之行为，一俟至少有另一缔约国接受保留，即发生效力。

五、就适用第二项与第四项而言，除条约另有规定外，倘一国在接获关于保留之通知后十二个月期间届满时或至其表示同意承受条约拘束之日为止，两者中以较后之日期为准，迄未对保留提出反对，此项保留即视为业经该国接受。

★★第二十一条　保留及对保留提出之反对之法律效果

一、依照第十九条、第二十条及第二十三条对另一当事国成立之保留：

（甲）对保留国而言，其与该另一当事国之关系上照保留之范围修改保留所关涉之条约规定；及

（乙）对该另一当事国而言，其与保留国之关系上照同一范围修改此等规定。

二、此项保留在条约其他当事国相互间不修改条约之规定。

三、倘反对保留之国家未反对条约在其本国与保留国间生效，此项保留所关涉之规定在保留之范围内于该两国间不适用之。

理论解读

条约的保留重点结构图如下：

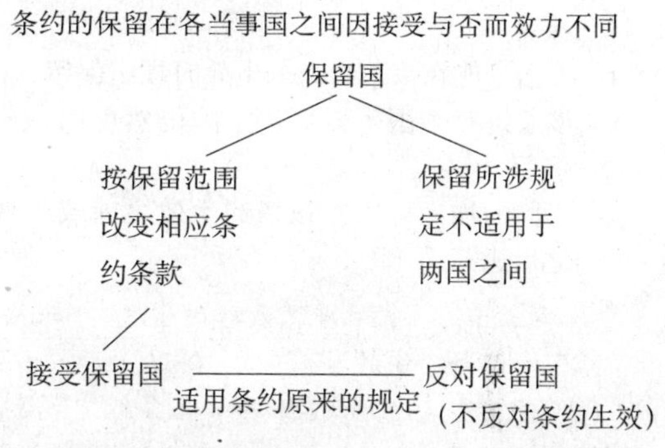

第二十二条　撤回保留及撤回对保留提出之反对

一、除条约另有规定外，保留得随时撤回，无须经业已接受保留之国家同意。

二、除条约另有规定外，对保留提出之反对得随时撤回。

三、除条约另有规定或另经协议外：

（甲）保留之撤回，在对另一缔约国关系上，自该国收到撤回保留之通知之时起方始发生效力；

（乙）对保留提出之反对之撤回，自提出保留之国家收到撤回反对之通知时起方始发生效力。

第二十三条　关于保留之程序

一、保留、明示接受保留及反对保留，均必须以书面提具并致送缔约国及有权成为条约当事国之其他国家。

二、保留系在签署须经批准、接受或赞同之条约时提具者，必须由保留国在表示同意承受条约拘束时正式确认。遇此情形，此项保留应视为在其确认之日提出。

三、明示接受保留或反对保留系在确认保留前提出者，其本身无须经过确认。

四、撤回保留或撤回对保留提出之反对，必须以书面为之。

经典考题

(2009-1-29，单选) 甲、乙、丙国同为一开放性多边条约缔约国，现丁国要求加入该条约。四国均为《维也纳条约法公约》缔约国。丁国对该条约中的一些条款提出保留，下列哪一判断是正确的?①

A. 对于丁国提出的保留，甲、乙、丙国必须接受

B. 丁国只能在该条约尚未生效时提出保留

C. 该条约对丁国生效后，丁国仍然可以提出保留

D. 丁国的加入可以在该条约生效之前或生效之后进行

第三节 条约之生效及暂时适用

第二十四条 生效

一、条约生效之方式及日期，依条约之规定或依谈判国之协议。

二、倘无此种规定或协议，条约一俟确定所有谈判国同意承受条约之拘束，即行生效。

三、除条约另有规定外，一国承受条约拘束之同意如系于条约生效后之一日期确定，则条约自该日起对该国生效。

四、条约中为条约约文之认证，国家同意承受条约拘束之确定，条约生效之方式或日期、保留、保管机关之职务以及当然在条约生效前发生之其他事项所订立之规定，自条约约文议定时起适用之。

第二十五条 暂时适用

一、条约或条约之一部分于条约生效前在下列情形下暂时适用：

(甲) 条约本身如此规定；或

(乙) 谈判国以其他方式协议如此办理。

二、除条约另有规定或谈判国另有协议外，条约或条约一部分对一国暂时适用，于该国将其不欲成为条约当事国之意思通知已暂时适用条约之其他各国时终止。

第三编 条约之遵守、适用及解释

第一节 条约之遵守

★★第二十六条 条约必须遵守

凡有效之条约对其各当事国有拘束力，必须由各该国善意履行。

第二十七条 国内法与条约之遵守

一当事国不得援引其国内法规定为理由而不履行条约。此项规则不妨碍第四十六条。

第二节 条约之适用

第二十八条 条约不溯既往

除条约表示不同意思，或另经确定外，关于条约对一当事国生效之日以前所发生之任何行为或事实或已不存在之任何情势，条约之规定不对该当事国发生拘束力。

★第二十九条 条约之领土范围

除条约表示不同意思，或另经确定外，条约对每一当事国之拘束力及于其全部领土。

★★第三十条 关于同一事项先后所订条约之适用

一、以不违反联合国宪章第一百零三条为限，就同一事项先后所订条约当事国之权利与义务应依下列各项确定之。

二、遇条约订明须不违反先订或后订条约或不得视为与先订或后订条约不合时，该先订或后订条约之规定应居优先。

三、遇先订条约全体当事国亦为后订条约当事国但不依第五十九条终止或停止施行先订条约时，先订条约仅于其规定与后订条约规定相合之范围内适用之。

四、遇后订条约之当事国不包括先订条约之全体当事国时：

(甲) 在同为两条约之当事国间，适用第三项之同一规则；

(乙) 在为两条约之当事国与仅为其中一条约之当事国间彼此之权利与义务依两国均为当事国之条约定之。

五、第四项不妨碍第四十一条或依第六十条

① 【答案及释疑】《维也纳条约法公约》本身规定允许的保留之外，对保留国的保留，其他国家可以选择接受或者拒绝接受，故A项错误。即使是已经生效的条约，仍然有新加入的国家在加入时提出保留的情况，故B项表述错误。国家在条约对自己生效的时候提出的保留才是有效的保留，在条约对自己生效后不能再行提出保留，故C项错误。加入可以在条约生效之前或生效之后进行，故答案为D项。(答案：D)

终止或停止施行条约之任何问题，或一国因缔结或适用一条约而其规定与该国依另一条约对另一国之义务不合所生之任何责任问题。

理论解读

条约冲突的要点归纳示意图如下：

条约冲突时的效力——联合国宪章规定会员国签订的协定与宪章冲突时宪章优先

1. 如果条约本身有解决冲突的规定则依其规定

↓

2. 条约无规定 { 当事国完全相同：后约取代先约；当事国不完全相同：个案处理

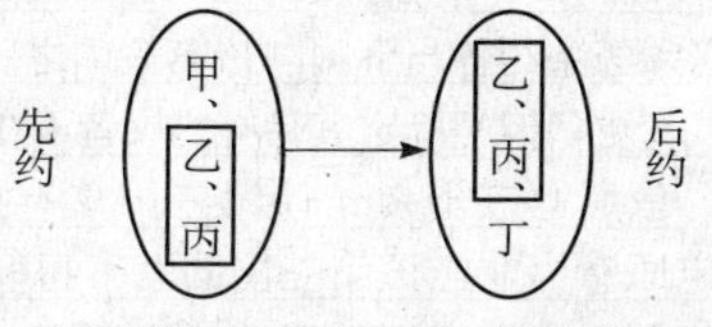

说明：若上述图示中先约与后约调整的事项相同，则在乙、丙两国之间，后约取代先约。在甲国分别与乙国和丙国之间，适用先约，在丁国分别与乙国和丙国之间，只能适用后约。甲国和丁国之间就该事项而言不存在条约关系。

经典考题

（2004-1-33，单选）甲乙丙三国订有贸易条约。后甲乙两国又达成了新的贸易条约，其中许多规定与三国前述条约有冲突。新约中规定，旧约被新约取代。甲乙两国均为《维也纳条约法公约》的缔约国。根据条约法，下列判断哪一项是错误的？①

A. 旧约尚未失效

B. 新约不能完全取代旧约

C. 新约须经丙国承认方能生效

D. 丙国与甲乙两国间适用旧约

第三节　条约之解释

第三十一条　解释之通则

一、条约应依其用语按其上下文并参照条约之目的及宗旨所具有之通常意义，善意解释之。

二、就解释条约而言，上下文除指连同弁言及附件在内之约文外，并应包括：

（甲）全体当事国间因缔结条约所订与条约有关之任何协定；

（乙）一个以上当事国因缔结条约所订并经其他当事国接受为条约有关文书之任何文书。

三、应与上下文一并考虑者尚有：

（甲）当事国嗣后所订关于条约之解释或其规定之适用之任何协定；

（乙）嗣后在条约适用方面确定各当事国对条约解释之协定之任何惯例。

（丙）适用于当事国间关系之任何有关国际法规则。

四、倘经确定当事国有此原意，条约用语应使其具有特殊意义。

第三十二条　解释之补充资料

为证实由适用第三十一条所得之意义起见，或遇依第三十一条作解释而：

（甲）意义仍属不明或难解；或

（乙）所获结果显属荒谬或不合理时，为确定其意义起见，得使用解释之补充资料，包括条约之准备工作及缔约之情况在内。

★★第三十三条　以两种以上文字认证之条约之解释

一、条约约文经以两种以上文字认证作准者，除依条约之规定或当事国之协议遇意义分歧时应以某种约文为根据外，每种文字之约文应同一作准。

二、以认证作准文字以外之他种文字作成之条约译本，仅于条约有此规定或当事国有此协议时，始得视为作准约文。

三、条约用语推定在各作准约文内意义相同。

四、除依第一项应以某种约文为根据之情形外，倘比较作准约文后发现意义有差别而非适用第三十一条及第三十二条所能消除时，应采用顾及条约目的及宗旨之最能调和各约文之意义。

① 【答案及释疑】甲乙两国之间达成了新的条约，并且约定旧约被新约取代，而且它们属先后就同一事项签订两个条约的当事国完全相同的情况，新约在甲乙两国之间发生效力，其在甲乙两国之间的效力如何与丙国无关。因此，C项错误。对于丙国而言，它并未参与新约的缔结，新约不在它与甲乙两国之间生效，旧约尚未失效，仍调整它与甲乙两国之间的关系，即新约不能完全取代旧约，故A、B、D项均正确，不当选。（答案：C）

理论解读

条约的解释：所谓条约的解释，是指按照一定的规则和方法对条约的整体、个别条款或词句的意义、内容和适用条件所作的明确而具体的说明。

1. 条约解释的一般规则

（1）根据通常含义和上下文解释；

（2）符合条约的目的和宗旨；

（3）善意地解释。

2. 条约解释的辅助规则

（1）条约解释的补充资料

如果以上述一般规则解释条约，意义仍不明确或所得结果显属荒谬时，可以使用解释条约的补充资料，包括条约的准备工作及缔约的情况在内，如谈判记录、历次草案、讨论纪要等。

（2）两种以上文字的条约的解释

1）经两种以上文字认证作准的条约，除条约中规定或当事国协议当遇到意义分歧时应以某种约文为根据外，每种文字的约文应同样作准。

2）作准文本以外的条约译本，不能作为作准文本，仅可以在解释条约时作为参考。

3）在各种文字的作准约文中，条约的用语应被推定为有相同的意义。如有分歧，除条约明文规定了根据某种文字文本进行解释外，各方只受其本国文字文本的拘束，且不得从他方文字约文的不同解释中获取利益。

第四节　条约与第三国

★★第三十四条　关于第三国之通则

条约非经第三国同意，不为该国创设义务或权利。

★★★第三十五条　为第三国规定义务之条约

如条约当事国有意以条约之一项规定作为确立一项义务之方法，且该项义务经一第三国以书面明示接受，则该第三国即因此项规定而负有义务。

★★★第三十六条　为第三国规定权利之条约

一、如条约当事国有意以条约之一项规定对一第三国或其所属一组国家或所有国家给予一项权利，而该第三国对此表示同意，则该第三国即因此项规定而享有该项权利。该第三国倘无相反之表示，应推定其表示同意，但条约另有规定者不在此限。

二、依第一项行使权利之国家应遵守条约所规定或依照条约所确定之条件行使该项权利。

第三十七条　取消或变更第三国之义务或权利

一、依照第三十五条使第三国担负义务时，该项义务必须经条约各当事国与该第三国之同意，方得取消或变更，但经确定其另有协议者不在此限。

二、依照第三十六条使第三国享有权利时，倘经确定原意为非经该第三国同意不得取消或变更该项权利，当事国不得取消或变更之。

理论解读

条约原则上对第三国无拘束力。如果条约给予第三国以权利，则只要第三国不表示反对，就可以推定第三国同意；如果条约为第三国创设义务，则必须得到第三国明示同意，该义务方始对第三国有效。

经典考题

（2006-1-3，单选）嘉易河是穿越甲、乙、丙三国的一条跨国河流。1982 年甲、乙两国订立条约，对嘉易河的航行事项作出了规定。其中特别规定给予非该河流沿岸国的丁国船舶在嘉易河中航行的权利，且规定该项权利非经丁国同意不得取消。事后，丙国向甲、乙、丁三国发出照会。表示接受该条约中给予丁国在嘉易河上航行权的规定。甲、乙、丙、丁四国都是《维也纳条约法公约》的缔约国。对此，下列哪项判断是正确的?①

---

①　【答案及释疑】本题中，甲、乙两国订立的条约规定给予非该河流沿岸国的丁国船舶在嘉易河中航行的权利，且规定该项权利非经丁国同意不得取消，则甲、乙两国不可以通过修改条约的方式取消给予丁国的上述权利，故 A 选项错误。丙国既然已经分别照会甲、乙、丁三国接受该条约，则其依据该条约所承担的义务，也不能单方面取消，故 B 选项错误。丁国作为条约的第三国，可以拒绝接受条约赋予的权利，但如果不作相反表示，则可以推定其已经接受，故 C 选项错误，而 D 选项正确。（答案：D）

A. 甲、乙两国可以随时通过修改条约的方式取消给予丁国的上述权利
B. 丙国可以随时以照会的方式，取消其承担的上述义务
C. 丁国不得拒绝接受上述权利
D. 丁国如果没有相反的表示，可以被推定为接受了上述权利

★第三十八条　条约所载规则由于国际习惯而成为对第三国有拘束力

第三十四条至第三十七条之规定不妨碍条约所载规则成为对第三国有拘束力之公认国际法习惯规则。

第四编　条约之修正与修改

第三十九条　关于修正条约之通则

条约得以当事国之协议修正之，除条约可能另有规定者外，此种协议适用第二编所订之规则。

★第四十条　多边条约之修正

一、除条约另有规定外，多边条约之修正依下列各项之规定。

二、在全体当事国间修正多边条约之任何提议必须通知全体缔约国，各该缔约国均应有权参加：

（甲）关于对此种提议采取行动之决定；

（乙）修正条约之任何协定之谈判及缔结。

三、凡有权成为条约当事国之国家亦应有权成为修正后条约之当事国。

四、修正条约之协定对已为条约当事国而未成为该协定当事国之国家无拘束力；对此种国家适用第三十条第四项（乙）款。

五、凡于修正条约之协定生效后成为条约当事国之国家，倘无不同意思之表示：

（甲）应视为修正后条约之当事国，并

（乙）就其对不受修正条约协定拘束之条约当事国之关系言，应视为未修正条约之当事国。

第四十一条　仅在若干当事国间修改多边条约之协定

一、多边条约两个以上当事国得于下列情形下缔结协定仅在彼此间修改条约：

（甲）条约内规定有作此种修改之可能者；或

（乙）有关之修改非为条约所禁止，且：

（一）不影响其他当事国享有条约上之权利或履行其义务者；

（二）不关涉任何如予损抑即与有效实行整个条约之目的及宗旨不合之规定者。

二、除属第一项（甲）款范围之情形条约另有规定者外，有关当事国应将其缔结协定之意思及协定对条约所规定之修改，通知其他当事国。

第五编　条约之失效、终止及停止施行

第一节　总则

第四十二条　条约之效力及继续有效

一、条约之效力或一国承受条约拘束之同意之效力仅经由本公约之适用始得加以非议。

二、终止条约、废止条约，或一当事国退出条约，仅因该条约或本公约规定之适用结果始得为之。同一规则适用于条约之停止施行。

第四十三条　无须基于条约之国际法所加义务

条约因本公约或该条约规定适用结果而失效、终止或废止，由当事国退出，或停止施行之情形，绝不损害任何国家依国际法而无须基于条约所负履行该条约所载任何义务之责任。

第四十四条　条约之规定可否分离

一、除条约另有规定或当事国另有协议外，条约内所规定或因第五十六条所生之当事国废止、退出或停止施行条约之权利仅得对整个条约行使之。

二、本公约所承认之条约失效、终止、退出或停止施行条约之理由仅得对整个条约援引之，但下列各项或第六十条所规定之情形不在此限。

三、倘理由仅与特定条文有关，得于下列情形下仅对各该条文援引之：

（甲）有关条文在适用上可与条约其余部分分离；

（乙）由条约可见或另经确定各该条文之接受并非另一当事国或其他当事国同意承受整个条约拘束之必要根据；及

（丙）条约其余部分之继续实施不致有失公平。

四、在第四十九条及第五十条所称情形下，有权援引诈欺或贿赂理由之国家得对整个条约或以不违反第三项为限专对特定条文援引之。

五、在第五十一条、第五十二条及第五十三条所称之情形下，条约之规定一概不许分离。

第四十五条 丧失援引条约失效、终止、退出或停止施行条约理由之权利

一国于知悉事实后而有下列情形之一者，即不得再援引第四十六条至第五十条或第六十条及第六十二条所规定条约失效、终止、退出或停止施行条约之理由：

（甲）该国业经明白同意条约有效，或仍然生效或继续施行；或

（乙）根据该国行为必须视为已默认条约之效力或条约之继续生效或施行。

第二节 条约之失效

★第四十六条 国内法关于缔约权限之规定

一、一国不得援引其同意承受条约拘束之表示为违反该国国内法关于缔约权限之一项规定之事实以撤销其同意，但违反之情事显明且涉及其具有基本重要性之国内法之一项规则者，不在此限。

二、违反情事倘由对此事依通常惯例并秉善意处理之任何国家客观视之为显然可见者，即系显明违反。

第四十七条 关于表示一国同意权力之特定限制

如代表表示一国同意承受某一条约拘束之权力附有特定限制，除非在其表示同意前已将此项限制通知其他谈判国，该国不得援引该代表未遵守限制之事实以撤销其所表示之同意。

第四十八条 错误

一、一国得援引条约内之错误以撤销其承受条约拘束之同意，但此项错误以关涉该国于缔结条约时假定为存在且构成其同意承受条约拘束之必要根据之事实或情势者为限。

二、如错误系由关系国家本身行为所助成，或如当时情况足以使该国知悉有错误之可能，第一项不适用之。

三、仅与条约约文用字有关之错误，不影响条约之效力，在此情形下，第七十九条适用之。

第四十九条 诈欺

倘一国因另一谈判国之诈欺行为而缔结条约，该国得援引诈欺为理由撤销其承受条约拘束之同意。

第五十条 对一国代表之贿赂

倘一国同意承受条约拘束之表示系经另一谈判国直接或间接贿赂其代表而取得，该国得援引贿赂为理由撤销其承受条约拘束之同意。

第五十一条 对一国代表之强迫

一国同意承受条约拘束之表示系以行为或威胁对其代表所施之强迫而取得者，应无法律效果。

第五十二条 以威胁或使用武力对一国施行强迫

条约系违反联合国宪章所含国际法原则以威胁或使用武力而获缔结者无效。

★★第五十三条 与一般国际法强制规律（绝对法）抵触之条约

条约在缔结时与一般国际法强制规律抵触者无效。就适用本公约而言，一般国际法强制规律指国家之国际社会全体接受并公认为不许损益且仅有以后具有同等性质之一般国际法规律始得更改之规律。

理论解读

国际强行法规则是指国际社会公认不许违反，且仅有以后被同等性质之规则取代方可不再遵守之规则。

国际法的基本原则都是国际强行法规则，但是不能说所有的国际强行法规则都是国际法的基本原则，例如禁止灭绝种族是强行法规则，但该规则只是国际人权领域的规则，不属于国际法的基本原则。

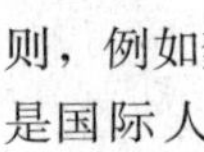

典型案例

假设甲、乙两国自愿经过谈判、签署和批准程序，缔结了一项条约。该条约内容包括：出于两国的共同利益。甲国将本国领土提供给乙国的军事力量使用，用来攻击并消灭丙国国内的某个种族。根据国际法，该条约是否有效？

答案：条约成立的实质要件包括：双方有缔约能力，意思表示真实且不违反强行法。本案中，即使双方平等自愿缔约，缔结程序合法，也属于无效条约，原因很简单，因为本案的条约中含有实施种

族灭绝行为的条款，违反了国际强行法，即使甲国同意乙国实施种族灭绝的行为，乙国也仍然要和甲国一起承担违反国际强行法的国际责任。

第三节 条约之终止及停止施行

第五十四条 依条约规定或经当事国同意而终止或退出条约

在下列情形下，得终止条约或一当事国退出条约：

（甲）依照条约之规定；或

（乙）无论何时经全体当事国于咨商其他各缔约国后表示同意。

第五十五条 多边条约当事国减少至条约生效所必需之数目以下

除条约另有规定外，多边条约并不仅因其他当事国数目减少至生效所必需之数目以下而终止。

第五十六条 废止或退出并无关于终止、废止或退出规定之条约

一、条约如无关于其终止之规定，亦无关于废止或退出之规定，不得废止或退出，除非：

（甲）经确定当事国原意为容许有废止或退出之可能；或

（乙）由条约之性质可认为含有废止或退出之权利。

二、当事国应将其依第一项废止或退出条约之意思至迟于十二个月以前通知之。

第五十七条 依条约规定或经当事国同意而停止施行条约

在下列情形下，条约得对全体当事国或某一当事国停止施行：

（甲）依照条约之规定；或

（乙）无论何时经全体当事国于咨商其他各缔约国后表示同意。

第五十八条 多边条约仅经若干当事国协议而停止施行

一、多边条约两个以上当事国得暂时并仅于彼此间缔结协定停止施行条约之规定，如

（甲）条约内规定有此种停止之可能，或

（乙）有关之停止非为条约所禁止，且：

（一）不影响其他当事国享有条约上之权利或履行其义务；

（二）非与条约之目的及宗旨不合。

二、除属第一项（甲）款范围之情形条约另有规定者外，有关当事国应将其缔结协定之意思及条约内所欲停止施行之规定通知其他当事国。

第五十九条 条约因缔结后订条约而默示终止或停止施行

一、任何条约于其全体当事国就同一事项缔结后订条约，且有下列情形之一时，应视为业已终止：

（甲）自后订条约可见或另经确定当事国之意思为此一事项应以该条约为准；或

（乙）后订条约与前订条约之规定不合之程度使两者不可能同时适用。

二、倘自后订条约可见或另经确定当事国有此意思，前订条约应仅视为停止施行。

★★★第六十条 条约因违约而终止或停止施行

一、双边条约当事国一方有重大违约情事时，他方有权援引违约为理由终止该条约，或全部或局部停止其施行。

二、多边条约当事国之一有重大违约情事时：

（甲）其他当事国有权以一致协议：

（一）在各该国与违约国之关系上，或

（二）在全体当事国之间，

将条约全部或局部停止施行或终止该条约；

（乙）特别受违约影响之当事国有权援引违约为理由在其本国与违约国之关系上将条约全部或局部停止施行；

（丙）如由于条约性质关系，遇一当事国对其规定有重大违反情事，致每一当事国继续履行条约义务所处之地位因而根本改变，则违约国以外之任何当事国皆有权援引违约为理由将条约对其本国全部或局部停止施行。

三、就适用本条而言，重大违约系指：

（甲）废弃条约，而此种废弃非本公约所准许者；或

（乙）违反条约规定，而此项规定为达成条约目的或宗旨所必要者。

四、在上各项不妨碍条约内适用于违约情事之任何规定。

五、第一项至第三项不适用于各人道性质之条约内所载关于保护人身之各项规定，尤其关于禁止对受此种条约保护之人采取任何方式之报复之规定。

经典考题

（2008-1-98，不定项）菲德罗河是一条依次流经甲乙丙丁四国的多国河流。1966年，甲乙丙丁四国就该河流的航行事项缔结条约，规定缔约国船舶可以在四国境内的该河流中通航。2005年年底，甲国新当选的政府宣布：因乙国政府未能按照条约的规定按时维修其境内航道标志，所以甲国不再受上述条约的拘束，任何外国船舶进入甲国境内的菲德罗河段，均须得到甲国政府的专门批准。自2006年起，甲国开始拦截和驱逐未经其批准而驶入甲国河段的乙丙丁国船舶，并发生多起扣船事件。对此，根据国际法的有关规则，下列表述正确的是?①

A. 由于乙国未能履行条约义务，因此，甲国有权终止该条约

B. 若乙丙丁三国一致同意，可以终止该三国与甲国间的该条约关系

C. 若乙丙丁三国一致同意，可以终止该条约

D. 甲乙两国应分别就其上述未履行义务的行为，承担同等的国家责任

第六十一条　发生意外不可能履行

一、倘因实施条约所必不可少之标的物永久消失或毁坏以致不可能履行条约时，当事国得援引不可能履行为理由终止或退出条约。如不可能履行系属暂时性质，仅得援引为停止施行条约之理由。

二、倘条约不可能履行系一当事国违反条约义务或违反对条约任何其他当事国所负任何其他国际义务之结果，该当事国不得援引不可能履行为理由终止、退出或停止施行条约。

第六十二条　情况之基本改变

一、条约缔结时存在之情况发生基本改变而非当事国所预料者，不得援引为终止或退出条约之理由，除非：

（甲）此等情况之存在构成当事国同意承受条约拘束之必要根据；及

（乙）该项改变之影响将根本变动依条约尚待履行之义务之范围。

二、情况之基本改变不得援引为终止或退出条约之理由：

（甲）倘该条约确定一边界；或

（乙）倘情况之基本改变系援引此项理由之当事国违反条约义务或违反对条约任何其他当事国所负任何其他国际义务之结果。

三、倘根据以上各项，一当事国得援引情况之基本改变为终止或退出条约之理由，该国亦得援引该项改变为停止施行条约之理由。

理论解读

情势变迁是一个在条约法上引起很多争论的古老原则。它是指缔结条约时存在一个假设即以缔约国在缔约时所能预见到的情况不发生根本性的变化

① 【答案及释疑】条约是经过全体缔约国一致同意而缔结的，在条约有效期内，各缔约国负有忠实履行条约的义务。除条约明文规定允许一方退约或解约外，一般不经其他缔约国的同意，不得单方面终止或退出条约。根据1969年《维也纳条约法公约》的规定，因当事国一方重大的违约，缔约他方有权终止或暂停施行该条约，一方并不严重的违约不能导致另一方的废约。双边条约当事方之一重大违约时，他方有权终止该约，或全部或部分停止其施行；多边条约当事国一方有重大违约时，其他当事方有权以一致同意，在这些当事方与违约方的关系上或在全体条约当事方之间，全部或部分停止施行或终止该约。本题中，甲、乙、丙、丁四国共同参加了涉及该四个国家的多国河流的通航条约，虽然后来发生“乙国政府未能按照条约的规定按时维修其境内航道标志”的情形，该情形并不至于导致在该河流中的航行无法继续，显然就该条约而言，这一情形构成乙国政府的一般违约而非重大违约，因而甲国并不能以此为理由终止该条约，A选项错误。甲国执意单方终止该条约，构成对该条约的重大违约，其他当事方乙、丙、丁国有权以一致同意，在这些当事方与违约方甲国的关系上，或在全体条约当事方之间，全部或部分停止施行或终止该约。故选项B、C正确。由于乙国属于一般违约，甲国属于重大违约，二者应承担的责任也应当有所不同，所以D选项错误。（答案：BC）

为条约有效的前提，一旦情势发生根本变化，缔约国便有权终止条约。这项原则被认为是对“约定必须遵守”原则的必要补充。1969 年《维也纳条约法公约》鉴于情势变迁原则有极易被滥用的可能，对把这一原则作为终止或退出条约的理由作了比较严格的限制，即：(1) 发生情势变迁的时间必须是在缔约之后；(2) 情势变迁的程度必须是根本性的；(3) 情势变迁的情势必须是当事方缔约时所未预见的；(4) 情势变迁的结果必须是丧失了当事方当初同意接受该条约拘束的必要基础或基本前提；(5) 情势变迁的影响必须是将根本改变依据该条约尚待履行义务的程度或范围；(6) 情势变迁的原因必须不是出于该当事方本身的违约行为；(7) 情势变迁原则适用的对象必须不是边界条约或条款。

只有在满足上述条件时，才可以援引情势变迁这一原则以主张退出或终止条约。1926 年，我国政府就曾援引情势变迁原则，以当时我国的政治、经济情况发生变化为理由，主张废除《中比友好、通商航海条约》，后来中、比政府于 1928 年通过谈判缔结了新的条约，有条件地废止了比利时在华的领事裁判权。

经典考题

(2008—四川-1-98，不定项) 甲、乙、丙三国为邻国，于 2005 年 5 月缔结筑路条约，规定甲国提供资金 500 万美元，乙国提供人员、技术并施工，在丙国境内分两期修建连接丙国与甲、乙两国的公路。条约规定，该公路归丙国所有，甲、乙、丙三国共同使用并分享 50 年收益。2006 年 7 月期工程完成。同年 9 月，因百年不遇的洪水和泥石流，竣工地段的地貌完全改变，二期工程已无法按约定继续进行。对这种情况，筑路条约中没有相关约定。甲、乙、丙三国均为《维也纳条约法公约》的缔约国。根据国际法的有关规则，下列表述错误的是?①

A. 上述情况表明该筑路条约存在缔约错误，因而该条约自始无效

B. 甲、乙、丙三国仍然有继续履行条约的义务

C. 丙国须对甲、乙两国此前投入的资金予以补偿

D. 若该条约终止执行，已经竣工公路的所有权将处于不确定状态

第六十三条 断绝外交或领事关系

条约当事国间断绝外交或领事关系不影响彼此间由条约确定之法律关系，但外交或领事关系之存在为适用条约所必不可少者不在此限。

第六十四条 一般国际法新强制规律（绝对法）之产生

遇有新一般国际法强制规律产生时，任何现有条约之与该项规律抵触者即成为无效而终止。

理论解读

此处的“一般国际法强制规律”指的就是“国际强行法规则”，是指国际社会公认不许违反、且仅在被同等性质的规则取代时方可不再遵守的规则。任何条约的条款如果与国际强行法规则相抵触，则属于无效条款。

第四节 程序

第六十五条 关于条约失效、终止、退出条约或停止施行条约应依循之程序

一、当事国依照本公约之规定援引其承受条约拘束之同意有误为理由，或援引非难条约效力、终止、退出或停止施行条约之理由者，必须将其主张通知其他当事国。此项通知应载明对条约所提议采取之措施及其理由。

二、在一非遇特别紧急情形不得短于自收到

① 【答案及释疑】条约终止的原因之一是情势变迁。情势变迁是指条约缔结后，出现了在缔结条约时不能预见的根本性变化的情况，则缔约国可以终止或退出该条约。根据本题题干中给出的信息，该条约无法继续履行不是因为甲乙丙中的任何一方或全体当事人之间的过错造成的，而是完全由于自然灾害所致。因此，属于《维也纳条约法公约》规定的情势变迁的情况。因此，当事国可以终止履行该条约。因此，AB 项说法错误。本题中，丙国并没有违反条约的义务，因此，丙国无义务对甲乙两国此前投入的资金予以补偿，C 项说法错误。由于该公路位于丙国境内，属于丙国领土的一部分，已经竣工的公路的所有权属于丙国所有，不属于所有权不确定的状态。因此，D 项说法错误。（答案：ABCD）

通知时起算三个月之期间届满后，倘无当事国表示反对，则发出通知之当事国得依第六十七条规定之方式，实施其所提议之措施。

三、但如有任何其他当事国表示反对，当事国应藉联合国宪章第三十三条所指示之方法以谋解决。

四、上列各项绝不影响当事国在对其有拘束力之任何关于解决争端之现行规定下所具有之权利或义务。

五、以不妨碍第四十五条为限一国未于事前发出第一项所规定之通知之事实并不阻止该国为答复另一当事国要求其履行条约或指称其违反条约而发出此种通知。

第六十六条　司法解决、公断及和解之程序

倘在提出反对之日后十二个月内未能依第六十五条第三项获致解决，应依循下列程序：

（甲）关于第五十三条或第六十四条之适用或解释之争端之任一当事国得以请求书将争端提请国际法院裁决之，但各当事国同意将争端提交公断者不在此限；

（乙）关于本公约第五编任一其他条文之适用或解释之争端之任一当事国得向联合国秘书长提出请求，发动本公约附件所定之程序。

第六十七条　宣告条约失效、终止、退出或停止施行条约之文书

一、第六十五条第一项规定之通知须以书面为之。

二、凡依据条约规定或第六十五条第二项或第三项规定宣告条约失效、终止、退出或停止施行条约之行为，应以文书致送其他当事国为之。倘文书未经国家元首、政府首长或外交部长签署，得要求致送文书国家之代表出具全权证书。

第六十八条　撤销第六十五条及第六十七条所规定之通知及文书

第六十五条或第六十七条所规定之通知或文书得在其发生效力以前随时撤销之。

第五节　条约失效、终止或停止施行之后果

第六十九条　条约失效之后果

一、条约依本公约确定失效者无效。条约无效者，其规定无法律效力。

二、但如已有信赖此种条约而实施之行为，则：

（甲）每一当事国得要求任何其他当事国在彼此关系上尽可能恢复未实施此项行为前原应存在之状况；

（乙）在援引条约失效之理由前以善意实施之行为并不仅因条约失效而成为不合法。

三、遇第四十九条、第五十条、第五十一条或第五十二条所称之情形，第二项之规定对应就欺诈、贿赂行为或强迫负责之当事国不适用之。

四、遇某一国家承受多边条约拘束之同意成为无效之情形，上列各项规则在该国与条约当事国之关系上适用之。

第七十条　条约终止之后果

一、除条约另有规定或当事国另有协议外，条约依其规定或依照本公约终止时：

（甲）解除当事国继续履行条约之义务；

（乙）不影响当事国在条约终止前经由实施条约而产生之任何权利、义务或法律情势。

二、倘一国废止或退出多边条约，自废止或退出生效之日起，在该国与条约每一其他当事国之关系上适用第一项之规定。

第七十一条　条约因与一般国际法强制规律相抵触而失效之后果

一、条约依第五十三条无效者，当事国应：

（甲）尽量消除依据与任何一般国际法强制规律相抵触之规定所实施行为之后果；及

（乙）使彼此关系符合一般国际法强制规律。

二、遇有条约依第六十四条成为无效而终止之情形，条约之终止：

（甲）解除当事国继续履行条约之义务；

（乙）不影响当事国在条约终止前经由实施条约而产生之任何权利、义务或法律情势，但嗣后此等权利、义务或情势之保持仅以与一般国际法新强制规律不相抵触者为限。

第七十二条　条约停止施行之后果

一、除条约另有规定或当事国另有协议外，条约依其本身规定或依照本公约停止施行时：

（甲）解除停止施行条约之当事国于停止施行期间在彼此关系上履行条约之义务；

（乙）除此以外，并不影响条约所确定当事国间之法律关系。

二、在停止施行期间，当事国应避免足以阻挠条约恢复施行之行为。

第六编　杂项规定

第七十三条　国家继承、国家责任及发生敌对行为问题

本公约之规定不妨碍国家继承或国家所负国际责任或国家间发生敌对行为所引起关于条约之任何问题。

第七十四条　外交及领事关系与条约之缔结

两个以上国家之间断绝外交或领事关系或无此种关系不妨碍此等国家间继续条约。条约之缔结本身不影响外交或领事关系方面之情势。

第七十五条　侵略国问题

本公约之规定不妨碍因依照联合国宪章对侵略国之侵略行为所采取措施而可能引起之该国任何条约义务。

第七编　保管机关、通知、更正及登记

第七十六条　条约之保管机关

一、条约之保管机关得由谈判国在条约中或以其他方式指定之。保管机关得为一个以上国家或一国际组织或此种组织之行政首长。

二、条约保管机关之职务系国际性质，保管机关有秉公执行其职务之义务。条约尚未在若干当事国间生效或一国与保管机关间对该机关职务之行使发生争议之事实，尤不应影响该项义务。

第七十七条　保管机关之职务

一、除条约内另有规定或缔约国另有协议外，保管机关之职务主要为：

（甲）保管条约约文之正本及任何送交保管机关之全权证书；

（乙）备就约文正本之正式副本及条约所规定之条约其他语文本，并将其分送当事国及有权成为条约当事国之国家；

（丙）接收条约之签署及接收并保管有关条约之文书，通知及公文；

（丁）审查条约之签署及有关条约之任何文书、通知或公文是否妥善，如有必要并将此事提请关系国家注意；

（戊）将有关条约之行为，通知及公文转告条约当事国及有权成为条约当事国之国家；

（己）于条约生效所需数目之签署或批准书、接受书、赞同书或加入书已收到或交存时，转告有权成为条约当事国之国家；

（庚）向联合国秘书处登记条约；

（辛）担任本公约其他规定所订明之职务。

二、倘一国与保管机关间对该机关职务之执行发生争议时，保管机关应将此问题提请签署国及缔约国注意，或于适当情形下，提请关系国际组织之主管机关注意。

第七十八条　通知及公文

除条约或本公约另有规定外，任何国家依本公约所提送之通知或公文，应：

（甲）如无保管机关，直接送至该件所欲知照之国家，或如有保管机关，则送至该机关；

（乙）仅于受文国家收到时，或如有保管机关，经该机关收到时，方视为业经发文国家提送；

（丙）倘系送至保管机关，仅于其所欲知照文国家经保管机关依照第七十七条第一项（戊）款转告后，方视为业经该国收到。

第七十九条　条约约文或正式副本错误之更正

一、条约约文经认证后，倘签署国及缔约国佥认约文有错误时，除各该国决定其他更正方法外，此项错误应依下列方式更正之：

（甲）在约文上作适当之更正，并由正式授权代表在更正处草签；

（乙）制成或互换一项或数项文书，载明协议应作之更正；或

（丙）按照原有约文所经之同样程序，制成条约全文之更正本。

二、条约如设有保管机关，该机关应将此项错误及更正此项错误之提议通知各签署国及缔约国，并应订明得对提议之更正提出反对之适当期限。如在期限届满时：

（甲）尚无反对提出，则保管机关应即在约文上作此更正加以草签，并制成关于订正约文之纪事录，将该纪事录一份递送各当事国及有权成为条约当事国之国家；

（乙）已有反对提出，则保管机关应将此项反对递送各签署国及缔约国。

三、遇认证约文有两种以上之语文，而其中有不一致之处，经签署国及缔约国协议应予更正时，第一项及第二项之规则亦适用之。

四、除签署国及缔约国另有决定外，更正约文应自始替代有误约文。

五、已登记条约约文之更正应通知联合国秘书处。

六、遇条约之正式副本上发现错误时，保管机关应制成一项纪事录载明所作之订正，并将该纪事录一份递送各签署国及缔约国。

第八十条　条约之登记及公布

一、条约应于生效后送请联合国秘书处登记或存案及纪录，并公布之。

二、保管机关之指定，即为授权该机关实施前项所称之行为。

第八编　最后规定

第八十一条　签署

本公约应听由联合国或任何专门机关或国际原子能总署之全体会员国或国际法院规约当事国，及经联合国大会邀请成为本公约当事国之任何其他国家签署，其办法如下：至一九六九年十一月三十日止，在奥地利共和国联邦外交部签署，其后至一九七〇年四月三十日止，在纽约联合国会所签署。

第八十二条　批准

本公约须经批准。批准书应送请联合国秘书长存放。

第八十三条　加入

本公约应听由属于第八十一条所称各类之一之国家加入。加入书应送请联合国秘书长存放。

第八十四条　发生效力

一、本公约应于第三十五件批准书或加入书存放之日后第三十日起发生效力。

二、对于在第三十五件批准书或加入书存放后批准或加入本公约之国家，本公约应于各该国存放批准书或加入书后第三十日起发生效力。

第八十五条　作准文本

本公约之原本应送请联合国秘书长存放，其中文、英文、法文、俄文及西班牙文各本同一作准。

为此，下列全权代表各秉本国政府正式授予签字之权，谨签字于本公约，以昭信守。

公历一千九百六十九年五月二十三日订于维也纳。

六、《中华人民共和国缔结条约程序法》

（1990 年 12 月 28 日第七届全国人大常委会第十七次会议通过）

第一条　【制定根据】根据中华人民共和国宪法，制定本法。

第二条　【适用对象】本法适用于中华人民共和国同外国缔结的双边和多边条约、协定和其他具有条约、协定性质的文件。

第三条　【缔结、决定、批准和废除、管理机构】中华人民共和国国务院，即中央人民政府，同外国缔结条约和协定。

中华人民共和国全国人民代表大会常务委员会决定同外国缔结的条约和重要协定的批准和废除。

中华人民共和国主席根据全国人民代表大会常务委员会的决定，批准和废除同外国缔结的条约和重要协定。

中华人民共和国外交部在国务院领导下管理同外国缔结条约和协定的具体事务。

理论解读

我国的缔约权由国务院行使，但受一定的限制，即其缔结的一些重要的条约和协定，需由全国人大常委会作出批准的决定。

第四条　【缔结条约的名义】中华人民共和国以下列名义同外国缔结条约和协定：

（一）中华人民共和国；

（二）中华人民共和国政府；

（三）中华人民共和国政府部门。

第五条　【谈判和签署条约、协定的决定程序】谈判和签署条约、协定的决定程序如下：

（一）以中华人民共和国名义谈判和签署条约、协定，由外交部或者国务院有关部门会同外交部提出建议并拟订条约、协定的中方草案，报请国务院审核决定；

（二）以中华人民共和国政府名义谈判和签署条约、协定，由外交部提出建议并拟订条约、协定的中方草案，或者由国务院有关部门提出建议并拟订条约、协定的中方草案，同外交部会商后，报请国务院审核决定。属于具体业务事项的协定，经国务院同意，协定的中方草案由国务院有关部门审核决定，必要时同外交部会商；

（三）以中华人民共和国政府部门名义谈判和签署属于本部门职权范围内事项的协定，由本部门决定或者本部门同外交部会商后决定；涉及重大问题或者涉及国务院其他有关部门职权范围的，由本部门或者本部门同国务院其他有关部门会商后，报请国务院决定。协定的中方草案由本部门审核决定，必要时同外交部会商。

经国务院审核决定的条约、协定的中方草案，经谈判需要作重要改动的，重新报请国务院审核决定。

第六条　【谈判和签署条约、决定的代表委派程序】谈判和签署条约、协定的代表按照下列程序委派：

（一）以中华人民共和国名义或者中华人民共和国政府名义缔结条约、协定，由外交部或者国务院有关部门报请国务院委派代表。代表的全权证书由国务院总理签署，也可以由外交部长签署；

（二）以中华人民共和国政府部门名义缔结协定，由部门首长委派代表。代表的授权证书由部门首长签署。部门首长签署以本部门名义缔结的协定，各方约定出具全权证书的，全权证书由国务院总理签署，也可以由外交部长签署。

下列人员谈判、签署条约、协定，无须出具全权证书：

（一）国务院总理、外交部长；

（二）谈判、签署与驻在国缔结条约、协定的中华人民共和国驻该国使馆馆长，但是各方另有约定的除外；

（三）谈判、签署以本部门名义缔结协定的中华人民共和国政府部门首长，但是各方另有约定的除外；

（四）中华人民共和国派往国际会议或者派驻国际组织，并在该会议或者该组织内参加条约、协定谈判的代表，但是该会议另有约定或者该组织章程另有规定的除外。

★★★第七条　【条约和重要协定的批准】条约和重要协定的批准由全国人民代表大会常务委员会决定。

前款规定的条约和重要协定是指：

（一）友好合作条约、和平条约等政治性条约；

（二）有关领土和划定边界的条约、协定；

（三）有关司法协助、引渡的条约、协定；

（四）同中华人民共和国法律有不同规定的条约、协定；

（五）缔约各方议定须经批准的条约、协定；

（六）其他须经批准的条约、协定。

条约和重要协定签署后，由外交部或者国务院有关部门会同外交部，报请国务院审核；由国务院提请全国人民代表大会常务委员会决定批准；中华人民共和国主席根据全国人民代表大会常务委员会的决定予以批准。

双边条约和重要协定经批准后，由外交部办理与缔约另一方互换批准书的手续；多边条约和重要协定经批准后，由外交部办理向条约、协定的保存国或者国际组织交存批准书的手续。批准书由中华人民共和国主席签署，外交部长副署。

理论解读

只有第七条规定的特定的“条约和重要协定”才需要经过批准程序。由全国人民代表大会作出批准的决定后，国家主席根据该决定予以批准。

经典考题

（2012-1-74，多选）中国参与某项民商事司法协助多边条约的谈判并签署了该条约，下列哪些表述是正确的?①

A. 中国签署该条约后有义务批准该条约

B. 该条约须由全国人大常委会决定批准

C. 对该条约规定禁止保留的条款，中国在批准时不得保留

D. 如该条约获得批准，对于该条约与国内法有不同规定的部分，在中国国内可以直接适用，但中国声明保留的条款除外

第八条　【须经核准协定的核准】本法第七条第二款所列范围以外的国务院规定须经核准或者缔约各方议定须经核准的协定和其他具有条约性质的文件签署后，由外交部或者国务院有关部门会同外交部，报请国务院核准。

协定和其他具有条约性质的文件经核准后，属于双边的，由外交部办理与缔约另一方互换核准书或者以外交照会方式相互通知业已核准的手续；属于多边的，由外交部办理向有关保存国或者国际组织交存核准书的手续。核准书由国务院总理签署，也可以由外交部长签署。

第九条　【其他决定的登记备案】无须全国人民代表大会常务委员会决定批准或者国务院核准的协定签署后，除以中华人民共和国政府部门名义缔结的协定由本部门送外交部登记外，其他协定由国务院有关部门报国务院备案。

第十条　【生效手续】缔约双方为使同一条约、协定生效需要履行的国内法律程序不同的，该条约、协定于缔约双方完成各自法律程序并以外交照会方式相互通知后生效。

前款所列条约、协定签署后，应当区别情况依照本法第七条、第八条、第九条的规定办理批准、核准、备案或者登记手续。通知照会的手续由外交部办理。

第十一条　【加入多边条约和协定的程序】加入多边条约和协定，分别由全国人民代表大会常务委员会或者国务院决定。

加入多边条约和协定的程序如下：

（一）加入属于本法第七条第二款所列范围的多边条约和重要协定，由外交部或者国务院有关部门会同外交部审查后，提出建议，报请国务院审核；由国务院提请全国人民代表大会常务委员会作出加入的决定。加入书由外交部长签署，具体手续由外交部办理；

（二）加入不属于本法第七条第二款所列范围的多边条约、协定，由外交部或者国务院有关部门会同外交部审查后，提出建议，报请国务院作出加入的决定。加入书由外交部长签署，具体手续由外交部办理。

第十二条　【接受多边条约和协定】接受多边条约和协定，由国务院决定。

经中国代表签署的或者无须签署的载有接受条款的多边条约、协定，由外交部或者国务院有关部门会同外交部审查后，提出建议，报请国务院作出接受的决定。接受书由外交部长签署，具体手续由外交部办理。

经典考题

（2013-1-74，多选）根据《维也纳条约法公约》和《中华人民共和国缔结条约程序法》，关于中国缔约程序问题，下列哪些表述是正确的?②

A. 中国外交部长参加条约谈判，无须出具全权证书

B. 中国谈判代表对某条约作出待核准的签署，即表明中国表示同意受条约约束

C. 有关引渡的条约由全国人大常委会决定批准，批准书由国家主席签署

D. 接受多边条约和协定，由国务院决定，接受书由外交部长签署

第十三条　【文字的使用】中华人民共和国同外国缔结的双边条约、协定，以中文和缔约另一方的官方文字写成，两种文本同等作准；必要

① 【答案及释疑】签署条约后可以批准，也可以不批准，故A项错误；条约需经全国人大常委会决定批准，条约禁止保留的条款自然不能保留，我国参加民商事条约在国内直接适用，但保留的条款除外，故BCD项正确。（答案：BCD）

② 【答案及释疑】中国谈判代表对某条约作出待核准的签署，则该签署并不表明中国表示同意受条约约束，故B项错误。（答案：ACD）

时，可以附加使用缔约双方同意的一种第三国文字，作为同等作准的第三种正式文本或者作为起参考作用的非正式文本；经缔约双方同意，也可以规定对条约、协定的解释发生分歧时，以该第三种文本为准。

某些属于具体业务事项的协定，以及同国际组织缔结的条约、协定，经缔约双方同意或者依照有关国际组织章程的规定，也可以只使用国际上较通用的一种文字。

第十四条　【文本的保存】以中华人民共和国或者中华人民共和国政府名义缔结的双边条约、协定的签字正本，以及经条约、协定的保存国或者国际组织核证无误的多边条约、协定的副本，由外交部保存；以中华人民共和国政府部门名义缔结的双边协定的签字正本，由本部门保存。

第十五条　【公布办法】经全国人民代表大会常务委员会决定批准或者加入的条约和重要协定，由全国人民代表大会常务委员会公报公布。其他条约、协定的公布办法由国务院规定。

第十六条　【条约和协定的编入】中华人民共和国缔结的条约和协定由外交部编入《中华人民共和国条约集》。

★第十七条　【向国际组织登记】中华人民共和国缔结的条约和协定由外交部按照联合国宪章的有关规定向联合国秘书处登记。

中华人民共和国缔结的条约和协定需要向其他国际组织登记的，由外交部或者国务院有关部门按照各该国际组织章程的规定办理。

第十八条　【同国际组织缔结条约和协定的程序】中华人民共和国同国际组织缔结条约和协定的程序，依照本法及有关国际组织章程的规定办理。

第十九条　【修改、废除、退出程序】中华人民共和国缔结的条约和协定的修改、废除或者退出的程序，比照各该条约、协定的缔结的程序办理。

第二十条　国务院可以根据本法制定实施条例。

第二十一条　本法自公布之日起施行。

第五部分　国际争端解决制度
——和平解决国际争端、战争与武装冲突制度

一、《国际法院规约》（节选）

【导读】

《国际法院规约》主要规定了联合国国际法院的法官制度、诉讼管辖权制度、咨询管辖权制度、诉讼程序制度等，应结合《国际法院规约》的规定掌握前述制度的相关规则。

国际法院规约主要内容示意图

<table>
<tr><td>法官</td><td colspan="3">（1）法院由15名法官组成，但不得有两人为同一国家的国民；在联合国大会和安理会同时都获得绝对多数票，方可当选为法官；安理会常任理事国对法官选举没有否决权。法官可以连选连任。
（2）法官对涉及其国籍国的案件，不适用回避制度，除非就任前曾参与该案件。
（3）在法院审理案件中；如一方当事国有本国国籍的法官，他方当事国也可以选派一人作为“专案法官”参与审理；如双方当事国都没有本国国籍的法官，双方都可各选派一名“专案法官。”“专案法官”和正式法官具有完全平等的权利。</td></tr>
<tr><td rowspan="5">管辖权</td><td rowspan="2">诉讼管辖权</td><td>对人管辖</td><td>可以作为国际法院的诉讼当事国的：
（1）联合国会员国；
（2）非联合国的会员国，但为《国际法院规约》的当事国；
（3）非联合国的会员国，也非《国际法院规约》的当事国，但预先向国际法院书记处交存声明，表示愿意接受国际法院管辖、保证执行法院判决及履行相关其他义务的国家。</td></tr>
<tr><td>对事管辖</td><td>国际法院管辖案件的范围为：
（1）自愿管辖：争端发生后，当事国协议将争端提交国际法院；
（2）协定管辖：在现行条约或协定中规定，将争端提交国际法院；
（3）任择强制管辖：《国际法院规约》当事国，可以通过发表声明，就某些争端，对于接受同样义务的任何其他国家，承认国际法院的强制管辖权，而无须另行订立特别协议。这些争端指：对于条约的解释、违反国际义务的任何事实、违反国际义务而产生的赔偿的性质和范围等。</td></tr>
<tr><td rowspan="3">咨询管辖权</td><td colspan="2">请求主体：联合国大会、大会临时委员会、安理会、经社理事会、托管理事会等及经大会授权的联合国专门机构或其他机构。</td></tr>
<tr><td colspan="2">咨询事项：执行职务中的任何法律问题。</td></tr>
<tr><td colspan="2">咨询意见的效力：不具有法律拘束力，但对有关问题的解决及国际法的发展具有重要影响。</td></tr>
<tr><td rowspan="3">判决</td><td colspan="2">（1）判决的申诉</td><td>如一方拒不履行判决，他方可向安理会提出申诉；安理会可以作出建议或决定采取措施执行判决。</td></tr>
<tr><td colspan="2">（2）判决的解释</td><td>对判决的意义或范围发生争执时，可以请求国际法院作出解释。</td></tr>
<tr><td colspan="2">（3）判决的复核</td><td>判决作出后，发现能影响判决的、决定性的、且在诉讼中不可能获知的新事实，可以申请法院复核判决。复核程序与诉讼程序相同。</td></tr>
</table>

第一条

联合国宪章所设之国际法院为联合国主要司法机关，其组织及职务之行使应依本规约之下列规定。

第一章　法院之组织

第二条

法院以独立法官若干人组织之。此项法官应不论国籍，就品格高尚并在各本国具有最高司法

职位之任命资格或公认为国际法之法学家中选举之。

第三条

一、法院以法官十五人组织之，其中不得有二人为同一国家之国民。

二、就充任法院法官而言，一人而可视为一个国家以上之国民者，应认为属于其通常行使公民及政治权利之国家或会员国之国民。

…………

★★第十条

一、候选人在大会及在安全理事会得绝对多数票者应认为当选。

二、安全理事会之投票，或为法官之选举或为第十二条所称联席会议人员之指派，应不论安全理事会常任理事国及非常任理事国之区别。

三、如同一国家之国民得大会及安全理事会之绝对多数票者不止一人时，其年事最高者应认为当选。

…………

理论解读

国际法院法官的产生，须经过“平行选举”程序，即候选人需在联合国大会和安理会都获得绝对多数票方能当选。为顾及全面性，以便“确能代表世界各大法系”，国际法院不得有两个法官来自同一个国家。

第十三条

一、法官任期九年，并得连选，但第一次选举选出之法官中，五人任期应为三年，另五人为六年。

…………

★第十七条

一、法官对于任何案件，不得充任代理人律师，或辅佐人。

二、法官曾以当事国一造之代理人、律师，或辅佐人，或以国内法院或国际法院或调查委员会委员，或以其他资格参加任何案件者，不得参与该案件之裁决。

三、关于此点，如有疑义，应由法院决定之。

…………

第二十五条

一、除本规约另有规定外，法院应由全体法官开庭。

二、法院规则得按情形并以轮流方法，规定准许法官一人或数人免予出席，但准备出席之法官人数不得因此减至少于十一人。

三、法官九人即足构成法院之法定人数。

★第二十六条

一、法院得随时设立一个或数个分庭，并得决定由法官三人或三人以上组织之。此项分庭处理特种案件，例如劳工案件及关于过境与交通案件。

二、法院为处理某特定案件，得随时设立分庭，组织此项分庭法官之人数，应由法院得当事国之同意定之。

三、案件经当事国之请求应由本条规定之分庭审理裁判之。

…………

★★第三十一条

一、属于诉讼当事国国籍之法官，于法院受理该诉讼案件时，保有其参与之权。

二、法院受理案件，如法官中有属于一造当事国之国籍者，任何他造当事国得选派人为法官，参与该案。此项人员尤以就第四条及第五条规定所提之候选人中选充为宜。

三、法院受理案件，如当事国均无本国国籍法官时，各当事国均得依本条第二项之规定选派法官一人。

…………

理论解读

国际法院的法官对涉及本国的案件，不适用回避制度，除非其就任法官前曾参与过该案件。在法院受理的案件中，如一方当事国有本国国籍的法官，则他方当事国也有权选派1人作为法官，参与该案的审理，如双方当事国都没有本国国籍的法官，则双方都可选派法官1人参与该案的审理，这种临时选派的法官称为“专案法官”或“特别法官”，他们在参与该案件的审理过程中同其他法官具有完全平等的地位。

第二章 法院之管辖

第三十四条 【国际法院的诉讼主体】

一、在法院得为诉讼当事国者，限于国家。

二、法院得依其规则，请求公共国际团体供给关于正在审理案件之情报。该项团体自动供给之情报，法院应接受之。

三、法院于某一案件遇有公共国际团体之组织约章，或依该项约章所缔结之国际协约，发生解释问题时，书记官长应通知有关公共国际团体并向其递送所有书面程序之文件副本。

★★★第三十六条 【国际法院的管辖权】

一、法院之管辖包括各当事国提交之一切案件，及联合国宪章或现行条约及协约中所特定之一切事件。

二、本规约各当事国得随时声明关于具有下列性质之一切法律争端，对于接受同样义务之任何其他国家，承认法院之管辖为当然而具有强制性，无须另订特别协定：

（子）条约之解释。

（丑）国际法之任何问题。

（寅）任何事实之存在，如经确定即属违反国际义务者。

（卯）因违反国际义务而应予赔偿之性质及其范围。

三、上述声明，得无条件为之，或以数个或特定之国家间彼此拘束为条件，或以一定之期间为条件。

四、此项声明应交存联合国秘书长并由其将副本分送本规约各当事国及法院书记官长。

五、曾依常设国际法院规约第三十六条所为之声明而现仍有效者，就本规约当事国间而言，在该项声明期间尚未届满前并依其条款，应认为对于国际法院强制管辖之接受。

六、关于法院有无管辖权之争端，由法院裁决之。

第三十七条 【国际法院的协定管辖】

现行条约或协约或规定某项事件应提交国际联合会所设之任何裁判机关或常设国际法院者，在本规约当事国间，该项事件应提交国际法院。

理论解读

国际法院行使诉讼管辖权涉及“对人管辖”和“对事管辖”两个方面：

“对人管辖”是指谁可以成为国际法院的诉讼当事方。只有国家才能成为国际法院的诉讼当事国。根据《国际法院规约》的规定，有三类国家可以作为国际法院的诉讼当事国：（1）联合国会员国；（2）非联合国会员国但根据宪章的规定而成为《国际法院规约》当事国的国家；（3）非联合国会员国亦非规约当事国，但根据安理会决定的条件，事先向国际法院书记处交存一项声明表明愿意根据《联合国宪章》、《国际法院规约》、《国际法院规则》的条件接受国际法院的管辖，保证执行法院判决和承担《联合国宪章》第94条规定（即承认安理会在必要时为促成判决的执行可以作出相关建议或决定）的会员国的一切义务，即可成为诉讼当事国。作为诉讼当事国，前述三种国家的地位是完全平等的。

“对事管辖”是指哪些事项可以为国际法院管辖的对象。根据《国际法院规约》，国际法院管辖的案件有三种：（1）自愿管辖。争端当事国在争端发生后，自愿达成协议提交的一切案件，称为自愿管辖，自愿管辖不限于法律性争端，可以适用于任何争端。（2）协定管辖。在现行条约或协定中，规定各当事方同意将特定事项的有关争端提交国际法院解决，称为“协定管辖”。（3）任择强制管辖。《国际法院规约》当事国根据规约的规定，可以任意随时发表单独声明，就与接受同样义务的任何其他国家发生的某些性质的法律争端，承认国际法院的强制管辖权，而无须另行订立特别协定。这些争端包括：对于条约的解释、违反国际义务的任何事实、违反国际义务而产生的赔偿的性质和范围等。

经典考题

（2012-1-33，单选）甲、乙是联合国会员国。甲作出了接受联合国国际法院强制管辖的声明，乙未作出接受联合国国际法院强制管辖的声明。甲、乙也是《联合国海洋法公约》的当事国，现对相邻海域中某岛屿归属产生争议。关于该争议的处理，下列哪一选项是不符合国际法的?①

A. 甲、乙可达成协议将争议提交联合国国际法院

B. 甲、乙可自愿选择将争议提交联合国国际法院或国际海洋法庭

C. 甲可单方将争议提交联合国国际法院

D. 甲、乙可自行协商解决争议

★★第三十八条【国际法院的法律适用】

一、法院对于陈诉各项争端，应依国际法裁判之，裁判时应适用：

（子）不论普通或特别国际协约，确立诉讼当事国明白承认之规条者。

（丑）国际习惯，作为通例之证明而经接受为法律者。

（寅）一般法律原则为文明各国所承认者。

（卯）在第五十九条规定之下，司法判例及各国权威最高之公法学家学说，作为确定法律原则之补助资料者。

二、前项规定不妨碍法院经当事国同意本"公允及善良"原则裁判案件之权。

理论解读

国际法院审理案件时，能够作为裁判依据的有国际条约、国际习惯和一般法律原则。特殊情况下，如果当事国同意，法院也可以依据"公允及善良"原则作出裁判。理论上，一般把国际法院作为其裁判依据的国际条约、国际习惯及一般法律原则视为国际法的渊源。

第三章 程序

…………

第四十三条

一、诉讼程序应分书面与口述两部分。

二、书面程序系指以诉状、辩诉状，及必要时之答辩状连同可资佐证之各种文件及公文书送达法院及各当事国。

三、此项送达应由书记官长依法院所定次序及期限为之。

四、当事国一造所提出之一切文件应将证明无讹之抄本一份送达他造。

五、口述程序系指法院审讯证人、鉴定人、代理人、律师及辅佐人。

…………

★第五十四条

一、代理人律师及辅佐人在法院指挥下陈述其主张已完毕时，院长应宣告辩论终结。

二、法官应退席讨论判决。

三、法官之评议应秘密为之，并永守秘密。

第五十五条

一、一切问题应由出席法官之过半数决定之。

二、如投票数相等时，院长或代理院长职务之法官应投决定票。

…………

第五十七条

判词如全部或一部分不能代表法官一致之意见时，任何法官得另行宣告其个别意见。

…………

★★★第五十九条

法院之裁判除对于当事国及本案外，无拘束力。

经典考题

（2011-1-34，单选）甲乙两国协议将其边界领土争端提交联合国国际法院。国际法院作出判决后，甲国拒不履行判决确定的义务。根据《国际法院规约》，关于乙国，下列哪一说法是正确的?②

① 【答案及释疑】双方达成协议提交国际法院，符合自愿管辖的原则，交国际法院可以行使管辖权，A项正确。只要争端双方同意，海洋领土争议也可以提交给国际海洋法法庭，故B项正确。争端双方当事国都接受国际法院的强制管辖权声明，国际法院才能基于任择性强制管辖权条款行使管辖权，本案中乙国未接受该强制管辖权声明，故甲国不能单方将争议提交国际法院，故C项错误。争端双方协商解决争议而不借助与国际司法机构或仲裁机构，无疑也是符合国际法的。(答案：C)

② 【答案及释疑】国际法院的判决一经作出即对当事国产生约束力，如败诉方拒不履行判决，胜诉方可向安理会提出申诉；安理会可以作出建议或决定采取措施执行判决。国际法院只负责案件的审理和判决，不负责案件的执行，更无权对各国国内法院发出指令，故ABD项错误，C项正确。(答案：C)

A. 可申请国际法院指令甲国国内法院强制执行

B. 可申请由国际法院强制执行

C. 可向联合国安理会提出申诉，请求由安理会作出建议或决定采取措施执行判决

D. 可向联大法律委员会提出申诉，由法律委员会决定采取行动执行判决

★★★第六十五条　【国际法院的咨询意见】

一、法院对于任何法律问题如经任何团体由联合国宪章授权而请求或依照联合国宪章而请求时，得发表咨询意见。

二、凡向法院请求咨询意见之问题，应以声请书送交法院。此项声请书对于咨询意见之问题，应有确切之叙述，并应附送足以释明该问题之一切文件。

理论解读

国际法院的咨询管辖权：根据《联合国宪章》和《国际法院规约》的有关规定，联合国大会、安理会可以请求国际法院发表咨询意见，经社理事会、托管理事会、请求复核行政法庭判决的申请书委员会以及联合国的专门机构，均可就其工作范围内的法律问题，经联合国大会的授权，请求国际法院发表咨询意见。国家不能请求国际法院发表咨询意见，也不能阻止国际法院发表咨询意见，任何其他团体或个人也都无权请求法院提供咨询意见。国际法院发表的咨询意见虽不具法律拘束力，但具有高度权威性。

经典考题

1. （2013-1-34，单选）关于联合国国际法院的表述，下列哪一选项是正确的?①

A. 联合国常任理事国对国际法院法官的选举不具有否决权

B. 国际法院法官对涉及其国籍国的案件，不适用回避制度，即使其就任法官前曾参与该案件

C. 国际法院判决对案件当事国具有法律拘束力，构成国际法的渊源

D. 国际法院作出的咨询意见具有法律拘束力

2. （2011-1-76，多选）根据国际法相关规则，关于国际争端解决方式，下列哪些表述是正确的?②

A. 甲乙两国就界河使用发生纠纷，丙国为支持甲国可出面进行武装干涉

B. 甲乙两国发生边界争端，丙国总统可出面进行调停

C. 甲乙两国可书面协议将两国的专属经济区争端提交联合国国际法院，国际法院对此争端拥有管辖权

D. 国际法院可就国际争端解决提出咨询意见，该意见具有法律拘束力

二、《日内瓦公约》（要点概括）

日内瓦公约是1864年至1949年间在瑞士日内瓦缔结的关于保护平民和战争受难者的一系列国际公约的总称。1864年8月，瑞士、法国、比利时、荷兰、葡萄牙等12个欧洲国家在日内瓦举行外交大会，在会议上签订了首部日内瓦公约——《改善战地武装部队伤者境遇的公约》，公约规定了军队医院和医务人员的中立地位和伤病军人不论国籍应受到接待和照顾等。

1864年日内瓦公约后又经过1906年、1929年的修订和补充，1949年8月12日，63国代表在日内瓦举行的会议上，将《关于改善战时伤者病者待遇的日内瓦公约》和《关于战俘待遇的日内瓦公约》扩充为四个公约，即《改善战地武装部队伤者

① 【答案及释疑】国际法院的法官由安理会和联大双重选举，在安理会国际法院法官的选举不属于实质性事项，因此常任理事国不享有否决权，故A项正确。（答案：A）

② 【答案及释疑】武力解决国际争端已为现代国际法所禁止，属于非法方式，选项A错误。斡旋和调停属于和平解决国际争端的方式，选项B正确。缔约各方在现行条约或协定中规定，各方同意将有关争端提交国际法院解决属于国际法院对事的管辖权中的协定管辖，选项C正确。国际法院的咨询意见不具有法律约束力，选项D错误。（答案：BC）

病者境遇的日内瓦公约》（日内瓦第一公约）、《改善海上武装部队伤者病者及遇船难者境遇的日内瓦公约》（日内瓦第二公约）、《关于战俘待遇的日内瓦公约》（日内瓦第三公约）和《关于战时保护平民的日内瓦公约》（日内瓦第四公约）。

1977 年 6 月 10 日在日内瓦又签订了日内瓦四公约的两项附加议定书，即《1949 年 8 月 12 日日内瓦四公约关于保护国际性武装冲突受难者的附加议定书》（第一附加议定书）和《1949 年 8 月 12 日日内瓦四公约关于保护非国际性武装冲突受难者的附加议定书》（第二附加议定书），这两个议定书于 1978 年 12 月 7 日生效。有关国家后来还于 2005 年订立了《1949 年 8 月 12 日日内瓦四公约关于采用新增标志性徽章的附加议定书》（第三附加议定书）。

《日内瓦公约》被认为是国际主义人道法的重要组成部分，是约束战争和冲突状态下敌对双方行为规则的权威法律文件。公约较为详尽地规定了战时平民、战俘和伤病员的地位和待遇：

（一）战时对平民的保护

根据 1949 年《关于战时保护平民的日内瓦公约》的规定，落入敌国管辖或支配下的平民的保护有两种情况：

1. 战争或武装冲突发生时对交战国或武装冲突国境内的敌国平民的保护。具体为：对于在战争或武装冲突发生时，位于交战国境内的敌国平民一般应允许其离境。对未离境者，应保障其基本权利，不得将他们作为军事攻击的对象，禁止对他们实施报复，应保障他们的合法权益，不得强迫他们提供情报，不得施以体刑和酷刑，禁止进行集体惩罚和扣作人质，应给以维持生活的机会，对妇女、儿童给予特别的保护，防止施暴和给予必要的援助。

2. 对占领区平民的保护。具体为：占领区的敌国平民亦不因此改变国籍，不承担对占领者效忠的义务，占领国的管辖权也是临时性质的。占领国应给予平民一定的人道主义待遇，不得剥夺平民的生存权；尊重平民的人格、尊严、家庭、宗教信仰；不得对平民施以暴行、恐吓和侮辱；不得把平民扣作人质，进行集体惩罚或谋杀；不得驱逐平民，不得强迫其提供情报或为其军队服务；不得侵占平民的粮食和医药供应，不得废除被占领国的法律等。

（二）伤病员的待遇

1. 对敌我伤病员在一切情况下应无区别地予以人道主义待遇和照顾，不得基于性别、种族、国籍、宗教、政治意见或其他类似标准而有所歧视。对其生命的任何危害或对其人身的暴行均应严格禁止。

2. 冲突各方的伤者、病者如落于敌手，应为战俘，国际法上有关战俘之规定应适用于他们。

3. 每次战斗后，冲突各方应立即采取一切可能的措施搜寻伤者、病者，予以适当的照顾和保护；环境许可时，应商定停战或停火办法，以便搬移、交换或运送战场上遗落之受伤者。

4. 冲突各方应尽速登记落于其手中之每一敌方伤者、病者，或死者之任何可以证明其身份之事项，并应尽速转送情报局，该局转达上述人员之所属国。

5. 冲突各方应保证在情况许可下在将死者分别埋葬和焚化之前，详细检查尸体，如可能时，应经医生检查，以确定死亡、证明身份并便于作成报告。

6. 军事当局即使在入侵或占领地区也应准许居民或救济团体自动收集和照顾任何国籍之伤者、病者。任何人不得因看护伤者、病者而被侵扰或定罪。

7. 海战中伤病员的待遇，如适用范围、保护对象、基本原则等方面与陆战制度完全相同。

（三）战俘的待遇

1949 年的《关于战俘待遇的日内瓦公约》和 1977 年的第一附加议定书均重申和发展了传统国际法关于战俘待遇的规则，其主要内容是：

1. 交战方应将战俘拘留所设在比较安全的地带。

2. 不得将战俘扣为人质，禁止对战俘施以暴行或恫吓及公众好奇的烦扰；不得对战俘实行报复，进行人身残害或肢体残伤，或供任何医学或科学实验；不得侮辱战俘的人格和尊严。

3. 战俘应保有其被俘时所享有的民事权利。

4. 对战俘的衣、食、住要能维持其健康水平，不得以生活上的苛求作为处罚措施；保障战俘的医疗和医药卫生。

5. 尊重战俘的风俗习惯和宗教信仰，允许他们从事宗教、文化和体育活动。

6. 准许战俘与其家庭通讯和收寄邮件。

7. 战俘享有司法保障，受审时享有辩护权，还享有上诉权。拘留国对战俘的刑罚不得超过对其本国武装部队人员同样行为所规定的刑罚。禁止因个人行为而对战俘实行集体处罚、体刑和酷刑。对战俘判处死刑应特别慎重。

8. 讯问战俘应使用其了解的语言。

9. 不得歧视。

10. 战事停止后，战俘应即予以释放并遣返，不得迟延。

典型案例

甲乙两国在其交界处发现一处跨国界的油气田，两国谈判共同开发未果。当甲国在其境内对该油田独自进行开发时，乙国派军队进入甲国该地区，引发了两国间的大规模武装冲突。甲国是1949年日内瓦四个公约的缔约国，乙国则不是缔约国。根据国际法的有关规则，甲、乙两国是否受前述公约或战争法规则的约束？

答案：根据日内瓦公约，在交战中，即使有非缔约国参战，公约对缔约国仍然适用，故甲国应受公约约束。乙国虽然不是公约的缔约国，但是只要声明愿意遵守公约，即可在与甲国的战争中适用该公约，而不以加入为前提。此外，由于日内瓦公约的许多规则本身就是国际习惯法规则，这些规则作为习惯法对非缔约国也有拘束力。

经典考题

（2009-1-78，多选）甲、乙两国因边境冲突引发战争，甲国军队俘获数十名乙国战俘。依《日内瓦公约》，关于战俘待遇，下列哪些选项是正确的？①

A. 乙国战俘应保有其被俘时所享有的民事权利

B. 战事停止后甲国可依乙国战俘的情形决定遣返或关押

C. 甲国不得将乙国战俘扣为人质

D. 甲国为使本国某地区免受乙国军事攻击可在该地区安置乙国战俘

① 【答案及释疑】根据1949年《关于战俘待遇的日内瓦公约》和1977年日内瓦四公约第一附加议定书的规定，战俘应保有其民事权利，除可用于作战的武器等，其他财产不得没收。不得将战俘扣为人质，也不得将战俘安置于其生命受威胁的不安全地带。战争结束后战俘应予以遣返。（答案：AC）

国际私法

第一部分　涉外民事关系的法律适用

一、《中华人民共和国涉外民事关系法律适用法》

（2010年10月28日第十一届全国人民代表大会常务委员会第十七次会议通过）

【导读】

2010年10月28日，第十一届全国人大常委会第十七次会议通过了我国《涉外民事关系法律适用法》，自2011年4月1日起施行。《涉外民事关系法律适用法》共计8章、52条，该法就民事主体、婚姻家庭、继承、物权、债权和知识产权等涉外民事关系的法律适用作了全面、系统的规定，第一次将冲突规则集中规定在同一部单行法律中。该法一方面弥补了我国原来立法在不少法律适用问题上的漏洞，另一方面也体现出了一些新的特点，例如，将经常居所作为主要连结点，注重法律适用的灵活性，重视保护弱者的利益等。《涉外民事关系法律适用法》还对该法与其他法律的关系作了规定，并将“最密切联系原则”作为一般意义上的补充性的原则（即规定该法和其他法律对涉外民事关系法律适用没有规定的，适用与该涉外民事关系有最密切联系的法律）。《涉外民事关系法律适用法》第3条还强调了意思自治原则，规定当事人依照法律规定可以明示选择涉外民事关系适用的法律。

第一章　一般规定

第一条　为了明确涉外民事关系的法律适用，合理解决涉外民事争议，维护当事人的合法权益，制定本法。

关联法条

最高人民法院《关于贯彻执行〈中华人民共和国民法通则〉若干问题的意见（试行）》

第一百七十八条　凡民事关系的一方或者双方当事人是外国人、无国籍人、外国法人的；民事关系的标的物在外国领域内的；产生、变更或者消灭民事权利义务关系的法律事实发生在外国的，均为涉外民事关系。

最高人民法院《关于适用〈中华人民共和国涉外民事关系法律适用法〉若干问题的解释（一）》

第一条：民事关系具有下列情形之一的，人民法院可以认定为涉外民事关系：

（一）当事人一方或双方是外国公民、外国法人或者其他组织、无国籍人；

（二）当事人一方或双方的经常居所地在中华人民共和国领域外；

（三）标的物在中华人民共和国领域外；

（四）产生、变更或者消灭民事关系的法律事实发生在中华人民共和国领域外；

（五）可以认定为涉外民事关系的其他情形。

★★第二条　涉外民事关系适用的法律，依照本法确定。其他法律对涉外民事关系法律适用另有特别规定的，依照其规定。

本法和其他法律对涉外民事关系法律适用没有规定的，适用与该涉外民事关系有最密切联系的法律。

理论解读

增加法律适用的灵活性的做法之一就是采取最密切联系原则，本条规定虽然只是将最密切联系原则作为一项补充性原则，但它作为一条总则性规定，还是赋予了最密切联系原则突出的地位。

★★第三条　当事人依照法律规定可以明示选择涉外民事关系适用的法律。

理论解读

根据本条规定，当事人的意思自治受到一定的限制，即首先是法律规定允许意思自治的情况下当事人才有权选择适用的法律，如果法律没有明确规定允许选择，则当事人作出的法律适用的选择无效。其次是当事人应当采用“明示”的方式选择适用的法律，“明示”可以是口头，也可以是书面的明示。

关联法条

最高人民法院《关于适用〈中华人民共和国涉外民事关系法律适用法〉若干问题的解释（一）》

第六条　中华人民共和国法律没有明确规定当事人可以选择涉外民事关系适用的法律，当事人选择适用法律的，人民法院应认定该选择无效。

第七条　一方当事人以双方协议选择的法律与系争的涉外民事关系没有实际联系为由主张选择无效的，人民法院不予支持。

第八条　当事人在一审法庭辩论终结前协议选择或者变更选择适用的法律的，人民法院应予准许。

各方当事人援引相同国家的法律且未提出法律适用异议的，人民法院可以认定当事人已经就涉外民事关系适用的法律作出了选择。

第九条　当事人在合同中援引尚未对中华人民共和国生效的国际条约的，人民法院可以根据该国际条约的内容确定当事人之间的权利义务，但违反中华人民共和国社会公共利益或中华人民共和国法律、行政法规强制性规定的除外。

经典考题

（2013-1-98，不定项）在涉外民事关系中，依《涉外民事关系法律适用法》和司法解释，关于当事人意思自治原则，下列表述中正确的是？①

A. 当事人选择的法律应与所争议的民事关系有实际联系

B. 当事人仅可在具有合同性质的涉外民事关系中选择法律

C. 在一审法庭辩论终结前，当事人有权协议选择或变更选择适用的法律

D. 各方当事人援引相同国家的法律且未提出法律适用异议的，法院可以认定当事人已经就涉外民事关系适用的法律作出了选择

★★第四条　中华人民共和国法律对涉外民事关系有强制性规定的，直接适用该强制性规定。

理论解读

最高人民法院《关于适用〈中华人民共和国涉外民事关系法律适用法〉若干问题的解释（一）》第10条规定了涉外民事关系“强制性规定”的基本范围，并强调“当事人不能通过约定排除适用、无需通过冲突规范指引而直接适用”。应注意“直接适用的法”与“公共秩序保留”的关系。一方面，二者有一定的联系，例如二者都有维护内国的社会公共利益的目的；但另一方面，二者也有区别，主要表现为，公共秩序是在适用冲突规范以选择应适用的准据法的过程中发生的，只是经确定该准据法的适用会损害法院地国的社会公共利益，才将其排除。而“直接适用的法”则排除了援引冲突规范以寻找准据法的可能，规定直接适用特定的法律。

关联法条

最高人民法院《关于适用〈中华人民共和国涉外民事关系法律适用法〉若干问题的解释（一）》

第十条　有下列情形之一，涉及中华人民共和国社会公共利益、当事人不能通过约定排除适用、无需通过冲突规范指引而直接适用于涉外民事关系的法律、行政法规的规定，人民法院应当认定为涉外民事关系法律适用法第四条规定的强制性规定：

（一）涉及劳动者权益保护的；

（二）涉及食品或公共卫生安全的；

（三）涉及环境安全的；

（四）涉及外汇管制等金融安全的；

（五）涉及反垄断、反倾销的；

（六）应当认定为强制性规定的其他情形。

① 【答案及释疑】根据最高人民法院《关于适用〈中华人民共和国涉外民事关系法律适用法〉若干问题的解释（一）》的规定，不要求当事人选择的法律与争议有实际联系，A选项错误。根据《涉外民事关系法律适用法》等法律和司法解释的规定，除合同外，在侵权行为、知识产权、夫妻财产关系、动产物权等许多领域，均允许当事人选择法律，故B选项错误。CD选项符合相关法律的规定。（答案：CD）

经典考题

（2013-1-35，单选）中国甲公司与德国乙公司进行一项商事交易，约定适用英国法律。后双方发生争议，甲公司在中国法院提起诉讼。关于该案的法律适用问题，下列哪一选项是错误的？①

A. 如案件涉及食品安全问题，该问题应适用中国法

B. 如案件涉及外汇管制问题，该问题应适用中国法

C. 应直接适用的法律限于民事性质的实体法

D. 法院在确定应当直接适用的中国法律时，无须再通过冲突规范的指引

★★第五条　外国法律的适用将损害中华人民共和国社会公共利益的，适用中华人民共和国法律。

理论解读

本条是关于在法律适用环节的“公共秩序保留”制度的规定，公共秩序又称为公共政策，是指一国国家和社会的重大利益，或法律和道德的基本原则。通常，在一国依内国冲突规范的指定应对某一国际民商事法律关系适用外国法时，如其适用将与己国的公共秩序相抵触，便可排除该外国法的适用。

经典考题

（2006-1-39，单选）世界各国都将公共秩序保留作为捍卫本国根本利益的一项重要法律制度。关于这一制度，下列哪项判断是错误的？②

A. 我国的公共秩序保留制度仅在适用外国法律将违反我国社会公共利益的情况下才可以适用，其结果为排除相关外国法律的适用

B. 在英美普通法系国家中，“公共秩序”的概念一般表述为“公共政策”

C. 公共秩序保留制度已经为国际条约所规定

D. 我国法律中常常采用“社会公共利益”来表述“公共秩序”的概念

★★第六条　涉外民事关系适用外国法律，该国不同区域实施不同法律的，适用与该涉外民事关系有最密切联系区域的法律。

经典考题

（2011-1-39，单选）中国某法院受理一涉外民事案件后，依案情确定应当适用甲国法。但在查找甲国法时发现甲国不同州实施不同的法律。关于本案，法院应当采取下列哪一做法？③

①　【答案及释疑】根据最高人民法院《关于适用〈中华人民共和国涉外民事关系法律适用法〉若干问题的解释（一）》第10条的规定，直接适用的法包括行政法规，故应选C项。（答案：C）

②　【答案及释疑】我国除规定适用外国法律或者国际惯例不能违背我国的社会公共利益外，在承认和执行外国法院或外国仲裁裁决方面，也以该判决或仲裁裁决不违反我国的社会公共利益为前提之一。例如，《民事诉讼法》第274条规定，对中华人民共和国涉外仲裁机构作出的裁决，被申请人提出证据证明仲裁裁决有下列情形之一的，经人民法院组成合议庭审查核实，裁定不予执行……人民法院认定执行该裁决违背社会公共利益的，裁定不予执行。《民事诉讼法》第282条也规定：人民法院对申请或者请求承认和执行的外国法院作出的发生法律效力的判决、裁定，依照中华人民共和国缔结或者参加的国际条约，或者按照互惠原则进行审查后，认为不违反中华人民共和国法律的基本原则或者国家主权、安全、社会公共利益的，裁定承认其效力，需要执行的，发出执行令，依照本法的有关规定执行。违反中华人民共和国法律的基本原则或者国家主权、安全、社会公共利益的，不予承认和执行。因此，A选项错误。在英美法系国家中，“公共秩序”的概念一般表述为“公共政策”，目前，公共秩序保留制度已经可以见诸许多国际条约的规定。我国《民法通则》第150条作为一条通则性的公共秩序条款，没有使用“公共秩序”这样的措辞，而是规定“依照本章规定适用外国法律或者国际惯例的，不能违背中华人民共和国的社会公共利益”，因此，B、C、D选项本身正确，故答案应为A选项。（答案：A）

③　【答案及释疑】《涉外民事关系法律适用法》第6条规定，涉外民事关系适用外国法律，该国不同区域实施不同法律的，适用与该涉外民事关系有最密切联系区域的法律。（答案：B）

A. 根据意思自治原则，由当事人协议决定适用甲国哪个州的法律

B. 直接适用甲国与该涉外民事关系有最密切联系的州法律

C. 首先适用甲国区际冲突法确定准据法，如甲国没有区际冲突法，适用中国法律

D. 首先适用甲国区际冲突法确定准据法，如甲国没有区际冲突法，适用与案件有最密切联系的州法律

★★第七条 诉讼时效，适用相关涉外民事关系应当适用的法律。

关联法条

最高人民法院《关于贯彻执行〈中华人民共和国民法通则〉若干问题的意见（试行）》

第一百九十五条　涉外民事法律关系的诉讼时效，依冲突规范确定的民事法律关系准据法确定。

★★★第八条 涉外民事关系的定性，适用法院地法律。

理论解读

定性也即识别，本条是我国首次明确就识别的法律适用作出的规定。识别是指在适用冲突规范时，依照某一法律观念对有关的事实或问题进行分析，将其归入一定的法律范畴，并对有关的冲突规范的范围或对象进行解释，从而确定何种冲突规范适用何种事实或问题的过程。根据本条，我国法院审理涉外民事案件，应依据我国法律来进行识别。

关联法条

最高人民法院《关于适用〈中华人民共和国涉外民事关系法律适用法〉若干问题的解释（一）》

第十二条　涉外民事争议的解决须以另一涉外民事关系的确认为前提时，人民法院应当根据该先决问题自身的性质确定其应当适用的法律。

第九条 涉外民事关系适用的外国法律，不包括该国的法律适用法。

理论解读

由本条规定可知，我国不接受反致。

反致是指法院地国在根据本国冲突规范适用外国法的过程中，接受了该外国法冲突规范的指定，适用本国实体法或第三国实体法的制度。反致产生的原因主要包括两个方面：

（1）客观原因：不同国家或不同地区的冲突规范对同一民商事法律关系或民商事法律问题的法律适用作出了不同的规定或不同的解释；

（2）主观原因：法院地法律接受反致制度，审理案件的法院将本国或本地区的冲突规范所指定的外国法或外域法视为包括冲突规范在内的全部法律。

一般讲的反致是广义的反致，包括直接反致、转致、间接反致，包含直接反致的转致、完全反致。

（1）直接反致

直接反致，即狭义的反致，又称“一级反致”是指对某一案件，法院按照自己的冲突规范本应适用外国法，而该外国法的冲突规范却指定此种法律关系应适用法院地法，于是该法院最终适用了本国法。

（2）转致

转致又称“二级反致”，是指对某一案件，甲国或甲地区法院根据本国或本地区的冲突规范指定应适用乙国或乙地区的法律，而乙国或乙地区的冲突规范指定应适用丙国或丙地区的法律，结果是甲国或甲地区的法院适用了丙国或丙地区的法律。

（3）间接反致

间接反致是指对某一案件，甲国或甲地区的法院根据本国或本地区的冲突规范指定应适用乙国或乙地区的法律，但依乙国或乙地区的冲突规范的指定应适用丙国或丙地区的法律，而依丙国或丙地区的冲突规范的指定却应适用甲国或甲地区的法律，结果甲国或甲地区的法院适用了自己的实体法。

（4）包含直接反致的转致

包含直接反致的转致是指，对某一案件，甲国或甲地区法院根据本国或本地区的冲突规范指定应适用乙国或乙地区的法律，而乙国或乙地区的冲突规范指定应适用丙国或丙地区的法律，但丙国或丙地区的冲突规范反向指定应适用乙国或乙地区的法律，最后甲国或甲地区的法院适用乙国或乙地区的

实体法律处理了案件。

(5) 完全反致

完全反致又称双重反致，是指英国法院的法官在处理某一案件时，如果依英国法而应适用某外国法，则应假定将自己置身于该外国法律体系，像该外国法官依据自己的法律来裁断案件一样，再依该外国对反致所持的立场，决定最终应适用的法律。

各国立法和实践对反致制度的态度不一，主要有以下几种情况：(1) 全面接受反致制度。(2) 有限制地接受反致。有的国家只接受反致，而不接受转致。(3) 完全拒绝反致。一些国家的立法中明文规定拒绝任何形式的反致。

★★★第十条　涉外民事关系适用的外国法律，由人民法院、仲裁机构或者行政机关查明。当事人选择适用外国法律的，应当提供该国法律。

不能查明外国法律或者该国法律没有规定的，适用中华人民共和国法律。

关联法条

最高人民法院《关于贯彻执行〈中华人民共和国民法通则〉若干问题的意见（试行）》

第一百九十三条　对于应当适用的外国法律，可通过下列途径查明：①由当事人提供；②由与我国订立司法协助协定的缔约对方的中央机关提供；③由我国驻该国使领馆提供；④由该国驻我国使馆提供；⑤由中外法律专家提供。通过以上途径仍不能查明的，适用中华人民共和国法律。

最高人民法院《关于适用〈中华人民共和国涉外民事关系法律适用法〉若干问题的解释（一）》

第十七条　人民法院通过由当事人提供、已对中华人民共和国生效的国际条约规定的途径、中外法律专家提供等合理途径仍不能获得外国法律的，可以认定为不能查明外国法律。

根据涉外民事关系法律适用法第十条第一款的规定，当事人应当提供外国法律，其在人民法院指定的合理期限内无正当理由未提供该外国法律的，可以认定为不能查明外国法律。

第十八条　人民法院应当听取各方当事人对应当适用的外国法律的内容及其理解与适用的意见，当事人对该外国法律的内容及其理解与适用均无异议的，人民法院可以予以确认；当事人有异议的，由人民法院审查认定。

典型案例

我国“协航”号轮与甲国“瑟皇”号轮在乙国领海发生碰撞。“协航”号轮返回中国后，“瑟皇”号轮的所有人在我国法院对“协航”号轮所属的船公司提起侵权损害赔偿之诉。在庭审过程中，双方均依据乙国法律提出请求或进行抗辩。该案中应适用的法律应如何查明？

答案：本案中出现了“双方均依据乙国法律提出请求或进行抗辩”的表述，很容易认为“各方当事人援引相同国家的法律且未提出法律适用异议的，人民法院可以认定当事人已经就涉外民事关系适用的法律作出了选择”，从而得出当事人协议选择的法律应由当事人证明（乙国法）的结论。但是，本题考的是涉外船舶侵权行为的损害赔偿之诉，在涉外船舶侵权问题上，我国并无允许当事人选择应适用的法律的规定，如果国籍不同的船舶在沿海国海域碰撞，法律规定应适用侵权行为地法，在本案中应为冲突规范指向的而非当事人协议选择的乙国法。故本案中法院可依职权查明乙国法律，也可要求当事人证明乙国法律的内容。

经典考题

1. (2013-1-36，单选）根据《涉外民事关系法律适用法》和司法解释，关于外国法律的查明问题，下列哪一表述是正确的？①

A. 行政机关无查明外国法律的义务

B. 查明过程中，法院应当听取各方当事人对应当适用的外国法律的内容及其理解与适用的意见

C. 无法通过中外法律专家提供的方式获得外国法律的，法院应认定为不能查明

① 【答案及释疑】根据最高人民法院《关于适用〈中华人民共和国涉外民事关系法律适用法〉若干问题的解释（一）》第17条、第18条的规定，B选项正确。（答案：B）

D. 不能查明的，应视为相关当事人的诉讼请求无法律依据

2.（2011-1-35，单选）在某涉外合同纠纷案件审判中，中国法院确定应当适用甲国法律。关于甲国法的查明和适用，下列哪一说法是正确的?①

A. 当事人选择适用甲国法律的，法院应当协助当事人查明该国法律

B. 该案适用的甲国法包括该国的法律适用法

C. 不能查明甲国法的，适用中华人民共和国法律

D. 不能查明甲国法的，驳回当事人的诉讼请求

第二章　民事主体

★★第十一条　自然人的民事权利能力，适用经常居所地法律。

★★第十二条　自然人的民事行为能力，适用经常居所地法律。

自然人从事民事活动，依照经常居所地法律为无民事行为能力，依照行为地法律为有民事行为能力的，适用行为地法律，但涉及婚姻家庭、继承的除外。

关联法条

《中华人民共和国票据法》

第九十六条　票据债务人的民事行为能力，适用其本国法律。

票据债务人的民事行为能力，依照其本国法律为无民事行为能力或者为限制民事行为能力而依照行为地法律为完全民事行为能力的，适用行为地法律。

★第十三条　宣告失踪或者宣告死亡，适用自然人经常居所地法律。

★★★第十四条　法人及其分支机构的民事权利能力、民事行为能力、组织机构、股东权利义务等事项，适用登记地法律。

法人的主营业地与登记地不一致的，可以适用主营业地法律。法人的经常居所地，为其主营业地。

理论解读

应注意本条关于法人的民事行为能力的规定，与最高人民法院《关于贯彻执行〈中华人民共和国民法通则〉若干问题的意见（试行）》（简称《民通意见》）第184条的规定不完全一致，应以本条为准。《民通意见》第184条规定法人的民事行为能力适用其“本国法”（即登记地法），但根据本条，如果法人的主营业地与登记地不一致的，也可以适用主营业地法。《民通意见》第184条关于“外国法人以其注册登记地国家的法律为其本国法”以及“外国法人在我国领域内进行的民事活动，必须符合我国的法律规定”的规定仍然继续有效。

自然人的民事权利能力及行为能力的法律适用图

	类别	法律适用
自然人	民事权利能力	《涉外民事关系法律适用法》第11条：自然人的民事权利能力，适用经常居所地法律。
	民事行为能力	《涉外民事关系法律适用法》第12条：自然人的民事行为能力，适用经常居所地法律。自然人从事民事活动，依照经常居所地法律为无民事行为能力，依照行为地法律为有民事行为能力的，适用行为地法律，但涉及婚姻家庭、继承的除外。
	宣告失踪或者宣告死亡	《涉外民事关系法律适用法》第13条：宣告失踪或者宣告死亡，适用自然人经常居所地法律。
	人格权	《涉外民事关系法律适用法》第15条：人格权的内容，适用权利人经常居所地法律。

① 【答案及释疑】我国《涉外民事关系法律适用法》第10条规定，涉外民事关系适用的外国法律，由人民法院、仲裁机构或者行政机关查明。当事人选择适用外国法律的，应当提供该国法律。不能查明外国法律或者该国法律没有规定的，适用中华人民共和国法律。对于应当适用的外国法律，可通过下列途径查明：（1）由当事人提供；（2）由与我国订立司法协助协定的缔约对方的中央机关提供；（3）由我国驻该国使领馆提供；（4）由该国驻我国使馆提供；（5）由中外法律专家提供。通过以上途径仍不能查明的，适用中华人民共和国法律。故选项C正确。（答案：C）

关联法条

最高人民法院《关于贯彻执行〈中华人民共和国民法通则〉若干问题的意见（试行）》

第一百八十四条 外国法人以其注册登记地国家的法律为其本国法，法人的民事行为能力依其本国法确定。外国法人在我国领域内进行的民事活动，必须符合我国的法律规定。

最高人民法院《关于适用〈中华人民共和国涉外民事关系法律适用法〉若干问题的解释（一）》

第十六条 人民法院应当将法人的设立登记地认定为涉外民事关系法律适用法规定的法人的登记地。

经典考题

1.（2012-1-35，单选）甲国公民琼斯的经常居住地在乙国，其在中国居留期间，因合同纠纷在中国法院参与民事诉讼。关于琼斯的民事能力的法律适用，下列哪一选项是正确的？①

A. 民事权利能力适用甲国法

B. 民事权利能力适用中国法

C. 民事行为能力应重叠适用甲国法和中国法

D. 依照乙国法琼斯为无民事行为能力，依照中国法为有民事行为能力的，其民事行为能力适用中国法

2.（2011-1-36，单选）甲国A公司和乙国B公司共同出资组建了C公司，C公司注册地和主营业地均在乙国，同时在甲国、乙国和中国设有分支机构，现涉及中国某项业务诉诸中国某法院。根据我国相关法律规定，该公司的民事行为能力应当适用哪国法律？②

A. 甲国法　　B. 乙国法

C. 中国法　　D. 乙国法或者中国法

★★第十五条 人格权的内容，适用权利人经常居所地法律。

★第十六条 代理适用代理行为地法律，但被代理人与代理人的民事关系，适用代理关系发生地法律。

当事人可以协议选择委托代理适用的法律。

第十七条 当事人可以协议选择信托适用的法律。当事人没有选择的，适用信托财产所在地法律或者信托关系发生地法律。

★★第十八条 当事人可以协议选择仲裁协议适用的法律。当事人没有选择的，适用仲裁机构所在地法律或者仲裁地法律。

理论解读

应注意此处“第十八条”的规定与最高人民法院《关于适用〈中华人民共和国仲裁法〉若干问题的解释》（简称《仲裁法解释》）第16条的规定不同，由于《涉外民事关系法律适用法》的效力高于《仲裁法解释》，因此在适用上应以本条为准。《仲裁法解释》第16条规定：“对涉外仲裁协议的效力审查，适用当事人约定的法律；当事人没有约定适用的法律但约定了仲裁地的，适用仲裁地法律；没有约定适用的法律也没有约定仲裁地或者仲裁地约定不明的，适用法院地法律。”此外，最高人民法院《关于适用〈中华人民共和国涉外民事关系法律适用法〉若干问题的解释（一）》第14条对当事人约定不明的情况作了补充规定。

关联法条

最高人民法院《关于适用〈中华人民共和国涉外民事关系法律适用法〉若干问题的解释（一）》

第十四条 当事人没有选择涉外仲裁协议适用的法律，也没有约定仲裁机构或者仲裁地，或者约定不明的，人民法院可以适用中华人民共和国法律认定该仲裁协议的效力。

---

① 【答案及释疑】自然人的民事行为能力适用其经常居所地法，自然人从事民事活动，依照经常居所地法律为无民事行为能力，依照行为地法律为有民事行为能力的，适用行为地法律，但涉及婚姻家庭、继承的除外，故应选D项。（答案：D）

② 【答案及释疑】我国《涉外民事关系法律适用法》第14条规定，法人及其分支机构的民事权利能力、民事行为能力、组织机构、股东权利义务等事项，适用登记地法律。法人的主营业地与登记地不一致的，可以适用主营业地法律。法人的经常居所地，为其主营业地。本题中公司注册地和主营业地均在乙国，该公司的民事行为能力应当适用乙国法，故B选项正确。（答案：B）

经典考题

（2012-1-78，多选）中国A公司与甲国B公司签订货物买卖合同，约定合同争议提交中国C仲裁委员会仲裁，仲裁地在中国，但对仲裁条款应适用的法律未作约定。后因货物质量问题双方发生纠纷，中国A公司依仲裁条款向C仲裁委提起仲裁，但B公司主张仲裁条款无效。根据我国相关法律规定，关于本案仲裁条款的效力审查问题，下列哪些判断是正确的？①

A. 对本案仲裁条款的效力，C仲裁委无权认定，只有中国法院有权审查

B. 对本案仲裁条款的效力，如A公司请求C仲裁委作出决定，B公司请求中国法院作出裁定的，由中国法院裁定

C. 对本案仲裁条款效力的审查，应适用中国法

D. 对本案仲裁条款效力的审查，应适用甲国法

★★★第十九条　依照本法适用国籍国法律，自然人具有两个以上国籍的，适用有经常居所的国籍国法律；在所有国籍国均无经常居所的，适用与其有最密切联系的国籍国法律。自然人无国籍或者国籍不明的，适用其经常居所地法律。

★第二十条　依照本法适用经常居所地法律，自然人经常居所地不明的，适用其现在居所地法律。

关联法条

最高人民法院《关于适用〈中华人民共和国涉外民事关系法律适用法〉若干问题的解释（一）》

第十五条　自然人在涉外民事关系产生或者变更、终止时已经连续居住一年以上且作为其生活中心的地方，人民法院可以认定为涉外民事关系法律适用法规定的自然人的经常居所地，但就医、劳务派遣、公务等情形除外。

经典考题

（2013-1-37，单选）张某居住在深圳，2008年3月被深圳某公司劳务派遣到马来西亚工作，2010年6月回深圳，转而受雇于香港某公司，期间每周一到周五在香港上班，周五晚上回深圳与家人团聚。2012年1月，张某离职到北京治病，2013年6月回深圳，现居该地。依《涉外民事关系法律适用法》（不考虑该法生效日期的因素）和司法解释，关于张某经常居所地的认定，下列哪一表述是正确的？②

A. 2010年5月，在马来西亚

B. 2011年12月，在香港

C. 2013年4月，在北京

D. 2008年3月至今，一直在深圳

第三章　婚姻家庭

【提示】在婚姻家庭的法律适用方面，《涉外民事关系法律适用法》的规定相对于《民法通则》、《民通意见》、《收养法》等法律或司法解释而言，在很多方面有了较大的修改，例如涉外结婚的条件和手续、涉外父母子女关系、涉外收养、涉外监护等方面，相互不一致的地方，应以《涉外民事关系法律适用法》为准。

★★★第二十一条　结婚条件，适用当事人共同经常居所地法律；没有共同经常居所地的，适用共同国籍国法律；没有共同国籍，在一方当事人经常居所地或者国籍国缔结婚姻的，适用婚姻缔结地法律。

---

① 【答案及释疑】法院和仲裁机构均可认定涉外仲裁协议是否有效，二者如果冲突，则法院优先，但仲裁机构已经作出裁决的除外，A选项错误，B选项正确；《涉外民事关系法律适用法》第18条：当事人可以协议选择仲裁协议适用的法律。当事人没有选择的，适用仲裁机构所在地法律或者仲裁地法律。故C选项正确，D选项错误。（答案：BC）

② 【答案及释疑】最高人民法院《关于适用〈中华人民共和国涉外民事关系法律适用法〉若干问题的解释（一）》第15条规定，自然人在涉外民事关系产生或者变更、终止时已经连续居住一年以上且作为其生活中心的地方，人民法院可以认定为涉外民事关系法律适用法规定的自然人的经常居所地，但就医、劳务派遣、公务等情形除外。故应选D项。（答案：D）

★★★第二十二条　结婚手续，符合婚姻缔结地法律、一方当事人经常居所地法律或者国籍国法律的，均为有效。

★★第二十三条　夫妻人身关系，适用共同经常居所地法律；没有共同经常居所地的，适用共同国籍国法律。

★★第二十四条　夫妻财产关系，当事人可以协议选择适用一方当事人经常居所地法律、国籍国法律或者主要财产所在地法律。当事人没有选择的，适用共同经常居所地法律；没有共同经常居所地的，适用共同国籍国法律。

经典考题

（2013-1-77，多选）中国人李某（女）与甲国人金某（男）2011年在乙国依照乙国法律登记结婚，婚后二人定居在北京。依《涉外民事关系法律适用法》，关于其夫妻关系的法律适用，下列哪些表述是正确的？①

A. 婚后李某是否应改从其丈夫姓氏的问题，适用甲国法

B. 双方是否应当同居的问题，适用中国法

C. 婚姻对他们婚前财产的效力问题，适用乙国法

D. 婚姻存续期间双方取得的财产的处分问题，双方可选择适用甲国法

★第二十五条　父母子女人身、财产关系，适用共同经常居所地法律；没有共同经常居所地的，适用一方当事人经常居所地法律或者国籍国法律中有利于保护弱者权益的法律。

★★★第二十六条　协议离婚，当事人可以协议选择适用一方当事人经常居所地法律或者国籍国法律。当事人没有选择的，适用共同经常居所地法律；没有共同经常居所地的，适用共同国籍国法律；没有共同国籍的，适用办理离婚手续机构所在地法律。

★★★第二十七条　诉讼离婚，适用法院地法律。

★★★第二十八条　收养的条件和手续，适用收养人和被收养人经常居所地法律。收养的效力，适用收养时收养人经常居所地法律。收养关系的解除，适用收养时被收养人经常居所地法律或者法院地法律。

关联法条

《中华人民共和国收养法》

第二十一条　外国人依照本法可以在中华人民共和国收养子女。

外国人在中华人民共和国收养子女，应当经其所在国主管机关依照该国法律审查同意。收养人应当提供由其所在国有权机构出具的有关收养人的年龄、婚姻、职业、财产、健康、有无受过刑事处罚等状况的证明材料，该证明材料应当经其所在国外交机关或者外交机关授权的机构认证，并经中华人民共和国驻该国使领馆认证。该收养人应当与送养人订立书面协议，亲自向省级人民政府民政部门登记。

收养关系当事人各方或者一方要求办理收养公证的，应当到国务院司法行政部门认定的具有办理涉外公证资格的公证机构办理收养公证。

经典考题

（2012-1-36，单选）某甲国公民经常居住地在甲国，在中国收养了长期居住于北京的中国儿童，并将其带回甲国生活。根据中国关于收养关系法律适用的规定，下列哪一选项是正确的？②

A. 收养的条件和手续应同时符合甲国法和中国法

---

①　【答案及释疑】《涉外民事关系法律适用法》第23条规定，夫妻人身关系，适用共同经常居所地法律；没有共同经常居所地的，适用共同国籍国法律。该法第24条规定，夫妻财产关系，当事人可以协议选择适用一方当事人经常居所地法律、国籍国法律或者主要财产所在地法律。当事人没有选择的，适用共同经常居所地法律；没有共同经常居所地的，适用共同国籍国法律。故应选BD项。（答案：BD）

②　【答案及释疑】收养的条件和手续，适用收养人和被收养人经常居所地法律。收养的效力，适用收养时收养人经常居所地法律。收养关系的解除，适用收养时被收养人经常居所地法律或者法院地法律。故只有A项正确。（答案：A）

B. 收养的条件和手续符合中国法即可
C. 收养效力纠纷诉至中国法院的，应适用中国法
D. 收养关系解除的纠纷诉至中国法院的，应适用甲国法

★★★第二十九条 扶养，适用一方当事人经常居所地法律、国籍国法律或者主要财产所在地法律中有利于保护被扶养人权益的法律。

★★★第三十条 监护，适用一方当事人经常居所地法律或者国籍国法律中有利于保护被监护人权益的法律。

第四章 继 承

★★★★★第三十一条 法定继承，适用被继承人死亡时经常居所地法律，但不动产法定继承，适用不动产所在地法律。

★★★第三十二条 遗嘱方式，符合遗嘱人立遗嘱时或者死亡时经常居所地法律、国籍国法律或者遗嘱行为地法律的，遗嘱均为成立。

★★★第三十三条 遗嘱效力，适用遗嘱人立遗嘱时或者死亡时经常居所地法律或者国籍国法律。

★★第三十四条 遗产管理等事项，适用遗产所在地法律。

★第三十五条 无人继承遗产的归属，适用被继承人死亡时遗产所在地法律。

理论解读

继承的法律适用涉及法定继承的法律适用、遗嘱继承的法律适用和无人继承财产的法律适用问题。应注意《涉外民事关系法律适用法》关于继承法律适用的规定相对于《民法通则》、《继承法》及其司法解释而言，有了较大的修改，不一致的地方，应以《涉外民事关系法律适用法》为准。

第五章 物权

★★第三十六条 不动产物权，适用不动产所在地法律。

关联法条

《中华人民共和国民法通则》

第一百四十四条 不动产的所有权，适用不动产所在地法律。

★★★第三十七条 当事人可以协议选择动产物权适用的法律。当事人没有选择的，适用法律事实发生时动产所在地法律。

★★第三十八条 当事人可以协议选择运输中动产物权发生变更适用的法律。当事人没有选择的，适用运输目的地法律。

经典考题

（2011-1-98，不定项）A公司和B公司于2011年5月20日签订合同，由A公司将一批平板电脑售卖给B公司。A公司和B公司营业地分别位于甲国和乙国，两国均为《联合国国际货物销售合同公约》缔约国。合同项下的货物由丙国C公司的“潇湘”号商船承运，装运港是甲国某港口，目的港是乙国某港口。在运输途中，B公司与中国D公司就货物转卖达成协议。B公司与D公司就运输途中平板电脑的所有权产生了争议，D公司将争议诉诸中国某法院。根据我国有关法律适用的规定，关于平板电脑所有权的法律适用，下列选项正确的是?①

A. 当事人有约定的，可以适用当事人选择的法律，也可以适用乙国法
B. 当事人有约定的，应当适用当事人选择的法律
C. 当事人没有约定的，应当适用甲国法
D. 当事人没有约定的，应当适用乙国法

第三十九条 有价证券，适用有价证券权利实现地法律或者其他与该有价证券有最密切联系的法律。

第四十条 权利质权，适用质权设立地法律。

① 【答案及释疑】根据《涉外民事关系法律适用法》第38条的规定，当事人可以协议选择运输中动产物权发生变更适用的法律。当事人没有选择的，适用运输目的地法律。故选项B、C正确。（答案：BC）

第六章　债权

★★★★★第四十一条　当事人可以协议选择合同适用的法律。当事人没有选择的，适用履行义务最能体现该合同特征的一方当事人经常居所地法律或者其他与该合同有最密切联系的法律。

关联法条

《中华人民共和国合同法》

第一百二十六条　涉外合同的当事人可以选择处理合同争议所适用的法律，但法律另有规定的除外。涉外合同的当事人没有选择的，适用与合同有最密切联系的国家的法律。在中华人民共和国境内履行的中外合资经营企业合同、中外合作经营企业合同、中外合作勘探开发自然资源合同，适用中华人民共和国法律。

最高人民法院《关于审理涉外民事或商事合同纠纷案件法律适用若干问题的规定》

第三条　当事人选择或者变更选择合同争议应适用的法律，应当以明示的方式进行。

第四条　当事人在一审法庭辩论终结前通过协商一致，选择或者变更选择合同争议应适用的法律的，人民法院应予准许。

当事人未选择合同争议应适用的法律，但均援引同一国家或者地区的法律且未提出法律适用异议的，应当视为当事人已经就合同争议应适用的法律作出选择。

第五条　当事人未选择合同争议应适用的法律的，适用与合同有最密切联系的国家或者地区的法律。

人民法院根据最密切联系原则确定合同争议应适用的法律时，应根据合同的特殊性质，以及某一方当事人履行的义务最能体现合同的本质特性等因素，确定与合同有最密切联系的国家或者地区的法律作为合同的准据法。

（一）买卖合同，适用合同订立时卖方住所地法；如果合同是在买方住所地谈判并订立的，或者合同明确规定卖方须在买方住所地履行交货义务的，适用买方住所地法。

（二）来料加工、来件装配以及其他各种加工承揽合同，适用加工承揽人住所地法。

（三）成套设备供应合同，适用设备安装地法。

（四）不动产买卖、租赁或者抵押合同，适用不动产所在地法。

（五）动产租赁合同，适用出租人住所地法。

（六）动产质押合同，适用质权人住所地法。

（七）借款合同，适用贷款人住所地法。

（八）保险合同，适用保险人住所地法。

（九）融资租赁合同，适用承租人住所地法。

（十）建设工程合同，适用建设工程所在地法。

（十一）仓储、保管合同，适用仓储、保管人住所地法。

（十二）保证合同，适用保证人住所地法。

（十三）委托合同，适用受托人住所地法。

（十四）债券的发行、销售和转让合同，分别适用债券发行地法、债券销售地法和债券转让地法。

（十五）拍卖合同，适用拍卖举行地法。

（十六）行纪合同，适用行纪人住所地法。

（十七）居间合同，适用居间人住所地法。

如果上述合同明显与另一国家或者地区有更密切联系的，适用该另一国家或者地区的法律。

第八条　在中华人民共和国领域内履行的下列合同，适用中华人民共和国法律：

（一）中外合资经营企业合同；

（二）中外合作经营企业合同；

（三）中外合作勘探、开发自然资源合同；

（四）中外合资经营企业、中外合作经营企业、外商独资企业股份转让合同；

（五）外国自然人、法人或者其他组织承包经营在中华人民共和国领域内设立的中外合资经营企业、中外合作经营企业的合同；

（六）外国自然人、法人或者其他组织购买中华人民共和国领域内的非外商投资企业股东的股权的合同；

（七）外国自然人、法人或者其他组织认购中华人民共和国领域内的非外商投资有限责任公司或者股份有限公司增资的合同；

（八）外国自然人、法人或者其他组织购买中华人民共和国领域内的非外商投资企业资产的合同；

（九）中华人民共和国法律、行政法规规定应适用中华人民共和国法律的其他合同。

经典考题

1.（2009-1-34，单选）中国某航空公司从甲国公司融资租赁一架飞机。双方合同约定适用甲国法律，由乙国银行提供贷款，由住所位于丙国的丙国公司担保。合同以英文作成，但贷款合同和保证合同对法律适用均没有约定。履行中发生争议，诉诸中国法院。依我国相关法律规定，下列哪一选项是正确的?①

A. 飞机融资租赁合同应适用甲国法律

B. 飞机融资租赁合同应适用承租人住所地法律

C. 贷款合同应认为当事人默示选择适用英国法

D. 保证合同应适用中国某航空公司的住所地法

2. (2008-1-37，单选）中国豫达公司向甲国来科公司出售一批成套设备，该设备将安装在乙国。合同约定有关的纠纷将由被告一方法院管辖但未约定合同的准据法。后双方因履约发生争议，来科公司在中国法院起诉豫达公司。根据最高人民法院《关于审理涉外民事或商事合同纠纷案件法律适用若干问题的规定》，关于我国法院在该案中应推定适用的法律，下列哪一选项是正确的?②

A. 中国法，因豫达公司为设备供应方

B. 甲国法，因来科公司为该批设备的买方

C. 乙国法，因乙国为该批设备的安装地

D.《国际商事合同通则》，因该通则确定的规则具有更广泛的国际性

★★第四十二条 消费者合同，适用消费者经常居所地法律；消费者选择适用商品、服务提供地法律或者经营者在消费者经常居所地没有从事相关经营活动的，适用商品、服务提供地法律。

★第四十三条 劳动合同，适用劳动者工作地法律；难以确定劳动者工作地的，适用用人单位主营业地法律。劳务派遣，可以适用劳务派出地法律。

★★★★★第四十四条 侵权责任，适用侵权行为地法律，但当事人有共同经常居所地的，适用共同经常居所地法律。侵权行为发生后，当事人协议选择适用法律的，按照其协议。

关联法条

最高人民法院《关于贯彻执行〈中华人民共和国民法通则〉若干问题的意见（试行)》

第一百八十七条 侵权行为地的法律包括侵权行为实施地法律和侵权结果发生地法律。如果两者不一致时，人民法院可以选择适用。

经典考题

1. (2012-1-79，多选）甲国公民A与乙国公民B的经常居住地均在中国，双方就在丙国境内发生的侵权纠纷在中国法院提起诉讼。关于该案的法律适用，下列哪些选项是正确的?③

A. 如侵权行为发生后双方达成口头协议，就纠纷的法律适用作出了选择，应适用协议选择的法律

B. 如侵权行为发生后双方达成书面协议，就纠纷的法律适用作出了选择，应适用协议选择的法律

---

① 【答案及释疑】根据最高人民法院《关于审理涉外民事或商事合同纠纷案件法律适用若干问题的规定》第5条关于最密切联系原则的规定，动产租赁合同，适用出租人住所地法。融资租赁合同，适用承租人住所地法。借款合同，适用贷款人住所地法。保证合同，适用保证人住所地法。本题中融资租赁合同的承租人在中国，在当事人没有选择法律的情况下应适用中国法。但本题中当事人选择了甲国法，该选择有效。贷款合同的最密切联系地在本题中为贷款人所在地乙国，保证合同的最密切联系地为保证人住所地在丙国，故A选项正确，而BCD选项错误。(答案：A)

② 【答案及释疑】根据最高人民法院《关于审理涉外民事或商事合同纠纷案件法律适用若干问题的规定》第5条的规定，在当事人没有选择适用法律的情况下，成套设备供应合同，适用设备安装地法。因此本题答案应为C选项。(答案：C)

③ 【答案及释疑】《涉外民事关系法律适用法》第3条规定，“当事人依照法律规定可以明示选择涉外民事关系适用的法律”。此处明示协议应该如何理解？官方答案认为AB选项都正确，即认为书面协议和口头协议均为明示协议。《涉外民事关系法律适用法》第44条规定：侵权责任，适用侵权行为地法律，但当事人有共同经常居所地的，适用共同经常居所地法律。侵权行为发生后，当事人协议选择适用法律的，按照其协议。因此在当事人未协议选择适用何种法律的情况下本案应适用共同经常居所地（本题中当事人的共同经常居所地为中国），D选项也正确。(答案：ABD)

C. 如侵权行为发生后双方未选择纠纷适用的法律，应适用丙国法

D. 如侵权行为发生后双方未选择纠纷适用的法律，应适用中国法

2. （2011-1-77，多选）根据我国有关法律规定，关于涉外民事关系的法律适用，下列哪些领域采用当事人意思自治原则？①

A. 合同

B. 侵权

C. 不动产物权

D. 诉讼离婚

★★第四十五条　产品责任，适用被侵权人经常居所地法律；被侵权人选择适用侵权人主营业地法律、损害发生地法律的，或者侵权人在被侵权人经常居所地没有从事相关经营活动的，适用侵权人主营业地法律或者损害发生地法律。

★★★第四十六条　通过网络或者采用其他方式侵害姓名权、肖像权、名誉权、隐私权等人格权的，适用被侵权人经常居所地法律。

经典考题

（2011-1-78，多选）甲国人特里长期居于乙国，丙国人王某长期居于中国，两人在北京经营相互竞争的同种产品。特里不时在互联网上发布不利于王某的消息，王某在中国法院起诉特里侵犯其名誉权、肖像权和姓名权。关于该案的法律适用，根据我国相关法律规定，下列哪些选项是错误的？②

A. 名誉权的内容应适用中国法律，因为权利人的经常居住地在中国

B. 肖像权的侵害适用甲国法律，因为侵权人是甲国人

C. 姓名权的侵害适用乙国法律，因为侵权人的经常居所地在乙国

D. 网络侵权应当适用丙国法律，因为被侵权人是丙国人

★第四十七条　不当得利、无因管理，适用当事人协议选择适用的法律。当事人没有选择的，适用当事人共同经常居所地法律；没有共同经常居所地的，适用不当得利、无因管理发生地法律。

第七章　知识产权

★★★第四十八条　知识产权的归属和内容，适用被请求保护地法律。

★★★第四十九条　当事人可以协议选择知识产权转让和许可使用适用的法律。当事人没有选择的，适用本法对合同的有关规定。

经典考题

（2012-1-98，不定项）甲国A公司向乙国B公司出口一批货物，双方约定适用《国际贸易术语解释通则2010》中CIF术语。该批货物由丙国C公司“乐安”号商船承运，运输途中船舶搁浅，为起浮抛弃了部分货物。船舶起浮后继续航行中又因恶劣天气，部分货物被海浪打入海中。到目的港后发现还有部分货物因固有缺陷而损失。A公司与B公司就该批货物在中国境内的商标权产生争议，双方诉至中国某法院。关于该商标权有关争议的法律适用，下列选项正确的是？③

① 【答案及释疑】根据《涉外民事关系法律适用法》第41条的规定，当事人可以协议选择合同适用的法律。当事人没有选择的，适用履行义务最能体现该合同特征的一方当事人经常居住地法律或者其他与该合同有最密切联系的法律。选项A正确。《涉外民事关系法律适用法》第44条规定，侵权责任，适用侵权行为地法律，但当事人有共同经常居所地的，适用共同经常居所地法律。侵权行为发生后，当事人协议选择适用法律的，按照其协议。选项B正确。该法第36条规定，不动产物权，适用不动产所在地法。选项C错误。该法第27条规定，诉讼离婚，适用法院地法律。选项D错误。（答案：AB）

② 【答案及释疑】依据《涉外民事关系法律适用法》第15条的规定，人格权的内容，适用权利人经常居住地法律，选项A表述本身正确。《涉外民事关系法律适用法》第46条规定，通过网络或采取其他方式侵害姓名权、肖像权、名誉权、隐私权等人格权的，使用被侵权人经常居住地法律，故选项BCD错误。（答案：BCD）

③ 【答案及释疑】根据《涉外民事关系法律适用法》，知识产权的归属，适用被请求保护地法。知识产权的转让，当事人可以协议适用的法律，没有协议的，适用合同法律适用的一般规定，即适用履行义务最能体现该合同特征的一方当事人的经常居所地国法。（答案：AD）

A. 归属争议应适用中国法
B. 归属争议应适用甲国法
C. 转让争议应适用甲国法
D. 转让争议当事人可以协议选择法律

★★★第五十条　知识产权的侵权责任，适用被请求保护地法律，当事人也可以在侵权行为发生后协议选择适用法院地法律。

第八章　附则

第五十一条　《中华人民共和国民法通则》第一百四十六条、第一百四十七条，《中华人民共和国继承法》第三十六条，与本法的规定不一致的，适用本法。

第五十二条　本法自2011年4月1日起施行。

二、最高人民法院《关于适用〈中华人民共和国涉外民事关系法律适用法〉若干问题的解释（一）》

（2012年12月10日由最高人民法院审判委员会第1563次会议通过，自2013年1月7日起施行）

为正确审理涉外民事案件，根据《中华人民共和国涉外民事关系法律适用法》的规定，对人民法院适用该法的有关问题解释如下：

★第一条　民事关系具有下列情形之一的，人民法院可以认定为涉外民事关系：

（一）当事人一方或双方是外国公民、外国法人或者其他组织、无国籍人；

（二）当事人一方或双方的经常居所地在中华人民共和国领域外；

（三）标的物在中华人民共和国领域外；

（四）产生、变更或者消灭民事关系的法律事实发生在中华人民共和国领域外；

（五）可以认定为涉外民事关系的其他情形。

★第二条　涉外民事关系法律适用法实施以前发生的涉外民事关系，人民法院应当根据该涉外民事关系发生时的有关法律规定确定应当适用的法律；当时法律没有规定的，可以参照涉外民事关系法律适用法的规定确定。

★第三条　涉外民事关系法律适用法与其他法律对同一涉外民事关系法律适用规定不一致的，适用涉外民事关系法律适用法的规定，但《中华人民共和国票据法》、《中华人民共和国海商法》、《中华人民共和国民用航空法》等商事领域法律的特别规定以及知识产权领域法律的特别规定除外。

涉外民事关系法律适用法对涉外民事关系的法律适用没有规定而其他法律有规定的，适用其他法律的规定。

★第四条　涉外民事关系的法律适用涉及适用国际条约的，人民法院应当根据《中华人民共和国民法通则》第一百四十二条第二款以及《中华人民共和国票据法》第九十五条第一款、《中华人民共和国海商法》第二百六十八条第一款、《中华人民共和国民用航空法》第一百八十四条第一款等法律规定予以适用，但知识产权领域的国际条约已经转化或者需要转化为国内法律的除外。

理论解读

我国所参加的民商事条约，原则上应优先于国内法而适用。本条规定属于特别规定，即我国所参加的知识产权领域的国际条约，已经转化或者需要转化为国内法律的除外。

第五条　涉外民事关系的法律适用涉及适用国际惯例的，人民法院应当根据《中华人民共和国民法通则》第一百四十二条第三款以及《中华人民共和国票据法》第九十五条第二款、《中华人民共和国海商法》第二百六十八条第二款、《中华人民共和国民用航空法》第一百八十四条第二款等法律规定予以适用。

★第六条　中华人民共和国法律没有明确规定当事人可以选择涉外民事关系适用的法律，当事人选择适用法律的，人民法院应认定该选择无效。

★★第七条　一方当事人以双方协议选择的法律与系争的涉外民事关系没有实际联系为由主张选择无效的，人民法院不予支持。

★★第八条　当事人在一审法庭辩论终结前

协议选择或者变更选择适用的法律的，人民法院应予准许。

各方当事人援引相同国家的法律且未提出法律适用异议的，人民法院可以认定当事人已经就涉外民事关系适用的法律作出了选择。

★★第九条　当事人在合同中援引尚未对中华人民共和国生效的国际条约的，人民法院可以根据该国际条约的内容确定当事人之间的权利义务，但违反中华人民共和国社会公共利益或中华人民共和国法律、行政法规强制性规定的除外。

★★第十条　有下列情形之一，涉及中华人民共和国社会公共利益、当事人不能通过约定排除适用、无须通过冲突规范指引而直接适用于涉外民事关系的法律、行政法规的规定，人民法院应当认定为涉外民事关系法律适用法第四条规定的强制性规定：

（一）涉及劳动者权益保护的；

（二）涉及食品或公共卫生安全的；

（三）涉及环境安全的；

（四）涉及外汇管制等金融安全的；

（五）涉及反垄断、反倾销的；

（六）应当认定为强制性规定的其他情形。

★★第十一条　一方当事人故意制造涉外民事关系的连结点，规避中华人民共和国法律、行政法规的强制性规定的，人民法院应认定为不发生适用外国法律的效力。

关联法条

最高人民法院《关于贯彻执行〈中华人民共和国民法通则〉若干问题的意见（试行）》

第194条　当事人规避我国强制性或者禁止性法律规范的行为，不发生适用外国法律的效力。

★★第十二条　涉外民事争议的解决须以另一涉外民事关系的确认为前提时，人民法院应当根据该先决问题自身的性质确定其应当适用的法律。

理论解读

本条是关于“先决问题”的规定。先决问题最早是由德国学者梅希奥和汪格尔在1932年至1934年提出的，又称附带问题，是指某些涉外民事争议问题的解决，以先行解决另一个涉外民事争议问题为条件。前者被称为“主要问题”，而后者即需要先行予以解决的问题称为“先决问题”。

一般认为，先决问题包括如下几个构成要件：

（1）根据法院地法的冲突规范，主要问题应适用某一外国法作为准据法。

（2）该先决问题本身具有相对的独立性，可以作为一个单独的问题向法院提出。

（3）依主要问题准据法所属国适用于该先决问题的冲突规则和依法院地法适用于该先决问题的冲突规则，会选择出不同国家的法律作准据法，得出不同的结论，并导致主要问题的判决结果不同。

本条的规定很明确，即法院应不受主要问题法律适用的影响，直接根据先决问题自身的性质援引冲突规范，并适用该冲突规范指向的准据法解决先决问题。

★★第十三条　案件涉及两个或者两个以上的涉外民事关系时，人民法院应当分别确定应当适用的法律。

★★★第十四条　当事人没有选择涉外仲裁协议适用的法律，也没有约定仲裁机构或者仲裁地，或者约定不明的，人民法院可以适用中华人民共和国法律认定该仲裁协议的效力。

关联法条

《中华人民共和国涉外民事关系法律适用法》

第十八条　当事人可以协议选择仲裁协议适用的法律。当事人没有选择的，适用仲裁机构所在地法律或者仲裁地法律。

★★第十五条　自然人在涉外民事关系产生或者变更、终止时已经连续居住一年以上且作为其生活中心的地方，人民法院可以认定为涉外民事关系法律适用法规定的自然人的经常居所地，但就医、劳务派遣、公务等情形除外。

★★第十六条　人民法院应当将法人的设立登记地认定为涉外民事关系法律适用法规定的法人的登记地。

★★第十七条　人民法院通过由当事人提供、已对中华人民共和国生效的国际条约规定的途径、中外法律专家提供等合理途径仍不能获得外国法律的，可以认定为不能查明外国法律。

根据涉外民事关系法律适用法第十条第一款的规定，当事人应当提供外国法律，其在人民法院指定的合理期限内无正当理由未提供该外国法律的，可以认定为不能查明外国法律。

★★第十八条 人民法院应当听取各方当事人对应当适用的外国法律的内容及其理解与适用的意见，当事人对该外国法律的内容及其理解与适用均无异议的，人民法院可以予以确认；当事人有异议的，由人民法院审查认定。

第十九条 涉及香港特别行政区、澳门特别行政区的民事关系的法律适用问题，参照适用本规定。

★第二十条 涉外民事关系法律适用法施行后发生的涉外民事纠纷案件，本解释施行后尚未终审的，适用本解释；本解释施行前已经终审，当事人申请再审或者按照审判监督程序决定再审的，不适用本解释。

第二十一条 本院以前发布的司法解释与本解释不一致的，以本解释为准。

三、其他有关法律适用的相关规定

（一）《中华人民共和国收养法》（节选）

★★第二十一条 外国人依照本法可以在中华人民共和国收养子女。

外国人在中华人民共和国收养子女，应当经其所在国主管机关依照该国法律审查同意。收养人应当提供由其所在国有权机构出具的有关收养人的年龄、婚姻、职业、财产、健康、有无受过刑事处罚等状况的证明材料，该证明材料应当经其所在国外交机关或者外交机关授权的机构认证，并经中华人民共和国驻该国使领馆认证。该收养人应当与送养人订立书面协议，亲自向省级人民政府民政部门登记。

收养关系当事人各方或者一方要求办理收养公证的，应当到国务院司法行政部门认定的具有办理涉外公证资格的公证机构办理收养公证。

关联法条

《中华人民共和国涉外民事关系法律适用法》

第二十八条 收养的条件和手续，适用收养人和被收养人经常居所地法律。收养的效力，适用收养时收养人经常居所地法律。收养关系的解除，适用收养时被收养人经常居所地法律或者法院地法律。

《外国人在中华人民共和国收养子女登记办法》

第三条 外国人在华收养子女，应当符合中国有关收养法律的规定，并应当符合收养人所在国有关收养法的规定；因收养人所在国法律的规定与中国法律的规定不一致而产生的问题，由两国政府有关部门协商处理。

第四条 外国人在华收养子女，应当通过所在国政府或者政府委托的收养组织（以下简称外国收养组织）向中国政府委托的收养组织（以下简称中国收养组织）转交收养申请并提交收养人的家庭情况报告和证明……

第八条 外国人来华收养子女，应当亲自来华办理登记手续。夫妻共同收养的，应当共同来华办理收养手续；一方因故不能来华的，应当书面委托另一方。委托书应当经所在国公证和认证。

第九条 外国人来华收养子女，应当与送养人订立书面收养协议。协议一式三份，收养人、送养人各执一份，办理收养登记手续时收养登记机关收存一份。

书面协议订立后，收养关系当事人应当共同到被收养人常住户口所在地的省、自治区、直辖市人民政府民政部门办理收养登记。

经典考题

（2008-1-46，单选）根据我国关于外国人在华收养子女的法律规定，下列哪一选项是错误的？①

① 【答案及释疑】《收养法》第21条规定，外国人在中华人民共和国收养子女，应当经其所在国主管机关依照该国法律审查同意。收养人应当提供由其所在国有权机构出具的有关收养人的年龄、婚姻、职业、财产、健康、有无受过刑事处罚等状况的证明材料，该证明材料应当经其所在国外交机关或者外交机关授权的机构认证，并经中华人民共和国驻该国使领馆认证。所以ABC三项是正确的，D项错误，因为所在国主管机关依照该国法律审查同意的证明文件经中国驻该国使馆或者领馆认证，并非只有中国使馆才能认证。（答案：D）。

A. 外国人在华收养子女，应经其所在国主管机关依照该国法律审查同意

B. 外国收养人应提供由其所在国有权机构出具的有关收养人的年龄、婚姻、职业、财产、健康、有无受过刑事处罚等状况的证明材料

C. 前项证明材料须经该外国人所在国的外交机关或该外交机关授权的机构认证

D. 前项证明材料须经中国驻该外国使馆认证

（二）《中华人民共和国公司法》（节选）

★★第十条　公司以其主要办事机构所在地为住所。

第一百九十一条　本法所称外国公司是指依照外国法律在中国境外登记设立的公司。

★第一百九十二条　外国公司在中国境内设立分支机构，必须向中国主管机关提出申请，并提交其公司章程、所属国的公司登记证书等有关文件，经批准后，向公司登记机关依法办理登记，领取营业执照。

外国公司分支机构的审批办法由国务院另行规定。

第一百九十五条　外国公司在中国境内设立的分支机构不具有中国法人资格。

外国公司对其分支机构在中国境内进行经营活动承担民事责任。

（三）《中华人民共和国票据法》（节选）

要点归纳示意图如下

种类	关联法条
1. 票据当事人能力	《票据法》第 96 条　票据债务人的民事行为能力，适用其本国法律。票据债务人的民事行为能力，依照其本国法律为无民事行为能力或者为限制民事行为能力而依照行为地法律为完全民事行为能力的，适用行为地法律。
2. 票据行为方式	（1）《票据法》第 97 条　汇票、本票出票时的记载事项，适用出票地法律。支票出票时的记载事项，适用出票地法律，经当事人协议，也可适用付款地法律。 （2）《票据法》第 98 条　票据的背书、承兑、付款和保证行为，适用行为地法。
3. 票据追索权行使期限	《票据法》第 99 条　票据追索权的行使期限，适用出票地法律。
4. 持票人责任	《票据法》第 100 条　票据的提示期限、有关拒绝证明的方式、出具拒绝证明的期限，适用付款地法律。
5. 票据丧失时权利保全程序	《票据法》第 101 条　票据丧失时，失票人请求保全票据权利的程序，适用付款地法律。

第五章　涉外票据的法律适用

★第九十四条　涉外票据的法律适用，依照本章的规定确定。

前款所称涉外票据，是指出票、背书、承兑、保证、付款等行为中，既有发生在中华人民共和国境内又有发生在中华人民共和国境外的票据。

理论解读

判断涉外票据的标准并非当事人国籍涉外，而是要求既有发生在国内的票据行为，又有发生在国外的票据行为。

第九十五条　中华人民共和国缔结或者参加的国际条约同本法有不同规定的，适用国际条约的规定。但是，中华人民共和国声明保留的条款除外。

本法和中华人民共和国缔结或者参加的国际条约没有规定的，可以适用国际惯例。

★★★第九十六条　票据债务人的民事行为能力，适用其本国法律。

票据债务人的民事行为能力，依照其本国法律为无民事行为能力或者为限制民事行为能力而依照行为地法律为完全民事行为能力的，适用行为地法律。

理论解读

应注意，《涉外民事关系法律适用法》和《票据法》关于民事行为能力的法律适用的规定存在差异。《涉外民事关系法律适用法》第12条规定：自然人的民事行为能力，适用经常居所地法律。自然人从事民事活动，依照经常居所地法律为无民事行为能力，依照行为地法律为有民事行为能力的，适用行为地法律，但涉及婚姻家庭、继承的除外。而《票据法》第96条关于票据债务人的民事行为能力的法律适用与前述规定不同，按照特别法优于一般法原则，涉及票据债务人的民事行为能力的法律适用问题，自当以《票据法》为准。

★★第九十七条 汇票、本票出票时的记载事项，适用出票地法律。

支票出票时的记载事项，适用出票地法律，经当事人协议，也可以适用付款地法律。

★★第九十八条 票据的背书、承兑、付款和保证行为，适用行为地法律。

★★★第九十九条 票据追索权的行使期限，适用出票地法律。

★★第一百条 票据的提示期限、有关拒绝证明的方式、出具拒绝证明的期限，适用付款地法律。

★★第一百零一条 票据丧失时，失票人请求保全票据权利的程序，适用付款地法律。

经典考题

1.（2009-1-35，单选）甲国人罗得向希姆借了一笔款。罗得在乙国给希姆开具一张5万美元的支票，其记载的付款人是罗得开立账户的丙国银行。后丙国银行拒绝向持有支票的希姆付款。因甲国战乱，希姆和罗得移居中国经商并有了住所，希姆遂在中国某法院起诉罗得，要求其支付5万美元。关于此案的法律适用，下列哪一选项是正确的？①

A. 该支票的追索应适用当事人选择的法律

B. 该支票追索权的行使期限应适用甲国法律

C. 该支票的记载事项适用乙国法律

D. 该支票记载的付款人是丙国银行，罗得的行为能力应适用丙国法

2.（2006-1-41，单选）甲公司在中国签发一张以德国乙公司为受益人，以德国丙银行为付款人的汇票。乙公司在德国将该汇票背书转让给西班牙丁公司，丁公司向丙银行提示承兑时被拒绝。依照我国《票据法》，关于此案的法律适用，下列哪一表述是正确的？②

A. 甲公司是否有签发该票据的能力应依德国法

B. 该汇票的背书争议应适用西班牙法

C. 该汇票出票时的记载事项适用中国法

D. 丙银行拒绝承兑后，该汇票追索权的行使期限适用德国法

---

① 【答案及释疑】根据《票据法》第99条的规定，票据追索权的行使期限，适用出票地法律，故在本题中该支票的追索权应适用出票地乙国法。根据《票据法》第97条的规定，汇票、本票出票时的记载事项，适用出票地法律。支票出票时的记载事项，适用出票地法律，经当事人协议，也可以适用付款地法律，本题中的支票当事人并未约定适用付款地法，故应适用出票地法乙国法。（答案：C）

② 【答案及释疑】我国《票据法》第96条规定，票据债务人的民事行为能力，适用其本国法律；票据债务人的民事行为能力，依照其本国法律为无民事行为能力或者为限制民事行为能力而依照行为地法律为完全民事行为能力的，适用行为地法律。在此案中，甲公司在中国实施出票这一行为，可以认为中国是出票地，德国两公司仅仅是汇票的受益人和付款人，德国既不是甲公司的国籍国，又不是出票行为的行为地国，故关于甲公司是否有签发该票据的能力不应依德国法，A选项错误。我国《票据法》第98条规定，票据的背书、承兑、付款和保证行为，适用行为地法律。本案中背书行为发生于德国，故B选项错误。我国《票据法》第97条第1款规定，汇票、本票出票时的记载事项，适用出票地法律。由于本案汇票是在中国出票，故该汇票出票时的记载事项应适用中国法，C选项正确。我国《票据法》第99条规定，票据追索权的行使期限，适用出票地法律。本案出票地在中国，故主张丙银行拒绝承兑后该汇票追索权的行使期限适用德国法的D选项错误。（答案：C）

（四）《中华人民共和国海商法》（节选）

第十四章　涉外关系的法律运用

第二百六十八条　中华人民共和国缔结或者参加的国际条约同本法有不同规定的，适用国际条约的规定；但是，中华人民共和国声明保留的条款除外。

中华人民共和国法律和中华人民共和国缔结或者参加的国际条约没有规定的，可以适用国际惯例。

★★第二百六十九条　合同当事人可以选择合同适用的法律，法律另有规定的除外。合同当事人没有选择的，适用与合同有最密切联系的国家的法律。

关联法条

《涉外民事关系法律适用法》

第四十一条　当事人可以协议选择合同适用的法律。当事人没有选择的，适用履行义务最能体现该合同特征的一方当事人经常居所地法律或者其他与该合同有最密切联系的法律。

★★★第二百七十条　船舶所有权的取得、转让和消灭，适用船旗国法律。

★★★第二百七十一条　船舶抵押权适用船旗国法律。

船舶在光船租赁以前或者光船租赁期间，设立船舶抵押权的，适用原船舶登记国的法律。

★第二百七十二条　船舶优先权，适用受理案件的法院所在地法律。

关联法条

《中华人民共和国海商法》

第三节　船舶优先权

第二十一条　船舶优先权，是指海事请求人依照本法第二十二条的规定，向船舶所有人、光船承租人、船舶经营人提出海事请求，对产生该海事请求的船舶具有优先受偿的权利。

★第二十二条　下列各项海事请求具有船舶优先权：

（一）船长、船员和在船上工作的其他在编人员根据劳动法律、行政法规或者劳动合同所产生的工资、其他劳动报酬、船员遣返费用和社会保险费用的给付请求；

（二）在船舶营运中发生的人身伤亡的赔偿请求；

（三）船舶吨税、引航费、港务费和其他港口规费的缴付请求；

（四）海难救助的救助款项的给付请求；

（五）船舶在营运中因侵权行为产生的财产赔偿请求。

载运2 000吨以上的散装货油的船舶，持有有效的证书，证明已经进行油污损害民事责任保险或者具有相应的财务保证的，对其造成的油污损害的赔偿请求，不属于前款第（五）项规定的范围。

第二十三条　本法第二十二条第一款所列各项海事请求，依照顺序受偿。但是，第（四）项海事请求，后于第（一）项至第（三）项发生的，应当先于第（一）项至第（三）项受偿。

本法第二十二条第一款第（一）、（二）、（三）、（五）项中有两个以上海事请求的，不分先后，同时受偿；不足受偿的，按照比例受偿。第（四）项中有两个以上海事请求的，后发生的先受偿。

第二十四条　因行使船舶优先权产生的诉讼费用，保存、拍卖船舶和分配船舶价款产生的费用，以及为海事请求人的共同利益而支付的其他费用，应当从船舶拍卖所得价款中先行拨付。

第二十五条　船舶优先权先于船舶留置权受偿，船舶抵押权后于船舶留置权受偿。

前款所称船舶留置权，是指造船人、修船人在合同另一方未履行合同时，可以留置所占有的船舶，以保证造船费用或者修船费用得以偿还的权利。船舶留置权在造船人、修船人不再占有所造或者所修的船舶时消灭。

第二十六条　船舶优先权不因船舶所有权的转让而消灭。但是，船舶转让时，船舶优先权自法院应受让人申请予以公告之日起满六十日不行使的除外。

第二十七条　本法第二十二条规定的海事请求权转移的，其船舶优先权随之转移。

第二十八条　船舶优先权应当通过法院扣押产生优先权的船舶行使。

第二十九条　船舶优先权，除本法第二十六条规定的外，因下列原因之一而消灭：

（一）具有船舶优先权的海事请求，自优先权产生之日起满一年不行使；

（二）船舶经法院强制出售；

（三）船舶灭失。

前款第（一）项的一年期限，不得中止或者中断。

理论解读

船舶优先权

船舶优先权是指海事请求人依照《海商法》第22条的规定，向船舶所有人、光船承租人、船舶经营人提出海事请求，对产生该海事请求的船舶具有优先受偿的权利。

船舶优先权的受偿顺序，又叫船舶优先权的位次，是指两个或两个以上的优先权竞合时，如何决定其效力的优劣次序问题。不同国家海商法中，船舶优先权的种类和受偿顺序并不完全相同，我国《海商法》第272条规定，船舶优先权，适用受理案件的法院所在地法律。

通过法院扣押产生优先权的船舶行使，船舶优先权因海事请求权的转移而转移，不因船舶所有权的转移而消灭，但船舶转让时，船舶优先权自法院应受让人申请予以公告之日起满60日不行使的除外。

★★★第二百七十三条 船舶碰撞的损害赔偿，适用侵权行为地法律。

船舶在公海上发生碰撞的损害赔偿，适用受理案件的法院所在地法律。

同一国籍的船舶，不论碰撞发生于何地，碰撞船舶之间的损害赔偿适用船旗国法律。

第二百七十四条 共同海损理算，适用理算地法律。

第二百七十五条 海事赔偿责任限制，适用受理案件的法院所在地法律。

第二百七十六条 依照本章规定适用外国法律或者国际惯例，不得违背中华人民共和国的社会公共利益。

经典考题

1.（2009-1-83，多选）甲国贸易公司航次承租乙国籍货轮“锦绣”号将一批货物从甲国运往中国，运输合同载有适用甲国法律的条款。“锦绣”号停靠丙国某港时与丁国籍轮“金象”号相撞，有关货损和碰撞案在中国法院审理。关于该案的法律适用，下列哪些选项是正确的？①

A. 有关航次租船运输合同的争议应适用与合同有最密切联系的法律

B. 有关航次租船运输合同的争议应适用甲国法律

C. 因为“锦绣”号与“金象”号的国籍不同，两轮的碰撞纠纷应适用法院地法解决

D. “锦绣”号与“金象”号的碰撞应适用丙国法律

2.（2007-1-37，单选）巴拿马籍货轮“安达号”承运一批运往中国的货物，中途停靠韩国。“安达号”在韩国停靠卸载同船装运的其他货物时与利比里亚籍“百利号”相碰。“安达号”受损但能继续航行，并得知“百利号”最后的目的港也是中国港口。“安达号”继续航行至中国港口卸货并在中国某海事法院起诉“百利号”，要求其赔偿碰撞损失。依照我国法律，该法院处理该争议应适用下列哪一国法律？②

A. 中国法律，因为本案两船国籍不同，应适用法院地法处理争议

B. 巴拿马法律，因为它是本案原告船舶的国籍国

C. 利比里亚法律，因为它是本案被告船舶的国籍国

D. 韩国法律，因为韩国是侵权行为地

---

① 【答案及释疑】航次租船运输合同载有适用甲国法律的条款，故应适用甲国的法律；我国《海商法》第273条规定，船舶碰撞的损害赔偿，适用侵权行为地法律，“锦绣”号与“金象”号在停靠丙国某港时碰撞，应适用侵权行为地丙国法律。（答案：BD）

② 【答案及释疑】根据《海商法》第273条关于船舶碰撞的法律适用的规定，侵权行为的损害赔偿适用侵权行为地法律，所以D项正确。（答案：D）

（五）《中华人民共和国民用航空法》（节选）

第十四章　涉外关系的法律适用

第一百八十四条　中华人民共和国缔结或者参加的国际条约同本法有不同规定的，适用国际条约的规定；但是，中华人民共和国声明保留的条款除外。

中华人民共和国法律和中华人民共和国缔结或者参加的国际条约没有规定的，可以适用国际惯例。

★★第一百八十五条　民用航空器所有权的取得、转让和消灭，适用民用航空器国籍登记国法律。

★★第一百八十六条　民用航空器抵押权适用民用航空器国籍登记国法律。

★第一百八十七条　民用航空器优先权适用受理案件的法院所在地法律。

理论解读

民用航空器优先权，是指债权人依照本法第19条的规定，向民用航空器所有人、承租人提出赔偿请求，对产生该赔偿请求的民用航空器具有优先受偿的权利。

第一百八十八条　民用航空运输合同当事人可以选择合同适用的法律，但是法律另有规定的除外；合同当事人没有选择的，适用与合同有最密切联系的国家的法律。

★★第一百八十九条　民用航空器对地面第三人的损害赔偿，适用侵权行为地法律。

民用航空器在公海上空对水面第三人的损害赔偿，适用受理案件的法院所在地法律。

第一百九十条　依照本章规定适用外国法律或者国际惯例，不得违背中华人民共和国的社会公共利益。

经典考题

（2005-1-39，单选）新加坡民用航空公司一架客机飞往印度尼西亚途中，因机上物体坠落使在公海上捕鱼的越南渔船受损。后该渔船开往中国港口修理，并就该飞机造成的损害赔偿诉诸我国法院。对于该案，依我国《民用航空法》的规定，法院应适用下列哪个国家的法律？①

A. 新加坡法律

B. 印度尼西亚法律

C. 越南法律

D. 中国法律

（六）最高人民法院《关于审理涉台民商事案件法律适用问题的规定》

（2010年4月26日由最高人民法院审判委员会第1486次会议通过，自2011年1月1日起施行）

为正确审理涉台民商事案件，准确适用法律，维护当事人的合法权益，根据民法通则、民事诉讼法等有关法律，制定本规定。

★★第一条　人民法院审理涉台民商事案件，应当适用法律和司法解释的有关规定。

根据法律和司法解释中选择适用法律的规则，确定适用台湾地区民事法律的，人民法院予以适用。

★★第二条　台湾地区当事人在人民法院参与民事诉讼，与大陆当事人有同等的诉讼权利和义务，其合法权益受法律平等保护。

★★第三条　根据本规定确定适用有关法律违反国家法律的基本原则或者社会公共利益的，不予适用。

理论解读

对于涉及我国台湾地区的民事案件，和涉及香港、澳门特区的案件一样，其管辖权、法律适用等问题，通常比照涉外处理。本司法解释主要也强调了前述这一做法，规定给予我国台湾地区的当事人和内地当事人平等的地位，如果冲突规范指向了我国台湾地区的民事法律，则也给予其和内地民事法律平等的地位而予以适用，但同时也规定了以公共

① 【答案及释疑】我国《民用航空法》第189条规定，民用航空器在公海上空对水面第三人的损害赔偿，适用受理案件的法院所在地法律。因此，本案应当适用法院地国中国的法律。（答案：D）

秩序作为“安全阀”。

经典考题

（2012-1-37，单选）居住于我国台湾地区的当事人张某在大陆某法院参与民事诉讼。关于该案，下列哪一选项是不正确的？①

A. 张某与大陆当事人有同等诉讼权利和义务

B. 确定应适用台湾地区民事法律的，受案的法院予以适用

C. 如张某在大陆，民事诉讼文书可以直接送达

D. 如张某在台湾地区地址明确，可以邮寄送达，但必须在送达回证上签收

① 【答案及释疑】最高人民法院《关于审理涉台民商事案件法律适用问题的规定》规定，根据法律和司法解释中选择适用法律的规则，确定适用我国台湾地区民事法律的，人民法院予以适用。我国台湾地区当事人在人民法院参与民事诉讼，与大陆当事人有同等的诉讼权利和义务，其合法权益受法律平等保护。邮寄送达，并不要求必须在送达回证上签收，如果“受送达人未在送达回证上签收但在邮件回执上签收的”，视为送达，签收日期为送达日期。（最高人民法院《关于涉台民事诉讼文书送达的若干规定》第5条），故应选D项。2012年修正后的我国《民事诉讼法》第267条规定，受送达人所在国的法律允许邮寄送达的，可以邮寄送达，自邮寄之日起满3个月，送达回证没有退回，但根据各种情况足以认定已经送达的，期间届满之日视为送达。（答案：D）

第二部分 涉外商事仲裁

一、《中华人民共和国仲裁法》（节选）

★★第三条 下列纠纷不能仲裁：

（1）婚姻、收养、监护、扶养、继承纠纷；

（2）依法应当由行政机关处理的行政争议。

理论解读

本条规定的六类事项在我国禁止通过仲裁的方式解决。如果外国仲裁机构作出的对这类事项的仲裁裁决到我国来申请承认和执行，也将遭到拒绝。

★★第二十条 当事人对仲裁协议的效力有异议的，可以请求仲裁委员会作出决定或者请求人民法院作出裁定。一方请求仲裁委员会作出决定，另一方请求人民法院作出裁定的，由人民法院裁定。

当事人对仲裁协议的效力有异议，应当在仲裁庭首次开庭前提出。

理论解读

有权决定仲裁协议是否有效的主体有两种，即仲裁机构或人民法院，二者冲突时人民法院优先，但以仲裁机构尚未作出决定为限。

★★第三十九条 仲裁应当开庭进行。当事人协议不开庭的，仲裁庭可以根据仲裁申请书、答辩书以及其他材料作出裁决。

★第五十三条 裁决应当按照多数仲裁员的意见作出，少数仲裁员的不同意见可以记入笔录。仲裁庭不能形成多数意见时，裁决应当按照首席仲裁员的意见作出。

经典考题

（2006-1-80，多选）关于我国涉外仲裁法律规则，下列哪些表述不符合我国《仲裁法》的规定？①

A. 只要是有关当事人可以自由处分的权利的纠纷，就可以通过仲裁解决

B. 如果当事人有协议约定，仲裁案件可以不开庭审理

C. 仲裁庭在中国内地进行仲裁时，无权对当事人就仲裁协议有效性提出的异议作出决定

D. 由三人组成仲裁庭审理的案件，裁决有可能根据一个仲裁员的意见作出

第六十五条 涉外经济贸易、运输和海事中发生的纠纷的仲裁，适用本章规定。本章没有规定的，适用本法其他有关规定。

第六十六条 涉外仲裁委员会可以由中国国际商会组织设立。

涉外仲裁委员会由主任一人、副主任若干人和委员若干人组成。

---

① 【答案及释疑】我国《仲裁法》第 3 条规定，婚姻、收养、监护、扶养、继承纠纷不能仲裁，而前述的纠纷涉及的民事权利，在一定范围内当事人是可以自由处分的，故 A 选项的说法错误。《仲裁法》第 39 条规定，仲裁应当开庭进行。当事人协议不开庭的，仲裁庭可以根据仲裁申请书、答辩书以及其他材料作出裁决，故 B 选项的说法正确。《仲裁法》第 20 条规定，当事人对仲裁协议的效力有异议的，可以请求仲裁委员会作出决定或者请求人民法院作出裁定。因仲裁委员会只是仲裁程序的管理机构，对每个案件的具体案情事实并不全面了解，故一般是授权由仲裁庭对仲裁管辖权问题作出决定，所以仲裁庭在中国内地进行仲裁时，有权对当事人就仲裁协议有效性提出的异议作出决定，故 C 选项的说法错误。《仲裁法》第 53 条规定，裁决应当按照多数仲裁员的意见作出，少数仲裁员的不同意见可以记入笔录。仲裁庭不能形成多数意见时，裁决应当按照首席仲裁员的意见作出。故 D 选项的说法本身正确。（答案：AC）

涉外仲裁委员会的主任、副主任和委员可以由中国国际商会聘任。

第六十七条 涉外仲裁委员会可以从具有法律、经济贸易、科学技术等专门知识的外籍人士中聘任仲裁员。

★★第六十八条 涉外仲裁的当事人申请证据保全的，涉外仲裁委员会应当将当事人的申请提交证据所在地的中级人民法院。

第六十九条 涉外仲裁的仲裁庭可以将开庭情况记入笔录，或者作出笔录要点，笔录要点可以由当事人和其他仲裁参与人签字或者盖章。

★★★★★第七十条 当事人提出证据证明涉外仲裁裁决有民事诉讼法第二百六十条第一款规定的情形之一的，经人民法院组成合议庭审查核实，裁定撤销。

（附：民事诉讼法第二百六十条，2012 年修正后为第二百七十四条）：

对中华人民共和国涉外仲裁机构作出的裁决，被申请人提出证据证明仲裁裁决有下列情形之一的，经人民法院组成合议庭审查核实，裁定不予执行：

（一）当事人在合同中没有订有仲裁条款或者事后没有达成书面仲裁协议的；

（二）被申请人没有得到指定仲裁员或者进行仲裁程序的通知，或者由于其他不属于被申请人负责的原因未能陈述意见的；

（三）仲裁庭的组成或者仲裁的程序与仲裁规则不符的；

（四）裁决的事项不属于仲裁协议的范围或者仲裁机构无权仲裁的。

人民法院认定执行该裁决违背社会公共利益的，裁定不予执行。

关联法条

最高人民法院《关于人民法院撤销涉外仲裁裁决有关事项的通知》（法［1998］40 号）

各省、自治区、直辖市高级人民法院，解放军军事法院：

为严格执行《中华人民共和国仲裁法》（以下简称仲裁法）和《中华人民共和国民事诉讼法》（以下简称民事诉讼法），保障诉讼和仲裁活动依法进行，现决定对人民法院撤销我国涉外仲裁裁决建立报告制度，为此，特作如下通知：

一、凡一方当事人按照仲裁法的规定向人民法院申请撤销我国涉外仲裁裁决，如果人民法院经审查认为涉外仲裁裁决具有民事诉讼法第二百六十条第一款规定的情形之一的，在裁定撤销裁决或通知仲裁重新仲裁之前，须报请本辖区所属高级人民法院进行审查。如果高级人民法院同意撤销裁决或通知仲裁庭重新仲裁，应将其审查意见报最高人民法院。待最高人民法院答复后，方可裁定撤销裁决或通知仲裁庭重新仲裁。

二、受理申请撤销裁决的人民法院如认为应予撤销裁决或通知仲裁庭重新仲裁的，应在受理申请后三十日内报其所属的高级人民法院，该高级人民法院如同意撤销裁决或通知仲裁庭重新仲裁的，应在十五日内报最高人民法院，以严格执行仲裁法第六十条的规定。

最高人民法院《关于人民法院裁定撤销仲裁裁决或驳回当事人申请后当事人能否上诉问题的批复》（法复［1997］5 号）

广西壮族自治区高级人民法院：

你院桂高法［1996］144 号请示及 1997 年 1 月 20 日补充意见均已收悉。经研究，答复如下：

根据《中华人民共和国民事诉讼法》第一百四十条、第一百四十一条和《中华人民共和国仲裁法》第九条第二款规定，对人民法院依法作出的撤销仲裁裁决或驳回当事人申请的裁定，当事人无权上诉。人民法院依法裁定撤销仲裁裁决的，当事人可以根据双方重新达成的仲裁协议申请仲裁，也可以向人民法院起诉。

理论解读

我国对于国内涉外仲裁裁决，只能作形式审查，不能作实质审查，这是有别于对国内的非涉外仲裁裁决的审查的（可以做实质审查）。对于涉外仲裁裁决的“不予执行”和“撤销”的依据是相同的，但人民法院对于涉外仲裁裁决的撤销或不予执行，须经过“报审”程序，即中级人民法院要报高级人民法院，高级人民法院同意的，还要报最高人民法院，待最高人民法院答复后，方可决定。

典型案例

中国公司与新加坡公司协议将其货物买卖纠纷提交设在中国某直辖市的仲裁委员会仲裁。经审理，仲裁庭裁决中国公司败诉。中国公司试图以“裁决所根据的证据不充分”这一理由向该市高级人民法院申请撤销该仲裁裁决，该公司的做法是否适当?

答案：首先，《仲裁法》第70条规定：“当事人提出证据证明裁决有下列情形之一的，可以向仲裁委员会所在地的中级人民法院申请撤销裁决……”即撤销仲裁裁决的管辖法院为仲裁委员会所在地的中级人民法院，故该公司向高级人民法院申请撤销的做法不符合法律规定。其次，根据《仲裁法》第70条及《民事诉讼法》第274条的规定，我国对国内仲裁与涉外仲裁实行监督的双轨制，对涉外仲裁实行程序审查而不作实体问题的审查，而“证据不足”属对仲裁实体问题的监督，故该公司提出的理由无法律依据。

经典考题

1.（2008—四川-1-99，不定项）为提高对涉外仲裁及外国仲裁事项有关问题的裁判的一致性，最高人民法院建立了相关的法院内部报告制度。根据该制度，下列表述正确的是?①

A. 受诉法院如决定拒绝执行一项外国仲裁裁决，应在作出相关裁定前依该制度履行上报手续；拒绝执行外国仲裁裁决的决定权由最高人民法院行使

B. 受诉法院如决定执行一项外国仲裁裁决，则无须依该制度履行上报手续

C. 该制度适用于对涉外仲裁裁决的撤销和重新仲裁的情形

D. 该制度适用于认定涉及港澳台的合同中的仲裁条款无效的情形

2.（2008-1-38，单选）关于仲裁裁决的撤销，根据我国现行法律，下列哪一选项是正确的?②

A. 我国法院可根据我国法律撤销一项外国仲裁裁决

B. 我国法院撤销涉外仲裁裁决的法定理由之一是裁决事项超出仲裁协议范围

C. 撤销涉外仲裁裁决的法定理由和撤销国内仲裁裁决的法定理由相同

D. 对法院作出的不予执行仲裁裁决的裁定，当事人无权上诉

第七十一条　被申请人提出证据证明涉外仲裁裁决有民事诉讼法第二百六十条第一款规定的情形之一的，经人民法院组成合议庭审查核实，裁定不予执行。

第七十二条　涉外仲裁委员会作出的发生法律效力的仲裁裁决，当事人请求执行的，如果被执行人或者其财产不在中华人民共和国领域内，应当由当事人直接向有管辖权的外国法院申请承认和执行。

---

① 【答案及释疑】最高人民法院《关于人民法院处理与涉外仲裁及外国仲裁事项有关问题的通知》中规定，对到我国来申请承认与执行的外国仲裁裁决，在裁定不予执行或者拒绝承认和执行之前，应遵循报审程序，但决定予以承认和执行的，不必报审，因此，A、B项说法正确。此外，对涉外仲裁裁决的撤销和重新仲裁情形也适用该上报制度，C项说法正确。最高人民法院《关于人民法院撤销涉外仲裁裁决有关事项的通知》规定，凡一方当事人按照仲裁法的规定向人民法院申请撤销我国涉外仲裁裁决，如果受案法院准备同意撤销，则也应遵循报审制度，因此，D项说法也正确。（答案：ABCD）

② 【答案及释疑】我国《仲裁法》第70条规定：“当事人提出证据证明涉外仲裁裁决有民事诉讼法第二百六十条第一款规定的情形之一的，经人民法院组成合议庭审查核实，裁定撤销。”我国2012年修正后的《民事诉讼法》关于涉外仲裁的撤销规定在第274条，而不再是《仲裁法》中规定的第260条第1款。修正后的《民事诉讼法》第274条规定：“对中华人民共和国涉外仲裁机构作出的裁决，被申请人提出证据证明仲裁裁决有下列情形之一的，经人民法院组成合议庭审查核实，裁定不予执行：（一）当事人在合同中没有订有仲裁条款或者事后没有达成书面仲裁协议的；（二）被申请人没有得到指定仲裁员或者进行仲裁程序的通知，或者由于其他不属于被申请人负责的原因未能陈述意见的；（三）仲裁庭的组成或者仲裁的程序与仲裁规则不符的；（四）裁决的事项不属于仲裁协议的范围或者仲裁机构无权仲裁的。人民法院认定执行该裁决违背社会公共利益的，裁定不予执行。”所以本题的正确选项是B项。D项本身说法是正确的，但是与题干的问题不相符，因此不选。（答案：B）

二、最高人民法院《关于适用〈中华人民共和国仲裁法〉若干问题的解释》

（2005 年 12 月 26 日最高人民法院审判委员会第 1375 次会议通过，法释［2006］7 号）

根据《中华人民共和国仲裁法》和《中华人民共和国民事诉讼法》等法律规定，对人民法院审理涉及仲裁案件适用法律的若干问题作如下解释：

第一条 仲裁法第十六条规定的“其他书面形式”的仲裁协议，包括以合同书、信件和数据电文（包括电报、电传、传真、电子数据交换和电子邮件）等形式达成的请求仲裁的协议。

第二条 当事人概括约定仲裁事项为合同争议的，基于合同成立、效力、变更、转让、履行、违约责任、解释、解除等产生的纠纷都可以认定为仲裁事项。

★★第三条 仲裁协议约定的仲裁机构名称不准确，但能够确定具体的仲裁机构的，应当认定选定了仲裁机构。

★★第四条 仲裁协议仅约定纠纷适用的仲裁规则的，视为未约定仲裁机构，但当事人达成补充协议或者按照约定的仲裁规则能够确定仲裁机构的除外。

★★第五条 仲裁协议约定两个以上仲裁机构的，当事人可以协议选择其中的一个仲裁机构申请仲裁；当事人不能就仲裁机构选择达成一致的，仲裁协议无效。

★★第六条 仲裁协议约定由某地的仲裁机构仲裁且该地仅有一个仲裁机构的，该仲裁机构视为约定的仲裁机构。该地有两个以上仲裁机构的，当事人可以协议选择其中的一个仲裁机构申请仲裁；当事人不能就仲裁机构选择达成一致的，仲裁协议无效。

理论解读

在认定一个内容约定不明确的涉外仲裁协议是否有效方面，如果准据法为中国法，则应根据上述第 3 条至第 6 条的规定，判断其是否有效；如果准据法为外国法，则应根据该外国法规定的标准来判断。应注意，同样一个涉外仲裁协议，适用不同国家的法律来判断是否有效，其结果可能是不同的。

经典考题

1.（2007-1-82，多选）我国甲公司与瑞士乙公司订立仲裁协议，约定由某地仲裁机构仲裁，但约定的仲裁机构名称不准确。根据最高人民法院《关于适用〈中华人民共和国仲裁法〉若干问题的解释》，下列哪些选项是正确的？[①]

A. 仲裁机构名称不准确，但能确定具体的仲裁机构的，应认定选定了仲裁机构

B. 如仲裁协议约定的仲裁地仅有一个仲裁机构，该仲裁机构应视为约定的仲裁机构

C. 如仲裁协议约定的仲裁地有两个仲裁机构，成立较早的仲裁机构应视为约定的仲裁机构

D. 仲裁协议仅约定纠纷适用的仲裁规则的，不得视为约定了仲裁机构

2.（2009-1-38，单选）某国甲公司与中国乙公司订立买卖合同，概括性地约定有关争议由“中国贸仲”仲裁，也可以向法院起诉。后双方因违约责任产生争议。关于该争议的解决，依我国相关法律规定，下列哪一选项是正确的？[②]

---

① 【答案及释疑】依据《仲裁法解释》第 3 条的规定，A 选项正确，依据其第 6 条第 1 款，B 选项也正确，但 C 选项错误。即如果该地有两个以上仲裁机构的，当事人可以协议选择其中的一个仲裁机构申请仲裁；当事人不能就仲裁机构选择达成一致的，仲裁协议无效。根据上述《仲裁法解释》第 4 条的规定，仲裁协议仅约定纠纷适用的仲裁规则的，视为未约定仲裁机构，但当事人达成补充协议或者按照约定的仲裁规则能够确定仲裁机构的除外，即仲裁协议仅约定纠纷适用的仲裁规则的，也可能因为达成补充协议或者按照约定的仲裁规则能够确定仲裁机构，从而被认定为有效，因此 D 选项错误。（答案：AB）

② 【答案及释疑】根据我国《仲裁法》第 3 条的规定，下列纠纷不能仲裁：婚姻、收养、监护、扶养、继承纠纷；依法应当由行政机关处理的行政争议。合同纠纷属于可仲裁的事项，故 A 选项错误。最高人民法院《关于适用〈中华人民共和国仲裁法〉若干问题的解释》第 3 条规定，仲裁协议约定的仲裁机构名称不准确，但能够确定具体的仲裁机构的，应当认定选定了仲裁机构，故 B 选项正确。仲裁协议如果约定不明，双方还可以通过达成补充协议等方式使之有效，因而认为仲裁协议因约定不明而在任何情况下无效是错误的。根据最高人民法院《关于确认仲裁协议效力几个问题的批复》的规定，如果仲裁机构先于人民法院接受申请并已就管辖权异议作出决定，人民法院不再受理当事人的申请，故 D 选项错误。（答案：B）

A. 违约责任不属于可仲裁的范围
B. 应认定合同已确定了仲裁机构
C. 仲裁协议因约定不明而在任何情况下无效
D. 如某国甲公司不服仲裁机构对仲裁协议效力作出的决定，向我国法院申请确认协议效力，我国法院可以受理

★★第七条　当事人约定争议可以向仲裁机构申请仲裁也可以向人民法院起诉的，仲裁协议无效。但一方向仲裁机构申请仲裁，另一方未在仲裁法第二十条第二款规定期间内提出异议的除外。

第八条　当事人订立仲裁协议后合并、分立的，仲裁协议对其权利义务的继受人有效。

当事人订立仲裁协议后死亡的，仲裁协议对承继其仲裁事项中的权利义务的继承人有效。

前两款规定情形，当事人订立仲裁协议时另有约定的除外。

第九条　债权债务全部或者部分转让的，仲裁协议对受让人有效，但当事人另有约定、在受让债权债务时受让人明确反对或者不知有单独仲裁协议的除外。

第十条　合同成立后未生效或者被撤销的，仲裁协议效力的认定适用仲裁法第十九条第一款的规定。

当事人在订立合同时就争议达成仲裁协议的，合同未成立不影响仲裁协议的效力。

第十一条　合同约定解决争议适用其他合同、文件中的有效仲裁条款的，发生合同争议时，当事人应当按照该仲裁条款提请仲裁。

涉外合同应当适用的有关国际条约中有仲裁规定的，发生合同争议时，当事人应当按照国际条约中的仲裁规定提请仲裁。

★★第十二条　当事人向人民法院申请确认仲裁协议效力的案件，由仲裁协议约定的仲裁机构所在地的中级人民法院管辖；仲裁协议约定的仲裁机构不明确的，由仲裁协议签订地或者被申请人住所地的中级人民法院管辖。

申请确认涉外仲裁协议效力的案件，由仲裁协议约定的仲裁机构所在地、仲裁协议签订地、申请人或者被申请人住所地的中级人民法院管辖。

涉及海事海商纠纷仲裁协议效力的案件，由仲裁协议约定的仲裁机构所在地、仲裁协议签订地、申请人或者被申请人住所地的海事法院管辖；上述地点没有海事法院的，由就近的海事法院管辖。

★★第十三条　依照仲裁法第二十条第二款的规定，当事人在仲裁庭首次开庭前没有对仲裁协议的效力提出异议，而后向人民法院申请确认仲裁协议无效的，人民法院不予受理。

仲裁机构对仲裁协议的效力作出决定后，当事人向人民法院申请确认仲裁协议效力或者申请撤销仲裁机构的决定的，人民法院不予受理。

第十四条　仲裁法第二十六条规定的“首次开庭”是指答辩期满后人民法院组织的第一次开庭审理，不包括审前程序中的各项活动。

第十五条　人民法院审理仲裁协议效力确认案件，应当组成合议庭进行审查，并询问当事人。

★★第十六条　对涉外仲裁协议的效力审查，适用当事人约定的法律；当事人没有约定适用的法律但约定了仲裁地的，适用仲裁地法律；没有约定适用的法律也没有约定仲裁地或者仲裁地约定不明的，适用法院地法律。

关联法条

《中华人民共和国涉外民事关系法律适用法》

第十八条　当事人可以协议选择仲裁协议适用的法律。当事人没有选择的，适用仲裁机构所在地法律或者仲裁地法律。

最高人民法院《关于适用〈中华人民共和国涉外民事关系法律适用法〉若干问题的解释（一）》

第十四条　当事人没有选择涉外仲裁协议适用的法律，也没有约定仲裁机构或者仲裁地，或者约定不明的，人民法院可以适用中华人民共和国法律认定该仲裁协议的效力。

理论解读

最高人民法院《关于适用〈中华人民共和国涉外民事关系适用法〉若干问题的解释（一）》第14条的规定与我国《涉外民事关系法律适用法》第18条的规定不完全一致，不论是根据法律位阶，还是根据后法优于前法的规则，都应以后者为准。

第十七条 当事人以不属于仲裁法第五十八条或者民事诉讼法第二百六十条规定的事由申请撤销仲裁裁决的，人民法院不予支持。

★★第十八条 仲裁法第五十八条第一款第一项规定的“没有仲裁协议”是指当事人没有达成仲裁协议。仲裁协议被认定无效或者被撤销的，视为没有仲裁协议。

★★第十九条 当事人以仲裁裁决事项超出仲裁协议范围为由申请撤销仲裁裁决，经审查属实的，人民法院应当撤销仲裁裁决中的超裁部分。但超裁部分与其他裁决事项不可分的，人民法院应当撤销仲裁裁决。

第二十条 仲裁法第五十八条规定的“违反法定程序”，是指违反仲裁法规定的仲裁程序和当事人选择的仲裁规则可能影响案件正确裁决的情形。

第二十一条 当事人申请撤销国内仲裁裁决的案件属于下列情形之一的，人民法院可以依照仲裁法第六十一条的规定通知仲裁庭在一定期限内重新仲裁：

（一）仲裁裁决所根据的证据是伪造的；

（二）对方当事人隐瞒了足以影响公正裁决的证据的。

人民法院应当在通知中说明要求重新仲裁的具体理由。

第二十二条 仲裁庭在人民法院指定的期限内开始重新仲裁的，人民法院应当裁定终结撤销程序；未开始重新仲裁的，人民法院应当裁定恢复撤销程序。

第二十三条 当事人对重新仲裁裁决不服的，可以在重新仲裁裁决书送达之日起六个月内依据仲裁法第五十八条规定向人民法院申请撤销。

第二十四条 当事人申请撤销仲裁裁决的案件，人民法院应当组成合议庭审理，并询问当事人。

第二十五条 人民法院受理当事人撤销仲裁裁决的申请后，另一方当事人申请执行同一仲裁裁决的，受理执行申请的人民法院应当在受理后裁定中止执行。

第二十六条 当事人向人民法院申请撤销仲裁裁决被驳回后，又在执行程序中以相同理由提出不予执行抗辩的，人民法院不予支持。

第二十七条 当事人在仲裁程序中未对仲裁协议的效力提出异议，在仲裁裁决作出后以仲裁协议无效为由主张撤销仲裁裁决或者提出不予执行抗辩的，人民法院不予支持。

当事人在仲裁程序中对仲裁协议的效力提出异议，在仲裁裁决作出后又以此为由主张撤销仲裁裁决或者提出不予执行抗辩，经审查符合仲裁法第五十八条或者民事诉讼法第二百一十七条、第二百六十条规定的，人民法院应予支持。

第二十八条 当事人请求不予执行仲裁调解书或者根据当事人之间的和解协议作出的仲裁裁决书的，人民法院不予支持。

第二十九条 当事人申请执行仲裁裁决案件，由被执行人住所地或者被执行的财产所在地的中级人民法院管辖。

第三十条 根据审理撤销、执行仲裁裁决案件的实际需要，人民法院可以要求仲裁机构作出说明或者向相关仲裁机构调阅仲裁案卷。

人民法院在办理涉及仲裁的案件过程中作出的裁定，可以送相关的仲裁机构。

第三十一条 本解释自公布之日起实施。

本院以前发布的司法解释与本解释不一致的，以本解释为准。

三、《承认及执行外国仲裁裁决公约》（《纽约公约》）

（1958 年 6 月 10 日联合国国际商事仲裁会议通过）

★★第一条

（1）由于自然人或法人间的争执而引起的仲裁裁决，在一个国家的领土内作成，而在另一个国家请求承认和执行时，适用本公约。在一个国家请求承认和执行这个国家不认为是本国裁决的仲裁裁决时，也适用本公约。

（2）“仲裁裁决”不仅包括由为每一案件选定的仲裁员所作出的裁决，而且也包括由常设仲裁机构经当事人的提请而作出的裁决。

（3）任何缔约国在签署、批准或者加入本公约或者根据第10条通知扩延的时候，可以在互惠的基础上声明，本国只对另一缔约国领土内所作成的仲裁裁决的承认和执行，适用本公约。它也可以声明，本国只对根据本国法律属于商事的法律关系，不论是不是合同关系，所引起的争执适用本公约。

理论解读

第一条第三款的规定是允许缔约国提出“互惠保留”和“商事保留”。“互惠保留”是指缔约国可以在互惠的基础上声明，本国只对另一缔约国领土内所作成的仲裁裁决的承认和执行，适用《纽约公约》。“商事保留”是指可以声明，本国只对根据本国法律属于商事的法律关系，不论是不是合同关系，所引起的争执适用本公约，换言之，对于非商事仲裁，例如国家与外国投资者之间的有关特许权协议争议的仲裁或者国家之间的仲裁，不适用《纽约公约》。我国在加入《纽约公约》时提出了“互惠保留”和“商事保留”。

关联法条

最高人民法院《关于执行我国加入的〈承认及执行外国仲裁裁决公约〉的通知》

一、根据我国加入该公约时所作的互惠保留声明，我国对在另一缔约国领土内作出的仲裁裁决的承认和执行适用该公约。该公约与我国民事诉讼法（试行）有不同规定的，按该公约的规定办理。

对于在非缔约国领土内作出的仲裁裁决，需要我国法院承认和执行的，应按民事诉讼法（试行）第二百零四条的规定办理。

二、根据我国加入该公约时所作的商事保留声明，我国仅对按照我国法律属于契约性和非契约性商事法律关系所引起的争议适用该公约。所谓“契约性和非契约性商事法律关系”，具体的是指由于合同、侵权或者根据有关法律规定而产生的经济上的权利义务关系，例如货物买卖、财产租赁、工程承包、加工承揽、技术转让、合资经营、合作经营、勘探开发自然资源、保险、信贷、劳务、代理、咨询服务和海上、民用航空、铁路、公路的客货运输以及产品责任、环境污染、海上事故和所有权争议等，但不包括外国投资者与东道国政府之间的争端。

第二条

（1）如果双方当事人书面协议把由于同某个可以通过仲裁方式解决的事项有关的特定的法律关系，不论是不是合同关系，所已产生或可能产生的全部或任何争执提交仲裁，每一个缔约国应该承认这种协议。

（2）“书面协议”包括当事人所签署的或者来往书信、电报中所包含的合同中的仲裁条款和仲裁协议。

（3）如果缔约国的法院受理一个案件，而就这案件所涉及的事项，当事人已经达成本条意义内的协议时，除非该法院查明该项协议是无效的、未生效的或不可能实行的，应该依一方当事人的请求，令当事人把案件提交仲裁。

第三条　在以下各条所规定的条件下，每一个缔约国应该承认仲裁裁决有约束力，并且依照裁决需其承认或执行的地方程序规则予以执行。对承认或执行本公约所适用的仲裁裁决，不应该比对承认或执行本国的仲裁裁决规定实质上较烦的条件或较高的费用。

第四条

为了获得前条所提到的承认和执行，申请承认和执行裁决的当事人应该在申请的时候提供：

（一）经正式认证的裁决正本或经正式证明的副本。

（二）第二条所提到的协议正本或经正式证明的副本。

（三）如果上述裁决或协议不是用裁决需其承认或执行的国家的正式语言作成，申请承认和执行裁决的当事人应该提出这些文件的此种译文。译文应该由一官方的或宣过誓的译员或一外交或领事代理人证明。

★★★★★第五条

（1）被请求承认或执行裁决的管辖当局只有在作为裁决执行对象的当事人提出有关下列情况的证明的时候，才可以根据该当事人的要求，拒绝承认和执行该裁决：

（一）第二条所述的协议的双方当事人，根

据对他们适用的法律，当时是处于某种无行为能力的情况之下；或者根据双方当事人选定适用的法律，或在没有这种选定的时候，根据作出裁决的国家的法律，下述协议是无效的；或者

（二）作为裁决执行对象的当事人，没有被给予指定仲裁员或者进行仲裁程序的适当通知，或者由于其他情况而不能对案件提出意见，或者

（三）裁决涉及仲裁协议所没有提到的，或者不包括仲裁协议规定之内的争执；或者裁决内含有对仲裁协议范围以外事项的决定；但是，对于仲裁协议范围以内的事项的决定，如果可以和对于仲裁协议范围以外的事项的决定分开，那么，这一部分的决定仍然可予以承认和执行；或者

（四）仲裁庭的组成或仲裁程序同当事人间的协议不符，或者当事人间没有这种协议时，同进行仲裁的国家的法律不符；或者

（五）裁决对当事人还没有约束力，或者裁决已经由作出裁决的国家或据其法律作出裁决的国家的管辖当局撤销或停止执行。

（2）被请求承认和执行仲裁裁决的国家的管辖当局如果查明有下列情况，也可以拒绝承认和执行：

（一）争执的事项，依照这个国家的法律，不可以用仲裁方式解决；或者

（二）承认或执行该项裁决将和这个国家的公共秩序相抵触。

理论解读

本条是关于缔约国可以拒绝外国仲裁裁决的穷尽性的理由，即缔约国只有在存在本条规定的情形下才能予以拒绝。本条规定的允许拒绝的理由均属于形式审查或者程序审查方面的理由，不包括实质审查。

经典考题

（2013-1-38，单选）法国某公司依1958年联合国《承认及执行外国仲裁裁决公约》，请求中国法院承认与执行一项国际商会国际仲裁院的裁决。依据该公约及中国相关司法解释，下列哪一表述是正确的？①

A. 法院应依职权主动审查该仲裁过程中是否存在仲裁程序与仲裁协议不符的情况

B. 该公约第5条规定的拒绝承认与执行外国仲裁裁决的理由是穷尽性的

C. 如该裁决内含有对仲裁协议范围以外事项的决定，法院应拒绝承认执行该裁决

D. 如该裁决所解决的争议属于侵权性质，法院应拒绝承认执行该裁决

第六条 如果已经向第五条（1）（五）所提到的管辖当局提出了撤销或停止执行仲裁裁决的申请，被请求承认或执行该项裁决的当局如果认为适当，可以延期作出关于执行裁决的决定，也可以依请求执行裁决的当事人的申请，命令对方当事人提供适当的担保。

第七条

（1）本公约的规定不影响缔约国参加的有关承认和执行仲裁裁决的多边或双边协定的效力，也不剥夺有关当事人在被请求承认或执行某一裁决的国家的法律或条约所许可的方式和范围内，可能具有的利用该仲裁裁决的任何权利。

（2）1923年关于仲裁条款的日内瓦议定书和1927年关于执行外国仲裁裁决的日内瓦公约，对本公约的缔约国，在它们开始受本公约约束的时候以及在它们受本公约约束的范围以内失效。

第八条

（1）本公约在1958年12月31日以前开放供联合国任何会员国，现在或今后是联合国专门机构成员的任何其他国家，现在或今后是国际法院规章缔约国的任何其他国家，或者经联合国大会邀请的任何其他国家的代表签署。

（2）本公约须经批准，批准书应当交存联合国秘书长。

第九条

（1）第八条所提到的一切国家都可以加入本公约。

① 【答案及释疑】《承认及执行外国仲裁裁决公约》第5条明确规定了成员国可以拒绝承认和执行其他缔约国境内作出的仲裁裁决的7个理由，因此属于穷尽性的规定，故应选B项。（答案：B）

（2）加入本公约应当将加入书交存联合国秘书长处。

第十条

（1）任何国家在签署、批准或加入本公约的时候，都可以声明：本公约将扩延到国际关系由该国负责一切或任何地区。这种声明在本公约对该国生效的时候生效。

（2）在签署、批准或加入本公约之后，要作这种扩延，应该通知联合国秘书长，并从联合国秘书长接到通知之后九十日起，或从本公约对该国生效之日起，取其在后者生效。

（3）关于在签署、批准或加入本公约的时候，本公约所没有扩延到的地区，各有关国家应当考虑采取必要步骤的可能性，以便使本公约的适用范围能够扩延到这些地区；但是，在有宪法上的必要时，须取得这些地区的政府的同意。

第十一条

对于联邦制或者非单一制国家应当适用下列规定：

（一）关于属于联邦当局立法权限内的本公约条款，联邦政府的义务同非联邦制缔约国政府的义务一样。

（二）关于属于联邦成员或省立法权限内的本公约条款，如果联邦成员或省根据联邦宪法制度没有采取立法行动的义务，联邦政府应当尽早地把这些条款附以积极的建议以唤起联邦成员或省的相应机关的注意。

（三）本公约的联邦国家缔约国，根据任何其他缔约国通过联合国秘书长而提出的请求，应当提供关于该联邦及其构成单位有关本公约任何具体规定的法律和习惯，以表明已经在什么范围内采取立法或其他行动使该项规定生效。

第十二条

（1）本公约从第三个国家交存批准书或加入书之日后九十日起生效。

（2）在第三个国家交存批准书或加入书以后，本公约从每个国家交存批准书或加入书后九十日起对该国生效。

第十三条

（1）任何缔约国可以用书面通知联合国秘书长退出本公约。退约从秘书长接到通知之日后一年起生效。

（2）依照第十条规定提出声明或者通知的任何国家，随时都可以通知联合国秘书长，声明从秘书长接到通知之日后一年起，本公约停止扩延到有关地区。

（3）对于在退约生效以前已经进入承认或执行程序的仲裁裁决，本公约应继续适用。

第十四条

缔约国除了自己有义务适用本公约的情况外，无权利用本公约对抗其他缔约国。

第十五条

联合国秘书长应当将下列事项通知第八条中所提到的国家：

（一）依照第八条的规定签署和批准本公约；

（二）依照第九条的规定加入本公约；

（三）依照第一、十和十一条的规定的声明和通知；

（四）依照第十二条所规定的本公约的生效日期；

（五）依照第十三条所规定的退约和通知。

第十六条

（1）本公约的中、英、法、俄和西班牙各文本同等有效，由联合国档案处保存。

（2）联合国秘书长应当把经过证明的本公约副本送达第八条所提到的国家。

四、最高人民法院《关于执行我国加入的〈承认及执行外国仲裁裁决公约〉的通知》

（1987 年 4 月 10 日，最高人民法院）

全国地方各高、中级人民法院，各海事法院、铁路运输中级法院：

第六届全国人民代表大会常务委员会第十八次会议于 1986 年 12 月 2 日决定我国加入 1958 年在纽约通过的《承认及执行外国仲裁裁决公约》（以下简称《1958 年纽约公约》），该公约将于 1987 年 4 月 22 日对我国生效。各高、中级人民法院都应立即组织经济、民事审判人员、执行人员以及其他有关人员认真学习这一重要的国际公约，并且切实依照执行。现就执行该公约的几个问题通知如下：

一、根据我国加入该公约时所作的互惠保留声明，我国对在另一缔约国领土内作出的仲裁裁决的承认和执行适用该公约。该公约与我国民事诉讼法（试行）有不同规定的，按该公约的规定办理。

对于在非缔约国领土内作出的仲裁裁决，需要我国法院承认和执行的，应按民事诉讼法（试行）第二百零四条的规定办理。

★★二、根据我国加入该公约时所作的商事保留声明，我国仅对按照我国法律属于契约性和非契约性商事法律关系所引起的争议适用该公约。所谓“契约性和非契约性商事法律关系”，具体的是指由于合同、侵权或者根据有关法律规定而产生的经济上的权利义务关系，例如货物买卖、财产租赁、工程承包、加工承揽、技术转让、合资经营、合作经营、勘探开发自然资源、保险、信贷、劳务、代理、咨询服务和海上、民用航空、铁路、公路的客货运输以及产品责任、环境污染、海上事故和所有权争议等，但不包括外国投资者与东道国政府之间的争端。

★三、根据《1958 年纽约公约》第四条的规定，申请我国法院承认和执行在另一缔约国领土内作出的仲裁裁决，是由仲裁裁决的一方当事人提出的。对于当事人的申请应由我国下列地点的中级人民法院受理：

1. 被执行人为自然人的，为其户籍所在地或者居所地；

2. 被执行人为法人的，为其主要办事机构所在地；

3. 被执行人在我国无住所、居所或者主要办事机构，但有财产在我国境内的，为其财产所在地。

四、我国有管辖权的人民法院接到一方当事人的申请后，应对申请承认及执行的仲裁裁决进行审查，如果认为不具有《1958 年纽约公约》第五条第一、二两项所列的情形，应当裁定承认其效力，并且依照民事诉讼法（试行）规定的程序执行；如果认定具有第五条第二项所列的情形之一的，或者根据被执行人提供的证据证明具有第五条第一项所列的情形之一的，应当裁定驳回申请，拒绝承认及执行。

五、申请我国法院承认及执行的仲裁裁决，仅限于《1958 年纽约公约》对我国生效后在另一缔约国领土内作出的仲裁裁决。该项申请应当在民事诉讼法（试行）第一百六十九条规定的申请执行期限内提出。

特此通知，希遵照执行。

经典考题

（2010-1-39，单选）中国和甲国均为《承认及执行外国仲裁裁决公约》缔约国。现甲国某申请人向中国法院申请承认和执行在甲国作出的一项仲裁裁决。对此，下列哪一选项是正确的？①

A. 我国应对该裁决的承认与执行适用公约，因为该申请人具有公约缔约国国籍

B. 有关中国投资者与甲国政府间投资争端的仲裁裁决不适用公约

C. 中国有义务承认公约缔约国所有仲裁裁决的效力

D. 被执行人为中国法人的，应由该法人营业所所在地法院管辖

① 《纽约公约》对于“外国仲裁裁决”的判断标准是根据仲裁地点，而非仲裁当事人的国籍，故 A 选项错误。根据最高人民法院的相关司法解释，我国适用《纽约公约》承认和执行的争端中“不包括外国投资者与东道国政府之间的争端”，故 B 选项正确。根据《纽约公约》第 5 条的规定，我国对于 7 种情形下的其他缔约国仲裁裁决可以不予承认和执行，C 选项错误。根据最高人民法院《关于执行我国加入的〈承认及执行外国仲裁裁决公约〉的通知》第 3 条的规定，被执行人为自然人或法人的，管辖法院应为自然人的户籍所在地或者居所地法院或者主要办事机构所在地法院，D 选项错误。（答案：B）

第三部分　涉外民事诉讼

一、管辖权、司法协助等

（一）《中华人民共和国民事诉讼法》有关管辖权的规定

（1991年4月9日第七届全国人民代表大会第四次会议通过，根据2007年10月28日第十届全国人民代表大会常务委员会第三十次会议《关于修改〈中华人民共和国民事诉讼法〉的决定》第一次修正，根据2012年8月31日第十一届全国人民代表大会常务委员会第二十八次会议《关于修改〈中华人民共和国民事诉讼法〉的决定》第二次修正）

第五条　外国人、无国籍人、外国企业和组织在人民法院起诉、应诉，同中华人民共和国公民、法人和其他组织有同等的诉讼权利义务。

外国法院对中华人民共和国公民、法人和其他组织的民事诉讼权利加以限制的，中华人民共和国人民法院对该国公民、企业和组织的民事诉讼权利，实行对等原则。

…………

第十八条　中级人民法院管辖下列第一审民事案件：

（一）重大涉外案件；

（二）在本辖区有重大影响的案件；

（三）最高人民法院确定由中级人民法院管辖的案件。

…………

第二十一条　对公民提起的民事诉讼，由被告住所地人民法院管辖；被告住所地与经常居住地不一致的，由经常居住地人民法院管辖。

对法人或者其他组织提起的民事诉讼，由被告住所地人民法院管辖。

同一诉讼的几个被告住所地、经常居住地在两个以上人民法院辖区的，各该人民法院都有管辖权。

★★第二十二条　下列民事诉讼，由原告住所地人民法院管辖；原告住所地与经常居住地不一致的，由原告经常居住地人民法院管辖：

（一）对不在中华人民共和国领域内居住的人提起的有关身份关系的诉讼；

（二）对下落不明或者宣告失踪的人提起的有关身份关系的诉讼；

（三）对被采取强制性教育措施的人提起的诉讼；

（四）对被监禁的人提起的诉讼。

★★第二十三条　因合同纠纷提起的诉讼，由被告住所地或者合同履行地人民法院管辖。

第二十四条　因保险合同纠纷提起的诉讼，由被告住所地或者保险标的物所在地人民法院管辖。

第二十五条　因票据纠纷提起的诉讼，由票据支付地或者被告住所地人民法院管辖。

第二十六条　因公司设立、确认股东资格、分配利润、解散等纠纷提起的诉讼，由公司住所地人民法院管辖。

第二十七条　因铁路、公路、水上、航空运输和联合运输合同纠纷提起的诉讼，由运输始发地、目的地或者被告住所地人民法院管辖。

★★第二十八条　因侵权行为提起的诉讼，由侵权行为地或者被告住所地人民法院管辖。

第二十九条　因铁路、公路、水上和航空事故请求损害赔偿提起的诉讼，由事故发生地或者车辆、船舶最先到达地、航空器最先降落地或者被告住所地人民法院管辖。

★第三十条　因船舶碰撞或者其他海事损害事故请求损害赔偿提起的诉讼，由碰撞发生地、碰撞船舶最先到达地、加害船舶被扣留地或者被告住所地人民法院管辖。

第三十一条　因海难救助费用提起的诉讼，由救助地或者被救助船舶最先到达地人民法院管辖。

第三十二条　因共同海损提起的诉讼，由船船最先到达地、共同海损理算地或者航程终止地的人民法院管辖。

★★★第三十三条 下列案件，由本条规定的人民法院专属管辖：

（一）因不动产纠纷提起的诉讼，由不动产所在地人民法院管辖；

（二）因港口作业中发生纠纷提起的诉讼，由港口所在地人民法院管辖；

（三）因继承遗产纠纷提起的诉讼，由被继承人死亡时住所地或者主要遗产所在地人民法院管辖。

理论解读

涉外民事案件管辖权要点归纳示意图如下：

中国管辖权相关规定：
- 条约优先、平行管辖
- 普通地域管辖（被告住所地、经常居住地）及其例外
- 特别地域管辖
- 专属管辖
- 协议管辖（又称为合意管辖）
- 默示接受管辖（应诉管辖或推定管辖或接受管辖）
- 集中管辖

经典考题

（2006-1-40，单选）中国X公司与美国Y公司订立一项出口电器合同，约定有关该合同争议的解决适用《美国统一商法典》。X公司负责安排巴拿马籍货轮运输，并约定适用《海牙规则》。该批货物在中国港口装船时因操作失误使码头装卸设备与船舶发生了碰撞，导致船舶与部分货物的损失。依照我国有关法律，下列哪一选项是正确的？①

A. 该案应由中国该港口辖区中级人民法院管辖

B. 该案应由中国该港口辖区海事法院管辖

C. 出口合同的双方选择适用《美国统一商法典》的约定是无效的

D. 运输合同应当适用中国法

★★★第三十四条 合同或者其他财产权益纠纷的当事人可以书面协议选择被告住所地、合同履行地、合同签订地、原告住所地、标的物所在地等与争议有实际联系的地点的人民法院管辖，但不得违反本法对级别管辖和专属管辖的规定。

理论解读

本条属于民事诉讼中的“协议管辖”，应注意协议管辖的几个限制条件：

（1）要求书面协议；

（2）协议的法院与案件应有实际联系；

（3）协议管辖不得与我国有关级别管辖和专属管辖的规定相冲突。

★★★第一百二十七条 人民法院受理案件后，当事人对管辖权有异议的，应当在提交答辩状期间提出。人民法院对当事人提出的异议，应当审查。异议成立的，裁定将案件移送有管辖权的人民法院；异议不成立的，裁定驳回。

当事人未提出管辖异议，并应诉答辩的，视为受诉人民法院有管辖权，但违反级别管辖和专属管辖规定的除外。

理论解读

本条属于涉外民事诉讼中的推定管辖、应诉管

---

① 【答案及释疑】本题案情为巴拿马籍货轮在中国港口装船时与码头装卸设备碰撞并导致损失。依我国《民事诉讼法》第33条第2项的规定，因港口作业中发生纠纷提起的诉讼，由港口所在地人民法院专属管辖。我国《海事诉讼特别程序法》第7条第1项规定：“因沿海港口作业纠纷提起的诉讼，由港口所在地海事法院管辖。”因此，根据特别法优于一般法的原则，A选项错误而B选项正确。关于本案的法律适用，由于我国《合同法》第126条规定涉外合同的当事人可以选择合同适用的法律（有中方当事人参加的涉外三资合同除外），故本案中买卖合同当事人选择买卖合同适用《美国统一商法典》及运输合同的当事人选择运输合同适用《海牙规则》的做法都是合法的，因此C选项和D选项均属错误。（答案：B）

辖，又称默示协议管辖，是指双方当事人之间既无独立的管辖权协议，合同中又无选择法院条款，也无任何口头承诺，只是当事人一方在一国法院起诉时，另一方对该国法院行使管辖权不提出异议，且应诉答辩，这都表示当事人已经默示受该国法院的管辖。

第四编　涉外民事诉讼程序的特别规定

第二十三章　一般原则

第二百五十九条　在中华人民共和国领域内进行涉外民事诉讼，适用本编规定。本编没有规定的，适用本法其他有关规定。

第二百六十条　中华人民共和国缔结或者参加的国际条约同本法有不同规定的，适用该国际条约的规定，但中华人民共和国声明保留的条款除外。

第二百六十一条　对享有外交特权与豁免的外国人、外国组织或者国际组织提起的民事诉讼，应当依照中华人民共和国有关法律和中华人民共和国缔结或者参加的国际条约的规定办理。

★第二百六十二条　人民法院审理涉外民事案件，应当使用中华人民共和国通用的语言、文字。当事人要求提供翻译的，可以提供，费用由当事人承担。

经典考题

（2008-1-39，单选）普拉克是外国公民，在一起由中国法院审理的涉外侵权案件中为原告。普拉克请求使用其本国语言进行诉讼。关于中国法院对该请求的处理，下列哪一选项是正确的？①

A. 尊重普拉克的这一请求，使用其本国的语言进行案件的审理

B. 驳回普拉克的这一请求，使用中文进行案件的审理，告知由其自行解决翻译问题

C. 驳回普拉克的这一请求，以中文进行案件的审理，但在其要求并承担费用的情况下，应为其提供翻译

D. 驳回普拉克的这一请求，使用中文进行案件的审理，但可为其提供免费翻译

★★★第二百六十三条　外国人、无国籍人、外国企业和组织在人民法院起诉、应诉，需要委托律师代理诉讼的，必须委托中华人民共和国的律师。

关联法条

最高人民法院《关于适用〈中华人民共和国民事诉讼法〉若干问题的意见》

第三百零八条　涉外民事诉讼中的外籍当事人，可以委托本国人为诉讼代理人，也可以委托本国律师以非律师身份担任诉讼代理人；外国驻华使、领馆官员，受本国公民的委托，可以以个人名义担任诉讼代理人，但在诉讼中不享有外交特权和豁免权。

经典考题

（2005-1-83，多选）根据我国《民事诉讼法》及相关司法解释的规定，在涉外民事诉讼中，外国当事人可以委托下列哪些人作为其诉讼代理人？②

A. 中国律师

---

① 【答案及释疑】本题中，在该起由中国法院审理的涉外侵权案件中，原告是外国人，根据我国《民事诉讼法》第262条的规定，本案应以中文进行审理，在当事人要求提供翻译并承担费用的情况下，可以提供翻译。故C选项正确。（答案：C）

② 【答案及释疑】外国人在我国法院起诉、应诉，享有与我国公民同等的诉讼权利和义务。我国《民事诉讼法》第263条规定："外国人、无国籍人、外国企业和组织在人民法院起诉、应诉，需要委托律师代理诉讼的，必须委托中华人民共和国的律师。"故A项当选。最高人民法院《关于适用〈中华人民共和国民事诉讼法〉若干问题的意见》第308条规定："涉外民事诉讼中的外籍当事人，可以委托本国人为诉讼代理人，也可以委托本国律师以非律师身份担任诉讼代理人；外国驻华使、领馆官员，受本国公民的委托，可以以个人名义担任诉讼代理人，但在诉讼中不享有外交特权和豁免权。"因此，C、D项都可入选。外国人在诉讼权利方面享有国民待遇，行使该权利应在我国《民事诉讼法》及最高人民法院《关于适用〈中华人民共和国民事诉讼法〉若干问题的意见》的允许范围之内进行，在不违反我国强制性规定的情形下，外国人可自由选择代理人，因此外国当事人也可以委托中国公民进行诉讼，B项也正确。（答案：ABCD）

B. 中国公民

C. 其本国驻华使、领馆官员

D. 其本国公民

★★★第二百六十四条　在中华人民共和国领域内没有住所的外国人、无国籍人、外国企业和组织委托中华人民共和国律师或者其他人代理诉讼，从中华人民共和国领域外寄交或者托交的授权委托书，应当经所在国公证机关证明，并经中华人民共和国驻该国使领馆认证，或者履行中华人民共和国与该所在国订立的有关条约中规定的证明手续后，才具有效力。

第二十四章　管辖

★★★第二百六十五条　因合同纠纷或者其他财产权益纠纷，对在中华人民共和国领域内没有住所的被告提起的诉讼，如果合同在中华人民共和国领域内签订或者履行，或者诉讼标的物在中华人民共和国领域内，或者被告在中华人民共和国领域内有可供扣押的财产，或者被告在中华人民共和国领域内设有代表机构，可以由合同签订地、合同履行地、诉讼标的物所在地、可供扣押财产所在地、侵权行为地或者代表机构住所地人民法院管辖。

理论解读

本条属于涉外民事诉讼中的“特别地域管辖”，所谓特别地域管辖，又称特殊地域管辖，是指以诉讼标的所在地或者引起民事法律关系发生、变更、消灭的法律事实所在地为标准确定的管辖。

经典考题

（2008-1-36，单选）朗文与戴某缔结了一个在甲国和中国履行的合同。履约过程中发生争议，朗文向甲国法院起诉戴某并获得胜诉判决。戴某败诉后就同一案件向我国法院提起诉讼。朗文以该案件已经甲国法院判决生效为由对中国法院提出管辖权异议。依据我国法律、司法解释以及我国缔结的相关条约，下列哪一选项是正确的？①

A. 朗文的主张构成对我国法院就同一案件实体问题行使管辖权的有效异议

B. 我国法院对戴某的起诉没有管辖权

C. 我国法院对涉外民事诉讼案件的管辖权不受任何限制

D. 我国法院可以受理戴某的起诉

★★★第二百六十六条　因在中华人民共和国履行中外合资经营企业合同、中外合作经营企业合同、中外合作勘探开发自然资源合同发生纠纷提起的诉讼，由中华人民共和国人民法院管辖。

理论解读

本条是关于专属管辖的规定，应注意对于中外合资经营企业合同、中外合作经营企业合同、中外合作勘探开发自然资源合同，必须是“在中华人民共和国境内履行”的情况下才属于专属管辖。此外，我国民事诉讼法对专属管辖的规定还有：

《民事诉讼法》第 33 条：下列案件，由本条规定的人民法院专属管辖：（1）因不动产纠纷提起的诉讼，由不动产所在地人民法院管辖；（2）因港口作业中发生纠纷提起的诉讼，由港口所在地人民法院管辖；（3）因继承遗产纠纷提起的诉讼，由被继承人死亡时住所地或者主要遗产所在地人民法院管辖。

《海事诉讼特别程序法》第 7 条第 1 项：因沿海港口作业纠纷提起的诉讼，由港口所在地海事法院管辖。

最高人民法院《关于适用〈中华人民共和国民事诉讼法〉若干问题的意见》第 305 条：依照民事诉讼法第 34 条和第 246 条规定，属于中华人民共和国人民法院专属管辖的案件，当事人不得用书面协议选择其他国家法院管辖。但协议选择仲裁裁决的除外。

① 【答案及释疑】除条约另有规定外，外国法院管辖并不能成为我国行使管辖权的障碍，A 项错误。该案件的合同履行地在我国，基于“特别地域管辖”，我国法院可以行使管辖权，B 项错误而 D 项正确。我国法院行使管辖权应以国内立法及参加的有关条约为依据，故 C 项错误。（答案：D）

经典考题

（2012-1-38，单选）某外国公民阮某因合同纠纷在中国法院起诉中国公民张某。关于该民事诉讼，下列哪一选项是正确的？[1]

A. 阮某可以委托本国律师以非律师身份担任诉讼代理人

B. 受阮某委托，某该国驻华使馆官员可以以个人名义担任诉讼代理人，并在诉讼中享有外交特权和豁免权

C. 阮某和张某可用明示方式选择与争议有实际联系的地点的法院管辖

D. 中国法院和外国法院对该案都有管辖权的，如张某向外国法院起诉，阮某向中国法院起诉，中国法院不能受理

第二十五章 送达、期间

★★★★★第二百六十七条 人民法院对在中华人民共和国领域内没有住所的当事人送达诉讼文书，可以采用下列方式：

（一）依照受送达人所在国与中华人民共和国缔结或者共同参加的国际条约中规定的方式送达；

（二）通过外交途径送达；

（三）对具有中华人民共和国国籍的受送达人，可以委托中华人民共和国驻受送达人所在国的使领馆代为送达；

（四）向受送达人委托的有权代其接受送达的诉讼代理人送达；

（五）向受送达人在中华人民共和国领域内设立的代表机构或者有权接受送达的分支机构、业务代办人送达；

（六）受送达人所在国的法律允许邮寄送达的，可以邮寄送达，自邮寄之日起满三个月，送达回证没有退回，但根据各种情况足以认定已经送达的，期间届满之日视为送达；

（七）采用传真、电子邮件等能够确认受送达人收悉的方式送达；

（八）不能用上述方式送达的，公告送达，自公告之日起满三个月，即视为送达。

关联法条

最高人民法院《关于涉外民事或商事案件司法文书送达问题若干规定》

第三条 作为受送达人的自然人或者企业、其他组织的法定代表人、主要负责人在中华人民共和国领域内的，人民法院可以向该自然人或者法定代表人、主要负责人送达。

第八条 受送达人所在国允许邮寄送达的，人民法院可以邮寄送达。

邮寄送达时应附有送达回证。受送达人未在送达回证上签收但在邮件回执上签收的，视为送达，签收日期为送达日期。

自邮寄之日起满六个月，如果未能收到送达与否的证明文件，且根据各种情况不足以认定已经送达的，视为不能用邮寄方式送达。

第十一条 除公告送达方式外，人民法院可以同时采取多种方式向受送达人进行送达，但应根据最先实现送达的方式确定送达日期。

第十二条 人民法院向受送达人在中华人民共和国领域内的法定代表人、主要负责人、诉讼代理

---

① 【答案及释疑】最高人民法院《关于适用〈中华人民共和国民事诉讼法〉若干问题的意见》第308条规定："涉外民事诉讼中的外籍当事人，可以委托本国人为诉讼代理人，也可以委托本国律师以非律师身份担任诉讼代理人；外国驻华使、领馆官员，受本国公民的委托，可以以个人名义担任诉讼代理人，但在诉讼中不享有外交特权和豁免权。"故A项正确，B项错误。涉外民事诉讼不必遵循一事不再理原则，即使外国法院受理，中国法院仍然有权受理，故D项错误。关于C项，2012年修正后的我国《民事诉讼法》第34条规定，合同或者其他财产权益纠纷的当事人可以书面协议选择被告住所地、合同履行地、合同签订地、原告住所地、标的物所在地等与争议有实际联系的地点的人民法院管辖，但不得违反本法对级别管辖和专属管辖的规定；第266条规定，因在中华人民共和国履行中外合资经营企业合同、中外合作经营企业合同、中外合作勘探开发自然资源合同发生纠纷提起的诉讼，由中华人民共和国人民法院管辖。官方答案认为C项错误，其理由大概是题干中并未说明是何种合同纠纷，如果阮某和张某的合同是属于专属管辖的合同，当事人协议外国法院管辖则无效。对于本题，我们也可以靠做题技巧，基于本题属于单项选择，而A项显然正确，用排除法把其他几个选项排除掉。（答案：A）

人、代表机构以及有权接受送达的分支机构、业务代办人送达司法文书，可以适用留置送达的方式。

★★理论解读

最高人民法院《关于涉外民事或商事案件司法文书送达问题若干规定》上述关于邮寄送达的规定是"自邮寄之日起满六个月，如果未能收到送达与否的证明文件，且根据各种情况不足以认定已经送达的，视为不能用邮寄方式送达"中的时间为"六个月"，而我国《民事诉讼法》规定"自邮寄之日起满三个月，送达回证没有退回，但根据各种情况足以认定已经送达的，期间届满之日视为送达"的时间为"三个月"。

最高人民法院《关于涉外民事或商事案件司法文书送达问题若干规定》第3条规定"作为受送达人的自然人或者企业、其他组织的法定代表人、主要负责人在中华人民共和国领域内的，人民法院可以向该自然人或者法定代表人、主要负责人送达"这一送达方式属于对我国《民事诉讼法》第267条所规定送达方式的补充。

最高人民法院《关于涉外民事或商事案件司法文书送达问题若干规定》规定"除公告送达方式外，人民法院可以同时采取多种方式向受送达人进行送达，但应根据最先实现送达的方式确定送达日期"，说明法院可以同时采取公告之外的多种送达方式，此规定也应作为我国《民事诉讼法》第267条上述规定的补充。

经典考题

(2007-1-80，多选）某中国企业因与在境外设立的斯坦利公司的争议向我国法院提起诉讼。根据我国现行司法解释，关于向斯坦利公司有效送达司法文书的问题，下列哪些选项是正确的？①

A. 法院可向该公司设在中国的任何分支机构送达

B. 法院可向该公司设在中国的任何代表机构送达

C. 如该公司的主要负责人位于中国境内时，法院可向其送达

D. 法院可向该公司在中国的诉讼代理人送达

第二百六十八条 被告在中华人民共和国领域内没有住所的，人民法院应当将起诉状副本送达被告，并通知被告在收到起诉状副本后三十日内提出答辩状。被告申请延期的，是否准许，由人民法院决定。

第二百六十九条 在中华人民共和国领域内没有住所的当事人，不服第一审人民法院判决、裁定的，有权在判决书、裁定书送达之日起三十日内提起上诉。被上诉人在收到上诉状副本后，应当在三十日内提出答辩状。当事人不能在法定期间提起上诉或者提出答辩状，申请延期的，是否准许，由人民法院决定。

第二百七十条 人民法院审理涉外民事案件的期间，不受本法第一百四十九条、第一百七十六条规定的限制。

第二十六章 仲裁

第二百七十一条 涉外经济贸易、运输和海事中发生的纠纷，当事人在合同中订有仲裁条款或者事后达成书面仲裁协议，提交中华人民共和国涉外仲裁机构或者其他仲裁机构仲裁的，当事人不得向人民法院起诉。

当事人在合同中没有订有仲裁条款或者事后没有达成书面仲裁协议的，可以向人民法院起诉。

★★第二百七十二条 当事人申请采取保全的，中华人民共和国的涉外仲裁机构应当将当事人的申请，提交被申请人住所地或者财产所在地的中级人民法院裁定。

★★第二百七十三条 经中华人民共和国涉外仲裁机构裁决的，当事人不得向人民法院起诉。一方当事人不履行仲裁裁决的，对方当事人可以向被申请人住所地或者财产所在地的中级人民法院申请执行。

① 【答案及释疑】根据最高人民法院《关于涉外民事或商事案件司法文书送达问题若干规定》第5条的规定，受送达人在中华人民共和国领域内有分支机构或者业务代办人的，分支机构或业务代办人经该受送达人授权才可以向其送达，但如果受送达人在我国有代表机构，可以直接向其送达，故A选项错误，B选项正确。根据该《规定》第3条的规定，如该公司的主要负责人位于中国境内时，法院可向其送达，故C选项正确。而根据该《规定》第4条的规定，D选项亦属正确。（答案：BCD）

★★★第二百七十四条　对中华人民共和国涉外仲裁机构作出的裁决，被申请人提出证据证明仲裁裁决有下列情形之一的，经人民法院组成合议庭审查核实，裁定不予执行：

（一）当事人在合同中没有订有仲裁条款或者事后没有达成书面仲裁协议的；

（二）被申请人没有得到指定仲裁员或者进行仲裁程序的通知，或者由于其他不属于被申请人负责的原因未能陈述意见的；

（三）仲裁庭的组成或者仲裁的程序与仲裁规则不符的；

（四）裁决的事项不属于仲裁协议的范围或者仲裁机构无权仲裁的。

人民法院认定执行该裁决违背社会公共利益的，裁定不予执行。

★第二百七十五条　仲裁裁决被人民法院裁定不予执行的，当事人可以根据双方达成的书面仲裁协议重新申请仲裁，也可以向人民法院起诉。

第二十七章　司法协助

第二百七十六条　根据中华人民共和国缔结或者参加的国际条约，或者按照互惠原则，人民法院和外国法院可以相互请求，代为送达文书、调查取证以及进行其他诉讼行为。

外国法院请求协助的事项有损于中华人民共和国的主权、安全或者社会公共利益的，人民法院不予执行。

★★★第二百七十七条　请求和提供司法协助，应当依照中华人民共和国缔结或者参加的国际条约所规定的途径进行；没有条约关系的，通过外交途径进行。

外国驻中华人民共和国的使领馆可以向该国公民送达文书和调查取证，但不得违反中华人民共和国的法律，并不得采取强制措施。

除前款规定的情况外，未经中华人民共和国主管机关准许，任何外国机关或者个人不得在中华人民共和国领域内送达文书、调查取证。

经典考题

（2004-1-72，多选）某外国法院依照该国与我国缔结或共同参加的国际条约的规定提出司法协助请求，我国法院应该依照什么程序提供司法协助？①

A. 依照国际惯例进行

B. 依照我国法律规定的程序进行

C. 依照该外国法律规定的程序进行，但该程序不得违反我国的公共秩序

D. 在一定条件下，也可依照外国法院请求的特殊方式进行

★★第二百七十八条　外国法院请求人民法院提供司法协助的请求书及其所附文件，应当附有中文译本或者国际条约规定的其他文字文本。

人民法院请求外国法院提供司法协助的请求书及其所附文件，应当附有该国文字译本或者国际条约规定的其他文字文本。

★★第二百七十九条　人民法院提供司法协助，依照中华人民共和国法律规定的程序进行。外国法院请求采用特殊方式的，也可以按照其请求的特殊方式进行，但请求采用的特殊方式不得违反中华人民共和国法律。

★★第二百八十条　人民法院作出的发生法律效力的判决、裁定，如果被执行人或者其财产不在中华人民共和国领域内，当事人请求执行的，可以由当事人直接向有管辖权的外国法院申请承认和执行，也可以由人民法院依照中华人民共和国缔结或者参加的国际条约的规定，或者按照互惠原则，请求外国法院承认和执行。

中华人民共和国涉外仲裁机构作出的发生法律效力的仲裁裁决，当事人请求执行的，如果被执行人或者其财产不在中华人民共和国领域内，应当由当事人直接向有管辖权的外国法院申请承认和执行。

---

① 【答案及释疑】我国《民事诉讼法》第277条第1款规定，请求和提供司法协助，应当依照中华人民共和国缔结或者参加的国际条约所规定的途径进行；没有条约关系的，通过外交途径进行。其第279条规定，人民法院提供司法协助，依照中华人民共和国法律规定的程序进行。外国法院请求采用特殊方式的，也可以按照其请求的特殊方式进行，但请求采用的特殊方式不得违反中华人民共和国法律。所以，我国法院应依照我国法律规定的程序进行，在一定条件下，也可依照外国法院请求的特殊方式进行。故BD项正确。（答案：BD）

★★第二百八十一条　外国法院作出的发生法律效力的判决、裁定，需要中华人民共和国人民法院承认和执行的，可以由当事人直接向中华人民共和国有管辖权的中级人民法院申请承认和执行，也可以由外国法院依照该国与中华人民共和国缔结或者参加的国际条约的规定，或者按照互惠原则，请求人民法院承认和执行。

★★★第二百八十二条　人民法院对申请或者请求承认和执行的外国法院作出的发生法律效力的判决、裁定，依照中华人民共和国缔结或者参加的国际条约，或者按照互惠原则进行审查后，认为不违反中华人民共和国法律的基本原则或者国家主权、安全、社会公共利益的，裁定承认其效力，需要执行的，发出执行令，依照本法的有关规定执行。违反中华人民共和国法律的基本原则或者国家主权、安全、社会公共利益的，不予承认和执行。

★★★第二百八十三条　国外仲裁机构的裁决，需要中华人民共和国人民法院承认和执行的，应当由当事人直接向被执行人住所地或者其财产所在地的中级人民法院申请，人民法院应当依照中华人民共和国缔结或者参加的国际条约，或者按照互惠原则办理。

第二百八十四条　本法自公布之日起施行，《中华人民共和国民事诉讼法（试行）》同时废止。

（二）最高人民法院《关于涉外民商事案件诉讼管辖若干问题的规定》

（自 2002 年 3 月 1 日起施行）

★第一条　第一审涉外民商事案件由下列人民法院管辖：（一）国务院批准设立的经济技术开发区人民法院；（二）省会、自治区首府、直辖市所在地的中级人民法院；（三）经济特区、计划单列市中级人民法院；（四）最高人民法院指定的其他中级人民法院；（五）高级人民法院。

上述中级人民法院的区域管辖范围由所在地的高级人民法院确定。

第二条　对国务院批准设立的经济技术开发区人民法院所作的第一审判决、裁定不服的，其第二审由所在地中级人民法院管辖。

★★第三条　本规定适用于下列案件：（一）涉外合同和侵权纠纷案件；（二）信用证纠纷案件；（三）申请撤销、承认与强制执行国际仲裁裁决的案件；（四）审查有关涉外民商事仲裁条款效力的案件；（五）申请承认和强制执行外国法院民商事判决、裁定的案件。

★★第四条　发生在与外国接壤的边境省份的边境贸易纠纷案件，涉外房地产案件和涉外知识产权案件，不适用本规定。

第五条　涉及香港、澳门特别行政区和台湾地区当事人的民商事纠纷案件的管辖，参照本规定处理。

第六条　高级人民法院应当对涉外民商事案件的管辖实施监督，凡越权受理涉外民商事案件的，应当通知或者裁定将案件移送有管辖权的人民法院审理。

理论解读

本司法解释是关于涉外民商事案件的“集中管辖”的规定，就是指将以往分散由各基层人民法院、中级人民法院管辖的涉外民商事件集中交由少数受案较多、审判力量较强的中级人民法院、基层人民法院管辖。

经典考题

（2007-1-94，不定项）最高人民法院《关于涉外民商事案件诉讼管辖若干问题的规定》中，明确了涉外民商事案件的诉讼管辖权限和范围，也规定了例外的情况。不适用上述《规定》进行集中管辖的涉外案件是?①

A. 涉外房地产案件
B. 边境贸易纠纷案件
C. 强制执行国际仲裁裁决案件
D. 信用证纠纷案件

① 【答案及释疑】根据最高人民法院《关于涉外民商事案件诉讼管辖若干问题的规定》，涉外房地产案件 、边境贸易纠纷案件均被排除在集中管辖的范围之外。（答案：AB）

（三）最高人民法院《关于适用〈中华人民共和国民事诉讼法〉若干问题的意见》（节选）

13. 在国内结婚并定居国外的华侨，如定居国法院以离婚诉讼须由婚姻缔结地法院管辖为由不予受理，当事人向人民法院提出离婚诉讼的，由婚姻缔结地或一方在国内的最后居住地人民法院管辖。

14. 在国外结婚并定居国外的华侨，如定居国法院以离婚诉讼须由国籍所属国法院管辖为由不予受理，当事人向人民法院提出离婚诉讼的，由一方原住所地或在国内的最后居住地人民法院管辖。

15. 中国公民一方居住在国外，一方居住在国内，不论哪一方向人民法院提起离婚诉讼，国内一方住所地的人民法院都有权管辖。如国外一方在居住国法院起诉，国内一方向人民法院起诉的，受诉人民法院有权管辖。

16. 中国公民双方在国外但未定居，一方向人民法院起诉离婚的，应由原告或者被告原住所地的人民法院管辖。

十八、涉外民事诉讼程序的特别规定

304. 当事人一方或双方是外国人、无国籍人、外国企业或组织，或者当事人之间民事法律关系的设立、变更、终止的法律事实发生在外国，或者诉讼标的物在外国的民事案件，为涉外民事案件。

305. 依照民事诉讼法第三十四条和第二百四十六条规定，属于中华人民共和国人民法院专属管辖的案件，当事人不得用书面协议选择其他国家法院管辖。但协议选择仲裁裁决的除外。

★★306. 中华人民共和国人民法院和外国法院都有管辖权的案件，一方当事人向外国法院起诉，而另一方当事人向中华人民共和国人民法院起诉的，人民法院可予受理。判决后，外国法院申请或者当事人请求人民法院承认和执行外国法院对本案作出的判决、裁定的，不予准许；但双方共同参加或者签订的国际条约另有规定的除外。

经典考题

（2012-1-39，单选）当事人欲将某外国法院作出的民事判决申请中国法院承认和执行。根据中国法律，下列哪一选项是错误的？①

A. 该判决应向中国有管辖权的法院申请承认和执行

B. 该判决应是外国法院作出的发生法律效力的判决

C. 承认和执行该判决的请求须由该外国法院向中国法院提出，不能由当事人向中国法院提出

D. 如该判决违反中国的公共利益，中国法院不予承认和执行

307. 对不在我国领域内居住的被告，经用公告方式送达诉状或传唤，公告期满不应诉，人民法院缺席判决后，仍应将裁判文书依照民事诉讼法第二百四十七条第（七）项的规定公告送达。自公告送达裁判文书满六个月的次日起，经过三十日的上诉期当事人没有上诉的，一审判决即发生法律效力。

★★308. 涉外民事诉讼中的外籍当事人，可以委托本国人为诉讼代理人，也可以委托本国律师以非律师身份担任诉讼代理人；外国驻华使、领馆官员，受本国公民的委托，可以以个人名义担任诉讼代理人，但在诉讼中不享有外交特权和豁免权。

★★309、涉外民事诉讼中，外国驻华使、领馆授权其本馆官员，在作为当事人的本国国民不在我国领域内的情况下，可以以外交代表身份为其本国国民在我国聘请中国律师或中国公民代理民事诉讼。

310. 涉外民事诉讼中，经调解双方达成协议，应当制发调解书。当事人要求发给判决书的，可以依协议的内容制作判决书送达当事人。

311. 当事人双方分别居住在我国领域内和领域外，对第一审人民法院判决、裁定的上诉期，居住在我国领域内的为民事诉讼法第一百四

① 【答案及释疑】根据我国《民事诉讼法》第281条、第282条的规定，ABD项表述正确。承认和执行该判决的请求可以由该外国法院，也可以由当事人向中国法院提出，故C项表述错误，当选。（答案：C）

十七条所规定的期限；居住在我国领域外的为三十日。双方的上诉期均已届满没有上诉的，第一审人民法院的判决、裁定即发生法律效力。

312. 本意见第 145 条至第 148 条、第 277 条、第 278 条的规定适用于涉外民事诉讼程序。

313. 我国涉外仲裁机构作出的仲裁裁决，一方当事人不履行，对方当事人向人民法院申请执行的，应依照民事诉讼法第二十八章的有关规定办理。

314. 申请人向人民法院申请执行我国涉外仲裁机构裁决，须提出书面申请书，并附裁决书正本。如申请人为外国一方当事人，其申请书须用中文本提出。

★315. 人民法院强制执行涉外仲裁机构的仲裁裁决时，如被执行人申辩有民事诉讼法第二百六十条第一款规定的情形之一的，在其提供了财产担保后，可以中止执行。人民法院应当对被执行人的申辩进行审查，并根据审查结果裁定不予执行或驳回申辩。

★316. 涉外经济合同的解除或者终止，不影响合同中仲裁条款的效力。当事人一方因订有仲裁条款的涉外经济合同被解除或者终止向人民法院起诉的，不予受理。

★★317. 依照民事诉讼法第二百五十八条的规定，我国涉外仲裁机构将当事人的财产保全申请提交人民法院裁定的，人民法院可以进行审查，决定是否进行保全。裁定采取保全的，应当责令申请人提供担保，申请人不提供担保的，裁定驳回申请。

★★★318. 当事人向中华人民共和国有管辖权的中级人民法院申请承认和执行外国法院作出的发生法律效力的判决、裁定的，如果该法院所在国与中华人民共和国没有缔结或者共同参加国际条约，也没有互惠关系的，当事人可以向人民法院起诉，由有管辖权的人民法院作出判决，予以执行。

★★319. 与我国没有司法协助协议又无互惠关系的国家的法院，未通过外交途径，直接请求我国法院司法协助的，我国法院应予退回，并说明理由。

320. 当事人在我国领域外使用人民法院的判决书、裁定书，要求我国人民法院证明其法律效力的，以及外国法院要求我国人民法院证明判决书、裁定书的法律效力的，我国作出判决、裁定的人民法院，可以本法院的名义出具证明。

（四）《中华人民共和国海事诉讼特别程序法》（节选）

第七条 下列海事诉讼，由本条规定的海事法院专属管辖：

（一）因沿海港口作业纠纷提起的诉讼，由港口所在地海事法院管辖；

（二）因船舶排放、泄漏、倾倒油类或者其他有害物质，海上生产、作业或者拆船、修船作业造成海域污染损害提起的诉讼，由污染发生地、损害结果地或者采取预防污染措施地海事法院管辖；

（三）因在中华人民共和国领域和有管辖权的海域履行的海洋勘探开发合同纠纷提起的诉讼，由合同履行地海事法院管辖。

第八条 海事纠纷的当事人都是外国人、无国籍人、外国企业或者组织，当事人书面协议选择中华人民共和国海事法院管辖的，即使与纠纷有实际联系的地点不在中华人民共和国领域内，中华人民共和国海事法院对该纠纷也具有管辖权。

经典考题

（2007-1-38，单选）国际海上运输合同的当事人在合同中选定我国某法院作为解决可能发生的纠纷的法院。关于此，下列哪一选项是错误的？[①]

① 【答案及释疑】关于涉外合同的协议管辖，我国《民事诉讼法》的规定有一些限制，合同或者财产权益纠纷的当事人，可以用书面协议选择与争议有实际联系的地点的法院管辖。选择中华人民共和国人民法院管辖的，不得违反该法关于级别管辖和专属管辖的规定。A、B、D选项的说法本身都是正确的。我国《海事诉讼特别程序法》第 8 条规定："海事纠纷的当事人都是外国人、无国籍人、外国企业或者组织，当事人书面协议选择中华人民共和国海事法院管辖的，即使与纠纷有实际联系的地点不在中华人民共和国领域内，中华人民共和国海事法院对该纠纷也具有管辖权。"本题恰好属于国际海上运输合同问题，涉及海事纠纷，依据特别法优于一般法的原则，在本题的案情中，并不必然要求当事人选择的我国法院和案件有实际联系。C 选项错误，在本题中当选。（答案：C）

A. 该协议不得违反我国有关级别管辖和专属管辖的规定
B. 当事人可以在纠纷发生前协议选择我国法院管辖
C. 如与该合同纠纷有实际联系的地点不在我国领域内，我国法院无权依该协议对纠纷进行管辖
D. 涉外合同或涉外财产权益纠纷的当事人可以选择管辖法院

（五）最高人民法院《关于人民法院受理涉及特权与豁免的民事案件有关问题的通知》

各省、自治区、直辖市高级人民法院，解放军军事法院，新疆维吾尔自治区高级人民法院生产建设兵团分院：

为严格执行《中华人民共和国民事诉讼法》以及我国参加的有关国际公约的规定，保障正确受理涉及特权与豁免的民事案件，我院决定对人民法院受理的涉及特权与豁免的案件建立报告制度，特做如下通知：

凡以下列在中国享有特权与豁免的主体为被告、第三人向人民法院起诉的民事案件，人民法院应在决定受理之前，报请本辖区高级人民法院审查；高级人民法院同意受理的，应当将其审查意见报最高人民法院。在最高人民法院答复前，一律暂不受理。

一、外国国家；

二、外国驻中国使馆和使馆人员；

三、外国驻中国领馆和领馆成员；

四、途经中国的外国驻第三国的外交代表和与其共同生活的配偶及未成年子女；

五、途经中国的外国驻第三国的领事官员和与其共同生活的配偶及未成年子女；

六、持有中国外交签证或者持有外交护照（仅限互免签证的国家）来中国的外国官员；

七、持有中国外交签证或者持有与中国互免签证国家外交护照的领事官员；

八、来中国访问的外国国家元首、政府首脑、外交部长及其他具有同等身份的官员；

九、来中国参加联合国及其专门机构召开的国际会议的外国代表；

十、临时来中国的联合国及其专门机构的官员和专家；

十一、联合国系统组织驻中国的代表机构和人员；

十二、其他在中国享有特权与豁免的主体。

经典考题

（2008-1-99，不定项）依据现行的司法解释，我国法院受理对在我国享有特权与豁免的主体起诉的民事案件，须按法院内部报告制度，报请最高人民法院批准。为此，下列表述正确的是？①

A. 在我国享有特权与豁免的主体若为民事案件中的第三人，该报告制度不适用
B. 若在我国享有特权与豁免的主体在我国从事商业活动，则对其作为被告的民事案件的受理无须适用上述报告制度
C. 对外国驻华使馆的外交官作为原告的民事案件，其受理不适用上述报告制度
D. 若被告是临时来华的联合国官员，则对其作为被告的有关的民事案件的受理不适用上述报告制度

二、其他有关涉外司法协助的规定——涉外送达、涉外取证、涉外民事判决的承认与执行

（一）最高人民法院《关于涉外民事或商事案件司法文书送达问题若干规定》

第一条　人民法院审理涉外民事或商事案件时，向在中华人民共和国领域内没有住所的受送达人送达司法文书，适用本规定。

---

① 【答案及释疑】根据最高人民法院《关于人民法院受理涉及特权与豁免的民事案件有关问题的通知》的规定，以在中国享有特权与豁免的主体为被告、第三人（不包括做原告）向人民法院起诉的民事案件，人民法院应在决定受理之前，报请本辖区高级人民法院审查，故AB项错误，C项正确。临时来华的联合国官员也属于在中国享有特权与豁免的主体，也应适用上述报告制度，D项错误。（答案：C）

第二条 本规定所称司法文书，是指起诉状副本、上诉状副本、反诉状副本、答辩状副本、传票、判决书、调解书、裁定书、支付令、决定书、通知书、证明书、送达回证以及其他司法文书。

★★★第三条 作为受送达人的自然人或者企业、其他组织的法定代表人、主要负责人在中华人民共和国领域内的，人民法院可以向该自然人或者法定代表人、主要负责人送达。

第四条 除受送达人在授权委托书中明确表明其诉讼代理人无权代为接收有关司法文书外，其委托的诉讼代理人为民事诉讼法第二百四十七条第（四）项规定的有权代其接受送达的诉讼代理人，人民法院可以向该诉讼代理人送达。

第五条 人民法院向受送达人送达司法文书，可以送达给其在中华人民共和国领域内设立的代表机构。

受送达人在中华人民共和国领域内有分支机构或者业务代办人的，经该受送达人授权，人民法院可以向其分支机构或者业务代办人送达。

第六条 人民法院向在中华人民共和国领域内没有住所的受送达人送达司法文书时，若该受送达人所在国与中华人民共和国签订有司法协助协定，可以依照司法协助协定规定的方式送达；若该受送达人所在国是《关于向国外送达民事或商事司法文书和司法外文书公约》的成员国，可以依照该公约规定的方式送达。

受送达人所在国与中华人民共和国签订有司法协助协定，且为《关于向国外送达民事或商事司法文书和司法外文书公约》成员国的，人民法院依照司法协助协定的规定办理。

第七条 按照司法协助协定、《关于向国外送达民事或商事司法文书和司法外文书公约》或者外交途径送达司法文书，自我国有关机关将司法文书转递受送达人所在国有关机关之日起满六个月，如果未能收到送达与否的证明文件，且根据各种情况不足以认定已经送达的，视为不能用该种方式送达。

第八条 受送达人所在国允许邮寄送达的，人民法院可以邮寄送达。

邮寄送达时应附有送达回证。受送达人未在送达回证上签收但在邮件回执上签收的，视为送达，签收日期为送达日期。

自邮寄之日起满六个月，如果未能收到送达与否的证明文件，且根据各种情况不足以认定已经送达的，视为不能用邮寄方式送达。

★★第九条 人民法院依照民事诉讼法第二百四十七条第（七）项规定的公告方式送达时，公告内容应在国内外公开发行的报刊上刊登。

第十条 除本规定上述送达方式外，人民法院可以通过传真、电子邮件等能够确认收悉的其他适当方式向受送达人送达。

★★★第十一条 除公告送达方式外，人民法院可以同时采取多种方式向受送达人进行送达，但应根据最先实现送达的方式确定送达日期。

关联法条

《民事诉讼法》

第二百六十七条 人民法院对在中华人民共和国领域内没有住所的当事人送达诉讼文书，可以采用下列方式：

（一）依照受送达人所在国与中华人民共和国缔结或者共同参加的国际条约中规定的方式送达；

（二）通过外交途径送达；

（三）对具有中华人民共和国国籍的受送达人，可以委托中华人民共和国驻受送达人所在国的使领馆代为送达；

（四）向受送达人委托的有权代其接受送达的诉讼代理人送达；

（五）向受送达人在中华人民共和国领域内设立的代表机构或者有权接受送达的分支机构、业务代办人送达；

（六）受送达人所在国的法律允许邮寄送达的，可以邮寄送达，自邮寄之日起满三个月，送达回证没有退回，但根据各种情况足以认定已经送达的，期间届满之日视为送达；

（七）采用传真、电子邮件等能够确认受送达人收悉的方式送达；

（八）不能用上述方式送达的，公告送达，自公告之日起满三个月，即视为送达。

理论解读

本司法解释关于送达的规定是对我国《民事诉

讼法》关于送达规定的补充，例如本解释第 3 条规定，作为受送达人的自然人或者企业、其他组织的法定代表人、主要负责人在中华人民共和国领域内的，人民法院可以向该自然人或者法定代表人、主要负责人送达；第 11 条规定，除公告送达方式外，人民法院可以同时采取多种方式向受送达人进行送达，但应根据最先实现送达的方式确定送达日期。

第十二条　人民法院向受送达人在中华人民共和国领域内的法定代表人、主要负责人、诉讼代理人、代表机构以及有权接受送达的分支机构、业务代办人送达司法文书，可以适用留置送达的方式。

第十三条　受送达人未对人民法院送达的司法文书履行签收手续，但存在以下情形之一的，视为送达：

（一）受送达人书面向人民法院提及了所送达司法文书的内容；

（二）受送达人已经按照所送达司法文书的内容履行；

（三）其他可以视为已经送达的情形。

第十四条　人民法院送达司法文书，根据有关规定需要通过上级人民法院转递的，应附申请转递函。

上级人民法院收到下级人民法院申请转递的司法文书，应在七个工作日内予以转递。

上级人民法院认为下级人民法院申请转递的司法文书不符合有关规定需要补正的，应在七个工作日内退回申请转递的人民法院。

第十五条　人民法院送达司法文书，根据有关规定需要提供翻译件的，应由受理案件的人民法院委托中华人民共和国领域内的翻译机构进行翻译。

翻译件不加盖人民法院印章，但应由翻译机构或翻译人员签名或盖章证明译文与原文一致。

第十六条　本规定自公布之日起施行。

（二）最高人民法院、外交部、司法部《关于我国法院和外国法院通过外交途径相互委托送达法律文书若干问题的通知》

（1986 年 8 月 14 日）

全国各有关法院、各驻外使领馆：

目前，在我国与外国没有双边协议的情况下，有关涉外民事、经济等方面诉讼的法律文书，一般按互惠原则通过外交途径送达．过去，由于送达的法律文书不多，没有制定统一的规定．随着我国实行对外开放政策，涉外民事、经济等方面诉讼案件中需要送达的法律文书日益增多，为适应新的形势，针对过去在法律文书送达方面的问题，现根据我国民事诉讼法（试行）的有关规定，对我国法院和外国法院通过外交途径相互委托送达民事、经济等方面诉讼的法律文书的若干问题通知如下：

一、凡已同我国建交国家的法院，通过外交途径委托我国法院向我国公民或法人以及在华的第三国或无国籍当事人送达法律文书，除该国同我国已订有协议的按协议办理外，一般根据互惠原则按下列程序和要求办理：

★★1. 由该国驻华使馆将法律文书交外交部领事司转递给有关高级人民法院，再由该高级人民法院指定有关中级人民法院送达给当事人。当事人在所附送达回证上签字后，中级人民法院将送达回证退高级人民法院，再通过外交部领事司转退给对方；如未附送达回证，则由有关中级人民法院出具送达证明交有关高级人民法院，再通过外交部领事司转给对方。

★★2. 委托送达法律文书须用委托书。委托书和所送法律文书须附有中文译本。

★★3. 法律文书的内容有损我国主权和安全的，予以驳回；如受送达人享有外交特权和豁免，一般不予送达；不属于我国法院职权范围或因地址不明或其他原因不能送达的，由有关高级人民法院提出处理意见或注明妨碍送达的原因，由外交部领事司向对方说明理由，予以退回。

★★★二、外国驻华使、领馆可以直接向其在华的本国国民送达法律文书，但不得损害我国主权和安全，不得采取强制措施。如对方通过外交途径委托我方向其在华的该国国民送达法律文书，亦可按第一条的规定予以送达。

三、对拒绝转递我国法院通过外交途径委托送达法律文书的国家或有特殊限制的国家，我可根据情况采取相应措施。

四、我国法院通过外交途径向国外当事人送达法律文书，应按下列程序和要求办理：

★★1. 要求送达的法律文书须经省、自治区、直辖市高级人民法院审查，由外交部领事司负责转递。

2. 须准确注明受送达人姓名、性别、年龄、国籍及其在国外的详细外文地址，并将该案的基本情况函告外交部领事司，以便转递。

3. 须附有送达委托书．如对方法院名称不明，可委托当事人所在地区主管法院。委托书和所送法律文书还须附有该国文字或该国同意使用的第三国文字译本。如该国对委托书及法律文书有公证、认证等特殊要求，将由外交部领事司逐案通知。

★★★五、我国法院向在外国领域内的中国籍当事人送达法律文书，如该国允许我使、领馆直接送达，可委托我驻该国使、领馆送达。此类法律文书可不必附有外文译本。

六、我国法院和外国法院通过外交途径相互委托送达法律文书的收费，一般按对等原则办理。外国法院支付我国法院代为送达法律文书的费用，由外交部领事司转交有关高级人民法院；我国法院支付外国法院代为送达法律文书的费用，由有关高级人民法院交外交部领事司转递。但应委托一方要求用特殊方式送达法律文书所引起的费用，由委托一方负担。

七、中、日（本）双方法院委托对方法院代为送达法律文书，除按上述有关原则办理外，还应依照最高人民法院一九八二年十月十二日《关于中、日两国之间委托送达法律文书使用送达回证问题的通知》办理。

八、我国法院和外国法院通过外交途径相互委托代为调查或取证，参照以上有关规定办理。

本通知自发出之日起实行。执行中有何问题，请报有关单位。

一九八六年八月十四日

（三）《关于向国外送达民事或商事司法文书和司法外文书公约》——亦称《海牙送达公约》

本公约缔约国，

希望创立适当方法，以确保须予送达到国外的司法文书和司法外文书在足够的时间内为收件人所知悉，

希望通过简化并加快有关程序，改进为此目的而进行相互司法协助的体制，

为此目的，兹决定缔结一项公约，并议定下列各条：

★第一条

在所有民事或商事案件中，如有须递送司法文书或司法外文书以便向国外送达的情形，均应适用本公约。

在文书的受送达人地址不明的情况下，本公约不予适用。

第一章　司法文书

第二条

每一缔约国应指定一个中央机关，负责根据第三条至第六条的规定，接收来自其他缔约国的送达请求书，并予以转递。

每一缔约国应依其本国法律组建中央机关。

★第三条

依文书发出国法律有权主管的当局或司法助理人员应将符合本公约所附范本的请求书送交文书发往国中央机关，无须认证或其他类似手续。

请求书应附有须予送达的文书或其副本。请求书和文书均须一式两份。

第四条

如中央机关认为该请求书不符合本公约的规定，应及时通知申请者，并说明其对请求书的异议。

第五条

文书发往国中央机关应按照下列方法之一，自行送达该文书，或安排经由一适当机构使之得以送达：

（一）按照其国内法规定的在国内诉讼中对在其境内的人员送达文书的方法，或

（二）按照申请者所请求采用的特定方法，除非这一方法与文书发往国法律相抵触。

除本条第一款第（二）项规定外，均可通过将文书交付自愿接受的收件人的方法进行送达。

如依上述第一款送达文书，则中央机关可要求该文书以文书发往国的官方文字或其中之一写成，或译为该种文字。

依本公约所附格式填写的请求书中包括被送达文书概要的部分应连同文书一并送达。

第六条

文书发往国中央机关或该国为此目的可能指

定的任何机关应依本公约所附范本格式出具证明书。

证明书应说明文书已经送达，并应包括送达的方法、地点和日期，以及文书被交付人。如文书并未送达，则证明书中应载明妨碍送达的原因。

申请者可要求非中央机关或司法机关出具的证明书由上述一个机关副署。

证明书应直接送交申请者。

第七条

本公约所附范本的标准栏目均应用法文或英文写成，亦可用文书发出国的官方文字或其中之一写成。

相应空格应用文书发往国文字或法文或英文填写。

★第八条

每一缔约国有权直接通过其外交或领事代表机构向身在国外的人完成司法文书的送达，但不得采用任何强制措施。

任何国家均可声明其对在其境内进行此种送达的异议，除非该文书须送达给文书发出国国民。

第九条

此外，每一缔约国有权利用领事途径将文书送交另一缔约国为此目的指定的机关，以便送达。

如有特殊情况需要，每一缔约国可为同一目的使用外交途径。

第十条

如送达目的地国不表异议，本公约不妨碍：

（一）通过邮寄途径直接向身在国外的人送交司法文书的自由；

（二）文书发出国的司法助理人员、官员或其他主管人员直接通过送达目的地国的司法助理人员、官员或其他主管人员完成司法文书的送达的自由；

（三）任何在司法程序中有利害关系的人直接通过送达目的地国的司法助理人员、官员或其他主管人员完成司法文书的送达的自由。

第十一条

本公约不妨碍两个或更多缔约国达成协议，允许采用上述各条所规定的递送途径以外的途径，特别是通过其各自机关直接联系的途径，以便送达司法文书。

★★第十二条

发自缔约一国的司法文书的送达不应产生因文书发往国提供服务所引起的税款或费用的支付或补偿

申请者应支付或补偿下列情况产生的费用：

（一）有司法助理人员或依送达目的地国法律主管人员的参与；

（二）特定送达方法的使用。

★★★第十三条

如果送达请求书符合本公约的规定，则文书发往国只在其认为执行请求将损害其主权或安全时才可拒绝执行。

一国不得仅根据下列理由拒绝执行，即：依其国内法，该国主张对该项诉讼标的专属管辖权，或其国内法不允许进行该项申请所依据的诉讼。

在拒绝执行的情况下，中央机关应迅速通知申请者，并说明拒绝的理由。

第十四条

在为了送达而递送司法文书的过程中可能产生的困难，应通过外交途径解决。

第十五条

如须根据本公约向国外递送传票或类似文书，以便送达，而被告没有出庭，则在确定以下情况之前，不得作出判决：

（一）该文书已依文书发往国的国内法所规定的在国内诉讼中对在其境内的人送达文书的方法予以送达；或

（二）该文书已依本公约规定的其他方法被实际交付被告或其居所。并且，在上述任何一种情况下，送达或交付均应在能保证被告进行答辩的足够时间内完成。

每一缔约国均可声明，只要满足下述条件，即使未收到送达或交付的证明书，法官仍可不顾本条第一款的规定，作出判决：

（一）已依本公约所规定的一种方法递送该文书；

（二）法官根据具体案件认为自递送文书之日起不少于六个月的适当期间已满；

（三）尽管为获取证明书已通过文书发往国的主管机关尽了一切合理的努力，但仍未收到任何种类的证明书。

虽有上述各款规定，法官仍可在紧急情况下决定采取任何临时性或保护性的措施。

第十六条

如须根据本公约向国外递送传票或类似文书，以便送达，且已对未出庭的被告作出败诉判决，则在满足下述条件的情况下，法官有权使被告免于该判决因上诉期间届满所产生的丧失上诉权的效果：

（一）被告非因自己的过失，未能在足够期间内知悉该文书，以便提出答辩，或未能在足够期间内知悉该判决，以便提起上诉，并

（二）被告对该案的实质问题提出了表面可以成立的答辩理由。

被告只能在其知悉该判决后的合理期间内提出免除丧失上诉权效果的申请。

每一缔约国均可声明对在该声明中所指明的期间届满后提出的申请不予受理，但这一期间在任何情况下均不得少于自判决之日起的一年。

本条不适用于有关人的身份或能力的判决。

第二章　司法外文书

第十七条

缔约一国的机关和司法助理人员发出的司法外文书可依本公约的方法并按照本公约各条规定递送到缔约另一国，以便送达。

第三章　一般条款

第十八条

每一缔约国除指定中央机关外，还可指定其他机关，并应确定这些机关的主管范围。

但在任何情况下，申请者均有权将请求书直接送交中央机关。

联邦制国家有权指定一个以上的中央机关。

第十九条

只要缔约国的国内法允许使用上述各条规定之外的其他方法递送来自国外的文书，以便在其境内送达，本公约不影响此类规定。

第二十条

本公约不妨碍两个或更多的缔约国达成协议，以免除下列规定的适用：

（一）第三条第二款关于须予递送的文书必须一式两份的要求；

（二）第五条第三款和第七条关于文字的要求；

（三）第五条第四款的规定；

（四）第十二条第二款的规定。

第二十一条

每一缔约国均应在其交存批准书或加入书时或在此之后，就下述事项通知荷兰外交部：

（一）根据第二条和第十八条指定的机关；

（二）根据第六条指定的有权出具证明书的机关；

（三）根据第九条指定的有权接收通过领事途径递送的文书的机关。

适当时，每一缔约国还应通知荷兰外交部：

（一）对使用第八条和第十条所规定的递送方法所提出的异议；

（二）根据第十五条第二款和第十六条第三款所作出的声明；

（三）对上述指定、异议和声明的任何修改。

第二十二条

如本公约当事国亦为1905年7月17日和1954年3月1日订于海牙的两个《民事诉讼程序公约》或其中之一的缔约国，则本公约应在这些国家之间取代上述两公约第一条至第七条的规定。

第二十三条

本公约不应影响1905年7月17日订于海牙的《民事诉讼程序公约》第二十三条和1954年3月1日订于海牙的《民事诉讼程序公约》第二十四条的适用。

但只在使用与上述公约规定一致的联系方法时才应适用这些条款。

第二十四条

1905年和1954年公约当事国之间缔结的补充协定应被认为同样适用于本公约，除非上述当事国另有协议。

第二十五条

在不损害第二十二条和第二十四条规定的情况下，本公约不损及缔约国已经或将要成为当事国并含有本公约所规定事项的条款的其他公约。

第二十六条

本公约应开放供出席海牙国际私法会议第十届会议的国家签署。

本公约须经批准，批准书应交存荷兰外交部。

第二十七条

本公约自第二十六条第二款所指的第三份批准书交存后的第60天起生效。

对于此后批准本公约的签署国，本公约自其交存批准书后的第 60 天起对其生效。

第二十八条

在本公约依第二十七条第一款规定生效后，任何未出席海牙国际私法会议第十届会议的国家均可加入本公约。加入书应交存荷兰外交部。

如该加入书交存前已批准本公约的国家在荷兰外交部将这一加入行为通知该国之日后六个月期间内并未通知荷兰外交部表示异议，则本公约对该加入国生效。

如未提出任何异议，则本公约自前款所指的最后期间届满后下个月的第一天起对该加入国生效。

第二十九条

任何国家均可在签署、批准或加入时声明，本公约应扩展适用于其为之负责国际关系的全部领土，或其中一个或几个部分。这类声明自本公约对有关国家生效之日起发生效力。

在其后任何时候，此类扩展适用事项均应通知荷兰外交部。

本公约自前款所指的通知发出后第 60 天起对扩展适用通知中所提及的领土生效。

第三十条

本公约自依第二十七条第一款规定生效之日起五年有效，即使对后来批准或加入本公约的国家亦如此。

如未经通知退出，本公约应每五年自动展期一次。

任何退出通知均须在五年期满的至少六个月前通知荷兰外交部。

这类退出通知可仅限于适用本公约的某些领土。

此项退出通知只对通知退出的国家有效。本公约对其他缔约国应继续有效。

第三十一条

荷兰外交部应将下述事项通知第二十六条所指的国家以及已依第二十八条加入本公约的国家：

（一）第二十六条所指的签署和批准；

（二）本公约依第二十七条第一款生效的日期；

（三）第二十八条所指的加入及其生效日期；

（四）第二十九条所指的扩展适用及其生效日期；

（五）第二十一条所指的指定、异议和声明；

（六）第三十条第三款所指的退出通知。

下列签署人经正式授权，签署本公约，以昭信守。

1965 年 11 月 15 日订于海牙，用英文和法文写成，两种文本同一作准。正本一份，存于荷兰政府档案库。经证明无误的副本应通过外交途径送交出席海牙国际私法会议第十届会议的各国。

理论解读

1. 依据《海牙送达公约》的规定，可拒绝送达之理由有：他国请求送达的法律文书的内容有损我国主权和安全的，予以驳回。

2. 不可拒绝送达之理由有：

（1）国内法规定对该项诉讼标的有专属管辖权，或国内法不允许进行该项申请所依据的诉讼；

（2）文书中确定的出庭日期或期限已过期；

（3）请求送达的文书未附中文译本而附英、法文译本（但除双边条约中规定英、法文译本为可接受文字者外，受送达人有权以未附中文译本为由拒收）。

经典考题

1.（2008—四川-1-82，多选）某律师在代理一项涉外民事诉讼案件中，需要了解有关司法文书域外送达的规则。关于司法文书域外送达的规则，下列哪些选项是正确的？①

① 【答案及释疑】如果境外当事人位于《海牙送达公约》缔约国境内，自然应依据该公约的规定送达，境外当事人不在《海牙送达公约》缔约国境内的，可以采用外交途径送达，故 AB 选项正确。我国参加《海牙送达公约》，指定的中央机关是司法部，故 C 选项正确。我国法院欲向在公约成员国的中国公民送达民事或商事司法文书，可委托我国驻该国的使、领馆代为送达，D 选项也正确。（答案：ABCD）

A. 境外当事人位于《关于向国外送达民事或商事司法文书和司法外文书公约》(《海牙送达公约》)缔约国境内的，除该国与我国之间的双边条约另有规定的，应采用该公约规定的送达方式向该当事人送达

B. 对不符合前项情形的境外当事人，可以采用外交途径送达

C. 我国法院需要依《海牙送达公约》向居住在其他缔约国的被告送达司法文书的，应由司法部送交对方国家的中央机关

D. 若境外当事人为华侨，在其所在国法律允许的情况下，可委托我国驻该国使领馆送达

2. (2013-1-39，单) 中国某法院审理一起涉外民事纠纷，需要向作为被告的外国某公司进行送达。根据《关于向国外送达民事或商事司法文书和司法外文书公约》(《海牙送达公约》)、中国法律和司法解释，关于该案件的涉外送达，法院的下列哪一做法是正确的?①

A. 应首先按照《海牙送达公约》规定的方式进行送达

B. 不得对被告采用邮寄送达方式

C. 可通过中国驻被告所在国使领馆向被告进行送达

D. 可通过电子邮件方式向被告送达

(四) 最高人民法院、外交部、司法部《关于执行〈关于向国外送达民事或商事司法文书和司法外文书公约〉有关程序的通知》

(1992年3月4日)

全国各有关法院、各驻外使领馆：

1991年3月2日，第七届全国人民代表大会常务委员会第十八次会议决定批准我国加入1965年11月15日订于海牙的《关于向国外送达民事或商事司法文书和司法外文书公约》(以下简称《公约》)，并指定司法部为中央机关和有权接收外国通过领事途径转递的文书的机关。该公约已自1992年1月1日起对我国生效。现就执行该公约的有关程序通知如下：

一、凡公约成员国驻华使、领馆转送该国法院或其他机关请求我国送达的民事或商事司法文书，应直接送交司法部，由司法部转递给最高人民法院，再由最高人民法院交有关人民法院送达给当事人。送达证明由有关人民法院交最高人民法院退司法部，再由司法部送交该国驻华使、领馆。

★★二、凡公约成员国有权送交文书的主管当局或司法助理人员直接送交司法部请求我国送达的民事或商事司法文书，由司法部转递给最高人民法院，再由最高人民法院交有关人民法院送达给当事人。送达证明由有关人民法院交最高人民法院退司法部，再由司法部送交该国主管当局或司法助理人员。

★★三、对公约成员国驻华使、领馆直接向其在华的本国公民送达民事或商事司法文书，如不违反我国法律，可不表示异议。

四、我国法院若请求公约成员国向该国公民或第三国公民或无国籍人送达民事或商事司法文书，有关中级人民法院或专门人民法院应将请求书和所送司法文书送有关高级人民法院转最高人民法院，由最高人民法院送司法部转送给该国指定的中央机关；必要时，也可由最高人民法院送我国驻该国使馆转送给该国指定的中央机关。

★★五、我国法院欲向在公约成员国的中国公民送达民事或商事司法文书，可委托我国驻该国的使、领馆代为送达。委托书和所送司法文书应由有关中级人民法院或专门人民法院送有关高级人民法院转最高人民法院，由最高人民法院径送或经司法部转送我国驻该国使、领馆送达给当事人。

送达证明按原途径退有关法院。

六、非公约成员国通过外交途径委托我国法院送达的司法文书按最高人民法院、外交部、司法部1986年8月14日联名颁发的外发(1986)47号《关于我国法院和外国法院通过外交途径相互委托送达法律文书若干问题的通知》办理。公约成员国在特殊情况下通过外交途径请求我国法院送达的司法文书，也按上述文件办理。

① 【答案及释疑】中国驻外国使领馆均限于向中国国民送达，C选项错误。通过电子邮件或传真的方式送达是可以的，只要能够确认当事人已经收悉即可，故应选D选项。(答案：D)

七、我国与公约成员国签订有司法协助协定的，按协定的规定办理。

八、执行公约中需同公约成员国交涉的事项由外交部办理。

九、执行公约的其他事项由司法部商有关部门处理。

理论解读

1. 依据《海牙送达公约》自国外向我国国内送达文书的路径：

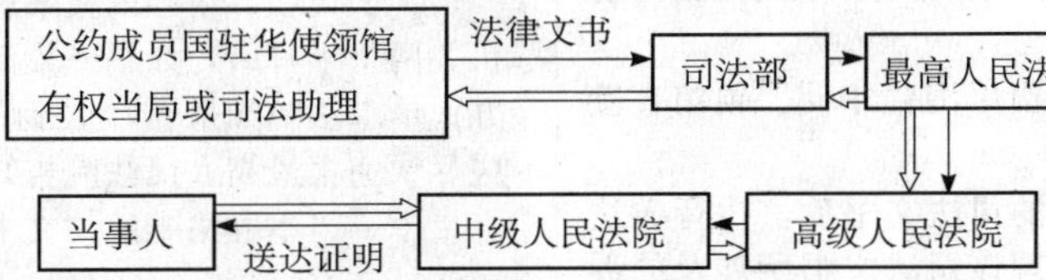

2. 依据《海牙送达公约》自国内向国外送达文书的路径：

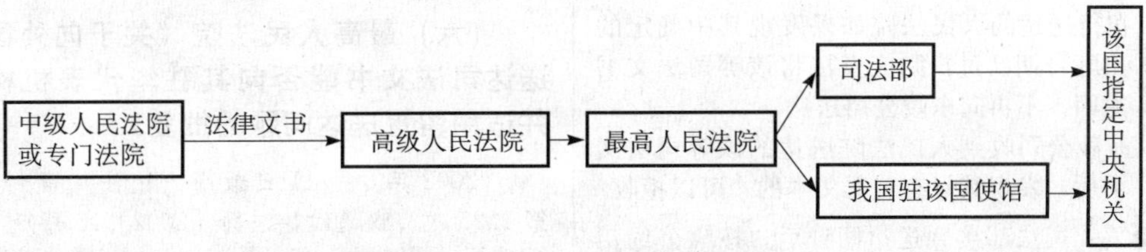

（五）司法部、最高人民法院、外交部《关于印发〈关于执行海牙送达公约的实施办法〉的通知》

（1992年9月19日）

有关人民法院、驻外使领馆、司法厅（局）：

1992年3月4日，我们发出了《关于执行〈关于向国外送达民事或商事司法文书和司法外文书公约〉有关程序的通知》。现将根据该通知制定的《关于执行海牙送达公约的实施办法》印发给你们，请遵照执行。

附：关于执行海牙送达公约的实施办法

为了正确、及时、有效地按照《关于向国外送达民事或商事司法文书和司法外文书公约》（下称《公约》）向在《公约》成员国的当事人送达文书和执行成员国提出的送达请求，根据最高人民法院、外交部和司法部“外发［1992］8号”《关于执行〈关于向国外送达民事或商事司法文书和司法外文书公约〉有关程序的通知》（下称《通知》），制定本实施办法。

一、司法部收到国外的请求书后，对于有中文译本的文书，应于五日内转给最高人民法院；对于用英文或法文写成，或者附有英文或法文译本的文书，应于七日内转给最高人民法院；对于不符合《公约》规定的文书，司法部将予以退回或要求请求方补充、修正材料。

二、最高人民法院应于五日内将文书转给送达执行地高级人民法院；高级人民法院收文后，应于三日内转有关的中级人民法院或者专门人民法院；中级人民法院或者专门人民法院收文后，应于十日内完成送达，并将送达回证尽快交最高人民法院转司法部。

★★三、执行送达的法院不管文书中确定的出庭日期或期限是否已过，均应送达。如受送达人拒收，应在送达回证上注明。

★★四、对于国外按《公约》提交的未附中文译本而附英、法文译本的文书，法院仍应予以送达。除双边条约中规定英、法文译本为可接受文字者外，受送达人有权以未附中文译本为由拒收。凡当事人拒收的，送达法院应在送达回证上注明。

经典考题

（2005-1-96，不定项）甲国与中国均为1965年在海牙签订的《关于向国外送达民事或商事司法文书和司法外文书公约》的缔约国。现甲国法院依该公约向总部设在南京的东陵公司送达若干司法文件。根据该公约及我国的相关规定，下列判断何者为错误?①

A. 这些司法文书应由甲国驻华使、领馆直接送交我国司法部

B. 收到司法部转递的司法文书后，执行送达的人民法院如发现该司法文书所涉及的诉讼标的属于我国法院专属管辖，则应拒绝执行甲国的送达请求。

C. 执行送达的人民法院如果发现其中确定的出庭日期已过，则应直接将该等司法文书退回，不再向东陵公司送达

D. 东陵公司收到人民法院送达的该等司法文书后，发现其只有英文文本的，可以拒收

★五、司法部接到送达回证后，按《公约》的要求填写证明书，并将其转回国外请求方。

六、司法部在转递国外文书时，应说明收到请求书的日期、被送达的文书是否附有中文译本、出庭日期是否已过等情况。

七、我国法院需要向在公约成员国居住的该国公民、第三国公民、无国籍人送达文书时，应将文书及相应文字的译本各一式三份（无须致外国法院的送达委托书及空白送达回证）按《通知》规定的途径送最高人民法院转司法部。译文应由译者签名或翻译单位盖章证明无误。

八、司法部收到最高人民法院转来向国外送达的文书后，应按《公约》附录中的格式制作请求书、被送达文书概要和空白证明书，与文书一并送交被请求国的中央机关；必要时，也可由最高人民法院将文书通过我国驻该国的使馆转交该国指定的机关。

九、我国法院如果需要通过我驻公约成员国的使领馆向居住在该国的中国公民送达文书，应将被送达的文书、致使领馆的送达委托书及空白送达回证按《通知》规定的途径转最高人民法院，由最高人民法院径送或经司法部转送我驻该国使领馆送达当事人。

十、司法部将国内文书转往公约成员国中央机关两个半月后，如果未收到证明书，将发函催办；请求法院如果直接收到国外寄回的证明书，应尽快通报最高人民法院告知司法部。

十一、本办法中的“文书”兼指司法文书和司法外文书。

十二、本办法自下发之日起施行。

（六）最高人民法院《关于向外国公司送达司法文书能否向其驻华代表机构送达并适用留置送达问题的批复》

（2002年6月11日最高人民法院审判委员会第1225次会议通过，法释〔2002〕15号）

北京市高级人民法院：

你院京高法〔2001〕216号《关于对外国公司送达司法文书能否向其驻华代表机构送达并适用留置送达的请示》收悉。经研究，答复如下：

《关于向国外送达民事或商事司法文书和司法外文书公约》（以下简称海牙送达公约）第一条规定：“在所有民事或商事案件中，如有须递送司法文书或司法外文书以便向国外送达的情形，均应适用本公约。”根据《中华人民共和国民事诉讼法》（以下简称民事诉讼法）第二百四十七条的规定，人民法院对在中华人民共和国领域内没有住所的当事人送达诉讼文书，可以依照受送达人所在国与中华人民共和国缔结或者共同参加的国际条约中规定的方式送达；当受送达人在中华人民共和国领域内设有代表机构时，便不

① 【答案及释疑】1992年1月1日，《海牙送达公约》对我国生效。为执行该公约，最高人民法院、外交部、司法部联合颁布了《关于执行〈关于向国外送达民事或商事司法文书和司法外文书公约〉有关程序的通知》，根据该通知，凡公约成员国驻华使、领馆转送该国法院或其他机关请求我国送达的民事或商事司法文书，应直接送交司法部，因此，A项表示正确。根据《海牙送达公约》的规定，专属管辖或者出庭日期已过等不得作为拒绝送达的理由，故B、C选项错误，当选。根据《关于执行海牙送达公约的实施办法》第4条的规定，对于国外按《海牙送达公约》提交的未附中文译本而附英、法文译本的文书，法院仍应予以送达。除双边条约中规定英、法文译本为可接受文字者外，受送达人有权以未附中文译本为由拒收。因此，D项正确，不选。（答案：BC）

再属于海牙送达公约规定的“有须递送司法文书或司法外文书以便向国外送达的情形”。因此，人民法院可以根据民事诉讼法第二百四十七条第（五）项的规定向受送达人在中华人民共和国领域内设立的代表机构送达诉讼文书，而不必根据海牙送达公约向国外送达。

根据民事诉讼法第二百三十七条的规定，人民法院向外国公司的驻华代表机构送达诉讼文书时，可以适用留置送达的方式。

此复。

（七）《关于从国外调取民事或商事证据的公约》——亦称《海牙取证公约》

（一九七〇年三月十八日订于海牙）

本公约签字国，

希望便利请求书的转递和执行，并促进他们为此目的而采取的不同方法的协调，希望增进相互间在民事或商事方面的司法合作，为此目的，兹决定缔结一项公约，并议定下列各条：

第一章　请求书

★★第一条　在民事或商事案件中，每一缔约国的司法机关可以根据该国的法律规定，通过请求书的方式，请求另一缔约国主管机关调取证据或履行某些其他司法行为。请求书不得用来调取不打算用于已经开始或即将开始的司法程序的证据。“其他司法行为”一词不包括司法文书的送达或颁发执行判决或裁定的任何决定，或采取临时措施或保全措施的命令。

★★第二条　每一缔约国应指定一个中央机关负责接收来自另一缔约国司法机关的请求书，并将其转交给执行请求的主管机关。各缔约国应依其本国法律组建该中央机关。请求书应直接送交执行国中央机关，无须通过该国任何其他机关转交。

第三条　请求书应载明：

（一）请求执行的机关，以及如果请求机关知道，被请求执行的机关；

（二）诉讼当事人的姓名和地址，以及如有的话，他们的代理人的姓名和地址；

（三）需要证据的诉讼的性质，及有关的一切必要资料；

（四）需要调取的证据或需履行的其他司法行为，

必要时，请求书还应特别载明：

（五）需询问的人的姓名和地址；

（六）需向被询问人提出的问题或对需询问的事项的说明；

（七）需检查的文书或其他财产，包括不动产或动产；

（八）证据需经宣誓或确认的任何要求，以及应使用的任何特殊格式；

（九）依公约第九条需采用的任何特殊方式或程序。

请求书还可以载明为适用第十一条所需的任何资料。不得要求认证或其他类似手续。

★第四条　请求书应以被请求执行机关的文字作成或附该种文字的译文。

但是，除非缔约国已根据第三十三条提出保留，缔约国应该接受以英文或法文

作成或附其中任何一种文字译文的请求书。

具有多种官方文字并且因国内法原因不能在其全部领土内接受由其中一种文字作成的请求书的缔约国，应通过声明方式指明请求书在其领土的特定部分内执行时应使用的文字或译文。如无正当理由而未能遵守这一声明，译成所需文字的费用由请求国负担。每一缔约国可用声明方式指明除上述各款规定的文字以外，送交其中央机关的请求书可以使用的其他文字。请求书所附的任何译文应经外交官员、领事代表或经宣誓的译员或经两国中的一国授权的任何其他人员证明无误。

第五条　如果中央机关认为请求书不符合本公约的规定，应立即通知向其送交请注书的请求国机关，指明对该请求书的异议。

第六条　如被送交请求书的机关无权执行请求，应将请求书及时转交根据其国内法律规定有权执行的本国其他机关。

第七条　如请求机关提出请求，应将进行司法程序的时间和地点通知该机关，

以便有关当事人和他们已有的代理人能够出席。如果请求机关提出请求，上述通知应直接送交当事人或他们的代理人。

第八条　缔约国可以声明，在执行请求时，允许另一缔约国请求机关的司法人员出席。对此，声明国可要求事先取得其指定的主管机关的授权。

★第九条 执行请求书的司法机关应适用其本国法规定的方式和程序。

但是，该机关应采纳请求机关提出的采用特殊方式或程序的请求，除非其与执行国国内法相抵触或因其国内惯例和程序或存在实际困难而不可能执行。请求书应迅速执行。

第十条 在执行请求时，被请求机关应在其国内法为执行本国机关的决定或本国诉讼中当事人的请求而规定的相同的情况和范围内，采取适当的强制措施。

第十一条 在请求书的执行过程中，在下列情况下有拒绝作证的特权或义务的有关人员，可以拒绝提供证据：

（一）根据执行国法律，或

（二）根据请求国法律，并且该项特权或义务已在请求书中列明，或应被请求机关的要求，已经请求机关另行确认。

此外，缔约国可以声明在声明指定的范围内，尊重请求国和执行国以外的其他国家法律规定的特权或义务。

★★第十二条 只有在下列情况下，才能拒绝执行请求书：

（一）在执行国，该请求书的执行不属于司法机关的职权范围；或

（二）被请求国认为，请求书的执行将会损害其主权和安全。

执行国不能仅因其国内法已对该项诉讼标的规定专属管辖权或不承认对该事项提起诉讼的权利为理由，拒绝执行请求。

第十三条 证明执行请求书的文书应由被请求机关采用与请求机关所采用的相同途径送交请求机关。在请求书全部或部分未能执行的情况下，应通过相同途径及时通知请求机关，并说明原因。

第十四条 请求书的执行不产生任何性质的税费补偿。但是，执行国有权要求请求国偿付支付给鉴定人和译员的费用和因采用请求国根据第九条第二款要求采用的特殊程序而产生的费用。如果被请求国法律规定当事人有义务收集证据，并且被请求机关不能亲自执行请求书，在征得请求机关的同意后，被请求机关可以指定一位适当的人员执行。在征求此种同意时，被请求机关应说明采用这一程序所产生的大致费用。如果请求机关表示同意，则应偿付由此产生的任何费用；否则请求机关对该费用不承担责任。

第二章 外交官员、领事代表和特派员取证

★第十五条 在民事或商事案件中，每一缔约国的外交官员或领事代表在另一缔约国境内其执行职务的区域内，可以向他所代表的国家的国民在不采取强制措施的情况下调取证据，以协助在其代表的国家的法院中进行的诉讼。

缔约国可以声明，外交官员或领事代表只有在自己或其代表向声明国指定的适当机关递交了申请并获得允许后才能调取证据。

第十六条 在符合下列条件的情况下，每一缔约国的外交官员或领事代表在另一缔约国境内其执行职务的区域内，亦可以向他执行职务地所在国或第三国国民在不采取强制措施的情况下调取证据，以协助在其代表的国家的法院中进行的诉讼：

（一）他执行职务地所在国指定的主管机关已给予一般性或对特定案件的许可，并且

（二）他遵守主管机关在许可中设定的条件。

缔约国可以声明，无须取得事先许可即可依本条进行取证。

经典考题

（2008-1-82，多选）在我国法院审理的一个涉外诉讼案件中，需要从甲国调取某些证据。甲国是《关于从国外调取民事或商事证据的公约》的缔约国。根据该公约，下列哪些选项是正确的？①

① 【答案及释疑】《关于从国外调取民事或商事证据的公约》第1条规定，有权依据该公约提出调取证据请求的是“缔约国的司法机关”而不是当事人或者其代理律师，A选项错误。请求应以“请求书”的方式提出，B选项正确。请求书应交给缔约国指定的“中央机关”，再由该机关转交给执行请求的主管机关，我国一般是指定司法部为司法协助的“中央机关”，因此通过外交部转交是不符合公约规定的，C选项错误。根据上述公约第16条的规定，D选项正确。（答案：BD）

A. 赵律师作为中方当事人的诉讼代理人，可以依照上述公约请求甲国法院调取所需的证据
B. 调取证据的请求，应以请求书的方式提出
C. 请求书应通过我国外交部转交甲国的中央机关
D. 中国驻甲国的领事代表在其执行职务的区域内，可以在不采取强制措施的情况下向华侨取证

第十七条 在符合下列条件的情况下，在民事或商事案件中，被正式指派的特派员可以在不采取强制措施的情况下在一缔约国境内调取证据，以协助在另一缔约国法院中正在进行的诉讼：

（一）取证地国指定的主管机关已给予一般性或对特定案件的许可；并且

（二）他遵守主管机关在许可中设定的条件。

缔约国可以声明在无事先许可的情况下依本条进行取证。

第十八条 缔约国可以声明，根据第十五条、第十六条、第十七条被授权调取证据的外交官员、领事代表或特派员可以申请声明国指定的主管机关采取强制措施，对取证予以适当协助。声明中可包含声明国认为合适的条件。

如果主管机关同意该项申请，则应采取其国内法规定的适用于国内诉讼程序的一切合适的强制措施。

第十九条 主管机关在给予第十五条、第十六条或第十七条所指的许可或同意第十八条所指的申请时，可规定其认为合适的条件，特别是调取证据的时间和地点。同时，它可以要求得到有关取证的时间、日期和地点的合理的事先通知。在这种情况下，该机关的代表有权在取证时出席。

第二十条 根据本章各条取证时，有关人员可以得到合法代理。

第二十一条 如果外交官员、领事代表或特派员根据第十五条、第十六条或第十七条有权调取证据：

（一）他可以调取与取证地国法律不相抵触并不违背根据上述各条给予的任何许可的各种证据，并有权在上述限度内主持宣誓或接受确认；

（二）要求某人出席或提供证据的请求应用取证地国文字作成或附有取证地国文字的译文，除非该人为诉讼进行地国国民；

（三）请求中应通知该人，他可得到合法代理；在未根据第十八条提出声明的国家，还应通知该人他的出庭或提供证据不受强制；

（四）如果取证地国法律未禁止，可以依受理诉讼的法院所适用的法律中规定的方式调取证据；

（五）被请求提供证据的人员可以引用第十一条规定的特权和义务拒绝提供证据。

第二十二条 因为某人拒绝提供证据而未能依本章规定的程序取证的事实不妨碍随后根据第一章提出取证申请。

第三章 一般条款

第二十三条 缔约国可在签署、批准或加入时声明，不执行普通法国家的旨在进行审判前文件调查的请求书。

第二十四条 缔约国可以指定除中央机关以外的其他机关，并应决定它们的职权范围。但是在任何情况下，都可以向中央机关送交请求书。联邦国家有权指定一个以上的中央机关。

第二十五条 有多种法律制度的缔约国可以指定其中一种制度内的机关具有执行根据本公约提出的请求书的专属权利。

第二十六条 如果因为宪法的限制，缔约国可以要求请求国偿付与执行请求书有关的送达强制某人出庭提供证据的传票的费用、该人出庭的费用，以及制作询问笔录的费用。如果一国根据前款提出请求，任何其他缔约国可要求该国偿付同类费用。

第二十七条 本公约的规定不妨碍缔约国：

（一）声明可以通过第二条规定的途径以外的途径将请求书送交其司法机关；

（二）根据其国内法律或惯例，允许在更少限制的情况下实行本公约所规定的行为；

（三）根据其国内法律或惯例，允许以本公约规定以外的方式调取证据。

第二十八条 本公约不妨碍任何两个或两个以上的缔约国缔结协定排除下列条款的适用：

（一）第二条有关送交请求书方式的规定；

（二）第四条有关使用文字的规定；

（三）第八条有关在执行请求书时司法机关人员出席的规定；

（四）第十一条有关证人拒绝作证的特权和义务的规定；

（五）第十三条有关将执行请求书的文书送回请求机关的方式的规定；

（六）第十四条有关费用的规定；

（七）第二章的规定。

第二十九条 在同为1905年7月17日或1954年3月1日在海牙签订的两个《民事诉讼程序公约》或其中之一的当事国的本公约当事国之间，本公约取代上述两公约第八条至第十六条的规定。

第三十条 本公约不影响1905年公约第二十三条或1954年公约第二十四条规定的适用。

第三十一条 1905年和1954年公约当事国之间的补充协定应被认为同样适用于本公约，除非当事国之间另有约定。

第三十二条 在不影响本公约第二十九条和第三十一条规定的前提下，本公约不影响缔约国已经或即将成为当事国的包含本公约事项的其他公约的适用。

第三十三条 一国可在签署、批准或加入公约时，部分或全部排除第四条第二款和第二章的规定的适用。不允许作其他保留。缔约国可随时撤回其保留；保留自撤回通知后第六十日起失去效力。如果一国作出保留，受其影响的任何其他国家可以对保留国适用相同的规则。

第三十四条 缔约国可随时撤销或更改其声明。

第三十五条 缔约国应在交存批准书或加入书时或其后，将根据第二条、第八条、第二十四条和第二十五条指定的机关通知荷兰外交部。缔约国还应在适当时通知荷兰外交部：

（一）根据第十五条、第十六条和第十八条的相关规定外交官员或领事代表调取证据时应向其递交通知、获取许可、请求协助的机关的指定；

（二）根据第十七条特派员取证时应获其许可和根据第十八条提供协助的机关的指定；

（三）根据第四条、第八条、第十一条、第十五条、第十六条、第十七条、第十八条、第二十三条和第二十五条所作的声明；

（四）任何对上述指定或声明的撤销或更改；

（五）保留的撤回。

第三十六条 缔约国之间因实施本公约产生的任何困难应通过外交途径解决。

第三十七条 本公约应对出席海牙国际私法会议第十一届会议的国家开放签署。本公约需经批准。批准书应交存荷兰外交部。

第三十八条 本公约自第三十七条第二款所指的第三份批准书交存后第60日起生效。对于此后批准公约的签署国，公约自该国交存批准书后第60日起生效。

第三十九条 任何未出席第十一届海牙国际私法会议的海牙国际私法会议的成员国、联合国或该组织专门机构的成员国，或国际法院规约当事国可在公约根据第三十八条第一款生效后加入本公约。加入书应交存荷兰外交部。自交存加入书后第60日起公约对该加入国生效。加入行为只在加入国和已声明接受该国加入的公约缔约国之间的关系方面发生效力。上述声明应交存荷兰外交部；荷兰外交部应将经证明的副本通过外交途径转送各缔约国。本公约自加入国和接受该国加入的国家之间自交存接受声明后第60日起生效。

第四十条 任何国家可在签署、批准或加入公约时声明，本公约扩展适用于该国负责其国际关系的全部领域或其中一个或几个部分。此项声明自本公约对有关国家生效之日起生效。此后任一时间的上述扩展适用均应通知荷兰外交部。

本公约自前款所指的通知后第60日起对声明所提及的领域生效。

第四十一条 本公约自根据公约第三十八条第一款生效后5年内有效，对后来批准或加入本公约的国家同样如此。如未经退出，本公约每5年自动延续一次。

退出应最迟于5年期满前6个月通知荷兰外交部。退出可仅限于公约适用的特定区域。退出仅对通知退出的国家有效。公约对其他缔约国仍然有效。

第四十二条　荷兰外交部应将下列事项通知第三十七条所指的国家和根据第三十九条加入的国家：

（一）第三十七条所指的签署和批准；

（二）公约根据第三十八条第一款生效的日期；

（三）第三十九条所指的加入及其生效日期；

（四）第四十条所指的扩展及其生效日期；

（五）根据第三十三条和第三十五条所作的指定、保留和声明；

（六）第四十一条第三款所指的退出。

下列经正式授权的签署人签署本公约，以昭信守。

1970年3月18日订于海牙，用英文和法文写成，两种文本同等作准。正本一份，存放于荷兰政府档案库，其经证明无误的副本应通过外交途径送交出席海牙国际私法会议第十一届会议的国家。

理论解读

根据《海牙取证公约》的规定，缔约国之间基于该公约主要可以采用两种方式来取证：

(1) 代为取证。其路径为，首先由一缔约国的司法机关出面，将符合公约规定格式的“请求书”交给另一缔约国指定的中央机关，然后由该中央机关再交给本国执行请求的主管机关；

(2) 领事取证。对于领事取证，允许缔约国施加一些限制条件，如中国就要求外国使领馆只能向派遣国本国国民取证，并且不得采取强制措施。

经典考题

(2010-1-36，单选）中国和甲国均为《关于从国外调取民事或商事证据的公约》的缔约国。关于两国之间的域外证据调取，下列哪一选项是正确的?①

A. 委托方向另一缔约方请求调取的证据不限于用于司法程序的证据

B. 中国可以相关诉讼属于中国法院专属管辖为由拒绝甲国调取证据的请求

C. 甲国可以相关事项在甲国不能提起诉讼为由拒绝中国调取证据的请求

D. 甲国外交代表在其驻华执行职务的区域内，在不采取强制措施的情况下，可向甲国公民调取证据

（八）最高人民法院《关于依据国际公约和双边司法协助条约办理民商事案件司法文书送达和调查取证司法协助请求的规定》

（2013年1月21日最高人民法院审判委员会第1568次会议通过）

为正确适用有关国际公约和双边司法协助条约，依法办理民商事案件司法文书送达和调查取证请求，根据《中华人民共和国民事诉讼法》《关于向国外送达民事或商事司法文书和司法外文书的公约》（海牙送达公约）、《关于从国外调取民事或商事证据的公约》（海牙取证公约）和双边民事司法协助条约的规定，结合我国的司法实践，制定本规定。

第一条　人民法院应当根据便捷、高效的原则确定依据海牙送达公约、海牙取证公约，或者双边民事司法协助条约，对外提出民商事案件司法文书送达和调查取证请求。

★第二条　人民法院协助外国办理民商事案件司法文书送达和调查取证请求，适用对等原则。

★第三条　人民法院协助外国办理民商事案件司法文书送达和调查取证请求，应当进行审查。外国提出的司法协助请求，具有海牙送达公约、海牙取证公约或双边民事司法协助条约规定的拒绝提供协助的情形的，人民法院应当拒绝提供协助。

★第四条　人民法院协助外国办理民商事案件司法文书送达和调查取证请求，应当按照民事诉讼法和相关司法解释规定的方式办理。

① 【答案及释疑】根据《关于从国外调取民事或商事证据的公约》的规定，请求调取的证据必须是与案件有关的用于司法程序的证据，故A项错误。“专属管辖”和“不可诉”均不能作为拒绝取证的理由，故BC项错误。外国使领馆官员在不采取强制措施的情况下可以向本国国民取证，D项正确。（答案：D）

请求方要求按照请求书中列明的特殊方式办理的，如果该方式与我国法律不相抵触，且在实践中不存在无法办理或者办理困难的情形，应当按照该特殊方式办理。

★★第五条 人民法院委托外国送达民商事案件司法文书和进行民商事案件调查取证，需要提供译文的，应当委托中华人民共和国领域内的翻译机构进行翻译。

译文应当附有确认译文与原文一致的翻译证明。翻译证明应当有翻译机构的印章和翻译人的签名。译文不得加盖人民法院印章。

★★第六条 最高人民法院统一管理全国各级人民法院的国际司法协助工作。高级人民法院应当确定一个部门统一管理本辖区各级人民法院的国际司法协助工作并指定专人负责。中级人民法院、基层人民法院和有权受理涉外案件的专门法院，应当指定专人管理国际司法协助工作；有条件的，可以同时确定一个部门管理国际司法协助工作。

★★第七条 人民法院应当建立独立的国际司法协助登记制度。

★★第八条 人民法院应当建立国际司法协助档案制度。办理民商事案件司法文书送达的送达回证、送达证明在各个转递环节应当以适当方式保存。办理民商事案件调查取证的材料应当作为档案保存。

★★第九条 经最高人民法院授权的高级人民法院，可以依据海牙送达公约、海牙取证公约直接对外发出本辖区各级人民法院提出的民商事案件司法文书送达和调查取证请求。

★第十条 通过外交途径办理民商事案件司法文书送达和调查取证，不适用本规定。

第十一条 最高人民法院国际司法协助统一管理部门根据本规定制定实施细则。

第十二条 最高人民法院以前所作的司法解释及规范性文件，凡与本规定不一致的，按本规定办理。

（九）最高人民法院《关于中国公民申请承认外国法院离婚判决程序问题的规定》

（1991年7月5日最高人民法院审判委员会第503次会议讨论通过）

★第一条 对与我国没有订立司法协助协议的外国法院作出的离婚判决，中国籍当事人可以根据本规定向人民法院申请承认该外国法院的离婚判决。

对与我国有司法协助协议的外国法院作出的离婚判决，按照协议的规定申请承认。

★★★第二条 外国法院离婚判决中的夫妻财产分割、生活费负担、子女抚养方面判决的承认执行，不适用本规定。

★第三条 向人民法院申请承认外国法院的离婚判决，申请人应提出书面申请书，并须附有外国法院离婚判决书正本及经证明无误的中文译本。否则，不予受理。

第四条 申请书应记明以下事项：

（一）申请人姓名、性别、年龄、工作单位和住址；

（二）判决由何国法院作出，判决结果、时间；

（三）受传唤及应诉的情况；

（四）申请理由及请求；

（五）其他需要说明的情况。

★第五条 申请由申请人住所地中级人民法院受理。申请人住所地与经常居住地不一致的，由经常居住地中级人民法院受理。

申请人不在国内的，由申请人原国内住所地中级人民法院受理。

第六条 人民法院接到申请书，经审查，符合本规定的受理条件的，应当在七日内立案；不符合的，应当在七日内通知申请人不予受理，并说明理由。

★第七条 人民法院审查承认外国法院离婚判决的申请，由三名审判员组成合议庭进行，作出的裁定不得上诉。

第八条 人民法院受理申请后，对于外国法院离婚判决书没有指明已生效或生效时间的，应责令申请人提交作出判决的法院出具的判决已生效的证明文件。

第九条 外国法院作出离婚判决的原告为申请人的，人民法院应责令其提交作出判决的外国法院已合法传唤被告出庭的有关证明文件。

第十条 按照第八条、第九条要求提供的证明文件，应经该外国公证部门公证和我国驻该国使、领馆认证。同时应由申请人提供经证明无误的中文译本。

第十一条 居住在我国境内的外国法院离婚判决的被告为申请人，提交第八条、第十条所要求的证明文件和公证、认证有困难的，如能提交外国法院的应诉通知或出庭传票的，可推定外国法院离婚判决书为真实和已经生效。

★★第十二条 经审查，外国法院的离婚判决具有下列情形之一的，不予承认：

（一）判决尚未发生法律效力；

（二）作出判决的外国法院对案件没有管辖权；

（三）判决是在被告缺席且未得到合法传唤情况下作出的；

（四）该当事人之间的离婚案件，我国法院正在审理或已作出判决，或者第三国法院对该当事人之间作出的离婚案件判决已为我国法院所承认；

（五）判决违反我国法律的基本原则或者危害我国国家主权、安全和社会公共利益。

★第十三条 对外国法院的离婚判决的承认，以裁定方式作出。没有第十二条规定的情形的，裁定承认其法律效力；具有第十二条规定的情形之一的，裁定驳回申请人的申请。

第十四条 裁定书以“中华人民共和国××中级人民法院”名义作出，由合议庭成员署名，加盖人民法院印章。

第十五条 裁定书一经送达，即发生法律效力。

第十六条 申请承认外国法院的离婚判决，申请人应向人民法院交纳案件受理费人民币一百元。

第十七条 申请承认外国法院的离婚判决，委托他人代理的，必须向人民法院提交由委托人签名或盖章的授权委托书。委托人在国外出具的委托书，必须经我国驻该国的使、领馆证明。

第十八条 人民法院受理离婚诉讼后，原告一方变更请求申请承认外国法院离婚判决，或者被告一方另提出承认外国法院离婚判决申请的，其申请均不受理。

★★第十九条 人民总法院受理承认外国法院离婚判决的申请后，对方当事人向人民法院起诉离婚的，人民法院不予受理。

★★第二十条 当事人之间的婚姻虽经外国法院判决，但未向人民法院申请承认的，不妨碍当事人一方另行向人民法院提出离婚诉讼。

第二十一条 申请人的申请为人民法院受理后，申请人可以撤回申请，人民法院以裁定准予撤回。申请人撤回申请后，不得再提出申请，但可以另向人民法院起诉离婚。

★★第二十二条 申请人的申请被驳回后，不得再提出申请，但可以另行向人民法院起诉离婚。

理论解读

此处是关于我国对外国法院判决进行承认与执行之前的审查时，要求“条约或互惠关系”的例外。对于外国法院作出的涉及中国人的离婚判决，即使中国与该外国不存在条约关系，当事人也可以到我国法院申请承认，但仅限于外国法院判决中的人身部分，不包括判决中涉及财产分割、子女抚养和生活费负担的部分。此外，如果外国法院判决存在程序不公正等问题，则应拒绝承认。

经典考题

（2008-1-40，单选）外国公民张女士与旅居该国的华侨王先生结婚，后因感情疏离，张女士向该国法院起诉离婚并获得对其有利的判决，包括解除夫妻关系，以及夫妻财产分割和子女抚养等内容。该外国与中国之间没有司法协助协定。张女士向中国法院申请承认该离婚判决，王先生随后在同一中国法院起诉与张女士离婚。根据我国法律和司法解释，下列哪一选项是错误的?①

A. 中国法院应依最高人民法院《关于中国公民申请承认外国法院离婚判决程序问题的规定》决定是否承认该判决中解除夫妻身份关系的内容

B. 中国法院应依前项司法解释决定是否执行该判决中解除夫妻身份关系之外的内容

C. 若张女士的申请被驳回，她就无权再提出承认该判决的申请，但可另行向中国法院起诉离婚

D. 中国法院不应受理王先生的离婚起诉

① 【答案及释疑】根据最高人民法院《关于中国公民申请承认外国法院离婚判决程序问题的规定》第 2 条的规定，该《规定》不适用外国法院离婚判决中的夫妻财产分割、生活费负担、子女抚养方面判决的承认执行。但根据该《规定》第 1 条的规定，对于该判决中解除夫妻身份关系的内容，是可以依据该《规定》予以承认的。故 A 选项本身说法是正确的，B 选项错误。张女士向中国法院申请承认该离婚判决，最高人民法院《关于中国公民申请承认外国法院离婚判决程序问题的规定》第 22 条规定，申请人的申请被驳回后，不得再提出申请，但可以另行向人民法院起诉离婚。C 选项正确。前述《规定》第 19 条规定，人民法院受理承认外国法院离婚判决的申请后，对方当事人向人民法院起诉离婚的，人民法院不予受理。故中国法院不应受理王先生的离婚起诉，D 选项正确。本题要求选择错误的说法，故应选 B 选项。(答案：B)

第四部分　区际司法协助
——香港、澳门、台湾地区与内地的判决或仲裁裁决的相互承认与执行

一、最高人民法院《关于内地与香港特别行政区法院相互委托送达民商事司法文书的安排》

（1998年12月30日最高人民法院审判委员会第1038次会议通过，法释［1999］9号）

根据《中华人民共和国香港特别行政区基本法》第九十五条的规定，经最高人民法院与香港特别行政区代表协商，现就内地与香港特别行政区法院相互委托送达民商事司法文书问题规定如下：

一、内地法院和香港特别行政区法院可以相互委托送达民商事司法文书。

★★二、双方委托送达司法文书，均须通过各高级人民法院和香港特别行政区高等法院进行。最高人民法院司法文书可以直接委托香港特别行政区高等法院送达。

★★三、委托方请求送达司法文书，须出具盖有其印章的委托书，并须在委托书中说明委托机关的名称、受送达人的姓名或者名称、详细地址及案件的性质。

委托书应当以中文文本提出。所附司法文书没有中文文本的，应当提供中文译本。以上文件一式两份。受送达人为两人以上的，每人一式两份。

受委托方如果认为委托书与本安排的规定不符，应当通知委托方，并说明对委托书的异议。必要时可以要求委托方补充材料。

★★★四、不论司法文书中确定的出庭日期或者期限是否已过，受委托方均应送达。委托方应当尽量在合理期限内提出委托请求。

受委托方接到委托书后，应当及时完成送达，最迟不得超过自收到委托书之日起两个月。

五、送达司法文书后，内地人民法院应当出具送达回证；香港特别行政区法院应当出具送达证明书。出具送达回证和证明书，应当加盖法院印章。

受委托方无法送达的，应当在送达回证或者证明书上注明妨碍送达的原因、拒收事由和日期，并及时退回委托书及所附全部文书。

★★★六、送达司法文书，应当依照受委托方所在地法律规定的程序进行。

七、受委托方对委托方委托送达的司法文书的内容和后果不负法律责任。

★★八、委托送达司法文书费用互免。但委托方在委托书中请求以特定送达方式送达所产生的费用，由委托方负担。

九、本安排中的司法文书在内地包括：起诉状副本、上诉状副本、授权委托书、传票、判决书、调解书、裁定书、决定书、通知书、证明书、送达回证；在香港特别行政区包括：起诉状副本、上诉状副本、传票、状词、誓章、判案书、判决书、裁决书、通知书、法庭命令、送达证明。

上述委托送达的司法文书以互换司法文书样本为准。

十、本安排在执行过程中遇有问题和修改，应当通过最高人民法院与香港特别行政区高等法院协商解决。

理论解读

“内地与香港特别行政区相互送达的安排”要点归纳图示如下：

送达	主体	时间	文字	程序	费用
内地	各高级人民法院、最高人民法院可直接委托	2个月	盖章的中文委托书、中文	根据被请求方的程序	免费、要求特殊方式需付费
香港	香港高等法院	同上	同上	同上	同上

二、最高人民法院《关于内地与香港特别行政区法院相互认可和执行当事人协议管辖的民商事案件判决的安排》

（2006年6月12日最高人民法院审判委员会第1390次会议通过，法释［2008］9号）

根据《中华人民共和国香港特别行政区基本法》第九十五条的规定，最高人民法院与香港特别行政区政府经协商，现就当事人协议管辖的民商事案件判决的认可和执行问题作出如下安排：

★★第一条 内地人民法院和香港特别行政区法院在具有书面管辖协议的民商事案件中作出的须支付款项的具有执行力的终审判决，当事人可以根据本安排向内地人民法院或者香港特别行政区法院申请认可和执行。

理论解读

本安排针对的是在内地或者香港"具有书面管辖协议的民商事案件中作出的须支付款项的具有执行力的终审判决"，换言之，不是基于书面协议管辖的民商事案件判决，不在本安排的调整范围之内。

第二条 本安排所称"具有执行力的终审判决"

（一）在内地是指：

1. 最高人民法院的判决；

2. 高级人民法院、中级人民法院以及经授权管辖第一审涉外、涉港澳台民商事案件的基层人民法院（名单附后）依法不准上诉或者已经超过法定期限没有上诉的第一审判决，第二审判决和依照审判监督程序由上一级人民法院提审后作出的生效判决。

（二）在香港特别行政区是指终审法院、高等法院上诉法庭以及原讼法庭和区域法院作出的生效判决。

本安排所称判决，在内地包括判决书、裁定书、调解书、支付令；在香港特别行政区包括判决书、命令和诉讼费评定证明书。

当事人向香港特别行政区法院申请认可和执行判决后，内地人民法院对该案件依法再审的，由作出生效判决的上一级人民法院提审。

第三条 本安排所称"书面管辖协议"，是指当事人为解决与特定法律关系有关的已经发生或者可能发生的争议，自本安排生效之日起，以书面形式明确约定内地人民法院或者香港特别行政区法院具有唯一管辖权的协议。

本条所称"特定法律关系"，是指当事人之间的民商事合同，不包括雇佣合同以及自然人因个人消费、家庭事宜或者其他非商业目的而作为协议一方的合同。

本条所称"书面形式"是指合同书、信件和数据电文（包括电报、电传、传真、电子数据交换和电子邮件）等可以有形地表现所载内容、可以调取以备日后查用的形式。

书面管辖协议可以由一份或者多份书面形式组成。

除非合同另有规定，合同中的管辖协议条款独立存在，合同的变更、解除、终止或者无效，不影响管辖协议条款的效力。

第四条 申请认可和执行符合本安排规定的民商事判决，在内地向被申请人住所地、经常居住地或者财产所在地的中级人民法院提出，在香港特别行政区向香港特别行政区高等法院提出。

★★第五条 被申请人住所地、经常居住地或者财产所在地在内地不同的中级人民法院辖区的，申请人应当选择向其中一个人民法院提出认可和执行的申请，不得分别向两个或者两个以上人民法院提出申请。

被申请人的住所地、经常居住地或者财产所在地，既在内地又在香港特别行政区的，申请人可以同时分别向两地法院提出申请，两地法院分别执行判决的总额，不得超过判决确定的数额。已经部分或者全部执行判决的法院应当根据对方法院的要求提供已执行判决的情况。

★第六条 申请人向有关法院申请认可和执行判决的，应当提交以下文件：

（一）请求认可和执行的申请书；

（二）经作出终审判决的法院盖章的判决书副本；

（三）作出终审判决的法院出具的证明书，

证明该判决属于本安排第二条所指的终审判决，在判决作出地可以执行；

（四）身份证明材料：

1. 申请人为自然人的，应当提交身份证或者经公证的身份证复印件；

2. 申请人为法人或者其他组织的，应当提交经公证的法人或者其他组织注册登记证书的复印件；

3. 申请人是外国籍法人或者其他组织的，应当提交相应的公证和认证材料。

向内地人民法院提交的文件没有中文文本的，申请人应当提交证明无误的中文译本。

执行地法院对于本条所规定的法院出具的证明书，无需另行要求公证。

第七条 请求认可和执行申请书应当载明下列事项：

（一）当事人为自然人的，其姓名、住所；当事人为法人或者其他组织的，法人或者其他组织的名称、住所以及法定代表人或者主要负责人的姓名、职务和住所；

（二）申请执行的理由与请求的内容，被申请人的财产所在地以及财产状况；

（三）判决是否在原审法院地申请执行以及已执行的情况。

第八条 申请人申请认可和执行内地人民法院或者香港特别行政区法院判决的程序，依据执行地法律的规定。本安排另有规定的除外。

申请人申请认可和执行的期间为二年。

前款规定的期间，内地判决到香港特别行政区申请执行的，从判决规定履行期间的最后一日起计算，判决规定分期履行的，从规定的每次履行期间的最后一日起计算；香港特别行政区判决到内地申请执行的，从判决可强制执行之日起计算，该日为判决上注明的判决日期，判决对履行期限另有规定的，从规定的履行期限届满后开始计算。

★★第九条 对申请认可和执行的判决，原审判决中的债务人提供证据证明有下列情形之一的，受理申请的法院经审查核实，应当裁定不予认可和执行：

（一）根据当事人协议选择的原审法院地的法律，管辖协议属于无效。但选择法院已经判定该管辖协议为有效的除外；

（二）判决已获完全履行；

（三）根据执行地的法律，执行地法院对该案享有专属管辖权；

（四）根据原审法院地的法律，未曾出庭的败诉一方当事人未经合法传唤或者虽经合法传唤但未获依法律规定的答辩时间。但原审法院根据其法律或者有关规定公告送达的，不属于上述情形；

（五）判决是以欺诈方法取得的；

（六）执行地法院就相同诉讼请求作出判决，或者外国、境外地区法院就相同诉讼请求作出判决，或者有关仲裁机构作出仲裁裁决，已经为执行地法院所认可或者执行的。

内地人民法院认为在内地执行香港特别行政区法院判决违反内地社会公共利益，或者香港特别行政区法院认为在香港特别行政区执行内地人民法院判决违反香港特别行政区公共政策的，不予认可和执行。

第十条 对于香港特别行政区法院作出的判决，判决确定的债务人已经提出上诉，或者上诉程序尚未完结的，内地人民法院审查核实后，可以中止认可和执行程序。经上诉，维持全部或者部分原判决的，恢复认可和执行程序；完全改变原判决的，终止认可和执行程序。

内地地方人民法院就已经作出的判决按照审判监督程序作出提审裁定，或者最高人民法院作出提起再审裁定的，香港特别行政区法院审查核实后，可以中止认可和执行程序。再审判决维持全部或者部分原判决的，恢复认可和执行程序；再审判决完全改变原判决的，终止认可和执行程序。

第十一条 根据本安排而获认可的判决与执行地法院的判决效力相同。

★★第十二条 当事人对认可和执行与否的裁定不服的，在内地可以向上一级人民法院申请复议，在香港特别行政区可以根据其法律规定提出上诉。

第十三条 在法院受理当事人申请认可和执行判决期间，当事人依相同事实再行提起诉讼的，法院不予受理。

已获认可和执行的判决，当事人依相同事实再行提起诉讼的，法院不予受理。

对于根据本安排第九条不予认可和执行的判

决，申请人不得再行提起认可和执行的申请，但是可以按照执行地的法律依相同案件事实向执行地法院提起诉讼。

第十四条 法院受理认可和执行判决的申请之前或者之后，可以按照执行地法律关于财产保全或者禁制资产转移的规定，根据申请人的申请，对被申请人的财产采取保全或强制措施。

★★第十五条 当事人向有关法院申请执行判决，应当根据执行地有关诉讼收费的法律和规定交纳执行费或者法院费用。

第十六条 内地与香港特别行政区法院相互认可和执行的标的范围，除判决确定的数额外，还包括根据该判决须支付的利息、经法院核定的律师费以及诉讼费，但不包括税收和罚款。

在香港特别行政区诉讼费是指经法官或者司法常务官在诉讼费评定证明书中核定或者命令支付的诉讼费用。

第十七条 内地与香港特别行政区法院自本安排生效之日（含本日）起作出的判决，适用本安排。

第十八条 本安排在执行过程中遇有问题或者需要修改，由最高人民法院和香港特别行政区政府协商解决。

理论解读

最高人民法院《关于内地与香港法院相互认可和执行当事人协议管辖的民商事案件判决的安排》主要内容归纳如下：

基于书面管辖协议的民商事案件的终审判决	管辖法院	被申请人在两地均有财产的	申请期限及程序、文字	申请人应当提交的文件
内地	被申请人住所地、经常居住地或财产所在地中级人民法院；可选择其一，但不得同时分别申请	可同时分别申请，两地法院分别执行判决的总额，不得超过判决确定的数额	申请的期间为2年；依据被申请执行地法律；向内地法院提交的文件应为中文或中文译本（向香港申请则无须中文）	（1）申请书；（2）经作出终审判决的法院盖章的判决书副本；（3）原判决法院出具的证明该判决为可执行的终审判决的证明书；（4）身份证明材料
香港	香港高等法院			

其他：（1）可裁定不予认可和执行的理由：管辖协议属于无效；判决已获完全履行；执行地法院对该案享有专属管辖权；未曾出庭的败诉一方当事人未经合法传唤或未获依法律规定的答辩时间；判决是以欺诈方法取得的；就相同请求所作其他判决或仲裁裁决已经为执行地法院所认可或者执行；违反公共秩序。

（2）对依据审判监督程序提审或再审的可以中止认可和执行程序。

（3）对于不予认可和执行的判决，可以按照执行地的法律依相同案件事实重新起诉。

经典考题

（2009-1-39，单选）香港甲公司与内地乙公司订立供货合同，约定由香港法院管辖。后双方因是否解除该合同及赔偿问题诉诸香港法院，法院判乙公司败诉。依相关规定，下列哪一选项是正确的?①

A. 如该合同被解除，则香港法院管辖的协议也随之无效

B. 如乙公司在内地两省均有财产，甲公司可向两省的有关法院申请认可和执行

① 【答案及释疑】根据最高人民法院《关于内地与香港特别行政区法院相互认可和执行当事人协议管辖的民商事案件判决的安排》的规定，合同中的管辖协议条款独立存在，合同的变更、解除、终止或者无效，不影响管辖协议条款的效力，故A项错误。被申请人住所地、经常居住地或者财产所在地在内地不同的中级人民法院辖区的，申请人应当选择向其中一个人民法院提出认可和执行的申请，不得分别向两个或者两个以上人民法院提出申请，故B项错误。上述《安排》并未规定申请认可和执行判决免除执行费用，故C项错误。向内地人民法院提交的文件没有中文文本的，申请人应当提交证明无误的中文译本，故D项正确。（答案：D）

C. 如甲公司向内地法院申请认可和执行判决，免除执行费用

D. 如甲公司向内地法院提交的文件无中文文本，应当提交证明无误的中文译本

三、最高人民法院《关于内地与香港特别行政区相互执行仲裁裁决的安排》

（1999年6月18日最高人民法院审判委员会第1069次会议通过，法释［2000］3号）

根据《中华人民共和国香港特别行政区基本法》第九十五条的规定，经最高人民法院与香港特别行政区（以下简称香港特区）政府协商，香港特区法院同意执行内地仲裁机构（名单由国务院法制办公室经国务院港澳事务办公室提供）依据《中华人民共和国仲裁法》所作出的裁决，内地人民法院同意执行在香港特区按香港特区《仲裁条例》所作出的裁决。现就内地与香港特区相互执行仲裁裁决的有关事宜作出如下安排：

★★一、在内地或者香港特区作出的仲裁裁决，一方当事人不履行仲裁裁决的，另一方当事人可以向被申请人住所地或者财产所在地的有关法院申请执行。

★★二、上条所述的有关法院，在内地指被申请人住所地或者财产所在地的中级人民法院，在香港特区指香港特区高等法院。

被申请人住所地或者财产所在地在内地不同的中级人民法院辖区的，申请人可以选择其中一个人民法院申请执行裁决，不得分别向两个或两个以上人民法院提出申请。

被申请人的住所地或者财产所在地，既在内地又在香港特区的，申请人不得同时分别向两地有关法院提出申请。只有一地法院执行不足以偿还其债务时，才可就不足部分向另一地法院申请执行。两地法院先后执行仲裁裁决的总额，不得超过裁决数额。

三、申请人向有关法院申请执行在内地或者香港特区作出的仲裁裁决的，应当提交以下文书：

（一）执行申请书；

（二）仲裁裁决书；

四、执行申请书的内容应当载明下列事项：

（一）申请人为自然人的情况下，该人的姓名、地址；申请人为法人或者其他组织的情况下，该法人或其他组织的名称、地址及法定代表人姓名；

（二）被申请人为自然人的情况下，该人的姓名、地址；被申请人为法人或者其他组织的情况下，该法人或其他组织的名称、地址及法定代表人姓名；

（三）申请人为法人或者其他组织的，应当提交企业注册登记的副本。申请人是外国籍法人或者其他组织的，应当提交相应的公证和认证材料；

★★（四）申请执行的理由与请求的内容，被申请人的财产所在地及财产状况。

执行申请书应当以中文本提出，裁决书或者仲裁协议没有中文文本的，申请人应当提交正式证明的中文译本。

五、申请人向有关法院申请执行内地或者香港特区仲裁裁决的期限依据执行地法律有关时限的规定。

六、有关法院接到申请人申请后，应当按执行地法律程序处理及执行。

★★七、在内地或者香港特区申请执行的仲裁裁决，被申请人接到通知后，提出证据证明有下列情形之一的，经审查核实，有关法院可裁定不予执行：

（一）仲裁协议当事人依对其适用的法律属于某种无行为能力的情形；或者该项仲裁协议依约定的准据法无效；或者未指明以何种法律为准时，依仲裁裁决地的法律是无效的；

（二）被申请人未接到指派仲裁员的适当通知，或者因他故未能陈述意见的；

（三）裁决所处理的争议不是交付仲裁的标的或者不在仲裁协议条款之内，或者裁决载有关于交付仲裁范围以外事项的决定的，但交付仲裁事项的决定或与未交付仲裁的事项划分时，裁决中关于交付仲裁事项的决定部分应当予以执行；

（四）仲裁庭的组成或者仲裁庭程序与当事人之间的协议不符，或者在有关当事人没有这种协议时与仲裁地的法律不符的；

（五）裁决对当事人尚无约束力，或者业经仲裁地的法院或者按仲裁地的法律撤销或者停止执行的。

有关法院认定依执行地法律，争议事项不能以仲裁解决的，则可不予执行该裁决。

内地法院认定在内地执行该仲裁裁决违反内地社会公共利益，或者香港特区法院决定在香港特区执行该仲裁裁决违反香港特区的公共政策，则可不予执行该裁决。

八、申请人向有关法院申请执行在内地或者香港特区作出的仲裁裁决，应当根据执行地法院有关诉讼收费的办法交纳执行费用。

九、1997 年 7 月 1 日以后申请执行在内地或者香港特区作出的仲裁裁决按本安排执行。

十、对 1997 年 7 日 1 日至本安排生效之日因故未能向内地或者香港特区法院申请执行，申请人为法人或者其他组织的，可以在本安排生效后六个月内提出；如申请人为自然人的，可以在本安排生效后一年内提出。

对于内地或香港特区法院在 1997 年 7 月 1 日至本安排生效之日拒绝受理或者拒绝执行仲裁裁决的案件，应允许当事人重新申请。

十一、本安排在执行过程中遇有问题和修改，应当通过最高人民法院和香港特区政府协商解决。

理论解读

最高人民法院关于《内地与香港特别行政区相互执行仲裁裁决的安排》要点归纳图示如下：

承认和执行仲裁裁决	管辖法院	被申请人在两地均有财产的	申请期限及程序	拒绝执行的理由
内地	被申请人住所地或财产所在地中级人民法院；二者不同时可选择其一，但不得在内地的两地法院同时分别申请	不能在香港和内地同时分别申请，在香港和内地之中的一地法院执行的不足部分，可向另一地法院申请	依据被申请执行地法律	基本与《纽约公约》第 5 条相同
香港（只限于认可和执行国务院港澳办提供的名单内的仲裁机构所作之裁决）	香港高等法院			

四、最高人民法院《关于内地与澳门特别行政区法院就民商事案件相互委托送达司法文书和调取证据的安排》

（2001 年 8 月 7 日最高人民法院审判委员会第 1186 次会议通过，法释［2001］26 号）

根据《中华人民共和国澳门特别行政区基本法》第九十三条的规定，最高人民法院与澳门特别行政区代表经协商，现就内地与澳门特别行政区法院就民商事案件相互委托送达司法文书和调取证据问题规定如下：

一、一般规定

★★第一条 内地人民法院与澳门特别行政区法院就民商事案件（在内地包括劳动争议案件，在澳门特别行政区包括民事劳工案件）相互委托送达司法文书和调取证据，均适用本安排。

★★第二条 双方相互委托送达司法文书和调取证据，均须通过各高级人民法院和澳门特别行政区终审法院进行。最高人民法院与澳门特别行政区终审法院可以直接相互委托送达和调取证据。

本安排在执行过程中遇有问题，应当通过最高人民法院与澳门特别行政区终审法院协商解决。

第三条 各高级人民法院和澳门特别行政区终审法院相互收到对方法院的委托书后，应当立即将委托书及所附司法文书和相关文件转送根据其本辖区法律规定有权完成该受托事项的法院。

如果受委托方法院认为委托书不符合本安排

规定，影响其完成受托事项时，应当及时通知委托方法院，并说明对委托书的异议。必要时可以要求委托方法院补充材料。

★★第四条　委托书应当以中文文本提出。所附司法文书及其他相关文件没有中文文本的，应当提供中文译本。

★★第五条　委托方法院应当在合理的期限内提出委托请求，以保证受委托方法院收到委托书后，及时完成受托事项。

受委托方法院应优先处理受托事项。完成受托事项的期限，送达文书最迟不得超过自收到委托书之日起两个月，调取证据最迟不得超过自收到委托书之日起三个月。

★★第六条　受委托方法院应当根据本辖区法律规定执行受托事项。委托方法院请求按照特殊方式执行委托事项的，如果受委托方法院认为不违反本辖区的法律规定，可以按照其特殊方式执行。

★★第七条　委托方法院无须支付受委托方法院在送达司法文书或调取证据时发生的费用或税项。但受委托方法院根据其本辖区法律规定，有权在调取证据时，要求委托方法院预付鉴定人、证人、翻译人员的费用，以及因采用委托方法院在委托书中请求以特殊方式送达司法文书或调取证据所产生的费用。

★★第八条　受委托方法院收到委托书后，不得以其本辖区法律规定对委托方法院审理的该民商事案件享有专属管辖权或不承认对该请求事项提起诉讼的权利为由，不予执行受托事项。

受委托方法院在执行受托事项时，如果该事项不属于法院职权范围，或者内地人民法院认为在内地执行该受托事项将违反其基本法律原则或社会公共利益，或者澳门特别行政区法院认为在澳门特别行政区执行该受托事项将违反其基本法律原则或公共秩序的，可以不予执行，但应当及时向委托方法院书面说明不予执行的原因。

二、司法文书的送达

第九条　委托方法院请求送达司法文书，须出具盖有其印章的委托书，并在委托书中说明委托机关的名称、受送达人的姓名或者名称、详细地址及案件性质。如果执行方法院请求按特殊方式送达或者有特别注意的事项的，应当在委托书中注明。

第十条　委托书及所附司法文书和其他相关文件一式两份，受送达人为两人以上的，每人一式两份。

第十一条　完成司法文书送达事项后，内地人民法院应当出具送达回证；澳门特别行政区法院应当出具送达证明书。出具的送达回证和送达证明书，应当注明送达的方法、地点和日期，及司法文书接收人的身份，并加盖法院印章。

受委托方法院无法送达的，应当在送达回证或者送达证明书上注明妨碍送达的原因、拒收事由和日期，并及时退回委托书及所附全部文件。

★★第十二条　不论委托方法院司法文书中确定的出庭日期或者期限是否已过，受委托方法院均应送达。

第十三条　受委托方法院对委托方法院委托送达的司法文书和所附相关文件的内容和后果不负法律责任。

第十四条　本安排中的司法文书在内地包括：起诉状副本、上诉状副本、反诉状副本、答辩状副本、授权委托书、传票、判决书、调解书、裁定书、支付令、决定书、通知书、证明书、送达回证以及其他司法文书和所附相关文件；在澳门特别行政区包括：起诉状复本、答辩状复本、反诉状复本、上诉状复本、陈述书、申辩书、声明异议书、反驳书、申请书、撤诉书、认诺书、和解书、财产目录、财产分割表、和解建议书、债权人协议书、传唤书、通知书、法官批示、命令状、法庭许可令状、判决书、合议庭裁判书、送达证明书以及其他司法文书和所附相关文件。

三、调取证据

★★第十五条　委托方法院请求调取的证据只能是用于与诉讼有关的证据。

第十六条　双方相互委托代为调取证据的委托书应当写明：

一、委托法院的名称；

二、当事人及其诉讼代理人的姓名、地址，及其他一切有助于辨别其身份的情况；

三、委托调取证据的原因，以及委托调取证

据的具体事项；

四、被调查人的姓名、地址，及其他一切有助于辨别其身份的情况，以及需要向其提出的问题；

五、调取证据需采用的特殊方式；

六、有助于执行该委托的其他一切情况。

★**第十七条** 代为调取证据的范围包括：代为询问当事人、证人和鉴定人，代为进行鉴定和司法勘验，调取其他与诉讼有关的证据。

第十八条 如委托方法院提出要求，受委托方法院应当将取证的时间、地点通知委托方法院，以便有关当事人及其诉讼代理人能够出席。

第十九条 受委托方法院在执行委托调取证据时，根据委托方法院的请求，可以允许委托方法院派司法人员出席。必要时，经受委托方允许，委托方法院的司法人员可以向证人、鉴定人等发问。

第二十条 受委托方法院完成委托调取证据的事项后，应当向委托方法院书面说明。

如果未能按委托方法院的请求全部或部分完成调取证据事项，受委托方法院应当向委托方法院书面说明妨碍调取证据的原因，并及时退回委托书及所附全部文件。

如果当事人、证人根据受委托方的法律规定，拒绝作证或推辞提供证言时，受委托方法院应当以书面通知委托方法院，并退回委托书及所附全部文件。

★**第二十一条** 受委托方法院可以根据委托方法院的请求，并经证人、鉴定人同意，协助安排其辖区的证人、鉴定人到对方辖区出庭作证。

证人、鉴定人在委托方地域内逗留期间，不得因在其离开受委托方地域之前，在委托方境内所实施的行为或针对他所作的裁决而被刑事起诉、羁押，或者为履行刑罚或者其他处罚而被剥夺财产或者扣留身份证件，或者以任何方式对其人身自由加以限制。

证人、鉴定人完成所需诉讼行为，且可自由离开委托方地域后，在委托方境内逗留超过七天，或者已离开委托方地域又自行返回时，前款所指的豁免即行终止。

证人、鉴定人到委托方法院出庭而导致的费用及补偿，由委托方法院预付。

该条所指出庭作证人员，在澳门特别行政区还包括当事人。

第二十二条 受委托方法院取证时，被调查的当事人、证人、鉴定人等的代理人可以出席。

四、附则

第二十三条 受委托方法院可以根据委托方法院的请求代为查询并提供本辖区的有关法律。

第二十四条 如果本安排需要修改，应当通过最高人民法院与澳门特别行政区代表协商解决。

第二十五条 本安排自 2001 年 9 月 15 日起生效。

理论解读

最高人民法院《关于内地与澳门特别行政区法院就民商事案件相互委托送达司法文书和调取证据的安排》要点归纳示意图如下：

送达	主体	时间	文字	程序	费用
内地	各高级人民法院、最高级人民法院可直接委托	2 个月	盖章的中文委托书、中文	根据被请求方的程序	免费、要求特殊方式需付费
澳门	澳门终审法院	同上	同上	同上	同上

经典考题

1.（2013-1-79，多选）内地某中级人民法院审理一起涉及澳门特别行政区企业的商事案件，需委托澳门特别行政区法院进行司法协助。关于该司法协助事项，下列哪些表述是正确的?①

① 【答案及释疑】根据最高人民法院《关于内地和澳门特别行政区法院就民商事案件相互委托送达司法文书和调取证据的安排》的规定，委托方提供资料的文字应为中文，故 B 项错误。ACD 项都符合该《安排》的规定，当选。（答案：ACD）

A. 该案件司法文书送达的委托，应通过该中级人民法院所属高级人民法院转交澳门特别行政区终审法院

B. 澳门特别行政区终审法院有权要求该中级人民法院就其中文委托书提供葡萄牙语译本

C. 该中级人民法院可以请求澳门特别行政区法院协助调取与该案件有关的证据

D. 在受委托方法院执行委托调取证据时，该中级人民法院司法人员经过受委托方允许可以出席并直接向证人提问

2. (2005-1-82，多选) 内地某中级人民法院在审理一民事案件过程中，需从澳门调取证据。依据最高人民法院《关于内地与澳门特别行政区法院就民商事案件相互委托送达司法文书和调取证据的安排》，下列哪些说法是正确的?①

A. 该中级人民法院可直接委托澳门的有关法院调取证据

B. 澳门受托法院可以该民事案件属于其专属管辖为由拒绝执行受托事项

C. 受托法院完成调取证据的期限最迟不得超过自收到委托书之日起3个月

D. 最高人民法院与澳门特别行政区终审法院可以直接委托调取证据

五、最高人民法院《关于内地与澳门特别行政区相互认可和执行民商事判决的安排》

(2006年2月13日最高人民法院审判委员会第1378次会议通过，法释［2006］2号)

根据《中华人民共和国澳门特别行政区基本法》第九十三条的规定，最高人民法院与澳门特别行政区经协商，就内地与澳门特别行政区法院相互认可和执行民商事判决事宜，达成如下安排：

★★第一条　内地与澳门特别行政区民商事案件（在内地包括劳动争议案件，在澳门特别行政区包括劳动民事案件）判决的相互认可和执行，适用本安排。

本安排亦适用于刑事案件中有关民事损害赔偿的判决、裁定。

本安排不适用于行政案件。

第二条　本安排所称“判决”，在内地包括：判决、裁定、决定、调解书、支付令；在澳门特别行政区包括：裁判、判决、确认和解的裁定、法官的决定或者批示。

本安排所称“被请求方”，指内地或者澳门特别行政区双方中，受理认可和执行判决申请的一方。

第三条　一方法院作出的具有给付内容的生效判决，当事人可以向对方有管辖权的法院申请认可和执行。

没有给付内容，或者不需要执行，但需要通过司法程序予以认可的判决，当事人可以向对方法院单独申请认可，也可以直接以该判决作为证据在对方法院的诉讼程序中使用。

★★★第四条　内地有权受理认可和执行判决申请的法院为被申请人住所地、经常居住地或者财产所在地的中级人民法院。两个或者两个以上中级人民法院均有管辖权的，申请人应当选择向其中一个中级人民法院提出申请。

澳门特别行政区有权受理认可判决申请的法院为中级法院，有权执行的法院为初级法院。

★★第五条　被申请人在内地和澳门特别行政区均有可供执行财产的，申请人可以向一地法院提出执行申请。

申请人向一地法院提出执行申请的同时，可

① 【答案及释疑】根据最高人民法院《关于内地与澳门特别行政区法院就民商事案件相互委托送达司法文书和调取证据的安排》的规定，内地法院和澳门特别行政区法院可以相互委托送达和调查取证，均须通过内地各高级人民法院和澳门特别行政区终审法院进行。最高人民法院和澳门特别行政区终审法院可以直接相互委托送达和调查取证。据此，A项错误，D项正确。该《安排》第8条规定，受委托方法院收到委托书后，不得以其本辖区法律规定对委托方法院审理的该民商事案件享有专属管辖权或不承认对该请求事项提起诉讼的权利为由，不予执行受托事项，故B选项错误。该《安排》第5条第2款规定，受委托方法院应当在合理的期限内提出委托请求，以保证受委托方法院收到委托书后，及时完成受托事项。受委托方法院应优先受理受托事项，完成受托事项的期限，送达文书是最迟不得超过自收到委托书之日起2个月，调取证据是最迟不得超过自收到委托书之日起3个月。据此，C项正确。(答案：CD)

以向另一地法院申请查封、扣押或者冻结被执行人的财产。待一地法院执行完毕后，可以根据该地法院出具的执行情况证明，就不足部分向另一地法院申请采取处分财产的执行措施。

两地法院执行财产的总额，不得超过依据判决和法律规定所确定的数额。

第六条 请求认可和执行判决的申请书，应当载明下列事项：

（一）申请人或者被申请人为自然人的，应当载明其姓名及住所；为法人或者其他组织的，应当载明其名称及住所，以及其法定代表人或者主要负责人的姓名、职务和住所；

（二）请求认可和执行的判决的案号和判决日期；

（三）请求认可和执行判决的理由、标的，以及该判决在判决作出地法院的执行情况。

第七条 申请书应当附生效判决书副本，或者经作出生效判决的法院盖章的证明书，同时应当附作出生效判决的法院或者有权限机构出具的证明下列事项的相关文件：

（一）传唤属依法作出，但判决书已经证明的除外；

（二）无诉讼行为能力人依法得到代理，但判决书已经证明的除外；

（三）根据判决作出地的法律，判决已经送达当事人，并已生效；

（四）申请人为法人的，应当提供法人营业执照副本或者法人登记证明书；

（五）判决作出地法院发出的执行情况证明。

如被请求方法院认为已充分了解有关事项时，可以免除提交相关文件。

被请求方法院对当事人提供的判决书的真实性有疑问时，可以请求作出生效判决的法院予以确认。

★第八条 申请书应当用中文制作。所附司法文书及其相关文件未用中文制作的，应当提供中文译本。其中法院判决书未用中文制作的，应当提供由法院出具的中文译本。

第九条 法院收到申请人请求认可和执行判决的申请后，应当将申请书送达被申请人。

被申请人有权提出答辩。

第十条 被请求方法院应当尽快审查认可和执行的请求，并作出裁定。

★★第十一条 被请求方法院经审查核实存在下列情形之一的，裁定不予认可：

（一）根据被请求方的法律，判决所确认的事项属被请求方法院专属管辖；

（二）在被请求方法院已存在相同诉讼，该诉讼先于待认可判决的诉讼提起，且被请求方法院具有管辖权；

（三）被请求方法院已认可或者执行被请求方法院以外的法院或仲裁机构就相同诉讼作出的判决或仲裁裁决；

（四）根据判决作出地的法律规定，败诉的当事人未得到合法传唤，或者无诉讼行为能力人未依法得到代理；

（五）根据判决作出地的法律规定，申请认可和执行的判决尚未发生法律效力，或者因再审被裁定中止执行；

（六）在内地认可和执行判决将违反内地法律的基本原则或者社会公共利益；在澳门特别行政区认可和执行判决将违反澳门特别行政区法律的基本原则或者公共秩序。

第十二条 法院就认可和执行判决的请求作出裁定后，应当及时送达。

当事人对认可与否的裁定不服的，在内地可以向上一级人民法院提请复议，在澳门特别行政区可以根据其法律规定提起上诉；对执行中作出的裁定不服的，可以根据被请求方法律的规定，向上级法院寻求救济。

第十三条 经裁定予以认可的判决，与被请求方法院的判决具有同等效力。判决有给付内容的，当事人可以向该方有管辖权的法院申请执行。

第十四条 被请求方法院不能对判决所确认的所有请求予以认可和执行时，可以认可和执行其中的部分请求。

第十五条 法院受理认可和执行判决的申请之前或者之后，可以按照被请求方法律关于财产保全的规定，根据申请人的申请，对被申请人的财产采取保全措施。

第十六条 在被请求方法院受理认可和执行判决的申请期间，或者判决已获认可和执行，当事人再行提起相同诉讼的，被请求方法院不予受理。

第十七条　对于根据本安排第十一条（一）、（四）、（六）项不予认可的判决，申请人不得再行提起认可和执行的申请。但根据被请求方的法律，被请求方法院有管辖权的，当事人可以就相同案件事实向当地法院另行提起诉讼。

本安排第十一条（五）项所指的判决，在不予认可的情形消除后，申请人可以再行提起认可和执行的申请。

第十八条　为适用本安排，由一方有权限公共机构（包括公证员）作成或者公证的文书正本、副本及译本，免除任何认证手续而可以在对方使用。

第十九条　申请人依据本安排申请认可和执行判决，应当根据被请求方法律规定，交纳诉讼费用、执行费用。

申请人在生效判决作出地获准缓交、减交、免交诉讼费用的，在被请求方法院申请认可和执行判决时，应当享有同等待遇。

★第二十条　对民商事判决的认可和执行，除本安排有规定的以外，适用被请求方的法律规定。

第二十一条　本安排生效前提出的认可和执行请求，不适用本安排。

两地法院自 1999 年 12 月 20 日以后至本安排生效前作出的判决，当事人未向对方法院申请认可和执行，或者对方法院拒绝受理的，仍可以于本安排生效后提出申请。

澳门特别行政区法院在上述期间内作出的判决，当事人向内地人民法院申请认可和执行的期限，自本安排生效之日起重新计算。

第二十二条　本安排在执行过程中遇有问题或者需要修改，应当由最高人民法院与澳门特别行政区协商解决。

第二十三条　为执行本安排，最高人民法院和澳门特别行政区终审法院应当相互提供相关法律资料。

最高人民法院和澳门特别行政区终审法院每年相互通报执行本安排的情况。

第二十四条　本安排自 2006 年 4 月 1 日起生效。

理论解读

最高人民法院《关于内地与澳门特别行政区相互认可和执行民事判决的安排》要点归纳图示如下：

送达	主体	案件范围	文字	程序	保全措施
内地	被申请人住所地、经常居住地或者财产所在地的中级人民法院	民事、刑事案件中有关民事损害赔偿的判决、裁定；劳动争议	盖章的中文委托书、中文文书或中文译本	被申请人在内地和澳门都有财产的，向一地法院申请执行的同时，可向另一地法院申请查封	可据被请求方法律，申请采取保全措施
澳门	认可判决申请的法院为中级法院，有权执行的法院为初级法院。	同上	同上		同上

经典考题

（2007-1-36，单选）李某在内地某法院取得一项涉及王某的具有给付内容的生效民事判决。王某的主要财产在澳门，在内地也有少量可供执行的财产。根据最高人民法院《关于内地与澳门特别行政区相互认可和执行民商事判决的安排》，下列哪一选项是正确的？①

①　【答案及释疑】本题中，李某在内地得到的判决打算到澳门特区申请认可和执行，根据最高人民法院《关于内地与澳门特别行政区关于相互认可和执行民商事判决的安排》第 5 条的规定，被申请人在内地和澳门特别行政区均有可供执行财产的，申请人可以向一地法院提出执行申请。向一地法院提出执行申请的同时，可以向另一地法院申请查封、扣押或者冻结被执行人的财产，故 A 项错误而 B 项正确。在申请人在一地不能得到足额执行的情况下，“待一地法院执行完毕后，可以根据该地法院出具的执行情况证明，就不足部分向另一地法院申请采取处分财产的执行措施”，可见，另一地法院可以仅执行该判决中的部分请求（不足部分），故 C 项错误。前述《安排》第 20 条还规定，对民商事判决的认可和执行，除该《安排》有规定的以外，适用被请求方的法律规定，故 D 选项错误。（答案：B）

A. 李某有权同时向内地与澳门有管辖权的法院申请执行

B. 李某向澳门法院提出执行申请的同时，可以向内地法院申请查封、扣押或者冻结王某的财产

C. 如澳门法院受理执行申请，它不能仅执行该判决中的部分请求

D. 该判决的执行应适用内地法律

六、最高人民法院《关于内地与澳门特别行政区相互认可和执行仲裁裁决的安排》

（2007年9月17日最高人民法院审判委员会第1437次会议通过，法释［2007］17号）

根据《中华人民共和国澳门特别行政区基本法》第九十三条的规定，经最高人民法院与澳门特别行政区协商，现就内地与澳门特别行政区相互认可和执行仲裁裁决的有关事宜达成如下安排：

第一条 内地人民法院认可和执行澳门特别行政区仲裁机构及仲裁员按照澳门特别行政区仲裁法规在澳门作出的民商事仲裁裁决，澳门特别行政区法院认可和执行内地仲裁机构依据《中华人民共和国仲裁法》在内地作出的民商事仲裁裁决，适用本安排。

本安排没有规定的，适用认可和执行地的程序法律规定。

★★第二条 在内地或者澳门特别行政区作出的仲裁裁决，一方当事人不履行的，另一方当事人可以向被申请人住所地、经常居住地或者财产所在地的有关法院申请认可和执行。

内地有权受理认可和执行仲裁裁决申请的法院为中级人民法院。两个或者两个以上中级人民法院均有管辖权的，当事人应当选择向其中一个中级人民法院提出申请。

澳门特别行政区有权受理认可仲裁裁决申请的法院为中级法院，有权执行的法院为初级法院。

★★第三条 被申请人的住所地、经常居住地或者财产所在地分别在内地和澳门特别行政区的，申请人可以向一地法院提出认可和执行申请，也可以分别向两地法院提出申请。

当事人分别向两地法院提出申请的，两地法院都应当依法进行审查。予以认可的，采取查封、扣押或者冻结被执行人财产等执行措施。仲裁地法院应当先进行执行清偿；另一地法院在收到仲裁地法院关于经执行债权未获清偿情况的证明后，可以对申请人未获清偿的部分进行执行清偿。两地法院执行财产的总额，不得超过依据裁决和法律规定所确定的数额。

第四条 申请人向有关法院申请认可和执行仲裁裁决的，应当提交以下文件或者经公证的副本：

（一）申请书；

（二）申请人身份证明；

（三）仲裁协议；

（四）仲裁裁决书或者仲裁调解书。

上述文件没有中文文本的，申请人应当提交经正式证明的中文译本。

第五条 申请书应当包括下列内容：

（一）申请人或者被申请人为自然人的，应当载明其姓名及住所；为法人或者其他组织的，应当载明其名称及住所，以及其法定代表人或者主要负责人的姓名、职务和住所；申请人是外国籍法人或者其他组织的，应当提交相应的公证和认证材料；

（二）请求认可和执行的仲裁裁决书或者仲裁调解书的案号或识别资料和生效日期；

（三）申请认可和执行仲裁裁决的理由及具体请求，以及被申请人财产所在地、财产状况及该仲裁裁决的执行情况。

★★第六条 申请人向有关法院申请认可和执行内地或者澳门特别行政区仲裁裁决的期限，依据认可和执行地的法律确定。

★★第七条 对申请认可和执行的仲裁裁决，被申请人提出证据证明有下列情形之一的，经审查核实，有关法院可以裁定不予认可：

（一）仲裁协议一方当事人依对其适用的法律在订立仲裁协议时属于无行为能力的；或者依当事人约定的准据法，或当事人没有约定适用的准据法而依仲裁地法律，该仲裁协议无效的；

（二）被申请人未接到选任仲裁员或者进行仲裁程序的适当通知，或者因他故未能陈述意见的；

（三）裁决所处理的争议不是提交仲裁的争议，或者不在仲裁协议范围之内；或者裁决载有超出当事人提交仲裁范围的事项的决定，但裁决中超出提交仲裁范围的事项的决定与提交仲裁事项的决定可以分开的，裁决中关于提交仲裁事项的决定部分可以予以认可；

（四）仲裁庭的组成或者仲裁程序违反了当事人的约定，或者在当事人没有约定时与仲裁地的法律不符的；

（五）裁决对当事人尚无约束力，或者业经仲裁地的法院撤销或者拒绝执行的。

有关法院认定，依执行地法律，争议事项不能以仲裁解决的，不予认可和执行该裁决。

内地法院认定在内地认可和执行该仲裁裁决违反内地法律的基本原则或者社会公共利益，澳门特别行政区法院认定在澳门特别行政区认可和执行该仲裁裁决违反澳门特别行政区法律的基本原则或者公共秩序，不予认可和执行该裁决。

第八条 申请人依据本安排申请认可和执行仲裁裁决的，应当根据执行地法律的规定，交纳诉讼费用。

第九条 一方当事人向一地法院申请执行仲裁裁决，另一方当事人向另一地法院申请撤销该仲裁裁决，被执行人申请中止执行且提供充分担保的，执行法院应当中止执行。

根据经认可的撤销仲裁裁决的判决、裁定，执行法院应当终结执行程序；撤销仲裁裁决申请被驳回的，执行法院应当恢复执行。

当事人申请中止执行的，应当向执行法院提供其他法院已经受理申请撤销仲裁裁决案件的法律文书。

第十条 受理申请的法院应当尽快审查认可和执行的请求，并作出裁定。

第十一条 法院在受理认可和执行仲裁裁决申请之前或者之后，可以依当事人的申请，按照法院地法律规定，对被申请人的财产采取保全措施。

第十二条 由一方有权限公共机构（包括公证员）作成的文书正本或者经公证的文书副本及译本，在适用本安排时，可以免除认证手续在对方使用。

第十三条 本安排实施前，当事人提出的认可和执行仲裁裁决的请求，不适用本安排。

自1999年12月20日至本安排实施前，澳门特别行政区仲裁机构及仲裁员作出的仲裁裁决，当事人向内地申请认可和执行的期限，自本安排实施之日起算。

第十四条 为执行本安排，最高人民法院和澳门特别行政区终审法院应当相互提供相关法律资料。

最高人民法院和澳门特别行政区终审法院每年相互通报执行本安排的情况。

第十五条 本安排在执行过程中遇有问题或者需要修改的，由最高人民法院和澳门特别行政区协商解决。

第十六条 本安排自2008年1月1日起实施。

理论解读

最高人民法院《关于内地与澳门特别行政区之间相互认可和执行仲裁裁决的安排》要点归纳示意图如下：

承认和执行仲裁裁决	管辖法院	被申请人在两地均有财产的	申请认可和执行的期限、费用	拒绝执行理由
内地	被申请人住所地、经常居住地或财产所在地中级人民法院；二者不同时可选择其一，但不得同时在内地两个法院分别申请	可单独也可以同时在内地和澳门两地分别申请，仲裁地法院先执行，可向另一地法院就不足部分申请执行	依据认可和执行地的法律确定；应当根据执行地法律的规定，交纳诉讼费用	基本与《纽约公约》第5条相同
澳门	中级法院（申请认可）			

经典考题

（2008-1-81，多选）上海甲公司作为卖方和澳门乙公司订立了一项钢材购销合同，约定有关合同的争议在中国内地仲裁。乙公司在内地和澳门均有营业机构。双方发生争议后，仲裁庭裁决乙公司对甲公司进行赔偿。乙公司未在规定的期限内履行仲裁裁决。关于甲公司对此采取的做法，下列哪些选项是正确的?①

A. 向内地有管辖权的中级人民法院申请执行该仲裁裁决

B. 向澳门特别行政区中级法院申请执行该仲裁裁决

C. 分别向内地有管辖权的中级人民法院和澳门特别行政区中级法院申请执行仲裁裁决

D. 向澳门特别行政区初级法院申请执行该仲裁裁决

七、最高人民法院《关于涉港澳民商事案件司法文书送达问题若干规定》

（2009年2月16日最高人民法院审判委员会第1463次会议通过，自2009年3月16日起施行，法释［2009］2号）

为规范涉及香港特别行政区、澳门特别行政区民商事案件司法文书送达，根据《中华人民共和国民事诉讼法》的规定，结合审判实践，制定本规定。

第一条 人民法院审理涉及香港特别行政区、澳门特别行政区的民商事案件时，向住所地在香港特别行政区、澳门特别行政区的受送达人送达司法文书，适用本规定。

第二条 本规定所称司法文书，是指起诉状副本、上诉状副本、反诉状副本、答辩状副本、传票、判决书、调解书、裁定书、支付令、决定书、通知书、证明书、送达回证等与诉讼相关的文书。

★第三条 作为受送达人的自然人或者企业、其他组织的法定代表人、主要负责人在内地的，人民法院可以直接向该自然人或者法定代表人、主要负责人送达。

★第四条 除受送达人在授权委托书中明确表明其诉讼代理人无权代为接收有关司法文书外，其委托的诉讼代理人为有权代其接受送达的诉讼代理人，人民法院可以向该诉讼代理人送达。

★第五条 受送达人在内地设立有代表机构的，人民法院可以直接向该代表机构送达。

受送达人在内地设立有分支机构或者业务代办人并授权其接受送达的，人民法院可以直接向该分支机构或者业务代办人送达。

★第六条 人民法院向在内地没有住所的受送达人送达司法文书，可以按照最高人民法院《关于内地与香港特别行政区法院相互委托送达民商事司法文书的安排》或者最高人民法院《关于内地与澳门特别行政区法院就民商事案件相互委托送达司法文书和调取证据的安排》送达。

按照前款规定方式送达的，自内地的高级人民法院或者最高人民法院将有关司法文书递送香港特别行政区高等法院或者澳门特别行政区终审法院之日起满三个月，如果未能收到送达与否的证明文件且不存在本规定第十二条规定情形的，视为不能适用上述安排中规定的方式送达。

★第七条 人民法院向受送达人送达司法文书，可以邮寄送达。

① 【答案及释疑】根据最高人民法院《关于内地与澳门特别行政区相互认可和执行仲裁裁决的安排》第2条的规定，内地有权受理认可和执行澳门特别行政区仲裁裁决申请的法院为中级人民法院，A项正确。如果两地均有财产，则可单独也可以同时在内地和澳门特别行政区两地分别申请，仲裁地法院先执行，故B、D项正确。上述《安排》第2条第3款规定，澳门特别行政区有权受理认可仲裁裁决申请的法院为中级法院，有权执行的法院为初级法院。从该条的字面意思来理解，一般可以理解为应向澳门特别行政区中级法院提出认可的申请，得到认可后如果需要执行，则向澳门特别行政区初级法院提出执行的申请，如果按照这一理解，则只能选A、C、D项，但官方公布的答案为A、B、C项，按照出题人的逻辑，在澳门特别行政区不管是申请认可还是执行，都只能向澳门特别行政区中级法院提出申请，但如果这样理解，则“澳门特别行政区有权受理认可仲裁裁决申请的法院为中级法院，有权执行的法院为初级法院”的规定似乎就显得画蛇添足，或者应明确规定由澳门特别行政区中级法院指令初级法院执行。（答案：ABC）

邮寄送达时应附有送达回证。受送达人未在送达回证上签收但在邮件回执上签收的，视为送达，签收日期为送达日期。

自邮寄之日起满三个月，虽未收到送达与否的证明文件，但存在本规定第十二条规定情形的，期间届满之日视为送达。

自邮寄之日起满三个月，如果未能收到送达与否的证明文件，且不存在本规定第十二条规定情形的，视为未送达。

★第八条　人民法院可以通过传真、电子邮件等能够确认收悉的其他适当方式向受送达人送达。

★★第九条　人民法院不能依照本规定上述方式送达的，可以公告送达。公告内容应当在内地和受送达人住所地公开发行的报刊上刊登，自公告之日起满三个月即视为送达。

★★★第十条　除公告送达方式外，人民法院可以同时采取多种法定方式向受送达人送达。

采取多种方式送达的，应当根据最先实现送达的方式确定送达日期。

第十一条　人民法院向在内地的受送达人或者受送达人的法定代表人、主要负责人、诉讼代理人、代表机构以及有权接受送达的分支机构、业务代办人送达司法文书，可以适用留置送达的方式。

★★第十二条　受送达人未对人民法院送达的司法文书履行签收手续，但存在以下情形之一的，视为送达：

（一）受送达人向人民法院提及了所送达司法文书的内容；

（二）受送达人已经按照所送达司法文书的内容履行；

（三）其他可以确认已经送达的情形。

第十三条　下级人民法院送达司法文书，根据有关规定需要通过上级人民法院转递的，应当附申请转递函。

上级人民法院收到下级人民法院申请转递的司法文书，应当在七个工作日内予以转递。

上级人民法院认为下级人民法院申请转递的司法文书不符合有关规定需要补正的，应当在七个工作日内退回申请转递的人民法院。

经典考题

（2011-1-79）香港地区甲公司与内地乙公司发生投资纠纷，乙公司诉诸某中级人民法院。陈某是甲公司法定代表人，张某是甲公司的诉讼代理人。关于该案的文书送达及法律适用，下列哪些选项是正确的？①

A. 如陈某在内地，受案法院必须通过上一级人民法院向其送达

B. 如甲公司在授权委托书中明确表明张某无权代为接收有关司法文书，则不能向其送达

C. 如甲公司在内地设有代表机构的，受案人民法院可直接向该代表机构送达

D. 同时采用公告送达和其他多种方式送达的，应当根据最先实现送达的方式确定送达日期

八、最高人民法院《关于人民法院认可台湾地区有关法院民事判决的规定》

（1998 年 1 月 15 日最高人民法院审判委员会第 957 次会议通过，自 1998 年 5 月 26 日起施行，法释［1998］11 号）

第一条　为保障我国台湾地区和其他省、自

① 【答案及释疑】根据最高人民法院《关于涉港澳民商事案件司法文书送达问题若干规定》第 3 条的规定，作为受送达人的自然人或者企业、其他组织的法定代表人、主要负责人在内地的，人民法院可以直接向该自然人或者法定代表人、主要负责人送达。法院可直接向陈某送达，无须通过上一级人民法院送达。选项 A 错误。除受送达人在授权委托书中明确表明其诉讼代理人无权代为接收有关司法文书外，其委托的诉讼代理人为有权代其接受送达的诉讼代理人，人民法院可以向该诉讼代理人送达。选项 B 正确。该《规定》第 5 条规定，受送达人在内地设立有代表机构的，人民法院可以直接向该代表机构送达。选项 C 正确。该《规定》第 10 条规定，除公告送达方式外，人民法院可以同时采取多种法定方式向受送达人送达，采取多种方式送达的，应当根据最先实现送达的方式确定送达日期，即公告送达方式不能和其他方式同时采用。选项 D 错误。（答案：BC）

治区、直辖市的诉讼当事人的民事权益与诉讼权利，特制定本规定。

第二条 台湾地区有关法院的民事判决，当事人的住所地、经常居住地或者被执行财产所在地在其他省、自治区、直辖市的，当事人可以根据本规定向人民法院申请认可。

★★第三条 申请由申请人住所地、经常居住地或者被执行财产所在地中级人民法院受理。

第四条 申请人应提交申请书，并须附有不违反一个中国原则的台湾地区有关法院民事判决正本或经证明无误的副本、证明文件。

第五条 申请书应记明以下事项：

（一）申请人姓名、性别、年龄、职业、身份证件号码、申请时间和住址（申请人为法人或者其他组织的，应记明法人或者其他组织的名称、地址、法定代表人姓名、职务）；

（二）当事人受传唤和应诉情况及证明文件；

（三）请求和理由；

（四）其他需要说明的情况。

第六条 人民法院收到申请书，经审查，符合本规定第四条和第五条的条件的，应当在七日内受理；不符合本规定第四条和第五条的条件的，不予受理，并在七日内通知申请人，同时说明不受理的理由。

第七条 人民法院审查认可台湾地区有关法院民事判决的申请，由审判员组成合议庭进行。

第八条 人民法院受理申请后，对于台湾地区有关法院民事判决是否生效不能确定的，应告知申请人提交作出判决的法院出具的证明文件。

★第九条 台湾地区有关法院的民事判决具有下列情形之一的，裁定不予认可：

（一）申请认可的民事判决的效力未确定的；

（二）申请认可的民事判决，是在被告缺席又未经合法传唤或者在被告无诉讼行为能力又未得到适当代理的情况下作出的；

（三）案件系人民法院专属管辖的；

（四）案件的双方当事人订有仲裁协议的；

（五）案件系人民法院已作出判决，或者外国、境外地区法院作出判决或境外仲裁机构作出仲裁裁决已为人民法院所承认的；

（六）申请认可的民事判决具有违反国家法律的基本原则，或者损害社会公共利益情形的。

第十条 人民法院审查申请后，对于台湾地区有关法院民事判决不具有本规定第九条所列情形的，裁定认可其效力。

★第十一条 申请人委托他人代理申请认可台湾地区有关法院民事判决的，应当向人民法院提交由委托人签名或盖章并经当地公证机关公证的授权委托书。

★★第十二条 人民法院受理认可台湾地区有关法院民事判决的申请后，对当事人就同一案件事实起诉的，不予受理。

★★第十三条 案件虽经台湾地区有关法院判决，但当事人未申请认可，而是就同一案件事实向人民法院提起诉讼的，应予受理。

第十四条 人民法院受理认可申请后，作出裁定前，申请人要求撤回申请的，应当允许。

★★ 第十五条 对人民法院不予认可的民事判决，申请人不得再提出申请，但可以就同一案件事实向人民法院提起诉讼。

★★第十六条 人民法院作出民事判决前，一方当事人申请认可台湾地区有关法院就同一案件事实作出的判决的，应当中止诉讼，对申请进行审查。经审查，对符合认可条件的申请，予以认可，并终结诉讼；对不符合认可条件的，则恢复诉讼。

★★第十七条 申请认可台湾地区有关法院民事判决的，应当在该判决发生效力后一年内提出。

理论解读

本条规定的申请时限已经作了修改，最高人民法院《关于人民法院认可台湾地区有关法院民事判决的补充规定》第 9 条第 1 款规定，申请认可台湾地区有关法院民事判决的，应当在该判决效力确定后 2 年内提出。

第十八条 被认可的台湾地区有关法院民事判决需要执行的，依照《中华人民共和国民事诉讼法》规定的程序办理。

第十九条 申请认可台湾地区有关法院民事裁定和台湾地区仲裁机构裁决的，适用本规定。

九、最高人民法院《关于人民法院认可台湾地区有关法院民事判决的补充规定》

（2009 年 3 月 30 日最高人民法院审判委员会第 1465 次会议通过，自 2009 年 5 月 14 日起施行，法释［2009］4 号）

为了更好地解决认可台湾地区有关法院民事判决的相关问题，维护当事人的合法权益，现对最高人民法院《关于人民法院认可台湾地区有关法院民事判决的规定》（以下简称《规定》）作出补充规定。

第一条　申请人同时提出认可和执行台湾地区有关法院民事判决申请的，人民法院应按规定对认可申请进行审查。

经人民法院裁定认可的台湾地区有关法院民事判决，与人民法院作出的生效判决具有同等效力。申请人依裁定向人民法院申请执行的，人民法院应予受理。

★★第二条　申请认可的台湾地区有关法院民事判决，包括对商事、知识产权、海事等民事纠纷案件作出的判决。

申请认可台湾地区有关法院民事裁定、调解书、支付令，以及台湾地区仲裁机构裁决的，适用《规定》和本补充规定。

★★第三条　申请人向两个以上有管辖权的中级人民法院申请认可的，由最先立案的中级人民法院管辖。

申请人向被执行财产所在地中级人民法院申请认可的，应当提供被执行财产存在的相关证据。

★★第四条　申请人申请认可台湾地区有关法院民事判决，应当提供相关证据，以证明该判决真实并且效力已确定。

第五条　申请人提出认可台湾地区有关法院民事判决的申请时，或者在案件受理后、人民法院作出裁定前，可以提出财产保全申请。申请人申请财产保全的，应当向人民法院提供有效的担保。申请人不提供担保或者提供的担保不符合条件的，驳回其申请。

第六条　具有下列情形之一的，人民法院应当及时解除财产保全：

（一）人民法院作出准予财产保全的裁定后，被申请人提供有效担保的；

（二）人民法院作出认可裁定后，申请人在申请执行期限内不申请执行的；

（三）人民法院裁定不予认可台湾地区有关法院民事判决的；

（四）申请人撤回保全申请的。

申请财产保全的其他程序，适用民事诉讼法及相关司法解释的规定。

第七条　申请认可台湾地区有关法院民事判决的案件，应根据案件的不同类型，由相关民事审判庭的审判人员组成合议庭进行审理。

第八条　人民法院经审查能够确认该判决真实并且效力已确定，且不具有《规定》第九条所列情形的，裁定认可其效力；不能确认的，裁定驳回申请人的申请。

第九条　申请认可台湾地区有关法院民事判决的，应当在该判决效力确定后二年内提出。

当事人因不可抗拒的事由或者其他正当理由耽误期限而不能提出认可申请的，在障碍消除后的十日内，可以申请顺延期限。

第十条　人民法院受理申请人申请后，应当在六个月内审结。

理论解读

最高人民法院《关于人民法院认可台湾地区有关法院民事判决的规定》及其补充规定要点归纳图示如下：

管辖法院	财产保全申请	期限	起诉与认可申请的冲突处理
申请人须举证判决已生效；向申请人住所地、经常居住地，或向（举证存在财产）被执行财产所在地中级人民法院申请；向内地两个以上有管辖权的法院申请认可的，先立案的法院管辖	申请保全必须向人民法院提供有效的担保；解除财产保全的情形：（1）裁定后，被申请人提供有效担保的；（2）作出认可裁定后，申请人在申请执行期限内不申请执行；（3）裁定不予认可的；（4）撤回保全申请的	认可申请应在该判决生效后 2 年内提出。法院受理申请后，应在 6 个月内审结	受理认可申请后审结前，对重新起诉不予受理；未申请认可，可直接起诉；已受理起诉后审结前申请认可，应中止诉讼，对认可予以审查；拒绝认可的，不得再申请认可，但可重新起诉

经典考题

1.（2011-1-37，单选）台湾地区甲公司因合同纠纷起诉大陆乙公司，台湾地区法院判决乙公司败诉。乙公司在上海和北京均有财产，但未执行该判决。关于该判决的执行，下列哪一选项是正确的?①

A. 甲公司向上海和北京的中级人民法院申请认可该判决的，由最先立案的中级人民法院管辖

B. 该判决效力低于人民法院作出的生效判决

C. 甲公司申请财产保全的，人民法院可以要求其提供有效的担保；不提供担保的，视情况决定是否准予财产保全

D. 甲公司申请认可该判决的，应当在判决效力确定后1年内提出

2.（2009-1-81，多选）李某与王某在台湾地区因民事纠纷涉诉，被告王某败诉，李某向王某在福建的财产所在地的中级人民法院申请认可台湾地区的民事判决。下列哪些选项可以成为中级人民法院拒绝认可的理由?②

A. 案件为人民法院专属管辖

B. 人民法院已承认了某外国法院就相同案件作出的判决

C. 双方没有关于司法管辖的协议

D. 王某在本案中缺席且未给予合法传唤

十、最高人民法院《关于涉台民事诉讼文书送达的若干规定》

（最高人民法院审判委员会第1421次会议通过，自2008年4月23日起施行，法释［2008］4号）

为维护涉台民事案件当事人的合法权益，保障涉台民事案件诉讼活动的顺利进行，促进海峡两岸人员往来和交流，根据民事诉讼法的有关规定，制定本规定。

第一条 人民法院审理涉台民事案件向住所地在台湾地区的当事人送达民事诉讼文书，以及人民法院接受台湾地区有关法院的委托代为向住所地在大陆的当事人送达民事诉讼文书，适用本规定。

涉台民事诉讼文书送达事务的处理，应当遵守一个中国原则和法律的基本原则，不违反社会公共利益。

第二条 人民法院送达或者代为送达的民事诉讼文书包括：起诉状副本、上诉状副本、反诉状副本、答辩状副本、授权委托书、传票、判决书、调解书、裁定书、支付令、决定书、通知书、证明书、送达回证以及与民事诉讼有关的其他文书。

★★第三条 人民法院向住所地在台湾地区的当事人送达民事诉讼文书，可以采用下列方式：

（一）受送达人居住在大陆的，直接送达。受送达人是自然人，本人不在的，可以交其同住成年家属签收；受送达人是法人或者其他组织的，应当由法人的法定代表人、其他组织的主要负责人或者该法人、组织负责收件的人签收；

受送达人不在大陆居住，但送达时在大陆的，可以直接送达；

（二）受送达人在大陆有诉讼代理人的，向诉讼代理人送达。受送达人在授权委托书中明确表明其诉讼代理人无权代为接收的除外；

（三）受送达人有指定代收人的，向代收人送达；

① 【答案及释疑】向申请人住所地、经常居住地、（举证存在财产）被执行财产所在地中级人民法院申请，向内地两个以上有管辖权的法院申请认可的，先立案的法院管辖，选项A正确。台湾地区的判决如果得到内地法院的认可，就具有和内地法院判决同样的效力，B选项的表述过于武断。最高人民法院《关于人民法院认可台湾地区有关法院民事判决的规定》及其补充规定规定申请保全必须向人民法院提供有效的担保，不提供担保的不准予财产保全，选项C错误。认可申请应在该判决生效后2年内提出，选项D错误。（答案：A）

② 【答案及释疑】根据最高人民法院《关于人民法院认可台湾地区有关法院民事判决的规定》的规定，案件为人民法院专属管辖，或人民法院已承认了某外国法院就相同案件作出的判决，或台湾民事判决是在被告缺席又未经合法传唤或者在被告无诉讼行为能力又未得到适当代理的情况下作出的，均为不予认可的理由，但是双方没有关于司法管辖的协议不属于不予认可的理由，故答案为A、B、D项。（答案：ABD）

（四）受送达人在大陆有代表机构、分支机构、业务代办人的，向其代表机构或者经受送达人明确授权接受送达的分支机构、业务代办人送达；

（五）受送达人在台湾地区的地址明确的，可以邮寄送达；

（六）有明确的传真号码、电子信箱地址的，可以通过传真、电子邮件方式向受送达人送达；

（七）按照两岸认可的其他途径送达。

采用上述方式不能送达或者台湾地区的当事人下落不明的，公告送达。

第四条　采用本规定第三条第一款第（一）、（二）、（三）、（四）项方式送达的，由受送达人、诉讼代理人或者有权接受送达的人在送达回证上签收或者盖章，即为送达；拒绝签收或者盖章的，可以依法留置送达。

★★第五条　采用本规定第三条第一款第（五）项方式送达的，应当附有送达回证。受送达人未在送达回证上签收但在邮件回执上签收的，视为送达，签收日期为送达日期。

自邮寄之日起满三个月，如果未能收到送达与否的证明文件，且根据各种情况不足以认定已经送达的，视为未送达。

第六条　采用本规定第三条第一款第（六）项方式送达的，应当注明人民法院的传真号码或者电子信箱地址，并要求受送达人在收到传真件或者电子邮件后及时予以回复。以能够确认受送达人收悉的日期为送达日期。

第七条　采用本规定第三条第一款第（七）项方式送达的，应当由有关的高级人民法院出具盖有本院印章的委托函。委托函应当写明案件各方当事人的姓名或者名称、案由、案号；受送达人姓名或者名称、受送达人的详细地址以及需送达的文书种类。

★★第八条　采用公告方式送达的，公告内容应当在境内外公开发行的报刊或者权威网站上刊登。

公告送达的，自公告之日起满三个月，即视为送达。

★★第九条　人民法院按照两岸认可的有关途径代为送达台湾地区法院的民事诉讼文书的，应当有台湾地区有关法院的委托函。

人民法院收到台湾地区有关法院的委托函后，经审查符合条件的，应当在收到委托函之日起两个月内完成送达。

民事诉讼文书中确定的出庭日期或者其他期限逾期的，受委托的人民法院亦应予送达。

★★第十条　人民法院按照委托函中的受送达人姓名或者名称、地址不能送达的，应当附函写明情况，将委托送达的民事诉讼文书退回。

完成送达的送达回证以及未完成送达的委托材料，可以按照原途径退回。

★★第十一条　受委托的人民法院对台湾地区有关法院委托送达的民事诉讼文书的内容和后果不负法律责任。

经典考题

（2009-1-82，多选）大陆甲公司与台湾地区乙公司签订了出口家具合同，双方在合同履行中产生纠纷，乙公司拒绝向甲公司付款。甲公司在大陆将争议诉诸法院。关于向台湾当事人送达文书，下列哪些选项是正确的？①

A. 可向乙公司在大陆的任何业务代办人送达

B. 如乙公司的相关当事人在台湾下落不明的，可采用公告送达

C. 邮寄送达的，如乙公司未在送达回证上签收而只是在邮件回执上签收，可视为送达

D. 邮寄送达未能收到送达与否证明文件的，满 3 个月即可视为已送达

① **【答案及释疑】**根据最高人民法院《关于涉台民事诉讼文书送达的若干规定》的规定，受送达人在大陆有代表机构、分支机构、业务代办人的，向其代表机构或者经受送达人明确授权接受送达的分支机构、业务代办人送达，故A项的表述错误。根据上述《规定》，受送达人未在送达回证上签收但在邮件回执上签收的，视为送达；相关当事人在台湾下落不明的，可采用公告送达。自邮寄之日起满 3 个月，如果未能收到送达与否的证明文件，且根据各种情况不足以认定已经送达的，视为未送达。（答案：BC）

国际经济法

第一部分　国际货物买卖规则

一、《联合国国际货物销售合同公约》

（1980 年 4 月 11 日订于维也纳）

本公约各缔约国，

铭记联合国大会第六届特别会议通过的关于建立新的国际经济秩序的各项决议的广泛目标，

考虑到在平等互利基础上发展国际贸易是促进各国间友好关系的一个重要因素，认为采用照顾到不同的社会、经济和法律制度的国际货物销售合同统一规则，将有助于减少国际贸易的法律障碍，促进国际贸易的发展，兹协议如下：

第一部分　适用范围和总则

第一章　适用范围

第一条　【公约的适用范围】

（1）本公约适用于营业地在不同国家的当事人之间所订立的货物销售合同：

（a）如果这些国家是缔约国；或

（b）如果国际私法规则导致适用某一缔约国的法律。

（2）当事人营业地在不同国家的事实，如果从合同或从订立合同前任何时候或订立合同时，当事人之间的任何交易或当事人透露的情报均看不出，应不予考虑。

（3）在确定本公约的适用时，当事人的国籍和当事人或合同的民事或商业性质，应不予考虑。

理论解读

中国在加入上述公约的时候对本条第（1）款（b）项的规定提出了保留，即只接受（a）项，认为公约适用于营业地在不同缔约国的当事人之间所订立的货物销售合同。

第二条　【不适用公约的合同】

本公约不适用于以下的销售：

（a）购供私人、家人或家庭使用的货物的销售，除非卖方在订立合同前任何时候或订立合同时不知道而且没有理由知道这些货物是购供任何这种使用；

（b）经由拍卖的销售；

（c）根据法律执行令状或其他令状的销售；

（d）公债、股票、投资证券、流通票据或货币的销售；

（e）船舶、船只、气垫船或飞机的销售；

（f）电力的销售。

理论解读

本公约适用于营业地在不同国家的当事人之间的买卖合同，这里的标准是“营业地”，而不是“国籍”。例如，在 A 国有营业地的美国公司和在 A 国有营业地的中国公司，其订立的货物买卖合同，不适用公约的规定，因为尽管两个公司的国籍不同，但营业地在同一个国家。再例如，在 A 缔约国有营业地的中国公司甲和在 B 缔约国有营业地的中国公司乙订立的货物买卖合同应适用公约，因为虽然两个公司都是中国公司，但由于其营业地分别位于不同的缔约国，它们之间的货物买卖应当适用公约的规定。

经典考题

（2005-1-37，单选）某国公民杰克逊 18 岁，在上海某商店购买一款手机，价值 4 000 元人民币。三天之后，杰克逊在另一商店发现该款手机的价格便宜许多，便到前一商店要求返货，被拒绝。杰克逊遂向上海某法院起诉，理由是根据其本国法，男子满20岁为成年人，自己未届成年，购买手机行为应属无效。对此，下列哪一种说法是正确的？①

A. 认定杰克逊的行为无效，手机可以退货

B. 认定杰克逊的行为有效，手机不能退货

C. 认定杰克逊为限制行为能力人，但因本案所涉金额不大，判购买行为有效

D. 法院应根据1980年《联合国国际货物销售合同公约》处理该案

第三条 【以提供劳务或服务为主的合同不适用公约】

（1）供应尚待制造或生产的货物的合同应视为销售合同，除非订购货物的当事人保证供应这种制造或生产所需的大部分重要材料。

（2）本公约不适用于供应货物一方的绝大部分义务在于供应劳力或其他服务的合同。

理论解读

本公约适用国际货物的买卖合同，而不适用劳务或服务合同。但有些合同规定供方既提供货物又提供服务，这种情况下该合同是否适用公约，判断的标准是看其中的服务是否构成绝大部分义务。如果卖方承担的大部分义务是服务，买卖货物只是次要的，则该合同不适用本公约。

第四条 【公约未涉及的问题】

本公约只适用于销售合同的订立和卖方和买方因此种合同而产生的权利和义务。特别是，本公约除非另有明文规定，与以下事项无关：

（a）合同的效力，或其任何条款的效力，或任何惯例的效力；

（b）合同对所售货物所有权可能产生的影响。

第五条 【公约不涉及人身伤亡的赔偿问题】

本公约不适用于卖方对于货物对任何人所造成的死亡或伤害的责任。

理论解读

本公约只对合同的订立（要约、承诺）、买卖双方的权利、义务以及违约补救等作了统一规定，而对下面几项主要法律问题则未作规定，留待法院地国根据其冲突规范确定准据法（或者根据法院地国参加的其他国际条约的相应规定）以便解决：（1）国际货物买卖合同及其条款的效力问题；（2）国际货物买卖合同所引起的有关货物所有权的问题，即货物所有权从什么时候起由卖方转移给买方；（3）卖方对所售货物所引起的人身伤亡责任。

★★★第六条 【公约的任意性】

双方当事人可以不适用本公约，或在第十二条的条件下，减损本公约的任何规定或改变其效力。

理论解读

公约第6条规定，当事人可以约定不适用公约，或在第12条的条件下，减损本公约的任何规定或改变其效力。依此可见，公约的适用具有一定的任意性，即使双方当事人的所在国是公约的缔约国，当事人也可以通过选择一个国家的法律作合同的准据法而排除公约的适用。公约的任意性还有几个特点值得注意：（1）缔约国当事人可以通过选择一个国家的法律来排除公约的适用，但这种选择必须明示。（2）当事人可以在买卖合同中约定部分地适用公约，或对公约的内容进行改变。但如果当事人营业地所在国在加入公约时已提出保留的内容，当事人必须遵守，而不得排除或改变。（3）如果合同本身符合公约的适用条件，但是当事人还选择了贸易术语，且未约定排除公约的适用，则术语优先于公约，在术语未作规定的问题上，仍然适用公约的规定。

① 【答案及释疑】根据我国《涉外民事关系法律适用法》第12条的规定："自然人的民事行为能力，适用经常居所地法律。自然人从事民事活动，依照经常居所地法律为无民事行为能力，依照行为地法律为有民事行为能力的，适用行为地法律，但涉及婚姻家庭、继承的除外。"本题中18岁的杰克逊，依我国法律认为其有完全民事行为能力，在我国领域进行买卖这一民事行为有效，手机不可以退货。因此前三项中只有B选项正确。由于本案中涉及的购买手机属于用于私人消费的目的，因而不能适用《联合国国际货物销售合同公约》，因此D选项错误。（答案：B）

经典考题

（2009-1-40，单选）甲国公司（卖方）与乙国公司订立了国际货物买卖合同，FOB价格条件，采用海上运输方式。甲乙两国均为《联合国国际货物销售合同公约》（简称《公约》）缔约国，下列哪一选项是正确的？①

A. 货物的风险应自货物交第一承运人时转移

B. 因当事人已选择了贸易术语，《公约》整体不再适用该合同

C. 甲国公司应在装运港于约定日期或期限内将货物交至船上

D. 甲国公司在订立运输合同并装船后应及时通知乙国公司办理保险

第二章　总则

第七条　【公约的解释原则】

（1）在解释本公约时，应考虑到本公约的国际性质和促进其适用的统一以及在国际贸易上遵守诚信的需要。

（2）凡本公约未明确解决的属于本公约范围的问题，应按照本公约所依据的一般原则来解决，在没有一般原则的情况下，则应按照国际私法规定适用的法律来解决。

第八条　【公约的解释原则】

（1）为本公约的目的，一方当事人所作的声明和其他行为，应依照他的意旨解释，如果另一方当事人已知道或者不可能不知道此一意旨。

（2）如果上一款的规定不适用，当事人所作的声明和其他行为，应按照一个与另一方当事人同等资格、通情达理的人处于相同情况中，应有的理解来解释。

（3）在确定一方当事人的意旨或一个通情达理的人应有的理解时，应适当地考虑到与事实有关的一切情况，包括谈判情形、当事人之间确立的任何习惯作法、惯例和当事人其后的任何行为。

第九条　【惯例和习惯做法的约束力】

（1）双方当事人业已同意的任何惯例和他们之间确立的任何习惯做法，对双方当事人均有约束力。

（2）除非另有协议，双方当事人应视为已默示地同意对他们的合同或合同的订立适用双方当事人已知道或理应知道的惯例，而这种惯例，在国际贸易上，已为有关特定贸易所涉同类合同的当事人所广泛知道并为他们所经常遵守。

第十条　【当事人营业地的确定】

为本公约的目的：

（a）如果当事人有一个以上的营业地，则以与合同及合同的履行关系最密切的营业地为其营业地，但要考虑到双方当事人在订立合同前任何时候或订立合同时所知道或所设想的情况；

（b）如果当事人没有营业地，则以其惯常居住地为准。

★★第十一条　【合同的形式】

销售合同无须以书面订立或书面证明，在形式方面也不受任何其他条件的限制。销售合同可以用包括人证在内的任何方法证明。

理论解读

我国在加入本公约的时候对本条关于合同形式的规定提出了保留，要求合同必须采用书面形式。因此在适用本公约的情况下，合同必须采用书面形式。

第十二条　【当事人不得修改作为其营业地所在国的缔约国所提出的保留】

本公约第十一条、第二十九条或第二部分准许销售合同或其更改或根据协议终止，或者任何发价、接受或其他意旨表示得以书面以外任何形式作出的任何规定不适用，如果任何一方当事人的营业地是在已按照本公约第九十六条作出了声明的一个缔约国内，各当事人不得减损本条或改变其效力。

---

① 【答案及释疑】根据FOB术语，卖方应在装运港于约定日期或期限内将货物交至船上，货物的风险在装运港越过船舷时由卖方转移给买方，故A项错误，而C项正确。甲乙两国均为《联合国国际货物销售合同公约》缔约国，合同符合适用公约的条件，当事人已选择了FOB贸易术语，该术语的规定优先，术语未规定的方面，适用公约，故B项错误。FOB贸易术语中卖方和买方均无办理保险的义务，故D项错误。（答案：C）

第十三条 【“书面”的含义】

为本公约的目的，“书面”包括电报和电传。

第二部分 合同的订立

★第十四条 【“要约”的界定】

（1）向一个或一个以上特定的人提出的订立合同的建议，如果十分确定并且表明发价人在得到接受时承受约束的意旨，即构成发价。一个建议如果写明货物并且明示或暗示地规定数量和价格或规定如何确定数量和价格，即为十分确定。

（2）非向一个或一个以上特定的人提出的建议，仅应视为邀请作出发价，除非提出建议的人明确地表示相反的意向。

理论解读

注意本公约的“发价”即是要约。依本公约第14条的规定，要约中应至少包含三个基本交易条件：（1）货物的名称；（2）货物的数量或确定数量的方法；（3）价格或确定价格的方法。这些可以明示或暗示地表明。

★第十五条 【要约的生效即撤回】

（1）发价于送达被发价人时生效。

（2）一项发价，即使是不可撤销的，得予撤回，如果撤回通知于发价送达被发价人之前或同时，送达被发价人。

第十六条 【要约的撤销】

（1）在未订立合同之前，发价得予撤销，如果撤销通知于被发价人发出接受通知之前送达被发价人。

（2）但在下列情况下，发价不得撤销：

（a）发价写明接受发价的期限或以其他方式表示发价是不可撤销的；或

（b）被发价人有理由信赖该项发价是不可撤销的，而且被发价人已本着对该项发价的信赖行事。

第十七条 【拒绝会导致要约失效】

一项发价，即使是不可撤销的，于拒绝通知送达发价人时终止。

★★第十八条 【承诺】

（1）被发价人声明或作出其他行为表示同意一项发价，即是接受，缄默或不行动本身不等于接受。

（2）接受发价于表示同意的通知送达发价人时生效。如果表示同意的通知在发价人所规定的时间内，如未规定时间，在一段合理的时间内，未曾送达发价人，接受就成为无效，但须适当地考虑到交易的情况，包括发价人所使用的通讯方法的迅速程度。对口头发价必须立即接受，但情况有别者不在此限。

（3）但是，如果根据该项发价或依照当事人之间确立的习惯做法和惯例，被发价人可以作出某种行为，例如与发运货物或支付价款有关的行为，来表示同意，而无须向发价人发出通知，则接受于该项行为作出时生效，但该项行为必须在上一款所规定的期间内作出。

理论解读

关于承诺生效的时间，国际上的做法各有不同。英美法系国家通常采取投邮生效主义（发信主义），即在以书信、电报作出承诺时，承诺的通知一经投邮立即生效，合同即告成立；大陆法系国家通常采取到达生效主义（收信主义），即承诺的通知必须于到达相对人时才生效，合同才成立。本公约采纳了到达生效主义，即收信主义。依公约第18条第（2）款的规定，对要约所作的承诺，应于表示同意的通知送达要约人时生效。

有效的承诺须具备以下条件：（1）承诺须由受要约人作出，依公约第18条的规定，承诺的作出可以声明或行为表示，但缄默或不行为本身不等于承诺。（2）承诺须在要约规定的有效期间内作出。理论上迟到的承诺或逾期的承诺，不是有效的承诺，而是新的要约，一般须经原要约人承诺后才能成立合同。（3）承诺须与要约的内容一致。受要约人所表示的对要约的内容有实质性变更即是反要约，反要约是对要约的拒绝，不能发生承诺的效力，它必须经原要约人承诺后才能成立合同。

经典考题

（2008-1-42，单选）2008年8月11日，中国甲公司接到法国乙公司出售某种设备的发盘，有效期至9月1日。甲公司于8月12日电复：“如能将每件设备价格降低50美元，即可接受。”对此，乙公司没有答复。甲公司于8月29日再次致电乙公司表示接受其8月11日发盘中包括价格在内的全部条件。根据1980年《联合国国际货物销售合同公约》，下列哪一选项是正确的?①

A. 乙公司的沉默表明其已接受甲公司的降价要求

B. 甲公司8月29日的去电为承诺，因此合同已成立

C. 甲公司8月29日的去电是迟到的承诺，因此合同没有成立

D. 甲公司8月29日的去电是新要约，此时合同还没有成立

第十九条 【含有变更内容的承诺及其效力】

(1) 对发价表示接受但载有添加、限制或其他更改的答复，即为拒绝该项发价，并构成还价。

(2) 但是，对发价表示接受但载有添加或不同条件的答复，如所载的添加或不同条件在实质上并不变更该项发价的条件，除发价人在不过分迟延的期间内以口头或书面通知反对其间的差异外，仍构成接受。如果发价人不作出这种反对，合同的条件就以该项发价的条件以及接受通知内所载的更改为准。

(3) 有关货物价格、付款、货物质量和数量、交货地点和时间、一方当事人对另一方当事人的赔偿责任范围或解决争端等的添加或不同条件，均视为在实质上变更发价的条件。

典型案例

中国山东某公司于2013年6月14日收到甲国某公司来电称："×××设备3 560台，每台270美元CIF青岛，7月甲国×××港装船，不可撤销即期信用证支付，2003年6月22日前复到有效。"中国山东公司于2013年6月17日复电："若单价为240美元CIF青岛，可接受3 560台×××设备；如有争议在中国国际经济贸易仲裁委员会仲裁。"甲国公司于2013年6月18日回电称仲裁条款可以接受，但价格不能减少。此时，该机器价格上涨，中国山东公司又于2013年6月21日复电："接受你14日发盘，信用证已经由中国银行福建分行开出。"但甲国公司未予答复并将货物转卖他人。请依1980年《联合国国际货物销售合同公约》的规定判断两公司之间的合同是否成立?

答案：根据《联合国国际货物销售合同公约》的规定，受要约人所表示的对要约的内容有实质性变更即是反要约，或称为还价，反要约是对要约的拒绝，不能发生承诺的效力，它必须经原要约人承诺后才能成立合同。

中国山东公司于2013年6月17日的复电属于反要约。甲国公司于2013年6月18日回电称仲裁条款可以接受，但价格不能减少，又一次构成对中国山东公司的反要约。中国山东公司虽然又于2013年6月21日复电接受甲国公司的14日发盘，但该发盘(即要约)已经在中国山东公司于2013年6月17日的反要约到达时失效(即要约因为受到拒绝而失效)。因此合同没有成立。

第二十条 【要约接受期间的计算】

(1) 发价人在电报或信件内规定的接受期间，从电报交发时刻或信上载明的发信日期起算，如信上未载明发信日期，则从信封上所载日期起算。发价人以电话、电传或其他快速通讯方法规定的接受期间，从发价送达被发价人时起算。

(2) 在计算接受期间时，接受期间内的正式假日或非营业日应计算在内。但是，如果接受通知在接受期间的最后一天未能送到发价人地址，因为那天在发价人营业地是正式假日或非营业日，则接受期间应顺延至下一个营业日。

---

① 【答案及释疑】关于承诺，根据《联合国国际货物销售合同公约》的规定，含有实质性变更的承诺是无效的承诺，相当于反要约或者新要约。本题中，作为受要约人的中国甲公司在收到要约后，于该要约有效期内作出了承诺，但是由于该承诺变更了原要约的价格，属于实质性变更，在性质上属于无效的承诺、反要约或者新的要约。由于法国乙公司对该新要约并未作出承诺，沉默并不表明其已接受甲公司的降价要求，因而合同没有成立。因此A、B选项错误。虽然甲公司于8月29日再次致电乙公司表示接受其8月11日发盘中包括价格在内的全部条件。但法国乙公司2008年8月11日的要约已经因为甲公司于8月12日发出含有实质性变更的承诺(相当于对原要约的拒绝)而归于失效，因此，甲公司于8月29日再次致电所作的表示充其量也只能相当于一个新的要约。故C选项错误而D选项正确。(答案：D)

★★第二十一条 【逾期承诺的效力】

（1）逾期接受仍有接受的效力，如果发价人毫不迟延地用口头或书面将此种意见通知被发价人。

（2）如果载有逾期接受的信件或其他书面文件表明，它是在传递正常、能及时送达发价人的情况下寄发的，则该项逾期接受具有接受的效力，除非发价人毫不迟延地用口头或书面通知被发价人：他认为他的发价已经失效。

理论解读

一项逾期承诺不绝对有效，也不绝对无效。其效力如何，取决于逾期承诺的原因和要约人的态度。要约人可以通过毫不迟延地表示接受而使一项逾期承诺（因为受要约人而延迟）产生效力，也可以通过宣告要约失效而使一项原则上有效的逾期承诺（因邮递延误的逾期）归于无效。

第二十二条 【承诺的撤回】

接受得予撤回，如果撤回通知于接受原应生效之前或同时，送达发价人。

★★第二十三条 【合同的成立时间】

合同于按照本公约规定对发价的接受生效时订立。

第二十四条 【承诺“送达”的界定】

为公约本部分的目的，发价、接受声明或任何其他意旨表示“送达”对方，系指用口头通知对方或通过任何其他方法送交对方本人，或其营业地或通讯地址，如无营业地或通讯地址，则送交对方惯常居住地。

第三部分 货物销售

第一章 总则

★第二十五条 【根本违反合同】

一方当事人违反合同的结果，如使另一方当事人蒙受损害，以至于实际上剥夺了他根据合同规定有权期待得到的东西，即为根本违反合同，除非违反合同一方并不预知而且一个同等资格、通情达理的人处于相同情况中也没有理由预知会发生这种结果。

★★第二十六条 【一方宣告合同无效时通知的义务】

宣告合同无效的声明，必须向另一方当事人发出通知，方始有效。

第二十七条 【传递延误的免责】

除非公约本部分另有明文规定，当事人按照本部分的规定，以适合情况的方法发出任何通知、要求或其他通知后，这种通知如在传递上发生耽搁或错误，或者未能到达，并不使该当事人丧失依靠该项通知的权利。

第二十八条 【可否强制“实际履行”因各国法律而异】

如果按照本公约的规定，一方当事人有权要求另一方当事人履行某一义务，法院没有义务作出判决，要求具体履行此一义务，除非法院依照其本身的法律对不属本公约范围的类似销售合同愿意这样做。

第二十九条 【合同的修改】

（1）合同只需双方当事人协议，就可更改或终止。

（2）规定任何更改或根据协议终止必须以书面作出的书面合同，不得以任何其他方式更改或根据协议终止。但是，一方当事人的行为，如经另一方当事人寄以信赖，就不得坚持此项规定。

第二章 卖方的义务

第三十条 【卖方的义务概述】

卖方必须按照合同和本公约的规定，交付货物，移交一切与货物有关的单据并转移货物所有权。

第一节 交付货物和移交单据

★★★第三十一条 【卖方交货的义务】

如果卖方没有义务要在任何其他特定地点交付货物，他的交货义务如下：

（a）如果销售合同涉及到货物的运输，卖方应把货物移交给第一承运人，以运交给买方；

（b）在不属于上款规定的情况下，如果合同指的是特定货物或从特定存货中提取的或尚待制造或生产的未经特定化的货物，而双方当事人在订立合同时已知道这些货物是在某一特定地点，或将在某一特定地点制造或生产，卖方应在该地点把货物交给买方处置；

（c）在其他情况下，卖方应在他于订立合同时的营业地把货物交给买方处置。

第三十二条　【卖方对货物的“特定化”及有关运输、保险的义务】

（1）如果卖方按照合同或本公约的规定将货物交付给承运人，但货物没有以货物上加标记，或以装运单据或其他方式清楚地注明有关合同，卖方必须向买方发出列明货物的发货通知。

（2）如果卖方有义务安排货物的运输，他必须订立必要的合同，以按照通常运输条件，用适合情况的运输工具，把货物运到指定地点。

（3）如果卖方没有义务对货物的运输办理保险，他必须在买方提出要求时，向买方提供一切现有的必要资料，使他能够办理这种保险。

★★第三十三条　【卖方交货的时间】

卖方必须按以下规定的日期交付货物：(a) 如果合同规定有日期，或从合同可以确定日期，应在该日期交货；(b) 如果合同规定有一段时间，或从合同可以确定一段时间，除非情况表明应由买方选定一个日期外，应在该段时间内任何时候交货；或者 (c) 在其他情况下，应在订立合同后一段合理时间内交货。

★★第三十四条　【卖方交单的义务】

如果卖方有义务移交与货物有关的单据，他必须按照合同所规定的时间、地点和方式移交这些单据。如果卖方在那个时间以前已移交这些单据，他可以在那个时间到达前纠正单据中任何不符合同规定的情形，但是，此一权利的行使不得使买方遭受不合理的不便或承担不合理的开支。但是，买方保留本公约所规定的要求损害赔偿的任何权利。

经典考题

（2008-1-84，多选）根据国际公约有关规定，在卖方有义务移交与货物有关的单据的情况下，关于卖方的此项义务，下列哪些选项是正确的？①

A. 卖方必须在规定的时间移交

B. 如卖方在规定的时间前移交，可以在该时间到达前纠正其中不符合同规定的情形

C. 卖方行使纠正单据的权利使买方承担不合理开支的，买方有权要求赔偿

D. 卖方在不使买方承担不合理开支的情况下，可以改变移交单据的地点和方式

第二节　货物相符与第三方要求

★★第三十五条　【卖方的品质担保义务】

（1）卖方交付的货物必须与合同所规定的数量、质量和规格相符，并须按照合同所规定的方式装箱或包装。

（2）除双方当事人业已另有协议外，货物除非符合以下规定，否则即为与合同不符：

(a) 货物适用于同一规格货物通常使用的目的；

(b) 货物适用于订立合同时曾明示或默示地通知卖方的任何特定目的，除非情况表明买方并不依赖卖方的技能和判断力，或者这种依赖对他是不合理的；

(c) 货物的质量与卖方向买方提供的货物样品或样式相同；

(d) 货物按照同类货物通用的方式装箱或包装，如果没有此种通用方式，则按照足以保全和保护货物的方式装箱或包装。

（3）如果买方在订立合同时知道或者不可能不知道货物不符合同，卖方就无须按上一款 (a) 项至 (d) 项负有此种不符合同的责任。

理论解读

根据本公约第 35 条第（1）款的规定，卖方交付的货物必须与合同规定的数量、质量和规格相符，并须按照合同所规定的方式装箱或包装。在合同没有对数量、质量、规格和包装作出明确规定的情况下，则应适用《公约》第 35 条第（2）款的规定：（1）货物适用于同一规格货物通常使用的目

① 【答案及释疑】根据《联合国国际货物销售合同公约》第 34 条的规定，卖方应在规定的时间内交单，如果提前交单，则可以在规定的时间到达前纠正单据中任何不符合同规定的情形，但不得因此使买方遭受不合理的不便或承担不合理的开支，否则买方有权索赔。因此 A、B、C 选项正确。公约第 34 条只规定了在不给买方带来不合理不便和额外开支的情况下，可以提前交单，但并未规定可以基于这一条件改变移交单据的地点和方式，因此 D 选项错误。（答案：ABC）

的。(2) 货物适用于订立合同时明示或默示的通知卖方的任何特定目的。(3) 货物与样品或样式相符。当订立的合同是以样品或样式为基础时，卖方即应保证货物符合样品或样式的质量。(4) 货物应按照同类货物通用的方式装箱或包装，如果没有此种通用方式，则按照足以保全和保护货物的方式装箱或包装。

★★第三十六条 【卖方对货物不符的违约责任】

(1) 卖方应按照合同和本公约的规定，对风险移转到买方时所存在的任何不符合同情形，负有责任，即使这种不符合同情形在该时间后方始明显。

(2) 卖方对在上一款所述时间后发生的任何不符合同情形，也应负有责任，如果这种不符合同情形是由于卖方违反他的某项义务所致，包括违反关于在一段时间内货物将继续适用于其通常使用的目的或某种特定目的，或将保持某种特定质量或性质的任何保证。

经典考题

(2008—四川-1-84，多选) 关于货物灭失或损坏的风险由卖方转移到买方后发现的货物不符合同情形，在下列哪些情况下卖方应当承担责任?①

A. 货物不符合同情形在风险转移时已经存在

B. 货物不符合同是因货物的包装不当所致

C. 货物不符合同是因承运人的过失造成的

D. 货物不符合同是因卖方违反了货物在一段时间内保持特定质量的保证

★第三十七条 【卖方的提前交货】

如果卖方在交货日期前交付货物，他可以在那个日期到达前，交付任何缺漏部分或补足所交付货物的不足数量，或交付用以替换所交付不符合同规定的货物，或对所交付货物中任何不符合同规定的情形作出补救，但是，此一权利的行使不得使买方遭受不合理的不便或承担不合理的开支。但是，买方保留本公约所规定的要求损害赔偿的任何权利。

★★★第三十八条 【买方检验货物的时间限制】

(1) 买方必须在按情况实际可行的最短时间内检验货物或由他人检验货物。

(2) 如果合同涉及货物的运输，检验可推迟到货物到达目的地后进行。

(3) 如果货物在运输途中改运或买方须再发运货物，没有合理机会加以检验，而卖方在订立合同时已知道或理应知道这种改运或再发运的可能性，检验可推迟到货物到达新目的地后进行。

经典考题

1. (2008—四川-1-45，单选) 图佛公司收到赛温公司交货的通知。在决定是否接受该货物前，图佛公司需要验货。根据《联合国国际货物销售合同公约》的规定，下列哪一选项是正确的?②

A. 无论该货物是否转运，图佛公司都应在约定的目的港检验货物

B. 图佛公司应在按情况实际可行的最短时间内安排他人检验货物

C. 在收到货物后的 2 年内，图佛公司随时有权检验该货物

D. 赛温公司在订立合同时知道货物将要转运的，货物的检验有可能推迟到该货物到达新目的地后进行检验

① 【答案及释疑】《联合国国际货物销售合同公约》第 36 条第 (1) 项规定，卖方应按照合同和本公约的规定，对风险移转到买方时所存在的任何不符合同情形，负有责任，即使这种不符合同情形在该时间后方始明显。因此，A 项说法正确。该公约第 35 条第 (1) 项规定，提供约定的或适合货物的包装是卖方的法定义务，如果卖方没有履行该义务，就需要承担相应的责任。因此 B 项正确。该公约第 67 条第 (1) 项规定，如果销售合同涉及货物的运输，但卖方没有义务在某一特定地点交付货物，自货物按照销售合同交付给第一承运人以转交给买方时起，风险就移转到买方承担。如果卖方有义务在某一特定地点把货物交付给承运人，在货物于该地点交付给承运人后，风险移转到买方承担。据此可知，C 项说法错误。根据该公约第 36 条第 (2) 项的规定，卖方如果有在一段时间内货物将继续适用于其通常使用的目的或某种特定目的，或将保持某种特定质量或性质的任何保证，则卖方对违反该保证的情形承担责任。因此，D 项说法正确。(答案：ABD)

② 【答案及释疑】根据《联合国国际货物销售合同公约》第 38 条的规定，答案为 D。

2. （2013-1-99，不定项）甲公司从国外进口一批货物，根据《联合国国际货物销售合同公约》，关于货物检验和交货不符合同约定的问题，下列说法正确的是？①

A. 甲公司有权依自己习惯的时间安排货物的检验

B. 如甲公司须再发运货物，没有合理机会在货到后加以检验，而卖方在订立合同时已知道再发运的安排，则检验可推迟到货物到达新目的地后进行

C. 甲公司在任何时间发现货物不符合同均可要求卖方赔偿

D. 货物不符合同情形在风险转移时已经存在，在风险转移后才显现的，卖方应当承担责任

第三十九条 【买方索赔的时间限制】

（1）买方对货物不符合同，必须在发现或理应发现不符情形后一段合理时间内通知卖方，说明不符合同情形的性质，否则就丧失声称货物不符合同的权利。

（2）无论如何，如果买方不在实际收到货物之日起两年内将货物不符合同情形通知卖方，他就丧失声称货物不符合同的权利，除非这一时限与合同规定的保证期限不符。

第四十条 【买方检验及索赔时限的例外】

如果货物不符合同规定指的是卖方已知道或不可能不知道而又没有告知买方的一些事实，则卖方无权援引第三十八条和第三十九条的规定。

★★第四十一条 【卖方的权利担保义务】

卖方所交付的货物，必须是第三方不能提出任何权利或要求的货物，除非买方同意在这种权利或要求的条件下，收取货物。但是，如果这种权利或要求是以工业产权或其他知识产权为基础的，卖方的义务应依照第四十二条的规定。

★★第四十二条 【卖方的知识产权担保义务及其限制】

（1）卖方所交付的货物，必须是第三方不能根据工业产权或其他知识产权主张任何权利或要求的货物，但以卖方在订立合同时已知道或不可能不知道的权利或要求为限，而且这种权利或要求根据以下国家的法律规定是以工业产权或其他知识产权为基础的：

（a）如果双方当事人在订立合同时预期货物将在某一国境内转售或做其他使用，则根据货物将在其境内转售或做其他使用的国家的法律；或者

（b）在任何其他情况下，根据买方营业地所在国家的法律。

（2）卖方在上一款中的义务不适用于以下情况：

（a）买方在订立合同时已知道或不可能不知道此项权利或要求；或者

（b）此项权利或要求的发生，是由于卖方要遵照买方所提供的技术图样、图案、程式或其他规格。

★★第四十三条 【卖方权利担保的时间限制】

（1）买方如果不在已知道或理应知道第三方的权利或要求后一段合理时间内，将此一权利或要求的性质通知卖方，就丧失援引第四十一条或第四十二条规定的权利。

（2）卖方如果知道第三方的权利或要求以及此一权利或要求的性质，就无权援引上一款的规定。

第四十四条 【买方违反时间限制情形下的有限索赔权】

尽管有第三十九条第（1）款和第四十三条第（1）款的规定，买方如果对他未发出所需的通知具备合理的理由，仍可按照第五十条规定减低价格，或要求利润损失以外的损害赔偿。

理论解读

权利担保包括所有权担保和知识产权担保两个方面：（1）所有权担保——首先要求卖方保证对其出售的货物享有合法的权利。所谓合法的权利是指卖方对该货物拥有所有权或有权转让此所有权。所有权担保还要求卖方保证在其出售的货物上不存在

① 【答案及释疑】根据《联合国国际货物销售合同公约》第38条的规定，答案为BD。

任何的担保物权。(2) 知识产权担保——指卖方保证其出售的货物没有侵犯任何第三人的知识产权。如果在买方接受货物后，在符合一定限制条件的情况下，第三人通过司法程序指控买方所购的货物侵犯了其知识产权，卖方应承担相应的责任。也就是说，卖方所交付的货物引起的知识产权纠纷，应由卖方负责。

卖方的权利担保总结如下：

权利担保	所有权担保	卖方所交付的货物，必须是第三方不能提出任何权利或要求的货物，除非买方同意在这种权利或要求的条件下收取货物。
	知识产权担保	卖方所交付的货物，必须没有侵犯任何第三方的知识产权。 卖方的知识产权担保义务受到以下限制： 第一，地域限制。第三方只有依据以下法律提出有关知识产权的权利或要求，卖方才承担责任： (1) 依据货物的预期转售地法律；(2) 依据买方营业地所在国法律。 第二，主观限制。在下列两种情况下，卖方的知识产权担保义务免除： (1) 买方在订立合同时已知道或不可能不知道此项权利或要求； (2) 此项权利或要求的发生，是由于卖方要遵照买方所提供的技术图样、图案、款式或其他规格。 第三，时间限制。买方应在合理期限内将第三人的要求通知卖方。

经典考题

1. (2012-1-80，多选) 甲公司的营业所在甲国，乙公司的营业所在中国，甲国和中国均为《联合国国际货物销售合同公约》的当事国。甲公司将一批货物卖给乙公司，该批货物通过海运运输。货物运输途中，乙公司将货物转卖给了中国丙公司。根据该公约，下列哪些选项是正确的?①

A. 甲公司出售的货物，必须是第三方依中国知识产权不能主张任何权利的货物

B. 甲公司出售的货物，必须是第三方依中国或者甲国知识产权均不能主张任何权利的货物

C. 乙公司转售的货物，自双方合同成立时风险转移

D. 乙公司转售的货物，自乙公司向丙公司交付时风险转移

2. (2011-1-100，不定项) A公司和B公司于2011年5月20日签订合同，由A公司将一批平板电脑售卖给B公司。A公司和B公司营业地分别位于甲国和乙国，两国均为《联合国国际货物销售合同公约》缔约国。合同项下的货物由丙国C公司的“潇湘”号商船承运，装运港是甲国某港口，目的港是乙国某港口。在运输途中，B公司与中国D公司就货物转卖达成协议。如货物运抵乙国后，乙国的E公司指控该批平板电脑侵犯其在乙国取得的专利权，致使货物遭乙国海关扣押，B公司向A公司索赔。在下列选项中，A公司无须承担责任的情形是?②

A. A公司在订立合同时不知道这批货物可能依乙国法属侵权

B. B公司在订立合同时知道这批货物存在第三者权利

C. A公司是遵照B公司提供的技术图样和款式进行生产的

D. B公司在订立合同后知道这批货物侵权但未

① 【答案及释疑】根据《联合国国际货物销售合同公约》的规定，卖方须担保在预期的货物使用地或无此种地点的情况下买方的营业地，货物不侵犯第三人的知识产权。关于运输途中的货物，原则上风险自合同成立时发生转移。(答案：AC)

② 【答案及释疑】根据《联合国国际货物买卖公约》的相关规定，卖方所交付的货物，必须没有侵犯第三方的知识产权，但卖方的知识产权担保义务受两方面限制。第一，地域限制。第三方只有依据以下法律提出有关知识产权的权利或要求，卖方才承担责任：(1) 依据货物的预期转售地法律；(2) 依据买方营业地所在国法律。第二，其他限制：(1) 买方在订立合同时已知道或不可能不知道此项权利或要求；(2) 此项权利或要求的发生，是由于卖方要遵照买方所提供的技术图样、图案、款式或其他规格；(3) 买方在知道第三人的权利或要求后，未在合理时间内通知卖方。选项A错误，A公司并不能因主观不知侵权而免责。(答案：BCD)

在合理时间内及时通知A公司

第三节　卖方违反合同的补救办法

★★第四十五条　【卖方违约时买方可以采取的救济措施】

（1）如果卖方不履行他在合同和本公约中的任何义务，买方可以：

（a）行使第四十六条至第五十二条所规定的权利；

（b）按照第七十四条至第七十七条的规定，要求损害赔偿。

（2）买方可能享有的要求损害赔偿的任何权利，不因他行使采取其他补救办法的权利而丧失。

（3）如果买方对违反合同采取某种补救办法，法院或仲裁庭不得给予卖方宽限期。

★★第四十六条　【要求卖方实际履行、交付替代货物或修理的条件】

（1）买方可以要求卖方履行义务，除非买方已采取与此一要求相抵触的某种补救办法。

（2）如果货物不符合同，买方只有在此种不符合同情形构成根本违反合同时，才可以要求交付替代货物，而且关于替代货物的要求，必须与依照第三十九条发出的通知同时提出，或者在该项通知发出后一段合理时间内提出。

（3）如果货物不符合同，买方可以要求卖方通过修理对不符合同之处作出补救，除非他考虑了所有情况之后，认为这样做是不合理的。修理的要求必须与依照第三十九条发出的通知同时提出，或者在该项通知发出后一段合理时间内提出。

第四十七条　【合理的额外时间】

（1）买方可以规定一段合理时限的额外时间，让卖方履行其义务。

（2）除非买方收到卖方的通知，声称他将不在所规定的时间内履行义务，买方在这段时间内不得对违反合同采取任何补救办法。但是，买方并不因此丧失他对迟延履行义务可能享有的要求损害赔偿的任何权利。

第四十八条　【卖方违约后的主动补救】

（1）在第四十九条的条件下，卖方即使在交货日期之后，仍可自付费用，对任何不履行义务作出补救，但这种补救不得造成不合理的迟延，也不得使买方遭受不合理的不便，或无法确定卖方是否将偿付买方预付的费用。但是，买方保留本公约所规定的要求损害赔偿的任何权利。

（2）如果卖方要求买方表明他是否接受卖方履行义务，而买方不在一段合理时间内对此一要求作出答复，则卖方可以按其要求中所指明的时间履行义务。买方不得在该段时间内采取与卖方履行义务相抵触的任何补救办法。

（3）卖方表明他将在某一特定时间内履行义务的通知，应视为包括根据上一款规定要买方表明决定的要求在内。

（4）卖方按照本条第（2）款和第（3）款作出的要求或通知，必须在买方收到后，始生效力。

★★★第四十九条　【买方宣告合同无效的条件及限制】

（1）买方在以下情况下可以宣告合同无效：

（a）卖方不履行其在合同或本公约中的任何义务，等于根本违反合同；或

（b）如果发生不交货的情况，卖方不在买方按照第四十七条第（1）款规定的额外时间内交付货物，或卖方声明他将不在所规定的时间内交付货物。

（2）但是，如果卖方已交付货物，买方就丧失宣告合同无效的权利，除非：

（a）对于迟延交货，他在知道交货后一段合理时间内这样做；

（b）对于迟延交货以外的任何违反合同事情：

（一）他在已知道或理应知道这种违反合同后一段合理时间内这样做；或

（二）他在买方按照第四十七条第（1）款规定的任何额外时间满期后，或在卖方声明他将不在这一额外时间履行义务后一段合理时间内这样做；或

（三）他在卖方按照第四十八条第（2）款指明的任何额外时间满期后，或在买方声明他将不

接受卖方履行义务后一段合理时间内这样做。

第五十条 【减价】

如果货物不符合同，不论价款是否已付，买方都可以减低价格，减价按实际交付的货物在交货时的价值与符合合同的货物在当时的价值两者之间的比例计算。但是，如果卖方按照第三十七条或第四十八条的规定对任何不履行义务作出补救，或者买方拒绝接受卖方按照该两条规定履行义务，则买方不得减低价格。

★★第五十一条 【部分货物违约的处理】

(1) 如果卖方只交付一部分货物，或者交付的货物中只有一部分符合合同规定，第四十六条至第五十条的规定适用于缺漏部分及不符合同规定部分的货物。

(2) 买方只有在完全不交付货物或不按照合同规定交付货物等于根本违反合同时，才可以宣告整个合同无效。

★★第五十二条 【提前交货和多交货物的处理】

(1) 如果卖方在规定的日期前交付货物，买方可以收取货物，也可以拒绝收取货物。

(2) 如果卖方交付的货物数量大于合同规定的数量，买方可以收取也可以拒绝收取多交部分的货物。如果买方收取多交部分货物的全部或一部分，他必须按合同价格付款。

经典考题

(2006-1-84，多选) 2006 年 6 月，佛易纳公司与晋堂公司签订了一项买卖运动器材的国际货物销售合同。晋堂公司作为买方在收到货物后发现其与合同约定不符。依据 1980 年《联合国国际货物销售合同公约》的规定，下列哪些表述是正确的?①

A. 如果货物与合同不符的情形构成根本违反合同，晋堂公司可以解除合同

B. 根据货物与合同不符的情形，晋堂公司可以同时要求减价和赔偿损失

C. 只有在货物与合同不符的情形构成根本违反合同时，晋堂公司关于交付替代物的要求才应当被支持

D. 如果收到的货物数量大于合同规定的数量，晋堂公司应当拒绝接受多交部分的货物

第三章 买方的义务

第五十三条 【买方义务的一般规定】

买方必须按照合同和本公约规定支付货物价款和收取货物。

第一节 支付价款

第五十四条 【买方作好付款准备的义务】

买方支付价款的义务包括根据合同或任何有关法律和规章规定的步骤和手续，以便支付价款。

第五十五条 【无约定情况下货款的确定】

如果合同已有效的订立，但没有明示或暗示地规定价格或规定如何确定价格，在没有任何相反表示的情况下，双方当事人应视为已默示地引用订立合同时此种货物在有关贸易的类似情况下销售的通常价格。

第五十六条 【货物的重量】

如果价格是按货物的重量规定的，如有疑问，应按净重确定。

第五十七条 【买方付款的地点】

(1) 如果买方没有义务在任何其他特定地点支付价款，他必须在以下地点向卖方支付价款：

(a) 卖方的营业地；或者

(b) 如凭移交货物或单据支付价款，则为移交货物或单据的地点。

① 【答案及释疑】根据《联合国国际货物销售合同公约》第 49 条的规定，买方在卖方不履行其在合同或本公约中的任何义务，等于根本违反合同的情况下可以宣告合同无效，故 A 选项正确。根据《联合国国际货物销售合同公约》的规定，只要买方所采取的救济措施不是相互矛盾的，则在符合援引条件的前提下有关救济措施可以选择或同时使用，故 B 选项正确。关于 C 选项，《联合国国际货物销售合同公约》第 46 条第 (2) 款规定，如果货物不符合同，买方只有在此种不符合同情形构成根本违反合同时，才可以要求交付替代货物，故 C 选项正确。《联合国国际货物销售合同公约》第 52 条第 (2) 款规定，如果卖方交付的货物数量大于合同规定的数量，买方可以收取也可以拒绝收取多交部分的货物。如果买方收取多交部分货物的全部或一部分，他必须按合同价格付款。因此 D 选项武断地认定作为买方的晋堂公司“应当拒绝接受多交部分的货物”，是错误的观点。(答案：ABC)

（2）卖方必须承担因其营业地在订立合同后发生变动而增加的支付方面的有关费用。

第五十八条 【买方付款的时间】

（1）如果买方没有义务在任何其他特定时间内支付价款，他必须于卖方按照合同和本公约规定将货物或控制货物处置权的单据交给买方处置时支付价款。卖方可以支付价款作为移交货物或单据的条件。

（2）如果合同涉及货物的运输，卖方可以在支付价款后方可把货物或控制货物处置权的单据移交给买方作为发运货物的条件。

（3）买方在未有机会检验货物前，无义务支付价款，除非这种机会与双方当事人议定的交货或支付程序相抵触。

第五十九条 【买方付款的时间】

买方必须按合同和本公约规定的日期或从合同和本公约可以确定的日期支付价款，而无须卖方提出任何要求或办理任何手续。

第二节 收取货物

★★第六十条 【买方接收货物的义务】

买方收取货物的义务如下：

（a）采取一切理应采取的行动，以期卖方能交付货物；和

（b）接收货物。

理论解读

买方的义务是支付货款和接收货物。提取货物对买方来说是无条件的，是买方应当承担的基本义务。如果买方认为卖方交付的货物存在质量问题，与合同的规定不符，不能接受，也必须先“接收”货物，然后再依公约规定就质量问题向卖方提出索赔或者必要时宣告合同无效。

第三节 买方违反合同的补救办法

第六十一条 【卖方的索赔权】

（1）如果买方不履行他在合同和本公约中的任何义务，卖方可以：（a）行使第六十二条至第六十五条所规定的权利；（b）按照第七十四至第七十七条的规定，要求损害赔偿。

（2）卖方可能享有的要求损害赔偿的任何权利，不因他行使采取其他补救办法的权利而丧失。

（3）如果卖方对违反合同采取某种补救办法，法院或仲裁庭不得给予买方宽限期。

第六十二条 【卖方要求实际履行的权利】

卖方可以要求买方支付价款、收取货物或履行他的其他义务，除非卖方已采取与此一要求相抵触的某种补救办法。

第六十三条 【合理的额外时间】

（1）卖方可以规定一段合理时限的额外时间，让买方履行义务。

（2）除非卖方收到买方的通知，声称他将不在所规定的时间内履行义务，卖方不得在这段时间内对违反合同采取任何补救办法。但是，卖方并不因此丧失他对迟延履行义务可能享有的要求损害赔偿的任何权利。

★第六十四条 【卖方宣告合同无效】

（1）卖方在以下情况下可以宣告合同无效：

（a）买方不履行其在合同或本公约中的任何义务，等于根本违反合同；或

（b）买方不在卖方按照第六十三条第（1）款规定的额外时间内履行支付价款的义务或收取货物，或买方声明他将不在所规定的时间内这样做。

（2）但是，如果买方已支付价款，卖方就丧失宣告合同无效的权利，除非：

（a）对于买方迟延履行义务，他在知道买方履行义务前这样做；或者

（b）对于买方迟延履行义务以外的任何违反合同事情：

（一）他在已知道或理应知道这种违反合同后一段合理时间内这样做；或

（二）他在卖方按照第六十三条第（1）款规定的任何额外时间满期后或在买方声明他将不在这一额外时间内履行义务后一段合理时间内这样做。

第六十五条 【货物的规格】

（1）如果买方应根据合同规定订明货物的形状、大小或其他特征，而他在议定的日期或在收到卖方的要求后一段合理时间内没有订明这些规格，则卖方在不损害其可能享有的任何其他权利的情况下，可以依照他所知的买方的要求，自己订明规格。

（2）如果卖方自己订明规格，他必须把订明规格的细节通知买方，而且必须规定一段合理时间，让买方可以在该段时间内订出不同的规格。如果买方在收到这种通知后没有在该段时间内这样做，卖方所订的规格就具有约束力。

第四章　风险移转

★★第六十六条　【风险转移与支付价款】

货物在风险移转到买方承担后遗失或损坏，买方支付价款的义务并不因此解除，除非这种遗失或损坏是由于卖方的行为或不行为所造成。

★★★第六十七条　【风险转移的界限和条件】

（1）如果销售合同涉及货物的运输，但卖方没有义务在某一特定地点交付货物，自货物按照销售合同交付给第一承运人以转交给买方时起，风险就移转到买方承担。如果卖方有义务在某一特定地点把货物交付给承运人，在货物于该地点交付给承运人以前，风险不移转到买方承担。卖方受权保留控制货物处置权的单据，并不影响风险的移转。

（2）但是，在货物以货物上加标记，或以装运单据，或向买方发出通知或其他方式清楚地注明有关合同以前，风险不移转到买方承担。

理论解读

上述第67条第（2）款的规定“在货物以货物上加标记，或以装运单据，或向买方发出通知或其他方式清楚地注明有关合同以前，风险不移转到买方承担”是指卖方交货前将货物特定化的义务，换言之，货物被特定化到具体的买卖合同项下之前，风险不发生转移。

★★★第六十八条　【运输途中的货物之风险转移】

对于在运输途中销售的货物，从订立合同时起，风险就移转到买方承担。但是，如果情况表明有此需要，从货物交付给签发载有运输合同单据的承运人时起，风险就由买方承担。尽管如此，如果卖方在订立合同时已知道或理应知道货物已经遗失或损坏，而他又不将这一事实告之买方，则这种遗失或损坏应由卖方负责。

理论解读

以上规则的要点是：（1）以交货时间确定风险的原则。（2）从交货时间起，风险从卖方移于买方。这一原则的适用前提是卖方无违约行为。假若卖方发生违约行为，则该违约行为造成的损失不由卖方转给买方，货物灭失和损坏还是由卖方承担。（3）当事人的约定优先，如果当事人在合同中选择了某种贸易术语，那么国际贸易术语规定的风险分担原则优于公约的规定。

经典考题

1.（2008—四川-1-100，不定项）国际货物买卖合同的履行会涉及货物风险的转移。根据1980年《联合国国际货物销售合同公约》的规定，在有关货物销售合同已经按照公约要求的方式被注明的前提下，关于风险转移，下列表述错误的是？①

A. 如果双方对需要运输的货物没有约定特定的交货地点，则自货物按照合同交付给第一承运人以转交给买方时起，风险就转移到买方

B. 对于在运输途中销售的货物，风险自买方收到货物时转移到买方

C. 卖方经授权保留控制货物处置权的单据，不影响风险的转移

D. 如卖方有义务在某一特定地点把货物交付给承运人，在货物于该地点交付给承运人以前，风险不转移到买方

① 【答案及释疑】根据《联合国国际货物销售合同公约》第67条第（1）项的规定，ACD项说法正确。该公约第68条规定，对于在运输途中销售的货物，从订立合同时起，风险就移转到买方承担。但是，如果情况表明有此需要，从货物交付给签发载有运输合同单据的承运人时起，风险就由买方承担。尽管如此，如果卖方在订立合同时已知道或理应知道货物已经遗失或损坏，而他又不将这一事实告知买方，则这种遗失或损坏应由卖方负责。因此，B项说法错误。（答案：B）

2.（2007-1-86，多选）甲公司与乙公司依 CIF 安特卫普价格订立了出口一批布料的合同。货物运输途中，乙公司将货物转卖给丙公司。关于这批布料两次交易的风险转移时间，依《国际贸易术语解释通则 2010》及《联合国国际货物销售合同公约》的规定，下列哪些选项是正确的？①

A. 在甲公司与乙公司之间，货物风险在货物交第一承运人时转移

B. 在甲公司与乙公司之间，货物风险在货物越过装运港船舷时转移

C. 在乙公司与丙公司之间，货物风险原则上在双方订立合同时转移

D. 在乙公司与丙公司之间，货物风险原则上在丙公司收到货物时转移

★★★第六十九条　【买方接收货物的时间与风险转移】

（1）在不属于第六十七条和第六十八条规定的情况下，从买方接收货物时起，或如果买方不在适当时间内这样做，则从货物交给他处置但他不收取货物从而违反合同时起，风险移转到买方承担。

（2）但是，如果买方有义务在卖方营业地以外的某一地点接收货物，当交货时间已到而买方知道货物已在该地点交给他处置时，风险方始移转。

（3）如果合同指的是当时未加识别的货物，则这些货物在未清楚注明有关合同以前，不得视为已交给买方处置。

第七十条　【卖方根本违约时买方可以采取的各种补救办法】

如果卖方已根本违反合同，第六十七条、第六十八条和第六十九条的规定，不损害买方因此种违反合同而可以采取的各种补救办法。

第五章　卖方和买方义务的一般规定

第一节　预期违反合同和分批交货合同

★★第七十一条　【预期违约下的中止履行】

（1）如果订立合同后，另一方当事人由于下列原因显然将不履行其大部分重要义务，一方当事人可以中止履行义务：

（a）他履行义务的能力或他的信用有严重缺陷；或

（b）他在准备履行合同或履行合同中的行为。

（2）如果卖方在上一款所述的理由明显化以前已将货物发运，他可以阻止将货物交给买方，即使买方持有其有权获得货物的单据。本款规定只与买方和卖方间对货物的权利有关。

（3）中止履行义务的一方当事人不论是在货物发运前还是发运后，都必须立即通知另一方当事人，如经另一方当事人对履行义务提供充分保证，则他必须继续履行义务。

★★第七十二条　【预期违约下的宣告合同无效】

（1）如果在履行合同日期之前，明显看出一方当事人将根本违反合同，另一方当事人可以宣告合同无效。

（2）如果时间许可，打算宣告合同无效的一方当事人必须向另一方当事人发出合理的通知，使他可以对履行义务提供充分保证。

（3）如果另一方当事人已声明他将不履行其义务，则上一款的规定不适用。

理论解读

预期违约不是实际违约，是在一方出现履行缺陷的情况下，另一方保护自己的应对措施。当一方出现一般的预期违约而非根本的预期违约情况时，另一方可以采取的措施是中止履行合同，而不能立即宣告合同无效。采取中止履行措施的一方当事人必须给予对方充分的通知。当被中止方当事人提供了履行合同义务的充分保证时，采取中止措施的一方应当继续履行合同。对于根本预期违约的情形，守约方可以直接宣告合同无效。

经典考题

（2010-1-40，单选）甲公司（卖方）与乙公司

① 【答案及释疑】甲公司与乙公司依 CIF 安特卫普价格订立了出口该批布料的合同，因此本题中风险转移在甲乙之间应依据 CIF 术语，货物风险在货物越过装运港船舷时转移，B 项正确。在乙公司与丙公司之间，双方订立合同时货物还在运输途中，因此货物风险原则上在双方订立合同时转移，C 项正确。（答案：BC）

于2007年10月签订了两份同一种农产品的国际贸易合同，约定交货期分别为2008年1月底和3月中旬，采用付款交单方式。甲公司依约将第一份合同项下的货物发运后，乙公司以资金周转困难为由，要求变更付款方式为货到后30天付款。甲公司无奈同意该变更。乙公司未依约付款，并以资金紧张为由再次要求延期付款。甲公司未再发运第二个合同项下的货物并提起仲裁。根据《联合国国际货物销售合同公约》，下列哪一选项是正确的?①

A. 乙公司应以付款交单的方式支付货款

B. 甲公司不发运第二份合同项下货物的行为构成违约

C. 甲公司可以停止发运第二份合同项下的货物，但应及时通知乙公司

D. 如乙公司提供了付款的充分保证，甲公司仍可拒绝发货

★第七十三条 【分批交货】

（1）对于分批交付货物的合同，如果一方当事人不履行对任何一批货物的义务，便对该批货物构成根本违反合同，则另一方当事人可以宣告合同对该批货物无效。

（2）如果一方当事人不履行对任何一批货物的义务，使另一方当事人有充分理由断定对今后各批货物将会发生根本违反合同，该另一方当事人可以在一段合理时间内宣告合同今后无效。

（3）买方宣告合同对任何一批货物的交付为无效时，可以同时宣告合同对已交付的或今后交付的各批货物均为无效，如果各批货物是互相依存的，不能单独用于双方当事人在订立合同时所设想的目的。

第二节 损害赔偿

★★第七十四条 【损害赔偿的范围】

一方当事人违反合同应负的损害赔偿额，应与另一方当事人因他违反合同而遭受的包括利润在内的损失额相等。这种损害赔偿不得超过违反合同一方在订立合同时，依照他当时已知道或理应知道的事实和情况，对违反合同预料到或理应预料到的可能损失。

理论解读

损害赔偿是《联合国国际货物销售合同公约》规定的主要补救办法，其特点在于：它是买卖双方都可以采取的补救办法；是公约规定的主要补救办法；可以单独使用，也可以与其他补救措施同时使用。依公约的规定，损害赔偿是指对由于一方当事人违反合同，而给另一方当事人造成的损害或损失给以金钱上的补偿。赔偿金额的计算包括：实际损失和预期利润。同时，损害赔偿不得超出违约方订立合同时的合理预期，且请求损害赔偿的一方有“采取合理措施减少损失”的义务。

★★第七十五条 【合同价格和替代货物交易价格之间的价差】

如果合同被宣告无效，而在宣告无效后一段合理时间内，买方已以合理方式购买替代货物，或者卖方已以合理方式把货物转卖，则要求损害赔偿的一方可以取得合同价格和替代货物交易价格之间的差额以及按照第七十四条规定可以取得的任何其他损害赔偿。

★★第七十六条 【合同价格和时价之间的差额】

（1）如果合同被宣告无效，而货物又有时价，要求损害赔偿的一方，如果没有根据第七十五条规定进行购买或转卖，则可以取得合同规定的价格和宣告合同无效时的时价之间的差额以及按照第七十四条规定可以取得的任何其他损害赔偿。但是，如果要求损害赔偿的一方在接收货物之后宣告合同无效，则应适用接收货物时的时价，而不适用宣告合同无效时的时价。

（2）为上一款的目的，时价指原应交付货物地点的现行价格，如果该地点没有时价，则指另一合理替代地点的价格，但应适当地考虑货物运费的差额。

★★第七十七条 【守约方减少损失的义务】

声称另一方违反合同的一方，必须按情况采

① 【答案及释疑】对于第一个合同，乙公司未依约付款，构成预期违约，故甲公司可以停止发运第二份合同项下的货物，但应及时通知乙公司。如乙公司提供了付款的充分保证，则甲公司应继续履行第二个合同，故C项正确。（答案：C）

取合理措施，减轻由于该另一方违反合同而引起的损失，包括利润方面的损失。如果他不采取这种措施，违反合同一方可以要求从损害赔偿中扣除原可以减轻的损失数额。

经典考题

（2008-1-100，不定项）根据 1980 年《联合国国际货物销售合同公约》的规定，在合同一方不履行合同义务构成根本违约的情况下，关于守约方请求损害赔偿的权利，下列表述错误的是?①

A. 守约方可以根据实际情况请求赔偿原合同价与转卖合同价之间的价差

B. 守约方可以根据实际情况请求赔偿合同价与市价之间的价差以及其他因对方违约造成的损失

C. 守约方可获得的损害赔偿不得超过违约方在订立合同时，依照他当时已知道或理应知道的事实和情况，对违反合同预料到或理应预料到的可能损失

D. 守约方有权对其实际遭受的、违约方缔约时理应预料到的所有损失获得赔偿

第三节　利息

第七十八条　【利息的收取】

如果一方当事人没有支付价款或任何其他拖欠金额，另一方当事人有权对这些款额收取利息，但不妨碍要求按照第七十四条规定可以取得的损害赔偿。

第四节　免责

★第七十九条　【免责的依据】

（1）当事人对不履行义务，不负责任，如果他能证明此种不履行义务，是由于某种非他所能控制的障碍，而且对于这种障碍，没有理由预期他在订立合同时能考虑到或能避免或克服它或它的后果。

（2）如果当事人不履行义务是由于他所雇用履行合同的全部或一部分规定的第三方不履行义务所致，该当事人只有在以下情况下才能免除责任：

（a）他按照上一款的规定应免除责任；和

（b）假如该项的规定也适用于他所雇用的人，这个人也同样会免除责任。

（3）本条所规定的免责对障碍存在的期间有效。

（4）不履行义务的一方必须将障碍及其对他履行义务能力的影响通知另一方。如果该项通知在不履行义务的一方已知道或理应知道此一障碍后一段合理时间内仍未为另一方收到，则他对由于另一方未收到通知而造成的损害应负赔偿责任。

（5）本条规定不妨碍任何一方行使本公约规定的要求损害赔偿以外的任何权利。

第八十条　【不履行的原因】

一方当事人因其行为或不行为而使得另一方当事人不履行义务时，不得声称该另一方当事人不履行义务。

第五节　宣告合同无效的效果

★★第八十一条　【宣告合同无效的后果】

（1）宣告合同无效解除了双方在合同中的义务，但应负责的任何损害赔偿仍应负责。宣告合同无效不影响合同关于解决争端的任何规定，也不影响合同中关于双方在宣告合同无效后权利和义务的任何其他规定。

（2）已全部或局部履行合同的一方，可以要求另一方归还他按照合同供应的货物或支付的价款，如果双方都须归还，他们必须同时这样做。

第八十二条　【宣告合同无效的限制】

（1）买方如果不可能按实际收到货物的原状

① 【答案及释疑】根据《联合国国际货物销售合同公约》第 75 条和第 76 条的规定，守约方可以取得合同价格和替代货物交易价格之间的差额，或者取得合同规定的价格和宣告合同无效时的时价之间的差额以及其他损害赔偿。因此，A、B 项说法正确。该公约第 74 条规定，一方当事人违反合同应负的损害赔偿额，应与另一方当事人因他违反合同而遭受的包括利润在内的损失额相等，但不得超过违反合同一方在订立合同时，依照他当时已知道或理应知道的事实和情况，对违反合同预料到或理应预料到的可能损失。因此，C 项说法正确。该公约第 77 条规定，声称另一方违反合同的一方，必须按情况采取合理措施，减轻由于该另一方违反合同而引起的损失，包括利润方面的损失。如果他不采取这种措施，违反合同一方可以要求从损害赔偿中扣除原可以减轻的损失数额。因此，D 项说法错误。（答案：D）

归还货物，他就丧失宣告合同无效或要求卖方交付替代货物的权利。

(2) 上一款的规定不适用于以下情况：

(a) 如果不可能归还货物或不可能按实际收到货物的原状归还货物，并非由于买方的行为或不行为所造成；或者

(b) 如果货物或其中一部分的毁灭或变坏，是由于按照第三十八条规定进行检验所致；或者

(c) 如果货物或其中一部分，在买方发现或理应发现与合同不符以前已为买方在正常营业过程中售出，或在正常使用过程中消费或改变。

第八十三条 【宣告合同无效与其他补救措施的关系】

买方虽然依第八十二条规定丧失宣告合同无效或要求卖方交付替代货物的权利，但是根据合同和本公约规定，他仍保有采取一切其他补救办法的权利。

★★第八十四条 【宣告合同无效后返还所获利益的义务】

(1) 如果卖方有义务归还价款，他必须同时从支付价款之日起支付价款利息。

(2) 在以下情况下，买方必须向卖方说明他从货物或其中一部分得到的一切利益：

(a) 如果他必须归还货物或其中一部分；或者

(b) 如果他不可能归还全部或一部分货物，或不可能按实际收到货物的原状归还全部或一部分货物，但他已宣告合同无效或已要求卖方支付替代货物。

理论解读

关于宣告合同无效的后果，应注意以下几点：(1) 宣告合同无效解除了双方在合同中的义务，但应负责的任何损害赔偿仍应负责，而且不影响合同中争端解决条款的效力。(2) 如果宣告合同无效，原则上应恢复到合同履行前的状况，已全部或局部履行合同的一方，可以要求另一方归还他按照合同供应的货物或支付的价款，以及因履行所获得的利益，如果双方都须归还，则他们必须同时这样做。

第六节 保全货物

★★第八十五条 【卖方有责任保全货物的情形】

如果买方推迟收取货物，或在支付价款和交付货物应同时履行时，买方没有支付价款，而卖方仍拥有这些货物或仍能控制这些货物的处置权，卖方必须按情况采取合理措施，以保全货物。他有权保有这些货物，直至买方把他所付的合理费用偿还他为止。

★★第八十六条 【买方有责任保全货物的情形】

(1) 如果买方已收到货物，但打算行使合同或本公约规定的任何权利，把货物退回，他必须按情况采取合理措施，以保全货物。他有权保有这些货物，直至卖方把他所付的合理费用偿还给他为止。

(2) 如果发运给买方的货物已到达目的地，并交给买方处置，而买方行使退货权利，则买方必须代表卖方收取货物，除非他这样做需要支付价款而且会使他遭受不合理的不便或需承担不合理的费用。如果卖方或受权代表他掌管货物的人也在目的地，则此一规定不适用。如果买方根据本款规定收取货物，他的权利和义务与上一款所规定的相同。

★★第八十七条 【保全货物的措施】

有义务采取措施以保全货物的一方当事人，可以把货物寄放在第三方的仓库，由另一方当事人担负费用，但该项费用必须合理。

★★第八十八条 【保全货物情况下出售货物的条件】

(1) 如果另一方当事人在收取货物或收回货物或支付价款或保全货物费用方面有不合理的迟延，按照第八十五条或第八十六条规定有义务保全货物的一方当事人，可以采取任何适当办法，把货物出售，但必须事前向另一方当事人发出合理的意向通知。

(2) 如果货物易于迅速变坏，或者货物的保全牵涉到不合理的费用，则按照第八十五条或第八十六条规定有义务保全货物的一方当事人，必须采取合理措施，把货物出售，在可能的范围内，他必须把出售货物的打算通知另一方当事人。

（3）出售货物的一方当事人，有权从销售所得收入中扣回为保全货物和销售货物而付的合理费用。他必须向另一方当事人说明所余款项。

理论解读

关于保全货物。保全货物是指在一方当事人违约时，另一方当事人持有货物或控制货物的处置权或接收货物时，该当事人有义务对他所持有、控制或接收的货物进行保全。保全货物有时是卖方的义务，有时则是买方的义务。

卖方保全货物的条件是：如果买方推迟收取货物，或在支付价款和交付货物应同时履行时，买方没有支付价款，而卖方仍拥有这些货物或仍能控制这些货物的处置权，卖方必须按情况采取合理措施，以保全货物。

买方保全货物的条件是：买方已接受了货物，但打算退货。

不论是哪一方采取保全货物的措施，一般都应采取以下方式：（1）将货物寄放于仓库，所发生的仓储费用由对方承担。（2）将易坏货物出售，并应将出售货物的意图尽可能通知对方。出售货物的一方可从出售货物的价款中扣除保全货物和销售货物发生的合理费用。

理论解读

对于货物保全，一般要注意搞清楚货物的性质，是否属于容易迅速变坏的货物，同时还应注意假如保全货物的费用过高，使得采取保全措施的一方当事人难以承受，则他也可以将货物变卖（当然变卖之前应给对方以适当的通知），并从销售所得收入中扣回为保全货物和销售货物而付的合理费用。

典型案例

施密斯公司作为买方与邻国的哈斯公司签署了一项水果买卖合同。除其他条款外，双方约定有关该合同的争议应适用 1980 年《联合国国际货物销售合同公约》并通过仲裁解决。施密斯公司在检验收到的货物时，发现该水果的大小与合同的规定差别很大，便打算退货。根据这些情况，施密斯应当采取哪些措施？

答案：《联合国国际货物销售合同公约》第 86 条规定，如果买方已收到货物，但打算行使合同或公约规定的任何权利，把货物退回，他必须按情况采取合理措施，以保全货物，因此施密斯公司应当根据情况采取合理措施保全货物。根据《联合国国际货物销售合同公约》第 86 条的规定，因本案中的货物为水果，属于“易于迅速变坏”的货物，所以买方保全货物时有在必要情况下出售水果以减少损失的义务，并可以从出售所得中扣回其保全货物和出售货物所支出的合理费用，但出售前还应根据《联合国国际货物销售合同公约》第 88 条的规定，事先向卖方发出通知。

第四部分　最后条款

第八十九条

兹指定联合国秘书长为本公约保管人。

第九十条

本公约不优于业已缔结或可以缔结并载有与属于本公约范围内事项有关的条款的任何国际协定，但以双方当事人的营业地均在这种协定的缔约国内为限。

第九十一条

（1）本公约在联合国国际货物销售合同会议闭幕会议上开放签字，并在纽约联合国总部继续开放签字，直至一九八一年九月三十日为止。

（2）本公约须经签字国批准、接受或核准。

（3）本公约从开放签字之日起开放给所有非签字国加入。

（4）批准书、接受书、核准书和加入书应送交联合国秘书长存放。

第九十二条

（1）缔约国可在签字、批准、接受、核准或加入时声明他不受本公约第二部分的约束或不受本公约第三部分的约束。

（2）按照上一款规定就本公约第二部分或第三部分作出声明的缔约国，在该声明适用的部分所规定事项上，不得视为本公约第一条第（1）款范围内的缔约国。

第九十三条

（1）如果缔约国具有两个或两个以上的领土单位，而依照该国宪法规定、各领土单位对本公约所规定的事项适用不同的法律制度，则该国得在签字、批准、接受、核准或加入时声明本公约适用于该国全部领土单位或仅适用于其中的一个或数个领土单位，并且可以随时提出另一声明来修改其所做的声明。

（2）此种声明应通知保管人，并且明确地说明适用本公约的领土单位。

（3）如果根据按本条作出的声明，本公约适用于缔约国的一个或数个但不是全部领土单位，而且一方当事人的营业地位于该缔约国内，则为本公约的目的，该营业地除非位于本公约适用的领土单位内，否则视为不在缔约国内。

（4）如果缔约国没有按照本条第（1）款作出声明，则本公约适用于该国所有领土单位。

第九十四条

（1）对属于本公约范围的事项具有相同或非常近似的法律规则的两个或两个以上的缔约国，可随时声明本公约不适用于营业地在这些缔约国内的当事人之间的销售合同，也不适用于这些合同的订立。此种声明可联合作出，也可以相互单方面声明的方式作出。

（2）对属于本公约范围的事项具有与一个或一个以上非缔约国相同或非常近似的法律规则的缔约国，可随时声明本公约不适用于营业地在这些非缔约国内的当事人之间的销售合同，也不适用于这些合同的订立。

（3）作为根据上一款所做声明对象的国家如果后来成为缔约国，这项声明从本公约对该新缔约国生效之日起，具有根据第（1）款所做声明的效力，但以该新缔约国加入这项声明，或作出相互单方面声明为限。

第九十五条

任何国家在交存其批准书、接受书、核准书或加入书时，可声明它不受本公约第一条第（1）款（b）项的约束。

第九十六条

本国法律规定销售合同必须以书面订立或书面证明的缔约国，可以随时按照第十二条的规定，声明本公约第十一条、第二十九条或第二部分准许销售合同或其更改或根据协议终止，或者任何发价、接受或其他意旨表示得以书面以外任何形式作出的任何规定不适用，如果任何一方当事人的营业地是在该缔约国内。

第九十七条

（1）根据本公约规定在签字时作出的声明，须在批准、接受或核准时加以确认。

（2）声明和声明的确认，应以书面提出，并应正式通知保管人。

（3）声明在本公约对有关国家开始生效时同时生效。但是，保管人于此种生效后收到正式通知的声明，应于保管人收到声明之日起六个月后的第一个月第一天生效。根据第九十四条规定作出的相互单方面声明，应于保管人收到最后一份声明之日起六个月后的第一个月第一天生效。

（4）根据本公约规定作出声明的任何国家可以随时用书面正式通知保管人撤回该项声明。此种撤回于保管人收到通知之日起六个月后的第一个月第一天生效。

（5）撤回根据第九十四条作出的声明，自撤回生效之日起，就会使另一国家根据该条所做的任何相互声明失效。

第九十八条

除本公约明文许可的保留外，不得作任何保留。

第九十九条

（1）在本条第（6）款规定的条件下，本公约在第十件批准书、接受书、核准书或加入书、包括载有根据第九十二条规定作出的声明的文书交存之日起十二月后的第一个月第一天生效。

（2）在本条第（6）款规定的条件下，对于在第十件批准书、接受书、核准书或加入书交存后才批准、接受、核准或加入本公约的国家，本公约在该国交存其批准书、接受书、核准书或加入书之日起十二个月后的第一个月第一天对该国生效，但不适用的部分除外。

（3）批准、接受、核准或加入本公约的国家，如果是一九六四年七月一日海牙签订的《关于国际货物销售合同的订立统一法公约》（《一九六四年海牙订立合同公约》）和一九六四年七月一日在海牙签订的《关于国际货物销售统一法的公约》（《一九六四年海牙货物销售公约》）中一项或两项公约的缔约国。应按情况同时通知荷兰政府声明退出《一九六四年海牙货物销售公约》或《一九六四年海牙订立合同公约》或退出该两公约。

（4）凡为《一九六四年海牙货物销售公约》缔约国并批准、接受、核准或加入本公约和根据第九十二条规定声明或业已声明不受本公约第二部分约束的国家，应于批准、接受、核准或加入时通知荷兰政府声明退出《一九六四年海牙货物销售公约》。

（5）凡为《一九六四年海牙订立合同公约》缔约国并批准、接受、核准或加入本公约和根据第九十二条规定声明或业已声明不受本公约第三部分约束的国家，应于批准、接受、核准或加入时通知荷兰政府声明退出《一九六四年海牙订立合同公约》。

（6）为本条的目的，《一九六四年海牙订立合同公约》或《一九六四年海牙货物销售公约》的缔约国的批准、接受、核准或加入本公约，应在这些国家按照规定退出该两公约生效后方始生效。本公约保管人应与一九六四年两公约的保管人荷兰政府进行协商，以确保在这方面进行必要的协调。

第一百条

（1）本公约适用于合同的订立，只要订立该合同的建议是在本公约对第一条第（1）款（a）项所指缔约国或第一条第（1）款（b）项所指缔约国生效之日或其后作出的。

（2）本公约只适用于在它对第一条第（1）款（a）项所指缔约国或第一条第（1）款（b）项所指缔约国生效之日或其后订立的合同。

第一百零一条

（1）缔约国可以用书面正式通知保管人声明退出本公约，或本公约第二部分或第三部分。

（2）退出于保管人收到通知十二个月后的第一个月第一天起生效。凡通知内订明一段退出生效的更长时间，则退出于保管人收到通知后该段更长时间满时起生效。

一九八〇年四月十一日订于维也纳，正本一份，其阿拉伯文本、中文本、英文本、法文本、俄文本和西班牙文本都具有同等效力。

下列全权代表，经各自政府正式授权，在本公约上签字，以资证明。

二、《国际贸易术语解释通则 2010》

目录

前言

EXW——工厂交货（……指定地点）

FCA——货交承运人（……指定地点）

CPT——运费付至（……指定目的港）

CIP——运费和保险费付至（……指定目的地）

DAT——终点站交货（……指定目的港或目的地）

DAP——目的地交货（……指定目的地）

DDP——完税后交货（……指定目的地）

FAS——船边交货（……指定装运港）

FOB——船上交货（……指定装运港）

CFR——成本加运费付至（……指定目的港）

CIF——成本，保险加运费付至（……指定目的港）

理论解读

《国际贸易术语解释通则 2010》主要内容归纳图示如下：

名称	交货地点	风险转移	运输费用	运输方式	保险	出口手续	进口手续
EXW 工厂交货物	卖方工厂	卖方工厂交货时	买方	各种	（买方）	买方	买方
FCA 货交承运人	交承运人	向承运人交货时	买方	各种	（买方）	卖方	买方
CPT 运费付至	交承运人	向承运人交货时	卖方	各种	（买方）	卖方	买方
CIP 运费保险费付至	交承运人	向承运人交货时	卖方	各种	卖方	卖方	买方
DAP 地点交货	指定目的地（不卸货）	目的地交货时	卖方	各种	（卖方）	卖方	买方
DAT 终点站交货	指定终点站（卸货）	终点站交货时	卖方	各种	（卖方）	卖方	买方
DDP 完税交货	指定目的地	目的地交货时	卖方	水运	（卖方）	卖方	卖方

续前表

名称	交货地点	风险转移	运输费用	运输方式	保险	出口手续	进口手续
FAS 船边交货	装运港船边	装运港船边交货时	买方	水运	（买方）	卖方	买方
FOB 船上交货	装运港船上	装运港船上交货时	买方	水运	（买方）	卖方	买方
CFR 成本加运费	装运港船上	装运港船上交货时	卖方	水运	（买方）	卖方	买方
CIF 成本保险费加运费	装运港船上	装运港船上交货时	卖方	水运	卖方	卖方	买方

注：关于保险的义务，上图中“（买方）”或“（卖方）”是指括号中的当事人可以考虑投保，但并非贸易术语规定的义务。

全球化经济赋予商业以空前宽广途径通往世界各地市场。货物得以在更多的国家、大量且种类愈繁地销售。然而随着全球贸易数额的增加与贸易复杂性的提升，因销售合同不恰当起草引致误解与高代价争端可能性也提高了。

国际贸易术语解释通则这一用于国内与国际贸易事项的国际商会规则使得全球贸易行为更便捷。在销售合同中参引《国际贸易术语解释通则 2010》可清晰界定各方义务并降低法律纠纷的风险。

自 1936 年国际商会创制国际贸易术语以来，这项在全球范围内普遍被接受的合同标准经常更新，以保持与国际贸易发展步调一致。国际贸易术语解释通则 2010 年版考虑到了全球范围内免税区的扩展，商业交往中电子通讯运用的增多，货物运输中安保问题关注度的提高以及运输实践中的许多变化。《国际贸易术语解释通则 2010》更新并加强了“交货规则”——规则的总数从 13 降到 11，并为每一规则提供了更为简洁和清晰的解释。《国际贸易术语解释通则 2010》同时也是第一部使得所有解释对买方与卖方呈现中立的贸易解释版本。

国际商会商法和实践委员会成员来自世界各地和所有贸易领域，该委员会宽泛的专业技能确保了《国际贸易术语解释通则 2010》与各地的商贸需要照应。

国际商会向 Fabio Bortolotti（意大利）的商法和实践委员会的成员表示谢意，向由 Charles Debattista（副组长，英国），Christoph Martin Radtke（副组长，法国），Jens Bredow（德国），Johnny Herre（瑞典），David Lwee（英国），Lauri Railas（芬兰），Frank Reynold（美国），Miroslav Subert（捷克）组成的起草小组致谢，并且向对 11 条规则的表述给予帮助的 Asko Raty（芬兰）致谢。

前言

Incoterms 2010 规则阐释了一系列在货物销售商业（商事）合同实践中使用的三字母系列贸易术语。Incerotms 2010 规则主要描述货物从卖方到买方运输过程中涉及的义务、费用和风险的分配。

如何运用 Incoterms® 2010 规则

1. 将 Incoterms® 2010 规则订入到你的销售合同中

如果你要使 Incoterms 规则 2010 在你的合同中适用，你应该在合同中，通过如“所选择的 Incoterms 规则（含指定地点）附上 Incoterms 规则 2010”这类文字以明确表示。

2. 选择适当的 Incoterms 规则

所选的 Incoterms 规则须与货物、其运输方式相称，最重要的是与合同双方是否有意添加额外义务相称，例如安排运输或保险的义务于买方或卖方。每个对贸易术语的指导性解释中都包含对作出此项决定非常有帮助的信息。不论是哪一项 Incoterms 规则被选用，适用双方应该意识到对合同的说明会颇受到所用港口或地方特有的惯例影响。

3. 尽可能精准地说明你所在地方或港口名称

仅当当事人双方选定特定的一个收货地或港口时，所选术语才能发挥作用。且地点或港口名称尽可能精准，Incoterms 规则效用就能发挥到极致。以下精准详述就是一个很好的例子：

Incoterms 2010，FCA 规则，法国，巴黎，38 Cours Albert 1er

在 Incoterms 规则下：

EXW 工厂交货（……指定地点）

FCA 货交承运人（……指定地点）

DAT 终点站交货（……指定目的地）

DAP 地点交货（……指定目的地）

DDP 完税后交货（……指定目的地）

FAS 船边交货（……指定装运港）

FOB 船上交货（……指定装运港）

此处所指地点为交货地点，同时风险也从卖方转移至买方。Incoterms 规则下 CPT（运费付至），CIP（运费、保险费付至），CFR（成本加运费），CIF（成本、保险费加运费），所指地点因交货地不同而不同。在这些 Incoterms 规则下，所指地点为运费付至地。为避免疑问和争议，对指定地点或目的地可通过作进一步有益阐述使之成为一个精确的地点。

4. 谨记 Incoterms 规则并没有给当事人提供一份完整的销售合同

Incoterm 规则确有阐述销售合同中当事人的特定义务，当卖方将货物运至买方时，办理运输和保险义务的承担。然而，Incoterms 并没有任何关于付款价格或付款方式的规定，或是货物所有权的转移，违约的后果等。这些问题通常是通过销售合同的明示条款和适用的法律条文来解决。当事人需要注意的是，当地强制适用的法律有可能优先于销售合同的内容，包括所选择的 Incoterms 规则。

2010 年国际贸易术语解释通则（以下简称 Incoterms2010）的主要特点

1. 两个新的贸易术语——DAT 与 DAP，取代了 2000 年国际贸易术语解释通则中的 DAF、DES、DEQ 和 DDU 规则。

国际贸易术语的数量从 13 个减至 11 个，这是因为 DAT（运输终点交货）和 DAP（目的地交货）这两个新规则取代了 Incoterms2000 中的 DAF、DES、DEQ 和 DDU 规则。但这并不影响约定的运输方式的适用。

在这两个新规则下，交货在指定目的地进行：在 DAT 术语下，买方处置运达并卸载的货物所在地（这与以前的 DEQ 规定的相同）；在 DAP 术语下，同样是指买方处置，但需做好卸货的准备（这与以前的 DAF、DES 和 DDU 规定的相同）。

新的规则使 Incoterms2000 中的 DES 和 DEQ 变得多余。DAT 术语下的指定目的地可以是指港口，并且 DAT 可完全适用于 Incoterms2000 中 DEQ 所适用的情形。同样的，DAP 术语下的到达的“运输工具”可以是指船舶，指定目的地可以是指港口，因此，DAP 可完全适用于 Incoterms2000 中 DES 所适用的情形。与其前任规则相同，新规则也是“到货交付式”的由买方承担所有费用，即买方承担全部费用（除了与进口清算有关的费用）以及货物运至指定目的地前所包含的全部风险。

2. Incoterms2010 的 11 个术语的分类

Incoterms2010 的 11 个术语分为显然不同的两类：

适用于任一或多种运输方式的规则

EWX 工厂交货

FCA 货交承运人

CPT 运费付至

CIP 运费及保险费付至

DAT 目的地交货

DAP 所在地交货

DDP 完税后交货

只适用与海运及内河运输的规则

FAS 船边交货

FOB 船上交货

CFR 成本加运费

CIF 成本、保险费加运费

第一类所包含的七个 Incoterms2010 术语——EWX、FCA、CPT、CIP、DAT、DAP 和 DDP，可以适用于特定的运输方式，亦可适用于一种或同时适用于多种运输方式，甚至可适用于非海事运输的情形。但是需要注意，以上这些规则仅适用于存在船舶作为运输工具之一的情形。

在第二类术语中，交货点和把货物送达买方的地点都是港口，所以只适用于“海上或内陆水上运输”。FAS，FOB，CFR 和 CIF 都属于这一类。最后的三个术语，删除了以越过船舷为交货标准而代之以将货物装运上船。这更贴切地反映了现代商业实际且避免了风险在臆想垂线上来回摇摆这一颇为陈旧的观念。

3. 国内贸易与国际贸易的规定

国际贸易术语解释通则在传统意义被用于存在跨境运输的国际销售合同中，此种交易需要将货物进行跨越国境的运输。然而，在世界许多地区，如欧盟这样的商贸集团已经使得不同国家间的过关手续变得不那么重要。因此，国际贸易术语解释通则 2010 通过这一副标题正式认可该通则既可以适用于国内的也可以适用于国际的销售合同。所以，国际贸易术语解释通则 2010 在一些地方明确规定，只有在适当的情形，才存在遵守进/出口手续义务。

两项发展使得国际商会相信在这个方向的改革

是适时的。首先，商人们普遍在纯国内销售合同中使用国际贸易术解释通则。其次，比起之前的统一商法典中关于装运和交付的条款，美国人在国内贸易中使用国际贸易术语解释通则意愿增强了。

4. 引言

在世界贸易术语解释通则 2010 的每条规则前面，都有一条引言。引言解释每条规则的基本内容，比如说该规则何时被用到，风险何时发生转移，还有费用如何在卖方和卖方之间分担等。引言并不是实际的国际贸易术语解释通则 2010 的规则的组成，但是它们能帮助使用者更准确、更有效地针对特定的贸易运用合适的国际贸易术语解释通则的规则。

5. 电子通信

之前版本的国际贸易术语解释通则已经说明了可以被电子数据交换信息替代的文件。然而，世界贸易术语解释通则 2010 的 A1/B1 条赋予电子方式的通信和纸质通信相同的效力，只要缔约双方同意或存在交易惯例。这一规定使世界贸易术语解释通则 2010 使用期内新的电子程序的发展更顺畅。

6. 保险范围

世界贸易术语解释通则 2010 是协会货物条款修订以来的第一版世界贸易术语解释通则，并对那些条款的变更做了考虑。

国际贸易术语解释通则 2010 把有关保险的信息义务规定在 A3/B3 条，这些条款涉及运输和保险合同。这些条款已经从国际贸易术语解释通则 2000 的 A10/B10 条中的更一般的条款中被删除了。为了明确缔约方在该事项上的义务，关于保险的 A3/B3 条的行文也做了变化。

7. 安全清关和这些许可所需要的信息

现如今，货物运送过程中的安全问题得到了高度的重视，要求确认货物除了本身固有性质原因外对人身和财产不造成威胁。因而，在买方和卖方间已经分配了相应的责任，以在取得安全清关中获得或者提供帮助，如在多样国际贸易术语 2010 中的 A2/B2 和 A10/B10 条款中连锁保管的信息。

8. 终点站处理费用

在 CPT、CIP、CFR、CIF、DAT、DAP 和 DDP 等国际贸易术语规则中，卖家必须为货物到商定好目的地的运输作出安排。虽然运费是由卖家支付的，但因为运费一般被卖方纳入总体销售价格中，所以实际上运费是由买方支付的。

运费有时候会包含港口或集装箱终端设施内处理与移动货物的费用并且承运人和终点站运营方也可能向收到货物的买方收取这些费用。

在这些情况下，买家会希望避免为同一服务缴费两次，一次付给卖家作为销售价格中一部分与一次单独地付给承运人或者终点站运营方。

国际贸易术语解释通则 2010 在文件 A6/B6 的相关规则中明确分配这类费用，以求避免类似情形的发生。

9. 连环销售

在农矿产品销售中，相对于工业品的销售，货物经常在链条运转中被频繁销售多次。这种情况发生时，在链条中间环节的卖方并不“船运”这些货物，因为这些货物已经由最开始的卖方船运了。连环运转中间环节的卖方因而履行其对买方的义务，并不是通过船运货物，而是通过“取得”已经被船运的货物。

为明确起见，《国际贸易术语解释通则 2010》的规则包含了“取得已船运的货物”的义务，以将此作为通则的相关规则中船运货物义务的替代义务。

国际贸易术语的变体

有时各方想要改动一项国际术语规则。国际贸易术语规则 2010 不禁止此类改动，但是这样做会有危险。为了避免任何不欲之意外，各方在他们的合同中将需要使得该改动所需效果极其清晰。因此，比如说，如果国际贸易术语规则 2010 中的费用分配量在合同中被改变，各方亦需要很清楚的表明他们是否意图改变风险从卖方转至买方的临界点。

本前言的功能地位

本前言为《国际贸易术语解释通则 2010》提供运用和解释的总体信息。而并不是这些规则的组成部分。

《国际贸易术语解释通则 2010》中术语的使用解释

正如在 2000 年通则中，买方与卖方的义务以镜像方式呈现：A 条款下反映卖方义务；B 条款下反映买方义务。这些义务可以由卖方或买方以个人名义履行，有时抑或受制于合同或者适用法律中的个别条款的规定，由诸如承运人、转运代理人等中介组织，或者其他由卖方或者买方基于特定目的而委托的人来履行。

2010年国际贸易术语解释通则语义应是不言而喻了。然而，为了帮助使用者理解，下文将对在文件中通篇被运用的特定规则展开正确、理性的说明。

承运人：就2010年通则而言，承运人是指与托运人签署运输合同的一方。

报关单：这些是指为了遵守任何可适用的海关规定而需要满足的一些要求，可能包括单据、安全、信息或实物之义务。

交货：这个概念在贸易法和实务中有着多重含义，但在2010年通则中，它被用于表明货物遗失损害风险何时由卖方转移到买方。

交货凭证：这个表述现在被用作A8条款的标题。它意指用于证明已完成交货的凭证。对众多的2010年通则条款，交货凭证是指运输凭证或相应的电子记录。然而，在工厂交货（EXW）、货交承运人（FCA）、装运港船边交货（FAS）、装运港船上交货（FOB）的情况下，交货凭证可能只是一个简单的收据。交货凭证也可能有其他功能，比如作为支付机制的组成等。

电子记录或程序：由一种或更多的电子信息组成的一系列信息，适用情况下，其在效力上与相应的纸质文件等同。

包装：这个词被用于不同的原因：

1. 遵照销售合同中任何要求的货物包装。
2. 使货物适合运输的包装。
3. 集装箱或其他运输工具中已包装货物的配载。

在2010年通则中，包装的含义包括上述第一种和第二种。然而，2010通则并未涉及货物在货柜中的装载义务由谁承担，因而，在相关情形，各方应当在销售合同中作出规定。

EXW——工厂交货（……指定地点）

本条规则与（当事人）所选择的运输模式无关，即便（当事人）选择多种运输模式，亦可适用该规则。本规则较适用于国内交易，对于国际交易，则应选FCA①“货交承运人（……指定地点）”规则为佳。

“工厂交货（……指定地点）”是指当卖方在其所在地或其他指定的地点（如工场（强调生产制造场所）、工厂（制造场所）或仓库等）将货物交给买方处置时，即完成交货。卖方不需将货物装上任何运输工具，在需要办理出口清关手续时，卖方亦不必为货物办理出口清关手续。

双方都应该尽可能明确的指定货物交付地点，因为此时（交付前的）费用与风险由卖方承担。买方必须承当在双方约定的地点或在指定地受领货物的全部费用和风险。

EXW是卖方承担责任最小的术语。它应遵守以下使用规则：

卖方没有义务为买方装载货物，即使在实际中由卖方装载货物可能更方便。若由卖方装载货物，相关风险和费用亦由买方承担。如果卖方在装载货物中处于优势地位，则使用由卖方承担装载费用与风险的FCA术语通常更合适。

买方在与卖方使用EXW术语时应知晓，卖方仅在买方要求（更符合术语特质）办理出口手续时负有协助的义务：（但是），卖方并无义务主动（更强调最小义务，吸收进2010年本身的意义）办理出口清关手续。因此如果买方不能直接或间接地办理出口清关手续，建议买方不要使用EXW术语。

买方承担向卖方提供关于货物出口之信息的有限义务。但是，卖方可能需要这些用作诸如纳税（申报税款）、报关等目的的信息。

A. 卖方义务

B. 买方义务

买方义务

A1 卖方的一般义务

卖方必须按照销售合同提供货物和商业发票，以及合同可能要求的、用以证明货物符合合同规定的其他任何凭证。

所有在A1—A10条款中提及的文件，（均）可采用经当事人协定或约定俗成、具有同等作用的电子记录或者手续。

① 是指卖方只要将货物在指定的地点交给买方指定的承运人，并办理了出口清关手续，即完成交货。

B1 买方的一般义务

买方必须按照买卖合同之规定支付货物价款。

所有在 B1—B10 条款中提及的文件，（均）可采用经当事人协定或约定俗成、具有同等作用的电子记录或者手续。

A2 许可证、批准、安全通关及其他手续

在需要办理海关手续时，应买方要求并由买方承当风险和费用时，卖方应协助买方办理出口货物必须的出口许可证或其他官方许可。

应买方要求并由其承担风险和费用，在需要办理海关手续时，卖方必须提供其掌握的货物安全检查所要求的任何信息。

B2 许可证、批准、安全通关及其他手续

在需要办理海关手续时，买方必须自担风险和费用，由其取得任何出口和进口许可证或其他官方许可，并办理货物出口的一切海关手续。

A3 运输合同与保险合同

a）运输合同

卖方没有为买方签订运输合同的义务

b）保险合同

卖方没有义务与买方签订保险合同。然而，当买方请求或由其承担风险与（或有的）费用时，卖方必须向买方提供其获取保险所需要的信息。

B3 运输合同和保险合同

a）运输合同

买方没有为卖方签订运输合同的义务

b）保险合同

买方没有与卖方签订保险合同的义务

A4 交货

卖方应在约定点或在指定地点将未置于任何运输车辆上的货物交给买方处置。若在指定的地点内未约定具体交货点，或有若干个交货点可使用，卖方可选择最符合其目的之地进行交货。卖方需在约定地或约定时间内交货。

B4 受领货物（接收货物）

买方必须在卖方按照 A4 和 A7 规定交货时受领货物。

A5 风险转移

除发生 B5 中所描述之灭失或损坏的情形外，卖方必须承当货物灭失或损坏的一切风险，直至已经按照 A4 规定交货为止。

B5 风险转移

自卖方按 A4 规定交货之时起，买方必须承担货物灭失或损坏的一切风险。

如果买方未按照 B7 之规定通知卖方，则自约定的交货日期或交货期限届满之日起，买方必须承当货物灭失或损坏的一切风险，但以该项货物已清楚地确定为合同项下之货物为限。

A6 费用划分

除 B6 预设的可由买方支付的费用外，卖方必须承担与货物有关的所有费用，直到其按照 A4 规定交货为止。

B6 费用划分

买方必须支付：

自按照 A4 规定交货之时起与货物有关的一切费用；

在货物已交给买方处置而买方未受领货物或未按照 B7 规定给予卖方相应通知而发生的任何额外费用，但以该项货物已正式划归合同项下为限；

在需要办理海关手续时，货物出口应交纳的一切关税、税款和其他费用，以及办理海关手续的费用。

卖方按照 A2 规定给予协助时所发生的一切成本与费用。

A7 通知买方

卖方必须提供能使买方提货的所需通知。

B7 通知卖方

一旦买方有权确定在约定的期限内受领货物的具体时间和/或地点时，应就此给予卖方充分的通知

A8 交货凭证

卖方无义务。

B8 交货证明

买方必须向卖方提供已受领货物的适当凭证。

A9 检查、包装、标志

卖方必须支付与 A4 规定一致的、以交付货物为目的的查对费用（如查对货物品质、丈量、过磅、点数的费用）。

卖方必须支付货物包装费用，除非是不需要

包装便可进行运输的特殊货物。卖方应采取适宜运输的包装方式，除非买方在签订买卖合同前便告知卖方特定的包装要求。包装应作适当标记。

B9 货物检验

买方必须支付装船前检验的强制性费用，包括由出口国当局强制检查（的费用）。

A10 信息帮助和相关费用

应买方要求并由其承当风险和费用时，卖方须在合适的情况下为买方提供及时的帮助，以帮助买方取得其出口和/或进口货物以及将货物运至最后目的地所需的任何单据和信息，包括与安全有关的信息。

B10 信息帮助和相关费用

为使卖方可以履行 A10 之规定，买方必须及时通知卖方其对于相关交易安全信息的要求。

买方必须补偿卖方（由于提供给买方获得 A10 中提到的讯息和单据而可能）产生的所有费用和代价。

理论解读

《国际贸易术语解释通则 2010》的 11 个价格术语中，EXW 是工厂交货，卖方只需备妥货物，在工厂交货即可。货物的运输、风险的承担、进出口结关手续的办理，均由买方负责，所以卖方承担的责任最小，风险也最小。而在 DDP 的价格术语中，则恰恰相反，卖方承担的责任最大，风险也最大。

经典考题

（2006-1-95，不定项）南美某国的修格公司希望从我国太原辉泉公司购买一批货物。双方正在就货物销售合同的具体条款进行谈判。双方都希望选择国际商会《国际贸易术语解释通则 2000》中的贸易术语来确定货物销售的价格和相关义务。双方对于该货物的国际买卖均有丰富经验，且都与从事国际海上货物运输和保险的专业公司保持着经常的业务关系。基于上述事实，下列何种表述是正确的？①

A. 从修格公司的角度出发，如果选择 EXW 贸易术语，意味着它要承担的相关义务比选择任何其他的贸易术语都要大

B. 修格公司可以接受“CFR 天津”的贸易术语而自己向保险公司投保货物运输险

C. 假如双方采用了“CIF 布宜诺斯艾利斯”的贸易术语，辉泉公司对货物在公海上因船舶沉没而导致的货损应向修格公司承担赔偿责任

D. 双方都有可能接受《国际贸易术语解释通则》F 组中的某项贸易术语

FCA——货交承运人（……指定地点）

该项规则可以适用于各种运输方式（单独使用的情况），也可以适用于多种运输方式同时使用的情况。

“货交承运人”是指卖方于其所在地或其他指定地点将货物交付给承运人或买方指定人。建议当事人最好尽可能清楚地明确说明指定交货的具体点，风险将在此点转移至买方。

一方面，若当事人意图在卖方所在地交付货物，则应当确定该所在地的地址，即指定交货地点。另一方面，若当事人意图在其他地点交付货物，则应当明确确定一个不同的具体交货地点。

FCA 要求卖方在需要时办理出口清关手续。但是，卖方没有办理进口清关手续的义务，也无须缴纳任何进口关税或者办理其他进口海关手续。

在需要办理海关手续时（在必要时/适当时），DAP 规则要求应有卖方办理货物的出口清关手续，但卖方没有义务办理货物的进口清关手续，支付任何进口税或者办理任何进口海关手续，如果当事人希望卖方办理货物的进口清关手续，支付任何进口税和办理任何进口海关手续，

---

① 【答案及释疑】EXW 是在卖方工厂交货，卖方义务最小，买方义务最大，故 A 选项正确。CFR 是买方已付成本与运费的术语，该术语下卖方办理托运，应当指定目的港，而选项 B 指定了始发港，所以修格公司不可以接受，B 选项错误。如果双方选择“CIF 布宜诺斯艾利斯”的贸易术语，则风险自货物在装运港装上船时发生转移，卖方辉泉公司对于在海上运输过程中产生的损失不负赔偿责任，故 C 选项错误。双方只要达成协议并做恰当安排，都有可能接受 F 组中的某项贸易术语，故 D 选项正确。（答案：AD）

则应适用 DDP 规则

A. 卖方义务

B. 买方义务

A1 卖方的一般义务

卖方应当提供符合销售合同规定的货物和商业发票以及合同可能要求的、证明货物符合合同规定的其他任何凭证。

A1—A10 所提到的文件可以是由当事人约定的或已成为惯例的，具有同等效力的电子档案或程序。

B1 买方的一般义务

买方应当支付销售合同中规定的货物价款。B1—B10 所提到的文件可以是由当事人约定的或已成为惯例的，具有同等效力的电子档案或程序。

A2 许可证、批准、安全通关及其他手续

卖方应当自担风险和费用，并且在需要的时候取得任何出口许可证或其他官方许可，而且在办理海关手续时办理货物出口所需要的一切海关手续。

B2 许可证、批准、安全通关及其他手续

在需要的时候，买方可以获取一切进口许可证或其他官方许可，以及办理货物进口的海关手续和从他国过境的一切相关手续，并自担风险和费用。

A3 运输合同与保险合同

a）运输

卖方没有为买方订立运输合同的义务。但是，若经买方要求，或者依循商业惯例且买方未适时给予卖方相反指示，则卖方可以按照通常条件订立由买方承担风险与费用的运输合同。在任何一种情况下，卖方都可以拒绝订立此合同；如果拒绝，则应立即通知买方。

b）保险

卖方没有义务为买方订立保险合同。但是，卖方应当按照买方的要求，向买方提供其所需的有关购买保险的信息，由此产生的任何风险、费用由买方承担。

B3 运输合同和保险合同

a）运输

买方应当自付费用订立从指定的交货地点运输货物的合同，卖方按照 A3 a）规定订立合同的除外。

b）保险

买方没有义务为卖方订立保险合同。

A4 交货

若有约定具体的交货点，卖方应按照约定，在指定的地点于约定的日期或者期限内，将货物交付给承运人或者买方指定的其他人。

交货在以下情况完成：

a）若指定的地点是卖方所在地，则当货物已装载于买方所提供的运输工具时；

b）当装载于卖方的运输工具上的货物已达到卸货条件，且处于承运人或买方指定的其他人的处置之下时的任何其他情况。

若买方未按照 B7 d）项之规定，将在指定的地区内的具体交货地点通知卖方，且有几个具体交货点可供选择时，卖方可以在指定地点中选择最符合其目的的交货地点。

除非买方另有通知，否则，卖方可以根据货物的数量和/或性质的要求，将货物以适宜的方式交付运输。

B4 受领货物（接收货物）

买方应当在卖方按照 A4 规定交货时，收取货物。

A5 风险转移

卖方承担货物灭失或损害的一切风险，直至卖方已按照 A4 的规定交付货物，在 B5 描述的情况下产生的灭失或损害除外。

B5 风险转移

买方自卖方按照 A4 规定交货之时起，承担货物灭失或损坏的一切风险。若

a）买方没有按照 B7 规定将依 A4 规定对承运人或其他人的指定告知卖方或提醒其注意；或

b）其按照 A4 规定指定的承运人或其他人未接管货物，则，买方按照下述规定承担货物灭失或损坏的一切风险：

i）自约定日期时起。若没有约定日期，

ii）自卖方在约定的时期内依 A7 规定告知买方的日期起。若没有告知日期，

iii）自任何约定的交货期限届满之日起，

但以该货物已被清楚地确定为合同项下货物为限。

A6 费用划分

卖方应当支付

a）与货物有关的一切费用，直至已按照 A4 规定交货为止。除 B6 中规定的由买方支付的费用外；及

b）在适用情况下，货物出口应办理的海关手续费用及出口应交纳的一切关税、税款和其他费用。

B6 费用划分

买方应当支付：

a）自按照 A4 规定的交货之时起与货物有关的一切费用，除了 A6 b）中规定的货物出口办理海关手续的费用及其他货物出口应缴纳的关税、税款和其他费用。

b）因发生下述任一情况产生的任何额外费用：

（i）由于买方未能按照 A4 规定指定承运人或其他人；

（ii）或由于承运人或买方指定的人未能接管货物；

（iii）或由于买方未能按照 B7 规定给予卖方相应通知，但以该货物已被清楚地确定为合同项下货物为限。

c）在有必要时，货物进口应交纳的一切关税、税款和其他费用以及办理海关手续的费用及从他国过境的费用。

A7 通知买方

在买方自担风险和费用的情况下，卖方应当将货物已经按照 A4 的规定交付，或承运人或买方指定的其他人未能在约定的时间内提取货物的信息充分告知买方。

B7 通知卖方

买方应当：

a）及时告知卖方其依 A4 规定指定的承运人或者其他人的名称，使卖方能够按照 A4 条款的规定发送货物；

b）在必要时，告知卖方被指定的承运人或其他人在约定的期限内收取货物的具体时间；

c）告知卖方由买方指定人采取的运输方式；以及

d）在约定地点内的具体取货位置。

A8 交货凭证

卖方应当自担费用地向买方提供证明按照 A4 规定已完成交货的通常凭证。

卖方应当根据买方的要求，给予买方一切协助以取得运输单据，风险和费用由买方承担

B8 提货证据

买方应当接受卖方依 A8 规定提供的交货凭证。

A9 检查、包装、标志

卖方应当支付那些对实现按照 A4 的标准运输货物的目标必不可少的检查措施（比如说质量检查，测量，称重，计数）所产生的费用，以及任何为出口国当局规定的装运前检验的费用。

卖方应当由自己负担成本来包装货物，除非对该特定种类的交易来说，将这种被销售货物不加包装地运输是相关行业惯例。卖方可以将货物以适宜其运输的方式加以包装，除非买方在销售合同签订前向卖方通知了明确的包装要求。包装应当适当地标记。

B9 货物检验

买方应当支付任何装运之前强制检验的费用，但出口国强制进行的检验除外。

A10 信息帮助和相关费用

应买方的要求并由其承担风险和费用，卖方应当在需要时及时向买方提供或给予协助，以帮助买方取得为买方进口货物可能要求的和/或在运往目的地的过程中可能需要的包括与安全清关有关的信息在内的任何单据或信息。

卖方应当补偿买方因提供 B10 中协助其取得单据和信息的行为时的费用和要价。

B10 信息帮助和相关费用

买方应当及时告知卖方其关于安全清关信息方面的请求，使卖方能够履行 A10 中规定的义务。

买方应当对卖方因依 A10 规定所提供或给予的关于取得单据和信息的协助而产生的费用和要价进行补偿。

应卖方的要求并由其承担风险和费用，买方应当在需要时及时向卖方提供或给予协助，以帮助卖方取得为运输和出口货物和/或从他国过境时需要的包括与安全清关有关的信息在内的任何单据或信息。

理论解读

FCA可以适用于海陆空各种运输方式，因而应用广泛。选择该术语，交货地点可以是卖方的所在地，也可以是双方约定的其他地点。应注意关于卖方的交货义务：(1) 当卖方在自己的所在地交货时，应负责装货；(2) 当卖方在自己所在地之外的其他地点交货时，不负责装货，即不需要将货物从自己的运输工具上卸下来，装到买方指定的运输工具上，可以在自己的运输工具上完成交货。

经典考题

(2002-1-69，多选)《国际贸易术语解释通则2000》有关FCA贸易术语下交货与装货义务的规定包括下列哪些内容?①

A. 当卖方在其所在地交货时，应由买方负责装货

B. 当卖方在其所在地交货时，应由卖方负责装货

C. 当卖方在其他地点交货时，则当货物在卖方的运输工具上尚未卸货即完成交货

D. 当卖方在其他地点交货时，则卖方应负责将货物运至交货地点并卸下才完成交货

CPT——运费付至（……指定目的港）

这一术语无例外地用于所选择的任何一种运输方式以及运用多种运输方式的情况。

“运费付至”指卖方在指定交货地向承运人或由其（卖方）指定的其他人交货并且其（卖方）须与承运人订立运输合同，载明并实际承担将货物运送至指定目的地的所产生的必要费用。

在CPT，CIP，CFR，or CIF适用的情形下，卖方的交货义务在将货物交付承运人，而非货物到达指定目的地时，即告完全履行。

此规则有两个关键点，因为风险和成本在不同的地方发生转移。买卖双方当事人应在买卖合同中尽可能准确地确定以下两个点：发生转移至买方的交货地点；在其须订立的运输合同中载明的指定目的地。如果使用多个承运人将货物运至指定目的地，且买卖双方并未对具体交货地点有所约定，则合同默认风险自货物由买方交给第一承运人时转移，卖方对这一交货地点的选取具有排除买方控制的绝对选择权。如果当事方希望风险转移推迟至稍后的地点发生（例如：某海港或机场），那么他们需要在买卖合同中明确约定这一点。

由于将货物运至指定目的地的费用由卖方承担，因而当事人应尽可能准确地确定目的地中的具体地点。且卖方须在运输合同中载明这一具体的交货地点。卖方基于其运输合同中在指定目的地卸货时，如果产生了相关费用，卖方无权向买方索要，除非双方有其他约定。

CPT贸易术语要求卖方，在需要办理这些手续时，办理货物出口清关手续。但是，卖方没有义务办理货物进口清关手续、支付进口关税以及办理任何进口所需的任何海关手续。

A. 卖方义务

B. 买方义务

A1 卖方的一般义务

卖方必须提供与销售合同规定一致的货物和商业发票，以及合同可能要求的证明货物符合合同规定的凭证。

按照双方约定或惯例，A1至A10中提及的单据可以是具有同等效力的电子记录或者程序。

B1 买方的一般义务

买房必须按照销售合同规定支付货物价款。

按照双方约定或惯例，B1至B10中提及的单据可以是具有同等效力的电子记录或者程序。

A2 许可证、批准、安全通关及其他手续

在该港所在地需办理这些手续的情况下，卖方必须自担风险和费用，取得任何出口许可证或其他官方核准文件，并办理货物出口以及货物在送达前从他国过境运输所需的一切海关手续。

---

① 【答案及释疑】FCA术语指卖方只要将货物在指定地点交给由买方指定的承运人，并办理了出口清关手续，即完成交货。该术语适用于各种运输方式，包括多式联运。“承运人”是指在运输合同中承诺通过铁路、公路、空运、海运、内河运输或联合方式履行运输或由他人履行运输的任何人。FCA的交货地点的选择对在该地点装货和卸货的义务会产生影响。如在卖方所在地交货，卖方应负责装货，如在其他地点交货则卖方可以在自己的运输工具上完成交货，而不负责将货物从自己的运输工具上卸下。(答案：BC)

B2 许可证、批准、安全通关及其他手续

如果这些地方需要办理这些海关手续，买方在自行承担风险和费用的情况下，可以自由决定是否取得许可证或其他官方核准文件，并办理货物进口和经由他国过境运输的一切海关手续。

A3 运输合同与保险合同

a）运输合同

卖方必须订立运输合同，若约定了交付地点的，将货物从交付地的约定地点运至指定目的地，如果约定了目的地的具体交付货物地点的，也可运至目的地的约定地点。

卖方必须自付费用，按照通常条件订立运输合同，依通常路线及习惯方式，将货物运至指定的目的地的约定点。如未约定目的地的具体交付货物地点或未能依交易习惯予以确定该地点，则卖方可在指定的目的地选择最适合其目的的交货点。

b）保险合同

卖方没有向买方制定保险合同的义务。

应买方的请求，并由买方承担风险和可能存在的费用时，卖方必须向买方提供其需要的用于获得保险的相关信息。

B3 运输合同和保险合同

a） 运输合同

买方没有向卖方制定运输合同的义务。

b） 保险合同

买方没有向卖方制定保险合同的义务，但是，当卖方要求时，买方须向卖方提供获得保险的必要信息。

A4 交货

卖方必须在约定的日期或期限内依照 A3 的规定向订立合同的承运人交货。

B4 受领货物

买方必须在货物已经按照 A4 的规定交货时受领货物，并在指定的目的地从承运人受领货物。

A5 风险转移

除 B5 所描述情形下的灭失或损坏外，卖方承担货物灭失或损坏的一切风险，直至已按照 A4 规定交货为止。

B5 风险转移

买方承担按照 A4 规定交货时起货物灭失或损坏的一切风险。

在货物已被清楚确定为合同项下之物的条件下，如买方未能按照 B7 规定向卖方发出通知，则买方必须从约定的交货日期或交货期限届满之日起，承担货物灭失或损坏的一切风险。

A6 费用划分

卖方必须支付

a）除 B6 规定者外，卖方必须支付按照 A4 规定交货之前与货物有关的一切费用；

b）按照 A3 a）规定所发生的运费和一切其他费用，包括根据运输合同规定应由卖方支付的装货费和在目的地的卸货费；以及

c）货物出口需要办理的海关手续费用及出口时应缴纳的一切关税、税款和其他费用，以及根据运输合同规定，由卖方支付的货物从他国过境的费用，如果这些地方需要办理这些海关手续。

B6 费用划分

除 A3 a）规定外，买方必须支付。

a）自按照 A4 规定交货时起的一切与货物有关的费用，除了在 A6 中提到的在这些地方需要办理海关手续的情况下货物出口需要办理的海关手续费用及出口时应缴纳的一切关税、税款和其他费用；

b）货物在运输途中直至到达目的地为止的一切费用，除非这些费用根据运输合同应由卖方支付；

c）卸货费，除非根据运输合同应由卖方支付；

d）如买方未按照 B7 规定给予卖方通知，则自约定的装运日期或装运期限届满之日起，货物所发生的一切额外费用，但以该项货物已正式划归合同项下，即清楚地划出或以其他方式确定为合同项下之货物为限；

e）在需要办理海关手续时货物进口应交纳的一切关税、税款和其他费用，及办理海关手续的费用，以及从他国过境的费用，除非这些费用已包括在运输合同中。

A7 通知买方

卖方必须通知买方按照 A4 规定交货。

卖方必须给予买方任何必要的通知，以便买

方能够为领取货物采取通常必要的措施。

B7 通知卖方

一旦买方有权决定发送货物的时间和/或指定的目的地或者指定接收货物的地点，买方必须就此给予卖方充分通知。

A8 交货凭证

如果依照惯例或者依照买方的要求，卖方必须向买方提供依据 A3 所订立的运输合同所签发的通常运输单据，且费用由卖方承担。

运输单据必须包括约定货物，其注明日期必须在约定的装运时间内。（如果）按照约定或和依照惯例，该单据必须同时能够赋予买方在约定地点向承运人受领货物的权利以及通过向下一个买方转移单据或向承运人告知的方式在运输中卖出货物的权利。

当这样的运输单据是以转让的方式签发的，并且有多份正本时，一个完整全套的正本必须向买方提供。

B8 提货证据

如果符合合同规定，买方必须接受按照 A8 规定提供的运输单据

A9 检查、包装、标志

卖方必须支付按照 A4 规定为交货所必需的核查（如核查品质、丈量、过磅、计数）费用，同时包括出口国当局强制的装运前的检验费用。

卖方必须自行承担费用为货物提供包装（除非在特定贸易中运输此种货物通常无须包装）。

卖方应该提供适合运输的包装，除非买方在缔结买卖合同之前已经告知卖方特定的包装要求。包装上应适当地予以标记。

B9 货物检验

买受人必须支付强制性的装运前的检验费用，但出口国当局强制进行检验的除外。

提供的运输单据，如果该单据符合合同规定的话

A10 信息帮助和相关费用

在该港所在地需办理这些手续的情况下，应买受人的需求并由其承担风险和费用，出卖人应及时地提供或者实施帮助以使买受人获得其在进口货物和/或者运输货物到最终目的地所需要的任何单据和信息，包括涉及安全的信息。

出卖人必须偿付买受人在出卖人在提供或给予帮助获取单据和信息的过程中所遭受的损失和费用，与 B10 相对应。

B10 信息帮助和相关费用

就任何有关安全信息的要求，买受人必须及时通知出卖人，以使其能履行 A10 规定的义务。

买受人必须偿付出卖人为提供或协助买受人获得 A10 条所述单据和信息而产生的一切费用。

在该港所在地需办理这些手续的情况下，在出卖人提出要求、承担风险并给付费用的情况下，买受人必须及时向出卖人提供或协助出卖人获得出卖人在出口货物和经由他国过境运输所需要的任何单据和信息，包括与安全有关的信息。

CIP——运费和保险费付至（……指定目的地）

该术语可适用于各种运输方式，也可以用于使用两种以上的运输方式时。

“运费和保险费付至”含义是在约定的地方（如果该地在双方间达成一致）卖方向承运人或是卖方指定的另一个人发货，以及卖方必须签订合同和支付将货物运至目的地的运费。

卖方还必须订立保险合同以防买方货物在运输途中灭失或损坏风险。买方应注意到 CIP（运费和保险费付至指定目的地）术语只要求卖方投保最低限度的保险险别。如买方需要更多的保险保障，则需要与卖方明确地达成协议，或者自行作出额外的保险安排。

在 CPT，CIP，CFR 和 CIF 这些术语下，当卖方将货物交付与承运人时而不是货物到达目的地时，卖方已经完成其交货义务。

由于风险和费用因地点之不同而转移，本规则有两个关键点。买卖双方最好在合同中尽可能精确地确认交货地点，风险转移至买方地，以及卖方必须订立运输合同所到达的指定目的地。若将货物运输至约定目的地用到若干承运人而买卖双方未就具体交货点达成一致，则默认为风险自货物于某一交货点被交付至第一承运人时转移，该交货点完全由卖方选择而买方无权控制。如果买卖双方希望风险在之后的某一阶段转移（例如在一个海港或一个机场），则他们需要在其买卖合同中明确之。

将货物运输至具体交货地点的费用由卖方承

担，因此双方最好尽可能明确在约定的目的地的具体交货地点。卖方最好制定与此次交易精确匹配的运输合同。如果卖方按照运输合同在指定的目的地卸货而支付费用，除非双方另有约定，卖方无权向买方追讨费用。

CIP术语要求卖方在必要时办理货物出口清关手续。但是，卖方不承担办理货物进口清关手续，支付任何进口关税，或者履行任何进口报关手续的义务。

A. 卖方义务

B. 买方义务

A1 卖方的一般义务

卖方必须提供符合销售合同规定的货物和商业发票，以及合同可能要求的其他任何凭证。

如经双方当事人约定或者存在惯例，那么A1—A10中提及的任何文件都可以是一个等价的电子版的记录或程序。

B1 买方的一般义务

买方必须按照销售合同规定支付货物价款。

经买卖双方同意或依据惯例，B1—B10中所述之单据可以是同等作用的电子备案手续。

A2 许可证、批准、安全通关及其他手续

如有需要，卖方必须自担风险和费用，取得任何出口许可证或其他官方授权，并办理货物出口及交货前货物从他国国境所需的一切海关手续

B2 许可证、批准、安全通关及其他手续。

需要取得进口许可证、办理海关手续时，买方应当自担风险与费用，取得任何进口许可以及其他官方授权，并办理货物进口以及从他国过境的一切海关手续。

A3 运输合同与保险合同

a）运输合同

卖方必须订立一个货物运输合同，以将货物从交付地区的约定的任何的交付点，运送至指定的目的地，或者也可以运至指定地区约定的具体地点。

卖方必须自行承担费用，并按照通常条件订立运输合同，同时合同须依照通常路线及习惯方式来提供货物。

若未约定或按照惯例也不能确定具体的地点，则卖方可选择最符合其目的的交货点，以及在指定目的地的最适合其目的的交货点。

b）保险合同

卖方必须自付费用取得货物保险，该货物保险至少应按照《协会货物保险条款》（劳埃德市场协会/国际保险人协会）的条款或其他类似条款中的最低保险险别投保。保险合同应与信誉良好的保险人或保险公司订立，并赋予买方或任何其他对货物具有保险利益的人直接向保险人索赔的权利。

当买方提出要求时，卖方应要求并且根据买方所提供的必要信息，在可行的情况下，由买方付费给予买方加投额外的保险，比如给予《协会货物保险条款》（劳埃德市场协会/国际保险人协会）中的条款（A）或者（B）的险级保障或类似条款的险级保障，和/或给予《协会战争条款》和/或《协会罢工条款》或者其他类似条款的险级保障。

保险金额最低限度应包括合同规定价款的另加10%（即110%），并应采用合同中约定的货币。

保险应当包括，从A4和A5中规定的发货起点起，至少到达指定目的地的货物。

卖方应向买方提供保险单或者其他保险范围的证据。

此外，卖方必须根据买方的要求、风险和费用（如果有的话），向买方提供买方需要投资额外保险的信息。

B3 运输合同和保险合同

a）运输合同

买方对卖方没有义务制定运输合同。

b）保险合同

买方对卖方没有义务制定保险合同。但是，应卖方要求，买方必须按照A3 b）的规定向卖方提供必要的信息，以便卖方应买方之要求购买任何额外的保险。

A4 交货

卖方必须按照约定日期或期限，向按照A3规定订立合同的承运人交货。

B4 受领货物（接收货物）

买方必须在卖方按照A4规定交货时受领货物，并在指定的目的地从承运人处收受货物。

A5 风险转移

卖方在按照A4的规定交付商品之前，承担

所有的货物毁损或灭失责任，但货物的毁损或灭失是由于 B5 所述的情况的除外。

B5 风险转移

买方承担按照 A4 规定交货后货物灭失或损坏的一切风险。

买方如未按照 B7 规定通知卖方，则必须从约定的交货日期或交货期限届满之日起，承担货物灭失或损坏的一切风险，但以该项货物明确的规定为合同项下之货物为限。

A6 费用划分

卖方必须支付

a）直至按照 A4 的规定交货为止前与货物有关的一切费用，除 B6 中规定的买家所需支付的费用；

b）按照 A3 a）规定所发生的运费和其他一切费用，包括装船费和根据运输合同应由卖方支付的在目的地的卸货费；

c）按照 A3 b）规定所发生的保险费用；及

d）在需要办理海关手续时，货物出口需要办理的海关手续费用，以及货物出口时应交纳的一切关税、税款和其他费用，以及根据运输合同由卖方支付的货物从他国过境的费用。

B6 费用划分

根据 A3 a）的规定，买方应当支付

a）根据 A4 规定的从交货时起与货物有关的一切费用，除了在可适用情况下，货物出口所需的海关手续费用，以及关税、税额和 A6 中规定的出口所应支付的其他费用应由卖方支付；

b）及货物在运输途中直至到达约定目的地为止的一切费用，除非这些费用根据运输合同约定应由卖方支付；

c）及卸载费，除非这些费用根据运输合同约定应由卖方支付；

d）如买方未按照 B7 规定给予卖方通知，则自约定的装运日期或装运期限届满之日起，货物所发生的任何额外费用，但以该项货物已经清楚地确定为合同项下的货物为限；

e）在需要办理海关手续时，货物进口应交纳的一切关税、税款和其他费用，及办理海关手续的费用，以及从他国过境的费用，除非这些费用已包括在运输合同中；及

f）在 A3 和 B3 之下，应买方要求购买任何额外保险的费用。

A7 通知买方

卖方必须通知买方货物已按照 A4 规定交货。

买方必须给予买方任何有必要的通知，以便买方能够为接收货物而采取通常必要的措施

B7 通知卖方

一旦买方有权决定发运货物的时间和/或指定的目的地/或接收货物目的地的具体地点，买方必须就此给予卖方充分通知。

A8 交货凭证

如果依习惯或按照买方要求，卖方必须自付费用向买方提供按照 A3 订立的运输合同所涉及的通常运输单据这份运输单据必须包括合同货物并且要在约定的运输期间内签署。如果依照约定或习惯，这份单据也必须要让买方能在确定的地点向运输方领取货物，并且还要让买方能通过转让单据给下一个买家或告知运输方的方式卖出货物。

当这样一份单据以协商的形式订立并且有若干原件的时候，必须向买方提供所有原件。

B8 提货证据

买方必须接受按照 A8 规定提供的运输单据，如果该单据符合合同规定的话。

A9 检查、包装、标志

卖方必须支付为按照 A4 规定交货所需进行的查对费用（如核对货物品质、丈量、过磅、点数的费用）以及出口国有关机关的装运前的强制检验费用。

卖方必须自付费用，包装货物，除非按照相关行业惯例此类买卖货物无须包装发运。卖方可以以适合运输的方式包装货物，除非买方在销售合同签订前通知卖方具体的包装要求。包装应作适当标记。

B9 货物检验

买方必须支付任何强制性装运前检验费用，但出口国有关当局强制进行的检验除外。

A10 信息帮助和相关费用

如有需要，应买方的要求并由其负担风险与费用，卖方必须以适时的方法，提供或协助买方

取得任何单据或信息，包括与货物出口安全或/和货物运送至最终目的地所需有关的信息。

卖方必须补偿买方依B10的情况因提供或给予协助取得所需之单据或信息的所有费用。

B10 信息帮助和相关费用

买方必须及时通知卖方任何安全信息要求，以使卖方遵守A10的规定。

买方必须偿付卖方因给予协助和获取A10所述单据和信息所发生的一切费用。

当需要时，应卖方要求并由其承担风险和费用，买方必须及时向卖方提供或协助卖方获得任何单据和信息，包括卖方为了货物的运输和出口和从他国过境所需要的与安全相关的信息。

理论解读

CIP，全称Carriage and Insurance Paid To，意为运费和保险费付至（……指定目的地），指卖方向其指定的承运人交货，但卖方还须支付将货物运到目的地的运费，并办理运输中的保险。货物的风险自货物交给第一承运人时转移。此术语适用于各种运输方式，包括多式联运。CIP是对应CIF的一个价格术语，其特征及买卖双方承担的责任和CIF基本相同。所不同的是CIF只适用于海运，而CIP除海运外还适用于其他各种运输方式。

尤其需要注意的是，CIP术语适用于各种运输方式，因此CIP后面跟的附注为……指定目的地，而不是像CIF中的……指定目的港。

经典考题

（2005-1-41，单选）中国甲公司（卖方）与德国乙公司（买方）签订的国际货物买卖合同中使用了“CIP汉堡”贸易术语。下列哪一种说法符合该贸易术语的要求？①

A. 货物应运至汉堡港

B. 货物风险自货交第一承运人时转移

C. 由甲公司负责办理进口手续

D. 甲公司订立多式联运运输合同，乙公司负责办理保险

DAT——终点站交货（……指定目的港或目的地）

此规则可用于选择的各种运输方式，也适用于选择的一个以上的运输方式。

“终点站交货”是指，卖方在指定的目的港或目的地的指定的终点站卸货后将货物交给买方处置即完成交货。“终点站”包括任何地方，无论约定或者不约定，包括码头，仓库，集装箱堆场或公路，铁路或空运货站。卖方应承担将货物运至指定的目的地和卸货所产生的一切风险和费用。

建议当事人尽量明确地指定终点站，如果可能，（指定）在约定的目的港或目的地的终点站内的一个特定地点，因为（货物）到达这一地点的风险是由卖方承担建议卖方签订一份与这样一种选择准确契合的运输合同。

此外，若当事人希望卖方承担从终点站到另一地点的运输及管理货物所产生的风险和费用，那么此时DAP（目的地交货）或DDP（完税后交货）规则应该被适用。

在必要的情况下，DAT规则要求卖方办理货物出口清关手续。但是，卖方没有义务办理货物进口清关手续并支付任何进口税或办理任何进口报关手续。

A. 卖方义务

B. 买方义务

A1 卖方的一般义务

卖方必须提供符合销售合同规定的货物和商业发票以及合同可能要求的、证明货物符合合同规定的其他凭证。

如果在当事人约定或者依据商业惯例的情况下，A1—A10条款中提及的任何单据都可以是具有同等效力的电子记录或者手续。

B1 买方的一般义务

买方必须根据买卖合同中规定的货物价格履行交付义务。

---

① 【答案及释疑】CIP是指“运费保险费付至（指定目的地）”，在该贸易术语下，风险转移是在货交第一承运人时，至于货物如果在交给承运人之后遭遇风险以至于不能安全运抵目的港汉堡港，卖方对此不承担保证责任，而且CIP贸易术语下，采取的运输方式可以是各种运输，而不限于海运，因此“CIP汉堡”并不一定表明货物应运至汉堡港，也可能是运至汉堡的陆地某个卸货地点。故A项错误而B项正确。CIP贸易术语下，运输和保险都由卖方安排，出口手续由卖方负责，进口手续由买方负责，故C项错误。CIP贸易术语下，卖方负责投保，D项错误。（答案：B）

如果买卖双方有约定或者有商业惯例的情况下，B1 至 B10 中提到的任何单据都可以是具有同等效力的电子记录或者手续。

A2 许可证、批准、安全通关及其他手续

在必要的情况下，卖方必须自担风险和费用，在交货前取得任何出口许可证或其他官方许可，并且在需要办理海关手续时办理货物出口和从他国过境所需的一切海关手续。

B2 许可证、批准、安全通关及其他手续

在必要的情况下，买方必须自担风险和费用，取得所需的进口许可证或其他官方许可证，并办理货物进口所需的一切海关手续。

A3 运输合同与保险合同

a）运输合同

卖方必须自付费用订立运输合同，将货物运至指定目的港或目的地的指定终点站。如未约定或按照交易习惯也无法确定具体交货点，卖方可在目的港或目的地选择最符合其交易目的的终点站（交货）。

b）保险合同

卖方没有为买方签订保险合同的义务。但是，卖方在买方的要求下，必须向买方提供买方借以获得保险服务的信息，其中如果存在风险和费用，一概由买方承担。

B3 运输合同和保险合同

a）运输合同

买方没有为卖方签订运输合同的义务。

b）保险合同

买方没有为卖方签订保险合同的义务。但是如果卖方要求，买方则必须向卖方提供必要的关于获得保险的必要信息。

A4 交货

卖方必须在约定的日期或期限内，在目的港或目的地中按 A3 条 a）款所指定的终点站，将货物从交货的运输工具上卸下，并交给买方处置完成交货。

B4 受领货物（接收货物）

货物已按 A4 的规定交付时，买受人必须受领货物。

A5 风险转移

除了 B5 条所描述的（货物）灭失或损坏的情形外，卖方必须承担货物灭失或损坏的一切风险，直至货物已经按照 A4 条的规定交付为止。

B5 风险转移

自货物已按 A4 条的规定交付时起，买方必须承担货物灭失或损坏的一切风险。

如果买方未按 B2 条的规定履行义务，买方承担由此产生的货物灭失或损坏的一切风险。

如果买方未按 B7 条的规定给予通知，自约定的交付货物的日期或期间届满之日起，买方承担货物灭失或损坏的一切风险，但以该项货物已经被清楚地确定为合同货物为限。

A6 费用划分

卖方必须支付

a）除了按 B6 条规定的由买方支付的费用外，包括因 A3 条 a）款产生的费用，以及直至货物已按 A4 条的规定交付为止而产生的一切与货物有关的费用；以及

b）在必要的情况下，在按照 A4 条规定的交货之前，货物出口需要办理的海关手续费用及货物出口时应交纳的一切关税、税款和其他费用，以及货物经由他国过境运输的费用。

B6 费用划分

买方必须支付

a）自货物已按 A4 条的规定交付时起，与货物有关的一切费用。

b）任何因买方未按 B2 条规定履行义务或未按 B7 条给予通知而使卖方额外支付的费用，但以该项货物已经被清楚地确定为合同货物为限；以及

c）在必要的情况下，货物进口需要办理的海关手续费用及货物进口时应交纳的一切关税、税款和其他费用。

A7 通知买方

卖方必须提供买方需要的任何通知，以便买方能够为受领货物而采取通常必要的措施。B7 通知卖方一旦买方有权决定于约定期限内受领货物的时间点和/或于指定的目的地受领货物的具体位置，买方必须就此给予卖方充分通知。

A8 交货凭证

卖方必须自付费用向买方提供提货单据，使买方能够如同 A4 或 B4 条的规定提取货物

B8 提货证据

买方必须接受卖方提供的符合 A8 条款规定的交货单据

A9 检查、包装、标志

买方必须支付按 A4 条规定为交付货物目的所需的检查（如质检、度量、称重、计数）费用。同时，卖方也必须支付出口国当局强制进行的任何装船前检查所产生的费用。

卖方必须支出费用以包装货物，除非在特定贸易中所售货物通常以不包装的形式运输。卖方应该以适合运输的方式包装货物，除非买方在买卖合同成立之前指定了具体的包装要求。包装应该被合理地标记。

B9 货物检验

买受人必须支付装船前强制检验的费用，但出口国当局强制装船前检验的除外。

A10 信息帮助和相关费用

卖方必须，在必要的情况下，根据买方的要求，及时向买方提供或者协助买方获得其所需的进口货物和/或将货物运输至目的地的任何单据和信息，包括与安全相关的信息，其中如果存在风险和费用，一概由买方承担。

卖方必须偿还按照 B10 条规定的买方因（向卖方）提供或协助（卖方）获得文件和信息所花费的一切费用。

B10 信息帮助和相关费用

买方必须及时地告知卖方任何与货物安全信息要求相关的建议，以便于卖方可以遵守 A10 条的相关规定。

买方必须偿还卖方依照 A10 条规定（向买方）提供或协助（买方）获得单据和信息的过程中所花费的一切成本和费用。

买方必须在必要的情况下，依照卖方的要求，及时（向卖方）提供或者协助（卖方）获得其所需的运输和出口货物及经由他国过境运输的任何单据和信息，包括与安全相关的信息，其中如果存在风险和费用，一概由卖方承担。

DAP——目的地交货（……指定目的地）

DAP 是《国际贸易术语解释通则 2010》新添加的术语，取代了的 DAF①（边境交货）、DES②（目的港船上交货）和 DDU③（未完税交货）三个术语。

该规则的适用不考虑所选用的运输方式的种类，同时在选用的运输方式不止一种的情形下也能适用。

目的地交货的意思是：卖方在指定的交货地点，将仍处于交货的运输工具上尚未卸下的货物交给买方处置即完成交货。卖方须承担货物运至指定目的地的一切风险。

尽管卖方承担货物到达目的地前的风险，该规则仍建议双方将合意交货目的地指定尽量明确。建议卖方签订恰好匹配该种选择的运输合同。如果卖方按照运输合同承受了货物在目的地的卸货费用，那么除非双方达成一致，卖方无权向买方追讨该笔费用。

在需要办理海关手续时（在必要时/适当时），DAP 规则要求应有卖方办理货物的出口清关手续，但卖方没有义务办理货物的进口清关手续，支付任何进口税或者办理任何进口海关手续，如果当事人希望卖方办理货物的进口清关手续，支付任何进口税和办理任何进口海关手续，则应适用 DDP 规则。

---

① 边境交货是指当卖方在边境的指定的地点和具体交货点，在毗邻国家海关边界前，将仍处于交货的运输工具上尚未卸下的货物交给买方处置，办妥货物出口清关手续但尚未办理进口清关手续时，即完成交货。“边境”一词可用于任何边境，包括出口国边境。因而，用指定地点和具体交货点准确界定所指边境，这是极为重要的。

② 目的港船上交货是指在指定的目的港，货物在船上交给买方处置，但不办理货物进口清关手续，卖方即完成交货。卖方必须承担货物运至指定的目的港卸货前的一切风险和费用。如果当事各方希望卖方负担卸货的风险和费用，则应使用 DEQ 术语。

③ 未完税交货是指卖方在指定的目的地将货物交给买方处置，不办理进口手续，也不从交货的运输工具上将货物卸下，即完成交货。卖方应承担将货物运至指定的目的地的一切风险和费用，不包括在需要办理海关手续时在目的地国进口应交纳的任何“税费”（包括办理海关手续的责任和风险，以及交纳手续费、关税、税款和其他费用）。买方必须承担此项“税费”和因其未能及时输货物进口清关手续而引起的费用和风险。

A. 卖方义务

B. 买方义务

A1 卖方的一般义务

卖方必须提供符合销售合同规定的货物和商业发票以及该合同可能要求的其他凭证。

如果依当事人的协议或按照惯例，在 A1—A10 条款中涉及到的任何单据均可以是具有同等效力的电子记录或程序。

B1 买方的一般义务

买方必须按照销售合同支付货物的价款。

如果依当事人的协议或按照惯例，在 B1—B10 条款中涉及的任何单据均可以是具有同等效力的电子记录和程序。

A2 许可证、批准、安全通关及其他手续

在需要办理海关手续时，卖方必须自担风险和费用取得任何出口许可证或其他官方许可，并且办理出口货物和交付前运输通过某国所必须的一切海关手续。

B2 许可证、批准、安全通关及其他手续

在需要办理海关手续时，买方必须自担风险和费用，取得任何进口许可证或其他官方许可，并且办理货物进口的一切海关手续。

A3 运输合同与保险合同

a）运输合同

卖方必须自付费用订立运输合同，将货物运至指定的交货地点。如未约定或按照惯例也无法确定指定的交货地点，则卖方可在指定的交货地点选择最适合其目的的交货点。

b）保险合同

卖方对买方没有义务订立保险合同。但是如果买方提出需要保险合同的要求，并且自己承担风险和费用，那么卖方应该提供订立保险合同需要的全部信息。

B3 运输合同和保险合同

a）运输合同

买方对卖方没有义务订立运输合同。

b）保险合同

买方对卖方没有义务订立保险合同。但是如果买方想获得保险，就必须向卖方提出自己需要保险的要求，并且向卖方提供必要的信息。

A4 交货

卖方必须在约定日期或期限内，在指定的交货地点，将仍处于约定地点的交货运输工具上尚未卸下的货物交给买方处置。

B4 受领货物（接收货物）

买方必须在卖方按照 A4 规定交货时受领货物。

A5 风险转移

除 B5 规定者外，卖方必须承担货物灭失或损坏的一切风险，直至已经按照 A4 规定交货为止。

B5 风险转移

买方必须承担按照 A4 规定交货之时起货物灭失或损坏的一切风险。如果

a）买方没有履行 B2 中规定的义务，则买方承担所有货物灭失或者毁损的风险。或者

b）买方没有按照 B7 中的规定履行其告知义务，则必须从约定的交货日期或交货期限届满之日起，承担货物灭失或损坏的一切风险。但是必须确认上面所讲的货物是合同中所指的货物。

A6 费用划分

卖方必须支付

a）除依 B6 规定由买方支付费用以外的，按照 A3a）规定发生的费用及按照 A4 规定在目的地交货前与货物有关的一切费用；

b）根据运输合同约定，在目的地发生应由卖方支付的任何卸货费用，及

c）在需要办理海关手续时，货物出口要办理的海关手续费用及货物出口时应交的一切关税、税款和其他费用，以及按照 A4 规定交货前从他国过境的费用。

B6 费用划分

买方必须支付

a）自按照 A4 的规定交货时起与货物有关的一切费用；

b）在指定目的地将货物从交货运输工具上卸下以受领货物的一切卸货费，除非这些费用按照运输合同是由卖方承担；

c）在这项货物已清楚地确定为合同项下货物的条件下，若买方未能按照 B2 规定履行义务或未按照 B7 规定给予卖方通知，卖方因此而产生的一切费用；及

d）在需要办理海关手续时，办理海关手续的

费用及货物进口时应交纳的一切关税、税款和其他费用。

A7 通知买方

卖方必须给予买方必要的通知，以便买方能够为受领货物而采取通常必要的措施。

B7 通知卖方

一旦买方有权决定在约定期限内的时间和/或在指定的受领货物的地点，买方必须就此给予卖方充分通知。

A8 交货凭证

卖方必须自付费用，按照 A4/B4 的规定，向买方提供买方可以据以提取货物的凭证。

B8 提货证据

买方必须接受卖方按照 A8 规定提供交货单据。

A9 检查、包装、标志

卖方必须支付为按照 A4 规定交货所需进行的查对费用（如核对货物品质、丈量、过磅、点数的费用）以及出口国有关当局强制进行的检验的费用。

卖方必须自己负担货物包装费用，除非是在特定交易中通常无须包装货物的情况。卖方需要以适合于运输的方式包装货物，除非买方在买卖合同缔结之前告知卖方具体的包装方式。包装应作适当标记。

B9 货物检验

买方必须支付任何强制的装船前检验的费用，但出口国有关当局强制进行的检验除外。

A10 信息帮助和相关费用

在需要办理海关手续时，应买方要求并由其承担风险和费用，卖方必须及时为买方提供其在货物进口或货物运输过程中所需的各类文本及信息协助，包括相关安全信息。

在获取单据或信息时，卖方必须偿付买方按照 B10 规定提供或给予协助的所有费用。

B10 信息帮助和相关费用

买方必须及时告知卖方所有的安全信息需求以便卖方能够遵守 A10 的规定。在获取单据或信息时，买方必须偿付卖方按照 A10 规定提供或给予协助的所有费用。

应卖方要求并由其承担风险和费用，买方必须及时为卖方提供其在货物进口或货物运输过程中所需的各类单据及信息协助，包括相关安全信息。

DDP——完税后交货（……指定目的地）

这条规则可以适用于任何一种运输方式，也可以适用于同时采用多种运输方式的情况。

“完税后交货”是指卖方在指定的目的地，将货物交给买方处置，并办理进口清关手续，准备好将在交货运输工具上的货物卸下交与买方，完成交货。卖方承担将货物运至指定的目的地的一切风险和费用，并有义务办理出口清关手续与进口清关手续，对进出口活动负责，以及办理一切海关手续。

DDP 术语下卖方承担最大责任。因为到达指定地点过程中的费用和风险都由卖方承担，建议当事人尽可能明确地指定目的地。建议卖方在签订的运输合同中也正好符合上述选择的地点。如果卖方致使在目的地卸载货物的成本低于运输合同的约定，则卖方无权收回成本，当事人之间另有约定的除外。

如果卖方不能直接或间接地取得进口许可，不建议当事人使用 DDP 术语。

如果当事方希望买方承担进口的所有风险和费用，应使用 DAP 术语。

任何增值税或其他进口时需要支付的税项由卖方承担，合同另有约定的除外。

A. 卖方义务

B. 买方义务

A1 卖方的一般义务

卖方必须提供符合销售合同规定的货物和商业发票以及合同可能要求的，证明货物符合合同规定的其他凭证。

其他凭证指在 A1 至 A10 中双方达成共识的或习惯的具有同种作用的电子信息和程序。

B1 买方的一般义务

买方必须按照销售合同的规定支付商品的价款。

在双方协商同意或遵循惯例的情况下，B1 到 B10 中所提到的任何文件可能是一种有同等作用的电子记录或程序。

A2 许可证、批准、安全通关及其他手续

需要办理海关手续时，卖方须自担风险费用，取得所有进出口许可证或其他官方许可，并办理进出口货物，在他国运输的一切必要海关手续。

B2 许可证、批准、安全通关及其他手续

在合适的情况下，应卖方的请求买方必须向卖方提供援助，买方自担风险和费用，并且帮助卖方取得取得进口货物的许可证并办理官方的手续。

A3 运输合同与保险合同

运输合同

卖方必须自付费用订立运输合同，将货物运至指定目的地或者指定地点，若可以的话，到指定目的地。如未约定或按照惯例也无法确定具体交货点，则卖方可在的目的地选择最适合其目的的交货点。

保险合同

卖方没有义务与买方订立保险合同。但是，在在买方的要求下、买方承担风险或者费用（如果有的话）的情形下，卖方必须告知买方需要取得保险。

B3 运输合同和保险合同

a）运输合同 买方没有义务订立运输合同

b）保险合同 相对于卖方买方没有义务订立保险合同，但是应卖方请求，买方应提供关于保险的必要信息。

A4 交货

卖方必须在约定的日期或者期限内，在位于指定目的地的约定地点（如果有约定），将运输工具上准备卸下来的货物交与买方处置。

B4 受领货物（接收货物）

买方必须在卖方按照 A4 规定交货时，受领货物。

A5 风险转移

除了 B5 所规定的情形以外，由卖方承担货物损毁或者灭失的所有风险，一直到货物已经按照 A4 的规定交货为止。

B5 风险转移

按照 A4 的规定受领货物之后，买方必须承担货物灭失或损坏的一切风险。如果

a）买方没有履行按照 B2 之规定的义务，那么他必须承担由此导致的货物灭失或者损坏的风险；或者

b）买方没有尽到 B7 所规定的通知义务，那么他必须承担自约定的交货日期或者自交货期限届满之日起的货物灭失或损坏的风险。

前提是，货物必须已经证明是合同中规定的货物。

A6 费用划分

卖方必须支付的费用包括：

a）除了由 A3 a）之外所产生的费用以外，直到货品按照 A4 的规定交货之前，所有相关的一切费用，不包括那些 B6 中所提到的由买方支付的费用；

b）根据运输合同的规定，在交货地的任何卸货费用都有卖方承担；

c）在适用的情况下，出口和进口所必需的报关费用以及一切关税，税款和其他在出口和进口货品时应支付的费用，以及货品在交付之前，按照 A4 的规定运输途中因通过其他国家所产生的费用。

B6 费用划分

买方必须支付

a）从货物被交付之日起与货物相关的全部费用，正如 A4 所设想的；

b）在指定目的地卸载必需品的所有费用，包括从运输方式到接收货物整个过程的所有费用，除非按照运输合同，这些费用是由卖方支付；

c）在货物已被确定为合同项下货物的前提下，如果没有按照 B2 履行其义务或没有按照 B7 发出通知所造成的额外的费用

A7 通知买方

卖方必须给予买方任何需要通知，以便买方能够为受领货物而采取通常必要的措施。

B7 通知卖方

一旦买方有权确定在约定的期限内受领货物的具体时间和地点时，卖方必须就此给予买方充分的通知

A8 交货凭证

卖方必须自付费用向买方提供，按照 A4/B4 的规定，向买方提供买方可以据以提取货物的凭证。

B8 提货证据

买方必须接受按照 A8 中规定提供的交货凭证。

A9 检查、包装、标志

卖方必须支付为按照 A4 规定交货所需进行的查对费用（如核对货物品质、丈量、过磅、点数的费用）以及任何由出口国当局强制进行的装运前检验费用。

卖方必须自付包装货物的费用，除非按照相关行业惯例，运送此类货物无须包装即可销售。卖方可以按习惯用适合运输的方式来包装货物，除非买方在买卖合同签订之前告知了卖方特殊的包装要求。包装应作适当标记。

B9 货物检验

买方无义务对卖方支付由进出口国家相关部门所规定的运前强制性检验货物的相关规定所引起的任何费用。

A10 信息帮助和相关费用

由买方提出要求并同时承担风险和费用，卖方必须及时给予买方协助，以帮助其获取任何所需的单据及信息，包括买方在货物从目的地约定区域至最终目的地的运输中需要办理海关手续时的相关投保信息。

卖方必须支付买方在为卖方获取 B10 所规定的单据及信息而提供的协作中发生的一切费用。

B10 信息帮助和相关费用

买方应当及时把一切安全信息要求通知卖方以便卖方按照 A10 条款履行义务。

买方必须支付卖方为获取 A10 所述单据或信息提供协助时所发生的费用。

应卖方要求并由其承担风险和费用，买方必须在合适的地点及时对卖方提供协助，以帮助其取得货物进出口以及在任何国家运输过程中所需的一切单据和包括安全相关信息在内的所有信息。

FAS——船边交货（……指定装运港）

这项规则仅适用于海运和内河运输

“船边交货”是指卖方在指定装运港将货物交到买方指定的船边（例如码头上或驳船上），即完成交货。从那时起，货物灭失或损坏的风险发生转移，并且由买方承担所有费用。

当事方应当尽可能明确的在指定装运港指定出装货地点，这是因为到这一地点的费用与风险由卖方承担，并且根据港口交付惯例这些费用及相关的手续费可能会发生变化。

卖方在船边交付货物或者获得已经交付装运的货物。这里所谓的“获得”迎合了链式销售，在商品贸易中十分普遍。

当货物通过集装箱运输时，卖方通常在终点站将货物交给承运人，而不是在船边。在这种情况下，船边交货规则不适用，而应当适用货交承运人规则。

船边交货规则要求卖方在需要时办理货物出口清关手续。但是，卖方没有任何义务办理货物进口清关、支付任何进口税或者办理任何进口海关手续。

A. 卖方义务

B. 买方义务

A1 卖方的一般义务

卖方必须提供符合销售合同规定的货物和商业发票以及合同可能要求的、证明货物符合合同规定的其他任何凭证。

如果双方达成协议或者是有惯例可循，A1 到 A10 条款中所述的单据可能是有同等效力的电子记录或手续。

B1 买方的一般义务

买方必须按照销售合同规定支付货物的价款。

如果双方达成协议或者是有惯例可循，B1 到 B2 条款中所述的单据可能是有同等效力的电子记录或手续。

A2 许可证、批准、安全通关及其他手续

在需要办理海关手续时，卖方必须自担风险和费用，取得任何出口许可证或其他官方许可，办理货物出口所需的一切海关手续。

B2 许可证、批准、安全通关及其他手续

在需要办理海关手续时，买方必须自担风险和费用，由买方取得任何进口许可证或其他官方许可，并办理货物进口和从他国过境所需的一切海关手续。

A3 运输合同与保险合同

a）运输合同

卖方没有订立运输合同的义务。但若买方要求，或者如果是商业惯例而买方未适时给予卖方相反指示，则卖方可按照通常条件订立运输合同，费用和风险由买方承当。在以上任何一种情况下，卖方都可以拒绝订立此合同；如果拒绝，则应立即通知买方。

b）保险合同

卖方没有订立保险合同的义务。但是应买方要求并由其承担风险和费用（如果有费用产生），卖方必须提供给买方订立保险时所需要的信息。

B3 运输合同和保险合同

a）运输合同

买方必须自行承担运费，订立自指定装运港运输货物的合同。卖方按照 A3a）订立了运输合同时除外。

b）保险合同

买方没有订立保险合同的义务。

A4 交货

卖方必须在买方指定的装运港，在买方指定的装货地点（如果有指定的装货地点），将货物交至买方指定的船边，或者取得已经交付的货物。不论用哪种方式，卖方必须在约定的日期或者期限内，按照该港的习惯方式交付货物。

如果买方没有指定特别的装货地点，卖方可以在指定的装运港内选择最符合其目的的地点。如果双方约定在一定时期内交付货物，则买方可以在约定时期内选择交货日期。

B4 受领货物（接收货物）

买方必须在卖方依照 A4 的规定交货时受领货物。

A5 风险转移

除 B5 规定的情况外，卖方必须承担货物灭失或损坏的一切风险，直至已按照 A4 规定交货为止。

B5 风险转移

自依照 A4 的规定交货时起，买方承担货物灭失或损坏的一切风险。

如果买方没有按照 B7 的规定通知卖方；或者

买方指定的船只未按时到达，或未接收货物，或较 B7 通知的时间提早停止装货；那么自约定的交货日期或期限届满时起，如果明确确定该项货物为合同项下之货物，买方承担货物灭失或损坏的一切风险。

A6 费用划分

卖方必须支付：

a）直至已经按照 A4 规定交货为止的与货物有关的一切费用，除了按照 B6 规定的应由卖方支付的；及

b）在需要时，货物出口时办理的海关手续费用，及应交纳的一切关税、税款和其他费用。

B6 费用划分

买方必须支付：

a）自按照 A4 的规定交货时起的与货物有关的一切费用，除了 A6 中 b 项规定的在需要办理海关手续时，货物出口需要办理的海关手续费用，及货物出口时应交纳的一切关税、税款和其他费用；

b）因发生下列情况产生的一切额外费用：

(i) 买方未按照 B7 规定及时通知卖方，及

(ii) 在已经明确确定该项货物为合同项下之货物的情况下，买方指定的货船没有及时到达，无法装载货物，或早于 B7 规定的时间停止装货产生的费用；

c. 在需要时，货物进口时办理海关手续的费用及应交纳的一切关税、税款和其他费用，以及从他国运输过境的费用。

A7 通知买方

由买方承担风险和费用，卖方必须给予买方关于货物已按 A4 规定交付或者船舶未能在约定的时间内接收货物的充分通知。

B7 通知卖方

买方必须给卖方关于船舶的名称、装船地点以及，如有必要，在约定期限内选定的交付时间的充分通知。

A8 交货凭证

卖方承担费用并向买方提供关于货物已按 A4 规定交付的通常证明。

除非上述证明是运输单据，应买方请求并由买方承担风险和费用，卖方必须协助买方取得运输单据。

B8 提货证据

买方必须接受按照 A8 规定所提供的交付证明。

A9 检查、包装、标志

卖方必须支付为了按照 A4 规定交货所必须进行的核对费用（如核对货物品质、丈量、过磅、点数的费用），还包括出口国有关当局强制进行的任何装运前的检验费用。

卖方必须自付货物包装费用，除非按照相关行业惯例，该种货物无须包装发运。卖方可以提供符合其安排的运输所要求的包装，除非买方在销售合同成交前已通知卖方具体的包装要求。包装应作适当标记。

B9 货物检验

买方必须支付任何装运前检验的费用，但出口国有关当局强制进行的检验除外。

A10 信息帮助和相关费用

有需要时，应买方要求并由其承担风险和费用，卖方必须及时地提供或给予买方协助，以帮助买方取得任何文件和信息，包括买方为了货物进口和/或运送到最终目的地所需要的与安全有关的信息。

卖方必须偿还买方所有因买方在提供或给予 B10 中规定的取得文件和信息方面的帮助时引起的花费和支出。

B10 信息帮助和相关费用

买方必须以及时的方式向卖方提出任何安全信息要求，这样卖方才可能遵守 A10。

买方必须偿还卖方所有因其在提供或给予 A10 中规定的取得文件和信息方面的帮助时引起的花费和支出。

应卖方要求并由其承担风险和费用，买方必须在适当的时候以及时的方式提供或给予卖方协助，以帮助卖方取得任何文件和信息，包括卖方为了货物运输和出口以及运经任何国家所需要的与安全有关的信息。

★★★★★FOB——船上交货（……指定装运港）

本规则只适用于海运或内河运输。

“船上交货”是指卖方在指定的装运港，将货物交致买方指定的船只上，或者指（中间销售商）设法获取这样交付的货物。一旦装船，买方将承担货物灭失或损坏造成的所有风险。

卖方被要求将货物交至船只上或者获得已经这样交付装运的货物。这里所谓的“获得”迎合了链式销售，在商品贸易中十分普遍。

FOB 不适用于货物在装船前移交给承运人的情形。比如，货物通过集装箱运输，并通常在目的地交付。在这些情形下，适用 FCA 的规则。

在适用 FOB 时，销售商负责办理货物出口清关手续。但销售商无义务办理货物进口清关手续、缴纳进口关税或是办理任何进口报关手续。

A. 卖方义务

B. 买方义务

A1 卖方的一般义务

卖方必须提供符合销售合同规定的货物和商业发票，以及合同可能要求的、证明货物符合合同规定的其他任何凭证。

根据双方合意或交易习惯任何 A1 至 A10 条提及的单据都可以作为同等效力的电子凭证或手续。

B1 买方的一般义务

买方必须按照销售合同规定支付价款。

根据双方合意或交易习惯任何 B1 至 B10 条提及的单据都可以作为同等效力的电子凭证或手续。

A2 许可证、批准、安全通关及其他手续

在条约适用的情况下，卖方必须自担风险和费用，取得任何出口许可证或其他官方许可，并办理货物出口所需的一切海关手续。

B2 许可证、批准、安全通关及其他手续

如果适用，买方在自担风险和费用的情况下，自行决定是否取得任何进口许可证或其他官方许可，或办理货物进口和在必要时从他国过境时所需的一切海关手续。

A3 运输合同与保险合同

a）运输合同

卖方没有义务为买方订立运输合同。但如果是根据买方要求或交易习惯且买方没有及时提出相反要求，由买方承担风险和费用的情况下，卖方可以按一般条款为买方订立运输合同。在上述任一种情况下，卖方有权拒绝为买方订立运输合同，如果卖方订立运输合同，应及时通知买方。

b）保险合同

卖方没有义务向买方提供保险合同。但是当买方要求的时候，卖方必须向买方提供买方获得保险时所需要的信息，此时一切风险和费用（如果有的话）由买方承担。（修改：2000 版只说卖

方无义务，2010版附加了卖方在无义务的情况下必须向买方提供一些信息的说明）

B3 运输合同和保险合同

a）运输合同

买方自己付费，必须签订从指定装运港运输货物的合同，除非卖方已经按照A3 a）的规定订立了运输合同。

b）保险合同

买方没有义务向卖方提供保险合同。

A4 交货

卖方必须将货物运到买方所指定的船只上，若有的话，就送到买方的指定装运港或由中间商获取这样的货物。在这两种情况下，卖方必须按约定的日期或期限内按照该港习惯方式运输到港口。

如果买方没有明确装运地，卖方可以在指定的装运港中选择最合目的的装运点。

B4 受领货物（接收货物）

买方必须在卖方A4中规定交货时受领货物。

A5 风险转移

卖方要承担货物灭失或者损坏的全部风险，直至已经按照A4中的规定交付货物为止；但B5中规定的货物灭失或者损坏的情况除外。

B5 风险转移

自货物按照A4规定交付之时起，买方要承担货物灭失或损失的全部风险。

若：

a）买方没有按照B7规定通知船只的指定；或

b）买方指定的船只没有按期到达，以致卖方无法履行A4规定；或（指定船只）没有接管货物；或者（指定船只）较按照B7通知的时间提早停止装货。

那么，自以下所述之日起买方承担货物灭失或损失的全部风险）：

1）自协议规定的日期起，若没有协议约定的日期；

2）则自卖方按照A7规定的协议期限内的通知之日起，或者，若没有约定通知日期时；

3）则自任一约定的交付期限届满之日起，但前提是，该货物已经被准确无疑地确定是合同规定之货物。

A6 费用划分

卖方必须支付：

a）除由B6规定的理应由买方支付的以外，卖方必须支付货物有关的一切费用，直到已经按照A4规定交货为止；及

b）需要办理海关手续时，货物出口需要办理的海关手续费用及出口时应交纳的一切关税、税款和其他费用。

B6 费用划分

买方必须支付：

a）自按照A4规定交货之时起与货物有关的一切费用，除了需要办理海关手续时，货物出口需要办理的海关手续费用及出口时应交纳的一切关税、税款和在A6 b）种提到的其他费用；及

b）以下两种情形之一将导致额外费用：

（i）由于买方未能按照B7规定给予卖方相应的通知；

（ii）买方指定的船只未按时到达，或未接收上述货物，或较按照B7通知的时间提早停止装货，除非该项货物已正式划归合同项下；及

需要办理海关手续时，货物进口应交纳的一切关税、税款和其他费用，及货物进口时办理海关手续的费用，以及货物从他国过境的费用。

A7 通知买方

在由买方承担风险和费用，卖方必须给予买方说明货物已按照A4规定交货或者船只未能在约定的时间内接收上述货物的充分通知。

B7 通知卖方

买方必须给予卖方有关船名、装船点以及需要时在约定期限内所选择的交货时间的充分通知。

A8 交货凭证

卖方必须自付费用向买方提供证明货物已按照A4规定交货的通常单据。

除非前项所述单据是运输单据，否则应买方要求并由其承担风险和费用，卖方必须给予买方协助，以取得运输单据。

B8 提货证据

买方必须接受按照A8规定提供的交货凭证。

A9 检查、包装、标志

卖方必须支付为按照 A4 规定交货所需进行的查对费用（如核对货物品质、丈量、过磅、点数的费用），以及出口国有关当局强制进行的装运前检验的费用。

卖方必须自付费用，包装货物，除非按照相关行业惯例，运输的货物无须包装销售。卖方必须以适合运输的形式包装货物，除非买方在订立销售合同前已经告知卖方特定的包装要求。包装应作适当标记。

卖方必须自费包装货物，除非所运送的货物按照交易习惯属于无须包装的种类。卖方可以以适合运输该货物的方式包装它们，除非在销售合同签订之前买方通知了卖方的具体包装要求。包装必须做上适当的标记。

B9 货物检验

买方必须支付任何装运前检验的费用，但出口国有关当局强制进行的检验除外。

A10 信息帮助和相关费用

在适用的情况下，应买方要求并由其承当风险和费用，卖方必须及时地给予买方一切协助，以帮助其取得他们所需要的货物进口和/或运送到最终目的地的一切单据及信息。（包含与安全因素相关的信息）

卖方必须向买方支付所有买方因提供或帮助卖方得到 B10 中规定的单据或信息而产生的费用。

B10 信息帮助和相关费用

买方必须及时告诉卖方其对任何与安全有关的信息的要求，以使卖方可以遵循 A10。

买方必须支付全部费用以及在 A10 中规定的卖方提供和给予协助使买方获取单据和信息所发生的一切费用。

在适用的情况下，应卖方要求并由其承当风险和费用，买方必须及时地提供或给予卖方一切协助，以帮助其取得他们所需要的货物的运送和出口以及过境运输的一切单据及信息。（包含与安全因素相关的信息）

经典考题

1.（2013-1-40，单选）某国甲公司向中国乙公司出售一批设备，约定贸易术语为“FOB（Incoterms 2010）”，后设备运至中国。依《国际贸易术语解释通则 2010》和《联合国国际货物销售合同公约》，下列哪一选项是正确的？①

A. 甲公司负责签订货物运输合同并支付运费

B. 甲、乙公司的风险承担以货物在装运港越过船舷为界

C. 如该批设备因未按照同类货物通用方式包装造成损失，应由甲公司承担责任

D. 如该批设备侵犯了第三方在中国的专利权，甲公司对乙公司不承担责任

2.（2011-1-99，不定项）A 公司和 B 公司于 2011 年 5 月 20 日签订合同，由 A 公司将一批平板电脑售卖给 B 公司。A 公司和 B 公司营业地分别位于甲国和乙国，两国均为《联合国国际货物销售合同公约》缔约国。合同项下的货物由丙国 C 公司的“潇湘”号商船承运，装运港是甲国某港口，目的港是乙国某港口。在运输途中，B 公司与中国 D 公司就货物转卖达成协议。在贸易术语适用上，A、B 公司在双方的买卖合同中仅约定适用 FOB 术语。对此，下列选项止确的是？①

A. 该合同应当适用《国际贸易术语解释通则 2010》

B. 货物的风险应自货交 C 公司时由 A 公司转移给 B 公司

---

① 【答案及释疑】根据《联合国国际货物销售合同公约》关于卖方义务的规定，货物应按照同类货物通用的方式装箱或包装，如果没有此种通用方式，则按照足以保全和保护货物的方式装箱包装。故应选 C 项。（答案：C）

② 【答案及释疑】《国际贸易术语解释通则 2010》于 2011 年 1 月 1 日正式生效并与《国际贸易术语解释通则 2000》并存，可由当事人选择适用，但 2010 年通则规定，当事人如果选择 2010 年通则，必须在协议中注明，否则视为未选择该版本。本题题干上未说明选择 2010 年通则，故选项 A 错误。根据 2000 年通则，FOB 贸易术语下，货物在指定装运港越过船舷时卖方完成交货而不是货交第一承运人时履行交货义务，选项 B 错误。FOB 贸易术语下，买方承担从指定装运港运输货物的费用，选项 C 正确。在选择贸易术语的情况下，如果也符合《联合国国际货物销售合同公约》的适用条件，则术语优先，公约构成对术语的补充，选项 D 错误。（答案：C）

C. B公司必须自付费用订立从指定装运港运输货物的合同

D. 因当事人选择了贸易术语，故不再适用《联合国国际货物销售合同公约》

★★★CFR——成本加运费付至（……指定目的港）

本规定只适用于海路及内陆水运。

“成本加运费”是指卖方交付货物于船舶之上或采购已如此交付的货物，而货物损毁或灭失之风险从货物转移至船舶之上起转移，卖方应当承担并支付必要的成本加运费以使货物运送至目的港。

当使用CPT，CIP，CFR或CIF术语时，卖方在将货物交至已选定运输方式的运送者时，其义务即已履行，而非货物抵达目的地时方才履行。

本规则有两个关键点，因为风险转移地和运输成本的转移地是不同的。尽管合同中通常会确认一个目的港，却未必指定装运港，即风险转移给买方的地方。如果买方对装运港关乎买方的特殊利益（特别感兴趣），建议双方就此在合同中尽可能精确地加以确认。

建议双方对于目的港的问题尽可能准确确认，因为以此产生的成本加运费由卖方承担。订立与此项选择（目的港选择）精确相符的运输合同。如果因买方原因致使运输合同与卸货点基于目的港发生关系，那么除非双方达成一致，否则卖方无权从买方处收回这些费用。

成本加运费对于货物在装到船舶之上前即已交给（原为交付）承运人的情形可能不适用，例如通常在终点站（即抵达港、卸货点，区别于port of destination）交付的集装箱货物。在这种情况下，宜使用CPT规则。（如当事各方无意越过船舷交货 ）

成本加运费原则要求卖方办理出口清关手续，若合适的话。但是，卖方无义务为货物办理进口清关、支付进口关税或者完成任何进口地海关的报关手续。

A. 卖方义务

B. 买方义务

A1 卖方的一般义务

卖方应当提供符合销售合同规定的货物和商业发票，以及其他任何合同可能要求的证明货物符合合同要求的凭证。

如果买卖双方达成一致或者依照惯例，任何A1—A10中所要求的单据都可以具有同等作用的电子讯息（记录或手续）出现。

B1 买方的一般义务

买方应当依销售合同支付商品价款。

如果买卖双方达成一致或者依照惯例，任何B1—B10中所要求的单据都可以具有同等作用的电子讯息（记录或手续）出现。

A2 许可证、批准、安全通关及其他手续

若可能的话，卖方应当自担风险和费用，取得任何出口许可证或者其他官方授权，并办妥一切货物出口所必需的海关手续。

B2 许可证、批准、安全通关及其他手续

若可能的话，买方有义务在自担风险与费用的情况下获得任何进口许可或其他的官方授权并为货物进口以及其在国内的运输办妥一切海关报关手续。

A3 运输合同与保险合同

a）运输合同

卖方应当在运输合同中约定一个协商一致的交付地点，若有的话如在目的地的指定港口，或者，经双方同意在港口的任意地点。卖方应当自付费用，按照通常条件订立运输合同，经由惯常航线，将货物用通常用于供运输这类货物的船舶加以运输。

b）保险合同

卖方并无义务为买受人订立一份保险合同。但是，卖方应当按照买方的要求，在买方承担风险和费用（如果有的话）的前提下为其提供投保所需的信息。

B3 运输合同和保险合同

a）运输合同：买方。无义务为卖方订立运输合同

b）保险合同：买方无义务为卖方订立保险合同。但是根据卖方请求，买方须提供投保所需要的必要信息。（双方均无义务为对方订立保险合同，但若对方要求，则均有义务提供必要信息）

A4 交货

卖方应当通过将货物装至船舶之上或促使货物

以此种方式交付进行交付。在任何一种情形下，卖方应当在约定的日期或期间内依惯例（新增部分）交付。

B4 受领货物（接收货物）

买方必须在卖方按照 A4 规定交货时受领货物，并在指定目的港从承运人处收受货物。

A5 风险转移

除 B5 中描述的毁损灭失的情形之外，在货物按照 A4 的规定交付之前（2000 版贸易术语解释通则的规定是越过船舷前），卖方承担一切货物毁损灭失的风险。

B5 风险转移

买方必须承担货物按照 A4 规定交付后毁损灭失的一切风险。

如果买方未按照 B7 规定给予卖方通知，买方必须从约定的装运日期或装运期限届满之日起，承担货物灭失或损坏的一切风险，假如货物已被清楚地确定为合同中的货物（即特定物）。

A6 费用划分

卖方必须支付以下费用：

a）所有在货物按照 A4 交付完成之前所产生的与之相关的费用，B6 中规定应由买方承担的可支付的部分除外。

b）货物运输费用及由 A3 a）之规定（即运输合同）而产生的一切其他费用，包括装载货物的费用，以及按照运输合同约定由卖方支付的在约定卸货港口卸货产生的费用。

c）在适当的情况下，因海关手续产生的一切费用，以及出口货物所需缴纳的一切关税，税赋（注意两者之间区别）及其他应缴纳之费用（英美法特色，极尽罗列之能），以及根据运输合同应由卖方承担的因穿过任何国家所产生的过境费用。

B6 费用划分

除 A3 条款第一项的规定费用之外，买方必须支付：

a）从货物以在 A4 中规定的方式交付起与之有关的一切费用，除了出口所必要的清关费用，以及在 A6 第三款中所涉及的所需的一切关税、赋税及其他各项应付出口费用；

b）货物在运输途中直至到达目的港为止的一切费用，除非这些费用根据运输合同应由卖方支付；（无变化）

c）卸货费用，包括驳船费和码头费，除非该成本和费用在运输合同是由卖方支付的；（无变化）

d）任何额外的费用，如果（进一步规定）没有在既定日期或运送货物的既定期间的到期日前按照 B7 中的规定发出通知，但是（假如、倘若）货物已被清楚地确定为合同中的货物（即特定物，这里和 B5 是类似的）；及，

e）在需要办理海关手续时，货物进口应交纳的一切关税、税款和其他费用，及办理海关手续的费用，以及需要时从他国过境的费用，除非这些费用已包括在运输合同中。（无变化）

A7 通知买方

卖方应当给予买方所有/任何（后者更恰切，与 2000 年形成对比）其需要的通知，以便买方能够采取通常必要的提货措施。

B7 通知卖方

每当能够在指定的目的港之内确定装运货物的时间或者接收货物的具体地点时，买方必须充分给予卖方通知。

A8 交货凭证

卖方应当自负费用的情况下，毫不迟疑（延误）地向买方提供表明载往约定目的港的通常运输单据。

这一运输单据须载明（包含）合同货物，其日期应在约定的装运期内，使买方得以在目的港向承运人提取货物（主张权利），并且除非另有约定，应使买方得以通过转让单据（提单选）或通过通知承运人，向其后手买方（下家）出售在途货物。

如此运输单据为可以流通、可以议付形式（银行根据信用证付钱）或有数个正本，则应向买方提供全套正本。

B8 提货证据

买方必须接受按照 A8 规定提供的运输单据，如果该单据符合合同规定的话。（无变化）

A9 检查、包装、标志

卖方应当支付为遵循 A4 条款运输货物所需的进行核对的费用（比如核对货物质量、尺寸、

重量、点数），同时还需支付国家出口机关规定的进行装船检查的费用。

卖方必须自付费用提供货物的包装，除非在此行业中这种货物无包装发运、销售是普遍的现象。卖方应当用适于运输的方式包装货物，除非买方在交易合同生效前对卖方提出了特殊的包装要求。包装应当适当（恰当更合适）标记。（直译容易出现歧义——适当标记也可以理解为可标可不标）

B9 货物检验

买方必须支付任何装运前检验的费用，但出口国有关当局强制进行的检验除外。（无差异）

A10 信息帮助和相关费用

卖方必须在可能的情况下及时应买方的要求，在卖方承担风险与费用的前提下，向买方提供帮助，以使买方能够获得任何单据与信息，包括买方进口货物或者为保证货物到达目的地所需的安全信息。

卖方应当偿付所有买方基于 B10 的义务提供单据或信息的帮助所产生的一切费用。

B10 信息帮助和相关费用

买方必须在合适的时候告知卖方任何安全保障要求，以便卖方做到与 A10 规定相符。（新增）

买方必须支付给卖方所有由卖方为获得与 A10 相符的相关单据和信息所产生的费用和花费。

买方必须在合适的情况下，及时地提供给卖方帮助，以便根据卖方的要求，由卖方承担风险，费用条件下，获得任何单据和信息，包括与安全有关的信息，卖方运输和出口货物以及通过任何国境的信息。

经典考题

（2007-1-46，单选）中国甲公司与德国乙公司签订了购买成套设备的进口合同。价格条件为 CFR 上海，信用证付款。货物按时装上了承运人所属的利比里亚籍“玛丽”轮，甲公司投保了平安险。“玛丽”轮航行到上海港区时与日本籍“小治丸”轮因双方的过失发生碰撞，致使“玛丽”轮及其货舱中的部分货物受损。基于上述情况，下列哪一选项是正确的？①

A. 本案碰撞引起的货损应由甲公司自行承担

B. 依《海牙规则》，“玛丽”轮所有人对过失碰撞引起的货损可以免责

C. 因甲公司投保的是平安险，保险公司对本案碰撞引起的部分货物损失不承担赔偿责任

D. 因已知货物受损，所以即使单证相符，甲公司仍有权要求银行拒付货款

★★★★★CIF——成本，保险加运费付至（……指定目的港）

该术语仅适用于海运和内河运输。

“成本，保险费加运费”指卖方将货物装上船或指（中间销售商）设法获取这样交付的商品。货物灭失或损坏的风险在货物于装运港装船时转移向买方。卖方须自行订立运输合同，支付将货物装运至指定目的港所需的运费和费用。

卖方须订立货物在运输途中由买方承担的货物灭失或损坏风险的保险合同。买方须知晓在 CIF 规则下卖方有义务投保的险别仅是最低保险险别。如买方希望得到更为充分的保险保障，则需与卖方明确地达成协议或者自行作出额外的保险安排。

当 CPT，CIP，CFR 或者 CIF 术语被适用时，卖方须在向承运方移交货物之时而非在货物抵达目的地时，履行已选择的术语相应规范的运输义务。

此规则因风险和费用分别于不同地点转移而具有以下两个关键点。合同惯常会指定相应的目的港，但可能不会进一步详细指明装运港，即风

① 【答案及释疑】本题属于一道综合性考题，涉及贸易术语、《海牙规则》、平安险、信用证几个方面的知识点。由于选择了 CFR 术语，风险自货物在装运港越过船舷后转移给买方中国甲公司，但由于投保了平安险，碰撞引起的货损（属于意外事故引起的损失）应该由保险人承担。故 A、C 项错误。根据《海牙规则》，承运人对于驾驶过失或者无过失的事实引起的货损可以免责，故 B 项正确。根据《UCP600》的有关信用证独立性的规定，开证行只在表面上审查单据，不考查货物是否和单据上的描述相符，只要单证相符，开证行就应承担付款责任，而不论货物是否受损，故 D 项错误。（答案：B）

险向买方转移的地点。如买方对装运港尤为关注，那么合同双方最好在合同中尽可能精确地确定装运港。

当事人最好尽可能确定在约定的目的港内的交货地点，卖方承担至交货地点的费用。当事人应当在约定的目的地港口尽可能精准地检验，而由卖方承担检验费用。卖方应当签订确切适合的运输合同。如果卖方发生了运输合同之下的于指定目的港卸货费用，则卖方无须为买方支付该费用，除非当事人之间约定。

卖方必须将货物送至船上或者（由中间销售商）承接已经交付的货物并运送到目的地。除此之外，卖方必须签订一个运输合同或者提供这类的协议。这里的“提供”是为一系列的多项贸易过程（“连锁贸易”）服务，尤其在商品贸易中很普遍。

CIF 术语并不适用于货物在装上船以前就转交给承运人的情况，例如通常运到终点站交货的集装箱货物。在这样的情况下，应当适用 CIP 术语。

“成本、保险费加运费”术语要求卖方在适用的情况下办理货物出口清关手续。然而，卖方没有义务办理货物进口清关手续，缴纳任何进口关税或办理进口海关手续。

A. 卖方义务

B. 买方义务

A1 卖方的一般义务

卖方必须提供符合销售合同的货物和商业发票，以及买卖合同可能要求的、证明货物符合合同规定的其他任何凭证。

在 A1—A10 中的任何单据都可能是在双方合意或习惯性用法中的同等作用的电子记录或程序。

B1 买方的一般义务

买方必须按照买卖合同规定支付价款。

在 B1—B10 中任何有关的文件都可能是在各部分或习惯性用法中使用的同等的电子记录或程序。

A2 许可证、批准、安全通关及其他手续

一些重要货物或国家间的运输办理海关手续。

在适用的时候，卖方须自负风险和费用，取得一切出口许可和其他官方许可，并办理货物出口所需的一切海关手续。

B2 许可证、批准、安全通关及其他手续

在适当的时候，买方需要在自负风险和费用的前提下获得出口执照或其他政府许可并且办理所有出口货物的海关手续。

A3 运输合同与保险合同

a）运输合同

卖家必须自行订立或者参照格式条款订立一个关于运输的合同，将货物从约定交付地（如果有）运输到目的地的指定港口（如果有约定）。运输合同需按照通常条件订立，由卖方支付费用，并规定货物由通常可供运输合同所指货物类型的船只、经由惯常航线运输。

b）保险合同

卖家须自付费用，按照至少符合《协会货物保险条款》（LMA/IUA）C 款或其他类似条款中规定的最低保险险别投保。这个保险应与信誉良好的保险人或保险公司订立，并保证买方或其他对货物具有保险利益的人有权直接向保险人索赔。

B3 运输合同和保险合同

a）运输合同

买方无订立运输合同的义务。

b）保险合同

买方无订立保险合同的义务。但是，如果买方想附加同 A3b）中所描述的保险，就须根据卖方要求，提供给卖方任何附加该保险所需的信息。

应买方要求，并由买方负担费用且提供一切卖方需要的信息，则卖方应提供额外的保险，如果能投保的话，例如《协会货物保险条款》（LMA/IUA）中的条款（A）或条款（B）或任何类似的条款中提供的保险和（或）《协会战争险条款》和（或）《协会罢工险条款》（LMA/IUA）或其他类似条款符合的保险。

最低保险金额应当包括合同中所规定的价款另加百分之十（即 110%），并应用合同货币。

保险应当承保从规定于 A4 和 A5 条款中的发货点发出至少到指定的目的港的货物。

卖方必须提供给买方保险单或其他保险承保的证据。

此外，应买方的要求，并由买方自负风险及费用（如有）的情况下，卖方必须提供买方所需要的任何获取额外保险的信息。

A4 交货

卖方必须将货物放装船运送或者（由承运人）获取已经运送的货物，在上述任一情况下，卖方必须在合意日期或者在达成合意的期限内依港口的习惯进行交付。

B4 受领货物

买方在货物已经以 A4 规定的方式送达时受领货物，并必须在指定的目的港受领货物。

A5 风险转移

卖方直到货物以 A4 规定的方式送达之前都要承担货物灭失或者损坏的风险，除非货物是在 B5 描述的情况下灭失或者损坏。

B5 风险转移

买方自货物按 A4 规定的方式送达后承担所有货物灭失或者损坏的风险。

如果买方未按照 B7 规定给予卖方通知，那买方就要从递送的合意日期或者递送合意期限届满之日起承担货物灭失或者损坏的风险，前提是货物必须被清楚地标明在合同项下货物。

A6 费用划分

卖方必须支付

a）除在 B6 中规定的应由买方支付的费用外的 与货物有关的一切费用，直至按 A4 规定交货为止；

b）费和按照 A3 a）规定的所有其他费用，包括在港口装载货物的费用以及根据运输合同由卖方支付的在约定卸货港的卸货费；

c）A3 b）规定所发生的保险费用；

d）要办理海关手续时，货物出口需要办理的海关手续费以及出口应缴纳的一切关税、税款和其他费用，以及根据运输合同规定的由卖方支付的货物从他国过境的费用。

B6 费用划分

除 A3 a）规定外，买方必须支付

a）照 A4 规定交货之时起与货物有关的一切费用，但不包括 A6 d）中规定的在需要办理海关手续时，货物出口需要办理的海关手续费以及出口应缴纳的一切关税、税款和其他费用；

b）输至到达目的地港口过程中与货物有关的一切费用，运输合同中规定由卖方承担的除外；

c）运费和码头搬运费在内的卸货费用，运输合同中规定由卖方承担的除外；

d）照 B7 规定在约定日期或运送的协议期限到期时给予卖方相应通知而发生的任何额外费用，但以该项货物已正式划归合同项下为限；

e）要办理海关手续时，货物进口应交纳的一切关税、税款和其他费用，货物进口需要办理的海关手续费，以及从他国过境的费用，已包含在运输合同所规定的费用中的除外；及

f）根据 A3 b）和 B3 b），任何因买方要求而产生的附加保险费用。

A7 通知买方

卖方必须给予买方一切必要的通知，以便买方采取必要的措施来确保领受货物。

B7 通知卖方

当买方有权决定装运货物的时间和/或在目的港内接受货物的地点，买方必须给予卖方充分的通知。

A8 交货凭证

卖方必须自付费用，毫不迟延地向买方提供表明载往约定目的港的通常运输单据。此单据必须载明合同货物，其日期应在约定的装运期内，使买方得以在目的港向承运人提取货物，并且，除非另有约定，应使买方得以通过转让单据或通过通知承运人，向其后手买方出售在途货物。

如此运输单据有不同形式且有数份正本，则应向买方提供全套正本。

B8 提货证据

买方必须接受按照 A8 规定提供的运输单据，如果该单据符合合同规定的话。

A9 检查、包装、标志

卖方必须支付为了使运输货物符合 A4 的要求而产生的所有核对费用（例如核对货物品质、丈量、过磅、点数），以及出口国当局强制要求的运前检验。

卖方必须自负费用，包装货物，但所运输货

物通常无须包装即可销售的除外。卖方应当采用使货物适宜运输的包装方式，除非买方在买卖合同签订前告知卖方以特定方式包装。包装应当适当标记。

B9 货物检验

买方必须支付所有强制性运前检验的费用，但出口国当局强制要求的检验除外。

A10 信息帮助和相关费用

当适用的时候，应买方要求，并由其承担风险和费用，卖方必须及时地提供或给予协助以帮助买方取得他们货物进口和/或运输至最终目的地所需要的，包括安全相关信息在内的一切单据和讯息。

对于买方由于提供或是协助卖方获取 B10 所规定的所有相关单据和讯息而支出的所有的费用，卖方必须予以偿付 B10 信息帮助和相关费用

买方必须及时地告知卖方获取相关安全讯息的要求，以便卖方能够遵守 A10 中的规定。

卖方由于履行 A10 所述的规定，提供和协助买方获得相关讯息所支出的费用，买方必须予以偿付。

应卖方要求，并由其承担风险和费用，买方必须及时地提供或给予协助以使卖方获取其运输和货物出口通过任何国家所需要的，包括安全相关信息在内的一切单据和讯息。

经典考题

（2009-1-43，单选）中国甲公司以 CIF 价向某国乙公司出口一批服装，信用证方式付款，有关运输合同明确约定适用《海牙规则》。甲公司在装船并取得提单后，办理了议付。两天后，甲公司接乙公司来电，称装船的海轮在海上因雷击失火，该批服装全部烧毁。对于上述情况，下列哪一选项是正确的？①

A. 乙公司应向保险公司提出索赔

B. 甲公司应向保险公司提出索赔

C. 甲公司应将全部货款退还给乙公司

D. 乙公司应向承运人提出索赔

① 【答案及释疑】本题选择的贸易术语为 CIF，因此卖方投保为平安险。根据该术语，应由卖方投保，买方索赔。本题货物在海上因雷击失火全部烧毁，属于全损，故可以向保险公司索赔，即由买方乙公司向保险公司索赔，故 A 选项正确，而 B 选项错误。CIF 术语之下，货物的风险在装运港由卖方转移给买方，故此案损失由买方自己负责，C 选项错误。根据《海牙规则》，承运人对于火灾引起的损失可以免责（承运人的故意或者实际过失造成的火灾除外），故本题买方无权就此损失向承运人索赔，D 选项也错误。（答案：A）

第二部分　国际货物运输规则

《海牙规则》、《维斯比规则》、《汉堡规则》三大公约要点比较图示如下：

	《海牙规则》	《维斯比规则》	《汉堡规则》
通过时间	1924年	1968年	1978年
承运人的基本义务	适航义务、管货义务、不做不合理绕航的义务		无明确规定，但应不低于前二者
责任制度	不完全过失责任		完全过失责任
承运人的责任期间	钩至钩		收到交
承运人的免责	包括"航行过失"免责在内的17项免责		取消了"航行过失"免责
延迟交货的责任	未规定		限额为迟交货物应付运费的2.5倍，但不应超过所有货物应付运费的总额
索赔时效	(1) 提货时发现，当时； (2) 损坏不明显，3日内； (3) 联合检查，无须提交		(1) 提货时发现，次日； (2) 损坏不明显，15日； (3) 联合检查，无须提交
承运人赔偿限额	每件或每单位100英镑	(1) 每件或每单位666.67特； (2) 毛重每千克2特。二者以高者为准	(1) 每件或每单位835特别提款权； (2) 毛重每千克2.5特别提款权。二者以高者为准
		限额适用于侵权之诉；适用于承运人之雇佣人或代理人	如损失由承运人、其雇佣人或代理人故意造成，则丧失责任限制权利
实际承运人	未规定	未规定	订约承运人负责/连带
保函	未规定	未规定	善意有效/恶意无效
舱面货活性畜	不适用	不适用	依约定/惯例可装舱面货；活性畜固有风险免责
诉讼时效	一年	一年，可协商延长，对第三者的追偿，还有3个月宽限期	两年

一、《海牙规则》——《统一提单的若干法律规则的国际公约》

（1924年8月22日订于布鲁塞尔，1924年8月25日颁布，1942年8月25日实施）

【导读】

《海牙规则》的主要内容简要概述：

1. 承运人的适航责任

船舶适航是承运人必须执行的最低限度的义务，具体内容参见《海牙规则》第三条。

2. 承运人的管货责任

承运人应适当和谨慎地装载、搬移、配载、运送、保管、照料和卸载所运送的货物。承运人在运输过程中，必须适当而谨慎对待上述工作环节，安全地把货物运送到目的港。承运人的管货责任，从货物装运开始至货物运抵目的港为止，即"钩至钩"的责任期间。在运输途中发生货损货差，承运人的最高赔偿限额为每件货物或每个运输单位100英镑。

3. 承运人的免责条款

《海牙规则》规定了承运人的17项免责条款。这些免责条款主要包括两种类型，第一种是过失免责，第二种是无过失免责。

承运人的过失免责是指船长、船员、引航员或承运人的受雇人员在驾驶船舶或管理船舶上的行为、疏忽或过失引起的货物灭失或损坏，承运人可以免除赔偿责任。

承运人无过失免责系指船舶发生火灾、海上灾难、意外事故、天灾、不可抗力、船舶潜在缺陷、货物固有缺陷等造成的损坏或灭失，不承担赔偿责任。

第一条 【定义】

本公约所用下列各词，含义如下：

(a)“承运人”包括与托运人订有运输合同的船舶所有人或租船人。

(b)“运输合同”仅适用于以提单或任何类似的物权凭证进行有关海上货物运输的合同；在租船合同下或根据租船合同所签发的提单或任何物权凭证，在它们成为制约承运人与凭证持有人之间的关系准则时，也包括在内。

(c)“货物”包括货物、制品、商品和任何种类的物品，但活牲畜以及在运输合同上载明装载于舱面上并且已经这样装运的货物除外。

(d)“船舶”是指用于海上货物运输的任何船舶。

(e)“货物运输”是指自货物装上船时起，至卸下船时止的一段期间。

第二条 【承运人的义务范围】

除遵照第六条规定外，每个海上货物运输合同的承运人，对有关货物的装载、搬运、积载、运送、保管、照料和卸载，都应按照下列规定承担责任和义务，并享受权利和豁免。

★★★★★第三条 【承运人适航、管货和签发提单的义务】

1. 承运人须在开航前和开航时谨慎处理：

(a) 使船舶适航；

(b) 适当地配备船员、装备船舶和供应船舶；

(c) 使货舱、冷藏舱和该船其他载货处所能适宜和安全地收受、运送和保管货物。

2. 除遵照第四条规定外，承运人应适当和谨慎地装卸、搬运、积载、运送、保管、照料和卸载所运货物。

3. 承运人或船长或承运人的代理人在收受货物归其照管后，经托运人的请求，应向托运人签发提单，其上载明下列各项：

(a) 与开始装货前由托运人书面提供者相同的、为辨认货物所需的主要标志，如果这项标志是以印戳或其他方式标示在不带包装的货物上，或在其中装有货物的箱子或包装物上，该项标志通常应在航程终了时仍能保持清晰可认。

(b) 托运人用书面提供的包数或件数，或数量，或重量。

(c) 货物的表面状况。

但是，承运人、船长或承运人的代理人，不一定必须将任何货物的标志、号码、数量或重量表明或标示在提单上，如果他有合理根据怀疑提单不能正确代表实际收到的货物，或无适当方法进行核对的话。

4. 依照第3款（a）、（b）、（c）项所载内容的这样一张提单，应作为承运人收到该提单中所载货物的初步证据。

5. 托运人应被视为已在装船时向承运人保证，由他提供的标志、件数、数量和重量均正确无误；并应赔偿给承运人由于这些项目不正确所引起或导致的一切灭失、损坏和费用。承运人的这种赔偿权利，并不减轻其根据运输合同对托运人以外的任何人所承担的责任和义务。

6. 在将货物移交给根据运输合同有权收货的人之前或当时，除非在卸货港将货物的灭失和损害的一般情况，已用书面通知承运人或其代理人，则这种移交应作为承运人已按照提单规定交付货物的初步证据。

如果灭失或损坏不明显，则这种通知应于交付货物之日起的三天内提交。

如果货物状况在收受时已经进行联合检验或检查，就无须再提交书面通知。

除非从货物交付之日或应交付之日起一年内提出诉讼，承运人和船舶在任何情况下都免除对灭失或损害所负的一切责任。

遇有任何实际的或推定的灭失或损害，承运人与收货人必须为检验和清点货物相互给予一切合理便利。

7. 货物装船后，如果托运人要求，签发“已装船”提单，承运人、船长或承运人的代理人签发给托运人的提单，应为“已装船”提单，如果托运人事先已取得这种货物的物权单据，应交还这种单据，换取“已装船”提单。但是，也可以根据承运人的决定，在装货港由承运人、船长或其代理人在上述物权单据上注明装货船名和装船日期。经过这样注明的上述单据，如果载有第三条第3款所指项目，即应成为本条所指的“已装船”提单。

8. 运输合同中的任何条款、约定或协议，凡是解除承运人或船舶对由于疏忽、过失或未履行本条规定的责任和义务，因而引起货物或关于货物的灭失或损害的责任的，或以下同于本公约的规定减轻这种责任的，则一律无效。有利于承运人的保险利益或类似的条款，应视为属于免除承运人责任的条款。

★★★★★第四条 【承运人免责事项的范围】

1. 不论承运人或船舶，对于因不适航所引起的灭失或损坏，都不负责，除非造成的原因是由于承运人未按第三条第1款的规定，恪尽职责；使船舶适航；保证适当地配备船员、装备和供应该船，以及使货舱、冷藏舱和该船的其他装货处所能适宜并安全地收受、运送和保管货物。凡由于船舶不适航所引起的灭失和损害，对于已恪尽职责的举证责任，应由根据本条规定要求免责的承运人或其他人承担。

2. 不论承运人或船舶，对由于下列原因引起或造成的灭失或损坏，都不负责：

(a) 船长、船员、引水员或承运人的雇佣人员，在驾驶船舶或管理船舶中的行为、疏忽或不履行义务；

(b) 火灾，但由于承运人的实际过失或私谋所引起的除外；

(c) 海上或其他可航水域的灾难、危险和意外事故；

(d) 天灾；

(e) 战争行为；

(f) 公敌行为；

(g) 君主、当权者或人民的扣留或管制，或依法扣押；

(h) 检疫限制；

(i) 托运人或货主、其代理人或代表的行为或不行为；

(j) 不论由于任何原因所引起的局部或全面罢工、关厂停止或限制工作；

(k) 暴动和骚乱；

(l) 救助或企图救助海上人命或财产；

(m) 由于货物的固有缺点、质量或缺陷引起的体积或重量亏损，或任何其他灭失或损坏；

(n) 包装不充分；

(o) 标志不清或不当；

(p) 虽恪尽职责亦不能发现的潜在缺点；

(q) 非由于承运人的实际过失或私谋，或者承运人的代理人，或雇佣人员的过失或疏忽所引起的其他任何原因；但是要求引用这条免责利益的人应负责举证，证明有关的灭失或损坏既非由于承运人的实际过失或私谋，亦非承运人的代理人或雇佣人员的过失或疏忽所造成；

3. 对于任何非因托运人、托运人的代理人或其雇佣人员的行为、过失或疏忽所引起的使承运人或船舶遭受的灭失或损坏，托运人不负责任。

4. 为救助或企图救助海上人命或财产而发生的绕航，或任何合理绕航，都不能作为破坏或违反本公约或运输合同的行为；承运人对由此而引起的任何灭失或损害，都不负责。

5. 承运人或是船舶，在任何情况下对货物或与货物有关的灭失或损害，每件或每计费单位超过一百英镑或与其等值的其他货币的部分，都不负责；但托运人于装货前已就该项货物的性质和价值提出声明，并已在提单中注明的，不在此限。

该项声明如经载入提单，即作为初步证据，但它对承运人并不具有约束力或最终效力。

经承运人、船长或承运人的代理人与托运人双方协议，可规定不同于本款规定的另一最高限额，但该最高限额不得低于上述数额。

如承运人在提单中，故意谎报货物性质或价值，则在任何情况下，承运人或是船舶，对货物或与货物有关的灭失或损害，都不负责。

6. 承运人、船长或承运人的代理人对于事先不知性质而装载的具有易燃、爆炸或危险性的货物，可在卸货前的任何时候将其卸在任何地点，或将其销毁，或使之无害，而不予赔偿；该项货物的托运人，应对由于装载该项货物而直接或间接引起的一切损害或费用负责。如果承运人知道该项货物的性质，并已同意装载，则在该项货物对船舶或货载发生危险时，亦得同样将该项货物卸在任何地点，或将其销毁，或使之无害，而不负赔偿责任，但如发生共同海损不在此限。

第五条　【公约的适用】

承运人可以自由地全部或部分放弃本公约中所规定的他的权利和豁免，或增加他所应承担的任何一项责任和义务。但是这种放弃或增加，须在签发给托运人的提单上注明。

本公约的规定，不适用于租船合同，但如果提单是根据租船合同签发的，则上述提单应符合本公约的规定。本公约中的任何规定，都不得妨碍在提单中加注有关共同海损的任何合法条款。

第六条　【意思自治的范围】

虽有前述各条规定，只要不违反公共秩序，承运人、船长或承运人的代理人得与托运人就承运人对任何特定货物应负的责任和应尽的义务，及其所享受的权利与豁免，或船舶适航的责任等，以任何条件，自由地订立任何协议。或就承运人雇佣人员或代理人在海运货物的装载、搬运、积载、运送、保管、照料和卸载方面应注意及谨慎的事项，自由订立任何协议。但在这种情况下，必须是未曾签发或将不签发提单，而且应将上述协议的条款载入不得转让并注明这种字样的单证内。

这样订立的任何协议，都具有完全的法律效力。

但本条规定不适用于依照普通贸易程序成交的一般商业货运，而仅在拟装运的财物的性质和状况，或据以进行运输的环境、条款和条件，有订立特别协议的合理需要时，才能适用。

第七条　【允许就货物损害的责任条款作出约定】

本条约中的任何规定，都不妨碍承运人或托运人就承运人或船舶对海运船舶所载货物于装船以前或卸船以后所受灭失或损害，或与货物的保管、照料和搬运有关的灭失或损害所应承担的责任与义务，订立任何协议、规定、条件、保留或免责条款。

第八条　【责任限制】

本公约各条规定，都不影响有关海运船舶所有人责任限制的任何现行法令所规定的承运人的权利和义务。

第九条　【货币单位】

本公约所提到的货币单位为金价。

凡缔约国中不以英镑作为货币单位的，得保留其将本公约所指的英镑数额以四舍五入的方式折合为本国货币的权利。

各国法律可以为债务人保留按船舶抵达卸货港之日通知的兑换率，以本国货币偿清其有关货物的债务的权利。

第十条　【公约的适用】

本公约和各项规定，适用于在任何缔约国所签发的一切提单。

第十一条　【公约的生效】

自本公约签字之日起不超过二年的期限内，比利时政府应与已声明拟批准本公约的缔约国保持联系，以便决定是否使本公约生效。批准书应于各缔约国协商确定的日期交存于布鲁塞尔。首次交存的批准书应载入由参加国代表及比利时外交部长签署的议定书内。

以后交存的批准书，应以书面通知送交比利时政府，并随附批准文件。

比利时政府，应立即将有关记载首次交存批准书的议定书和上段所指的通知，随附批准书等的核证无误的副本，通过外交途径送交已签署本公约或已加入本公约的国家。在上段所指情况下，比利时政府应于收到通知的同时，知照各国。

第十二条　【公约的加入】

凡未签署本公约的国家，不论是否已出席在布鲁塞尔召开的国际会议，都可以加入本公约。

拟加入本公约的国家，应将其意图用书面通知比利时政府，并送交其加入的文件，该项文件应存放在比利时政府档案库。

比利时政府应立即将加入本公约通知书的核证无误的副本，分送已签署本公约或已加入本公约的国家，并注明它收到上述通知的日期。

第十三条　【缔约国可以声明界定公约适用的领土范围】

缔约国的签署、批准或加入本公约时，可以

声明其接受本公约并不包括其任何或全部自治领或殖民地、海外属地、保护国或在其主权或权力管辖下的地域；并且可以在此后代表这些声明中未包括的任何自治领或殖民地、海外属地、保护国或地域将分别加入本公约。各缔约国还可以根据本公约的规定，代表其任何自治领或殖民地、海外属地、保护国或其主权或权力管辖下的地域将分别声明退出本公约。

第十四条　【公约的生效】

本公约在首批交存批准书的各国之间，于议定书记载此项交存之日起一年后开始生效。此后批准或加入本公约的各国或根据第十三条规定使公约生效的各国，于此比利时政府收到第十一条第 2 款及第十二条第 2 段所指的通知六个月后生效。

第十五条　【退约】

如有缔约国欲退出本公约，应用书面通知比利时政府，比利时政府立即将核证无误的通知副本分送其他国家，并注明其收到上述通知的日期。

这种退出只对提出通知的国家有效，生效日期从上述通知送达比利时政府之日起一年以后开始。

第十六条　【公约的修改】

任何一个缔约国都有权就考虑修改本公约事项，请求召开新的会议。

欲行使此项权利的国家，应通过比利时政府将其意图通知其他国家，由比利时政府安排召开会议事宜。

一九二四年八月二十五日订于布鲁塞尔，计一份。

经典考题

1. （2013-1-82，多选）甲公司向乙公司出口一批货物，由丙公司承运，投保了中国人民保险公司的平安险。在装运港装卸时，一包货物落入海中。海运途中，因船长过失触礁造成货物部分损失。货物最后延迟到达目的港。依《海牙规则》及国际海洋运输保险实践，关于相关损失的赔偿，下列哪些选项是正确的？①

A. 对装卸过程中的货物损失，保险人应承担赔偿责任

B. 对船长驾船过失导致的货物损失，保险人应承担赔偿责任

C. 对运输延迟造成的损失，保险人应承担赔偿责任

D. 对船长驾船过失导致的货物损失，承运人可以免责

2. （2012-1-100，不定项）甲国 A 公司向乙国 B 公司出口一批货物，双方约定适用 2010 年《国际贸易术语解释通则》中 CIF 术语。该批货物由丙国 C 公司“乐安”号商船承运，运输途中船舶搁浅，为起浮抛弃了部分货物。船舶起浮后继续航行中又因恶劣天气，部分货物被海浪打入海中。到目的港后发现还有部分货物因固有缺陷而损失。该批货物投保了平安险，关于运输中的相关损失的认定及赔偿，依《海牙规则》，下列选项正确的是？②

① 【答案及释疑】根据平安险，装卸时整件货物落海的损失，保险人应予以赔偿。驾船过失属于意外事故，造成的损失也应赔偿。运输迟延属于除外责任，保险人不赔偿，故 C 项错误。根据《海牙规则》，承运人对于航行过失引起的损失可以免责。（答案：ABD）

② 【答案及释疑】官方答案为 AB 选项，笔者认为，官方答案值得商榷，事实上应选 ABC 选项。为起浮抛弃货物造成的损失是为了船货共同的安全采取的必要、合理的措施，造成的损失属于共同海损，而因恶劣天气，部分货物被打入海中，属于风险直接造成的损失，不构成共同海损，且属于部分货物的损失，故应归属于单独海损。AB 选项都是正确的。D 选项因固有缺陷损失的货物，属于保险公司的除外责任范围，保险公司不承担赔偿责任，D 选项错误。关于 C 选项，一方面，共同海损承运人应当赔偿，而另一方面，因恶劣天气造成的单独海损本来不属于平安险的承保范围（平安险意为“单独海损不赔”），但是如果在同一航程中，运输工具遭遇了意外事故，而在此前后遭遇自然灾害所造成的部分损失，保险人也应赔偿，本题显然即属于这种情况。根据《中国人民保险公司海洋运输货物保险条款》的约定，“（1）平安险。其含义是‘单独海损不负责任’，目前，其主要负责赔偿的范围包括：……C. 在运输工具已经发生搁浅，触礁，沉没，焚毁等意外事故的情况下，货物在此前后又在海上遭受恶劣气候，雷电，海啸等自然灾害所造成的部分损失……G. 共同海损的牺牲，分摊和救助费用”。因此，C 选项正确。（答案：ABC）

A. 为起浮抛弃货物造成的损失属于共同海损
B. 因恶劣天气部分货物被打入海中的损失属于单独海损
C. 保险人应赔偿共同海损和因恶劣天气造成的单独海损
D. 承运人对因固有缺陷损失的货物免责，保险人应承担赔偿责任

二、《维斯比规则》——《修改统一提单若干法律规定的国际公约议定书》

【导读】

《维斯比规则》是《修改统一提单若干法律规定的国际公约议定书》（Protocol to Amend the International Convention for the Unification of Certain Rules of Law Relating to Bills of lading）的简称。于1968年6月23日在布鲁塞尔外交会议上通过，自1977年6月23日生效。总体来看，《维斯比规则》对《海牙规则》未作实质性的改变，主要是在一些细节方面对《海牙规则》进行了补充和修改，其主要内容有：

1. 在提单的证据力方面，明确规定提单对于提单的受让人是最终证据。

2. 在责任限制方面，《海牙规则》关于责任限制的规定比较简单，《维斯比规则》在内容上作了较大的扩充和修改。在赔偿额的计算上，《维斯比规则》采用了双重责任限额制，即对货物的灭失或损坏责任以每件或每单位1万金法郎或每千克30金法郎为限，两者以高者计。此外，《维斯比规则》还增加了对用集装箱、托盘或类似的装运器具拼装时，赔偿金额的计算。

3. 在关于承运人的雇用人或代理人的责任限制方面，《海牙规则》在一些方面未作明确规定，《维斯比规则》则规定：对承运人提起的货损索赔诉讼，无论是以合同为依据，还是以侵权行为为依据，均可以适用责任限制的规定。承运人的雇用人或代理人也可以享受责任限制的保护。

4. 在诉讼时效方面，《维斯比规则》规定诉讼时效为一年，双方协商，可以延长时效。对第三者的追偿诉讼，一年诉讼时效期满后，仍有三个月的宽限期。

5.《海牙规则》仅适用于在缔约国签发的提单，《维斯比规则》将其适用范围扩大了，规定有下列情况之一，即可适用该公约：（1）提单在缔约国签发；（2）从一个缔约国的港口起运；（3）提单中列有首要条款。首要条款就是法律选择条款，即合同双方当事人合意选择适用该公约。

各缔约国考虑到修改一九二四年八月二十五日在布鲁塞尔签订的关于《统一提单的若干法律规则的国际公约》的需要，协议如下：

第一条

1. 在第三条第4款中应增加：“但是，当提单已经转给善意行事的第三者时，与此相反的证据不予接受。”

2. 在第三条第6款中的第4段应改为：“遵照第6款（修改本）的规定，除非从货物交付之日或应交付之日起一年内提出诉讼，承运人和船舶在任何情况下都免除对于货物的任何责任。但是，诉讼事由提出后，如经当事方同意，该期限可以延长。”

3. 在第三条的第6款后应增加下列条文作为第6款（修改本）：“即使在前款规定的年限期满后，如果在受理该案的法院的法律准许的时间内，仍可以对第三者提出赔偿诉讼。但是，准许的时间不得少于三个月，自提出这种赔偿诉讼的人已经解决了对他本人的索赔或者从起诉传票送达他本人之日起算。”

第二条

第四条的第5款应予删去，并改为下列规定：

“（a）除非在装货前，托运人已声明该货物的性质和价值，并载入提单，否则，在任何情况下，承运人或船舶对货物所遭受的或有关的任何灭失或损害，每件或每单位的金额超过10 000法郎的部分，或按灭失或损害的货物每千克毛重超过30法郎的部分，均不负责任，两者以较高的金额为准。

“（b）全部赔偿金额应参照货物根据契约从船上卸下或应卸下的当地当时的价值计算。

货物价值应按照商品交易所价格确定，或者如无此种价格时，则按现行市场价格确定，或者如既无商品交易所价格又无现行市场价格时，则

参照同类同质货物的正常价值确定。

“（c）如果货物是用集装箱、托盘或类似的装运器具拼装时，提单中所载明的、装在这种装运器具中的件数或单位数，应视为就本款所指的件数或单位数；除上述情况外，应视为此种装运器具即是件或单位。

“（d）一个法郎是指一个含有纯度为千分之九百的黄金六十五点五毫克的单位。裁决的赔偿数额兑换成国家货币的日期，应由受理该案法院的法律规定。

“（e）如经证实损失是由于承运人蓄意造成损失而作出的行为或不行为或明知可能会产生损失但仍不顾后果而作出的行为或不行为产生的，则承运人或船舶无权享受本款所规定的责任限制的利益。

“（f）本款（a）项所提到的声明，如载入提单时，应作为初步证据，但对承运人不具有约束力或最终效力。

“（g）承运人、船长或承运人的代理人和托运人之间的协议，可以规定高于本款（a）项规定的另外最高金额，但这样规定的最高金额不得低于（a）项所列的最高金额。

“（h）如托运人在提单中，故意谎报货物性质或价值，则在任何情况下，承运人或船舶对货物或与货物有关的灭失或损害概不负责任。”

第三条

在本公约的第四条和第五条之间应插入以下条文作为第四条（修改本）：

“1. 本公约规定的抗辩和责任限制，应适用于就运输合同所涉及的有关货物的灭失或损害对承运人所提起的任何诉讼，不论该诉讼是以合同为根据还是以侵权行为为根据。

“2. 如果这种诉讼是对承运人的雇佣人员或代理人（而该雇佣人员或代理人不是独立的缔约人）提出的，则该雇佣人员或代理人适用按照本公约承运人所可援引的各项答辩和责任限制。

“3. 从承运人及其雇佣人员和代理人得到的赔偿总额，在任何情况下都不得超过本公约规定的限制。

“4. 但是，如经证实，损失是由于该雇佣人员或代理人蓄意造成损失而作出的行为或不行为，或明知可能会产生损失，但仍不在意而作出的行为或不行为产生的，则该承运人的雇佣人员或代理人不得适用本条的各项规定。”

第四条

本公约的第九条应改为下列规定：

“本公约不应影响任何国际公约或国内法有关对核能损害责任的各项规定”。

第五条

本公约的第十条应改为下列规定：

“本公约各项规定应适用于两个不同国家的港口之间有关的货物运输的每一份提单，如果：

“（a）提单在一个缔约国签发，或

（b）从一个缔约国的港口起运，或

（c）提单载有的或由提单证明的契约的规定，该契约应受本公约的各项规则约束或应受本公约生效的任何国家的立法约束，不论船舶、承运人、托运人、收货人或任何其他有关人的国籍如何。

“每个缔约国应将本公约的各项规定适用于上述提单。

“本条不应妨碍缔约国将本公约的各项规定适用于不包括在前款中的提单。”

第六条

在本议定书的各缔约国之间，本公约与议定书应作为一个文件，结合起来阅读和解释。

本议定书的各缔约国没有义务将本议定书的各项规定适用于虽为本公约缔约国、但不是本议定书缔约国所签发的提单。

第七条

在本议定书的各缔约国之间，任何一国按公约第十五条规定退出本公约，不能解释为退出经本议定书修订的本公约。

第八条

两个或两个以上缔约国就本公约的解释和适用发生争议，而未能通过协商解决时，应根据其中一方的请求提交仲裁。如在提请仲裁之日起六个月内，各方不能对促裁的组成取得一致意见时，则其中任何一方可以按照国际法庭条例将纠纷提交国际法庭。

第九条

1. 每一缔约国在签字或批准本议定书或加入

本议定书时，可以声明不受本议定书第八条的约束。其他缔约国对作出这一保留的任何缔约国之间的关系上应不受该条的约束。

2. 根据第 1 款，作出保留的任何缔约国可在任何时候通知比利时政府撤销此保留。

第十条

本议定书对批准本公约的，或在一九六八年二月二十三日前加入本公约的，以及出席海上法外交会议第十二次会议（一九六七——一九六八年）的任何国家开放以供签字。

第十一条

1. 本议定书须经批准。

2. 任何非本公约缔约国的国家所提交的本议定书的批准书，具有加入本公约的效力。

3. 批准的文件应交存比利时政府。

第十二条

1. 未出席海上法外交会议第十二次会议的联合国成员国或联合国各专门机构成员国，可加入本议定书。

2. 加入本议定书，具有加入本公约的效力。

3. 加入的文件应交存比利时政府。

第十三条

1. 在收到十份批准书或加入文件之日后三个月，本议定书生效，但其中至少应有五个交存批准书的国家是各拥有相当于或超过一百万总吨船舶的国家。

2. 按照本条第 1 款规定，交存使本议定书生效所需的批准或加入文件之日以后的批准或加入本议定书的每一个国家，本议定书在其交存批准或加入文件之后三个月生效。

第十四条

1. 任何缔约国可以通知比利时政府退出本议定书。

2. 此项退出通知具有退出本公约的效力。

3. 此项退出通知在比利时政府收到该通知之日后一年生效。

第十五条

1. 任何缔约国在签署、批准或加入本议定书时，或在此后的任何时候，可用书面通知比利时政府，声明在该国的主权管辖下的地域或在由该国负责其国际关系的地域中，哪些地域适用本议定书。

在比利时政府收到该通知之日后三个月，本议定书的适用范围即扩大到通知书所列明的地域，但在本议定书对该缔约国生效之日以前则不适用。

2. 如果这些地域尚未适用本公约，则此种扩大也适用于本公约。

3. 根据本条第 1 款作出声明的任何缔约国，可在此后的任何时候通知比利时政府，声明本议定书停止扩大适用到该地域。此项退出应在比利时政府收到退出通知之日后一年生效；此项退出也应适用本公约。

第十六条

各缔约国可以采用下述方法使本议定书生效：赋以法律效力，或以适合于国内立法的形式在国内立法中订入本议定书所采用的各种规则。

第十七条

比利时政府应将下列事项通知出席海上法外交会议第十二次会议（一九六七——一九六八年）的各国，本议定书各加入国及本公约的各缔约国：

1. 根据第十条、第十一条和第十二条所收到的签署、批准和加入的文件；

2. 根据第十三条，本议定书将生效的日期；

3. 根据第十五条，关于适用地域的通知；

4. 根据第十四条所收到的退出通知。

下列全权代表，经正式授权，已在本议定书上签字，以资证明。

一九六八年二月二十三日订于布鲁塞尔，共一份，每份都用法文和英文写成，两种文本具有同等效力。本议定书交存于比利时政府档案库，并由比利时政府分发核证无误的本议定书副本。

三、《汉堡规则》——《1978 年联合国海上货物运输公约》

【导读】

《汉堡规则》要点总结：

《汉堡规则》对《海牙规则》进行了实质性的修改，扩大了承运人的责任，主要表现在下列几个方面：

1. 规定承运人的责任基础为完全过失责任

《汉堡规则》将《海牙规则》中承运人的不完全过失责任制改为承运人的推定过失责任制。《汉堡规则》采用完全的过失责任制，取消了“航行过失免责条款”。

2. 增加了延迟交货的责任

《汉堡规则》规定承运人未在约定的时间交货，或者虽未约定交货时间但未在合理时间内交货，均为迟延交货。承运人迟延交货应承担赔偿责任，赔偿限额为迟交货物应付运费的 2.5 倍，但不应超过所有货物应付运费的总额。

3. 承运人的责任期间

《汉堡规则》规定承运人的责任期间为货物在装货港、运送途中和卸货港在承运人掌管下的期间。

4. 提高了承运人的最高赔偿限额

《汉堡规则》规定承运人对货物灭失或损坏的赔偿责任限额为每件或每单位 835 特别提款权 (SDR)，或每千克 2.5 特别提款权，以高者为准。

5. 保函

《汉堡规则》第一次在一定范围内承认了保函的效力，《汉堡规则》规定，托运人为了换取清洁提单可向承运人出具保函，保函只在托运人与承运人之间有效。如保函有欺诈意图，则保函无效。承运人应赔偿第三者的损失，且不能享受责任限制。

6. 增加了关于实际承运人的概念

《汉堡规则》规定如果将运输或部分运输委托给实际承运人执行时，不管根据海上运输合同是否有权这样做，承运人仍须按照该公约的规定对全部运输负责。如果承运人和实际承运人都有责任，则在此责任范围内，他们应负连带责任。

7. 索赔和诉讼时效

《汉堡规则》就索赔和诉讼时效作了与《海牙规则》不同的规定。此外增加了关于管辖权的规定。

关于索赔时效，《汉堡规则》规定对于货损，收货人索赔应在以下时间内提出：(1) 提货时发现，次日提出；(2) 损坏不明显，15 日内提出；(3) 收货人与承运人联合检查发现货损的，无须另行提交索赔声明。

关于诉讼时效，《汉堡规则》规定为两年，时效期限自承运人交付货物或部分货物之日开始，如未交付货物，则自货物应该交付的最后一日开始。

经典考题

(2006-1-46，单选) 关于海上货物运输中的迟延交货责任，下列哪一表述是正确的?①

A.《海牙规则》明确规定承运人对迟延交付可以免责

B.《维斯比规则》明确规定了承运人迟延交付的责任

C.《汉堡规则》只规定了未在约定时间内交付为迟延交付

D.《汉堡规则》规定迟延交付的赔偿为迟交货物运费的 2.5 倍，但不应超过应付运费的总额

本公约各缔约国，认识到需要通过协议确定关于海上货物运输若干规则，为此目的决定缔结一个公约，协议如下：

第一部分　总　则

★★第一条　定义

在本公约内：

1. “承运人”是指其本人或以其名义与托运人订立海上货物运输合同的任何人。

2. “实际承运人”是指受承运人委托执行货物运输或部分货物运输的任何人，包括受委托执行这项运输的其他任何人。

3. “托运人”是指其本人或以其名义或代其与承运人订立海上货物运输合同的任何人或指其本人或以其名义或代其将货物实际交付给海上货物运输合同有关的承运人的任何人。

① 【答案及释疑】《海牙规则》和《维斯比规则》都没有规定延迟交货的责任，《汉堡规则》规定，承运人对延迟交货的赔偿责任限额为迟交货物应付运费的 2.5 倍，但不应超过应付运费的总额。因此，本题中 A、B 选项显然均为错误表述，D 选项正确。关于 C 选项，《汉堡规则》还规定延迟交货指未在约定的时间内交付，或在无约定的情况下，未在合理的时间内交付，故 C 选项称“《汉堡规则》只规定了未在约定时间内交付为迟延交付”的说法错误。(答案：D)

4.“收货人”是指有权提取货物的人。

5.“货物”包括活动物，凡货物拼装在集装箱、货盘或类似的运输器具内，或者货物是包装的，而这种运输器具或包装是由托运人提供的，则“货物”包括它们在内。

6.“海上运输合同”是指承运人收取运费，据以承担由海上将货物从一港运至另一港的任何合同；但是，一个既包括海上运输，又包括某些其他方式运输的合同，则仅其有关海上运输的范围，才视为本公约所指的海上运输合同。

7.“提单”是指一种用以证明海上运输合同和货物由承运人接管或装船，以及承运人据以保证交付货物的单证。单证中关于货物应交付指定收货人或按指示交付，或交付提单持有人的规定，即构成了这一保证。

8.“书面”除其他方式外，包括电报和电传。

★第二条　适用范围

1. 本公约的各项规定适用于两个不同国家间的所有海上运输合同，如果：

(a) 海上运输合同所规定的装货港位于一个缔约国内，或

(b) 海上运输合同所规定的卸货港位于一个缔约国内，或

(c) 海上运输合同所规定的备选卸货港之一为实际卸货港，并且该港位于一个缔约国内，或

(d) 提单或证明海上运输合同的其他单证是在一个缔约国内签发的，或

(e) 提单或证明海上运输合同的其他单证规定，本公约各项规定或实行本公约的任何国家的立法，应约束该合同。

2. 本公约各项规定的适用与船舶、承运人、实际承运人、托运人、收货人或任何其他有关人的国籍无关。

3. 本公约的各项规定不适用于租船合同。但是，如果提单是依据租船合同签发的，并绘制承运人和不是租船人的提单持有人之间的关系，则本公约的各项规定适用于该提单。

4. 如果合同规定，货物将在一个议定的期限内分批运输，本公约的各项规定适用于每批运输。但是，如果运输是按照租船合同进行的，则适用本条第3款的规定。

第三条　对本公约的解释

在解释和应用本公约的各项规定时，应注意本公约的国际性和促进统一的需要。

第二部分　承运人的责任

第四条　责任期间

★1. 按照本公约，承运人对货物的责任期间包括在装货港，在运输途中以及在卸货港，货物在承运人掌管的全部期间。

2. 就本条第1款而言，在下述起讫期间，承运人应视为已掌管货物：

(a) 自承运人从以下各方接管货物时起：

(i) 托运人或代其行事的人；或

(ii) 根据装货港适用的法律或规章，货物必须交其装运的当局或其他第三方；

(b) 至承运人将货物交付以下各方时止：

(i) 将货物交付收货人；或

(ii) 遇有收货人不向承运人提货时，则依照合同或卸货港适用的法律或特定的贸易惯例，将货物置于收货人支配之下；或

(iii) 根据在卸货港适用的法律或规章将货物交给必须交付的当局或其他第三方。

3. 在本条第1和第2款内提到的承运人或收货人，除指承运人和收货人外，还分别指承运人或收货人的受雇人或代理人。

第五条　责任基础

1. 除非承运人证明他本人其受雇人或代理人为避免该事故发生及其后果已采取了一切所能合理要求的措施，否则承运人应对因货物灭失或损坏或延迟交货所造成的损失负赔偿责任，如果引起该项灭失、损坏或延迟交付的事故，如同第四条所述，是在承运人掌管期间发生的。

2. 如果货物未能在明确议定的时间内，或虽无此项议定，但未能在考虑到实际情况对一个勤勉的承运人所能合理要求的时间内，在海上运输合同所规定的卸货港交货，即为延迟交付。

3. 如果货物在本条第2款规定的交货时间期满后连续六十天内未能按第四条的要求交付，有权对货物的灭失提出索赔的人可以视为货物已经灭失。

4. (a) 承运人对下列各项负赔偿责任：

(i) 火灾所引起的货物的灭失、损坏或延迟

交付，如果索赔人证明火灾是由承运人、其受雇人或代理人的过失或疏忽引起的；

(ii) 经索赔人证明由于承运人、其受雇人或代理人在采取可以合理要求的扑灭火灾和避免或减轻其后果的一切措施中的过失或疏忽所造成的货物的灭失、损坏或延迟交付。

(b) 凡船上的火灾影响到货物时，如果索赔人或承运人要求，必须按照海运惯例，对火灾的起因和情况进行调查，并根据要求向承运人和索赔人提供一份调查人的报告。

5. 关于活动物，承运人对此类运输固有的任何特殊风险所造成的灭失、损伤或延迟交付不负赔偿责任。如果承运人证明他是按照托运人给他的关于动物的任何特别指示行事的，并证明根据实际情况，灭失、损伤或延迟交付可以归之于这种风险时，则应推定灭失、损伤或延迟交付就是这样引起的，除非证明灭失、损伤或延迟交付的全部或部分是由承运人、其受雇人或代理人的过失或疏忽所造成的。

6. 除分摊共同海损外，承运人对因在海上采取救助人命的措施或救助财产的合理措施而造成的灭失、损坏或延迟交付不负赔偿责任。

7. 如果货物的灭失、损坏或延迟交付是由承运人、其受雇人或代理人的过失或疏忽连同其他原因所引起的，承运人仅在归于他们的过失或疏忽所引起的灭失、损坏或延迟交付的范围内负赔偿责任，但承运人须证明不属于此种过失或疏忽所造成的灭失、损坏或延迟交付的数额。

第六条　责任限额

1. (a) 按照第五条规定，承运人对货物灭失或损坏造成的损失所负的赔偿责任，以灭失或损坏的货物每件或每其他货运单位相当于 835 记账单位或毛重每千克 2.5 记账单位的数额为限，两者中以较高的数额为准。

(b) 按照第五条规定，承运人对延迟交付的赔偿责任，以相当于该延迟交付货物应支付运费的 2.5 倍的数额时为限，但不得超过海上货物运输合同规定的应付运费总额。

(c) 根据本款 (a) 和 (b) 项，承运人的总赔偿责任，在任何情况下都不得超过根据本款 (a) 项对货物全部灭失引起的赔偿责任所规定的限额。

2. 按照本条第一款 (a) 项规定，在计算较高数额时，应遵照下列规则：

(a) 当使用集装箱、货盘或类似运输器具拼装货物时，如果签发了提单，在提单中列明的，或在证明海上运输合同的任何其他单证中列明的，装在这种运输器具内的件数或其他货运单位数，即视为件数或货运单位数。除上述情况外，这种运输器具内的货物视为一个货运单位。

(b) 当运输器具本身遭到灭失或损坏时，该运输器具如不属于承运人所有或提供，即视为一个单独的货运单位。

3. 记账单位是指第二十六条中所述的记账单位。

4. 承运人和托运人可以通过协议确定超过第1款规定的赔偿责任限额。

第七条　对非合同索赔的适用

1. 本公约规定的各项抗辩和责任限额，适用于海上运输合同所涉及的货物的灭失或损坏，以及延迟交付对承运人提起的任何诉讼，不论这种诉讼是根据合同、侵权行为或其他。

2. 如果这种诉讼是对承运人的受雇人或代理人提起的，而该受雇人或代理人能证明他是在受雇职务范围内行事的，则有权利用承运人根据本公约有权援引的抗辩和责任限额。

3. 除第八条规定的情况外，从承运人和本条第 2 款所指的任何人取得的赔偿金额的总数，不得超过本公约所规定的责任限额。

第八条　责任限额权利的丧失

1. 如经证明灭失、损坏或延迟交付是由承运人有意造成这种灭失、损坏或延迟交付作出的行为或不行为，或由承运人明知可能会产生这种灭失、损坏或延迟交付而仍不顾后果作出的行为或不行为产生的，则承运人无权享受第六条所规定的责任限额的利益。

2. 尽管有第七条第 2 款的规定，如经证明灭失、损坏或延迟交付是由该受雇人或代理人有意造成这种灭失、损坏或延迟交付作出的行为或不行为，或由该受雇人或代理人明知可能会产生这种灭失、损坏或延迟交付而仍不顾后果作出的行为或不行为产生的，则承运人的受雇人或代理人无权享受第六条所规定的责任限额的利益。

第九条 舱面货

1. 承运人只有按照同托运人的协议或符合特定的贸易惯例，或依据法规、规章的要求，才有权在舱面上载运货物。

2. 如果承运人和托运人议定，货物应该或可以在舱面上载运，承运人必须在提单或证明海上运输合同的其他单证上载列相应说明。如无此项说明，承运人有责任证明，曾经达成在舱面上载运的协议。但承运人无权援引这种协议对抗包括收货人在内的，相信并持有提单的第三方。

3. 如违反本条第1款的规定将货物载运在舱面上，或承运人不能按照本条第2款援引在舱面上载运的协议，尽管有第五条第1款的规定，承运人仍须对仅由于在舱面上载运而造成的货物灭失或损坏以及延迟交付负赔偿责任，而其赔偿责任的限额，视情况分别按照本公约第六条或第八条的规定确定。

4. 违反将货物装载在舱内的明文协议而将货物装载在舱面，应视为第八条含义内的承运人的一种行为或不行为。

第十条 承运人和实际承运人的赔偿责任

1. 如果将运输或部分运输委托给实际承运人执行时，不管根据海上运输合同是否有权这样做，承运人仍须按照本公约的规定对全部运输负责。关于实际承运人所履行的运输，承运人应对实际承运人及其受雇人和代理人在他们的受雇范围内行事的行为或不行为负责。

2. 本公约对承运人责任的所有规定也适用于实际承运人对其所履行的运输的责任。如果对实际承运人的受雇人或代理人提起诉讼，应适用第七条第2款、第3款和第八条第2款的规定。

3. 承运人据以承担本公约所未规定的义务或放弃本公约所赋予的权利的任何特别协议，只有在实际承运人书面明确表示同意时，才能对他发生影响。不论实际承运人是否已经同意，承运人仍受这种特别协议所导致的义务或弃权的约束。

4. 如果承运人和实际承运人都有责任，则在此责任范围内，他们应负连带责任。

5. 从承运人、实际承运人和他们的受雇人和代理人取得的赔偿金额总数，不得超过本公约所规定的责任限额。

6. 本条规定不妨碍承运人和实际承运人之间的任何追索权。

第十一条 联运

1. 尽管有第十条第1款的规定，如海上运输合同明确规定，该合同包括的某一特定部分的运输由承运人以外的某一指定人履行，该合同也可以同时规定，承运人对这一部分运输期间货物在实际承运人掌管之下，因发生事故而造成的灭失、损坏或延迟交付不负责任。但是，如果不能按照第二十一条第1款或第2款规定在有管辖权的法院对实际承运人提起法律诉讼，则任何限制或豁免这种赔偿责任的规定均属无效。承运人应负举证责任，证明任何灭失、损坏或延迟交付是由上述这种事故造成的。

2. 按照第十条第2款的规定，实际承运人须对货物在他掌管期间因发生事故而造成的灭失、损坏或延迟交付负责。

第三部分 托运人的责任

第十二条 一般规则

托运人对承运人或实际承运人所遭受的损失或船舶所遭受的损坏不负赔偿责任，除非这种损失或损坏是由托运人、其受雇人或代理人的过失或疏忽所造成。托运人的任何受雇人或代理人对这种损失或损坏也不负责任，除非这种损失或损坏是由他自己的过失或疏忽所造成。

第十三条 关于危险货物的特殊规则

1. 托运人必须以适当的方式在危险货物上加上危险的标志或标签。

2. 当托运人将危险货物交给承运人或实际承运人时，托运人必须告知货物的危险性，必要时并告知应采取的预防措施。如果托运人没有这样做，而且该承运人或实际承运人又未从其他方面得知货物的危险特性，则：

(a) 托运人对承运人和任何实际承运人因载运这种货物而造成的损失负赔偿责任；并且

(b) 根据情况需要，可以随时将货物卸下，销毁或使之无害，而不予赔偿；

3. 任何人如在运输期间，明知货物的危险特性而加以接管，则不得援引本条第2款的规定。

4. 如果本条第2款（b）项的规定不适用或

不能援引，而危险货物对生命或财产造成实际危险时，可视情况需要，将货物卸下、销毁或使之无害，而不予赔偿，但共同海损分摊的义务或按照第五条规定承运人应负的赔偿责任除外。

第四部分 运输单证

第十四条 提单的签发

1. 当承运人或实际承运人接管货物时，应托运人要求，承运人必须给托运人签发提单。

2. 提单可以由承运人授权的人签字。提单由载运货物船舶的船长签字应视为代表承运人签字。

3. 提单上的签字可以用手写、印摹、打孔、盖章、符号或如不违反提单签发地所在国国家的法律，用任何其他机械的或电子的方法。

第十五条 提单的内容

1. 除其他事项外，提单必须包括下列项目：

(a) 货物的品类，辨认货物必需的主要标志，如属危险品，对货物的危险特性所作的明确说明，包数或件数及货物的重量或以其他方式表示的数量等，所有这些项目均由托运人提供；

(b) 货物的外表状况；

(c) 承运人的名称和主要营业所；

(d) 托运人的名称；

(e) 如托运人指定收货人时，收货人的名称；

(f) 海上运输合同规定的装货港及承运人在装货港接管货物的日期；

(g) 海上运输合同规定的卸货港；

(h) 如提单正本超过一份，列明提单正本的份数；

(i) 提单的签发地点；

(j) 承运人或其代表的签字；

(k) 收货人应付运费金额或由收货人支付运费的其他说明；

(l) 第二十三条第3款所提到的声明；

(m) 如属舱面货，货物应该或可以装在舱面上运输的声明；

(n) 如经双方明确协议，应列明货物在卸货港交付的日期或期限；和

(o) 按照第六条第4款规定，协议的任何增加的赔偿责任限额。

2. 货物装船后，如果托运人这样要求，承运人必须给托运人签发"已装船"提单。除本条第1款所规定的项目外，该提单还必须说明货物已装上一艘或数艘指定的船舶，以及一个或数个装货日期。如果承运人先前已向托运人签发过关于该批货物的任何部分的提单或其他物权单证，经承运人要求，托运人必须交回这种单证以换取"已装船"提单。承运人为了满足托运人对"已装船"提单的要求，可以修改任何先前签发的单证，但经修改后的单证应包括"已装船"提单所需载有的全部项目。

3. 提单缺少本条所规定的一项或多项，不影响该单证作为提单的法律性质，但该单证必须符合第一条第7款规定的要求。

第十六条 提单：保留和证据效力

1. 如果承运人或代其签发提单的其他人确知或有合理的根据怀疑提单所载有关货物的品类、主要标志，包数或件数、重量或数量等项目没有准确地表示实际接管的货物，或在签发"已装船"提单的情况下，没有准确地表示已实际装船的货物，或者他无适当的方法来核对这些项目，则承运人或该其他人必须在提单上作出保留，注明不符之处、怀疑根据，或无适当的核对方法。

2. 如果承运人或代他签发提单的其他人未在提单上批注货物的外表状况，则应视为他已在提单上注明货物的外表状况良好。

3. 除按本条第1款规定就有关项目和其范围作出许可在保留以外：

(a) 提单是承运人接管，或如签发"已装船"提单时，装载提单所述货物的初步证据；

(b) 如果提单已转让给相信提单上有关货物的描述而照此行事的包括收货人在内的第三方，则承运人提出与此相反的证据不予接受。

4. 如果提单未按照第十五条第1款（k）项的规定载明运费或以其他方式说明运费由收货人支付或未载明在装货港发生的滞期费由收货人支付，则该提单是收货人不支付运费或滞期费的初步证据。如果提单已转让给相信提单上无任何此种说明而照此行事的包括收货人在内的第三方，则承运人提出的与此相反的证据不予接受。

第十七条　托运人的保证

1. 托运人应视为已向承运人保证，由他提供列入提单的有关货物的品类、标志、件数、重量和数量等项目正确无误。托运人必须赔偿承运人因为这些项目的不正确而导致的损失。托运人即使已将提单转让，仍须负赔偿责任。承运人取得的这种赔偿权利，绝不减轻他按照海上运输合同对托运人以外的任何人所负的赔偿责任。

2. 任何保函或协议，据此托运人保证赔偿承运人由于承运人或其代表未就托运人提供列入提单的项目或货物的外表状况批注保留而签发提单所引起的损失，对包括收货人在内的受让提单的任何第三方，均属无效。

3. 这种保函或协议对托运人有效，除非承运人或其代表不批注本条第 2 款所指的保留是有意诈骗，相信提单上对货物的描述而行事的包括收货人在内的第三方，在后面这种情况下，如未批注的保留与由托运人提供列入提单的项目有关，承运人就无权按照本条第 1 款规定，要求托运人给予赔偿。

4. 如属本条第 3 款所指的有意诈骗，承运人不得享受本公约所规定的责任限额的利益，并且对由于相信提单上所载货物的描述而行事的包括收货人在内的第三方所遭受的损失负赔偿责任。

第十八条　提单以外的单证

如果承运人签发提单以外的单证以证明收到待运的货物，该单证就是订立海上运输合同和承运人接管该单证中所述货物的初步证据。

第五部分　索赔和诉讼

第十九条　灭失、损坏或延迟交付的通知

1. 除非收货人在不迟于货物移交给他之日后第一个工作日内将灭失或损坏的书面通知送交承运人，叙明灭失或损坏的一般性质，否则此种移交应作为承运人交付运输单证上所述货物的初步证据或如未签发这种单证，则应作为完好无损地交付货物的初步证据。

2. 遇有不明显的灭失或损坏：在货物交付收货人之日后连续十五天内未送交书面通知，则本条第 1 款的规定相应地适用。

3. 如货物的状况在交付收货人时，已经由当事各方联合检查或检验，即无须就检查或检验中所查明的灭失或损坏送交书面通知。

4. 遇有任何实际的或意料到的灭失或损失时，承运人和收货人必须为检验和清点货物相互提供一切合理的便利。

5. 除非在货物交给收货人之日后连续六十天之内书面通知承运人，否则对延迟交付造成的损失不予赔偿。

6. 如果货物由实际承运人交付，根据本条送给他的任何通知具有如同送交承运人的同等效力，同样，送交承运人的任何通知具有如同送交实际承运人的同等效力。

7. 除非承运人或实际承运人不迟于灭失或损坏事故发生后或依照第四条第 2 款在货物交付后连续九十天之内，以较后发生日期为准，将灭失或损坏的书面通知送交托运人，叙明此种灭失或损坏的一般性质，否则，未提交这种通知即为承运人或实际承运人没有因为托运人或其受雇人或代理人的过失或疏忽而遭受灭失或损坏的初步证据。

8. 就本条而言，通知送交给代表承运人或实际承运人行事的人，包括船长或主管船舶的高级船员，或送交代表托运人行事的人，即应分别视为已经送交承运人、实际承运人或托运人。

第二十条　诉讼时效

1. 按照本公约有关货物运输的任何诉讼，如果在两年内没有提出司法或仲裁程序，即失去时效。

2. 时效期限自承运人交付货物或部分货物之日开始，如未交付货物，则自货物应该交付的最后一日开始。

3. 时效期限开始之日不计算在期限内。

4. 被要求赔偿的人，可以在时效期限内的任何时间，向索赔人提出书面说明，延长时效期限。该期限还可以用另一次或多次声明再度延长。

5. 如果诉讼是在起诉地所有国国家法律许可的时间内提起，负有赔偿责任的人即使在以上各款规定的时效期限届满后，仍可以提起追赔的诉讼。但是，所许可的时间不得小于从提起索赔诉讼的人已解决了对他的赔偿或从他本人提起的传票送达之日起九十天。

第二十一条 管辖权

1. 按本公约规定在有关货物运输的司法程序中，原告可以选择在这样的法院提起诉讼，按照该法院所在国法律该法院有权管辖，并且下列地点之一位于该法院管辖范围：

(a) 被告的主要营业所，或如无主要营业所时，其通常住所；或

(b) 合同订立地，但该合同须是通过被告在该地的营业所、分支机构或代理机构订立的；或

(c) 装货港或卸货港；或

(d) 海上运输合同中为此目的指定的任何其他地点。

2. (a) 尽管有本条上述各项规定，如果载货船舶或属于同一船舶所有人的任何其他船舶，在一个缔约国的任何一个港口或地点，按照该国适用的法律规则和国际法规则被扣留，就可在该港口或该地点的法院提起诉讼。但是，在这种情况下，一经被告请求，原告必须将诉讼转移到由原告选择的本条第 1 款所指的管辖法院之一，以对索赔作出判决。但在诉讼转移之前，被告必须提供足够的保证金，以确保支付在诉讼中可能最后判给原告的金额。

(b) 一切有关保证金是否足够的问题，应由扣留港口或地点的法院裁定。

3. 按照本公约有关货物运输的一切法律诉讼，不得在本条第 1 或第 2 款没有规定的地点提起。本款的规定不妨碍缔约国采取临时性或保护性措施的管辖权。

4. (a) 如已在按本条第 1 或第 2 款规定有管辖权的法院提起诉讼，或已由这样的法院作出判决，相同当事方之间不得基于相同理由，提起新的诉讼，除非受理第一次诉讼的法院的判决在提起新诉讼地的国家不能执行；

(b) 就本条而言，为执行判决而采取措施，不应视为提起新的诉讼；

(c) 就本条而言，按照本条第 2 款 (a) 项将诉讼转移到同一个国家的另一法院，或转移到另一个国家的法院，不应视为提起新的诉讼。

5. 尽管有以上各款的规定，在按照海上运输合同提出索赔之后，当事各方达成的指定索赔人可以提起诉讼的地点的协议应属有效。

第二十二条 仲裁

1. 按照本条各项规定，当事各方可以用书面证明的协议规定，按照本公约可能发生的有关货物运输的任何争端应提交仲裁。

2. 如租船合同载有该合同引起的争端应提交促裁的条款，而依据租船合同签发的提单并未特别注明此条款对提单持有人具有约束力，则承运人不得对相信提单的提单持有人援引该条款。

3. 原告可以选择在下列地点之一，提起仲裁程序：

(a) 一国的某一地点，该国领土内应有：

(i) 被告的主要营业所，或无主要营业所时，其通常住所；或

(ii) 签订合同地，但该合同须是通过被告在该地的营业所、分支机构或代理机构订立的；或

(iii) 装货港或卸货港；或

(b) 仲裁条款或协议中为此目的而指定的任何地点。

4. 仲裁员或仲裁庭应当应用本公约的各项规则。

5. 本条第 3 和第 4 款规定应视为每一仲裁条款或协议的一部分，仲裁条款或协议中与此两款不符的任何规定，均属无效。

6. 本条各款不影响按照海上运输合同提出索赔之后，当事各方所订立的有关仲裁协议的效力。

第六部分 补充规定

第二十三条 合同条款

1. 海上运输合同、提单或证明海上运输合同的任何其他单证中的任何条款，在其直接或间接违背本公约规定的范围内，均属无效。这种条款的无效不影响作为该合同或单证的其他部分规定的效力。将货物的保险利益让给承运人的条款，或任何类似条款，均属无效。

2. 尽管有本条第 1 款的规定，承运人可以增加本公约中规定的他的责任和义务。

3. 在签发提单或证明海上运输合同的任何其他单证时，其中必须载有一项声明，说明该项运输遵守本公约的各项规定，任何背离本公约而有害于托运人或收货人的条款，均属无效。

4. 如有关货物的索赔人由于本条款使某项合同条款成为无效或由于漏载本条第3款所指的声明而遭受损失时，为了给予索赔人赔偿，承运人必须按照本公约规定对货物的任何灭失或损坏以及延迟交付支付所要求的限额内的赔偿金。此外，承运人必须赔偿索赔人为行使其权利而产生的费用，但在援引上述规定的诉讼中所发生的费用，应按照起诉地国家法律确定。

第二十四条　共同海损

1. 本公约各条规定不妨碍海上运输合同或国家法律中关于共同海损理算的规定的适用。

2. 除第二十条外，本公约关于承运人对货物灭失或损坏的赔偿责任的规定，也决定收货人是否可以拒绝共同海损分摊和承运人对收货人已交付的任何此种分摊额或已支付的任何救助费的赔偿责任。

第二十五条　其他公约

1. 本公约不改变有关海运船舶所有人责任限额的国际公约或国家法律中规定的承运人、实际承运人和他们的受雇人和代理人的权利或义务。

2. 本公约第二十一条和第二十二条的各项规定不妨碍在本公约缔结之日已生效的有关该两条所处理事项的任何其他多边公约的强制性规定的适用，但须争端完全发生在其主要营业所位于这种其他公约的缔约国内的当事方之间。但是，本款不影响本公约第二十二条第4款的适用。

3. 对核事故造成的损害，按本公约规定不发生赔偿责任，如果核装置操作人根据下列规定对该损害负赔偿责任：

（a）根据经一九六四年一月二十八日补充议定书修订的一九六〇年七月二十九日关于在核能领域中第三方赔偿责任的巴黎公约或者根据一九六三年五月二十一日关于核损害的民事赔偿责任的维也纳公约；或

（b）根据规定对这种损害赔偿的国家法律，但此种法律须在各方面都同巴黎公约或维也纳公约那样有利于可能遭受损害的人。

4. 如按照有关海上运送旅客及其行李的任何国际公约或国家法律，承运人对行李的任何灭失、损坏或延迟交付负赔偿责任，则根据本公约规定不发生赔偿责任。

5. 本公约各项规定不妨碍缔约国应用在本公约缔结之日已经生效的任何其他国际公约，而该公约是强制性地适用于主要运输方式不是海上运输的货物运输合同。本规定也适用于此种国际公约以后的任何修订或修改。

第二十六条　记账单位

1. 本公约第六条所指的记账单位是国际货币基金组织所规定的特别提款权。第六条所述的数额应按在判决日或当事各方议定之日该国货币的价值换算为该国货币。凡属国际货币基金组织成员的本公约缔约国，以特别提款权表示的本国货币价值应按国际货物基金组织中上述日期进行营业和交易中应用的定值办法计算。非国际货币基金组织成员的本公约缔约国，以特别提款权表示的本国货币价值，应按该国决定的办法计算。

2. 但是，非国际货币基金组织成员国而且其法律又不允许应用本条款第1款规定的国家，可以在签字时，或在批准、接受、认可或加入时，或在其后的任何时候，声明本公约规定的责任限额在该国领土内适用时，应确定为：

货物每件或其他货运单位12 500货币单位，或货物毛重每千克37.5货币单位。

3. 本条第2款所指的货币单位等于纯度为千分之九百的六十五点五毫克黄金。将第2款所指的数额换算成国家货币时，应按该国法律规定办理。

4. 本条第1款最后一句所述的计算及本条第三款所述的换算应这样进行，即尽可能使以缔约国货币表示的数额与在第六条内以记账单位表示的数额的实际价值相同。缔约国在签字时或在交存其批准书、接受书、认可书和加入书时，或在利用本条第2款所规定的选择时，以及在计算方法或换算结果有改变时，必须视情况，将依照本条第1款决定计算的方法或本条第3款所述的换算结果，通知公约保管人。

第七部分　最后条款

第二十七条　保管人

兹指定联合国秘书长为本公约保管人。

第二十八条　签字、批准、接受、认可、加入

1. 本公约于一九七九年四月三十日以前在组

约联合国总部对所有国家开放，以供签字。

2. 本公约须经签字国批准、接受或认可。

3. 一九七九年四月三十日以后，本公约对所有不是签字国的国家开放，以便加入。

4. 批准书、接受书、认可书和加入书应由联合国秘书长保管。

第二十九条　保留

对本公约不得作任何保留。

第三十条　生效

1. 本公约自第二十份批准书、接受书、认可书或加入书交存之日起满一年后的次月第一日生效。

2. 对于在第二十份批准书、接受书、认可书或加入书交存之日后成为本公约缔约国的每一个国家，本公约自该国交存相应文件之日起满一年后的次月第一日生效。

3. 每一缔约国应将本公约的各项规定适用于在本公约对该国生效之日或其后签订的海上运输合同。

第三十一条　退出其他公约

1. 在成为本公约缔约国时，凡是一九二四年八月二十五日在布鲁塞尔签订的关于统一提单若干规则的国际公约（一九二四年公约）的缔约国，都必须通知作为一九二四年公约保管人的比利时政府退出该公约，并声明该退出自本公约对该国生效之日起生效。

2. 按照第三十条第 1 款规定，本公约生效时，本公约的保管人必须将生效日期和本公约对其生效的缔约国国名，通知一九二四年公约的保管人比利时政府。

3. 本条第 1 款和第 2 款的规定，对一九六八年二月二十三日签订的修改一九二四年八月二十五日在布鲁塞尔签订的关于统一提单若干规则的国际公约的议定书的缔约国相应适用。

4. 尽管有本公约第二条规定，就本条第 1 款而言，缔约国如果认为需要，可以推迟退出一九二四年公约和经过一九六八年议定书修改的一九二四年公约，推迟的最长期限为自本公约生效之日起五年，在这种情况下，它应把自己的意图通知比利时政府。在此过渡期间，该缔约国必须对其他缔约国应用本公约，而不应用任何其他公约。

第三十二条　修订和修改

1. 经不少于三分之一的本公约缔约国的要求，保管人应召开缔约国会议，以修订或者修改本公约。

2. 在本公约修订案生效后交存的任何批准书、接受书、认可书或加入书，应视为适用于经修改后的本公约。

第三十三条　对限额和记账单位或货币单位的修订

1. 尽管有第三十二条的规定，保管人应按照本条第 2 款规定，召开专为修改第六条和第二十六条第 2 款所定的数额或者用其他单位代替第二十六条第 1 款和第 3 款所定的两个单位或其中的一个单位为目的的会议。数额中只有在其实际价值发生重大变化时，才得加以修改。

2. 经不少于四分之一缔约国要求，保管人即应召开修订会议。

3. 会议的任何决定必须由与会国家三分之二的多数作出。修订案由保管人送交所有缔约国以便接受，并通报所有该公约的签字国。

4. 所通过的任何修订案自获得三分之二缔约国接受之日起，在满一年后的次月第一日生效。接受修订案时，应将表示接受的正式文件交存保管人。

5. 修订案生效后，接受修订案的缔约国，在同修订案通过后六个月内没有通知保管人不受该修订案约束的缔约国的关系上，有权应用经修订的公约。

6. 在本公约修订案生效后交存在任何批准书、接受书、认可书或加入书，应视为适用经修订的公约。

第三十四条　退出

1. 缔约国可以在任何时候书面通知保管人退出本公约。

2. 退出本公约自保管人收到通知书之日起，在满一年后的次月第一日生效。如在通知中规定了较长的期限，则退出本公约自保管人收到通知后在该较长期限届满时生效。

一九七八年三月三十一日订于汉堡，正本一份。其阿拉伯文、中文、英文、法文、俄文和西班牙文本具有同等效力。

下列全权代表，经其政府正式授权，已在本公约上签字，以资证明。

联合国海上货物运输会议通过的共同谅解

兹取得以下共同谅解：根据本公约，承运人的责任以推定过失或疏忽的原则为基础。也就是说，通常由承运人负举证责任，但在某些情况下，公约的规定会改变这一规则。

联合国海上货物运输会议通过的决议

"联合国海上货物运输会议，

以感谢的心情注意到德意志联邦共和国盛情邀请在汉堡举行会议，认识到德意志联邦共和国政府和汉堡自由汉萨市提供给会议的各种便利以及对与会者的盛情款待，对会议的成功裨益不少，感谢德意志联邦共和国政府和人民，根据联合国贸易和发展会议的要求，在联合国国际贸易法委员会草拟的公约草案的基础上，通过了海上货物运输公约，感谢联合国国际贸易法委员会和联合国贸易和发展会议对海上货物运输法律的简化和协调所作出的卓越贡献，决定把会议通过的公约命名为：一九七八年联合国海上货物运输公约，建议本公约所载的规则称为汉堡规则。"

四、最高人民法院《关于审理无正本提单交付货物案件适用法律若干问题的规定》

（2009年2月16日最高人民法院审判委员会第1463次会议通过）

为正确审理无正本提单交付货物案件，根据《中华人民共和国海商法》、《中华人民共和国合同法》、《中华人民共和国民法通则》等法律，制定本规定。

第一条　本规定所称正本提单包括记名提单、指示提单和不记名提单。

★★第二条　承运人违反法律规定，无正本提单交付货物，损害正本提单持有人提单权利的，正本提单持有人可以要求承运人承担由此造成损失的民事责任。

★★第三条　承运人因无正本提单交付货物造成正本提单持有人损失的，正本提单持有人可以要求承运人承担违约责任，或者承担侵权责任。

正本提单持有人要求承运人承担无正本提单交付货物民事责任的，适用海商法规定；海商法没有规定的，适用其他法律规定。

★★第四条　承运人因无正本提单交付货物承担民事责任的，不适用海商法第五十六条关于限制赔偿责任的规定。

理论解读

承运人因无正本提单交付货物承担民事责任的，不能根据我国《海商法》的有关规定主张限额赔偿，其实质就是承运人应当承担全额赔偿的责任。

★★第五条　提货人凭伪造的提单向承运人提取了货物，持有正本提单的收货人可以要求承运人承担无正本提单交付货物的民事责任。

★★第六条　承运人因无正本提单交付货物造成正本提单持有人损失的赔偿额，按照货物装船时的价值加运费和保险费计算。

经典考题

（2009-1-41，单选）甲公司依运输合同承运一批从某国进口中国的食品，当正本提单持有人乙公司持正本提单提货时，发现货物已由丙公司以副本提单加保函提走。依我国相关法律规定，下列哪一选项是正确的？①

① 【答案及释疑】最高人民法院《关于审理无正本提单交付货物案件适用法律若干问题的规定》并没有专门规定无正本提单交货的法律适用问题，由于正本提单持有人有权要求承运人承担侵权或违约责任，因而其法律适用应依据侵权或违约的相应冲突规范来确定，故A选项错误，B选项正确。承运人对于无正本提单交货造成的损失应按照货物装船时的价值加运费和保险费计算，故C选项错误。本案中承运人将货物交给副本提单持有人，因此可以被正本提单持有人要求承担责任，故D选项错误。（答案：B）

A. 无正本提单交付货物的民事责任应适用交货地法律

B. 乙公司可以要求甲公司承担违约责任或侵权责任

C. 甲公司对因无正本提单交货造成的损失按货物的成本赔偿

D. 丙公司提走了货物，不能要求甲公司承担责任

★★第七条 承运人依照提单载明的卸货港所在地法律规定，必须将承运到港的货物交付给当地海关或者港口当局的，不承担无正本提单交付货物的民事责任。

★★第八条 承运到港的货物超过法律规定期限无人向海关申报，被海关提取并依法变卖处理，或者法院依法裁定拍卖承运人留置的货物，承运人主张免除交付货物责任的，人民法院应予支持。

★★第九条 承运人按照记名提单托运人的要求中止运输、返还货物、变更到达地或者将货物交给其他收货人，持有记名提单的收货人要求承运人承担无正本提单交付货物民事责任的，人民法院不予支持。

理论解读

应注意本条的规定限于“记名提单”的情况下，承运人按照托运人的要求中止运输、返还货物、变更到达地或者将货物交给其他收货人的，承运人不对持有记名提单的收货人承担责任。本条不适用于“指示提单”或“无记名提单”。

★★第十条 承运人签发一式数份正本提单，向最先提交正本提单的人交付货物后，其他持有相同正本提单的人要求承运人承担无正本提单交付货物民事责任的，人民法院不予支持。

经典考题

（2013-1-81，多选）中国甲公司从国外购货，取得了代表货物的单据，其中提单上记载“凭指示”字样，交货地点为某国远东港，承运人为中国乙公司。当甲公司凭正本提单到远东港提货时，被乙公司告知货物已不在其手中。后甲公司在中国法院对乙公司提起索赔诉讼。乙公司在下列哪些情形下可免除交货责任？①

A. 在甲公司提货前，货物已被同样持有正本提单的某公司提走

B. 乙公司按照提单托运人的要求返还了货物

C. 根据某国法律要求，货物交给了远东港管理当局

D. 货物超过法定期限无人向某国海关申报，被海关提取并变卖

★★★第十一条 正本提单持有人可以要求无正本提单交付货物的承运人与无正本提单提取货物的人承担连带赔偿责任。

经典考题

（2010-1-45，单选）一批货物由甲公司运往中国青岛港，运输合同适用《海牙规则》。运输途中因雷击烧毁部分货物，其余货物在目的港被乙公司以副本提单加保函提走。丙公司为该批货物正本提单持有人。根据《海牙规则》和我国相关法律规定，下列哪一选项是正确的？②

A. 甲公司应对雷击造成的货损承担赔偿责任，因损失在其责任期间发生

B. 甲公司可限制因无正本提单交货的赔偿责任

① 【答案及释疑】承运人签发一式数份正本提单，向最先提交正本提单的人交付货物后，承运人无须向其他持有正本提单的人承担赔偿责任，故在甲公司提货前，货物已被同样持有正本提单的某公司提走，乙公司可以免除责任，A选项正确。对于“记名提单”，如果承运人按照托运人的要求返还了货物，则不承担责任。B选项为“指示提单”而非“记名提单”，前述规定不适用，故B选项错误。承运人依照提单载明的卸货港所在地法律规定，必须将承运到港的货物交付给当局的，不承担责任，故C选项正确。承运到港的货物超过法律规定期限无人向海关申报，被海关提取并依法变卖处理的，承运人也不承担责任，故D选项正确。（答案：ACD）

② 【答案及释疑】根据《海牙规则》，承运人对于雷击之类的不可抗力造成的后果可以免责，故A选项错误。承运人无正本提单交货应全额赔偿，故B选项错误。正本提单持有人有权要求承运人和提货人承担连带赔偿责任，C选项正确。赔偿应按照货物装船时的价值加运费和保险费计算，故D选项错误。（答案：C）

C. 丙公司可要求甲公司和乙公司承担连带赔偿责任

D. 甲公司应以货物成本加利润赔偿因无正本提单交货造成的损失

第十二条　向承运人实际交付货物并持有指示提单的托运人，虽然在正本提单上没有载明其托运人身份，因承运人无正本提单交付货物，要求承运人依据海上货物运输合同承担无正本提单交付货物民事责任的，人民法院应予支持。

★★第十三条　在承运人未凭正本提单交付货物后，正本提单持有人与无正本提单提取货物的人就货款支付达成协议，在协议款项得不到赔付时，不影响正本提单持有人就其遭受的损失，要求承运人承担无正本提单交付货物的民事责任。

经典考题

（2011-1-40，单选）中国甲公司通过海运从某国进口一批服装，承运人为乙公司，提单收货人一栏写明“凭指示”。甲公司持正本提单到目的港提货时，发现货物已由丙公司以副本提单加保函提取。甲公司与丙公司达成了货款支付协议，但随后丙公司破产。甲公司无法获赔，转而向乙公司索赔。根据我国相关法律规定，关于本案，下列哪一选项是正确的？①

A. 本案中正本提单的转让无须背书

B. 货物是由丙公司提走的，故甲公司不能向乙公司索赔

C. 甲公司与丙公司虽已达成货款支付协议，但未得到赔付，不影响甲公司要求乙公司承担责任

D. 乙公司应当在责任限制的范围内承担因无单放货造成的损失

★第十四条　正本提单持有人以承运人无正本提单交付货物为由提起的诉讼，适用海商法第二百五十七条的规定，时效期间为一年，自承运人应当交付货物之日起计算。

正本提单持有人以承运人与无正本提单提取货物的人共同实施无正本提单交付货物行为为由提起的侵权诉讼，诉讼时效适用本条前款规定。

第十五条　正本提单持有人以承运人无正本提单交付货物为由提起的诉讼，时效中断适用海商法第二百六十七条的规定。

正本提单持有人以承运人与无正本提单提取货物的人共同实施无正本提单交付货物行为为由提起的侵权诉讼，时效中断适用本条前款规定。

①【答案及释疑】指示提单的转让必须背书，故A选项错误。承运人将货物交给副本提单持有人，正本提单持有人甲公司有权要求承运人乙公司赔偿，故B选项错误。正本提单持有人与无正本提单提取货物的人就货款支付达成协议，在协议款项得不到赔付时，仍然可以向承运人索赔，故C选项正确。承运人因无正本提单交付货物承担民事责任的，应全额赔偿，故D选项错误。（答案：C）

第三部分　国际贸易支付规则

一、《跟单信用证统一惯例》（UCP600）

【导读】

信用证作为被广为使用的国际贸易支付方式，是国际经济法的重要内容，《跟单信用证统一惯例》内容比较繁杂，学习时可侧重抓住核心要点，如信用证的运作流程、当事人的法律关系、信用证的种类、银行的责任和免责、审单的标准、信用证欺诈等，并应注意掌握我国的司法解释——最高人民法院《关于审理信用证纠纷案件若干问题的规定》（特别是其中关于不符点的认定和接受及信用证欺诈的规定）。

信用证支付运作流程图

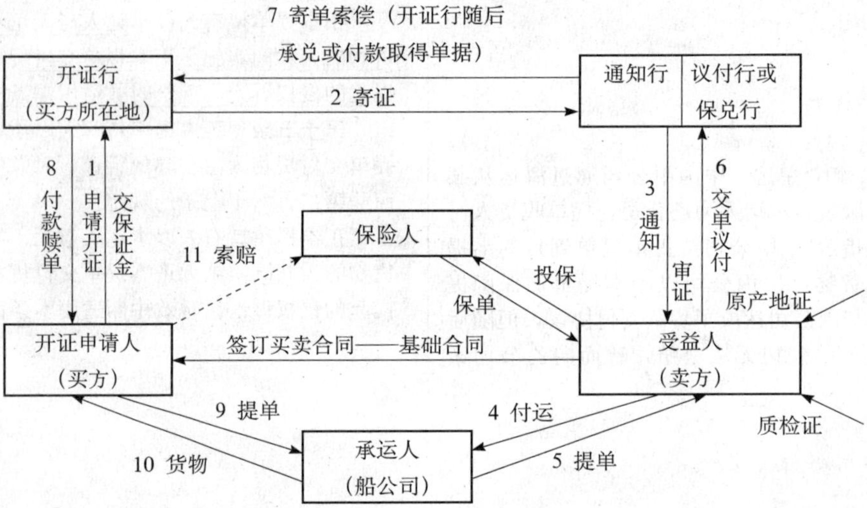

第 1 条　统一惯例的适用范围

跟单信用证统一惯例 2007 年修订本，即国际商会第 600 号出版物，适用于任何在中明确表明按本惯例办理的跟单信用证（包括在其适用范围内的备用信用证）。除非在信用证中明确对其适用予以修改或排除，本统一惯例的条文对有关各方都有约束力。

★第 2 条　定义

就本惯例而言：

"通知行"意指应开证行请求通知信用证的银行。

"申请人"意指提出开立信用证申请的一方。

"银行日"意指银行在其营业地正常营业，按照本惯例行事的行为得以在银行履行的日子。

"受益人"意指信用证中受益的一方。

"相符交单"意指与信用证中的条款及条件、本惯例中所适用的规定及国际标准银行实务相一致的交单。

"保兑"意指保兑行在开证行之外对于相符交单作出兑付或议付的确定承诺。

"保兑行"意指应开证行的授权或请求对信用证加具保兑的银行。

"信用证"意指一项约定，无论其如何命名或描述，该约定不可撤销并因此构成开证行对于相符交单予以兑付的确定承诺。

“兑付”意指：

a. 对于即期付款信用证即期付款。

b. 对于延期付款信用证发出延期付款承诺并到期付款。

c. 对于承兑信用证承兑由受益人出具的汇票并到期付款。

“开证行”意指应申请人请求或代表其自身开立信用证的银行。

“议付”意指被指定银行在其应获得偿付的银行日或在此之前，通过向受益人预付或者同意向受益人预付款项的方式购买相符交单项下的汇票（汇票付款人为被指定银行以外的银行）及/或单据。

“指定银行”意指有权使用信用证的银行，对于可供任何银行使用的信用证而言，任何银行均为指定银行。

“交单”意指信用证项下单据被提交至开证行或被指定银行，抑或按此方式提交的单据。

“交单人”意指作出提示的受益人、银行或其他一方。

第 3 条　释义

就本惯例而言：

在适用的条款中，词汇的单复数同义。

信用证是不可撤销的，即使信用证中对此未作指示也是如此。

单据可以通过手签、签样印制、穿孔签字、盖章、符号表示的方式签署，也可以通过其他任何机械或电子证实的方法签署。

当信用证含有要求使单据合法、签证、证实或对单据有类似要求的条件时，这些条件可由在单据上签字、标注、盖章或标签来满足，只要单据表面已满足上述条件即可。

一家银行在不同国家设立的分支机构均视为另一家银行。

诸如“第一流”、“著名”、“合格”、“独立”、“正式”、“有资格”、“当地”等用语用于描述单据出单人的身份时，单据的出单人可以是除受益人以外的任何人。

除非确需在单据中使用，银行对诸如“迅速”、“立即”、“尽快”之类词语将不予置理。

“于或约于”或类似措辞将被理解为一项约定，按此约定，某项事件将在所述日期前后各五天内发生，起讫日均包括在内。

词语“×月×日止”（to）、“至×月×日”（until）、“直至×月×日”（till）、“从×月×日”（from）及“在×月×日至×月×日之间”（between）用于确定装运期限时，包括所述日期。词语“×月×日之前”（before）及“×月×日之后”（after）不包括所述日期。

词语“从×月×日”（from）以及“×月×日之后”（after）用于确定到期日时不包括所述日期。

术语“上半月”和“下半月”应分别理解为自每月“1 日至 15 日”和“16 日至月末最后一天”，包括起讫日期。

术语“月初”“月中”和“月末”应分别理解为每月 1 日至 10 日、11 日至 20 日和 21 日至月末最后一天，包括起讫日期。

理论解读

根据本条的规定，UCP600 只适用于不可撤销的信用证，不适用于可撤销的信用证。

★★第 4 条　信用证与合同

a. 就性质而言，信用证与可能作为其依据的销售合同或其他合同，是相互独立的交易。即使信用证中提及该合同，银行亦与该合同完全无关，且不受其约束。因此，一家银行作出兑付、议付或履行信用证项下其他义务的承诺，并不受申请人与开证行之间或与受益人之间在已有关系下产生的索偿或抗辩的制约。

受益人在任何情况下，不得利用银行之间或申请人与开证行之间的合同关系。

b. 开证行应劝阻申请人将基础合同、形式发票或其他类似文件的副本作为信用证整体组成部分的做法。

理论解读

信用证具有独立性。开立信用证的基础是买卖合同，但银行与买卖合同无关，也不受其约束。因此，一家银行作出的付款、承兑、支付汇票或议付或履行信用证项下其他义务的承诺不受申请人与开证行或与受益人之间关系而提出的索赔或抗辩的约束。

★★第 5 条　单据与货物/服务/行为

银行处理的是单据，而不是单据所涉及的货物、服务或其他行为。

第 6 条　有效性、有效期限及交单地点

a. 信用证必须规定可以有效使用信用证的银行，或者信用证是否对任何银行均为有效。对于被指定银行有效的信用证同样也对开证行有效。

b. 信用证必须规定它是否适用于即期付款、延期付款、承兑抑或议付。

c. 不得开立包含有以申请人为汇票付款人条款的信用证。

d. i. 信用证必须规定提交单据的有效期限。规定的用于兑付或者议付的有效期限将被认为是提交单据的有效期限。

ii. 可以有效使用信用证的银行所在地是交单地。对任何银行均为有效的信用证项的交单地是该任何银行的所在地。不同于开证行所在地的交单地是开证行所在地之外的交单地。

e. 除第 29 条 a 款规定适用的情况外，由受益人或代表受益人提交的单据必须在到期日当日或在此之前提交。

第 7 条　开证行的承诺

a. 倘若规定的单据被提交至指定银行或开证行并构成相符提示，开证行必须按下述信用证所适用的情形予以兑付：

i. 由开证行即期付款、延期付款或者承兑；

ii. 由指定银行即期付款而该指定银行未予付款；

iii. 由指定银行延期付款而该指定银行未承担延期付款承诺，或者虽已承担延期付款承诺但到期未予付款；

iv. 由指定银行承兑而该指定银行未予承兑以其为付款人的汇票，或者虽已承兑以其为付款人的汇票但到期未予付款；

v. 由指定银行议付而该指定银行未予议付。

b. 自信用证开立之时起，开证行即不可撤销地受到兑付责任的约束。

c. 开证行保证向对于相符交单已经予以兑付或者议付并将单据寄往开证行的指定银行进行偿付。无论指定银行是否于到期日前已经对相符交单予以预付或者购买，对于承兑或延期付款信用证项下相符交单的金额的偿付于到期日进行。开证行偿付指定银行的承诺独立于开证行对于受益人的承诺。

经典考题

（2008-1-87，多选）根据国际商会《跟单信用证统一惯例》（UCP600）的规定，如果受益人按照信用证的要求完成对指定银行的交单义务，出现下列哪些情形时，开证行应予承付?①

A. 信用证规定指定银行议付但其未议付

B. 信用证规定指定银行延期付款但其未承诺延期付款

C. 信用证规定指定银行承兑，指定行承兑但到期不付款

D. 信用证规定指定银行即期付款但其未付款

★第 8 条　保兑行的承诺

a. 倘若规定的单据被提交至保兑行或者任何其他指定银行并构成相符交单，保兑行必须：

i. 兑付，如果信用证适用于：

a）由保兑行即期付款、延期付款或者承兑；

b）由另一家指定银行即期付款而该指定银行未予付款；

c）由另一家指定银行延期付款而该指定银行未承担其延期付款承诺，或者虽已承担延期付款承诺但到期未予付款；

d）由另一家指定银行承兑而该指定银行未予承兑以其为付款人的汇票，或者虽已承兑以其为付款人的汇票但到期未予付款；

e）由另一家指定银行议付而该指定银行未予议付。

ii. 若信用证由保兑行议付，无追索权地议付。

---

① 【答案及释疑】开证行的责任包括审单和付款等方面，根据《跟单信用证统一惯例》第 7 条的规定，本题的A、B、C、D 四个选项被包括在上述的 5 种情形之中，应当全选。（答案：ABCD）

b. 自为信用证加具保兑之时起，保兑行即不可撤销地受到兑付或者议付责任的约束。

c. 保兑行保证向对于相符交单已经予以兑付或者议付并将单据寄往开证行的另一家指定银行进行偿付。无论另一家指定银行是否于到期日前已经对相符交单予以预付或者购买，对于承兑或延期付款信用证项下相符提示的金额的偿付于到期日进行。保兑行偿付另一家指定银行的承诺独立于保兑行对于受益人的承诺。

d. 如开证行授权或要求另一家银行对信用证加具保兑，而该银行不准备照办时，它必须不延误地告知开证行并仍可通知此份未经加具保兑的信用证。

理论解读

保兑是指一家银行开出的信用证由另一家银行提供加以兑付的保证，该保证相当于连带责任保证。保兑信用证有两家银行对其负责，保兑行和开证行，保兑行的付款责任相当于其本身是开证行，如果开证行倒闭，保兑行也应承担兑付责任。应特别注意保兑行承担的审单付款的责任承担的是第一位责任，并不以开证行拒付为前提，受益人可以直接持单据要求保兑行审单，因此保兑信用证对受益人更为有利。

经典考题

（2010-1-100，不定项）中国甲公司（卖方）与某国乙公司签订了国际货物买卖合同，规定采用信用证方式付款，由设在中国境内的丙银行通知并保兑。信用证开立之后，甲公司在货物已经装运，并准备将有关单据交银行议付时，接到丙银行通知，称开证行已宣告破产，丙银行将不承担对该信用证的议付或付款责任。据此，下列选项正确的是?①

A. 乙公司应为信用证项下汇票上的付款人

B. 丙银行的保兑义务并不因开证行的破产而免除

C. 因开证行已破产，甲公司应直接向乙公司收取货款

D. 虽然开证行破产，甲公司仍可依信用证向丙银行交单并要求付款

★第 9 条　信用证及修改的通知

a. 信用证及其修改可以通过通知行通知受益人。除非已对信用证加具保兑，通知行通知信用证不构成兑付或议付的承诺。

b. 通过通知信用证或修改，通知行即表明其认为信用证或修改的表面真实性得到满足，且通知准确地反映了所收到的信用证或修改的条款及条件。

c. 通知行可以利用另一家银行的服务（“第二通知行”）向受益人通知信用证及其修改。通过通知信用证或修改，第二通知行即表明其认为所收到的通知的表面真实性得到满足，且通知准确地反映了所收到的信用证或修改的条款及条件。

d. 如一家银行利用另一家通知行或第二通知行的服务将信用证通知给受益人，它也必须利用同一家银行的服务通知修改书。

e. 如果一家银行被要求通知信用证或修改但决定不予通知，它必须不延误通知向其发送信用证、修改或通知的银行。

f. 如果一家被要求通知信用证或修改，但不能确定信用证、修改或通知的表面真实性，就必须不延误地告知向其发出该指示的银行。如果通知行或第二通知行仍决定通知信用证或修改，则必须告知受益人或第二通知行其未能核实信用证、修改或通知的表面真实性。

★★第 10 条　修改

a. 除第 38 条另有规定外，未经开证行、保兑行（如有）以及受益人同意，信用证既不能修改也不能撤销。

b. 自发出信用证修改书之时起，开证行就不可撤销地受其发出修改的约束。保兑行可将其保兑承诺扩展至修改内容，且自其通知该修改之时起，即不可撤销地受到该修改的约束。然而，保兑行可选择仅将修改通知受益人而不对其加具保兑，但必须不延误地将此情况通知开证行和受益人。

① 【答案及释疑】信用证是银行的信用，因此汇票付款人应为开证行。保兑行的义务不因开证行的破产而免除，故 BD 项正确。（答案：BD）

c. 在受益人向通知修改的银行表示接受该修改内容之前，原信用证（或包含先前已被接受修改的信用证）的条款和条件对受益人仍然有效。受益人应发出接受或拒绝接受修改的通知。如受益人未提供上述通知，当其提交至指定银行或开证行的单据与信用证以及尚未表示接受的修改的要求一致时，则该事实即视为受益人已作出接受修改的通知，并从此时起，该信用证已被修改。

d. 通知修改的银行应当通知向其发出修改书的银行任何有关接受或拒绝接受修改的通知。

e. 不允许部分接受修改，部分接受修改将被视为拒绝接受修改的通知。

f. 修改书中作出的除非受益人在某一时间内拒绝接受修改，否则修改将开始生效的条款将被不予置理。

经典考题

（2005-1-43，单选）土耳其甲公司（卖方）与泰国乙公司（买方）订立一货物买卖合同。乙公司申请开出的不可撤销信用证规定装船时间为2003年5月10日前，而甲公司由于货源上的原因，最早要到2003年5月15日才能备齐货物并装船付运。下列哪一种做法是甲公司应采取的正确处理方法？①

A. 直接请求开证行修改信用证

B. 通过提供保函要求承运人倒签提单

C. 征得乙公司同意、由乙公司请求开证行修改信用证

D. 通过提供保函要求承运人预借提单

第11条　电讯传递与预先通知的信用证和修改

a. 经证实的信用证或修改的电讯文件将被视为有效的信用证或修改，任何随后的邮寄证实书将被不予置理。若该电讯文件声明“详情后告”（或类似词语）或声明随后寄出的邮寄证实书将是有效的信用证或修改，则该电讯文件将被视为无效的信用证或修改。开证行必须随即不延误地开出有效的信用证或修改，且条款不能与电讯文件相矛盾。

b. 只有准备开立有效信用证或修改的开证行，才可以发出开立信用证或修改预先通知书。发出预先通知的开证行应不可撤销地承诺将不延误地开出有效的信用证或修改，且条款不能与预先通知书相矛盾。

第12条　指定

a. 除非一家指定银行是保兑行，对指定银行进行兑付或议付的授权并不构成其必须兑付或议付的义务，指定银行明确同意并照此通知受益人的情形除外。

b. 通过指定一家银行承兑汇票或承担延期付款承诺，开证行即授权该指定银行预付或购买经其承兑的汇票或由其承担延期付款的承诺。

c. 非保兑行身份的被指定银行接受、审核并寄送单据的行为既不使得该被指定银行具有兑付或议付的义务，也不构成兑付或议付。

第13条　银行间偿付安排

a. 如果信用证规定指定银行（“索偿行”）须通过向另一方银行（“偿付行”）索偿获得偿付，则信用证中必须声明是否按照信用证开立日正在生效的国际商会《银行间偿付规则》办理。

b. 如果信用证中未声明是否按照国际商会《银行间偿付规则》办理，则适用下列条款：

i. 开证行必须向偿付行提供偿付授权书，该授权书须与信用证中声明的有效性一致。偿付授权书不应规定有效日期。

① 【答案及释疑】信用证的严格相符原则系指信用证的受益人提交的单据满足“单据和单据相符，单据和信用证相符”时，银行就必须履行其付款义务。受益人提交的单据与信用证表面一致是受益人获得付款的必要条件。当存在不能满足信用证条件的情形时，受益人可与申请人协商要求修改信用证。故C项正确。开证申请人与开证银行之间是以开证申请书为基础的委托合同关系，开证行依据申请人的申请开立信用证，开证行无权未经开证申请人的同意单方面修改信用证的内容。甲公司只能与乙公司协商，经过乙公司的申请而修改信用证，因此A项错误。提单中注明的装船日期早于实际装船的日期称为倒签提单。预借提单是承运人在货物装船前就应托运人的请求签发的已装船提单。用保函换取倒签提单和预借提单都属托运人与承运人合谋欺骗收货人的欺诈行为。在无法满足信用证的装运日期条件时，甲公司不能以预借提单或倒签提单的方式欺骗乙公司。因此，B、D项错误。（答案：C）

ii. 不应要求索偿行向偿付行提供证实单据与信用证条款及条件相符的证明。

iii. 如果偿付行未能按照信用证条款规定在首次索偿时即行偿付，则开证行应对索偿行的利息损失以及产生的费用负责。

iv. 偿付行的费用应由开证行承担。然而，如果费用系由受益人承担，则开证行有责任在信用证和偿付授权书中予以注明。如偿付行的费用系由受益人承担，则该费用应在偿付时从支付索偿行的金额中扣除。如果未发生偿付，开证行仍有义务承担偿付行的费用。

c. 如果偿付行未能于首次索偿时即行偿付，则开证行不能解除其自身的偿付责任。

★★第 14 条　审核单据的标准

a. 按照指定行事的指定银行、保兑行（如有）以及开证行必须对提交的单据进行审核，并仅以单据为基础，以决定单据在表面上看来是否构成相符交单。

b. 按照指定行事的指定银行、保兑行（如有）以及开证行，自其收到提示单据的翌日起算，应各自拥有最多不超过 5 个银行工作日的时间以决定交单是否相符。该期限不因交单日适逢信用证有效期或最迟交单日或在其之后而被缩减或受到其他影响。

经典考题

（2007-1-85，多选）2006 年国际商会巴黎会议上通过的经修改的《跟单信用证统一惯例》（UCP600）于 2007 年 7 月 1 日实施。下列哪些选项属于 UCP600 修改或规定的内容?①

A. 直接规定信用证是不可撤销的

B. 关于议付的新定义明确了议付是对票据及单据的一种售出行为

C. 规定当开证行确定单证不符时，可以自行决定联系申请人放弃不符点

D. 规定银行收到单据后的处理时间为“合理时间”，不超过收单翌日起的 5 个工作日

c. 若提交包含一份或多份按照本惯例第 19、20、21、22、23、24 或 25 条出具的正本运输单据，则必须由受益人或其代表按照相关条款在不迟于装运日后的 21 个公历日内提交，但无论如何不得迟于信用证的到期日。

d. 单据中内容的描述不必与信用证、信用证对该项单据的描述以及国际标准银行实务完全一致，但不得与该项单据中的内容、其他规定的单据或信用证相冲突。

e. 除商业发票外，其他单据中的货物、服务或行为的描述可使用统称，但不得与信用证中对它们的描述相矛盾。

f. 如果信用证要求提交运输单据、保险单据和商业发票以外的单据，但未规定该单据由何人出具或单据的内容。如信用证对此未作规定，只要所提交单据的内容看来满足其功能需要且其他方面与第 14 条 d 款相符，银行将对提示的单据予以接受。

g. 提示信用证中未要求提交的单据，银行将不予置理。如果收到此类单据，可以退还交单人。

h. 如果信用证中包含某项条件而未规定需提交与之相符的单据，银行将视为未列明此条件，并对此不予置理。

i. 单据的出单日期可以早于信用证开立日期，但不得迟于信用证规定的交单日期。

j. 当受益人和申请人的地址显示在任何规定的单据上时，不必与信用证或其他规定单据中显示的地址相同，但必须与信用证中述及的各自地址位于同一国家内。用于联系的资料（电传、电

① 【答案及释疑】UCP500 本来规定信用证包括可撤销和不可撤销的区别，但 UCP600 第 2 条规定，信用证意指一项约定，无论其如何命名或描述，该约定不可撤销并因此构成开证行对于相符提示予以兑付的确定承诺。UCP600 第 3 条“释义”中也规定：信用证是不可撤销的，即使信用证中对此未作指示也是如此。因此 A 项正确。UCP600 第 2 条的“定义”对“议付”作了规定，界定为指定银行在其应获得偿付的银行日或在此之前，通过向受益人预付或者同意向受益人预付款项的方式，购买相符提示项下的汇票（汇票付款人为指定银行以外的银行）及/或单据，根据这一规定，议付仅仅指银行对票据及/或单据的购买。故 B 项错误。C、D 选项均属于 UCP600 对 UCP500 的修改，当选。（答案：ACD）

话、电子邮箱及类似方式）如作为受益人和申请人地址的组成部分将被不予置理。然而，当申请人的地址及联系信息作为按照第 19、20、21、22、23、24 或 25 条出具的运输单据中收货人或通知方详址的组成部分时，则必须按照信用证规定予以显示。

k. 显示在任何单据中的货物的托运人或发货人不必是信用证的受益人。

l. 假如运输单据能够满足本惯例第 19、20、21、22、23 或 24 条的要求，则运输单据可以由承运人、船东、船长或租船人以外的任何一方出具。

★★第 15 条　相符交单

a. 当开证行确定交单相符时，就必须予以兑付。

b. 当保兑行确定交单相符时，就必须予以兑付或议付并将单据寄往开证行。

c. 当被指定银行确定提示相符并予以兑付或议付时，必须将单据寄往保兑行或开证行。

★★★第 16 条　不符单据及不符点的放弃与通知

a. 当按照指定行事的指定银行、保兑行（如有）或开证行确定提示不符时，可以拒绝兑付或议付。

b. 当开证行确定提示不符时，可以依据其独立的判断联系申请人放弃有关不符点。然而，这并不因此延长第 14 条（b）款中述及的期限。

c. 按照指定行事的指定银行、保兑行（如有）或开证行决定拒绝兑付或议付时，必须一次性通知交单人。

通知必须声明：

i. 银行拒绝兑付或议付；及

ii. 银行凭以拒绝兑付或议付的各个不符点；及

iii. a）银行持有单据等候交单人进一步指示；或

b）开证行持有单据直至收到申请人通知弃权并同意接受该弃权，或在同意接受弃权前从交单人处收到进一步指示；或

c）银行退回单据；或

d）银行按照先前从交单人处收到的指示行事。

d. 第 16 条 c 款中要求的通知必须以电讯方式发出，或者，如果不可能以电讯方式通知时，则以其他快捷方式通知，但不得迟于交单翌日起第 5 个银行工作日终了。

e. 按照指定行事的指定银行、保兑行（如有）或开证行可以在提供第 16 条 c 款 iii. a）款或 b）款要求提供的通知后，于任何时间将单据退还交单人。

f. 如果开证行或保兑行未能按照本条款的规定行事，将无权宣称单据未能构成相符交单。

g. 当开证行拒绝兑付或保兑行拒绝兑付或议付，并已经按照本条款发出通知时，该银行将有权就已经履行的偿付索取退款及其利息。

理论解读

按照指定行事的指定银行、保兑行（如有）或开证行确定单据含有不符点时，有权利拒付，但拒付时应说明凭以拒付的不符点。UCP600 在本条中规定，即使含有不符点，银行也可以决定是否联系开证申请人，征询开证申请人的是否接受不符点的意见。从而使得含有不符点的单据在特殊情况下也有可能被接受（但仅仅是有可能，毕竟开证行对于含有不符点的单据享有直接拒付的权利）。

关联法条

最高人民法院《关于审理信用证纠纷案件若干问题的规定》

第七条　开证行有独立审查单据的权利和义务，有权自行作出单据与信用证条款、单据与单据之间是否在表面上相符的决定，并自行决定接受或者拒绝接受单据与信用证条款、单据与单据之间的不符点。

开证行发现信用证项下存在不符点后，可以自行决定是否联系开证申请人接受不符点。开证申请人决定是否接受不符点，并不影响开证行最终决定是否接受不符点。开证行和开证申请人另有约定的除外。

开证行向受益人明确表示接受不符点的，应当承担付款责任。

开证行拒绝接受不符点时，受益人以开证申请人已接受不符点为由要求开证行承担信用证项下付款责任的，人民法院不予支持。

第 17 条　正本单据和副本单据

a. 信用证中规定的各种单据必须至少提供一份正本。

b. 除非单据本身表明其不是正本，银行将视任何单据表面上具有单据出具人正本签字、标志、图章或标签的单据为正本单据。

c. 除非单据另有显示，银行将接受单据作为正本单据，如果该单据：

i. 表面看来由单据出具人手工书写、打字、穿孔签字或盖章；或

ii. 表面看来使用单据出具人的正本信笺；或

iii. 声明单据为正本，除非该项声明表面看来与所提示的单据不符。

d. 如果信用证要求提交副本单据，则提交正本单据或副本单据均可。

e. 如果信用证使用诸如“一式两份”、“两张”、“两份”等术语要求提交多份单据，则可以提交至少一份正本，其余份数以副本来满足。但单据本身另有相反指示者除外。

第 18 条　商业发票

a. 商业发票：

i. 必须在表面上看来系由受益人出具（第 38 条另有规定者除外）；

ii. 必须作成以申请人的名称为抬头（第 38 条 g 款另有规定者除外）

iii. 必须将发票币别作成与信用证相同币种；

iv. 无须签字。

b. 按照指定行事的被指定银行、保兑行（如有）或开证行可以接受金额超过信用证所允许金额的商业发票，倘若有关银行已兑付或已议付的金额没有超过信用证所允许的金额，则该银行的决定对各有关方均具有约束力。

c. 商业发票中货物、服务或行为的描述必须与信用证中显示的内容相符。

第 19 条　至少包括两种不同运输方式的运输单据

a. 至少包括两种不同运输方式的运输单据（即多式运输单据或联合运输单据），不论其称谓如何，必须在表明上看来：

i. 显示承运人名称并由下列人员签署：

a）承运人或承运人的具名代理或代表，或

b）船长或船长的具名代理或代表。

承运人、船长或代理的任何签字必须分别表明承运人、船长或代理的身份。代理的签字必须显示其是否作为承运人或船长的代理或代表签署提单。

ii. 通过下述方式表明货物已在信用证规定的地点发运、接受监管或装载：

a）预先印就的措辞，或

b）注明货物已发运、接受监管或装载日期的图章或批注。

运输单据的出具日期将被视为发运、接受监管或装载以及装运日期。然而，如果运输单据以盖章或批注方式标明发运、接受监管或装载日期，则此日期将被视为装运日期。

iii. 显示信用证中规定的发运、接受监管或装载地点以及最终目的地的地点，即使：

a）运输单据另外显示了不同的发运、接受监管或装载地点或最终目的地的地点，或

b）运输单据包含“预期”或类似限定有关船只、装货港或卸货港的指示。

iv. 系仅有的一份正本运输单据，或者，如果出具了多份正本运输单据，应是运输单据中显示的全套正本份数。

v. 包含承运条件须参阅包含承运条件条款及条件的某一出处（简式或背面空白的运输单据）者，银行对此类承运条件的条款及条件内容不予审核。

vi. 未注明运输单据受租船合约约束。

b. 就本条款而言，转运意指货物在信用证中规定的发运、接受监管或装载地点到最终目的地的运输过程中，从一个运输工具卸下并重新装载到另一个运输工具上（无论是否为不同运输方式）的运输。

c. i. 只要同一运输单据包括运输全程，则运输单据可以注明货物将被转运或可被转运。

ii. 即使信用证禁止转运，银行也将接受注明转运将发生或可能发生的运输单据。

第 20 条　提单

a. 无论其称谓如何，提单必须表面上看来：

i. 显示承运人名称并由下列人员签署：

a）承运人或承运人的具名代理或代表，或

b）船长或船长的具名代理或代表。

承运人、船长或代理的任何签字必须分别表明其承运人、船长或代理的身份。代理的签字必须显示其是否作为承运人或船长的代理或代表签署提单。

ii. 通过下述方式表明货物已在信用证规定的装运港装载上具名船只：

a）预先印就的措辞，或

b）注明货物已装船日期的装船批注。

提单的出具日期将被视为装运日期，除非提单包含注明装运日期的装船批注，在此情况下，装船批注中显示的日期将被视为装运日期。

如果提单包含“预期船”字样或类似有关限定船只的词语时，装上具名船只必须由注明装运日期以及实际装运船只名称的装船批注来证实。

iii. 注明装运从信用证中规定的装货港至卸货港。

如果提单未注明以信用证中规定的装货港作为装货港，或包含“预期”或类似有关限定装货港的标注者，则需要提供注明信用证中规定的装货港、装运日期以及船名的装船批注。即使提单上已注明印就的“已装船”或“已装具名船只”措辞，本规定仍然适用。

iv. 系仅有的一份正本提单，或者，如果出具了多份正本，应是提单中显示的全套正本份数。

v. 包含承运条件须参阅包含承运条件条款及条件的某一出处（简式或背面空白的提单选）者，银行对此类承运条件的条款及条件内容不予审核。

vi. 未注明运输单据受租船合约约束。

b. 就本条款而言，转运意指在信用证规定的装货港到卸货港之间的海运过程中，将货物由一艘船卸下再装上另一艘船的运输。

c. i. 只要同一提单包括运输全程，则提单可以注明货物将被转运或可被转运。

ii. 银行可以接受注明将要发生或可能发生转运的提单。即使信用证禁止转运，只要提单上证实有关货物已由集装箱、拖车或子母船运输，银行仍可接受注明将要发生或可能发生转运的提单。

d. 对于提单中包含的声明承运人保留转运权利的条款，银行将不予置理。

第 21 条　非转让海运单

a. 无论其称谓如何，非转让海运单必须表面上看来：

i. 显示承运人名称并由下列人员签署：

a）承运人或承运人的具名代理或代表，或

b）船长或船长的具名代理或代表。

承运人、船长或代理的任何签字必须分别表明其承运人、船长或代理的身份。代理的签字必须显示其是否作为承运人或船长的代理或代表签署提单。

ii. 通过下述方式表明货物已在信用证规定的装运港装载上具名船只：

a）预先印就的措辞，或

b）注明货物已装船日期的装船批注。

非转让海运单的出具日期将被视为装运日期，除非非转让海运单包含注明装运日期的装船批注，在此情况下，装船批注中显示的日期将被视为装运日期。如果非转让海运单包含“预期船”字样或类似有关限定船只的词语时，装上具名船只必须由注明装运日期以及实际装运船只名称的装船批注来证实。

iii. 注明装运从信用证中规定的装货港至卸货港。

如果非转让海运单未注明以信用证中规定的装货港作为装货港，或包含“预期”或类似有关限定装货港的标注者，则需要提供注明信用证中规定的装货港、装运日期以及船名的装船批注。即使非转让海运单上已注明印就的“已装船”或“已装具名船只”措词，本规定仍然适用。

iv. 系仅有的一份正本非转让海运单，或者，如果出具了多份正本，应是非转让海运单中显示的全套正本份数。

v. 包含承运条件须参阅包含承运条件条款及条件的某一出处（简式或背面空白的提单选）者，银行对此类承运条件的条款及条件内容不予审核。

vi. 未注明运输单据受租船合约约束。

b. 就本条款而言，转运意指在信用证规定的装货港到卸货港之间的海运过程中，将货物由一艘船卸下再装上另一艘船的运输。

c. i. 只要同一非转让海运单包括运输全程，则非转让海运单可以注明货物将被转运或可被转运。

ii. 银行可以接受注明将要发生或可能发生转运的非转让海运单。即使信用证禁止转运，只要非转让海运单上证实有关货物已由集装箱、拖车或子母船运输，银行仍可接受注明将要发生或可能发生转运的非转让海运单。

d. 对于非转让海运单中包含的声明承运人保留转运权利的条款，银行将不予置理。

第 22 条 租船合约提单

a. 无论其称谓如何，倘若提单包含有提单受租船合约约束的指示（即租船合约提单选），则必须在表面上看来：

i. 由下列当事方签署：

a）船长或船长的具名代理或代表，或

b）船东或船东的具名代理或代表，或

c）租船人或租船人的具名代理或代表。

船长、船东、租船人或代理的任何签字必须分别表明其船长、船东、租船人或代理的身份。

代理的签字必须显示其是否作为船长、船东或租船人的代理或代表签署提单。

代理人代理或代表船东或租船人签署提单时必须注明船东或租船人的名称。

ii. 通过下述方式表明货物已在信用证规定的装运港装载上具名船只：

a）预先印就的措辞，或

b）注明货物已装船日期的装船批注。

租船合约提单的出具日期将被视为装运日期，除非租船合约提单包含注明装运日期的装船批注，在此情况下，装船批注中显示的日期将被视为装运日期。

iii. 注明货物由信用证中规定的装货港运输至卸货港。卸货港可以按信用证中的规定显示为一组港口或某个地理区域。

iv. 系仅有的一份正本租船合约提单，或者，如果出具了多份正本，应是租船合约提单中显示的全套正本份数。

b. 即使信用证中的条款要求提交租船合约，银行也将对该租船合约不予审核。

第 23 条 空运单据

a. 无论其称谓如何，空运单据必须在表面上看来：

i. 注明承运人名称并由下列当事方签署：

a）承运人，或

b）承运人的具名代理或代表。

承运人或代理的任何签字必须分别表明其承运人或代理的身份。代理的签字必须显示其是否作为承运人的代理或代表签署空运单据。

ii. 注明货物已收妥待运。

iii. 注明出具日期。这一日期将被视为装运日期，除非空运单据包含注有实际装运日期的专项批注，在此种情况下，批注中显示的日期将被视为装运日期。空运单据显示的其他任何与航班号和起飞日期有关的信息不能被视为装运日期。

iv. 表明信用证规定的起飞机场和目的地机场。

v. 为开给发货人或拖运人的正本，即使信用证规定提交全套正本。

vi. 载有承运条款和条件，或提示条款和条件参见别处。银行将不审核承运条款和条件的内容。

b. 就本条而言，转运是指在信用证规定的起飞机场到目的地机场的运输过程中，将货物从一飞机卸下再装上另一飞机的行为。

c. i. 空运单据可以注明货物将要或可能转运，只要全程运输由同一空运单据涵盖。

ii. 即使信用证禁止转运，注明将要或可能发生转运的空运单据仍可接受。

第 24 条 公路、铁路或内陆水运单据

a. 公路、铁路或内陆水运单据，无论名称如何，必须看似：

i. 表明承运人名称，并且

a）由承运人或其具名代理人签署，或者

b）由承运人或其具名代理人以签字、印戳或批注表明货物收讫。承运人或其具名代理人的售货签字、印戳或批注必须标明其承运人或代理人的身份。代理人的收获签字、印戳或批注必须标明代理人系代表承运人签字或行事。如果铁路运输单据没有指明承运人，可以接受铁路运输公司的任何签字或印戳作为承运人签署单据的证据。

ii. 表明货物在信用证规定地点的发运日期，或者收讫代运或代发送的日期。运输单据的出具日期将被视为发运日期，除非运输单据上盖有带日期的收货印戳，或注明了收货日期或发运日期。

iii. 表明信用证规定的发运地及目的地。

b. i. 公路运输单据必须看似为开给发货人或托运人的正本，或没有认可标记表明单据开给何人。

ii. 注明“第二联”的铁路运输单据将被作为正本接受。

iii. 无论是否注明正本字样，铁路或内陆水运单据都被作为正本接受。

c. 如运输单据上未注明出具的正本数量，提交的分数即视为全套正本。

d. 就本条而言，转运是指在信用证规定的发运、发送或运送的地点到目的地之间的运输过程中，在同一运输方式中从一运输工具卸下再装上另一运输工具的行为。

e. i. 只要全程运输由同一运输单据涵盖，公路、铁路或内陆水运单据可以注明货物将要或可能被转运。

ii. 即使信用证禁止转运，注明将要或可能发生转运的公路、铁路或内陆水运单据仍可接受。

第 25 条　快递收据、邮政收据或投邮证明

a. 证明货物收讫待运的快递收据，无论名称如何，必须看似：

i. 表明快递机构的名称，并在信用证规定的货物发运地点由该具名快递机构盖章或签字；并且

ii. 表明取件或收件的日期或类似词语。该日期将被视为发运日期。

b. 如果要求显示快递费用付讫或预付，快递机构出具的表明快递费由收货人以外的一方支付的运输单据可以满足该项要求。

c. 证明货物收讫待运的邮政收据或投邮证明，无论名称如何，必须看似在信用证规定的货物发运地点盖章或签署并注明日期。该日期将被视为发运日期。

第 26 条　“货装舱面”、“托运人装载和计数”、“内容据托运人报称”及运费之外的费用

a. 运输单据不得表明货物装于或者将装于舱面。声明货物可能被装于舱面的运输单据条款可以接受。

b. 载有诸如“托运人装载和计数”或“内容据托运人报称”条款的运输单据可以接受。

c. 运输单据上可以以印戳或其他方式提及运费之外的费用。

★★第 27 条　清洁运输单据

银行只接受清洁运输单据。清洁运输单据指未载有明确宣称货物或包装有缺陷的条款或批注的运输单据。“清洁”一词并不需要在运输单据上出现，即使信用证要求运输单据为“清洁已装船”的。

第 28 条　保险单据及保险范围

a. 保险单据，例如保险单或预约保险项下的保险证明书或者声明书，必须看似由保险公司或承保人或其代理人或代表出具并签署。代理人或代表的签字必须标明其系代表保险公司或承保人签字。

b. 如果保险单据表明其以多份正本出具，所有正本均须提交。

c. 暂保单将不被接受。

d. 可以接受保险单代替预约保险项下的保险证明书或声明书。

e. 保险单据日期不得晚于发运日期，除非保险单据表明保险责任不迟于发运日生效。

f. i. 保险单据必须表明投保金额并以与信用证相同的货币表示。

ii. 信用证对于投保金额为货物价值、发票金额或类似金额的某一比例的要求，将被视为对最低保额的要求。

如果信用证对投保金额未作规定，投保金额须至少为货物的 CIF 或 CIP 价格的 110%。

如果从单据中不能确定 CIF 或者 CIP 价格，投保金额必须基于要求承付或议付的金额，或者基于发票上显示的货物总值来计算，两者之中取金额较高者。

iii. 保险单据须标明承包的风险区间至少涵盖从信用证规定的货物监管地或发运地开始到卸货地或最终目的地为止。

g. 信用证应规定所需投保的险别及附加险（如有的话）。如果信用证使用诸如“通常风险”或“惯常风险”等含义不确切的用语，则无论是否有漏保之风险，保险单据将被照样接受。

h. 当信用证规定投保“一切险”时，如保险单据载有任何“一切险”批注或条款，无论是否有“一切险”标题，均将被接受，即使其声明任何风险除外。

i. 保险单据可以援引任何除外责任条款。

j. 保险单据可以注明受免赔率或免赔额约束。

第 29 条　到期日或最迟交单日的顺延

a. 如果信用证的到期日或最迟交单日适逢接受交单的银行非因第 36 条所述原因而歇业，则截止日或最迟交单日，视何者适用，将顺延至其重新开业的第一个银行工作日。

b. 如果在顺延后的第一个银行工作日交单，指定银行必须在其致开证行或保兑行的面函中声明交单是在根据第 29 条 a 款顺延的期限内提交的。

c. 最迟装运日不因第 29 条 a 款规定的原因而顺延。

★第 30 条　信用证金额、数量与单价的增减幅度

a. “约”或“大约”用语信用证金额或信用证规定的数量或单价时，应解释为允许有关金额或数量或单价有不超过 10% 的增减幅度。

b. 在信用证未以包装单位件数或货物自身件数的方式规定货物数量时，货物数量允许有 5% 的增减幅度，只要总支取金额不超过信用证金额。

c. 如果信用证规定了货物数量，而该数量已全部发运，及如果信用证规定了单价，而该单价又未降低，或当第 30 条 b 款不适用时，则即使不允许部分装运，也允许支取的金额有 5% 的减幅。若信用证规定有特定的增减幅度或使用第 30 条 a 款提到的用语限定数量，则该减幅不适用。

第 31 条　分批支款或分批装运

a. 允许分批支款或分批装运。

b. 表明使用同一运输工具并经由同次航程运输的数套运输单据在同一次提交时，只要显示相同目的地，将不视为部分发运，即使运输单据上标明的发运日期不同或装卸港、接管地或发送地点不同。如果交单由数套运输单据构成，其中最晚的一个发运日将被视为发运日。含有一套或数套运输单据的交单，如果表明在同一种运输方式下经由数件运输工具运输，即使运输工具在同一天出发运往同一目的地，仍将被视为部分发运。

c. 含有一份以上快递收据、邮政收据或投邮证明的交单，如果单据看似由同一地或邮政机构在同一地点和日期加盖印戳或签字并且表明同一目的地，将不视为部分发运。

第 32 条　分期支款或分期装运

如信用证规定在指定的时间段内分期支款或分期发运，任何一期未按信用证规定期限支取或发运时，信用证对该期及以后各期均告失效。

第 33 条　交单时间

银行在其营业时间外无接受交单的义务。

★★★第 34 条　关于单据有效性的免责

银行对任何单据的形式、充分性、准确性、内容真实性、虚假性或法律效力，或对单据中规定或添加的一般或特殊条件，概不负责；银行对任何单据所代表的货物、服务或其他履约行为的描述、数量、重量、品质、状况、包装、交付、价值或其存在与否，或对发货人、承运人、货运代理人、收货人、货物的保险人或其他任何人的诚信与否、作为或不作为、清偿能力、履约或资信状况，也概不负责。

★★★第 35 条　关于信息传递和翻译的免责

当报文、信件或单据按照信用证的要求传输或发送时，或当信用证未作指示，银行自行选择传送服务时，银行对报文传输或信件或单据的递送过程中发生的延误、中途遗失、残缺或其他错误产生的后果，概不负责。如果指定银行确定交单相符并将单据发往开证行或保兑行，无论指定的银行是否已经承付或议付，开证行或保兑行必须承付或议付，或偿付指定银行，即使单据在指定银行送往开证行或保兑行的途中，或保兑行送往开证行的途中丢失。银行对技术术语的翻译或解释上的错误，不负责任，并可不加翻译地传送信用证条款。

第 36 条　不可抗力

银行对由于天灾、暴动、骚乱、叛乱、战争、恐怖主义行为或任何罢工、停工或其无法控制的任何其他原因导致的营业中断的后果，概不负责。银行恢复营业时，对于在营业中断期间已逾期的信用证，不再进行承付或议付。

★★★第 37 条　关于被指示方行为的免责

a. 为了执行申请人的指示，银行利用其他银行的服务，其费用和风险由申请人承担。

b. 即使银行自行选择了其他银行，如果发出指示未被执行，开证行或通知行对此亦不负责。

c. 指示另一银行提供服务的银行有责任负担被指示方因执行指示而发生的任何佣金、手续费、成本或开支（"费用"）。如果信用证规定费用由受益人负担，而该费用未能收取或从信用证款项中扣除，开证行依然承担支付此费用的责任。信用证或其修改不应规定向受益人的通知以通知行或第二通知行收到其费用为条件。

d. 外国法律和惯例加诸于银行的一切义务和责任，申请人应受其约束，并就此对银行负补偿之责。

★★第 38 条　可转让信用证

a. 银行无办理转让信用证的义务，除非该银行明确同意其转让范围和转让方式。

b. 就本条款而言：

转让信用证意指明确表明其"可以转让"的信用证。根据受益人（"第一受益人"）的请求，转让信用证可以被全部或部分地转让给其他受益人（"第二受益人"）。

转让银行意指办理信用证转让的被指定银行，或者，在适用于任何银行的信用证中，转让银行是由开证行特别授权并办理转让信用证的银行。开证行也可担任转让银行。转让信用证意指经转让银行办理转让后可供第二受益人使用的信用证。

c. 除非转让时另有约定，所有因办理转让而产生的费用（诸如佣金、手续费、成本或开支）必须由第一受益人支付。

d. 倘若信用证允许分批支款或分批装运，信用证可以被部分地转让给一个以上的第二受益人。第二受益人不得要求将信用证转让给任何次序位居其后的其他受益人。第一受益人不属于此类其他受益人之列。

e. 任何有关转让的申请必须指明是否以及在何种条件下可以将修改通知第二受益人。转让信用证必须明确指明这些条件。

f. 如果信用证被转让给一个以上的第二受益人，其中一个或多个第二受益人拒绝接受某个信用证修改并不影响其他第二受益人接受修改。对于接受修改的第二受益人而言，信用证已做相应的修改；对于拒绝接受修改的第二受益人而言，该转让信用证仍未被修改。

g. 转让信用证必须准确转载原证的条款及条件，包括保兑（如有），但下列项目除外：

—信用证金额；

—信用证规定的任何单价；

—到期日；

—单据提示期限；

—最迟装运日期或规定的装运期间。

以上任何一项或全部均可减少或缩短。

必须投保的保险金额的投保比例可以增加，以满足原信用证或本惯例规定的投保金额。

可以用第一受益人的名称替换原信用证中申请人的名称。

如果原信用证特别要求开证申请人名称应在除发票以外的任何单据中出现时，则转让信用证必须反映出该项要求。

h. 第一受益人有权以自己的发票和汇票（如有），替换第二受益人的发票和汇票（如有），其金额不得超过原信用证的金额。在如此办理单据替换时，第一受益人可在原信用证项下支取自己发票与第二受益人发票之间产生的差额（如有）。

i. 如果第一受益人应当提交其自己的发票和汇票（如有），但却未能在收到第一次要求时照办；或第一受益人提交的发票导致了第二受益人提示的单据中本不存在的不符点，而其未能在收到第一次要求时予以修正，则转让银行有权将其从第二受益人处收到的单据向开证行提示，并不再对第一受益人负责。

j. 第一受益人可以在其提出转让申请时，表明可在信用证被转让的地点，在原信用证的到期日之前（包括到期日）向第二受益人予以兑付或议付。

本条款并不损害第一受益人在第三十八条(h)款下的权利。

k. 由第二受益人或代表第二受益人提交的单据必须向转让银行提示。

第 39 条　款项让渡

信用证未表明可转让，并不影响受益人根据所适用的法律规定，将其在该信用证项下有权获得的款项让渡与他人的权利。本条只涉及款项让渡，而不涉及信用证项下履行权利的让渡。

二、最高人民法院《关于审理信用证纠纷案件若干问题的规定》

（2005 年 10 月 24 日最高人民法院审判委员会第 1368 次会议通过，自 2006 年 1 月 1 日起施行）

根据《中华人民共和国民法通则》、《中华人民共和国合同法》、《中华人民共和国担保法》、《中华人民共和国民事诉讼法》等法律，参照国际商会《跟单信用证统一惯例》等相关国际惯例，结合审判实践，就审理信用证纠纷案件的有关问题，制定本规定。

第一条　【信用证纠纷的范围】本规定所指的信用证纠纷案件，是指在信用证开立、通知、修改、撤销、保兑、议付、偿付等环节产生的纠纷。

★★第二条　【法律适用】人民法院审理信用证纠纷案件时，当事人约定适用相关国际惯例或者其他规定的，从其约定；当事人没有约定的，适用国际商会《跟单信用证统一惯例》或者其他相关国际惯例。

★★第三条　【本司法解释的适用范围】开证申请人与开证行之间因申请开立信用证而产生的欠款纠纷、委托人和受托人之间因委托开立信用证产生的纠纷、担保人为申请开立信用证或者委托开立信用证提供担保而产生的纠纷以及信用证项下融资产生的纠纷，适用本规定。

第四条　【允许意思自治】因申请开立信用证而产生的欠款纠纷、委托开立信用证纠纷和因此产生的担保纠纷以及信用证项下融资产生的纠纷应当适用中华人民共和国相关法律。涉外合同当事人对法律适用另有约定的除外。

★★★第五条　【表面相符时银行的付款义务】开证行在作出付款、承兑或者履行信用证项下其他义务的承诺后，只要单据与信用证条款、单据与单据之间在表面上相符，开证行应当履行在信用证规定的期限内付款的义务。当事人以开证申请人与受益人之间的基础交易提出抗辩的，人民法院不予支持。具有本规定第八条的情形除外。

理论解读

开证行开出信用证，即意味着对受益人作出了附条件的付款承诺，该条件是受益人在信用证规定的有效期内提交符合信用证要求的单据，银行对单据的审查限于表面审查，不涉及单据的实质真实性及买卖双方之间买卖合同的履行及修改问题，换言之，只要表面相符，银行就必须承担付款责任。除非有关当事人根据本司法解释的第 8 条规定基于信用证欺诈申请法院颁发了止付令。

★★★第六条　【审单标准】人民法院在审理信用证纠纷案件中涉及单证审查的，应当根据当事人约定适用的相关国际惯例或者其他规定进行；当事人没有约定的，应当按照国际商会《跟单信用证统一惯例》以及国际商会确定的相关标准，认定单据与信用证条款、单据与单据之间是否在表面上相符。

信用证项下单据与信用证条款之间、单据与单据之间在表面上不完全一致，但并不导致相互之间产生歧义的，不应认定为不符点。

理论解读

从本条的规定来看，我国在司法实践中认定不符点的标准比较合理，即并不要求绝对相符，信用证项下单据与信用证条款之间、单据相互间在表面上不完全一致并不一定就够成不符点，只要不导致引起理解上的歧义的，应当认定为相符。

★★★第七条　【开证行审单的权利】开证行有独立审查单据的权利和义务，有权自行作出单据与信用证条款、单据与单据之间是否在表面上相符的决定，并自行决定接受或者拒绝接受单据与信用证条款、单据与单据之间的不符点。

开证行发现信用证项下存在不符点后，可以自行决定是否联系开证申请人接受不符点。开证申请人决定是否接受不符点，并不影响开证行最终决定是否接受不符点。开证行和开证申请人另有约定的除外。

开证行向受益人明确表示接受不符点的，应当承担付款责任。

开证行拒绝接受不符点时，受益人以开证申请人已接受不符点为由要求开证行承担信用证项下付款责任的，人民法院不予支持。

★★★ 第八条　【信用证欺诈的情形】凡有下列情形之一的，应当认定存在信用证欺诈：

（一）受益人伪造单据或者提交记载内容虚假的单据；

（二）受益人恶意不交付货物或者交付的货物无价值；

（三）受益人和开证申请人或者其他第三方串通提交假单据，而没有真实的基础交易；

（四）其他进行信用证欺诈的情形。

★★第九条　【发现信用证欺诈可以起诉止付】开证申请人、开证行或者其他利害关系人发现有本规定第八条的情形，并认为将会给其造成难以弥补的损害时，可以向有管辖权的人民法院申请中止支付信用证项下的款项。

经典考题

（2013-1-100，不定项）中国甲公司从某国乙公司进口一批货物，委托中国丙银行出具一份不可撤销信用证。乙公司发货后持单据向丙银行指定的丁银行请求付款，银行审单时发现单据上记载内容和信用证不完全一致。乙公司称甲公司接受此不符点，丙银行经与甲公司沟通，证实了该说法，即指示丁银行付款。后甲公司得知乙公司所发货物无价值，遂向有管辖权的中国法院申请中止支付信用证项下的款项。下列说法正确的是？①

A. 甲公司已接受不符点，丙银行必须承担付款责任

B. 乙公司行为构成信用证欺诈

C. 即使丁银行已付款，法院仍应裁定丙银行中止支付

D. 丙银行发现单证存在不符点，有义务联系甲公司征询是否接受不符点

★★★★★第十条　【止付信用证的例外】人民法院认定存在信用证欺诈的，应当裁定中止支付或者判决终止支付信用证项下款项，但有下列情形之一的除外：

（一）开证行的指定人、授权人已按照开证行的指令善意地进行了付款；

（二）开证行或者其指定人、授权人已对信用证项下票据善意地作出了承兑；

（三）保兑行善意地履行了付款义务；

（四）议付行善意地进行了议付。

经典考题

1.（2012-1-81，多选）根据最高人民法院《关于审理信用证纠纷案件若干问题的规定》，中国法院认定存在信用证欺诈的，应当裁定中止支付或者判决终止支付信用证项下款项，但存在除外情形。关于除外情形，下列哪些表述是正确的？②

A. 开证行的指定人、授权人已按照开证行的指令善意地进行了付款

B. 开证行或者其指定人、授权人已对信用证项下票据善意地作出了承兑

C. 保兑行善意地履行了付款义务

D. 议付行善意地进行了议付

---

① 【答案及释疑】根据最高人民法院关于审理信用证纠纷案件的司法解释，不符点的接受之最终决定权在于开证行，故A项错误。本案中，乙公司所发货物无价值，构成欺诈，故B项正确。如果开证行指定的银行已经善意付款，则法院不能再裁定中止支付，故C项错误。开证行发现不符点，可以而不是必须联系开证申请人征询是否接受不符点，故D项错误。（答案：B）

② 【答案及释疑】根据最高人民法院《关于审理信用证纠纷案件若干问题的规定》，银行的付款过程已经善意地结束，则不能判决终止或中止信用证项下付款。故应全选。（答案：ABCD）

2.（2009-1-46，单选）中国甲公司（买方）与某国乙公司签订仪器买卖合同，付款方式为信用证，中国丙银行为开证行，中国丁银行为甲公司申请开证的保证人，担保合同未约定法律适用。乙公司向信用证指定行提交单据后，指定行善意支付了信用证项下的款项。后甲公司以乙公司伪造单据为由，向中国某法院申请禁止支付令。依我国相关法律规定，下列哪一选项是正确的？①

A. 中国法院可以诈欺为由禁止开证行对外支付

B. 因指定行已善意支付了信用证项下的款项，中国法院不应禁止中国丙银行对外付款

C. 如确有证据证明单据为乙公司伪造，中国法院可判决终止支付

D. 丁银行与甲公司之间的担保关系应适用《跟单信用证统一惯例》规定

★★★第十一条　【法院受理信用证止付案件的条件】当事人在起诉前申请中止支付信用证项下款项符合下列条件的，人民法院应予受理：

（一）受理申请的人民法院对该信用证纠纷案件享有管辖权；

（二）申请人提供的证据材料证明存在本规定第八条的情形；

（三）如不采取中止支付信用证项下款项的措施，将会使申请人的合法权益受到难以弥补的损害；

（四）申请人提供了可靠、充分的担保；

（五）不存在本规定第十条的情形。

当事人在诉讼中申请中止支付信用证项下款项的，应当符合前款第（二）、（三）、（四）、（五）项规定的条件。

★★第十二条　【作出信用证止付裁定的时限】人民法院接受中止支付信用证项下款项申请后，必须在四十八小时内作出裁定；裁定中止支付的，应当立即开始执行。

人民法院作出中止支付信用证项下款项的裁定，应当列明申请人、被申请人和第三人。

经典考题

（2006-1-45，单选）2006年年初，甲国X公司（卖方）与中国Y公司（买方）订立货物买卖合同。Y公司向中国某银行申请开出了不可撤销信用证。在合同履行过程中，Y公司派驻甲国的业务人员了解到，该批货物很可能与合同严重不符且没有价值，于是紧急通知Y公司总部。Y公司随即向有管辖权的中国法院提出申请，要求裁定止付信用证项下的款项。依照最高人民法院《关于审理信用证纠纷案件若干问题的规定》，下列哪一表述是错误的？②

A. Y公司须证明存在X公司交付的货物无价值或有其他信用证欺诈行为的事实，其要求才可能得到支持

B. 开证行如发现有信用证欺诈事实并认为将会给其造成难以弥补的损害时，也可以向法院申请中止支付信用证项下的款项

C. 只有在法院确认国外议付行尚未善意地履行付款义务的情况下，才能裁定止付信用证项下的款项

---

① 【答案及释疑】根据最高人民法院《关于审理信用证纠纷案件若干问题的规定》第10条的规定，如果开证行的指定人、授权人已按照开证行的指令善意地进行了付款，则法院不能再禁止开证行对外支付，A选项和C选项错误，而B选项正确。《跟单信用证统一惯例》并未对申请人和担保人之间的担保关系如何处理作出规定，而根据最高人民法院《关于审理信用证纠纷案件若干问题的规定》，在双方当事人未约定适用法律的问题上，应适用合同的最密切联系地法（保证合同的最密切联系地原则上为保证人的住所地），故D选项错误。（答案：B）

② 【答案及释疑】最高人民法院《关于审理信用证纠纷案件若干问题的规定》第9条规定，开证申请人或其他利害关系人认为有信用证欺诈的情形，并认为可能造成难以弥补的损害时，可以向有管辖权的法院申请停止支付信用证项下的款项，故B项正确。该规定第12条第1款规定，人民法院接受中止支付信用证项下款项申请后，必须在48小时内作出裁定；裁定中止支付的，应当立即开始执行，故D项正确。根据该规定第11条的规定，当事人在起诉前申请中止支付信用证项下款项，需提供证据材料证明存在本规定第8条的情形，故A项正确。该规定第10条规定，即使人民法院认定存在信用证欺诈，但如果银行的付款已经善意地结束，则不应当裁定中止支付或者判决终止支付信用证项下款项，故C项错误。（答案：C）

D. 法院接受中止支付信用证项下款项的申请后，须在 48 小时内作出裁定

第十三条　【对信用证止付裁定的复议】当事人对人民法院作出中止支付信用证项下款项的裁定有异议的，可以在裁定书送达之日起十日内向上一级人民法院申请复议。上一级人民法院应当自收到复议申请之日起十日内作出裁定。

复议期间，不停止原裁定的执行。

第十四条　【信用证欺诈纠纷的审理】人民法院在审理信用证欺诈案件过程中，必要时可以将信用证纠纷与基础交易纠纷一并审理。

当事人以基础交易欺诈为由起诉的，可以将与案件有关的开证行、议付行或者其他信用证法律关系的利害关系人列为第三人；第三人可以申请参加诉讼，人民法院也可以通知第三人参加诉讼。

第十五条　【信用证止付】人民法院通过实体审理，认定构成信用证欺诈并且不存在本规定第十条的情形的，应当判决终止支付信用证项下的款项。

★第十六条　【接受不符点与保证人的责任】保证人以开证行或者开证申请人接受不符点未征得其同意为由请求免除保证责任的，人民法院不予支持。保证合同另有约定的除外。

★第十七条　【信用证修改与保证人的责任】开证申请人与开证行对信用证进行修改未征得保证人同意的，保证人只在原保证合同约定的或者法律规定的期间和范围内承担保证责任。保证合同另有约定的除外。

第十八条　本规定自 2006 年 1 月 1 日起施行。

三、国际商会《托收统一规则》——国际商会（ICC）出版物第 522 号

【导读】

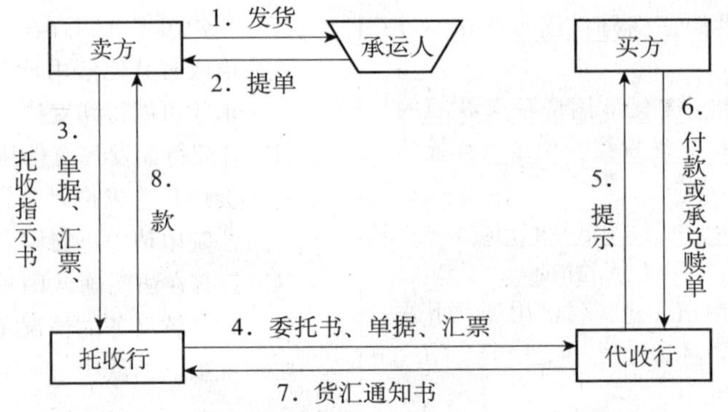

跟单托收流程示意图

一、总则和定义

第一条：URC 522 之适用

（1）本国际商会第 522 号出版物《托收统一规则》1995 年修订本，应适用于第二条界定的、并在第四条“托收指示”中列明适用该项规则的所有托收项目，且除非另有明确的相反约定，或与无法规避的某一国家、政府或地方法律及/或法规相抵触，本规则对所有的当事人均具有约束力。

（2）银行没有义务必须办理某一托收或任何托收指示或以后的相关指示。

（3）如果银行无论出于何种理由选择不办理它所收到的托收或任何相关的托收指示，应毫不延误地采用电讯，或者如果电讯不可能时，采用其他快捷的工具，通知向其发出托收或指示的当事人。

第二条：托收的定义

就本规则各项条款而言：

（1）托收是指银行依据所收到的指示，处理下述第（2）款所界定的单据，以便：

a. 取得付款及/或承兑；或

b. 付款交单及/或承兑交单；或

c. 按照其他条款和条件交付单据。

（2）单据是指金融单据及/或商业单据。

a. 金融单据是指汇票、本票、支票或其他类似的可用于取得款项支付的凭证；

b. 商业单据是指发票、运输单据、所有权单据或其他类似的单据，或者不属于金融单据的任何其他单据。

（3）光票托收是指不附有商业单据的金融单据项下的托收。

（4）跟单托收是指：

a. 附有商业单据的金融单据项下的托收；

b. 不附有金融单据的商业单据项下的托收。

★★第三条：托收当事人

（1）就本规则各项条款而言，托收当事人有：

a. 委托人，即委托银行办理托收的当事人；

b. 托收行，即委托人委托办理托收的银行；

c. 代收行，即除托收行以外的任何参与处理托收业务的任何银行；

d. 提示行，即向付款人提示单据的代收行。

（2）付款人，即根据托收指示向其提示单据的人。

二、托收的形式和结构

第四条：托收指示

（1）a. 所有送往托收的单据必须附有一项托收指示，注明该项托收将遵循《托收统一规则》第522号出版物，并列出完整和明确的指示。银行只准根据该托收指示中的命令和本规则行事；

b. 银行将不会为了取得指示而审核单据；

c. 除非托收指示中另有授权，银行将不理会向其发出托收的任何当事人/银行以外的任何当事人/银行的任何指示。

（2）托收指示应当包括下述各项合适：

a. 收到该项托收的银行详情，包括全称、邮政和SWIFT地址、电传、电话和传真号码和编号；

b. 委托人的详情，包括全称、邮政地址或者办理提示的场所以及，如果有的话，电传、电话和传真号码；

c. 付款人的详情，包括全称、邮政地址或者办理提示的场所以及，如果有的话，电传、电话和传真号码；

d. 提示行（如有的话）的详情，包括全称、邮政地址以及，如果有的话，电传和传真号码；

e. 待托收的金额和货币类型；

f. 所附单据清单和每份单据的份数；

g. i. 据以取得付款及/或承兑的条件和条款；

ii. 凭以交付单据的条件

①付款及/或承兑

②其他条件和条款

缮制托收指示的当事人应负责确保清楚无误地说明交付单据的条件，否则，银行对此所产生的任何后果将不承担责任；

h. 待收取的手续费，指明是否可以放弃；

i. 待收取的利息，如有的话，指明是否可以放弃，包括利率、计息期、适用的计算期基数（如一年按360天还是365天计算）；

j. 付款方法和付款通知的形式；

k. 发生拒绝付款、拒绝承兑及/或与其他指示不相符的情况时应给出的指示。

（3）a. 托收指示应载明付款人或将要办理提示的场所之完整地址。如果地址不全或有错误，代收银行可尽力查明适当的地址，但其本身不承担任何义务和责任。

b. 代收银行对因所提供地址不全或有误所造成的任何延误，将不承担任何责任。

三、提示的形式

第五条：提示

（1）就本规则各项条款而言，提示是指银行按照指示将单据提供给付款人的程序。

（2）托收指示应列明付款人将要采取行动的确切期限。

诸如“首先、迅速、立即”和类似的表述，不应用于指提示，或付款人赎单或采取任何其他行动的任何期限。如果采用了该类术语，银行将不予理会。

（3）单据必须以银行收到时的形式向付款人提示，但经授权银行可以贴附任何必需的印章，并按照说明由向银行发出托收的当事人承担费用，而且银行可以经授权采取任何必要的背书或加盖橡皮戳记，或其他托收业务惯用的和必要的辨认记号或符号。

(4) 为了使委托人的指示得以实现，托收行将以委托人所指定的银行作为代收行。在未指定代收行时，托收行将使用自己的任何银行，或者在付款或承兑的国家中，或必须遵守其他条件的国家中选择另外的银行。

(5) 单据和托收指示可以由托收行直接或者通过另一银行作为中间银行寄送给代收行。

(6) 如果托收行未指定某一特定的提示行，代办行可自行选择提示行。

第六条：即期付款/承兑

如果是见单即付的单据，提示行必须立即办理提示付款，不得延误；如果不是即期而是远期付款单据，提示行必须在要求承兑时毫不拖延地提示承兑，在要求付款时，不应晚于适当的到期日办理提示付款。

第七条：商业单据的发放

承兑交单 (D/A) 与付款交单 (D/P)

(1) 如果托收包含有远期付款的汇票，则其指示不应要求付款才交付商业单据。

(2) 如果托收包含有远期付款的汇票，托收指示应说明商业单据是凭承兑 (D/A) 还是凭付款 (D/P) 发放给付款人。

若无上述说明，商业单据只能是付款放单，而代收行对由于交付单据的任何延误所产生的任何后果将不承担责任。

(3) 如果托收包含有远期付款的汇票，而且托收指示表明应凭付款发放商业单据时，则单据只能凭该项付款才能发放，而代收行对由于交付单据的任何延误所产生的任何结果将不承担责任。

第八条：代制单据

在托收行指示代收行或者付款人来代制托收中未曾包括的单据（汇票、本票、信托收据、保证书或其他单据）时，这些单据的格式和措辞应由托收行提供，否则，代收行对由代收行及/或付款人所提供任何该种单据的格式和措辞将不承担责任或对其负责。

四、义务和责任

第九条：诚信和合理的谨慎

银行将本着诚信的原则、尽合理的谨慎来办理业务。

第十条：单据与货物/服务/履行

(1) 未经银行事先同意，货物不得直接发送到该银行地址，或者以该行作为收货人或者以该行为抬头人。

然而，如果未经银行事先同意而将货物直接发送到该银行地址，或者以该行作为收货人或者以该行为抬头人，并请该行凭付款或承兑或凭其他条款将货物交付给付款人，该行将没有提取货物的义务，其风险和责任仍由发货方承担。

(2) 即使接到特别指示，银行也没有义务对与跟单托收有关的货物采取任何行动，包括对货物进行存储和保险。银行只有在个案中、在其同意的限度内，才会采取该类行动。尽管前述第一条 (3) 段有不同规定，即使代收银行对此没有任何特别的通知，也适用本条规则之规定。

(3) 然而，无论银行是否收到指示，银行为保护货物而采取措施时，对有关货物的结局及/或状况及/或对受托保管及/或保护货物的任何第三方的作为及/或不作为概不承担责任。但是，代收行必须毫不延误地将其所采取的措施通知向其发出托收指的银行。

(4) 银行对货物采取任何保护措施所发生的任何费用及/或花销将由向其发出托收的一方承担。

(5) a. 尽管有前开第十条 (1) 段的规定，如果货物是以代收行作为收货人或抬头人，而且付款人已对该项托收办理了付款、承兑或承诺了其他条件和条款，且代收行因此对货物的发放作了安排时，则应视为托收行已授权代收行如此办理。

b. 若代收行按照托收行的指示或按上述第十条 (5) a 段的规定安排发放货物，托收行应对该代收行所发生的全部损失和花销给予赔偿。

★★★第十一条：对受托方行为的免责

(1) 为使委托人的指示得以实现，银行使用另一银行或其他银行的服务时，是代为该委托人办理的，因此，其风险由委托人承担；

（2）即使银行主动地选择了其他银行办理业务，如该行所转递的指示未被执行，作出选择的银行也不承担责任或对其负责；

（3）一方指示另一方去履行服务，指示方应受到外国法律和惯例施加给被指示方的一切义务和责任的制约，并应就有关义务和责任对受托方承担赔偿责任。

经典考题

（2008-1-44，单选）修帕公司与维塞公司签订了出口 200 吨农产品的合同，付款采用托收方式。船长签发了清洁提单。货到目的港后经检验发现货物质量与合同规定不符，维塞公司拒绝付款提货，并要求减价。后该批农产品全部变质。根据国际商会《托收统一规则》，下列哪一选项是正确的?①

A. 如代收行未执行托收行的指示，托收行应对因此造成的损失对修帕公司承担责任

B. 当维塞公司拒付时，代收行应当主动制作拒绝证书，以便收款人追索

C. 代收行应无延误地向托收行通知维塞公司拒绝付款的情况

D. 当维塞公司拒绝提货时，代收行应当主动提货以减少损失

★★★第十二条：对收到单据的免责

（1）银行必须确定它所收到的单据应与托收指示中所列内容表面相符，如果发现任何单据有短缺或非托收指示所列，银行必须以电讯方式，如电讯不可能时，以其他快捷的方式，通知向从发出指示的一方，不得延误；

银行对此没有其他更多的责任。

（2）如果单据与所列内容表面不相符，托收行对代收行收到的单据种类和数量应不得有争议；

（3）根据第五条（3）段和上述第十二条（1）段和（2）段，银行将按所收到的单据办理提示而无须做更多的审核。

★★★第十三条：对单据有效性的免责

银行对任何单据的格式、完整性、准确性、真实性、虚假性或其法律效力，或对在单据中载明或在其上附加的一般性及/或特殊性的条款，概不承担责任或对其负责；银行也不对任何单据所表示的货物的描述、数量、重量、质量、状况、包装、交货、价值或存在，或对货物的发运人、承运人、运输代理、收货人或保险人或其他任何人的诚信或作为及/或不作为、清偿力、业绩或信誉承担责任或对其负责。

★★第十四条：对单据延误、在传送中的丢失以及对翻译的免责

（1）银行对任何信息、信件或单据在传送中所发生的延误及/或丢失，或对任何电讯在传递中所发生的延误、残损或其他错误，或对技术条款的翻译及/或解释的错误，概不承担责任或对其负责；

（2）银行对由于收到的任何指示需要澄清而引起的延误，将不承担责任或对其负责。

★第十五条：不可抗力

对由于天灾、暴动、骚乱、战争或银行本身不能控制的任何其他原因、任何罢工或停工而使银行营业中断所产生的后果，银行不承担责任或对其负责。

五、付款

第十六条：立即付款

（1）收妥的款项（扣除手续费及/或支出及/或可能的花销）必须按照托收指示中规定的条件和条款，毫不延误地付给向其发出托收指示的一方；

（2）尽管有第一条（3）段的规定，除非另有指示，代收行仅向托收行汇付收妥的款项。

第十七条：以当地货币支付

如果单据是以付款地国家的货币（当地货币）付款，除托收指示另有规定外，提示行必须凭当地货币的付款，发放单据给付款人，只要该种货币按托收指示规定的方式能够随时处理。

---

① 【答案及释疑】根据国际商会《托收统一规则》的规定，托收行对委托人，代收行对托收行负有及时提示、及时通知、及时转交货款，以及对单据进行表面审查的义务，故C项正确。《托收统一规则》还规定了银行免责的情况，包括：（1）托收行对受指示方（如代收行）违反托收行的指示而实施的行为造成的损失，可以免责；（2）在汇票被拒绝承兑或拒绝付款时，若托收指示书上无特别指示，银行没有作出拒绝证书的义务；（3）银行对于跟单托收项下的货物无义务采取任何措施，等等。故A、B、D项错误。（答案：C）

第十八条：用外币付款

如果单据是以付款地国家以外的货币（外汇）付款，除托收指示中另用规定外，提示行必须凭指定的外币付款，发放单据给付款人，只要该外币按托收指示规定能够立即汇出。

第十九条：部分付款

（1）光票托收时，只有在付款地现行法律准许部分付款的条件和限度内，才能接受部分付款。只有在全部货款已收妥的情况下，才能将金融单据发放给付款人。

（2）跟单托收时，只有在托收指示有特别授权的情况下，才能接受部分付款。然而，除非另有指示，提示行只能在全部货款已收妥后才能将单据交与付款人，并对由此所引起的延迟交单所产生的后果不承担责任。

（3）在任何情况下，部分付款只有在符合第十七条或第十八条中的相应规定时将会被接受。

如果接受部分付款，将按照第十六条的规定办理。

六、利息、手续费和费用

第二十条：利息

（1）如果托收指示中规定必须收取利息，但付款人拒付该项利息时，提示行可根据具体情况在不收取利息的情况下凭付款或承兑或其他条款和条件交付单据，除非适用第二十条（3）段之规定。

（2）如果要求收取利息，托收指示中应明确规定利率、计息期和计息基础。

（3）如托收指示中明确地指明利息不得放弃，但付款人拒付该利息，提示行则不交付单据，并对由此所引起的延迟交单所产生的后果不承担责任。

当利息已被拒付时，提示行必须以电讯，当不可能时可用其他便捷的方式，通知向其发出托收指示的银行，不得延误。

第二十一条：手续费和费用

（1）如果托收指示中规定收取手续费及/或费用须由付款人承担，而后者拒付时，提示行可以根据具体情况，在不收取手续费及/或费用的情况下凭付款或承兑或其他条款和条件交付单据，除非适用第二十一条（2）段之规定。

当放弃以这种方式支付托收手续费及/或费用时，该项费用应由发出托收的一方承担，并可从货款中扣减。

（2）如果托收指示中明确指明手续费和（或）费用不得放弃而付款人又拒付该项费用时，提示行将不交付单据，并对由此所引起的延误所产生的后果不承担责任。当该项费用已被拒付时，提示行必须以电讯，当不可能时可用其他便捷的方式，通知向其发出托收指示的银行，不得延误。

（3）在任何情况下，若托收指示中清楚地规定或根据本规则具体规定，支付款项及/或费用及/或托收手续费应由委托人承担，代收行应有权从向其发出托收指示的银行立即收回所支出的有关支付款、费用和手续费，而托收行不管该托收结果如何，应有权向委托人立即收回它所付出的任何金额，连同它自己的支付款、费用和手续费。

（4）银行对向其发出托收指示的一方保留要求事先支付手续费及/或费用的权利，以补偿其拟执行任何指示的费用支出，在未收到该项款项期间，有保留不执行该项指示的权利。

七、其他条款

第二十二条：承兑

提示行有责任确保汇票承兑形式看来是完整和正确的，但是，对任何签字的真实性或签署承兑的任何签字人的权限不负责任。

第二十三条：本票和其他凭证

提示行对在本票、收据或其他凭证上任何签字的真实性或签字人的权限不负责任。

第二十四条：拒绝证书

托收指示对发生拒绝付款或拒绝承兑时的有关拒绝证书应有具体的指示（或代之以其他法律手续）。

如无此项具体指示，与托收有关的各银行在遭到拒绝付款或拒绝承兑时，无义务作出拒绝证书（或代之以其他法律手续）。

银行由于办理拒绝证书或其他法律手续而发生的手续费及/或其他费用概由向其发出托收指示的一方承担。

典型案例

(2004-1-76，多选) 中国太宏公司与法国莱昂公司签订了出口1000吨水果的合同，价格术语为CFR里昂，规定货物可以有6%的溢短装，付款方式为银行托收，付款交单（D/P）。卖方实际装船995吨，船长签发了清洁提单。货到目的港后经法国莱昂公司验收后发现水果总重短少8%，且水果的质量也与合同规定不符。法国公司拒绝付款提货，并要求减价。后来水果全部腐烂。关于本案，依国际商会《托收统一规则》，当法国莱昂公司拒绝付款赎单时，代收行是否应当主动提货以减少损失？代收行是否应当主动制作拒绝证书，以便收款人追索？如损失是因代收行没有执行托收行的指示造成的，托收行是否需要向委托人承担责任？

答案：银行在托收中的地位严格地限于代理人，根据国际商会《托收统一规则》规定银行的免责事项，当法国莱昂公司拒绝付款赎单时，代收行并无主动提货以减少损失和主动制作拒绝证书，以便收款人追索的义务。由于托收行对受指示方的行为可以免责，因而如损失是因代收行没有执行托收行的指示造成的，托收行无须向卖方承担责任。

第二十五条：需要时的代理

如果委托人指定一名代表作为拒绝付款及/或拒绝承兑时的代理人，托收指示中应清楚地、详尽地指明该代理人的权限。如无此项指示，银行对需要时的代理人的指示可以不受理。

★★第二十六条：通知

代收行应按下列规则通知托收结果：

(1) 通知方式

代收行对向对其发出托收指示的银行送交的所有通知和信息，必须载明必要的详细内容，在任何情况下，都应包括后者在托收指示中列明的编号。

(2) 通知的方法：

托收行有责任就各种通知的具体方法向代收行发出指示，不同通知详见本款（3）a，（3）b和（3）c段的内容。如无该项指示，代收行将自行选择通知方法，寄送有关通知，而其费用应由向其发出托收指示的银行承担。

(3) a. 付款通知

代收行必须毫无延误地将付款通知交发给向其发出托收指示的银行，详细列明有关金额或收妥金额、扣减的手续费及/或支付款及/或费用(如适当)，以及资金的处理方式。

b. 承兑通知

代收行必须无延误地将承兑通知发送向其发出托收指示的银行。

c. 拒绝付款或拒绝承兑的通知

提示行应尽力查明拒绝付款或拒绝承兑的原因，并相应地通知向其发出托收指示的银行，不得延误。

提示行应毫无延误地将拒绝付款及/或拒绝承兑的通知发送给向其发出托收指示的银行。收到该通知后，托收行必须就进一步处理单据发出适当的指示。如在发出拒绝付款及/或拒绝承兑通知后60天内，提示行未收到该项指示，可将单据退回向其发出托收指示的银行，而提示行方面不承担任何其他责任。

理论解读

代收行对于买方付款或承兑的事实，或者遭到拒绝付款、承兑的事实，有无延误地向托收行通知的义务。

第四部分　国际贸易管制规则

一、中国对外贸易管制的主要立法

（一）《中华人民共和国对外贸易法》

（1994年5月12日第八届全国人民代表大会常务委员会第七次会议通过，2004年4月6日第十届全国人民代表大会常务委员会第八次会议修订）

【导读】

《对外贸易法》的内容在司法考试中是作为国际经济法的一个组成部分出现的。从历届试题看，直接以本法规定为考试对象的题目并不多。但我国《对外贸易法》多原则性、概括性的规定，其所确立的一系列外贸制度与国际经济法的其他部分关联密切，因此学习好本法对应答国际经济法的题目很有帮助。

第一章　总则

第一条　【立法目的】为了扩大对外开放，发展对外贸易，维护对外贸易秩序，保护对外贸易经营者的合法权益，促进社会主义市场经济的健康发展，制定本法。

★★第二条　【适用范围】本法适用于对外贸易以及与对外贸易有关的知识产权保护。

本法所称对外贸易，是指货物进出口、技术进出口和国际服务贸易。

理论解读

《对外贸易法》所调整的对外贸易管理关系包括货物进出口关系、技术进出口关系以及国际服务贸易关系。边境贸易和单独关税区（如香港、澳门特别行政区等地区）的贸易管理均不适用《对外贸易法》。单独关税区又称独立关税区，它是指一个国家之中的某一部分在贸易上保持单独税率或适用特别贸易规范的领土。

第三条　【作用】国务院对外贸易主管部门依照本法主管全国对外贸易工作。

第四条　【实行统一的对外贸易制度】国家实行统一的对外贸易制度，鼓励发展对外贸易，维护公平、自由的对外贸易秩序。

第五条　【平等互利原则】中华人民共和国根据平等互利的原则，促进和发展同其他国家和地区的贸易关系，缔结或者参加关税同盟协定、自由贸易区协定等区域经济贸易协定，参加区域经济组织。

★第六条　【根据条约、协定或互惠、对等原则给予对方待遇】中华人民共和国在对外贸易方面根据所缔结或者参加的国际条约、协定，给予其他缔约方、参加方最惠国待遇、国民待遇等待遇，或者根据互惠、对等原则给予对方最惠国待遇、国民待遇等待遇。

理论解读

最惠国待遇是指授予国给予某外国的待遇，不低于或不少于授予国已给予或将给予任何第三国的待遇。

国民待遇又称平等待遇，是指国内给予外国人的待遇和给予本国人的待遇相同，即在相同条件下外国人与国内人享有的权利和承担的义务相同。

第七条　【报复措施】任何国家或者地区在贸易方面对中华人民共和国采取歧视性的禁止、限制或者其他类似措施的，中华人民共和国可以根据实际情况对该国家或者该地区采取相应的措施。

第二章　对外贸易经营者

★★★第八条　【定义】本法所称对外贸易经营者，是指依法办理工商登记或者其他执业手续，依照本法和其他有关法律、行政法规的规定从事对外贸易经营活动的法人、其他组织或者个人。

经典考题

（2005-1-87，多选）下列关于我国2004年修订的《对外贸易法》的表述，哪些是正确的？①

A. 对外贸易经营者应为被授予外贸经营权的法人及其他组织

B. 该法只适用于货物进出口

C. 该法不适用于香港、澳门地区

D. 该法规定了对进口货物侵犯知识产权的制裁措施

★★第九条　【货物进出口或技术进出口贸易的备案登记制度】从事货物进出口或者技术进出口的对外贸易经营者，应当向国务院对外贸易主管部门或者其委托的机构办理备案登记；但是，法律、行政法规和国务院对外贸易主管部门规定不需要备案登记的除外。备案登记的具体办法由国务院对外贸易主管部门规定。对外贸易经营者未按照规定办理备案登记的，海关不予办理进出口货物的报关验放手续。

经典考题

（2008-1-85，多选）根据我国2004年修订的《对外贸易法》的规定，关于对外贸易经营者，下列哪些选项是错误的？②

A. 个人须委托具有资格的法人企业才能办理对外贸易业务

B. 对外贸易经营者未依规定办理备案登记的，海关不予办理报关验放手续

C. 有足够的资金即可自动取得对外贸易经营的资格

D. 对外贸易经营者向国务院主管部门办妥审批手续后方能取得对外贸易经营的资格

第十条　【服务贸易和对外工程承包或对外劳务合作的相关规定】从事国际服务贸易，应当遵守本法和其他有关法律、行政法规的规定。

从事对外工程承包或者对外劳务合作的单位，应当具备相应的资质或者资格。具体办法由国务院规定。

第十一条　【国营贸易管理】国家可以对部分货物的进出口实行国营贸易管理。实行国营贸易管理货物的进出口业务只能由经授权的企业经营；但是，国家允许部分数量的国营贸易管理货物的进出口业务由非授权企业经营的除外。

实行国营贸易管理的货物和经授权经营企业的目录，由国务院对外贸易主管部门会同国务院其他有关部门确定、调整并公布。

违反本条第一款规定，擅自进出口实行国营贸易管理的货物的，海关不予放行。

★★第十二条　【对外贸易的代理】对外贸易经营者可以接受他人的委托，在经营范围内代为办理对外贸易业务。

第十三条　【向有关部门提供资料文件】对外贸易经营者应当按照国务院对外贸易主管部门或者国务院其他有关部门依法作出的规定，向有关部门提交与其对外贸易经营活动有关的文件及资料。有关部门应当为提供者保守商业秘密。

第三章　货物进出口与技术进出口

★第十四条　【货物与技术的进出口】国家

---

① 【答案及释疑】根据《对外贸易法》第8条的规定，自然人、法人或其他组织经备案即可从事对外贸易，因此，A项错误。《对外贸易法》第2条规定，该法所称对外贸易，是指货物进出口、技术进出口和国际服务贸易。《对外贸易法》不只适用于货物贸易，因此，B项错误。《对外贸易法》第69条规定："中华人民共和国的单独关税区不适用本法。"香港、澳门特区回归后，实行高度的自治，实施自己的关税制度，是我国的单独关税区，故C项正确。《对外贸易法》第29条规定："国家依照有关知识产权的法律、行政法规，保护与对外贸易有关的知识产权。进口货物侵犯知识产权，并危害对外贸易秩序的，国务院对外贸易主管部门可以采取在一定期限内禁止侵权人生产、销售的有关货物进口等措施。"可见，《对外贸易法》规定了进口货物侵犯知识产权时的制裁措施，D项也正确。（答案：CD）

② 【答案及释疑】根据《对外贸易法》第8条的规定，个人在依法备案的情况下，也可以办理对外贸易业务，因此，A项说法错误。《对外贸易法》第9条规定，对外贸易经营者未按照规定办理备案登记的，海关不予办理进出口货物的报关验放手续，B项说法正确。根据《对外贸易法》第8条的规定，一方面，成为对外贸易经营者需要依法办理工商登记或其他执业手续并依法备案，而非有足够的资金即可自动取得对外贸易经营的资格。另一方面，取得对外贸易经营的资格并不需要向国务院主管部门办理审批手续。因此，CD项说法错误。（答案：ACD）

准许货物与技术的自由进出口。但是，法律、行政法规另有规定的除外。

★★第十五条　【进出口自动许可】国务院对外贸易主管部门基于监测进出口情况的需要，可以对部分自由进出口的货物实行进出口自动许可并公布其目录。

实行自动许可的进出口货物，收货人、发货人在办理海关报关手续前提出自动许可申请的，国务院对外贸易主管部门或者其委托的机构应当予以许可；未办理自动许可手续的，海关不予放行。

进出口属于自由进出口的技术，应当向国务院对外贸易主管部门或者其委托的机构办理合同备案登记。

经典考题

（2004-1-74，多选）依据我国2004年修订的《对外贸易法》的规定，关于货物的进出口管理，下列选项哪些是不正确的？①

A. 对自由进出口的货物无须办理任何手续

B. 全部自由进出口的货物均应实行进出口自动许可

C. 实行自动许可的进出口货物，国务院对外贸易主管部门有权决定是否许可

D. 自动许可的进出口货物未办理自动许可手续的，海关不予放行

★★第十六条　【限制或禁止有关货物、技术进出口的规定】国家基于下列原因，可以限制或者禁止有关货物、技术的进口或者出口：

（一）为维护国家安全、社会公共利益或者公共道德，需要限制或者禁止进口或者出口的；

（二）为保护人的健康或者安全，保护动物、植物的生命或者健康，保护环境，需要限制或者禁止进口或者出口的；

（三）为实施与黄金或者白银进出口有关的措施，需要限制或者禁止进口或者出口的；

（四）国内供应短缺或者为有效保护可能用竭的自然资源，需要限制或者禁止出口的；

（五）输往国家或者地区的市场容量有限，需要限制出口的；

（六）出口经营秩序出现严重混乱，需要限制出口的；

（七）为建立或者加快建立国内特定产业，需要限制进口的；

（八）对任何形式的农业、牧业、渔业产品有必要限制进口的；

（九）为保障国家国际金融地位和国际收支平衡，需要限制进口的；

（十）依照法律、行政法规的规定，其他需要限制或者禁止进口或者出口的；

（十一）根据我国缔结或者参加的国际条约、协定的规定，其他需要限制或者禁止进口或者出口的。

理论解读

本法第26条对限制、禁止国际服务贸易有同第16、17条类似的规定，但亦有差别，请注意比较。此外还应尽量熟悉限制、禁止进出口货物、技术的若干具体情形（第16条），可参考下表：

采取的措施	对货物或技术进出口采取措施的依据《对外贸易法》第16、17条原文
限制或禁止进口或出口	（一）为维护国家安全、社会公共利益或者公共道德，需要限制或者禁止进口或者出口的； （二）为保护人的健康或者安全，保护动物、植物的生命或者健康，保护环境，需要限制或者禁止进口或者出口的； （三）为实施与黄金或者白银进出口有关的措施，需要限制或者禁止进口或者出口的； ………… （十）依照法律、行政法规的规定，其他需要限制或者禁止进口或者出口的； （十一）根据我国缔结或者参加的国际条约、协定，其他需要限制或者禁止进口或者出口的。

① 【答案及释疑】《对外贸易法》第15条规定："国务院对外贸易主管部门基于监测进出口情况的需要，可以对部分自由进出口的货物实行进出口自动许可并公布其目录。实行自动许可的进出口货物，收货人、发货人在办理海关报关手续前提出自动许可申请的，国务院对外贸易主管部门或者其委托的机构应当予以许可；未办理自动许可手续的，海关不予放行。进出口属于自由进出口的技术，应当向国务院对外贸易主管部门或者其委托的机构办理合同备案登记。"根据本条可排除D项，其他三项均符合要求。（答案：ABC）

续前表

限制或者禁止出口	（四）国内供应短缺或者为有效保护可能用竭的自然资源，需要限制或者禁止出口的；
限制出口	（五）输往国家或者地区的市场容量有限，需要限制出口的； （六）出口经营秩序出现严重混乱，需要限制出口的
限制进口	（七）为建立或者加快建立国内特定产业，需要限制进口的； （八）对任何形式的农业、牧业、渔业产品有必要限制进口的； （九）为保障国家国际金融地位和国际收支平衡，需要限制进口的
采取任何必要的措施	国家对与裂变、聚变物质或者衍生此类物质的物质有关的货物、技术进出口，以及与武器、弹药或者其他军用物资有关的进出口，可以采取任何必要的措施，维护国家安全。在战时或者为维护国际和平与安全，国家在货物、技术进出口方面可以采取任何必要的措施。

经典考题

（2004-1-42，单选）依我国2004年修订的《对外贸易法》的规定，基于保障国家国际金融地位和国际收支平衡的原因，国家可以对货物贸易采取下列哪一项措施？①

A. 禁止进口

B. 禁止出口

C. 限制进口

D. 限制出口

第十七条　【和平与安全的必要限制保留】国家对与裂变、聚变物质或者衍生此类物质的物质有关的货物、技术进出口，以及与武器、弹药或者其他军用物资有关的进出口，可以采取任何必要的措施，维护国家安全。

在战时或者为维护国际和平与安全，国家在货物、技术进出口方面可以采取任何必要的措施。

第十八条　【限制或禁止进出口货物、技术目录的决定】国务院对外贸易主管部门会同国务院其他有关部门，依照本法第十六条和第十七条的规定，制定、调整并公布限制或者禁止进出口的货物、技术目录。

国务院对外贸易主管部门或者由其会同国务院其他有关部门，经国务院批准，可以在本法第十六条和第十七条规定的范围内，临时决定限制或者禁止前款规定目录以外的特定货物、技术的进口或者出口。

★第十九条　【配额、许可证制度】国家对限制进口或者出口的货物，实行配额、许可证等方式管理；对限制进口或者出口的技术，实行许可证管理。

实行配额、许可证管理的货物、技术，应当按照国务院规定经国务院对外贸易主管部门或者经其会同国务院其他有关部门许可，方可进口或者出口。

国家对部分进口货物可以实行关税配额管理。

第二十条　【配额的分配】进出口货物配额、关税配额，由国务院对外贸易主管部门或者国务院其他有关部门在各自的职责范围内，按照公开、公平、公正和效益的原则进行分配。具体办法由国务院规定。

第二十一条　【统一的商品合格评定制】国家实行统一的商品合格评定制度，根据有关法律、行政法规的规定，对进出口商品进行认证、检验、检疫。

第二十二条　【原产地管理】国家对进出口货物进行原产地管理。具体办法由国务院规定。

第二十三条　【文物、野生动物、植物及其产品的特别规定】对文物和野生动物、植物及其产品等，其他法律、行政法规有禁止或者限制进出口规定的，依照有关法律、行政法规的规定执行。

① 【答案及释疑】《对外贸易法》第16条规定："国家基于下列原因，可以限制或者禁止有关货物、技术的进口或者出口：……（九）为保障国家国际金融地位和国际收支平衡，需要限制进口的……"限制进口是正确项。（答案：C）

第四章 国际服务贸易

第二十四条 【市场准入和国民待遇】中华人民共和国在国际服务贸易方面根据所缔结或者参加的国际条约、协定中所作的承诺，给予其他缔约方、参加方市场准入和国民待遇。

第二十五条 【管理】国务院对外贸易主管部门和国务院其他有关部门，依照本法和其他有关法律、行政法规的规定，对国际服务贸易进行管理。

★第二十六条 【限制或禁止有关国际服务贸易的原因】国家基于下列原因，可以限制或者禁止有关的国际服务贸易：

（一）为维护国家安全、社会公共利益或者公共道德，需要限制或者禁止的；

（二）为保护人的健康或者安全，保护动物、植物的生命或者健康，保护环境，需要限制或者禁止的；

（三）为建立或者加快建立国内特定服务产业，需要限制的；

（四）为保障国家外汇收支平衡，需要限制的；

（五）依照法律、行政法规的规定，其他需要限制或者禁止的；

（六）根据我国缔结或者参加的国际条约、协定的规定，其他需要限制或者禁止的。

第二十七条 【和平、安全必要限制的保留】国家对与军事有关的国际服务贸易，以及与裂变、聚变物质或者衍生此类物质的物质有关的国际服务贸易，可以采取任何必要的措施，维护国家安全。

在战时或者为维护国际和平与安全，国家在国际服务贸易方面可以采取任何必要的措施。

理论解读

服务贸易管理要点归纳如下表所示：

措施	（采取措施的依据）《对外贸易法》第 26、27 条原文
限制或禁止	（一）为维护国家安全、社会公共利益或者公共道德，需要限制或者禁止的； （二）为保护人的健康或者安全，保护动物、植物的生命或者健康，保护环境，需要限制或者禁止的； （五）依照法律、行政法规的规定，其他需要限制或者禁止的； （六）根据我国缔结或者参加的国际条约、协定，其他需要限制或者禁的。
限制	（三）为建立或者加快建立国内特定服务产业，需要限制的； （四）为保障国家外汇收支平衡，需要限制的。
采取任何必要的措施	国家对与军事有关，以及与裂变、聚变物质或者衍生此类物质的物质有关的国际服务贸易，可以采取任何必要的措施，维护国家安全。在战时或者为维护国际和平与安全，国家在国际服务贸易方面可以采取任何必要的措施。

第二十八条 【国际服务贸易市场准入目录】国务院对外贸易主管部门会同国务院其他有关部门，依照本法第二十六条、第二十七条和其他有关法律、行政法规的规定，制定、调整并公布国际服务贸易市场准入目录。

关联法条

《服务贸易总协定》

第一条　范围和定义

1. 本协定适用于各成员影响服务贸易的措施；

2. 为本协定之目的，服务贸易定义为：

(a) 从一成员境内向任何其他成员境内提供服务；

(b) 在一成员境内向任何其他成员的服务消费者提供服务；

(c) 一成员的服务提供者在任何其他成员境内以商业存在提供服务；

(d) 一成员的服务提供者在任何其他成员境内以自然的存在提供服务。

经典考题

（2012-1-40，单选）《服务贸易总协定》规定了服务贸易的方式，下列哪一选项不属于协定规定的服务贸易？①

A. 中国某运动员应聘到美国担任体育教练

B. 中国某旅行公司组团到泰国旅游

C. 加拿大某银行在中国设立分支机构

D. 中国政府援助非洲某国一笔资金

第五章　与对外贸易有关的知识产权保护

★第二十九条　【知识产权保护的法律和措施】 国家依照有关知识产权的法律、行政法规，保护与对外贸易有关的知识产权。

进口货物侵犯知识产权，并危害对外贸易秩序的，国务院对外贸易主管部门可以采取在一定期限内禁止侵权人生产、销售的有关货物进口等措施。

★第三十条　【对被许可人的限制】 知识产权权利人有阻止被许可人对许可合同中的知识产权的有效性提出质疑、进行强制性一揽子许可、在许可合同中规定排他性返授条件等行为之一，并危害对外贸易公平竞争秩序的，国务院对外贸易主管部门可以采取必要的措施消除危害。

第三十一条　【对等原则】 其他国家或者地区在知识产权保护方面未给予中华人民共和国的法人、其他组织或者个人国民待遇，或者不能对来源于中华人民共和国的货物、技术或者服务提供充分有效的知识产权保护的，国务院对外贸易主管部门可以依照本法和其他有关法律、行政法规的规定，并根据中华人民共和国缔结或者参加的国际条约、协定，对与该国家或者该地区的贸易采取必要的措施。

第六章　对外贸易秩序

第三十二条　【禁止实施垄断行为】 在对外贸易经营活动中，不得违反有关反垄断的法律、行政法规的规定实施垄断行为。

在对外贸易经营活动中实施垄断行为，危害市场公平竞争的，依照有关反垄断的法律、行政法规的规定处理。

有前款违法行为，并危害对外贸易秩序的，国务院对外贸易主管部门可以采取必要的措施消除危害。

★第三十三条　【禁止实施不正当竞争行为】 在对外贸易经营活动中，不得实施以不正当的低价销售商品、串通投标、发布虚假广告、进行商业贿赂等不正当竞争行为。

在对外贸易经营活动中实施不正当竞争行为的，依照有关反不正当竞争的法律、行政法规的规定处理。

有前款违法行为，并危害对外贸易秩序的，国务院对外贸易主管部门可以采取禁止该经营者有关货物、技术进出口等措施消除危害。

第三十四条　【对外贸易活动中的禁止行为】 在对外贸易活动中，不得有下列行为：

（一）伪造、变造进出口货物原产地标记，伪造、变造或者买卖进出口货物原产地证书、进出口许可证、进出口配额证明或者其他进出口证明文件；

（二）骗取出口退税；

（三）走私；

（四）逃避法律、行政法规规定的认证、检验、检疫；

（五）违反法律、行政法规规定的其他行为。

第三十五条　【遵守外汇管理规定】 对外贸易经营者在对外贸易经营活动中，应当遵守国家有关外汇管理的规定。

第三十六条　【公告】 违反本法规定，危害对外贸易秩序的，国务院对外贸易主管部门可以向社会公告。

第七章　对外贸易调查

第三十七条　【可调查事项】 为了维护对外贸易秩序，国务院对外贸易主管部门可以自行或者会同国务院其他有关部门，依照法律、行政法规的规定对下列事项进行调查：

（一）货物进出口、技术进出口、国际服务贸易对国内产业及其竞争力的影响；

（二）有关国家或者地区的贸易壁垒；

---

① 【答案及释疑】《服务贸易总协定》规定的服务贸易有四种方式：跨境交付、境外消费、自然人流动和商业存在。A 选项为自然人流动，B 选项为境外消费，C 选项为商业存在，均属于服务贸易。D 选项属于政府援助，不构成服务贸易，当选。（答案：D）

（三）为确定是否应当依法采取反倾销、反补贴或者保障措施等对外贸易救济措施，需要调查的事项；

（四）规避对外贸易救济措施的行为；

（五）对外贸易中有关国家安全利益的事项；

（六）为执行本法第七条、第二十九条第二款、第三十条、第三十一条、第三十二条第三款、第三十三条第三款的规定，需要调查的事项；

（七）其他影响对外贸易秩序，需要调查的事项。

★★第三十八条　【调查的启动、形式和公告】启动对外贸易调查，由国务院对外贸易主管部门发布公告。

调查可以采取书面问卷、召开听证会、实地调查、委托调查等方式进行。

国务院对外贸易主管部门根据调查结果，提出调查报告或者作出处理裁定，并发布公告。

第三十九条　【调查的配合和保密义务】有关单位和个人应当对对外贸易调查给予配合、协助。

国务院对外贸易主管部门和国务院其他有关部门及其工作人员进行对外贸易调查，对知悉的国家秘密和商业秘密负有保密义务。

第八章　对外贸易救济

第四十条　【调查结束的适当救济】国家根据对外贸易调查结果，可以采取适当的对外贸易救济措施。

第四十一条　【反倾销措施】其他国家或者地区的产品以低于正常价值的倾销方式进入我国市场，对已建立的国内产业造成实质损害或者产生实质损害威胁，或者对建立国内产业造成实质阻碍的，国家可以采取反倾销措施，消除或者减轻这种损害或者损害的威胁或者阻碍。

第四十二条　【与第三国的磋商】其他国家或者地区的产品以低于正常价值出口至第三国市场，对我国已建立的国内产业造成实质损害或者产生实质损害威胁，或者对我国建立国内产业造成实质阻碍的，应国内产业的申请，国务院对外贸易主管部门可以与该第三国政府进行磋商，要求其采取适当的措施。

第四十三条　【反补贴措施】进口的产品直接或者间接地接受出口国家或者地区给予的任何形式的专向性补贴，对已建立的国内产业造成实质损害或者产生实质损害威胁，或者对建立国内产业造成实质阻碍的，国家可以采取反补贴措施，消除或者减轻这种损害或者损害的威胁或者阻碍。

第四十四条　【数量增加的必要保障措施】因进口产品数量大量增加，对生产同类产品或者与其直接竞争的产品的国内产业造成严重损害或者严重损害威胁的，国家可以采取必要的保障措施，消除或者减轻这种损害或者损害的威胁，并可以对该产业提供必要的支持。

第四十五条　【对服务增加造成损害的救济措施】因其他国家或者地区的服务提供者向我国提供的服务增加，对提供同类服务或者与其直接竞争的服务的国内产业造成损害或者产生损害威胁的，国家可以采取必要的救济措施，消除或者减轻这种损害或者损害的威胁。

第四十六条　【第三国限制进口的必要救济措施】因第三国限制进口而导致某种产品进入我国市场的数量大量增加，对已建立的国内产业造成损害或者产生损害威胁，或者对建立国内产业造成阻碍的，国家可以采取必要的救济措施，限制该产品进口。

关联法条

本法第40条；《中华人民共和国反倾销条例》第3～7条；《中华人民共和国反补贴条例》第3～4、7条。

第四十七条　【缔结或者共同参加经济贸易条约、协定的国家或者地区违约的适当补救措施】与中华人民共和国缔结或者共同参加经济贸易条约、协定的国家或者地区，违反条约、协定的规定，使中华人民共和国根据该条约、协定享有的利益丧失或者受损，或者阻碍条约、协定目标实现的，中华人民共和国政府有权要求有关国家或者地区政府采取适当的补救措施，并可以根据有关条约、协定中止或者终止履行相关义务。

第四十八条　【磋商、谈判的法律依据】国务院对外贸易主管部门依照本法和其他有关法律的规定，进行对外贸易的双边或者多边磋商、谈判和争端的解决。

第四十九条　【视察应急机制】国务院对外贸易主管部门和国务院其他有关部门应当建立货物进出口、技术进出口和国际服务贸易的预警应急机制，应对对外贸易中的突发和异常情况，维护国家经济安全。

第五十条　【反规避措施】国家对规避本法规定的对外贸易救济措施的行为，可以采取必要的反规避措施。

第九章　对外贸易促进

第五十一条　【制定战略、建立机制】国家制定对外贸易发展战略，建立和完善对外贸易促进机制。

第五十二条　【金融机构和基金】国家根据对外贸易发展的需要，建立和完善为对外贸易服务的金融机构，设立对外贸易发展基金、风险基金。

第五十三条　【发展对外贸易的方式】国家通过进出口信贷、出口信用保险、出口退税及其他促进对外贸易的方式，发展对外贸易。

第五十四条　【建立对外贸易公共信息服务体系】国家建立对外贸易公共信息服务体系，向对外贸易经营者和其他社会公众提供信息服务。

第五十五条　【鼓励发展外贸的措施】国家采取措施鼓励对外贸易经营者开拓国际市场，采取对外投资、对外工程承包和对外劳务合作等多种形式，发展对外贸易。

第五十六条　【依法成立和参加协会、商会】对外贸易经营者可以依法成立和参加有关协会、商会。

有关协会、商会应当遵守法律、行政法规，按照章程对其成员提供与对外贸易有关的生产、营销、信息、培训等方面的服务，发挥协调和自律作用，依法提出有关对外贸易救济措施的申请，维护成员和行业的利益，向政府有关部门反映成员有关对外贸易的建议，开展对外贸易促进活动。

第五十七条　【中国国际贸易促进组织的促进活动】中国国际贸易促进组织按照章程开展对外联系，举办展览，提供信息、咨询服务和其他对外贸易促进活动。

第五十八条　【中小企业的扶持和促进】国家扶持和促进中小企业开展对外贸易。

第五十九条　【民族自治地方和欠发达地区的促进】国家扶持和促进民族自治地方和经济不发达地区发展对外贸易。

第十章　法律责任

第六十条　【违反本法第十一条的处罚】违反本法第十一条规定，未经授权擅自进出口实行国营贸易管理的货物的，国务院对外贸易主管部门或者国务院其他有关部门可以处五万元以下罚款；情节严重的，可以自行政处罚决定生效之日起三年内，不受理违法行为人从事国营贸易管理货物进出口业务的申请，或者撤销已给予其从事其他国营贸易管理货物进出口的授权。

第六十一条　【进出口禁止货物、技术的处罚】进出口属于禁止进出口的货物的，或者未经许可擅自进出口属于限制进出口的货物的，由海关依照有关法律、行政法规的规定处理、处罚；构成犯罪的，依法追究刑事责任。

进出口属于禁止进出口的技术的，或者未经许可擅自进出口属于限制进出口的技术的，依照有关法律、行政法规的规定处理、处罚；法律、行政法规没有规定的，由国务院对外贸易主管部门责令改正，没收违法所得，并处违法所得一倍以上五倍以下罚款，没有违法所得或者违法所得不足一万元的，处一万元以上五万元以下罚款；构成犯罪的，依法追究刑事责任。

自前两款规定的行政处罚决定生效之日或者刑事处罚判决生效之日起，国务院对外贸易主管部门或者国务院其他有关部门可以在三年内不受理违法行为人提出的进出口配额或者许可证的申请，或者禁止违法行为人在一年以上三年以下的期限内从事有关货物或者技术的进出口经营活动。

第六十二条　【从事禁止的国际服务贸易的处罚】从事属于禁止的国际服务贸易的，或者未经许可擅自从事属于限制的国际服务贸易的，依照有关法律、行政法规的规定处罚；法律、行政法规没有规定的，由国务院对外贸易主管部门责令改正，没收违法所得，并处违法所得一倍以上五倍以下罚款，没有违法所得或者违法所得不足一万元的，处一万元以上五万元以下罚款；构成犯罪的，依法追究刑事责任。

国务院对外贸易主管部门可以禁止违法行为人自前款规定的行政处罚决定生效之日或者刑事处罚判决生效之日起一年以上三年以下的期限内从事有关的国际服务贸易经营活动。

第六十三条 【违反第三十四条的处罚】违反本法第三十四条规定，依照有关法律、行政法规的规定处罚；构成犯罪的，依法追究刑事责任。

国务院对外贸易主管部门可以禁止违法行为人自前款规定的行政处罚决定生效之日或者刑事处罚判决生效之日起一年以上三年以下的期限内从事有关的对外贸易经营活动。

第六十四条 【海关执行禁止从事外贸活动的措施】依照本法第六十一条至第六十三条规定被禁止从事有关对外贸易经营活动的，在禁止期限内，海关根据国务院对外贸易主管部门依法作出的禁止决定，对该对外贸易经营者的有关进出口货物不予办理报关验放手续，外汇管理部门或者外汇指定银行不予办理有关结汇、售汇手续。

第六十五条 【利用职务犯罪的处理】依照本法负责对外贸易管理工作的部门的工作人员玩忽职守、徇私舞弊或者滥用职权，构成犯罪的，依法追究刑事责任；尚不构成犯罪的，依法给予行政处分。

依照本法负责对外贸易管理工作的部门的工作人员利用职务上的便利，索取他人财物，或者非法收受他人财物为他人谋取利益，构成犯罪的，依法追究刑事责任；尚不构成犯罪的，依法给予行政处分。

第六十六条 【诉讼】对外贸易经营活动当事人对依照本法负责对外贸易管理工作的部门作出的具体行政行为不服的，可以依法申请行政复议或者向人民法院提起行政诉讼。

第十一章 附则

第六十七条 【特殊物品的法律适用】与军品、裂变和聚变物质或者衍生此类物质的物质有关的对外贸易管理以及文化产品的进出口管理，法律、行政法规另有规定的，依照其规定。

第六十八条 【边境贸易给予优惠和便利】国家对边境地区与接壤国家边境地区之间的贸易以及边民互市贸易，采取灵活措施，给予优惠和便利。具体办法由国务院规定。

第六十九条 【适用范围】中华人民共和国的单独关税区不适用本法。

第七十条 【生效日期】本法自2004年7月1日起施行。

(二)《中华人民共和国反倾销条例》

(2001年10月31日国务院第四十六次常务会议通过，根据2004年3月31日《国务院关于修改〈中华人民共和国反倾销条例〉的决定》修订)

【导读】

1. 反倾销调查的主管机关

我国反倾销调查的机构是商务部。涉及农产品反倾销的国内产业损害调查由商务部会同农业部进行。

2. 反倾销调查的发起方式

反倾销调查有两种发起方式，即申请发起和主动发起。申请发起（主要方式）——指国内产业或者代表国内产业的自然人、法人或者有关组织向商务部提出反倾销调查的书面申请。支持申请的国内产业在产品的数量上要同时满足两个条件：支持者的产量占支持者和反对者总产量的50%以上，支持申请的国内生产者的产量达到国内同类产品总产量的25%以上。满足这两个条件，可以启动反倾销调查。商务部应在收到申请人提交的申请书及有关证据之日起60天内，决定立案调查或者不立案调查。在决定立案调查前，应当通知有关出口国政府。主动发起——是指在特殊情况下，商务部没有收到反倾销调查的书面申请，但有充分的证据认为存在倾销和损害以及二者之间有因果关系的，可以自行决定立案调查。

3. 反倾销调查立案和调查内容

反倾销调查的决定由商务部予以公告，并通知申请人、已知的出口经营者和进口经营者、出口国政府以及其他有利害关系的组织和个人。调查的内容主要为是否存在倾销，是否给国内产业造成了实质性损害或实质性损害的威胁或实质性阻碍。

4. 调查方式

调查机关可以采用问卷、抽样、听证会、现场核查等方式向利害关系方了解情况，进行调查。

5. 初步裁定

经过初步调查之后，商务部根据调查结果，分别就倾销、损害作出初裁决定，并就二者之间的因果关系是否成立作出初裁决定，并予以公告。

6. 终局裁定

初裁决定确定倾销、损害以及二者之间的因果关系成立的，商务部应对倾销幅度、损害及损害程度继续进行调查，并根据调查结果分别作出终裁决定，并予以公告。

7. 反倾销调查期限

反倾销调查应当自立案调查决定公告之日起12个月内结束。特殊情况下可以延长，但延长不得超过6个月，即调查时间最长不能超过18个月。

8. 反倾销调查程序图示如下：

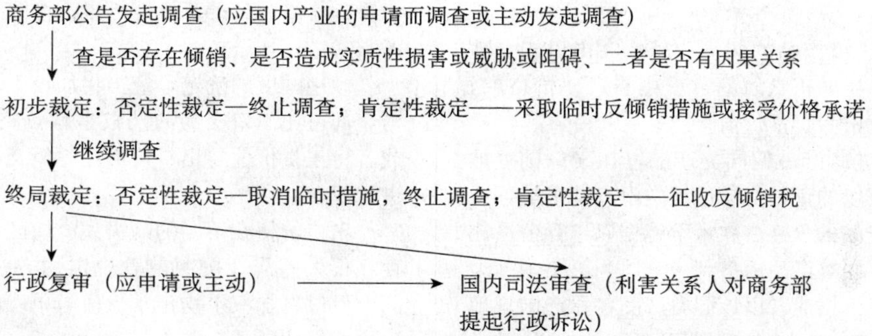

9. 我国相关机构根据调查的情况可以采取三种反倾销措施，每一种措施的采用必须符合规定的条件：

（1）临时反倾销措施。临时反倾销措施包括向进口商征收临时反倾销税；要求进口商提供现金保证金、保函或者其他形式担保。自反倾销立案调查决定公告之日起60天内，不得采取临时反倾销措施。临时反倾销措施实施的期限，自临时反倾销措施决定公告规定实施之日起不超过4个月，在特殊情况下，可以延长9个月。

（2）出口经营者作出价格承诺。价格承诺是指出口经营者在反倾销调查期间向商务部作出改变价格或者停止以倾销价格出口的价格承诺。

（3）向进口商征收反倾销税。

10. 征收反倾销税的主要内容包括：

（1）反倾销税的适用对象——适用于终裁决定公告之日后进口的产品，即向公告之日后进口的产品征收反倾销税。

（2）纳税人——倾销进口产品的进口经营者。

（3）反倾销税的数额——反倾销税税额不超过终裁决定确定的倾销幅度。

（4）追征——特殊情况下可以追溯征收。对立案调查后，实施临时反倾销税之日前90天进口的产品追征。追征的条件是倾销进口产品有对国内产业造成损害的倾销历史，或进口经营者知道或应当知道出口经营者实施倾销并造成损害，或倾销产品短期内大量进口，并可能严重破坏反倾销税的补救效果的。

（5）反倾销税的征收期限，一般不超过5年，但确有必要的可以适当延长。

第一章　总则

第一条　【目的】为了维护对外贸易秩序和公平竞争，根据《中华人民共和国对外贸易法》的有关规定，制定本条例。

★★第二条　【采取反倾销措施的条件】进口产品以倾销方式进入中华人民共和国市场，并对已经建立的国内产业造成实质损害或者产生实质损害威胁，或者对建立国内产业造成实质阻碍的，依照本条例的规定进行调查，采取反倾销措施。

理论解读

存在倾销事实本身并不一定导致反倾销措施，

根据本条规定，必须是存在倾销，存在给国内产业造成的实质性损害或损害威胁，二者有因果关系，才能采取反倾销措施。

第二章 倾销与损害

★★第三条 【定义】倾销，是指在正常贸易过程中进口产品以低于其正常价值的出口价格进入中华人民共和国市场。

对倾销的调查和确定，由商务部负责。

★第四条 【进口产品正常价值的确定】进口产品的正常价值，应当区别不同情况，按照下列方法确定：

（一）进口产品的同类产品，在出口国（地区）国内市场的正常贸易过程中有可比价格的，以该可比价格为正常价值；

（二）进口产品的同类产品，在出口国（地区）国内市场的正常贸易过程中没有销售的，或者该同类产品的价格、数量不能据以进行公平比较的，以该同类产品出口到一个适当第三国（地区）的可比价格或者以该同类产品在原产国（地区）的生产成本加合理费用、利润，为正常价值。

进口产品不直接来自原产国（地区）的，按照前款第（一）项规定确定正常价值；但是，在产品仅通过出口国（地区）转运、产品在出口国（地区）无生产或者在出口国（地区）中不存在可比价格等情形下，可以以该同类产品在原产国（地区）的价格为正常价值。

理论解读

关于确定正常价值，本条规定了三种方法，即出口国国内市场正常贸易过程中的可比价格、出口到一个适当第三国的价格和按照出口国国内市场情况推定的价格。主管部门商务部应根据具体情况相应选择其中的一种方法来确定被调查产品的正常价值。

第五条 【进口产品出口价格的确定】进口产品的出口价格，应当区别不同情况，按照下列方法确定：

（一）进口产品有实际支付或者应当支付的价格的，以该价格为出口价格；

（二）进口产品没有出口价格或者其价格不可靠的，以根据该进口产品首次转售给独立购买人的价格推定的价格为出口价格；但是，该进口产品未转售给独立购买人或者未按进口时的状态转售的，可以以商务部根据合理基础推定的价格为出口价格。

★★第六条 【倾销幅度及其确定】进口产品的出口价格低于其正常价值的幅度，为倾销幅度。

对进口产品的出口价格和正常价值，应当考虑影响价格的各种可比性因素，按照公平、合理的方式进行比较。

倾销幅度的确定，应当将加权平均正常价值与全部可比出口交易的加权平均价格进行比较，或者将正常价值与出口价格在逐笔交易的基础上进行比较。

出口价格在不同的购买人、地区、时期之间存在很大差异，按照前款规定的方法难以比较的，可以将加权平均正常价值与单一出口交易的价格进行比较。

★★第七条 【损害及对损害的调查和确定】损害，是指倾销对已经建立的国内产业造成实质损害或者产生实质损害威胁，或者对建立国内产业造成实质阻碍。

对损害的调查和确定，由商务部负责；其中，涉及农产品的反倾销国内产业损害调查，由商务部会同农业部进行。

第八条 【损害调查的事项】在确定倾销对国内产业造成的损害时，应当审查下列事项：

（一）倾销进口产品的数量，包括倾销进口产品的绝对数量或者相对于国内同类产品生产或者消费的数量是否大量增加，或者倾销进口产品大量增加的可能性；

（二）倾销进口产品的价格，包括倾销进口产品的价格削减或者对国内同类产品的价格产生大幅度抑制、压低等影响；

（三）倾销进口产品对国内产业的相关经济因素和指标的影响；

（四）倾销进口产品的出口国（地区）、原产国（地区）的生产能力、出口能力，被调查产品的库存情况；

（五）造成国内产业损害的其他因素。

对实质损害威胁的确定，应当依据事实，不得仅依据指控、推测或者极小的可能性。

在确定倾销对国内产业造成的损害时，应当依据肯定性证据，不得将造成损害的非倾销因素归因于倾销。

第九条　【累积评估】倾销进口产品来自两个以上国家（地区），并且同时满足下列条件的，可以就倾销进口产品对国内产业造成的影响进行累积评估：

（一）来自每一国家（地区）的倾销进口产品的倾销幅度不小于2%，并且其进口量不属于可忽略不计的；

（二）根据倾销进口产品之间以及倾销进口产品与国内同类产品之间的竞争条件，进行累积评估是适当的。

可忽略不计，是指来自一个国家（地区）的倾销进口产品的数量占同类产品总进口量的比例低于3%；但是，低于3%的若干国家（地区）的总进口量超过同类产品总进口量7%的除外。

第十条　【倾销影响评估的确定方法】评估倾销进口产品的影响，应当针对国内同类产品的生产进行单独确定；不能针对国内同类产品的生产进行单独确定的，应当审查包括国内同类产品在内的最窄产品组或者范围的生产。

★★第十一条　【国内产业的定义】国内产业，是指中华人民共和国国内同类产品的全部生产者，或者其总产量占国内同类产品全部总产量的主要部分的生产者；但是，国内生产者与出口经营者或者进口经营者有关联的，或者其本身为倾销进口产品的进口经营者的，可以排除在国内产业之外。

在特殊情形下，国内一个区域市场中的生产者，在该市场中销售其全部或者几乎全部的同类产品，并且该市场中同类产品的需求主要不是由国内其他地方的生产者供给的，可以视为一个单独产业。

★第十二条　【同类产品】同类产品，是指与倾销进口产品相同的产品；没有相同产品的，以与倾销进口产品的特性最相似的产品为同类产品。

第三章　反倾销调查

★第十三条　【反倾销申请】国内产业或者代表国内产业的自然人、法人或者有关组织（以下统称申请人），可以依照本条例的规定向商务部提出反倾销调查的书面申请。

第十四条　【申请书内容】申请书应当包括下列内容：

（一）申请人的名称、地址及有关情况；

（二）对申请调查的进口产品的完整说明，包括产品名称、所涉及的出口国（地区）或者原产国（地区）、已知的出口经营者或者生产者、产品在出口国（地区）或者原产国（地区）国内市场消费时的价格信息、出口价格信息等；

（三）对国内同类产品生产的数量和价值的说明；

（四）申请调查进口产品的数量和价格对国内产业的影响；

（五）申请人认为需要说明的其他内容。

第十五条　【申请书应附证据】申请书应当附具下列证据：

（一）申请调查的进口产品存在倾销；

（二）对国内产业的损害；

（三）倾销与损害之间存在因果关系。

第十六条　【审查和立案】商务部应当自收到申请人提交的申请书及有关证据之日起60天内，对申请是否由国内产业或者代表国内产业提出、申请书内容及所附具的证据等进行审查，并决定立案调查或者不立案调查。

在决定立案调查前，应当通知有关出口国（地区）政府。

★★第十七条　【启动反倾销调查的条件】在表示支持申请或者反对申请的国内产业中，支持者的产量占支持者和反对者的总产量的50%以上的，应当认定申请是由国内产业或者代表国内产业提出，可以启动反倾销调查；但是，表示支持申请的国内生产者的产量不足国内同类产品总产量的25%的，不得启动反倾销调查。

理论解读

本条规定支持反倾销的生产者的总产量要在国内产业的总产量中达到一定的比例，才能根据申请者的申请启动反倾销调查，其目的就在于确定申请者在国内产业中具有代表性，这恰恰是实现反倾销制度目的的要求，即保护国内产业的发展。

★★第十八条　【商务部自行立案调查权】 在特殊情形下，商务部没有收到反倾销调查的书面申请，但有充分证据认为存在倾销和损害以及二者之间有因果关系的，可以决定立案调查。

第十九条　【立案调查决定的公告和通知】 立案调查的决定，由商务部予以公告，并通知申请人、已知的出口经营者和进口经营者、出口国（地区）政府以及其他有利害关系的组织、个人（以下统称利害关系方）。

立案调查的决定一经公告，商务部应当将申请书文本提供给已知的出口经营者和出口国（地区）政府。

★第二十条　【调查形式】 商务部可以采用问卷、抽样、听证会、现场核查等方式向利害关系方了解情况，进行调查。

商务部应当为有关利害关系方提供陈述意见和论据的机会。

商务部认为必要时，可以派出工作人员赴有关国家（地区）进行调查；但是，有关国家（地区）提出异议的除外。

★第二十一条　【利害关系方如实反映情况的义务】 商务部进行调查时，利害关系方应当如实反映情况，提供有关资料。利害关系方不如实反映情况、提供有关资料的，或者没有在合理时间内提供必要信息的，或者以其他方式严重妨碍调查的，商务部可以根据已经获得的事实和可获得的最佳信息作出裁定。

第二十二条　【调查机关的保密义务】 利害关系方认为其提供的资料泄露后将产生严重不利影响的，可以向商务部申请对该资料按保密资料处理。

商务部认为保密申请有正当理由的，应当对利害关系方提供的资料按保密资料处理，同时要求利害关系方提供一份非保密的该资料概要。

按保密资料处理的资料，未经提供资料的利害关系方同意，不得泄露。

第二十三条　【调查相对人的查阅权】 商务部应当允许申请人和利害关系方查阅本案有关资料；但是，属于按保密资料处理的除外。

第二十四条　【初裁决定】 商务部根据调查结果，就倾销、损害和二者之间的因果关系是否成立作出初裁决定，并予以公告。

第二十五条　【倾销成立的措施】 初裁决定确定倾销、损害以及二者之间的因果关系成立的，商务部应当对倾销及倾销幅度、损害及损害程度继续进行调查，并根据调查结果作出终裁决定，予以公告。

在作出终裁决定前，应当由商务部将终裁决定所依据的基本事实通知所有已知的利害关系方。

第二十六条　【期限】 反倾销调查，应当自立案调查决定公告之日起 12 个月内结束；特殊情况下可以延长，但延长期不得超过 6 个月。

★★第二十七条　【调查的终止】 有下列情形之一的，反倾销调查应当终止，并由商务部予以公告：

（一）申请人撤销申请的；

（二）没有足够证据证明存在倾销、损害或者二者之间有因果关系的；

（三）倾销幅度低于 2%的；

（四）倾销进口产品实际或者潜在的进口量或者损害属于可忽略不计的；

（五）商务部认为不适宜继续进行反倾销调查的。

来自一个或者部分国家（地区）的被调查产品有前款第（二）、（三）、（四）项所列情形之一的，针对所涉产品的反倾销调查应当终止。

第四章　反倾销措施

第一节　临时反倾销措施

★★★第二十八条　【临时反倾销措施】 初裁决定确定倾销成立，并由此对国内产业造成损害的，可以采取下列临时反倾销措施：

（一）征收临时反倾销税；

（二）要求提供保证金、保函或者其他形式的担保。

临时反倾销税税额或者提供的保证金、保函或者其他形式担保的金额，应当不超过初裁决定确定的倾销幅度。

经典考题

(2005-1-42，单选）下列哪一项措施不是我国有关反倾销法律规定的反倾销措施?①

A. 临时反倾销措施　　B. 价格承诺

C. 反倾销税　　D. 进口配额

第二十九条　【临时反倾销税的征收】征收临时反倾销税，由商务部提出建议，国务院关税税则委员会根据商务部的建议作出决定，由商务部予以公告。要求提供保证金、保函或者其他形式的担保，由商务部作出决定并予以公告。海关自公告规定实施之日起执行。

★★第三十条　【临时反倾销措施实施期限】临时反倾销措施实施的期限，自临时反倾销措施决定公告规定实施之日起，不超过4个月；在特殊情形下，可以延长至9个月。

自反倾销立案调查决定公告之日起60天内，不得采取临时反倾销措施。

第二节　价格承诺

★★第三十一条　【作出】倾销进口产品的出口经营者在反倾销调查期间，可以向商务部作出改变价格或者停止以倾销价格出口的价格承诺。

商务部可以向出口经营者提出价格承诺的建议。

商务部不得强迫出口经营者作出价格承诺。

理论解读

准确地说，价格承诺应属于外国的出口经营者和我国商务部达成“双向选择”协议的安排。其中任何一方不接受或不同意都不能采用。当然，如果我国商务部接受或同意了价格承诺安排，则不得再另行对被调查产品采取其他的反倾销措施，这也正是外国出口经营者有可能同意价格承诺安排的主要原因之一。

第三十二条　【非强制性】出口经营者不作出价格承诺或者不接受价格承诺的建议的，不妨碍对反倾销案件的调查和确定。出口经营者继续倾销进口产品的，商务部有权确定损害威胁更有可能出现。

★★第三十三条　【接受】商务部认为出口经营者作出的价格承诺能够接受并符合公共利益的，可以决定中止或者终止反倾销调查，不采取临时反倾销措施或者征收反倾销税。中止或者终止反倾销调查的决定由商务部予以公告。

商务部不接受价格承诺的，应当向有关出口经营者说明理由。

商务部对倾销以及由倾销造成的损害作出肯定的初裁决定前，不得寻求或者接受价格承诺。

★第三十四条　【继续调查及其裁定的效力】依照本条例第三十三条第一款规定中止或者终止反倾销调查后，应出口经营者请求，商务部应当对倾销和损害继续进行调查；或者商务部认为有必要的，可以对倾销和损害继续进行调查。

根据前款调查结果，作出倾销或者损害的否定裁定的，价格承诺自动失效；作出倾销和损害的肯定裁定的，价格承诺继续有效。

第三十五条　【履行的核实】商务部可以要求出口经营者定期提供履行其价格承诺的有关情况、资料，并予以核实。

★★第三十六条　【违反的后果】出口经营者违反其价格承诺的，商务部依照本条例的规定，可以立即决定恢复反倾销调查；根据可获得的最佳信息，可以决定采取临时反倾销措施，并可以对实施临时反倾销措施前90天内进口的产品追溯征收反倾销税，但违反价格承诺前进口的产品除外。

① 【答案及释疑】《反倾销条例》第四章是关于反倾销措施的规定，分为三节内容，分别为临时反倾销措施、价格承诺和反倾销税。《反倾销条例》第28条规定：“初裁决定确定倾销成立，并由此对国内产业造成损害的，可以采取下列临时反倾销措施：(一)征收临时反倾销税；(二)要求提供现金保证金、保函或者其他形式的担保……”第31条规定：“倾销进口产品的出口经营者在反倾销调查期间，可以向商务部作出改变价格或者停止以倾销价格出口的价格承诺……”第37条规定：“终裁决定确定倾销成立，并由此对国内产业造成损害的，可以征收反倾销税。”可见，A、B、C项均为反倾销措施。进口配额用于对货物的进口进行限制，是一国外贸管理的措施之一，其实施与反倾销措施在实施条件、实施目的等方面都存在差异。因此，本题应选D项。(答案：D)

经典考题

（2007-1-42，单选）根据我国《反倾销条例》的规定，倾销进口产品的出口经营者在反倾销调查期间，可向商务部作出改变价格或停止以倾销价格出口的价格承诺。有关价格承诺的规定，下列哪一选项是正确的？①

A. 商务部可以向出口经营者提出价格承诺的建议

B. 商务部在对倾销及其损害作出肯定的初步裁定之前可以寻求或接受价格承诺

C. 对出口经营者作出的价格承诺，商务部应予接受

D. 出口经营者违反其价格承诺的，商务部可以采取保障措施

第三节 反倾销税

★★第三十七条 【征收条件】终裁决定确定倾销成立，并由此对国内产业造成损害的，可以征收反倾销税。征收反倾销税应当符合公共利益。

第三十八条 【征收的建议、决定和公告】征收反倾销税，由商务部提出建议，国务院关税税则委员会根据商务部的建议作出决定，由商务部予以公告。海关自公告规定实施之日起执行。

第三十九条 【适用范围】反倾销税适用于终裁决定公告之日后进口的产品，但属于本条例第三十六条、第四十三条、第四十四条规定的情形除外。

第四十条 【纳税人】反倾销税的纳税人为倾销进口产品的进口经营者。

经典考题

（2006-1-44，单选）根据中国法律，如果中国商务部终局裁定确定某种进口产品倾销成立并由此对国内产业造成损害的，可以征收反倾销税。下列关于反倾销税的哪种说法是正确的？②

A. 反倾销税只对终局裁定公告之日后进口的产品适用

B. 反倾销税税额不得超过终局裁定的倾销幅度

C. 反倾销税和价格承诺可以同时采取

D. 反倾销税的纳税人应该是倾销产品的出口商

★★第四十一条 【反倾销税的确定】反倾销税应当根据不同出口经营者的倾销幅度，分别确定。对未包括在审查范围内的出口经营者的倾销进口产品，需要征收反倾销税的，应当按照合理的方式确定对其适用的反倾销税。

★★★第四十二条 【税额限制】反倾销税税额不超过终裁决定确定的倾销幅度。

★★第四十三条 【临时反倾销措施期间反倾销税的追溯征收】终裁决定确定存在实质损害，并在此前已经采取临时反倾销措施的，反倾销税可以对已经实施临时反倾销措施的期间追溯征收。

终裁决定确定存在实质损害威胁，在先前不采取临时反倾销措施将会导致后来作出实质损害裁定的情况下已经采取临时反倾销措施的，反倾销税可以对已经实施临时反倾销措施的期间追溯征收。

---

① 【答案及释疑】根据我国《反倾销条例》的规定，倾销进口产品的出口经营者在反倾销调查期间，可以向商务部作出改变价格或者停止以倾销价格出口的价格承诺。商务部可以建议但不得强迫出口经营者作出价格承诺。出口经营者不作出价格承诺或不接受价格承诺建议，不妨碍反倾销案件的调查和确定。是否接受价格承诺，由商务部决定。商务部接受价格承诺，可以中止或终止反倾销调查。商务部在初步裁定前不得寻求或者接受价格承诺。接受价格承诺后继续进行调查并作出否定的倾销或损害的终局裁定，价格承诺自动失效。出口经营者违反其价格承诺的，商务部可以立即决定恢复反倾销调查；根据可获得的最佳信息，可以决定采取临时反倾销措施，并可以对实施临时反倾销措施前 90 天内进口的产品追溯征收反倾销税，但违反价格承诺前进口的产品除外。（答案：A）

② 【答案及释疑】我国《反倾销条例》第 39 条规定，反倾销税适用于终裁决定公告之日后进口的产品，但属于该条例第 36、43、44 条规定的情形除外。换言之，在第 36、43、44 条的情况下，可以追溯征收反倾销税，因此，A 选项错误。《反倾销条例》第 42 条规定，反倾销税税额不超过终裁决定确定的倾销幅度，因此 B 选项正确。《反倾销条例》第 33 条规定，商务部认为出口经营者作出的价格承诺能够接受并符合公共利益的，可以决定中止或者终止反倾销调查，不采取临时反倾销措施或者征收反倾销税，因此反倾销税和价格承诺不能同时采取，C 选项错误。《反倾销条例》第 40 条规定，反倾销税的纳税人为倾销进口产品的进口经营者，因此 D 选项错误。（答案：B）

终裁决定确定的反倾销税，高于已付或者应付的临时反倾销税或者为担保目的而估计的金额的，差额部分不予收取；低于已付或者应付的临时反倾销税或者为担保目的而估计的金额的，差额部分应当根据具体情况予以退还或者重新计算税额。

理论解读

应注意追溯征收的前提，如果决定不追溯征收，则已经征收的临时反倾销税应当退还。终裁决定确定的反倾销税高于已付或者应付的临时反倾销税的应予以退还，但低于应付或应付的临时反倾销税时却不可要求补交，简称“多退少不补原则”。

经典考题

1.（2011-1-42，单选）甲、乙、丙中国企业代表国内某食品原料产业向商务部提出反倾销调查申请，要求对原产于A国、B国、C国的该原料进行相关调查。经查，商务部终局裁定确定倾销成立，对国内产业造成损害，决定征收反倾销税。根据我国相关法律规定，下列哪一说法是正确的？①

A. 反倾销税的纳税人是该原料的出口经营者

B. 在反倾销调查期间，商务部可以建议进口经营者作出价格承诺

C. 终裁决定确定的反倾销税额高于已付或应付临时反倾销税或担保金额的，差额部分不予征收

D. 终裁决定确定的反倾销税额低于已付或应付临时反倾销税或担保金额的，差额部分不予退还

2.（2012-1-41，单选）部分中国企业向商务部提出反倾销调查申请，要求对原产于某国的某化工原材料进口产品进行相关调查。经查，商务部终局裁定确定倾销成立，决定征收反倾销税。根据我国相关法律规定，下列哪一说法是正确的？②

A. 构成倾销的前提是进口产品对我国化工原材料产业造成了实质损害，或者产生实质损害威胁

B. 对不同出口经营者应该征收同一标准的反倾销税税额

C. 征收反倾销税，由国务院关税税则委员会作出决定，商务部予以执行

D. 与反倾销调查有关的对外磋商、通知和争端事宜由外交部负责

★★第四十四条　【反倾销税的追溯征收及例外】 下列两种情形并存的，可以对实施临时反倾销措施之日前90天内进口的产品追溯征收反倾销税，但立案调查前进口的产品除外：

（一）倾销进口产品有对国内产业造成损害的倾销历史，或者该产品的进口经营者知道或者应当知道出口经营者实施倾销并且倾销对国内产业将造成损害的；

（二）倾销进口产品在短期内大量进口，并且可能会严重破坏即将实施的反倾销税的补救效果的。

商务部发起调查后，有充分证据证明前款所列两种情形并存的，可以对有关进口产品采取进

① 【答案及释疑】反倾销税的纳税人是被调查产品的进口经营者，故A选项错误。在反倾销调查期间，商务部可以建议出口经营者作出价格承诺，故B选项错误。终裁决定确定的反倾销税额高于已付或应付临时反倾销税或担保金额的，差额部分不予征收，终裁决定确定的反倾销税额低于已付或应付临时反倾销税或担保金额的，差额部分应予退还，故C选项正确，D选项错误。（答案：C）

② 【答案及释疑】严格地说，本题并无正确答案。A选项是官方答案，但是事实上，A选项的表述是不准确的。根据《反倾销条例》第3条的规定，倾销，是指在正常贸易过程中进口产品以低于其正常价值的出口价格进入中华人民共和国市场。可见，构成倾销的前提是出口价格高于正常价值。采取反倾销措施的前提才是有损害（实质性损害或者实质性损害的威胁）、有倾销和二者有因果关系。《反倾销条例》第41条规定，反倾销税应当根据不同出口经营者的倾销幅度，分别确定。对未包括在审查范围内的出口经营者的倾销进口产品，需要征收反倾销税的，应当按照合理的方式确定对其适用的反倾销税。故B选项错误。《反倾销条例》第38条规定：征收反倾销税，由商务部提出建议，国务院关税税则委员会根据商务部的建议作出决定，由商务部予以公告。海关自公告规定实施之日起执行。故C选项错误。《反倾销条例》第57条规定，商务部负责与反倾销有关的对外磋商、通知和争端解决事宜。故D选项错误。

口登记等必要措施，以便追溯征收反倾销税。

★★第四十五条　【确定不征收反倾销税的后果】终裁决定确定不征收反倾销税的，或者终裁决定未确定追溯征收反倾销税的，已征收的临时反倾销税、已收取的保证金应当予以退还，保函或者其他形式的担保应当予以解除。

经典考题

（2008-1-83，多选）在进口倾销对国内产业造成实质损害的情况下，反倾销税可以追溯征收。该反倾销税可适用于下列哪些产品？①

A. 采取临时反倾销措施期间进口的产品

B. 发起反倾销调查前 90 天内进口的产品

C. 提起反倾销调查前 90 天进口的产品

D. 实施临时反倾销措施之日前 90 天内进口的产品

第四十六条　【退税】倾销进口产品的进口经营者有证据证明已经缴纳的反倾销税税额超过倾销幅度的，可以向商务部提出退税申请；商务部经审查、核实并提出建议，国务院关税税则委员会根据商务部的建议可以作出退税决定，由海关执行。

★★第四十七条　【对新出口经营者征税的决定】进口产品被征收反倾销税后，在调查期内未向中华人民共和国出口该产品的新出口经营者，能证明其与被征收反倾销税的出口经营者无关联的，可以向商务部申请单独确定其倾销幅度。商务部应当迅速进行审查并作出终裁决定。在审查期间，可以采取本条例第二十八条第一款第（二）项规定的措施，但不得对该产品征收反倾销税。

第五章　反倾销税和价格承诺的期限与复审

★★★第四十八条　【反倾销税和价格承诺的期限】反倾销税的征收期限和价格承诺的履行期限不超过 5 年；但是，经复审确定终止征收反倾销税有可能导致倾销和损害的继续或者再度发生的，反倾销税的征收期限可以适当延长。

第四十九条　【复审】反倾销税生效后，商务部可以在有正当理由的情况下，决定对继续征收反倾销税的必要性进行复审；也可以在经过一段合理时间，应利害关系方的请求并对利害关系方提供的相应证据进行审查后，决定对继续征收反倾销税的必要性进行复审。

价格承诺生效后，商务部可以在有正当理由的情况下，决定对继续履行价格承诺的必要性进行复审；也可以在经过一段合理时间，应利害关系方的请求并对利害关系方提供的相应证据进行审查后，决定对继续履行价格承诺的必要性进行复审。

第五十条　【复审结果的处理】根据复审结果，由商务部依照本条例的规定提出保留、修改或者取消反倾销税的建议，国务院关税税则委员会根据商务部的建议作出决定，由商务部予以公告；或者由商务部依照本条例的规定，作出保留、修改或者取消价格承诺的决定并予以公告。

第五十一条　【复审的程序和期间】复审程序参照本条例关于反倾销调查的有关规定执行。

复审期限自决定复审开始之日起，不超过 12 个月。

第五十二条　【复审期间不妨碍反倾销措施实施】在复审期间，复审程序不妨碍反倾销措施的实施。

第六章　附则

第五十三条　【救济方式】对依照本条例第二十五条作出的终裁决定不服的，对依照本条例第四章作出的是否征收反倾销税的决定以及追溯征收、退税、对新出口经营者征税的决定不服的，或者对依照本条例第五章作出的复审决定不服的，可以依法申请行政复议，也可以依法向人民法院提起诉讼。

① 【答案及释疑】反倾销税对终局裁定公告之日后进口的产品适用，但在特殊情况下也可以追溯征收。终裁决定确定存在实质损害或实质损害威胁，并且在此前已经采取临时反倾销措施的，反倾销税可以对已经实施临时反倾销措施的期间追溯征收。对实施临时反倾销税的期间追溯征收的，采取多退少不补的原则。即终裁决定确定的反倾销税额高于已付或应付临时反倾销税或担保金额的，差额部分不予征收；低于已付或应付临时反倾销税或担保金额的，差额部分应予退还或重新计算。因此，A 项正确。根据《反倾销条例》第 44 条的规定，符合一定条件的情况下，可以对实施临时反倾销措施前 90 天内进口的产品追溯征收反倾销税，故 D 项的表述正确。（答案：AD）

第五十四条　【公告的内容】依照本条例作出的公告，应当载明重要的情况、事实、理由、依据、结果和结论等内容。

★第五十五条　【规避的防止】商务部可以采取适当措施，防止规避反倾销措施的行为。

第五十六条　【歧视性反倾销措施】任何国家（地区）对中华人民共和国的出口产品采取歧视性反倾销措施的，中华人民共和国可以根据实际情况对该国家（地区）采取相应的措施。

★★第五十七条　【商务部职责】商务部负责与反倾销有关的对外磋商、通知和争端解决事宜。

第五十八条　【具体实施办法的制定】商务部可以根据本条例制定有关具体实施办法。

第五十九条　【生效日期】本条例自2002年1月1日起施行。1997年3月25日国务院发布的《中华人民共和国反倾销和反补贴条例》中关于反倾销的规定同时废止。

（三）《中华人民共和国反补贴条例》

（2001年10月31日国务院第四十六次常务会议通过，根据2004年3月31日《国务院关于修改〈中华人民共和国反补贴条例〉的决定》修订）

【导读】

反补贴调查程序图示如下：

商务部公告发起调查（应国内产业的申请而调查或主动发起调查）

↓ 查是否存在专项性补贴、是否造成实质性损害或威胁或阻碍、二者是否有因果关系

初步裁定：否定性裁定——终止调查；肯定性裁定——采取临时反补贴措施或接受承诺

↓ 继续调查

终局裁定：否定性裁定——取消临时措施，终止调查；肯定性裁定——征收反补贴税

↓

行政复审（应申请或主动）→ 国内司法审查（利害关系人对商务部提起行政诉讼）

第一章　总则

第一条　【目的】为了维护对外贸易秩序和公平竞争，根据《中华人民共和国对外贸易法》的有关规定，制定本条例。

第二条　【适用情况】进口产品存在补贴，并对已经建立的国内产业造成实质损害或者产生实质损害威胁，或者对建立国内产业造成实质阻碍的，依照本条例的规定进行调查，采取反补贴措施。

第二章　补贴与损害

★★第三条　【定义】补贴，是指出口国（地区）政府或者其任何公共机构提供的并为接受者带来利益的财政资助以及任何形式的收入或者价格支持。

出口国（地区）政府或者其任何公共机构，以下统称出口国（地区）政府。

本条第一款所称财政资助，包括：

（一）出口国（地区）政府以拨款、贷款、资本注入等形式直接提供资金，或者以贷款担保等形式潜在地直接转让资金或者债务；

（二）出口国（地区）政府放弃或者不收缴应收收入；

（三）出口国（地区）政府提供除一般基础设施以外的货物、服务，或者由出口国（地区）政府购买货物；

（四）出口国（地区）政府通过向筹资机构付款，或者委托、指令私营机构履行上述职能。

理论解读

补贴是指出口国政府或者其任何公共机构提供的并为接受者带来利益的财政资助以及任何形式的收入或者价格支持。可见，构成补贴需具备两个要素：政府提供的财政资助；接受者获得利益。根据《反补贴条例》的规定，此种财政资助须构成专项

性补贴，即只有特定的某些企业或产业才能得到的补贴。补贴不一定由政府直接提供，还包括政府通过其他机构实施补贴的间接行为，而且，补贴的手段也不尽相同，不是必须以货币的形式出现。

★★★**第四条　【专向性补贴的要求】**依照本条例进行调查、采取反补贴措施的补贴，必须具有专向性。

具有下列情形之一的补贴，具有专向性：

（一）由出口国（地区）政府明确确定的某些企业、产业获得的补贴；

（二）由出口国（地区）法律、法规明确规定的某些企业、产业获得的补贴；

（三）指定特定区域内的企业、产业获得的补贴；

（四）以出口实绩为条件获得的补贴，包括本条例所附出口补贴清单列举的各项补贴；

（五）以使用本国（地区）产品替代进口产品为条件获得的补贴。

在确定补贴专向性时，还应当考虑受补贴企业的数量和企业受补贴的数额、比例、时间以及给与补贴的方式等因素。

理论解读

反补贴措施只能针对“专向性补贴”，而不包括普遍性补贴。所谓专向性补贴，是指只有特定的某些企业或产业才能够得到的、由政府给予或政府主导给予的补贴。

第五条　【主管机关】对补贴的调查和确定，由商务部负责。

第六条　【补贴金额的计算】进口产品的补贴金额，应当区别不同情况，按照下列方式计算：

（一）以无偿拨款形式提供补贴的，补贴金额以企业实际接受的金额计算；

（二）以贷款形式提供补贴的，补贴金额以接受贷款的企业在正常商业贷款条件下应支付的利息与该项贷款的利息差额计算；

（三）以贷款担保形式提供补贴的，补贴金额以在没有担保情况下企业应支付的利息与有担保情况下企业实际支付的利息之差计算；

（四）以注入资本形式提供补贴的，补贴金额以企业实际接受的资本金额计算；

（五）以提供货物或者服务形式提供补贴的，补贴金额以该项货物或者服务的正常市场价格与企业实际支付的价格之差计算；

（六）以购买货物形式提供补贴的，补贴金额以政府实际支付价格与该项货物正常市场价格之差计算；

（七）以放弃或者不收缴应收收入形式提供补贴的，补贴金额以依法应缴金额与企业实际缴纳金额之差计算。

对前款所列形式以外的其他补贴，按照公平、合理的方式确定补贴金额。

★★**第七条　【损害的定义】**损害，是指补贴对已经建立的国内产业造成实质损害或者产生实质损害威胁，或者对建立国内产业造成实质阻碍。

对损害的调查和确定，由商务部负责；其中，涉及农产品的反补贴国内产业损害调查，由商务部会同农业部进行。

第八条　【损害审查事项】在确定补贴对国内产业造成的损害时，应当审查下列事项：

（一）补贴可能对贸易造成的影响；

（二）补贴进口产品的数量，包括补贴进口产品的绝对数量或者相对于国内同类产品生产或者消费的数量是否大量增加，或者补贴进口产品大量增加的可能性；

（三）补贴进口产品的价格，包括补贴进口产品的价格削减或者对国内同类产品的价格产生大幅度抑制、压低等影响；

（四）补贴进口产品对国内产业的相关经济因素和指标的影响；

（五）补贴进口产品出口国（地区）、原产国（地区）的生产能力、出口能力，被调查产品的库存情况；

（六）造成国内产业损害的其他因素。

对实质损害威胁的确定，应当依据事实，不得仅依据指控、推测或者极小的可能性。

在确定补贴对国内产业造成的损害时，应当依据肯定性证据，不得将造成损害的非补贴因素归因于补贴。

第九条　【累积评估】补贴进口产品来自两个以上国家（地区），并且同时满足下列条件的，可以就补贴进口产品对国内产业造成的影响进行累积评估：

（一）来自每一国家（地区）的补贴进口产品的补贴金额不属于微量补贴，并且其进口量不属于可忽略不计的；

（二）根据补贴进口产品之间的竞争条件以及补贴进口产品与国内同类产品之间的竞争条件，进行累积评估是适当的。

微量补贴，是指补贴金额不足产品价值1%的补贴；但是，来自发展中国家（地区）的补贴进口产品的微量补贴，是指补贴金额不足产品价值2%的补贴。

第十条　【补贴进口产品影响的评估】评估补贴进口产品的影响，应当对国内同类产品的生产进行单独确定。不能对国内同类产品的生产进行单独确定的，应当审查包括国内同类产品在内的最窄产品组或者范围的生产。

★★第十一条　【国内产业】国内产业，是指中华人民共和国国内同类产品的全部生产者，或者其总产量占国内同类产品全部总产量的主要部分的生产者；但是，国内生产者与出口经营者或者进口经营者有关联的，或者其本身为补贴产品或者同类产品的进口经营者的，应当除外。

在特殊情形下，国内一个区域市场中的生产者，在该市场中销售其全部或者几乎全部的同类产品，并且该市场中同类产品的需求主要不是由国内其他地方的生产者供给的，可以视为一个单独产业。

第十二条　【同类产品】同类产品，是指与补贴进口产品相同的产品；没有相同产品的，以与补贴进口产品的特性最相似的产品为同类产品。

第三章　反补贴调查

★★第十三条　【反补贴调查申请】国内产业或者代表国内产业的自然人、法人或者有关组织（以下统称申请人），可以依照本条例的规定向商务部提出反补贴调查的书面申请。

第十四条　【申请书的内容】申请书应当包括下列内容：

（一）申请人的名称、地址及有关情况；

（二）对申请调查的进口产品的完整说明，包括产品名称、所涉及的出口国（地区）或者原产国（地区）、已知的出口经营者或者生产者等；

（三）对国内同类产品生产的数量和价值的说明；

（四）申请调查进口产品的数量和价格对国内产业的影响；

（五）申请人认为需要说明的其他内容。

第十五条　【申请书应附证据】申请书应当附具下列证据：

（一）申请调查的进口产品存在补贴；

（二）对国内产业的损害；

（三）补贴与损害之间存在因果关系。

★第十六条　【立案审查期限及磋商的邀请】商务部应当自收到申请人提交的申请书及有关证据之日起60天内，对申请是否由国内产业或者代表国内产业提出、申请书内容及所附具的证据等进行审查，并决定立案调查或者不立案调查。在特殊情形下，可以适当延长审查期限。

在决定立案调查前，应当就有关补贴事项向产品可能被调查的国家（地区）政府发出进行磋商的邀请。

理论解读

由于专向性补贴是出口国政府主导给予的，因而我国发动反补贴调查之前，应向可能被调查的国家或地区政府发出磋商的邀请。《反倾销条例》对于发动反倾销调查的规定中，并无事先与出口国政府磋商的要求，主要原因是倾销行为是由出口经营者自己决定和实施的，与出口国政府并无必然联系。

★★第十七条　【根据申请启动反补贴调查的条件】在表示支持申请或者反对申请的国内产业中，支持者的产量占支持者和反对者的总产量的50%以上的，应当认定申请是由国内产业或者代表国内产业提出，可以启动反补贴调查；但是，表示支持申请的国内生产者的产量不足国内同类产品总产量的25%的，不得启动反补贴调查。

理论解读

本条规定的根据申请发动反补贴调查的条件，强调了支持申请的生产者的代表性。与《反倾销条例》的规定基本相同。

关联法条

《反倾销条例》

第十七条　在表示支持申请或者反对申请的国内产业中，支持者的产量占支持者和反对者的总产量的50%以上的，应当认定申请是由国内产业或者代表国内产业提出，可以启动反倾销调查；但是，表示支持申请的国内生产者的产量不足国内同类产品总产量的25%的，不得启动反倾销调查。

第十八条　【自主立案的情形】在特殊情形下，商务部没有收到反补贴调查的书面申请，但有充分证据认为存在补贴和损害以及二者之间有因果关系的，可以决定立案调查。

★★第十九条　【立案调查的决定】立案调查的决定，由商务部予以公告，并通知申请人、已知的出口经营者、进口经营者以及其他有利害关系的组织、个人（以下统称利害关系方）和出口国（地区）政府。

立案调查的决定一经公告，商务部应当将申请书文本提供给已知的出口经营者和出口国（地区）政府。

★第二十条　【调查方法】商务部可以采用问卷、抽样、听证会、现场核查等方式向利害关系方了解情况，进行调查。

商务部应当为有关利害关系方、利害关系国（地区）政府提供陈述意见和论据的机会。

商务部认为必要时，可以派出工作人员赴有关国家（地区）进行调查；但是，有关国家（地区）提出异议的除外。

理论解读

商务部可以派出工作人员到有关国家或地区进行实地调查，但是应以对方同意为前提。

第二十一条　【利害关系方如实反映情况的义务】商务部进行调查时，利害关系方、利害关系国（地区）政府应当如实反映情况，提供有关资料。利害关系方、利害关系国（地区）政府不如实反映情况、提供有关资料的，或者没有在合理时间内提供必要信息的，或者以其他方式严重妨碍调查的，商务部可以根据可获得的事实作出裁定。

第二十二条　【调查机关的保密义务】利害关系方、利害关系国（地区）政府认为其提供的资料泄露后将产生严重不利影响的，可以向商务部申请对该资料按保密资料处理。

商务部认为保密申请有正当理由的，应当对利害关系方、利害关系国（地区）政府提供的资料按保密资料处理，同时要求利害关系方、利害关系国（地区）政府提供一份非保密的该资料概要。

按保密资料处理的资料，未经提供资料的利害关系方、利害关系国（地区）政府同意，不得泄露。

第二十三条　【案件有关资料的查阅】商务部应当允许申请人、利害关系方和利害关系国（地区）政府查阅本案有关资料；但是，属于按保密资料处理的除外。

第二十四条　【调查期间的磋商】在反补贴调查期间，应当给予产品被调查的国家（地区）政府继续进行磋商的合理机会。磋商不妨碍商务部根据本条例的规定进行调查，并采取反补贴措施。

第二十五条　【初裁决定】商务部根据调查结果，就补贴、损害和二者之间的因果关系是否成立作出初裁决定，并予以公告。

第二十六条　【补贴成立的措施】初裁决定确定补贴、损害以及二者之间的因果关系成立的，商务部应当对补贴及补贴金额、损害及损害程度继续进行调查，并根据调查结果作出终裁决定，予以公告。

在作出终裁决定前，应当由商务部将终裁决定所依据的基本事实通知所有已知的利害关系方、利害关系国（地区）政府。

第二十七条　【调查期限】反补贴调查，应当自立案调查决定公告之日起12个月内结束；特殊情况下可以延长，但延长期不得超过6个月。

第二十八条　【补贴调查应当终止的情形】 有下列情形之一的，反补贴调查应当终止，并由商务部予以公告：

（一）申请人撤销申请的；

（二）没有足够证据证明存在补贴、损害或者二者之间有因果关系的；

（三）补贴金额为微量补贴的；

（四）补贴进口产品实际或者潜在的进口量或者损害属于可忽略不计的；

（五）通过与有关国家（地区）政府磋商达成协议，不需要继续进行反补贴调查的；

（六）商务部认为不适宜继续进行反补贴调查的。

来自一个或者部分国家（地区）的被调查产品有前款第（二）、（三）、（四）、（五）项所列情形之一的，针对所涉产品的反补贴调查应当终止。

第四章　反补贴措施

第一节　临时措施

★★★第二十九条　【临时反补贴措施】 初裁决定确定补贴成立，并由此对国内产业造成损害的，可以采取临时反补贴措施。

临时反补贴措施采取以保证金或者保函作为担保的征收临时反补贴税的形式。

第三十条　【临时反补贴措施的建议、决定、公告和执行】 采取临时反补贴措施，由商务部提出建议，国务院关税税则委员会根据商务部的建议作出决定，由商务部予以公告。海关自公告规定实施之日起执行。

第三十一条　【临时反补贴措施实施的期限】 临时反补贴措施实施的期限，自临时反补贴措施决定公告规定实施之日起，不超过4个月。

自反补贴立案调查决定公告之日起60天内，不得采取临时反补贴措施。

第二节　承诺

第三十二条　【承诺的作出】 在反补贴调查期间，出口国（地区）政府提出取消、限制补贴或者其他有关措施的承诺，或者出口经营者提出修改价格的承诺的，商务部应当予以充分考虑。

商务部可以向出口经营者或者出口国（地区）政府提出有关价格承诺的建议。

商务部不得强迫出口经营者作出承诺。

第三十三条　【调查和确定】 出口经营者、出口国（地区）政府不作出承诺或者不接受有关价格承诺的建议的，不妨碍对反补贴案件的调查和确定。出口经营者继续补贴进口产品的，商务部有权确定损害威胁更有可能出现。

第三十四条　【反补贴调查的中止或终止】 商务部认为承诺能够接受并符合公共利益的，可以决定中止或者终止反补贴调查，不采取临时反补贴措施或者征收反补贴税。中止或者终止反补贴调查的决定由商务部予以公告。

商务部不接受承诺的，应当向有关出口经营者说明理由。

商务部对补贴以及由补贴造成的损害作出肯定的初裁决定前，不得寻求或者接受承诺。在出口经营者作出承诺的情况下，未经其本国（地区）政府同意的，商务部不得寻求或者接受承诺。

第三十五条　【继续调查及其裁定的效力】 依照本条例第三十四条第一款规定中止或者终止调查后，应出口国（地区）政府请求，商务部应当对补贴和损害继续进行调查；或者商务部认为有必要的，可以对补贴和损害继续进行调查。

根据调查结果，作出补贴或者损害的否定裁定的，承诺自动失效；作出补贴和损害的肯定裁定的，承诺继续有效。

第三十六条　【承诺有关情况的核实】 商务部可以要求承诺已被接受的出口经营者或者出口国（地区）政府定期提供履行其承诺的有关情况、资料，并予以核实。

第三十七条　【对违反承诺的处理】 对违反承诺的，商务部依照本条例的规定，可以立即决定恢复反补贴调查；根据可获得的最佳信息，可以决定采取临时反补贴措施，并可以对实施临时反补贴措施前90天内进口的产品追溯征收反补贴税，但违反承诺前进口的产品除外。

理论解读

在反倾销调查之下，出口经营者可以向商务部提出价格承诺，而在反补贴调查之下，承诺的主体可以是出口经营者，也可以是出口国政府，而且，我国商务部在接受出口经营者的价格承诺之前，应经其本国（地区）政府同意，反倾销调查中接受出口经营者的价格承诺无此限制。

第三节　反补贴税

第三十八条　【征收条件】在为完成磋商的努力没有取得效果的情况下，终裁决定确定补贴成立，并由此对国内产业造成损害的，可以征收反补贴税。征收反补贴税应当符合公共利益。

第三十九条　【征收的建议、决定和公告】征收反补贴税，由商务部提出建议，国务院关税税则委员会根据商务部的建议作出决定，由商务部予以公告。海关自公告规定实施之日起执行。

第四十条　【适用范围】反补贴税适用于终裁决定公告之日后进口的产品，但属于本条例第三十七条、第四十四条、第四十五条规定的情形除外。

★★第四十一条　【纳税人】反补贴税的纳税人为补贴进口产品的进口经营者。

第四十二条　【反补贴税的确定】反补贴税应当根据不同出口经营者的补贴金额，分别确定。对实际上未被调查的出口经营者的补贴进口产品，需要征收反补贴税的，应当迅速审查，按照合理的方式确定对其适用的反补贴税。

★★第四十三条　【税额限制】反补贴税税额不得超过终裁决定确定的补贴金额。

经典考题

（2009-1-45，单选）中国某化工产品的国内生产商向中国商务部提起对从甲国进口的该类化工产品的反补贴调查申请。依我国相关法律规定，下列哪一选项是正确的?①

A. 商务部认为必要时可以强制出口经营者作出价格承诺

B. 商务部认为有必要出境调查时，必须通过司法协助途径

C. 反补贴税税额不得超过终裁决定确定的补贴金额

D. 甲国该类化工产品的出口商是反补贴税的纳税人

第四十四条　【临时反补贴措施期间反补贴税的追溯征收】终裁决定确定存在实质损害，并在此前已经采取临时反补贴措施的，反补贴税可以对已经实施临时反补贴措施的期间追溯征收。

终裁决定确定存在实质损害威胁，在先前不采取临时反补贴措施将会导致后来作出实质损害裁定的情况下已经采取临时反补贴措施的，反补贴税可以对已经实施临时反补贴措施的期间追溯征收。

终裁决定确定的反补贴税，高于保证金或者保函所担保的金额的，差额部分不予收取；低于保证金或者保函所担保的金额的，差额部分应当予以退还。

★第四十五条　【反补贴税的追溯征收】下列三种情形并存的，必要时可以对实施临时反补贴措施之日前90天内进口的产品追溯征收反补贴税：

（一）补贴进口产品在较短的时间内大量增加；

（二）此种增加对国内产业造成难以补救的损害；

（三）此种产品得益于补贴。

第四十六条　【确定不征收反补贴税的后果】终裁决定确定不征收反补贴税的，或者终裁决定未确定追溯征收反补贴税的，对实施临时反补贴措施期间已收取的保证金应当予以退还，保函应当予以解除。

第五章　反补贴税和承诺的期限与复审

★★第四十七条　【反补贴税和价格承诺的期限】反补贴税的征收期限和承诺的履行期限不超过5年；但是，经复审确定终止征收反补贴税有可能导致补贴和损害的继续或者再度发生的，反补贴税的征收期限可以适当延长。

---

① 【答案及释疑】根据《反补贴条例》，商务部可以向出口经营者或者出口国（地区）政府提出有关价格承诺的建议，但商务部并无权利强制对方作出价格承诺，A选项错误。商务部认为有必要出境调查时，可以派出工作人员赴有关国家（地区）进行调查，但是，有关国家（地区）提出异议的除外，所以B选项“必须通过司法协助途径”的说法是错误的。反补贴税的纳税人应为进口经营者，故D选项错误。反补贴税税额不得超过终裁决定确定的补贴金额，故C选项正确。（答案：C）

第四十八条　【复审】反补贴税生效后，商务部可以在有正当理由的情况下，决定对继续征收反补贴税的必要性进行复审；也可以在经过一段合理时间，应利害关系方的请求并对利害关系方提供的相应证据进行审查后，决定对继续征收反补贴税的必要性进行复审。

承诺生效后，商务部可以在有正当理由的情况下，决定对继续履行承诺的必要性进行复审；也可以在经过一段合理时间，应利害关系方的请求并对利害关系方提供的相应证据进行审查后，决定对继续履行承诺的必要性进行复审。

第四十九条　【复审结果的处理】根据复审结果，由商务部依照本条例的规定提出保留、修改或者取消反补贴税的建议，国务院关税税则委员会根据商务部的建议作出决定，由商务部予以公告；或者由商务部依照本条例的规定，作出保留、修改或者取消承诺的决定并予以公告。

第五十条　【复审程序和期限】复审程序参照本条例关于反补贴调查的有关规定执行。

复审期限自决定复审开始之日起，不超过12个月。

第五十一条　【复审期间不妨碍反补贴措施实施】在复审期间，复审程序不妨碍反补贴措施的实施。

第六章　附则

第五十二条　【救济方式】对依照本条例第二十六条作出的终裁决定不服的，对依照本条例第四章作出的是否征收反补贴税的决定以及追溯征收的决定不服的，或者对依照本条例第五章作出的复审决定不服的，可以依法申请行政复议，也可以依法向人民法院提起诉讼。

第五十三条　【公告的内容】依照本条例作出的公告，应当载明重要的情况、事实、理由、依据、结果和结论等内容。

第五十四条　【规避的防止】商务部可以采取适当措施，防止规避反补贴措施的行为。

第五十五条　【歧视性反补贴措施】任何国家（地区）对中华人民共和国的出口产品采取歧视性反补贴措施的，中华人民共和国可以根据实际情况对该国家（地区）采取相应的措施。

第五十六条　【商务部职责】商务部负责与反补贴有关的对外磋商、通知和争端解决事宜。

第五十七条　【具体实施办法的制定】商务部可以根据本条例制定有关具体实施办法。

第五十八条　【生效日期】本条例自2002年1月1日起施行。1997年3月25日国务院发布的《中华人民共和国反倾销和反补贴条例》中关于反补贴的规定同时废止。

（四）《中华人民共和国保障措施条例》

（2001年10月31日国务院第四十六次常务会议通过，根据2004年3月31日《国务院关于修改〈中华人民共和国保障措施条例〉的决定》修订）

【导读】

保障措施调查程序图示如下：

商务部公告发起调查（应利害关系人的申请而调查或主动发起调查）

↓ 查是否存在进口数量增加、是否造成严重损害或威胁、二者是否有因果关系

初步裁定：否定性裁定——终止调查；肯定性裁定——采取临时保障措施：提高关税

↓ 继续调查

终局裁定：否定性裁定——取消临时措施，终止调查；肯定性裁定——提高关税或数量限制

第一章　总则

第一条　【目的】为了促进对外贸易健康发展，根据《中华人民共和国对外贸易法》的有关规定，制定本条例。

★★第二条　【采取保障措施的条件】进口产品数量增加，并对生产同类产品或者直接竞争产品的国内产业造成严重损害或者严重损害威胁（以下除特别指明外，统称损害）的，依照本条例的规定进行调查，采取保障措施。

理论解读

采取反倾销和反补贴措施的前提是要求倾销或专向性补贴行为给国内产业造成实质性损害、实质性损害的威胁或实质性阻碍，但是与前述要求不同的是，采取保障措施的前提是要求进口数量增加的事实给国内产业造成严重损害或严重损害的威胁。

经典考题

（2007-1-95，不定项）某种化工材料进口数量的增加，使国内生产同类产品及与其直接竞争的产品的化工厂受到严重损害。依我国相关法律规定，与国内产业有关的自然人、法人或其他组织有权采取的措施有？①

A. 直接向海关申请禁止该化工产品的进口

B. 向商务部提出反倾销调查申请

C. 向有管辖权的法院提起损害赔偿的诉讼

D. 向商务部提出保障措施调查的申请

第二章　调查

★★第三条　【采取保障措施的申请】与国内产业有关的自然人、法人或者其他组织（以下统称申请人），可以依照本条例的规定，向商务部提出采取保障措施的书面申请。

商务部应当及时对申请人的申请进行审查，决定立案调查或者不立案调查。

★第四条　【自主决定】商务部没有收到采取保障措施的书面申请，但有充分证据认为国内产业因进口产品数量增加而受到损害的，可以决定立案调查。

第五条　【公告】立案调查的决定，由商务部予以公告。

商务部应当将立案调查的决定及时通知世界贸易组织保障措施委员会（以下简称保障措施委员会）。

第六条　【主管部门】对进口产品数量增加及损害的调查和确定，由商务部负责；其中，涉及农产品的保障措施国内产业损害调查，由商务部会同农业部进行。

★★第七条　【进口产品数量增加的概念】进口产品数量增加，是指进口产品数量的绝对增加或者与国内生产相比的相对增加。

理论解读

进口产品数量的绝对增加，是指进口产品数量和以前相比有增加。“与国内生产相比的相对增加”是指，进口产品数量和以前相比虽然并无增加，但是进口产品数量所占据的市场份额相对于国内产业所占据的市场份额而言有所增加。

第八条　【确定进口产品数量增加应审查因素】在确定进口产品数量增加对国内产业造成的损害时，应当审查下列相关因素：

（一）进口产品的绝对和相对增长率与增长量；

（二）增加的进口产品在国内市场中所占的份额；

（三）进口产品对国内产业的影响，包括对国内产业在产量、销售水平、市场份额、生产率、设备利用率、利润与亏损、就业等方面的影响；

（四）造成国内产业损害的其他因素。

对严重损害威胁的确定，应当依据事实，不能仅依据指控、推测或者极小的可能性。

在确定进口产品数量增加对国内产业造成的损害时，不得将进口增加以外的因素对国内产业造成的损害归因于进口增加。

第九条　【调查相关信息的公布】在调查期间，商务部应当及时公布对案情的详细分析和审查的相关因素等。

① 【答案及释疑】本题从题干的描述来看，该情况符合保障措施调查的前提条件，故应选D项。应注意反倾销是针对以低于正常价值的价格向我国出口产品，给国内同类产业造成实质性损害或实质性损害的威胁的情形，显然与本题题干描述的情况不同，再者，只有保障措施才以给国内产品造成严重损害为前提，这也容易帮助我们作出正确的判断。另外，根据我国《对外贸易法》和《保障措施条例》的规定，国内产业的有关自然人、法人或其他组织对这种情况只能向商务部请求保障措施调查，既不能直接请求海关禁止其进口，也不能直接以进口造成损害为理由向法院起诉，故A、C项亦属错误。（答案：D）

★★第十条 【国内产业】 国内产业，是指中华人民共和国国内同类产品或者直接竞争产品的全部生产者，或者其总产量占国内同类产品或者直接竞争产品全部总产量的主要部分的生产者。

第十一条 【客观确定因果关系】 商务部应当根据客观的事实和证据，确定进口产品数量增加与国内产业的损害之间是否存在因果关系。

第十二条 【调查】 商务部应当为进口经营者、出口经营者和其他利害关系方提供陈述意见和论据的机会。

调查可以采用调查问卷的方式，也可以采用听证会或者其他方式。

第十三条 【商务部的保密义务】 调查中获得的有关资料，资料提供方认为需要保密的，商务部可以按保密资料处理。

保密申请有理由的，应当对资料提供方提供的资料按保密资料处理，同时要求资料提供方提供一份非保密的该资料概要。

按保密资料处理的资料，未经资料提供方同意，不得泄露。

第十四条 【调查结果的公布】 进口产品数量增加、损害的调查结果及其理由的说明，由商务部予以公布。

商务部应当将调查结果及有关情况及时通知保障措施委员会。

第十五条 【商务部的决定】 商务部根据调查结果，可以作出初裁决定，也可以直接作出终裁决定，并予以公告。

第三章 保障措施

★★第十六条 【临时保障措施】 有明确证据表明进口产品数量增加，在不采取临时保障措施将对国内产业造成难以补救的损害的紧急情况下，可以作出初裁决定，并采取临时保障措施。

临时保障措施采取提高关税的形式。

第十七条 【临时保障措施的建议、决定、公告和执行】 采取临时保障措施，由商务部提出建议，国务院关税税则委员会根据商务部的建议作出决定，由商务部予以公告。海关自公告规定实施之日起执行。

在采取临时保障措施前，商务部应当将有关情况通知保障措施委员会。

第十八条 【临时保障措施的实施期限】 临时保障措施的实施期限，自临时保障措施决定公告规定实施之日起，不超过200天。

★★第十九条 【保障措施实施的条件及形式】 终裁决定确定进口产品数量增加，并由此对国内产业造成损害的，可以采取保障措施。实施保障措施应当符合公共利益。

保障措施可以采取提高关税、数量限制等形式。

理论解读

“两反一保”之中，唯独保障措施制度，允许在终局裁定时选择采用提高关税或者数量限制的方式。反倾销和反补贴措施都只能是提高关税，不得采取数量限制。

第二十条 【保障措施形式的建议、决定和公告】 保障措施采取提高关税形式的，由商务部提出建议，国务院关税税则委员会根据商务部的建议作出决定，由商务部予以公告；采取数量限制形式的，由商务部作出决定并予以公告。海关自公告规定实施之日起执行。

商务部应当将采取保障措施的决定及有关情况及时通知保障措施委员会。

第二十一条 【数量限制措施】 采取数量限制措施的，限制后的进口量不得低于最近3个有代表性年度的平均进口量；但是，有正当理由表明为防止或者补救严重损害而有必要采取不同水平的数量限制措施的除外。

采取数量限制措施，需要在有关出口国（地区）或者原产国（地区）之间进行数量分配的，商务部可以与有关出口国（地区）或者原产国（地区）就数量的分配进行磋商。

★★第二十二条 【保障措施的对象】 保障措施应当针对正在进口的产品实施，不区分产品来源国（地区）。

理论解读

保障措施要求应针对产品实施，而不区分其来源国，因此在这一点上和反倾销及反补贴有本质区别，后两者往往只针对特定国家的产品实施。

经典考题

（2011-1-41，单选）进口到中国的某种化工材料数量激增，其中来自甲国的该种化工材料数量最多，导致中国同类材料的生产企业遭受实质损害。根据我国相关法律规定，下列哪一选项是正确的？①

A. 中国有关部门启动保障措施调查，应以国内有关生产者申请为条件

B. 中国有关部门可仅对已经进口的甲国材料采取保障措施

C. 如甲国企业同意进行价格承诺，则可避免被中国采取保障措施

D. 如采取保障措施，措施针对的材料范围应当与调查范围相一致

★第二十三条　【采取保障措的范围】采取保障措施应当限于防止、补救严重损害并便利调整国内产业所必要的范围内。

第二十四条　【磋商】在采取保障措施前，商务部应当为与有关产品的出口经营者有实质利益的国家（地区）政府提供磋商的充分机会。

第二十五条　【退还】终裁决定确定不采取保障措施的，已征收的临时关税应当予以退还。

经典考题

（2013-1-44，单选）根据《中华人民共和国保障措施条例》，下列哪一说法是不正确的？②

A. 保障措施中“国内产业受到损害”，是指某种进口产品数量增加，并对生产同类产品或直接竞争产品的国内产业造成严重损害或严重损害威胁

B. 进口产品数量增加指进口数量的绝对增加或与国内生产相比的相对增加

C. 终裁决定确定不采取保障措施的，已征收的临时关税应当予以退还

D. 保障措施只应针对终裁决定作出后进口的产品实施

第四章　保障措施的期限与复审

★★第二十六条　【保障措施的实施期限及例外】保障措施的实施期限不超过4年。

符合下列条件的，保障措施的实施期限可以适当延长：

（一）按照本条例规定的程序确定保障措施对于防止或者补救严重损害仍然有必要；

（二）有证据表明相关国内产业正在进行调整；

（三）已经履行有关对外通知、磋商的义务；

（四）延长后的措施不严于延长前的措施。

一项保障措施的实施期限及其延长期限，最长不超过10年。

理论解读

保障措施的实施一般不超过4年，符合特定条件的，可以适当延长，但总体最长不超过10年。这与反倾销及反补贴不同，后二者一般不超过5年，确有必要的可以适当延长。

★第二十七条　【保障措施的逐步放宽】保障措施实施期限超过1年的，应当在实施期间内按固定时间间隔逐步放宽。

第二十八条　【中期复审】保障措施实施期限超过3年的，商务部应当在实施期间内对该项

① 【答案及释疑】《保障措施条例》第4条规定，商务部没有收到采取保障措施的书面申请，但有充分证据认为国内产业因进口产品数量增加而受到损害的，可以决定立案调查。可见，我国有两种发起保障措施调查的方式，选项A错误。保障措施应无歧视地针对所有WTO成员方，选项B错误。价格承诺是我国反倾销或反补贴制度中的措施，不适用于保障措施制度，故选项C错误。不论采取反倾销、反补贴还是采取保障措施，措施针对的材料范围都应当与调查范围相一致，故选项D正确。（答案：D）

② 【答案及释疑】A选项关于保障措施中“国内产业受到损害”的表述正确。进口产品数量增加指进口数量的绝对增加或与国内生产相比的相对增加，故B选项正确。终裁决定确定不采取保障措施的，已征收的临时关税应当予以退还，C选项正确。保障措施原则上针对终裁决定作出后进口的产品实施，但也可以追溯征收，故D选项错误。（答案：D）

措施进行中期复审。

复审的内容包括保障措施对国内产业的影响、国内产业的调整情况等。

第二十九条　【保留、取消或者加快放宽数量限制措施】保障措施属于提高关税的，商务部应当根据复审结果，依照本条例的规定，提出保留、取消或者加快放宽提高关税措施的建议，国务院关税税则委员会根据商务部的建议作出决定，由商务部予以公告；保障措施属于数量限制或者其他形式的，商务部应当根据复审结果，依照本条例的规定，作出保留、取消或者加快放宽数量限制措施的决定并予以公告。

★★第三十条　【再次采取保障措施的期限及例外】对同一进口产品再次采取保障措施的，与前次采取保障措施的时间间隔应当不短于前次采取保障措施的实施期限，并且至少为2年。

符合下列条件的，对一产品实施的期限为180天或者少于180天的保障措施，不受前款限制：

（一）自对该进口产品实施保障措施之日起，已经超过1年；

（二）自实施该保障措施之日起5年内，未对同一产品实施2次以上保障措施。

理论解读

对同一产品两次采取保障措施的，中间必须间隔一定期限，间隔时间不少于前次采取保障措施的实施期限，且至少为2年。

第五章　附则

第三十一条　【歧视性保障措施】任何国家（地区）对中华人民共和国的出口产品采取歧视性保障措施的，中华人民共和国可以根据实际情况对该国家（地区）采取相应的措施。

第三十二条　【商务部职责】商务部负责与保障措施有关的对外磋商、通知和争端解决事宜。

第三十三条　【具体实施办法的制定】商务部可以根据本条例制定具体实施办法。

第三十四条　【生效日期】本条例自2002年1月1日起施行。

理论解读

“两反一保”要点比较示意图如下：

	贸易救济措施		
	反倾销	反补贴	保障措施
前提条件	存在倾销	存在专项性补贴	进口数量增加
	造成损害（实质性损害、实质性损害的威胁、实质性阻碍）	同左	造成严重损害或严重损害的威胁
	倾销和损害存在因果关系	补贴和损害存在因果关系	进口增加和损害存在因果关系
措施	临时反倾销措施（公告起4个月，最长不超过9个月）、价格承诺（出口经营者作出）、反倾销税（向进口经营者征收）	临时反补贴措施、承诺（出口国政府或出口经营者作出）、反补贴税（向进口经营者征收）	临时保障措施（提高关税）、保障措施（提高关税或者数量限制）
实施期限	5年，经复审有必要可适当延长	5年，经复审有必要可适当延长	4年，最长不超过10年
特点	针对特定国家	针对特定国家	针对所有WTO成员方（无歧视）

二、世界贸易组织的一般制度概述

1. 世贸组织的成员（管理对象是政府、成员包括地区）

2. 世贸组织的法律框架

（1）WTO法律框架——多边贸易协议（《建立世界贸易组织协定》及其附件一、二、三）和诸边贸易协议（《建立世界贸易组织协定》附件四）：

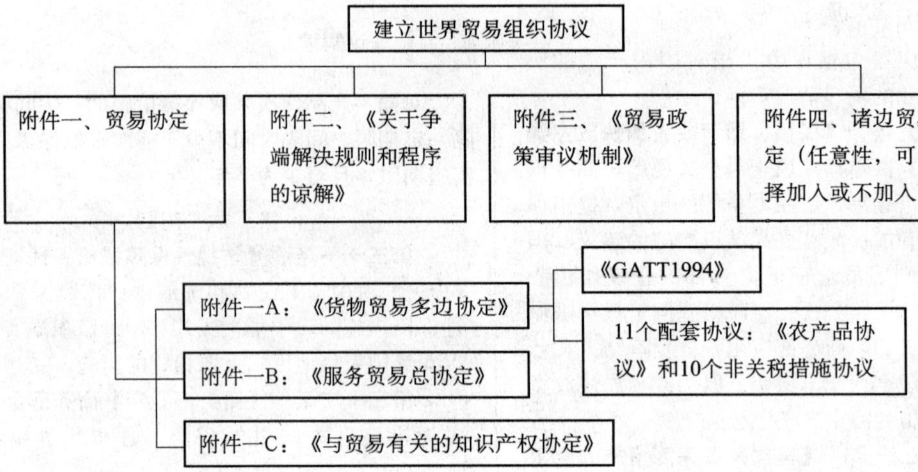

（2）世贸组织的机构设置

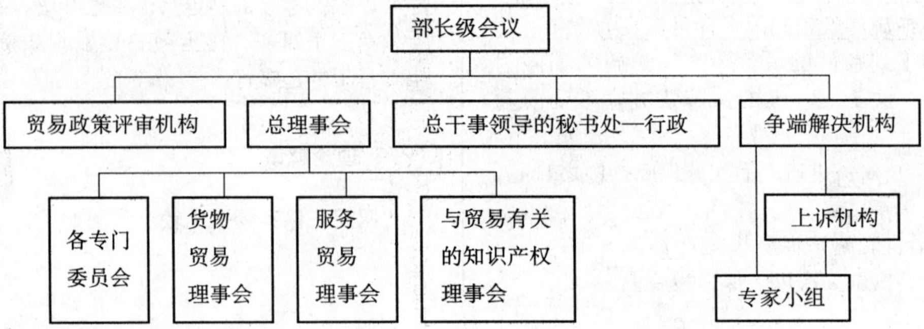

（3）《建立世界贸易组织协定》与各协议彼此间之关系

a. 任何其他协议与《建立世界贸易组织协定》冲突时以《建立世界贸易组织协定》优先；

b. 11 个货物贸易协议优先于《GATT1994》

c. 货物、服务、TRIPs 规则相互独立，一项事项可同时受三个协议调整，各协议应共同、累计适用、推定彼此无冲突

3. 世贸组织的基本原则

（1）最惠国待遇原则

（2）国民待遇原则

（3）关税减让原则

（4）一般取消数量限制原则

三、《服务贸易总协定》（GATS）

服务贸易总协定（GATS）的主要内容	
服务贸易的四种方式	（1）跨境服务，从一国境内向另一国境内提供服务，如通过电信、网络等跨境提供咨询服务； （2）境外消费，在一国境内向来自他国的服务消费者提供服务，如一国居民到另一国境内旅行、求学等； （3）商业存在，一国的服务提供者通过在另一国境内设立的机构提供服务，如一国的到他国开设银行、保险公司等； （4）自然人流动，一国的自然人的到另一国境内提供服务
WTO成员方关于服务贸易的承诺	一般承诺：最惠国待遇
	具体承诺：国民待遇和市场准入（仅限于列入减让表的部门）

经典考题

1.（2013-1-42，单选）根据世界贸易组织《服务贸易总协定》，下列哪一选项是正确的？①

A. 协定适用于成员方的政府服务采购

B. 中国公民接受国外某银行在中国分支机构的服务属于协定中的境外消费

C. 协定中的最惠国待遇只适用于服务产品而不适用于服务提供者

D. 协定中的国民待遇义务，仅限于列入承诺表的部门

2.（2012-1-40，单选）《服务贸易总协定》规定了服务贸易的方式，下列哪一选项不属于协定规定的服务贸易？②

A. 中国某运动员应聘到美国担任体育教练

B. 中国某旅行公司组团到泰国旅游

C. 加拿大某银行在中国设立分支机构

D. 中国政府援助非洲某国一笔资金

四、《关于争端解决规则与程序的谅解》的争端解决机制特点概述

乌拉圭回合签署的、构成世界贸易组织多边贸易制度一部分的《关于争端解决规则与程序的谅解》(DSU)，在世界贸易组织框架下，建立了统一的多边贸易争端解决制度。其主要内容可简要归纳如下：

（一）争端机构解决的争端类型

1. 违反性申诉。这是争端的主要类型。申诉方须证明被诉方违反了有关协议的条款。在确立了存在违反有关协议条款的行为后，推定申诉方的利益受损或丧失。对这种争端的裁定，被诉方往往需要废除或修改有关措施。

2. 非违反性申诉。对这种申诉的审查，不追究被诉方是否违反了有关协议条款，而只处理被诉方的措施是否使申诉方根据有关协议享有的利益受损或丧失。申诉方需要证明其根据有关协议享有合理的预期利益，该合理预期利益因为被诉方的措施受损或丧失。被诉方没有取消有关措施的义务，只需作出补偿。

3. 其他情形。

（二）争端解决程序

世界贸易组织的成员方如果发生贸易争议，则首先须通过磋商程序谋求解决，在提交磋商 60 天后仍然未能达成协议的，则可以启动专家组程序，专家组作出报告后，如果有任何一方不服的，则可以提交上诉机构解决。如果双方都不上诉，则直接提交争端解决机构审议是否通过。上诉机构对于当事方提交的上诉案件，也应作出报告，该报告仍然需要争端解决机构审议是否通过。

（三）专家组和上诉机构的职能

1. 专家组。专家组是争端解决机构的非常设性机构。

（1）专家组成员的产生：专家组的成员一般由争端成员双方磋商后从世界贸易组织秘书处存有的专家名单中选定。只有在双方不能达成一致时，才由世界贸易组织总干事任命。

（2）专家组的权限范围：专家组的权限范围仅限于申请设立专家组的申请书中所指明的具体争端和法律依据。未在申请书中指明的诉求，不属于专家组的权限范围。

（3）专家组是争端解决程序中既对审查案件事实进行审查又对法律进行审查的机构。

（4）对专家组作出的争端解决报告，除非争端方提起上诉，争端解决机构应在60天内通过这一报告。

2. 上诉机构。上诉机构是争端解决机构中的常设机构。

（1）上诉机构的职责：负责对被提起上诉的专家组报告中的法律问题和专家组进行的法律解释进

---

① 【答案及释疑】根据《服务贸易总协定》的规定，一方面，服务贸易领域的最惠国待遇是无条件的，即应无条件给予世贸组织所有其他成员方的服务产品和服务提供者以最惠国待遇；但是另一方面，服务贸易领域的国民待遇和市场准入是有条件的，即世界贸易组织成员方是否给予其他成员方国民待遇和市场准入，以其作出的承诺为前提条件，故本题应选D。（答案：D）

② 【答案及释疑】《服务贸易总协定》规定的服务贸易有四种方式：跨境交付、境外消费、自然人流动和商业存在。A 选项为自然人流动，B 选项为境外消费，C 选项为商业存在，均属于服务贸易。D 选项属于政府援助，不构成服务贸易，当选。（答案：D）

行审查。上诉机构可以推翻、修改或撤销专家组的调查结果和结论，但没有将案件发回专家组重新审理的权力。

（2）上诉案件由上诉机构 7 名成员中的 3 人组成合议庭审理。但上诉庭的最后报告由上诉机构集体审查、讨论。

（四）报告的执行

争端解决机构在对专家组或者上诉机构提交的报告进行审议的时候，适用“反向协商一致原则”，即只有所有的成员方都表示反对，该报告才不通过。换言之，任何一个成员方表示赞成，则该报告即可通过。报告通过后即行生效，生效后的报告主要靠成员方自决执行。败诉方可以修改或废除被裁定违规的措施，或者给予胜诉方以适当的补偿。如果败诉方拒绝执行，则胜诉方可以申请获得争端解决机构的授权，对败诉方实施报复措施。在败诉方被判违规的措施相同的领域实施报复（平行报复）或者在前述报复不足以弥补损失的情况下跨越不同的贸易领域实施报复（交叉报复）。

（五）WTO 争端解决程序的特点如下图所示

（争端解决的所有阶段、争端各方均可调解和磋商，WTO 总干事亦可进行斡旋、调解或调停）

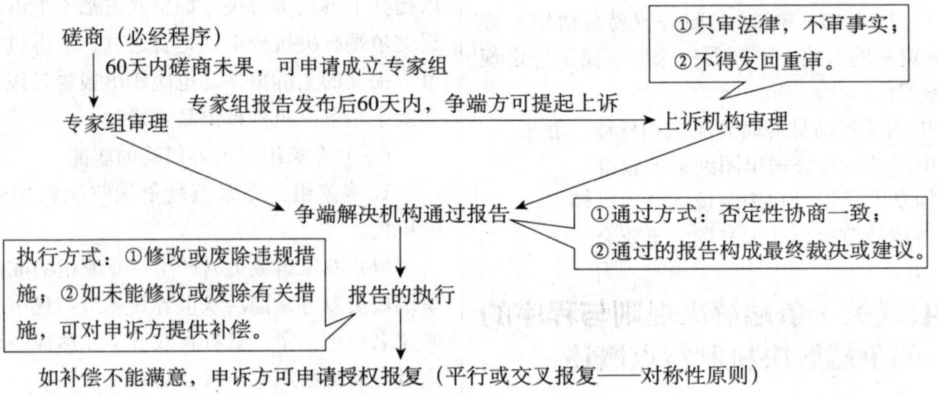

经典考题

1. （2013-1-43，单选）关于世界贸易组织争端解决机制的表述，下列哪一选项是不正确的？①

A. 磋商是争端双方解决争议的必经程序

B. 上诉机构为世界贸易组织争端解决机制中的常设机构

C. 如败诉方不遵守争端解决机构的裁决，申诉方可自行采取中止减让或中止其他义务的措施

D. 申诉方在实施报复时，中止减让或中止其他义务的程度和范围应与其所受到损害相等

2. （2012-1-42，单选）甲、乙均为世界贸易组织成员国。乙称甲关于影像制品的进口管制违反国民待遇原则，为此向世界贸易组织提出申诉，并经专家组和上诉机构审理。对此，下列哪一选项是正确的？②

A. 甲、乙磋商阶段达成的谅解协议，可被用

① 【答案及释疑】根据世界贸易组织争端解决机制，磋商是世贸组织争端双方解决争议唯一的必经程序，故 A 选项正确。上诉机构为世界贸易组织争端解决机制中的常设机构，故 B 选项正确。对于世贸组织争端解决机构的裁决，如果败诉方不履行也拒绝给予补偿，则申诉方只有在获得授权的情况下才可以进行报复。故 C 选项不正确。申诉方在实施报复时应符合相称性原则，即中止减让或中止其他义务的程度和范围应与其所受到损害相等，故 D 选项表述正确。不正确的表述只有 C 选项。（答案：C）

② 【答案及释疑】磋商阶段达成的谅解协议，不可被用于后续争端解决审理，A 选项错误。对于当事方没有提出的问题，专家组无权审查，故 B 选项错误。专家组属于临时性质，作出报告后即行解散，上诉机构认为专家组的报告有瑕疵应重新作出报告，而不能发回重审，故 C 选项错误。上诉机构由 7 人组成，具体的上诉案件由上诉机构 7 名成员中 3 人组成上诉庭审理，故 D 选项正确。（答案：D）

于后续争端解决审理

B. 专家组可对未在申请书中指明的诉求予以审查

C. 上诉机构可将案件发回专家组重审

D. 上诉案件由上诉机构 7 名成员中 3 人组成上诉庭审理

3. （2010-1-46，单选）甲乙二国均为世贸组织成员国，乙国称甲国实施的保障措施违反非歧视原则，并将争端提交世贸组织争端解决机构。对此，下列哪一选项是正确的？①

A. 对于乙国没有提出的主张，专家组仍可因其相关性而作出裁定

B. 甲乙二国在解决争端时必须经过磋商、仲裁和调解程序

C. 争端解决机构在通过争端解决报告上采用的是“反向一致”原则

D. 如甲国拒绝履行上诉机构的裁决，乙国可向争端解决机构上诉

① 【答案及释疑】当事方没有提出的问题，专家组无权审查，故 A 选项错误。只有磋商是争端解决的唯一必经程序，故 B 选项错误。争端解决机构在通过争端解决报告上采用的是“反向协商一致”或“反向一致”原则，故 C 选项正确。当事方对专家组的报告不服的，可以向上诉机构上诉，但对于上诉机构的报告，则无权再行上诉，故 D 选项错误。（答案：C）

第五部分　国际知识产权保护规则

一、《保护工业产权的巴黎公约》（主要法条内容总结）

理论解读

《保护工业产权的巴黎公约》（Paris Convention for The Protection of Industrial Property，简称《巴黎公约》）于 1883 年 3 月 20 日在巴黎签订，1884 年 7 月 6 日生效。《巴黎公约》经过多次修订。到 2002 年 9 月 19 日，公约已有包括中国在内的 164 个成员。《巴黎公约》保护的对象是专利、实用新型、外观设计、商标、服务标记、厂商名称、货源标记、原产地名称以及制止不正当竞争。《巴黎公约》的主要内容如下：

1. 国民待遇原则。是指对公约成员国而言，公约其他成员国的国民在保护工业产权方面享受与本国国民同样的待遇。如果非成员国国民在一个缔约国领土内有永久性住所或真实有效的工商营业所，也享受与成员国国民同样的待遇。

2. 优先权原则。成员国的国民向一个成员国提出专利申请或注册商标申请后，在一定期限（发明、实用新型规定为 12 个月，外观设计、商标为 6 个月）内享有优先权。（优先权原则并不是对公约所指的一切工业产权全部适用，它只适用于发明专利、实用新型、外观设计和商标，而对于商号、商誉、产地名称等则不适用。）即当向其他缔约国又提出同样的申请，则后来的申请视作是在第一申请提出的日期提出的。

3. 专利、商标的独立原则。各成员国授予的专利权和商标专用权是彼此独立的，各缔约国只根据本国法律的规定授予和保护专利权和商标专用权，不受其他国家有关做法的影响。

4. 临时性保护原则。缔约国应对在任何一个成员国内举办的或经官方承认的国际展览会上展出的商品中可以取得专利的发明、实用新型、外观设计和可以注册的商标给予临时保护。如果展品所有人在临时保护期内申请了专利或商标注册，则申请案的优先权日不再从第一次提交申请案时起算，而从展品公开展出之日起算。

5. 最低标准原则。是指各缔约国依据本国法对《巴黎公约》缔约国国民的知识产权保护不能低于《巴黎公约》规定的最低标准，这些标准包括权利保护对象、权利取得方式、权利内容及限制、权利保护期间等。例如对专利权、商标权保护的最低要求都作了明确规定。

6. 强制许可专利原则。该原则主要是针对专利而言的，对商标不得适用强制许可。《巴黎公约》规定：某一项专利自申请日起的 4 年期间内，或者自批准专利日起 3 年期间内（两者以期限较长者为准），专利权人未予实施或未充分实施，有关成员国有权采取立法措施，核准强制许可证，允许第三者实施此项专利。如在第一次核准强制许可特许满 2 年后，仍不能防止赋予专利权而产生的流弊，可以提出撤销专利的程序。《巴黎公约》还规定强制许可，不得专有，不得转让；但如果连同使用这种许可的那部分企业或牌号一起转让，则是允许的。

7. 商标的使用。《巴黎公约》规定，某一成员国已经注册的商标必须加以使用，只有经过一定的合理期限，而且当事人不能提出其不使用的正当理由时，才可撤销其注册。凡是已在某成员国注册的商标，在一成员国注册时，对于商标的附属部分图样加以变更，而未变更原商标重要部分，不影响商标显著特征时，不得拒绝注册。如果某一商标为几个工商业公司共有，不影响它在其他成员国申请注册和取得法律保护，但是这一共同使用的商标以不欺骗公众和不造成违反公共利益为前提。

8. 驰名商标的保护。驰名商标如果被他人用于同类商品或类似商品上注册，商标权人有权自模仿注册之日起至少 5 年内，提出撤销此项注册的请求。对于以欺骗手段取得注册的人，驰名商标的所有人的请求期限不受限制。

9. 商标权的转让。如果其成员国的法律规定，商标权的转让应与其营业一并转让方为有效，则只需转让该国的营业就足以认可其有效，不必将所有国内外营业全部转让。但这种转让应以不会引起公众对贴有该商标的商品来源、性质或重要品质发生误解为条件。

此外，《巴黎公约》还对专利、商标的临时保护，未经商标权人同意而注册的商标等问题作出规定。

《巴黎公约》规定参加国组成保护工业产权同盟，简称巴黎同盟。同盟设有三个机关，即大会、执行委员会和国际局。

中国于 1984 年 12 月 19 日交存加入该公约 1967 年斯德哥尔摩修订文本的加入书，1985 年 3 月 19 日对中国生效。

经典考题

1. （2013-1-41，单选）2011 年 4 月 6 日，张某在广交会上展示了其新发明的产品，4 月 15 日，张某在中国就其产品申请发明专利（后获得批准）。6 月 8 日，张某在向《巴黎公约》成员国甲国申请专利时，得知甲国公民已在 6 月 6 日向甲国就同样产品申请专利。下列哪一说法是正确的？①

A. 如张某提出优先权申请并加以证明，其在甲国的申请日至少可以提前至 2011 年 4 月 15 日

B. 2011 年 4 月 6 日这一时间点对张某在甲国以及《巴黎公约》其他成员国申请专利没有任何影响

C. 张某在中国申请专利已获得批准，甲国也应当批准他的专利申请

D. 甲国不得要求张某必须委派甲国本地代理人代为申请专利

2. （2009-1-42，单选）根据《巴黎公约》，关于优先权，下列哪一选项是正确的？②

A. 优先权的获得需要申请人于“在后申请”中提出优先权申请并提供有关证明文件

B. 所有的工业产权均享有相同期间的优先权

C. “在先申请”撤回，“在后申请”的优先权地位随之丧失

D. “在先申请”被驳回，“在后申请”的优先权地位随之丧失

3. （2006-1-43，单选）根据保护知识产权的《巴黎公约》，下列哪种说法是正确的？③

A.《巴黎公约》的优先权原则适用于一切工业产权

B.《巴黎公约》关于驰名商标的特殊保护是对成员国商标权保护的最高要求

C.《巴黎公约》的国民待遇原则不适用于在我国海南省设有住所的非该公约缔约国国民

D. 对于在北京农展馆举行的农业产品国际博览会上展出的产品中可以取得专利的发明，我国给予临时保护

---

① 【答案及释疑】根据《巴黎公约》，发明专利的优先权期限为 12 个月，故 A 选项正确。根据临时性保护原则，2011 年 4 月 6 日这一时间点可以作为申请日期，故 B 选项错误。根据独立性原则，在一国获得专利，并不自动在其他缔约国获得专利，故 C 选项错误。《巴黎公约》允许各缔约国在国内法中就委派代理人作出相关规定，故 D 选项错误。（答案：A）

② 【答案及释疑】优先权的获得并不是自动的，需要申请人于在后申请中提出优先权申请并提供有关证明文件，选项 A 正确。关于优先权的期间，发明专利和实用新型专利为 12 个月，外观设计和商标为 6 个月，选项 B 错误。根据《巴黎公约》第 4 条的规定，在先申请的撤回、放弃或驳回不一定影响该申请的优先权地位，选项 C、D 错误。（答案：A）

③ 【答案及释疑】《巴黎公约》的优先权原则并不适用于一切工业产权，它只适用于发明专利、实用新型、外观设计和商品商标，故 A 选项错误。《巴黎公约》关于驰名商标的特殊保护是对成员国商标权保护的最低要求，故 B 选项错误。《巴黎公约》的国民待遇原则适用于公约缔约国国民和在任何一个缔约国内设有住所或真实有效营业所的非缔约国国民，故 C 选项错误。《巴黎公约》临时保护原则是指缔约国对在任何一个成员国境内举办的或经官方承认的国际展览会上展出的商品可以取得专利的发明、实用新型、外观设计和可以注册的商标给予临时保护，故 D 选项正确。（答案：D）

二、《保护文艺作品的伯尔尼公约》（主要法条内容总结）

理论解读

《保护文艺作品的伯尔尼公约》（简称《伯尔尼公约》）1886 年 9 月 9 日于伯尔尼签订，1887 年 12 月 15 日生效。公约缔结后经过 7 次修改，现行有效的是 1971 年 7 月 24 日于巴黎修订的文本，共 38 条。我国于 1992 年 7 月 10 日正式加入该公约。《伯尔尼公约》主要内容如下：

1. 受《伯尔尼公约》保护的作品范围

文学、科学和艺术领域内的一切作品，不论其表现形式如何，均受《伯尔尼公约》的保护。

2.《伯尔尼公约》确立的基本原则

（1）（双国籍）国民待遇原则

《伯尔尼公约》的国民待遇又称为“双国籍国民待遇”，有权享有国民待遇的包括：1）公约成员国国民和在成员国有惯常居所的非成员国国民，其作品无论是否出版，均应在一切成员国中享有国民待遇，这称为“作者国籍标准”或者“人身标准”；2）非公约成员国国民，其作品只要是在任何一个成员国首次出版，或者在一个成员国和非成员国同时首次出版，也应在一切成员国中享有国民待遇，这称为“作品国籍标准”或者“地理标准”。

（2）自动保护原则

即有关作品享有及行使依国民待遇所提供的有关权利时，不需要履行任何特定的手续。按照这一原则，公约成员国国民及在成员国有惯常居所的其他人，在作品创作完成时即自动享有著作权；非成员国国民又在成员国无惯常居所者，其作品首先在成员国出版或在一个成员国和非成员国同时出版时即享有著作权。即一成员国国民的作品无须办理任何手续即可在其他成员国受到保护。

（3）独立保护原则

享有国民待遇的人在公约任何成员国所得到的著作权保护，不依赖于其作品在来源国受到的保护。在符合公约最低要求的前提下，该作者的权利受到保护的程度以及为保护作者权利而向其提供的司法救济方式等，均完全适用提供保护的那个成员国的法律。即享有国民待遇的作者在公约任何成员国所取得的版权，均依照“权利要求地法”，而不依“作品来源地法”去保护。

（4）保护最低限度的经济权利和精神权利原则

最低限度的经济权利（即财产权）包括：翻译权、复制权、表演权、无线广播与有线传播权、公开朗诵权、改编权、录制权和制片权。最低限度的精神权利包括署名权和保护作品完整权。

（5）最低限度保护期限

一般作品的经济权利为作者有生之年及其死后 50 年；对摄影作品及实用艺术作品的保护为作品完成后 25 年；对于难以确定作者的匿名作品或笔名作品的保护期为发表之日起 50 年。对精神权利的保护没有时间限制。

此外，在受公约严格约束的条件下，在作者拒绝发放翻译许可证时，发展中国家可以向发展中国家的国民颁发翻译或复制受保护作品的强制许可证，但此种许可证的颁发只限于发展中国家的学校进行教学或研究之用。

3.《伯尔尼公约》要点归纳如下图所示

	基本原则	客体范围	权利内容	保护期	追溯力
伯尔尼公约	双国民待遇 自动保护 独立性	宽：文学艺术、演绎作品、实用艺术品、工业品外观设计	2 项精神权利 8 项经济权利 严格的权利限制	50 年 摄影和实用艺术品 25 年	有

经典考题

（2012-1-82，多选）李伍为惯常居所地在甲国的公民，满成为惯常居所地在乙国的公民。甲国不是《伯尔尼公约》缔约国，乙国和中国是该公约的缔约国。关于作品在中国的国民待遇，下列哪些选项是正确的？①

① 【答案及释疑】根据《伯尔尼公约》的“双国籍国民待遇原则”，非成员国国民的作品在成员国首次发表，应享有国民待遇。根据“自动保护原则”，成员国的国民之作品自创作完成时起，无须履行特定手续，即在成员国享有国民待遇。但自动保护针对的是成员国国民或者在成员国有惯常居所的非成员国国民的作品，对在成员国并无惯常居所的非成员国国民并不适用。（答案：ACD）

A. 李伍的文章在乙国首次发表，其作品在中国享有国民待遇

B. 李伍的文章无论发表与否，其作品在中国享有国民待遇

C. 满成的文章无论在任何国家首次发表，其作品在中国享有国民待遇

D. 满成的文章无论发表与否，其作品在中国享有国民待遇

三、与贸易有关的知识产权协议（TRIPs）（主要法条内容总结）

理论解读

TRIPs 共有七个部分，73 个条款，其主要内容特点总结如下：

1. TRIPs 把四大公约纳入其体系

规定成员方应履行《巴黎公约》、《伯尔尼公约》、《罗马公约》和《关于集成电路的知识产权条约》规定的义务，但 TRIPs 对上述条约的个别方面做了一定的调整。

2. 协议的基本原则

（1）国民待遇原则

在知识产权保护方面，规定每个成员给其他成员国民的待遇不应低于它给本国国民的待遇，除了《巴黎公约》、《伯尔尼公约》、《罗马公约》中已分别有的例外规定。

（2）最惠国待遇原则

TRIPs 首次规定了成员方在知识产权领域彼此应给与最惠国待遇，要求某一成员提供其他国国民的任何利益、优惠、特权或豁免，均应立即无条件地适用于全体其他成员国民。但是司法协助协议、《伯尔尼公约》或《罗马公约》所允许的不按国民待遇，而按互惠原则，以及本协议未规定的表演者权、录音制品制作者权及广播组织权等除外。

3. 协议中关于知识产权的保护范围

（1）版权与邻接权

协议要求成员必须遵守《伯尔尼公约》的规定。数据库或其他资料，无论是机器可读的或其他形式的，因为对内容的选编或汇集而构成了智力创造，也应加以保护。独创性数据汇编、计算机程序及电影作品的出租权均为 TRIPs 保护的对象。

在著作权的保护期限方面，以自然人的生命为基础计算，除作者有生之年外，该期限从作品经授权出版之年底起开始不得少于 50 年，若作品创作后在 50 年内没有出版，则从作品创作的当年年底算起，保护 50 年。

此外，TRIPs 还规定，把演唱录制在唱片上，表演者应有权禁止下列未经其许可的行为：以无线方式广播和向公众播出其现场表演。唱片制作者享有准许或禁止对其唱片直接或间接翻录的权利。广播机构有权阻止下列未经其许可的行为：录制其广播及其复制品；通过无线电方式对其广播进行重播以及原样向公众播送电视广播。协议还规定对表演者和唱片制作者的有效保护期限，应从录制或节目表演当年年底开始至少 50 年。广播组织的有效保护期为广播开始当年年底起至少 20 年。

（2）商标

TRIPs 首次以条约的方式给商标下了定义。TRIPs 规定：任何能够将一企业的商品或服务与其他企业的商品或服务区分开的标记或标记组合，均应能够构成商标。商标的获得必须经过法定的注册程序。各成员可以将标志是否能为视觉显而易见作为注册的条件。各成员还可将“使用”作为可注册的依据，但不得将商标的实际使用作为提交注册的条件。商品或服务的性质不应成为申请商标注册的障碍。成员方应在商标注册或注册后立即公告，并应赋予其他成员方合理的时间申请撤销注册。注册商标的所有人拥有独占权，有权禁止所有未得到他允许的第三方使用与已获商标注册的商品、劳务相同或类似的标记。但上述权利不应损害任何现存的优先权利，也不应影响成员方有可能在已使用的基础上获得注册权。

商标首期注册及各次续展注册的保护期，均不得少于 7 年，可无限次续展。如果将使用作为保持注册的前提，则只有至少 3 年连续不使用，商标所有人又未出示妨碍使用的有效理由，方可撤销其注册。TRIPs 还规定了对地理标志的保护，如某商品的特定质量、信誉或其他特征主要与该地理来源相关联。各成员可决定商标许可与转让的条件，但不允许商标的强制许可。注册商标所有人有权连同或不连同商标所属的经营一道，转让其商标。

（3）专利

TRIPs规定对具有新颖性、创造性和实用性的一切技术领域产品或方法的发明可以授予专利，但为保护公共秩序或公德，各成员均可排除某些发明不授予专利。专利保护期为自提交申请之日起20年以上。专利权包括：制止第三方未经许可制造使用、提供销售，或为上述目的进口该专利产品或由该专利方法所直接获得的产品。此外，TRIPs还规定对独立创作的、具有新颖性或原创性的工业品外观设计予以保护，保护期不少于10年。对于以下情况，成员方可不授予专利：对人或动物的诊断、治疗和外科手术方法；任何植物、动物（微生物除外）。

（4）集成电路的布图设计

成员方应按《关于集成电路的知识产权条约》的有关规定对集成电路的布图设计提供保护。成员方有权认为下列未经权利人授权的行为是非法的：进口、销售或为商业目的出售受保护的布图设计，或含有受保护的设计的集成电路，或含有继续非法复制这种集成电路布图设计的产品。在以注册为保护条件的成员方，布图设计的保护期限从填写注册申请表之日或从第一次在世界上任何地方将其作商业应用之时起，不少于10年的有效期。对不以注册为保护条件的成员方，布图设计的保护期从第一次在世界上任何地方将其作商业应用之日起算，不少于10年。如果使用人在获得该物时，不知也无合理根据应知有关物品中含有非法复制的布图设计，则不视为非法，但使用人被通知后，应有责任向权利人支付报酬。

（5）未披露信息

自然人和法人应尽可能防止其所控制的信息在没有得到其同意的情况下，被他人以违反诚信商业做法的方式泄露、被获得或使用如下信息：1）涉及的信息是秘密的，即该信息作为一个整体或其组成部分的组合和精确排列方式，不为接触该信息的公众所知或不容易获得；2）该信息因为秘密而具有商业价值；3）对于该信息已采取了合理的措施保证其秘密性。

（6）产地标志

产地标志是标明一商品来源于一成员方国内或该国内的一地区或一个地方，而该商品的一种特定质量、声誉或其他特性本质上可以归于这一地理来源。对产地标志，成员方应提供法律保护，以防止不正当竞争以及公众对原产地的误解。

（7）工业设计

成员方应对新的或原始的独立创造的工业设计提供保护。各成员方应保证对纺织品外观设计提供保护，不得无理损害寻求和获得该保护的机会。受保护的工业设计的所有者，有权阻止第三方为商业目的未经所有人同意而生产、销售或进口其拥有设计权的标的物。成员方对工业设计的保护期限至少为10年。

4. 保护知识产权的执行措施

成员方应保证知识产权保护的实施措施在国内立法中生效。知识产权保护的实施程序应公平合理。TRIPs规定了民事和行政程序及补救。司法当局有权命令一成员方停止对知识产权的侵权行为，特别是应禁止那些对知识产权构成侵权行为的进口商品进入商业渠道。此外，司法当局发现有对知识产权侵权行为时，还可采取其他补救办法，如：对侵权商品予以处置；不给予任何补偿的情况下予以销毁等。此外，司法当局有权采取及时、有效的临时措施，以防止任何知识产权侵权行为的发生或保护相关证据。与边境措施相关的特殊要求包括权利所有人如有有效的证据怀疑仿冒商标的冒牌货或盗印其版权的商品有可能进口，他可以书面的形式向主管行政或司法当局提出，由海关当局中止此类商品的放行，以免其进入商业渠道自由流通。主管当局有权要求申请人提供保证金或类似担保，以保护被告和有关当局并防止滥用此权。为防止对程序的滥用，TRIPs还规定申请人对因错误扣押商品而造成的进口方的损失应予以赔偿。成员方也可要求有关当局依职权主动采取行为。此外，TRIPs还规定了刑事程序。对具有大规模的、故意的商标仿冒和版权盗印案件，成员国可予以刑事处罚并制定相应的程序。处罚措施可包括：监禁、罚金、扣押、没收、销毁等。

经典考题

1.（2008-1-4，单选）根据《与贸易有关的知识产权协议》，关于商标所有人转让商标，下列哪一选项是正确的？①

A. 必须将该商标与所属业务同时转让

B. 可以将该商标与所属业务同时转让

C. 不能将该商标与所属业务同时转让

D. 可以通过强制许可形式转让

2.（2007-1-45，单选）中美两国都是世界贸易组织成员。《巴黎公约》、《伯尔尼公约》和《与贸易有关的知识产权协议》对中美两国均适用。据此，下列哪一选项是正确的？②

A. 中国人在中国首次发表的作品，在美国受美国法律保护

B. 美国人在美国注册但未在中国注册的非驰名商标，受中国法律保护

C. 美国人仅在美国取得的专利权，受中国法律的保护

D. 中美两国均应向对方国家的权利人提供司法救济，但以民事程序为限

① 【答案及释疑】根据《与贸易有关的知识产权协议》第 21 条的规定，成员可确定商标的许可与转让条件，但不得采用商标强制许可制度，同时，注册商标所有人有权连同或不连同商标所属的经营一道，转让其商标，因此 B 选项正确。（答案：B）

② 【答案及释疑】根据《伯尔尼公约》的国民待遇原则，由于中美两国都是缔约国国民，中国人在中国首次发表的作品，在美国受美国法律保护，故 A 项正确。根据《巴黎公约》，商标的国际保护受独立性原则的约束，各国原则上只保护在本国注册的商标，除非是驰名商标才能在各缔约国受到普遍保护。故 B 项错误。美国人在美国取得的专利，如果未在中国取得该项专利，则不受中国法律保护，这也是由独立性原则所决定的，故 C 项错误。根据《与贸易有关的知识产权协议》，WTO 成员方应向权利人提供的司法救济，包括民事程序、刑事程序、临时措施和边境措施等，故 D 项错误。（答案：A）

第六部分　国际投资规则

一、《建立多边投资担保机构公约》(节选)

(1985年10月11日通过，1988年4月12日生效)

【导读】

《建立多边投资担保机构公约》(the Convention Establishing the Multilateral Investment Guarantee Agency)，又被称为《汉城公约》，缔约国根据该公约建立了多边投资担保机构(MIGA)，其宗旨是通过针对非商业风险的担保和非担保业务的活动，促进以生产为目的的资金和技术流入发展中国家。

《建立多边投资担保机构公约》是在综合了海外投资保证制度美、日、德三种模式的基础上建立和发展起来的。公约的主要内容包括MIGA的建立及地位、宗旨和定义、成员国资格和资本、MIGA的业务、财务条款、组织与管理、投票、认股权的调整和代表权、特权和豁免、争端的解决、公约的修订等。重点内容是MIGA担保的风险，MIGA担保的投资应符合的条件，被担保的投资者所应具备的条件。

《建立多边投资担保机构公约》的主要作用是补充国家、区域性和私人投资保险活动的不足，并以此补充世界银行集团其他机构的活动，促进了国际投资的发展。公约的主要内容如下：

1. 多边投资担保机构承保的险别

(1) 货币汇兑险。即东道国政府采取任何措施，限制投资人将其货币兑换成可自由使用货币或被保险人可接受的另一种货币。此外，货币汇兑险的承包范围还包括出现东道国政府拖延汇兑的行为。

(2) 征收和类似措施险。该险包括：东道国政府采取立法或行政措施，或懈怠行为，实际上剥夺了被保险人对其投资和收益的所有权或控制权。但政府为管理其境内的经济活动而通常采取的普遍适用的非歧视性措施不在此列。

(3) 政府违约险。该违约险是指：东道国政府不履行或违反与被保险人签订的合同，如果投资人又不能求助于司法或仲裁秩序时，机构对因此而造成的投资人的损害予以补偿。此处的“违约”不包括国与国之间，或者法人、自然人相互间的违约情形。

(4) 战争和内乱险。适用的东道国境内的军事行动或内乱。主要发生于东道国境外的军事行为或内乱如果损害位于该东道国境内的投资项目的有形资产或妨害该投资项目的业务，也属于该险的承保范围。

(5) 其他政治性风险。机构在一定条件下，还承保其他非商业风险。

2. 多边投资担保机构承保的条件

(1) 合格的投资

公约对承保的对象——外国投资在条件、内容、形式、时间上作了种种限制，只有满足这些要求的投资，才具有合格性，才可在机构进行投保。

“合格的投资”应包括股权投资和董事会确定的其他形式的直接投资。董事会经特别多数票通过，还可将合格的投资扩大到其他任何中长期形式的投资。股权投资和股权持有人发放或担保的中长期贷款是多边投资机构的重点承保对象。出口信贷被排除在担保范围之外。“合格的投资”应该是符合东道国法律规定的投资。此外，“合格的投资”还限于在多边投资担保机构对所收到的担保申请予以注册之后才开始执行的那些新投资。

(2) 合格的投资者

公约第13条从投资者的国籍、类型及经营性质几方面规定了合格投资者应满足的条件。

1) 自然人：不具有东道国国籍的任何一个会员国的国民，均可成为合格的投资者。

2) 法人：①在东道国以外的会员国登记并在该国设有主要营业点的公司。②在东道国以外的某一缔约国注册并设有主要营业点的法人；或者其多数股本为东道国以外一个或几个缔约国所有或其国民所有的法人。

3）如果东道国同意，且用于投资的资本来源于东道国境外，则在东道国和投资者联合申请，得到多边投资担保机构董事会特别多数票通过的情况下，还可以将合格的投资者扩大到东道国的自然人、在东道国注册的法人以及其多数资本为东道国国民所有的法人。

（3）合格的东道国

依照公约的规定，合格东道国必须符合如下条件：

1）是一个发展中缔约国；

2）是一个同意多边机构担保特定风险的国家；

3）是一个经机构查明，投资可以得到公正平等待遇和法律保护的国家。判断标准是东道国的法律和东道国与投资者本国之间的双边投资协定。

3. 多边投资担保机构的代位求偿权

多边投资担保机构承保范围内的风险发生后，投资者即可根据与机构订立的担保合同向机构求偿。多边投资担保机构一经向投保人支付或同意支付赔偿，即代位取得投保人对东道国或其他债务人所拥有的有关承保投资的各种权利或索赔权。机构作为投资者的代位权人所取得的财产的待遇，应等同于这些财产在投资者手中的待遇，因而不能享受机构的特权与豁免，但在税收和关税方面可例外。

★★第一条　机构的建立和地位

一、兹建立多边投资担保机构（以下简称机构）。

二、机构应有完全的法人地位，特别是有权：

（一）签订合同；

（二）取得并处理不动产和动产；和

（三）进行法律诉讼。

第二条　目标和宗旨

机构的目标应该是鼓励在其会员国之间，尤其是向发展中国家会员国融通生产性投资，以补充国际复兴开发银行（以下简称银行）、国际金融公司和其他国际开发金融机构的活动。

为达到这些目标，机构应：

一、在一会员国从其他会员国得到投资时，对投资的非商业性风险予以担保，包括再保和分保；

二、开展合适的辅助性活动，以促进向发展中国家会员国和在发展中国家会员国间的投资流动；并且

三、为推进其目标，行使其他必要和适宜的附带权力。

机构的所有决定均应以本公约的条款为指导。

…………

★★★★★第十一条　承保险别

一、本机构在不违反下列第二和三款规定的前提下，可为合格的投资就因以下一种或几种风险而产生的损失作担保：

（一）货币汇兑

东道国政府采取新的措施，限制其货币兑换成可自由使用货币或被保险人可接受的另一种货币，及汇出东道国境外，包括东道国政府未能在合理的时间内对该被保险人提出的此类汇兑申请作出行动；

（二）征收和类似的措施

东道国政府采取立法或行政措施，或懈怠行为，实际上剥夺了被保险人对其投资的所有权或控制权，或其应从该投资中得到的大量收益。但政府为管理其境内的经济活动而通常采取的普遍适用的非歧视性措施不在此列；

（三）违约

东道国政府不履行或违反与被保险人签订的合同，并且1. 被保险人无法求助于司法或仲裁机关对其提出的有关诉讼作出裁决，或2. 该司法或仲裁机关未能在担保合同根据机构的条例规定的合理期限内作出裁决，或3. 虽有这样的裁决但未能执行；以及

（四）战争和内乱

依照第六十六条本公约适用的东道国境内任何地区的任何军事行动或内乱。

二、应投资者与东道国的联合申请，董事会经特别多数票通过，可将本公约的担保范围扩大到上述第一款中提及的风险以外的其他的非商业性风险。但在任何情况下都不包括货币的贬值或降值。

三、下列原因造成的损失，不在担保范围之列：

（一）被保险人认可或负有责任的东道国政府的任何行为或疏忽；以及

(二)发生在担保合同缔结之前的东道国政府的任何行为疏忽或其他任何事件。

经典考题

1. (2009-1-100,不定项)甲乙两国均为《建立多边投资担保机构公约》缔约国,甲国公民帕克在乙国投资时向多边投资担保机构进行了投资保险。对此,下列说法正确的是?①

A. 如乙国并未拒绝帕克的汇兑申请,而只是消极拖延则不属于货币汇兑险的范围

B. 乙国应当是发展中国家

C. 如发生在乙国邻国的战争影响了帕克在乙国投资的正常营运,也属于战争内乱险承保的范畴

D. 乙国政府对帕克的违约属于政府违约险承保的范畴

2. (2008-1-45,单选)多边投资担保机构是依据1988年生效的《建立多边投资担保机构公约》设立的国际金融机构。关于该机构,下列哪一选项是正确的?②

A. 该机构只承保货币汇兑险、征收险、战争内乱险和政府违约险

B. 任何投资均可列入该机构的投保范围,但间接投资除外

C. 该机构具有完全法律人格,有权缔结契约,取得并处理不动产和动产

D. 在任何情况下,该机构都不得接受东道国自然人、法人的投保

★★★第十二条　合格的投资

一、合格的投资应包括股权投资,其中包括股权持有者为有关企业发放或担保的中长期贷款,和董事会确定的其他形式的直接投资。

二、董事会经特别多数票通过,可将合格的投资扩大到其他任何中长期形式的投资。但是,除上述第一款中提及的贷款外,其他贷款只有当它们同机构担保或将担保的具体投资有关时,才算合格。

三、担保限于要求机构给以担保的申请收到之后才开始执行的那些投资。这类投资包括:

(一)为更新、扩大或发展现有投资所汇入的外汇;以及

(二)现有投资产生的、本可汇出东道国的收益。

四、机构在担保第一项投资前,应弄清下列情况:

(一)该投资的经济合理性及其对东道国发展所作的贡献;

(二)该投资符合东道国的法律条令;

(三)该投资与东道国宣布的发展目标和重点相一致;以及

(四)东道国的投资条件下,包括该投资将受到有公平、平等的待遇和法律保护。

★★★第十三条　合格的投资者

一、在下列条件,任何自然人和法人都有资格取得机构的担保:

(一)该自然人是东道国以外一会员国民;

---

① 【答案及释疑】根据《建立多边投资担保机构公约》的规定,东道国政府未能在合理的时间内对该被保险人提出的此类汇兑申请作出行动,也属于货币汇兑险的承保范围,故A选项错误。多边投资担保机构只对在发展中国家缔约国境内所作的投资予以担保,故B选项正确。根据《多边投资担保机构业务规则》,东道国的邻国的战争影响了投资者在东道国投资的正常营运,也属于战争内乱险承保的范畴,故C选项正确。东道国对外国投资者违约属于典型的政府违约行为,故D选项正确。(答案:BCD)

② 【答案及释疑】《多边投资担保机构公约》第11条对“承保险别”作了规定,除了货币汇兑险、征收和类似措施险、战争内乱险和政府违约险之外,应投资者与东道国联合申请,董事会经特别多数票通过,可将该公约的担保范围扩大到前述四种险别外的其他特定的非商业风险。A选项的说法过于绝对,错误。该公约第12条对“合格投资”作了限制性规定,除要求是直接投资外,还要求是符合东道国法律的投资、承保后的新投资等,故B选项错误。该公约规定,只要东道国同意,且用于投资的资本来自东道国境外,则根据投资者和东道国的联合申请,经多边投资担保机构董事会特别多数票通过,还可将合格投资者扩大到东道国的自然人、在东道国注册的法人以及其多数资本为东道国国民所有的法人。据此,D选项错误。多边投资担保机构属于国际法的主体,有权缔结契约,取得并处理不动产和动产,具有独立的法律人格,故C选项正确。(答案:C)

（二）该法人在一会员国注册并在该会员国设有主要业务点，或其多数资本为会员国或几个会员国或这些会员国民所有，在上述任何情况下，该会员国必须不是东道国；

（三）该法人无论是否是私营，均按商业规范经营。

二、如果投资者有一个以上的国籍，就上述第一款而言，会员国国籍应先优于非会员国国籍，东道国国籍应优先于任何其他会员国国籍。

三、根据投资者和东道国的联合申请，董事会经特别多数票通过，可将合格的投资者扩大到东道国的自然人，或在东道国注册的法人，或其多数资本为东道国国所有的法人。但是，所投资产应来自东道国境外。

★★★第十四条　合格的东道国

根据本章，只对在发展中国家会员国境内所作的投资予以担保。

经典考题

（2011-1-44，单选）根据《建立多边投资担保机构公约》，关于多边投资担保机构（MIGA）的下列哪一说法是正确的?①

A. MIGA承保的险别包括征收和类似措施险、战争和内乱险、货币汇兑险和投资方违约险

B. 作为MIGA合格投资者（投保人）的法人，只能是具有东道国以外任何一个缔约国国籍的法人

C. 不管是发展中国家的投资者，还是发达国家的投资者，都可向MIGA申请投保

D. MIGA承保的前提条件是投资者母国和东道国之间有双边投资保护协定

第十五条　东道国的认可

在东道国政府同意机构就指定的承保风险予以担保之前，机构不得缔结任何担保合同。

第十六条　担保条件

每一担保合同的担保条件应由机构根据董事会发布的条例和规定予以确定，但机构不得担保承保投资损失的全额。担保合同就在董事会指导下由总裁批准。

第十八条　代位

一、在对被保险人支付或同意支付赔偿后，本机构应代位取得被保险人对东道国和其他债务人所拥有的有关承保投资的权利或索赔权。担保合同应包括关于代位的条款。

二、上述第一款规定的本机构的权利，全体会员国应予承认。

三、东道国对于本机构按上述第一款作为代位人所获得的东道国货币，在其使用和兑换方面给予本机构的待遇应和原被保险人取得这种资金时可得到的待遇一样。在任何情况下，机构均可将这笔资金用于支付其行政开支和其他费用；如该货币不是通过货币，机构还应设法就该货币的其他使用与东道国作出安排。

…………

二、《关于解决国家和他国国民之间投资争端公约》（节选）

（1965年3月18日由国际复兴开发银行提交各国政府，自1966年10月14日生效）

【导读】

《关于解决国家和他国国民之间投资争端公约》的目的是成立一个“解决投资争端国际中心”（以下简称“中心”），作为世界银行的一个下属独立机构，为各缔约国和其他缔约国国民之间的投资争端的解决提供调解或仲裁的便利。该公约的主要内容要点归纳如下：

1.“中心”的仲裁管辖权

“中心”行使仲裁管辖权的条件有三：

（1）主体方面：受理的争端限于一缔约国政府

① 【答案及释疑】“政府违约险”而不是“投资方违约险”属于多边投资担保机构的承保范围，故A选项错。东道国国民，如果其投资来源于境外，并经与东道国政府联系申请，得到机构董事会特别批准的，也可以成为“合格投资者”，故B选项错。机构对来自发达缔约国和发展中缔约国的投资，均可承保，只是限制了投资的东道国应当是发展中缔约国，故C选项正确。投资者母国和东道国是否存在双边条约并非机构承保的条件，故D选项错。（答案：C）

(东道国)与另一缔约国国民(外国投资者)的争端;但是,在争端双方均同意的情况下,也受理东道国和受外国投资者控制的东道国法人之间的争端。

(2)争端性质方面:受理的争端必须是直接因国际投资而引起的法律争端。

(3)主观条件方面:需要争端双方出具同意"中心"管辖的书面文件。除非另有声明,提交"中心"仲裁应视为双方同意排除其他任何救济方法,但是东道国可以要求投资者用尽当地的各种行政或司法的救济手段,作为它同意提交"中心"仲裁的条件。

"中心"的管辖权要点归纳如下图所示:

"中心"行使管辖权的前提条件	争端性质	直接因投资而引起的法律争端
	争端主体	缔约国政府(东道国)——另一缔约国的国民、(受外国投资者控制的)东道国法人
	主观条件	存在双方书面协议
	其他条件	东道国政府可以把用尽当地救济作为提交"中心"仲裁的前提条件,也可以不作此要求
法律适用	"中心"仲裁时应适用双方选择的法律,如未选择,则适用东道国的国内法或者国际法。	
"中心"行使管辖权的后果	1. 当事方不得单方撤销对提交"中心"仲裁的同意,"中心"所作裁决具有法律拘束力; 2. 提交"中心"管辖后,投资者本国不得再进行外交保护,除非东道国政府拒绝履行"中心"的裁决。	

2. "中心"的调解和仲裁程序

(1)提出申请与进行登记:根据《关于解决国家和他国国民之间投资争端公约》,希望采取调解或仲裁程序的任何缔约国或缔约国的任何国民,应当向秘书长提出书面请求。秘书长依据请求材料决定是否予以登记,如发现争端明显不属于"中心"管辖范围,应立即通知当事人拒绝登记并说明理由。秘书长拒绝登记的决定是终局性的。

(2)成立调解委员会或仲裁庭:组成调解委员会或仲裁庭的调解员或仲裁员的人数应当为奇数,在仲裁的场合,仲裁员的多数必须是争端当事国或当事人所属国以外的国民,调解员和仲裁员由当事双方协议任命。若无这种协议,则由双方各任命一名,再加上双方协议任命第三人共同组成调解委员会或仲裁庭;在当事双方难以达成协议或一方拒绝任命的情况下,经任何一方请求,行政理事会主席应在尽可能同双方磋商之后,予以任命。

(3)管辖异议与处理:在调解或仲裁开始或进行过程中,若当事任何一方对"中心"管辖权提出异议,则由调解委员会或仲裁庭自行决定是否有管辖权。

(4)进行调解或裁决:

1)在进行调解的场合,调解委员会应向双方提出建议,并促成双方达成协议;若调解失败,则应结束调解程序并作出有关报告。

2)在提交仲裁的场合,仲裁庭应依据当事人双方协议的法律规范处理争端。如果无此种协议,仲裁庭应当适用作为争端当事国的缔约国的法律(包括它的法律冲突规范)以及可适用的国际法规范。在双方同意时,仲裁庭可依公平和善意原则对争端作出决定,但仲裁庭不得借口法律无明文规定或含义不清而暂不作出裁决。仲裁裁决由仲裁庭多数作出。

(5)仲裁裁决的效力及修改:裁决对双方有约束力,但当事任何一方可以根据新发现的、对裁决有决定性影响的事实为理由,要求修改裁决。裁决一旦确立,争端的各方应当遵守和履行裁决的规定。《关于解决国家和他国国民之间投资争端公约》的全体缔约国都应当承认依照本公约作出的裁决具有约束力,将该裁决视同本国法院的终局判决,并在其各自的领土内履行该裁决所课予的金钱义务。

序言

各缔约国:

考虑到对经济发展进行国际合作的必要性和私人国际投资在这方面的作用;

注意到各缔约国和其他缔约国的国民之间可能不时发生与这种投资有关的争端;

认识到虽然此种争端通常将遵守各国的法律程序,但在某些情况下,采取国际解决方法可能是适当的;特别重视提供国际调停或仲裁的便利,各缔约国和其他缔约国国民如果有此要求，可以将此种争端交付国际调停或仲裁；愿意在国际复兴开发银行的赞助下建立此种便利；认识到双方同意借助此种便利将此种争端交付调停或仲裁，构成了一种有约束力的协议，该协议特别要求对调解员的任何建议给予适当考虑，对任何仲裁裁决予以遵守；宣告不能仅仅由于缔约国批准、接受或认可本公约这一事实而不经其同意就认为该缔约国具有将任何特定的争端交付调停或仲裁的义务。达成协议如下：

第一章 解决投资争端的国际中心

第一节 建立和组织

第一条 【中心的宗旨】

一、兹建立解决投资争端的国际中心（以下称为“中心”）。

二、中心的宗旨是依照本公约的规定为各缔约国和其他缔约国的国民之间的投资争端，提供调停和仲裁的便利。

…………

第四节 小组

第十二条 【调停人小组和仲裁人小组的组成】

调停人小组和仲裁人小组各由合格的人员组成，他们应根据以下规定指派，并愿意提供服务。

第十三条 【调停人小组的产生】

一、每一缔约国可以向每个小组指派四人，他们可以是，但不一定是该缔约国国民。

二、主席可以向每个小组指派十人，向一个小组指派的人员应具有不同的国籍。

第十四条 【调停人小组成员的资格】

一、指派在小组服务的人员应具有高度的道德品质，并且在法律、商务、工业或金融方面有公认的资格，他们可以被信赖作出独立的判断。对仲裁人小组的人员而言，在法律方面的资格尤其重要。

二、主席指派在小组中服务的人员时，还应适当注意保证世界上各种主要法律体系和主要的经济活动方式在小组中具有代表。

第十五条 【调停人小组成员的服务期限】

一、小组成员的服务期限为六年，可以连任。

二、遇有一个小组的成员死亡或辞职时，指派该成员的机构有权指派另一人在该成员剩余的任期内服务。

三、小组成员应继续任职，直至其继任人被指派时为止。

第十六条 【调停人小组成员的身份】

一、一个人可以在两个小组服务。

二、如果一个人被一个以上的缔约国，或被一个或一个以上的缔约国和主席指派在同一个小组服务，则应认为他是被首先指派他的机构所指派；或者如果其中一个指派他的机构是他国籍所属的国家，则应认为他是被该国所指派。

三、所有的指派应通知秘书长，并从接到通知之日起生效。

第五节 中心的经费

第十七条 【经费来源】

如果中心的开支不能以使用其设施的收费或其他收入来偿付，则属于银行成员的缔约国应各按其认购的银行资本股份的比例，而不属于银行成员的缔约国则按行政理事会通过的规则来负担超支部分。

第六节 地位、豁免和特权

★第十八条 【中心的法律地位】

中心具有完全的国际法律人格。中心的法律能力应包括：

（一）缔结契约的能力；

（二）取得和处理动产和不动产的能力；

（三）起诉的能力。

第十九条 【中心的特权与豁免】

为使中心能完成其任务，它在各缔约国领土内应享有本节规定的豁免和特权。

第二十条 【中心及其财产的豁免】

中心及其财产和资产享有豁免一切法律诉讼的权利，除非中心放弃此种豁免。

第二十一条 【中心人员的豁免】

主席、行政理事会成员，担任调停人或仲裁人或按照第五十二条第三款任命的委员会成员的人以及秘书处的官员和雇员：

一、对他们在执行任务时所作的行为，享有豁免法律诉讼的权利，除非中心放弃此种豁免；

二、如不是当地的国民，则应享有缔约国给予其他缔约国相应级别的代表、官员和雇员在豁免移民限制、外人登记要求和国民兵役义务方面的同等权利，在外汇限制方面的同等便利以及有关旅行便利的同等待遇。

第二十二条　【其他人等的豁免】

第二十一条的规定应适用于根据本公约作为当事人、代理人、法律顾问、律师、证人或专家而在诉讼中出席的人，但该条第二款只适用于他们在诉讼所在地的停留和往返旅程。

第二十三条　【中心档案的特权与豁免】

一、中心的档案不论其在何处，应不可侵犯。

二、关于官方通讯，各缔约国给予中心的待遇不得低于给予其他国际组织的待遇。

第二十四条　【中心资产及人员收入免纳捐税等特权】

一、中心、其资产、财产和收入以及本公约许可的业务活动和交易应免除一切税捐和关税。中心还应免除征收或偿付任何税捐或关税的义务。

二、除当地的国民外，对中心付给行政理事会主席或成员的津贴，或付给秘书处官员或雇员的薪金、津贴或其他报酬，均不得征税。

三、对担任调停人或仲裁人或依照第五十二条第三款所任命的委员会成员的人在本公约规定的诉讼中所得到的报酬或津贴，均不得征税，如果此项征税的惟一法律依据是中心的地点或诉讼的所在地或付给报酬或津贴的地点。

第二章　中心的管辖

★★★★★第二十五条　【中心管辖的争端性质和争端主体】

一、中心的管辖适用于缔约国（或缔约国指派到中心的该国的任何组成部分或机构）和另一缔约国国民之间直接因投资而产生的任何法律争端，而该项争端经双方书面同意提交给中心。当双方表示同意后，不得单方面撤销其同意。

二、“另一缔约国国民”系指：

（一）在双方同意将争端交付调停或仲裁之日以及在根据第二十八条第三款或第三十六条第三款将请求予以登记之日，具有作为争端一方的国家以外的某一缔约国国籍的任何自然人，但不包括在上述任一日期也具有作为争端一方的缔约国国籍的任何人；

（二）在争端双方同意将争端交付调停或仲裁之日，具有作为争端一方的国家以外的某一缔约国国籍的任何法人，以及在上述日期具有作为争端一方的缔约国国籍的任何法人，而该法人因受外国控制，双方同意为了本公约的目的，应看作是另一缔约国国民。

三、某一缔约国的组成部分或机构表示的同意，须经该缔约国批准，除非该缔约国通知中心不需要予以批准。

四、任何缔约国可以在批准、接受或认可本公约时，或在此后任何时候，把它将考虑或不考虑提交给中心管辖的一类或几类争端通知中心，秘书长应立即将此项通知转送给所有缔约国。此项通知不构成第一款所要求的同意。

★★★第二十六条　【中心仲裁与用尽当地救济的关系】

除非另有规定，双方同意根据本公约交付仲裁，应视为同意排除任何其他补救办法而交付上述仲裁。缔约国可以要求用尽当地各种行政或司法补救办法，作为其同意根据本公约交付仲裁的一个条件。

★★★第二十七条　【中心仲裁与外交保护的关系】

一、缔约国对于它本国的一个国民和另一缔约国根据本公约已同意交付或已交付仲裁的争端，不得给予外交保护或提出国际要求，除非该另一缔约国未能遵守和履行对此项争端所作出的裁决。

二、在第一款中，外交保护不应包括纯粹为了促进争端的解决而进行的非正式的外交上的交往。

经典考题

（2007-1-47，单选）根据《关于解决国家和他国国民之间投资争端公约》，甲缔约国与乙缔约国的桑德公司通过书面约定一致同意：双方之间因直接投资而产生的争端，应直接提交解决投资争端国际中心仲裁。据此事实，下列哪一选项是正确的？①

A. 任何一方可单方面撤销对提交该中心仲裁的同意

B. 在中心仲裁期间，乙国无权对桑德公司行使外交保护

C. 在该案中，任何一方均有权要求用尽当地救济解决争端

D. 对该中心裁决不服的一方有权向有管辖权的法院提起撤销裁决的诉讼

第三章　调停

…………

第四章　仲裁

第一节　请求仲裁

第三十六条　【请求仲裁的程序】

一、希望采取仲裁程序的任何缔约国或缔约国的任何国民，应就此向秘书长提出书面请求，由秘书长将该项请求的副本送交另一方。

二、该项请求应包括关于发生争端的问题的材料、双方的身份以及它们同意依照采取调停和仲裁的程序规则提交仲裁等内容。

三、秘书长应登记此项请求，除非他根据请求中所包括的材料，发现此项争端显然在中心的管辖范围之外。他应立即将登记或拒绝登记之事通知双方。

第二节　法庭的组成

第三十七条　【仲裁法庭的组成】

一、仲裁法庭（以下称为“法庭”）应在依照第三十六条提出的请求登记之后尽速组成。

二、（一）法庭应由双方同意任命的惟一的仲裁人或任何非偶数的仲裁人组成。

（二）如双方对仲裁人的人数和任命的方法不能取得协议，法庭应由三名仲裁人组成，由每一方各任命仲裁人一名，第三人由双方协议任命，并担任法庭庭长。

第三十八条　【必要时主席任命当事人尚未任命的仲裁员】

如果在秘书长依照第三十六条第三款发出关于请求已予以登记的通知后九十天内，或在双方可能同意的其他期限内未能组成法庭，主席经任何一方请求，并尽可能同双方磋商后，得任命尚未任命的仲裁人或数名仲裁人。主席根据本条任命的仲裁人不得为争端一方的缔约国的国民或其国民是争端一方的缔约国的国民。

第三十九条　【仲裁人的国籍】

大多数仲裁人不得为争端一方的缔约国国民和其国民是争端一方的缔约国的国民；但如惟一的仲裁人或法庭的每一成员是经双方协议任命的，则不适用本条的上述规定。

第四十条　【仲裁人的条件】

一、除主席根据第三十八条进行任命的情况外，可以从仲裁人小组以外来任命仲裁人。

二、从仲裁人小组以外任命的仲裁人应具备第十四条第一款所述的品质。

第三节　法庭的权力和职能

第四十一条　【管辖权异议及其处理】

一、法庭应是其本身权限的决定人。

二、争端一方提出的反对意见，认为该争端不属于中心的管辖范围，或因其他原因不属于法庭的权限范围，应由法庭加以考虑，并决定是否将其作为先决问题处理，或与该争端的是非曲直一并处理。

★★★第四十二条　【法律的适用】

一、法庭应依照双方可能同意的法律规则判定一项争端。如无此种协议，法庭应适用争端一方的缔约国的法律（包括其关于冲突法的规则）以及可能适用的国际法规则。

---

① 【答案及释疑】《关于解决国家和他国国民之间投资争端公约》规定，如果双方通过书面约定一致同意，因直接投资而产生的争端应直接提交解决投资争端国际中心仲裁，则任何一方不可单方面撤销对提交该中心仲裁的同意，故A项错误。缔约国对于它本国的一个国民和另一缔约国根据《公约》已同意交付或已交付中心仲裁的争端，不得给予外交保护或提出国际要求，除非该另一缔约国未能遵守和履行对此项争端所作出的裁决，故B项正确。东道国可以要求用尽当地补救，作为其同意根据《公约》交付仲裁的一个条件，东道国也可以不提出此项要求，但不是任何一方均有权要求用尽当地救济解决争端。中心裁决为终局裁决，不能再向任何法院提起撤销裁决之诉。故C、D项均错误。（答案：B）

二、法庭不得借口法律无明文规定或含义不清而暂不作出裁决。

三、第一款和第二款的规定不得损害法庭在双方同意时对争端作出公平和善意的决定之权。

第四十三条　【仲裁程序】

除非双方另有协议，如果法庭在程序的任何阶段认为有必要时，它可以：

（一）要求双方提出文件或其他证据；和

（二）访问与争端有关的场地，并在该地进行它可能认为适当的调查。

第四十四条　【仲裁程序的依据】

任何仲裁程序应依照本节规定，以及除双方另有协议外，依照双方同意提交仲裁之日有效的仲裁规则进行。如发生任何本节或仲裁规则或双方同意的任何规则未作规定的程序问题，则该问题应由法庭决定。

第四十五条　【当事人的缺席】

一、一方未出席或陈述其案情，不得视为接受另一方的主张。

二、如果一方在程序的任何阶段未出席或陈述其案情，另一方可以请求法庭处理向其提出的问题并作出判决。法庭在作出判决之前，应通知未出席或陈述案情的一方，并给以宽限日期，除非法庭确信该方不愿意这样做。

第四十六条　【附带问题】

除非双方另有协议，如经一方请求，法庭应对争端的主要问题直接引起的附带或附加的要求或反要求作出决定，但上述要求应是在双方同意的范围内，不然则是在中心的管辖范围内。

第四十七条　【临时措施】

除双方另有协议外，法庭如果认为情况需要，得建议采取任何临时措施，以维护任何一方各自的权利。

第四节　裁决

第四十八条　【裁决的作出】

一、法庭应以其全体成员的多数票对问题作出决定。

二、法庭的裁决应以书面作成，并由法庭投票赞成的成员签字。

三、裁决应处理提交法庭的每一个问题，并说明所根据的理由。

四、法庭的任何成员可以在裁决上附上他个人的意见（不论他是否不同意多数人的意见），或陈述他的不同意见。

五、中心未经双方的同意不得公布裁决。

第四十九条　【裁决的通知】

一、秘书长应迅速将裁决的核证无误的副本送交双方。裁决应视为在送交上述副本之日作出。

二、法庭经一方在作出裁决之日后四十五天内提出请求，可以在通知另一方后对裁决中遗漏的任何问题作出决定，并纠正裁决中的任何抄写、计算或类似的错误。其决定应为裁决的一部分，并应按裁决一样的方式通知双方。第五十一条第二款和第五十二条第二款规定的期限应从作出决定之日起计算。

第五节　裁决的解释、修正和取消

第五十条　【裁决的解释】

一、如果双方对裁决的意义或范围发生争端，任何一方可以向秘书长提出书面申请，要求对裁决作出解释。

二、如有可能，该项要求应提交作出裁决的法庭。如果不可能这样做，则应依照本章第二节组织新法庭。法庭如认为情况有此需要，可以在它作出决定前停止执行裁决。

第五十一条　【新发现的事实与修改裁决】

一、任何一方可以根据发现一些其性质对裁决有决定性影响的事实，而向秘书长提出书面申请要求修改裁决，但必须以在作出裁决时，法庭和申请人都不了解该事实为条件，而且申请人不知道该事实并非由于疏忽所致。

二、申请应在发现该事实后九十天内，无论如何应在作出裁决之日后三年之内提出。

三、如有可能，该项要求应提交作出裁决的法庭。如果不可能这样做，则应依照本章第二节组织新法庭。

四、法庭如认为情况有此需要，可以在作出决定前，停止执行裁决。如果申请人在申请书中要求停止执行裁决，则应暂时停止执行，直到法庭对该要求作出决定为止。

第五十二条　【请求取消裁决的依据】

一、任何一方可以根据下列一个或几个理由，向秘书长提出书面申请，要求取消裁决：

（一）法庭的组成不适当；

（二）法庭显然超越其权力；

（三）法庭的一个成员有受贿行为；

（四）有严重的背离基本的程序规则的情况；

（五）裁决未陈述其所依据的理由。

二、申请应在作出裁决之日后一百二十天之内提出。但以受贿为理由而要求取消者除外，该项申请应在发现受贿行为后一百二十天之内，并且无论如何在作出裁决之日后三年之内提出。

三、主席在接到要求时，应立即从仲裁人小组中任命由三人组成的专门委员会。委员会的成员不得为作出裁决的法庭的成员，不得具有与上述任何成员相同的国籍，不得为争端一方的国家的国民或其国民是争端一方的国家的国民，不得为上述任一国指派参加仲裁人小组的成员，也不得在同一争端中担任调停人。委员会根据第一款规定的任何理由有权取消裁决或裁决中的任何部分。

四、第四十一条至第四十五条、第四十八条、第四十九条、第五十三条和第五十四条以及第六章和第七章的规定，在适用于委员会的程序时，得作必要的变动。

五、委员会如认为情况有此需要，可以在作出决定前，停止执行裁决。如果申请人在申请书中要求停止执行裁决，则应暂时停止执行，直到委员会对该要求作出决定为止。

六、如果裁决被取消，则经任一方的请求，应将争端提交给依照本章第二节组织的新法庭。

第六节　裁决的承认和执行

★★第五十三条　【裁决的法律拘束力】

一、裁决对双方有约束力。不得进行任何上诉或采取任何其他除本公约规定外的补救办法。除依照本公约有关规定予以停止执行的情况外，每一方应遵守和履行裁决的规定。

二、在本节中，“裁决”应包括依照第五十条、第五十一条或第五十二条对裁决作出解释、修改或取消的任何决定。

经典考题

（2011-1-81，多选）根据《关于解决国家和他国国民之间投资争端公约》和依其设立的解决国际投资争端中心，下列哪些说法是正确的?①

A. 中心管辖直接因投资引起的法律争端

B. 中心管辖的争端必须是关于法律权利或义务的存在或其范围，或是关于因违反法律义务而实行赔偿的性质或限度的

C. 批准或加入公约本身并不等于缔约国承担了将某一特定投资争端提交中心调解或仲裁的义务

D. 中心的裁决对争端各方均具有约束力

第五十四条　【裁决的履行或执行】

一、每一缔约国应承认依照本公约作出的裁决具有约束力，并在其领土内履行该裁决所加的财政义务，如同该裁决是该国法院的最后判决一样。具有联邦宪法的缔约国可以在联邦法院或通过该法院执行该裁决，并可规定联邦法院应视该裁决如同是其组成的一邦的法院作出的最后判决。

二、要求在一缔约国领土内予以承认或执行的一方，应向该缔约国为此目的而指定的主管法院或其他机构提供经秘书长核证无误的该裁决的副本一份。每一缔约国应将为此目的而指定的主管法院或其他机构以及随后关于此项指定的任何变动通知秘书长。

三、裁决的执行应受要求在其领土内执行的国家关于执行判决的现行法律的管辖。

第五十五条　【裁决的执行与缔约国的国内法】

第五十四条的规定不得解释为背离任何缔约

① 【答案及释疑】根据《关于解决国家和他国国民之间投资争端公约》第25条的规定，“中心”的管辖适用于缔约国和另一缔约国国民之间直接因投资而产生的任何法律争端，选项A、B正确。该公约还规定需东道国政府和投资者达成书面协议，“中心”才对具体争议享有仲裁的管辖权，选项C正确。该公约第53条第1款规定，裁决对双方有约束力。不得进行任何上诉或采取任何其他除该公约规定外的补救办法，选项D正确。（答案：ABCD）

国现行的关于免除该国或任何外国予以执行的法律。

…………

第八章　缔约国之间的争端

第六十四条　【缔约国有关本公约解释的争端】

缔约国之间发生的不能通过谈判解决的有关本公约的解释或适用的任何争端，经争端任何一方的申请，得提交国际法院，除非有关国家同意采取另一种解决办法。

…………

21世纪高等院校法学系列精品教材

书名	ISBN	作者	定价
法律解释学	978-7-300-13251-8	王利明　著	32.00
民法总论	978-7-300-10961-9	王利明　著	35.00
人格权法	978-7-300-10990-9	王利明　著	35.00
经济法学(第二版)	978-7-300-16089-4	张守文　著	45.00
财税法学（第三版）	978-7-300-14098-8	张守文　著	46.00
民事诉讼法	978-7-300-13632-5	张卫平　著	39.80
物权法（第二版）	978-7-300-13040-8	崔建远　著	59.00
判例刑法学（教学版）	978-7-300-14059-9	陈兴良　著	39.80
刑法总论（第二版）	978-7-300-14090-2	周光权　著	45.00
刑法各论（第二版）	978-7-300-14202-9	周光权　著	55.00
刑事诉讼法学（第三版）	978-7-300-16432-8	郑　旭　著	45.00
侵权法学	978-7-300-13533-5	周友军　著	49.80
普通公司法	978-7-300-11227-5	邓　峰　著	68.00
网络法学	978-7-300-11004-2	刘品新　著	25.00
中国宪法（第四版）	978-7-300-12301-1	许崇德　主编	29.80
商法学（第三版）	978-7-300-13955-5	徐学鹿　主编	49.80
证据学（第四版）	978-7-300-12740-8	陈一云　主编	32.00
外国法制史（第三版）	978-7-300-16149-5	林榕年　叶秋华　主编	38.00
婚姻家庭法学（第三版）	978-7-300-16894-4	杨大文　龙翼飞　主编	29.00

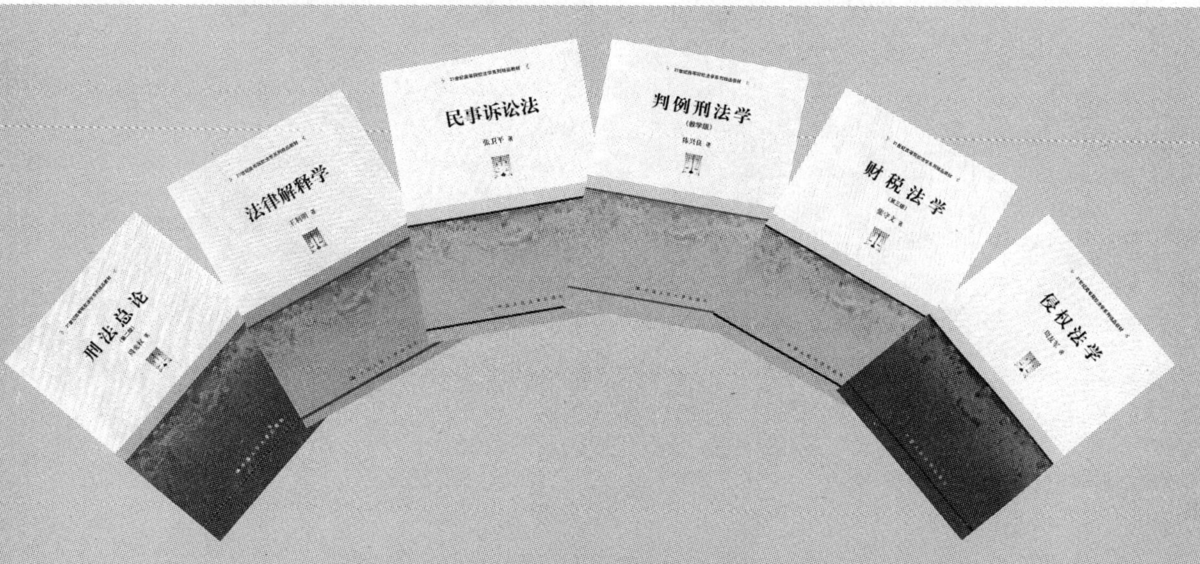